21.11.81

Brigitte Winkler/Helmut Hofbauer
Das Mitarbeitergespräch als Führungsinstrument

Brigitte Winkler
Helmut Hofbauer

Das Mitarbeitergespräch als Führungsinstrument

Handbuch für Führungskräfte und
Personalverantwortliche

4., vollständig überarbeitete Auflage

HANSER

Bibliografische Information der Deutschen Nationalbibliothek
Die Deutsche Nationalbibliothek verzeichnet diese Publikation in der Deutschen National-
bibliografie; detaillierte bibliografische Daten sind im Internet über http://dnb.d-nb.de
abrufbar.

Dieses Werk ist urheberrechtlich geschützt.
Alle Rechte, auch die der Übersetzung, des Nachdruckes und der Vervielfältigung des Buches
oder von Teilen daraus, vorbehalten. Kein Teil des Werkes darf ohne schriftliche Geneh-
migung des Verlages in irgendeiner Form (Fotokopie, Mikrofilm oder ein anderes Verfahren), auch nicht für Zwecke der Unterrichtsgestaltung – mit Ausnahme der in den §§ 53, 54
URG genannten Sonderfälle –, reproduziert oder unter Verwendung elektronischer Systeme
verarbeitet, vervielfältigt oder verbreitet werden.

© 2010 Carl Hanser Verlag München
Internet: http://www.hanser.de
Lektorat: Lisa Hoffmann-Bäuml
Idee und Konzeption: Rudolf Jan Gajdacz, München
Redaktion: Dr. Barbara Bichler, Germering bei München
Grafiken: © Fa-Ro Marketing GmbH, München, www.fa-ro.de
Herstellung: Ursula Barche
Umschlaggestaltung: Keitel & Knoch, Kommunikationsdesign, München,
unter Verwendung eines Bildmotivs von © Ghost-Fotolia
Gesamtherstellung: Kösel, Krugzell
Printed in Germany

ISBN 978-3-446-41606-2

Vorwort

Seit dem erstmaligen Erscheinen dieses Buches im Herbst 1999 haben sich Mitarbeitergespräche in vielen Organisationen als Führungsinstrument weiter etabliert. Durch die Verzahnung des Instruments mit weiteren wichtigen Prozessen der Personalführung (wie z. B. Personalentwicklung, Nachfolgeplanung und Vergütungsfragen) ist es in vielen Unternehmen zum zentralen Instrument zur Strukturierung des Führungsprozesses und des Leistungsmanagements avanciert, jedoch damit auch komplexer und umfassender geworden.

Viele Führungskräfte und Personalexperten verfügen inzwischen über ein breites Wissens- und Erfahrungsspektrum, wie dieses Instrument im Unternehmen erfolgreich eingeführt und angewandt werden kann. Aber auch Wissenschaftler erforschten ausgiebig, unter welchen Bedingungen Mitarbeitergespräche eine hohe Akzeptanz besitzen, positive Folgeeffekte bei Mitarbeitern erzielen und welche Einflussfaktoren die Qualität von Mitarbeitergesprächen und Leistungsbeurteilungen erhöhen. Dieses Wissen kann wiederum dafür genützt werden, um die Instrumente selbst, aber auch die Vorbereitung von Mitarbeitern und Führungskräften effektiv zu gestalten.

Dieses Buch basiert auf dem inzwischen breiten Erfahrungswissen von Praktikern und Organisationen und auf den Forschungsergebnissen zum gesamten Themenbereich, sowie auf unserer eigenen umfassenden Erfahrung in der Einführung dieser Instrumente.

Dieses Buch richtet sich daher an:

- Führungskräfte,
- Firmeninhaber und
- Personalverantwortliche,

die sich mit dem Thema der Einführung und Durchführung von Mitarbeitergesprächen in Organisationen beschäftigen.

Dieses Buch ist zwar primär aus der Sicht einer Führungskraft geschrieben, enthält aber auch für Verantwortliche der Arbeitnehmervertretung wertvolle Informationen für die Gestaltung von Mitarbeitergesprächssystemen und interessierte Mitarbeiter können ebenfalls von konkreten Tipps für die Vorbereitung und Führung der Gespräche profitieren.

Inhaltlich deckt diese vierte, völlig neu überarbeitete Auflage des Buches die gesamte Bandbreite der Themen ab, die sich bei der Einführung von Mitarbeitergesprächssystemen oder bei der Durchführung der Gespräche selbst ergeben: Die behandelten Inhalte erstrecken sich von Tipps zur Gestaltung von anlassbezogenen Gesprächen, wie z. B. Kritikgesprächen oder Rückkehrgesprächen, bis hin zu Fragestellungen der Konzeption und Implementierung von institutionalisierten Mitarbeitergesprächen mit den Komponenten Zielvereinbarung und Leistungsbeurteilung. Es kann daher sowohl als Handbuch zur Einführung wie auch als

Nachschlagewerk für aktuell durchzuführende schwierige Gespräche genützt werden.
Im Feedback und in den Rezensionen zu den ersten drei Auflagen wurden besonders die Verständlichkeit und der hohe Nutzwert für die Praxis hervorgehoben. Diese Leitlinien haben uns auch bei der Überarbeitung und Aktualisierung der vierten Auflage begleitet.
Zu Beginn jeden Kapitels wird eine kurze Übersicht zu den Hauptinhalten gegeben. Jedes Kapitel ist für sich betrachtet eigenständig und kann vom Leser als Nachschlagemöglichkeit verwendet werden.
Am Ende jeden Kapitels empfehlen wir weitere Literatur, die zur Vertiefung des Themenbereichs aus unserer Sicht lesenswert ist. Diese Übersicht hat keinen Anspruch auf Vollständigkeit. Wir haben uns vielmehr entschlossen, nur solche Bücher und Fachartikel zu berücksichtigen, die eine hohe Praxisrelevanz und Qualität aufweisen.
Für all diejenigen, die sich noch intensiver mit dem Thema auseinandersetzen möchten, ist am Ende des Buches eine ausführliche Literaturliste mit der von uns für die Erstellung des Buches gesichteten Literatur angeführt.
Leser mit wenig Zeit finden am Ende jeden Kapitels eine Zusammenfassung der behandelten Themen unter der Überschrift »Das Wichtigste in Kürze«.
Um den Lesefluss nicht zu behindern, haben wir die männliche Schreibweise gewählt und z. B. Mitarbeiterinnen und Mitarbeiter in dem Begriff »Mitarbeiter« zusammengefasst.
Auf unseren Homepages www.a47-consulting.de und www.hofbauerundpartner.de finden Sie Gesprächsleitfäden und Checklisten als pdf-Dateien zum Herunterladen. Es ist jedoch meist notwendig, Veränderungen an einzelnen Fragestellungen vorzunehmen, um ein individuelles Gesprächsinstrument für die eigenen Ansprüche zu kreieren.
Die interessanten Fallbeispiele in Kapitel 13 eröffnen die Chance, von den Erfahrungen anderer Organisationen zu lernen, die Mitarbeitergesprächssysteme schon seit mehreren Jahren im Hause etabliert haben. Unser Dank gilt folgenden Firmen und Ansprechpartnern, die sich mit uns über ihre Erfahrungen austauschten und uns damit ermöglichten, diese Beispiele zu erstellen:

- Bertelsmann AG, Gütersloh – Dr. Gabriele Becker und Dr. Franz Netta
- Gesellschaft für Technische Zusammenarbeit GmbH (GTZ), Eschborn – Ursula Lauterbach und Paul Soemer
- MEAG MUNICH ERGO AssetManagement GmbH, München – Alexander Kaiser
- Zollner Elektronik AG, Zandt bei Cham – Hildegard Brunner

Dank ihrer Erlaubnis, Auszüge aus ihren im Einsatz befindlichen Instrumenten abdrucken zu dürfen, und ihrer Offenheit, auch über auftretende Problemstellungen und gefundene Lösungsmöglichkeiten zu berichten, können wir in diesem Buch von deren Praxiserfahrungen berichten.
Unser Dank geht auch an die Personen, die uns bisher bei den jeweiligen Auflagen des Buches unterstützt haben:

Wir danken unseren »Testlesern«, die uns aus ihrer Sicht als Führungskräfte, Personalspezialisten oder interessierte Laien zu Inhalten des Buches wertvolle Rückmeldung gaben. Es sind unter anderem Andreas Arbogast, Martina Behr, Frederick Berker, Michael Hampel, Dr. Gudrun Jakubeit, Dr. Martin Mühlbauer, Heike Niemeier, Marion Schmidt-Huber, Silke Sichert und Lothar Maßmann. Außerdem danken wir Dr. Stefan Dörr, Bettina Habbel, Franz Handwerker, Dr. Ulfried Klebl, Matthias Knott und Dr. Heiko Roehl für die weiterführenden Gespräche zum Thema.

Helmut Schwering danken wir besonders für die vielen wichtigen Anregungen zum Themengebiet der Einbindung der Arbeitnehmervertretung und für die rechtliche Beratung. Ebenso dem Team der Fa-ro Marketing GmbH gilt unser Dank für die professionelle Gestaltung der aufgeführten Grafiken.

Rudolf Jan Gajdacz danken wir nochmals herzlich für die sprachliche Überarbeitung bei der ersten Auflage.

Unser Dank geht auch an Dr. Barbara Bichler, die mit hohem Engagement und kritischem Blick die sprachliche und inhaltliche Überarbeitung dieser Neuauflage übernahm und damit einen wesentlichen Beitrag zum Erscheinen dieses Buches leistete.

Wir danken Martin Janik vom Hanser Verlag, der es uns ermöglichte, dieses Buch herauszugeben und die ersten beiden Auflagen mit seinem Rat begleitete. Lisa Hoffmann-Bäuml, die die Betreuung der dritten und vierten Auflage übernahm, danken wir für ihren fachlichen Rat, ihre hohe Gesprächsbereitschaft und große Pragmatik bei der Lösung auftretender Fragestellungen.

Dieses Buch wäre nicht entstanden, hätten uns nicht unsere Partner Manuela Hofbauer und Dr. Martin Mühlbauer dabei unterstützt. Sie brachten großes Verständnis auf und hielten uns »den Rücken frei«, damit wir uns auf die Erstellung dieses Buches konzentrieren konnten. Danke dafür!

Wir wünschen Ihnen als Leser, dass Sie diesem Buch wertvolle und umsetzbare Anregungen für Ihre jeweilige Tätigkeit entnehmen können und vor allem: Viel Spaß beim Lesen.

Dr. Brigitte Winkler
Helmut Hofbauer

Inhalt

Vorwort V

1 Was ist ein Mitarbeitergespräch? 1
1.1 Welche Arten von Mitarbeitergesprächen gibt es? 2
1.2 Nutzen für das Unternehmen 6
1.3 Entwicklung des Mitarbeitergesprächs zum zentralen Führungsinstrument ... 8
1.4 Fünf Ebenen des Mitarbeitergesprächs 9

2 Anlassbezogene Mitarbeitergespräche 15
2.1 Arten anlassbezogener Mitarbeitergespräche 16
2.2 Vorgehen bei anlassbezogenen Mitarbeitergesprächen 18
2.3 Verhaltensbedingte Anlässe 21
2.4 Gespräche zur persönlichen Lebenssituation des Mitarbeiters 41
2.5 Organisations- bzw. strukturbedingte Anlässe 53
2.6 Arbeits- bzw. aufgabenbezogene Anlässe 63

3 Institutionalisierte Mitarbeitergespräche 73
3.1 Ziele institutionalisierter Mitarbeitergesprächssysteme 74
3.2 Akzeptanz des Mitarbeitergesprächs 77
3.3 Bestandteile institutionalisierter Mitarbeitergespräche 81
3.4 Prototypischer Ablauf eines institutionalisierten Mitarbeitergesprächs ... 98

4 Ziele formulieren und vereinbaren 107
4.1 Bedeutung von Zielen 108
4.2 Arten von Zielen 117
4.3 Gestaltung des Aufgaben- und Zielportfolios 124
4.4 Entwicklung strategischer Ziele mit der Balanced Scorecard 126
4.5 Zielakzeptanz und Mitarbeitermotivation 130
4.6 Typische Fallen bei Zielvereinbarungsprozessen 134

5 Wahrnehmung 143
5.1 Wie wird Wirklichkeit wahrgenommen? 144
5.2 Wahrnehmungsverzerrungen 149
5.3 Verbesserung der Wahrnehmung und Erkennen der eigenen Muster 154

6 Feedback 159
6.1 Feedback: Eine Chance für Entwicklungen 160
6.2 Feedback geben und nehmen 162
6.3 Mögliche Verhaltensweisen nach Feedback und angemessene Reaktion .. 170
6.4 Feedback – Grenzen und Besonderheiten 172

7 Leistungsbeurteilung ... 177
7.1 Was versteht man unter Leistung? ... 178
7.2 Leistungsmessung ... 179
7.3 Beurteilungsverfahren ... 186
7.4 Entwicklung von Beurteilungsskalen ... 190
7.5 Beurteilungslogiken ... 197
7.6 Genauigkeit der Leistungsbeurteilungen ... 201
7.7 Fairness im Beurteilungsprozess ... 205

8 Kommunikation und Gesprächsführung ... 215
8.1 Was ist Kommunikation? ... 216
8.2 Ebenen der Kommunikation ... 220
8.3 Verbale und nonverbale Kommunikation ... 224
8.4 Vom Umgang mit Gefühlen ... 229
8.5 Konstruktives Gesprächsverhalten ... 232
8.6 Förderliche Kommunikation im Mitarbeitergespräch ... 234
8.7 Tipps für Mitarbeitergespräche ... 234

9 Methoden und Techniken für eine erfolgreiche Gesprächsführung ... 237
9.1 Bedeutung von Techniken, Methoden und systematischen Vorgehensweisen im Mitarbeitergespräch ... 238
9.2 Methoden der Gesprächslenkung ... 239
9.3 Methoden der Informationsgewinnung und Gesprächsaktivierung ... 243
9.4 Aktives Zuhören ... 256
9.5 Ich-Botschaften ... 260
9.6 Metakommunikation ... 261
9.7 Einwände behandeln ... 263
9.8 Techniken und Tipps zur Förderung der Kommunikation ... 265
9.9 Gesprächsstrukturen zur Problemlösung und Gesprächssteuerung ... 267

10 Schwierige Gesprächssituationen ... 273
10.1 Warum fällt es Führungskräften so schwer, ein »kritisches« Mitarbeitergespräch zu führen? ... 274
10.2 Mögliche Gründe für Schwierigkeiten im Gespräch ... 275
10.3 Emotional belastete Gespräche ... 279
10.4 Umgang mit Wut, Angst und Trauer ... 282
10.5 Angemessene Reaktionen auf unfaire Strategien des Gesprächspartners ... 288
10.6 Heikle, schambesetzte Themen besprechen ... 291
10.7 Konflikte in Gesprächen ... 292
10.8 Selbstführung in emotional bewegten Gesprächen ... 300
10.9 Gesprächsbeispiele ... 303

11	**Implementierung von Mitarbeitergesprächen**	325
11.1	Praxiserprobte Schritte der Implementierung	326
11.2	Einbindung des Betriebsrats und rechtliche Fragen	332
11.3	Leitfaden zum Mitarbeitergespräch	341
11.4	Qualifizierungsmaßnahmen für Führungskräfte und Mitarbeiter	343
11.5	Kalkulation der Kosten und des Nutzens von Mitarbeitergesprächssystemen	347
11.6	Ausgestaltungsmöglichkeiten von Mitarbeitergesprächssystemen	350
12	**Leistungs- und erfolgsorientierte Vergütung**	361
12.1	Vergütung als Anreizsystem	362
12.2	Bestandteile eines Vergütungssystems	370
12.3	Ausgestaltungsmöglichkeiten dieser Vergütungsvarianten	372
12.4	Ermittlung leistungsorientierter Boni	381
12.5	Herausforderungen bei leistungsorientierten Vergütungssystemen	390
12.6	Empfehlungen für die Gestaltung von leistungsorientierten Vergütungssystemen	396
13	**Fallbeispiele**	401
13.1	Deutsche Gesellschaft für Technische Zusammenarbeit (GTZ) GmbH, Eschborn	404
13.2	Bertelsmann AG, Gütersloh	423
13.3	MEAG MUNICH ERGO AssetManagement GmbH, München (MEAG)	444
13.4	Zollner Elektronik AG, Zandt bei Cham	463
Literatur		473
Register		488

Was ist ein Mitarbeitergespräch?

DARUM GEHT ES ...

- Wodurch unterscheidet sich ein Mitarbeitergespräch von anderen Gesprächsarten?
- Was sind seine Inhalte?
- Welche Vorteile bringt es den Gesprächspartnern und letztlich dem Unternehmen?

DIESES KAPITEL BESCHREIBT:

- die Bedeutung und Inhalte des Mitarbeitergesprächs,
- den Unterschied zwischen anlassbezogenem und institutionalisiertem Mitarbeitergespräch,
- seine Entwicklung zum zentralen Führungsinstrument,
- wie es als solches eingesetzt werden kann,
- den Nutzen des Mitarbeitergesprächs für Führungskräfte, Mitarbeiter und Unternehmen,
- die verschiedenen Ebenen, die ein Mitarbeitergespräch umfasst.

Sie sind vor Kurzem als Führungskraft in ein anderes Unternehmen gewechselt. Schon im Vorstellungsgespräch haben Sie erfahren, dass Mitarbeitergespräche dort einen hohen Stellenwert besitzen. Die Personalabteilung erläuterte Ihnen bei Ihrer Einstellung, dass in der Organisation viel Wert auf eine funktionierende Kommunikation zwischen Mitarbeitern und Führungskräften gelegt werde. Deshalb habe die Unternehmensleitung auch schon vor einigen Jahren institutionalisierte Mitarbeitergespräche eingeführt. In Ihrer bisherigen Firma gab es das nicht. Dort ging man davon aus, dass ein Vorgesetzter ständig mit den Mitarbeitern in Kontakt sei. Ein zusätzliches formalisiertes Gespräch sei deshalb nicht notwendig. In Ihrer neuen Firma steht in nächster Zeit das jährliche Mitarbeitergespräch auf dem Terminplan. Ein Mitarbeiter hat Sie bereits konkret darauf angesprochen. Er wollte wissen, welche Vorbereitung Sie erwarten und wie Sie sich den Ablauf dieser Gespräche vorstellen. Sie stellen sich nun folgende Fragen: Was zeichnet ein gutes Mitarbeitergespräch aus? Was unterscheidet ein institutionalisiertes Mitarbeitergespräch von sonstigen Gesprächen mit Mitarbeitern? Was ist bei der Durchführung zu beachten? Wie können sich Mitarbeiter und Führungskräfte darauf vorbereiten? Was ist der Nutzen solcher Gespräche?

1.1 Welche Arten von Mitarbeitergesprächen gibt es?

Im Berufsleben finden täglich Gespräche zwischen Führungskräften und Mitarbeitern statt. Sie dienen beispielsweise dazu, Aufgaben zu delegieren, aufgetretene Probleme zu lösen, Anerkennung auszusprechen oder Kritik zu üben. Für manche steht der Begriff »Mitarbeitergespräch« deshalb für jeden Kontakt zwischen Vorgesetztem und Mitarbeiter. Diese Ad-hoc-Gespräche zwischen Vorgesetztem und Mitarbeiter, die sich spontan entwickeln und dazu dienen, kurz Informationen weiterzugeben, den Sachstand zu klären oder eine Entscheidung zu kommunizieren, sind jedoch nicht Thema dieses Buches.
Dieses Buch konzentriert sich auf diese Form von Mitarbeitergesprächen, die Hossiep, Bittner und Berndt 2008 folgendermaßen definierten: »Das Mitarbeitergespräch ist ein zentrales Führungsinstrument, das in Form eines Dialoges Führungskraft und Mitarbeiter auf einer Ebene zusammenbringt. Es umfasst alle institutionalisierten oder formalisierten Personalführungsgespräche, die der Vorgesetzte mit einem Mitarbeiter in Wahrnehmung seiner Führungsaufgabe gestaltet, wobei eine beiderseitige Vorbereitung auf das Gespräch zugrunde liegt. Grundpfeiler des Gespräches sind unter der Führungsperspektive auch die Thematisierung der Zusammenarbeit und die Ermutigung zu Rückmeldungen über das Führungsverhalten. Die Inhalte von Mitarbeitergesprächen sind vielgestaltig und können abhängig vom Gesprächsanlass variieren. Bestandteile sind häufig eine umfassende Bilanzierung, die Verständigung über Ziele und die Besprechung der weiteren Entwicklung des Mitarbeiters« [HOSSIEP; BITTNER;

BERNDT, 2008, S. 4]. Diese Definition umfasst im Wesentlichen zwei Arten von Gesprächen:

- anlassbezogene Mitarbeitergespräche und
- institutionalisierte Mitarbeitergespräche.

Anlassbezogene Mitarbeitergespräche

Im Berufsalltag muss eine Führungskraft ständig damit rechnen, kurzfristig regelnd in die Arbeitsabläufe eingreifen zu müssen. Der Anlass dazu kann sein, dass sich die Arbeitsgrundlage unvorhergesehen gravierend ändert, die Kooperation der Mitarbeiter stockt oder die Ergebnisse optimiert werden sollen. In diesen Fällen genügt es nicht, wenn Vorgesetzter und Mitarbeiter sich kurz, sozusagen zwischen Tür und Angel, absprechen. Beide sollten sich Zeit nehmen, um unter vier Augen die Brisanz der Situation darzustellen und Lösungen zu suchen. Das setzt in der Regel eine Terminvereinbarung und – zumindest aufseiten der Führungskraft, die häufig das Gespräch initiiert – auch eine Vorbereitung voraus.

Diese Gespräche, die meist aus einem gegebenen Anlass entstehen, werden als »anlassbezogene Mitarbeitergespräche« bezeichnet. Kapitel 2 geht genauer auf die verschiedenen Gesprächsarten und Besonderheiten ein.

Institutionalisierte Mitarbeitergespräche

Abgegrenzt vom aktuellen Tagesgeschäft finden in vielen Unternehmen sogenannte »institutionalisierte Mitarbeitergespräche« statt, auf die Kapitel 3 genauer eingeht. Hierunter versteht man geplante und inhaltlich vorbereitete Gespräche zwischen Mitarbeiter und Vorgesetztem, die mithilfe eines unternehmensspezifisch ausgestalteten Gesprächsleitfadens strukturiert und nach einem von der Organisation fest definierten Prozess durchgeführt werden.

Bei den institutionalisierten Mitarbeitergesprächen handelt es sich um einen zyklischen, meist jährlichen Gesprächsprozess. Die dazugehörigen Dokumente und Prozessschritte werden als Mitarbeitergesprächssystem bezeichnet. Seine Inhalte sind auf die spezifischen Anforderungen des Unternehmens ausgerichtet und können sich daher stark unterscheiden (vgl. Kapitel 3 »Institutionalisierte Mitarbeitergespräche«).

In der Regel basiert aber jedes System auf einem Regelkreis aus vier Gesprächsbestandteilen (vgl. Bild 1.1).

Zu Beginn eines fest definierten Zeitraums – in vielen Fällen am Anfang des Geschäftsjahres – findet ein Mitarbeitergespräch statt. Ausgehend von den bestehenden Zielen des Unternehmens und individuellen Aufgabenbeschreibungen vereinbaren darin Mitarbeiter und Führungskraft Ziele, Aufgaben und unterstützende Entwicklungsmaßnahmen. Bis zum nächsten Gespräch kommt es häufig zu weiteren Unterredungen, um den Stand der Zielerreichung festzustellen. Falls Probleme auftreten, besprechen Vorgesetzter und Mitarbeiter, wie diese gelöst werden können, oder ob sie Aufgaben und Ziele modifizieren sollten. Am Ende eines Mit-

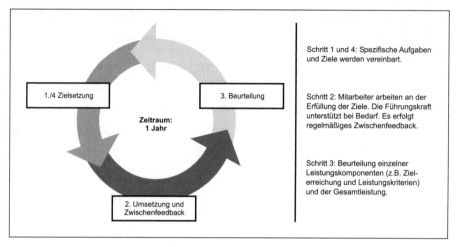

Bild 1.1 Zyklischer Prozess von Mitarbeitergesprächen

arbeitergesprächsprozesses erörtern beide Seiten in einem Beurteilungsgespräch, inwieweit die Aufgaben und Ziele erreicht wurden. Die Führungskraft gibt dem Mitarbeiter Feedback zu dessen Zielerreichung, Stärken und Entwicklungsbedarfen. Bei Bedarf werden wiederum Entwicklungsmaßnahmen geplant, die in der neuen Beurteilungsperiode umgesetzt werden. Im Anschluss an das Beurteilungsgespräch oder kurz danach findet ein neuerliches Zielvereinbarungsgespräch statt. Damit beginnt eine neue Beurteilungsperiode [siehe auch NAGEL; OSWALD; WIMMER, 2005].

Vergleicht man die verschiedenen Ausgestaltungsmöglichkeiten und die in der Literatur beschriebenen Mitarbeitergesprächssysteme aus der Praxis, so kristallisieren sich trotz aller individuellen Vielfalt übereinstimmende Kennzeichen institutionalisierter Mitarbeitergespräche heraus, die in Tabelle 1.1 aufgeführt sind. In ihr werden die wesentlichen Charakteristika anlassbezogener denen institutionalisierter Mitarbeitergespräche gegenübergestellt [vgl. WINKLER, 2007].

Zusammenspiel zwischen institutionalisiertem Mitarbeitergespräch und anlassbezogenem Gespräch

Das institutionalisierte Mitarbeitergespräch ist keinesfalls losgelöst von anlassbezogenen Gesprächen, die zwischen Führungskraft und Mitarbeiter am Arbeitsplatz stattfinden. Im Gegenteil, es besteht ein kontinuierlicher Zusammenhang zwischen beiden Gesprächsarten (vgl. Bild 1.2). Ziele für den nächsten Zeitraum werden zunächst bei der Besetzung einer Stelle, später in regelmäßig stattfindenden institutionalisierten Mitarbeitergesprächen vereinbart. Zwischen diesen geplanten Gesprächen finden aber zahlreiche anlassbezogene Gespräche statt. Sie dienen beispielsweise dazu, gute Leistungen anzuerkennen, den Stand der Dinge zu ermitteln oder unerwartet aufgetretene Probleme zu lösen. Sie können aber auch eine Ge-

1.1 Welche Arten von Mitarbeitergesprächen gibt es?

Tabelle 1.1 Kennzeichen anlassbezogener und institutionalisierter Gespräche

	Anlassbezogene Gespräche	Institutionalisierte Gespräche
Zweck	• komplexe Probleme bewältigen • Anliegen klären • Sachverhalte optimieren • alternative Vorgehensweisen besprechen	• zukünftige Arbeitsschwerpunkte und Ziele definieren • strategische Unternehmensziele kommunizieren • Leistung bewerten • Kommunikation zwischen Führungskraft und Mitarbeiter verbessern • für beide Beteiligte Handlungssicherheit herstellen • dem Mitarbeiter Feedback geben
Kennzeichen	• thematischer Bezug zu einem aktuellen Ereignis • Initiierung auch durch den Mitarbeiter möglich	• Bezug zu einem länger zurückliegenden Zeitraum • wiederkehrender, meist jährlicher Rhythmus • Gesprächsstruktur und -inhalte folgen einem strukturierten, vorgegebenen Leitfaden und einem von der Organisation definierten Prozess • basiert auf einer betrieblichen Vereinbarung
Beispiele	• Kritikgespräch • Delegation • Problemlösungsgespräch • Rückkehrgespräch	• Zielvereinbarungsgespräch • Beurteilungsgespräch • Entwicklungsgespräch • Zwischenfeedbackgespräch
Inhalte, Themen	• abhängig von Anlass und Zweck	• durch das Mitarbeitergesprächssystem, das mehrere formelle und informelle Gesprächssequenzen umfasst, definiert
Rahmen	• unter vier Augen • ungestört • Dauer zwischen 20 Minuten und 1,5 Stunden	• unter vier Augen • ungestört • Dauer zwischen 30 Minuten und drei Stunden
Vorbereitung	• abhängig vom Anlass • meist nur durch die Führungskraft	• von beiden Seiten erforderlich
Ankündigung	• meist erforderlich	• erforderlich
Dokumentation	• optional	• schriftliche Dokumentation der Ergebnisse und häufig Ablage in der Personalakte des Mitarbeiters

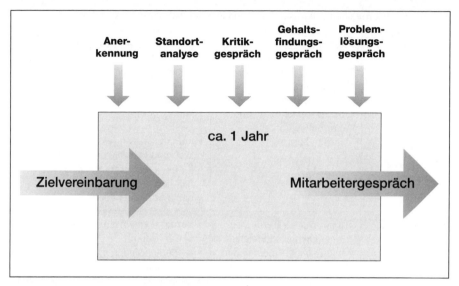

Bild 1.2 Zusammenhang zwischen Mitarbeitergespräch und anlassbezogenem Gespräch

haltsverhandlung oder die Bewertung eines erreichten Zwischenziels zum Inhalt haben (vgl. Kapitel 3 »Institutionalisierte Mitarbeitergespräche« und 2 »Anlassbezogene Mitarbeitergespräche«).
Damit gewährleisten sie, dass Mitarbeiter und Führungskraft im Dialog bleiben. Die anlassbezogenen Unterredungen während des Jahres bilden die Grundlage für ein effektives und für beide Seiten nützliches institutionalisiertes Mitarbeitergespräch.

1.2 Nutzen für das Unternehmen

Die heutige Wirtschaftsentwicklung ist gekennzeichnet durch breiter werdende Führungsspannen in Unternehmen, immer flachere Hierarchien, zunehmende Spezialisierung, vielfältige Kooperationsschnittstellen und eine rasant fortschreitende Informationstechnologie. Damit steigt die Komplexität der Aufgaben ständig. Veränderungen im Berufsalltag folgen schneller aufeinander und sind tiefgreifender. Die Mitarbeiter entwickeln sich zu Spezialisten in ihren Tätigkeitsbereichen.
Führungskräfte sind immer weniger in der Lage, jedes Detail der für die Umsetzung von Projekten erforderlichen Arbeitsleistung ihrer Mitarbeiter zu überblicken oder gar selbst zu beherrschen. Sie sind immer mehr darauf angewiesen, dass jeder seinen Arbeitsplatz selbst managt und eigenständig nach Maßgabe der Abteilungs- bzw. Unternehmensziele handelt. Dies erfordert, dass Führungskräfte und Mitarbeiter sich intensiver über zu erreichende Ziele, sich ändernde Kontextfaktoren des Arbeitsplatzes und zu erwartende Ergebnisse absprechen. Nur so ist koordiniertes Agieren möglich und Handlungssicherheit zu erreichen.

1.2 Nutzen für das Unternehmen

Aus diesem Grund legen Unternehmen und Institutionen zunehmend Wert auf die Optimierung der Zusammenarbeit zwischen ihren Führungskräften und Mitarbeitern. Sie stellen fest, dass die Gespräche, die in Verbindung mit den täglichen Arbeitsaufgaben stattfinden, nicht genügen, um Themen der beruflichen und persönlichen Arbeitssituation hinreichend zu behandeln. Vielmehr ist es notwendig, zu diesem Zweck regelmäßige Mitarbeitergespräche stattfinden zu lassen.

Sie helfen, die Mitarbeiter und ihre vorhandenen Fähigkeiten und Potenziale so einzusetzen, dass diese weder unter- noch stark überfordert sind, sondern kontinuierlich und in angemessener Dosierung an ihren Aufgaben wachsen können. So lässt sich die Umsetzung der zu erfüllenden Aufgaben deutlich verbessern.

Der Nutzen von Mitarbeitergesprächen liegt daher zusammengefasst bei folgenden Aspekten:

Verbesserung der Zielorientierung, Klärung der Aufgabenschwerpunkte
und Erhöhung der Selbstverantwortung der Mitarbeiter

- Vereinbarung von Aufgaben und Zielen sowie Kriterien für deren Überprüfung, als Grundlage eigenverantwortlicher Arbeitsweise,
- Vernetzung der individuellen Arbeitsziele mit den Unternehmenszielen,
- Klärung der Handlungs- und Verantwortungsspielräume,
- Absprachen zwischen Führungskraft und Mitarbeiter zur Aufgabenbewältigung,
- Überprüfung der Zweckmäßigkeit der Arbeitsorganisation.

Optimierung der Kommunikation und Zusammenarbeit

- Verbesserter Informationsaustausch zwischen Führungskräften und Mitarbeitern,
- effektivere Zusammenarbeit zwischen Führungskräften, Mitarbeitern und Kollegen anderer Abteilungen durch verbindliche, für alle geltende Vereinbarungen.

Kontinuierliche Entwicklung der Kompetenzen von Mitarbeitern

- Förderung der besonderen Fähigkeiten der Mitarbeiter und Planung geeigneter Entwicklungsmaßnahmen,
- Besprechung beruflicher Perspektiven und gegebenenfalls Förderung von Mitarbeitern in weiterführende Aufgaben,
- verbesserte Mitarbeiterbindung durch die Schaffung von Lernmöglichkeiten und Karriereoptionen.

1.3 Entwicklung des Mitarbeitergesprächs zum zentralen Führungsinstrument

Mitarbeitergespräche werden in den USA schon seit mehr als 40 Jahren als zentrales Führungsinstrument in Unternehmen eingesetzt. In den 70er-Jahren erreichten die dort erprobten Gesprächsmethoden zur systematischen Beurteilung von Mitarbeitern auch den deutschen Sprachraum. Das 1972 in Kraft getretene Betriebsverfassungsgesetz, nach dem jeder Mitarbeiter über seine Leistungen und sein Verhalten Feedback bekommen soll, trug dazu bei, dass sich das Mitarbeitergespräch rasch in deutschen Unternehmen verbreitete. In den folgenden Jahrzehnten passten sich seine Zielrichtung und Inhalte den Veränderungen der Arbeitswelt an. Das Instrument entwickelte sich so kontinuierlich weiter.

Während die ersten Mitarbeitergesprächsformen vor allem den Fokus auf den strukturierten Austausch zwischen Führungskraft und Mitarbeiter und auf ein spezifisches Leistungsfeedback legten, konzentrierte man sich in den 80er-Jahren auf das Element der »messbaren« Zielvereinbarung. Sie sollte eine objektive Leistungsbewertung gewährleisten und die Grundlage bieten, um die Aktivitäten einer Organisation strategisch auszurichten und zu bündeln. Zu Beginn der 90er-Jahre verbreiteten sich im deutschen Sprachraum Systeme, die die Höhe der Zahlung von monetären Gehaltsbestandteilen (wie z. B. Boni) von der in den Mitarbeitergesprächen stattfindenden Leistungsbeurteilung abhängig machten. Mit zunehmender Etablierung des Instruments in Unternehmen wurde auch dessen Potenzial für die Umsetzung strategischer Zielsetzungen erkannt. In Verbindung mit strategischen Prozessen, wie z. B. Balanced-Scorecard-Systemen, die zum Ziel haben, aus der Unternehmensstrategie heraus Leistungskennzahlen zu definieren, wurde das Mitarbeitergespräch zu einem wichtigen Transmissionsriemen für die Kommunikation und Umsetzung strategischer Ziele.

Unter dem Stichwort »Performance-Management-System« durchliefen viele Mitarbeitergesprächssysteme in den letzten Jahren eine Neuausrichtung, die sich darauf fokussierte, Leistungserwartungen und -kennzahlen zu präzisieren, anhand derer die Leistung und auch die Honorierung eines Mitarbeiters genauer ermittelt werden können. Da die Mitarbeitergesprächssysteme alle Beschäftigten betreffen, gelten sie heute als das zentrale Führungsinstrument. Sie bilden zudem häufig die Basis, um ein einheitliches Führungsverständnis, Unternehmenswerte und weiterführende Personalentwicklungsmaßnahmen wie Potenzialeinschätzungen oder Nachfolgeplanungen umzusetzen.

In Deutschland ist es zudem seit dem Jahr 2007 durch den 2005 geschlossenen neuen Tarifvertrag für den öffentlichen Dienst auch für Organisationen des öffentlichen Dienstes möglich, nicht nur Beamten, sondern auch Angestellten zusätzlich zum Fixgehalt variable leistungsbezogene Bezahlungsbestandteile zukommen zu lassen.

Damit die Vergütung an der Leistung der Beschäftigten ausgerichtet werden kann, müssen Leistungsstandards definiert werden, anhand derer Leistung gemessen, bewertet, beurteilt und verglichen werden kann. Intransparente Leistungsbemessungsgrundlagen und unklare Vergabekriterien können zur Folge haben, dass diese von den Beteiligten als unfair wahrgenommen werden, was wiederum nicht zur gewünschten Motivationswirkung führt, sondern zu Konkurrenzdenken und Neid [JÖRGES-SÜSS, 2006]. Für viele Organisationen des öffentlichen Dienstes hat dies zur Folge, dass Mitarbeitergespräche einen größeren Stellenwert bekommen, als sie bisher hatten.

1.4 Fünf Ebenen des Mitarbeitergesprächs

Das Mitarbeitergespräch stellt, wie Bild 1.3 zeigt, einen vielschichtigen Kommunikationsprozess dar. In ihm wirken fünf Ebenen zusammen:

- Ebene der Inhalte,
- Ebene des Prozesses,
- Ebene der Atmosphäre und Beziehung,
- Ebene der Interessen und Motive,
- Ebene des Umfelds und der Kultur.

Ein Gespräch kann nur erfolgreich verlaufen, wenn es eine klare Zielrichtung verfolgt und seine Inhalte mit Bedacht ausgewählt und eindeutig formuliert sind (Ebene des Inhalts). Ein angemessener Rahmen, die adäquate Struktur und innere Logik lenken das Gespräch in die richtige Richtung (Ebene des Prozesses). Eine respektvolle, positive Atmosphäre und Beziehung ermöglicht ein konstruktives Bearbeiten der Themen (Ebene der Beziehung). Das Erkennen und Berücksichtigen der individuellen Bedürf-

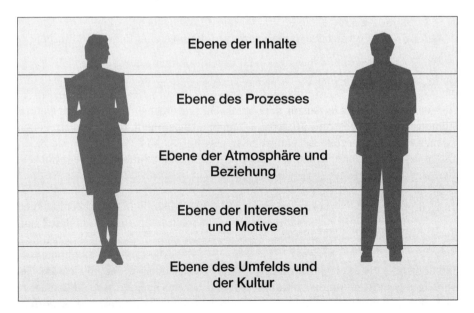

Bild 1.3 Fünf Ebenen des Mitarbeitergesprächs

nisse des Mitarbeiters eröffnet die Chance, individuelle und betriebliche Ziele zur Deckung zu bringen (Ebene der Interessen und Motive). Erkennt der Vorgesetzte Umfeldfaktoren und weitere externe Einflüsse, kann er das Verhalten des Mitarbeiters besser verstehen und Wechselwirkungen berücksichtigen (Ebene des Umfelds).

Jede dieser Ebenen entscheidet mit über die Qualität der Gesprächsvorbereitung, -durchführung und -nachbearbeitung. In den folgenden Kapiteln wird daher auf sie immer wieder Bezug genommen.

Ebene der Inhalte

Die Inhaltsebene beschreibt die Informationen, Argumente und Fakten, die im Gespräch ausgetauscht werden. Bei dieser Ebene sind analytische Klarheit und die präzise Formulierung der Gesprächsthemen besonders wichtig.

Hier geht es unter anderem um folgende Aspekte:

- Aufgaben,
- Ergebnisse,
- Ziele,
- Planung von Arbeitsschritten,
- Analyse der Ursachen von Hindernissen,
- fachliche Themen.

Für diese Gesprächsebene ist es besonders wichtig, dass Führungskraft und Mitarbeiter sich inhaltlich vorbereiten und ihre Vorstellungen und Verbesserungsvorschläge für Aufgaben- und Zielvereinbarungen, aber auch für die Besprechung und Planung von Arbeitsergebnissen und Arbeitsschritten in das Gespräch mit einbringen. Die Führungskraft benötigt im Vorfeld Klarheit über die Zielsetzungen der Abteilung und muss sich zudem mit den Anforderungen der Rolle des Mitarbeiters auseinandersetzen.

Ebene des Prozesses

Auf dieser Ebene geht es darum, dem Mitarbeitergespräch eine Struktur und einen Ablaufrahmen zu geben, die Mitarbeiter und Führungskraft darin unterstützen, den Gesprächsprozess ergebnisorientiert zu steuern:
Es handelt sich unter anderem um die Klärung folgender Punkte:

- örtliche Rahmenbedingungen,
- Zeitaufwand,
- Kommunikationsregeln,
- Struktur und Aufbau des Gesprächs,
- Vereinbarungen.

Dabei steht meist die Führungskraft als Prozessmanager in der Pflicht, das Gespräch angemessen vorzustrukturieren und zu steuern. Eine hohe Transparenz über den Ablauf des Gesprächsprozesses erhöht die Orientierung und Sicherheit der Gesprächsführung für beide Parteien.

Ebene der Atmosphäre und der Beziehung

Diese Ebene bezieht sich auf die atmosphärische Gestaltung des Gespräches und die Art, wie die Gesprächspartner miteinander in Beziehung treten. Hier ist das Gespräch unter anderem durch folgende Aspekte geprägt:

- Sympathie und Antipathie,
- Respekt und Wertschätzung,
- Nähe und Distanz zwischen den Beteiligten im Gespräch,
- Gefühle wie z. B. Ängste und Unsicherheiten.

Ein guter zwischenmenschlicher Kontakt bildet die Grundlage dafür, dass die Gesprächspartner genügend Offenheit für den Austausch von Argumenten und Sichtweisen mitbringen. Es gilt diese Ebene mit im Auge zu haben, um Störungen auf der Beziehungsebene wahrzunehmen, die die beiden erstgenannten Ebenen beeinträchtigen können.

Ebene der Interessen und Motive

Persönliche Motive und Interessen von Mitarbeitern und Führungskräften beeinflussen deren Handlungen und damit auch deren Vorgehensweise in Mitarbeitergesprächen.
Auf dieser Ebene sind folgende Punkte von besonderer Bedeutung:

- individuelle Motivationslagen und Beweggründe,
- persönliche Anliegen und Interessen,
- individuelle Handlungs- und Persönlichkeitsmuster.

Je besser die Führungskraft die persönlichen Motive und Interessen des Mitarbeiters im Mitarbeitergespräch herausarbeitet, desto größer ist die Möglichkeit, diesen seinen Fähigkeiten und Neigungen entsprechend einzusetzen und die Unternehmensziele mit seinen persönlichen Zielen zu verknüpfen. Gelingt das, steigt die Identifikation des Mitarbeiters mit dem Unternehmen und damit auch seine Leistungsbereitschaft.

Ebene des Umfelds und der Kultur

Das Handeln von Personen in Organisationen ist mit bestimmt durch deren Umfeld. Daher kann eine Person nur verstanden werden, wenn man auch berücksichtigt, in welchem Kontext sie sich bewegt.
Auf dieser Ebene sind folgende Faktoren bedeutsam:

- die Team- und Unternehmenskultur,
- fördernde und hemmende Wirtschaftsfaktoren (z. B. Marktentwicklungen),
- gesellschaftliche Einflüsse.

Je klarer die Führungskraft die Wechselwirkung zwischen Mitarbeiter und Organisation erkennt, desto umfassender kann sie äußere Einflussfaktoren, die sich auf die Leistung des Mitarbeiters auswirken, berücksichtigen und folglich dessen Verhalten besser verstehen.

DAS WICHTIGSTE IN KÜRZE

- Im Gegensatz zu Gesprächen, die aus tagesaktuellen Anlässen stattfinden, ist das Mitarbeitergespräch geplant und inhaltlich von den Gesprächspartnern, der Führungskraft und seinem Mitarbeiter, vorbereitet. Seine Ziele lassen sich mit »Bilanz ziehen« und »Zukunft planen« umschreiben. Es gibt zwei Gruppen von Mitarbeitergesprächen: anlassbezogene und institutionalisierte.

- Anlassbezogene Mitarbeitergespräche nehmen Bezug auf eine kurz zurückliegende Begebenheit und dienen meist dazu, komplexere Probleme zu bewältigen, Anliegen zu klären, Sachverhalte zu optimieren oder eine nachhaltige Verhaltensänderung des Mitarbeiters herbeizuführen.

- Institutionalisierte Mitarbeitergespräche finden turnusgemäß, in der Regel jährlich, statt. Sie enthalten in der Regel vier Elemente. Zunächst vereinbaren Mitarbeiter und Führungskraft Ziele und Aufgaben für den anstehenden Arbeitszeitraum, planen die Weiterentwicklung des Mitarbeiters, legen seinen Handlungs- und Entscheidungsrahmen fest und eruieren, wo sie die Zusammenarbeit verbessern können. Danach arbeiten beide Seiten an der Umsetzung dieser Vereinbarungen. In diesem Zeitraum können sich Vorgesetzter und Mitarbeiter zu weiteren Unterredungen treffen, um Zwischenbilanz zu ziehen oder die Abmachungen zu modifizieren. Am Ende des Turnus kommen sie erneut zusammen, um die Ergebnisse des vergangenen Arbeitszeitraums zu bewerten. Mit der Festschreibung neuerlicher Ziele und Aufgaben beginnt dann der nächste Zyklus.

- Institutionalisierte und anlassbezogene Mitarbeitergespräche stehen in engem Zusammenhang. Während die institutionalisierten Absprachen die große Linie der Zusammenarbeit festlegen, dienen die anlassbezogenen dazu, aktuelle Fragen und Anliegen zu diskutieren. Auf diese Weise bleibt ein intensiver Kontakt zwischen Führungskraft und Beschäftigtem bis zum nächsten Jahresgespräch bestehen. Durch die so erzielte gegenseitige Kenntnis der Motive und Grundeinstellungen verbessern sich folglich die Voraussetzungen für zukünftige Planungen und Bewertungen.

- Angesichts einer zunehmenden Spezialisierung in ihren Tätigkeitsbereichen sind Mitarbeiter immer mehr darauf angewiesen, ihren Arbeitsplatz selbst zu managen und selbständig zu handeln. Vor diesem Hintergrund haben viele Unternehmen das institutionalisierte Mitarbeitergespräch als Führungsinstrument implementiert. Dieses gewinnt deshalb zunehmend dort an Bedeutung, wo der Handlungs- und Verantwortungsspielraum bei der Umsetzung von Aufgaben wächst. Es ermöglicht einen besseren Informationsaustausch und klare Zielvereinbarungen, fördert die Selbständigkeit und Eigenverantwortung der Mitarbeiter, lässt ihre berufliche Weiterentwicklung gezielt planen und hilft, die Zusammenarbeit insgesamt zu verbessern.

> Das Instrument des Mitarbeitergesprächs wurde vor mehr als 40 Jahren in den USA entwickelt. Seit seiner Einführung in Deutschland in den 70er-Jahren hat es kontinuierlich an Bedeutung gewonnen. Heute gehört es in vielen Unternehmen zu den wichtigsten Führungsinstrumenten. Mitarbeitergespräche dienen heute zum einen zur Kommunikation der Zielsetzungen des Unternehmens an Mitarbeiter und zum anderen als Basis für die systematische Beurteilung, Entwicklung und leistungsbezogene Entlohnung von Mitarbeitern. Damit legen sie die Grundlage, um ein einheitliches Führungsverständnis, Unternehmenswerte und weiterführende Personalentwicklungsmaßnahmen umzusetzen.
>
> Ein Mitarbeitergespräch verfügt über eine komplexe Struktur, die man in fünf Ebenen einteilen kann. Je besser die Ebenen aufeinander aufbauen und sich unterstützen, desto effektiver wird das Mitarbeitergespräch verlaufen. Die Ebenen sind im Einzelnen: die Ebene des Inhalts, des Prozesses, der Atmosphäre und Beziehung, der Interessen und Motive und des Umfelds und der Kultur.

Mehr zu diesem Thema

Felfe, J.: *Mitarbeiterführung*. Hogrefe, 2009
Fiege, R.; Muck, P. M.; Schuler, H.: »Mitarbeitergespräche«. In: Schuler, H.: *Lehrbuch der Personalpsychologie*. Hogrefe, 2006, S. 471–522
Hossiep, R.; Bittner, J. E.; Berndt, W.: *Mitarbeitergespräche – motivierend, wirksam, nachhaltig.* Hogrefe, 2008
Jörges-Süß, K.: »Zahlt sich Leistung aus? Leistungsabhängige Vergütung im öffentlichen Dienst«. *Personalführung* 7 (2006), S. 34–40
Nagel, R.; Oswald, M.; Wimmer, R.: *Das Mitarbeitergespräch als Führungsinstrument. Ein Handbuch der OSB für Praktiker*. Klett-Cotta, 2005

Anlassbezogene Mitarbeitergespräche

DARUM GEHT ES ...

- Wann ist es an der Zeit, ein anlassbezogenes Mitarbeitergespräch zu führen?
- Welche Arten von anlassbezogenen Gesprächen gibt es?
- Auf was sollte die Führungskraft dabei achten?
- Was kann der Vorgesetzte unternehmen, wenn der Mitarbeiter sich nicht an die im Gespräch getroffenen Abmachungen hält?
- Müssen diese Gespräche protokolliert werden?

DIESES KAPITEL BESCHREIBT:

- die unterschiedlichen anlassbezogenen Gesprächsarten zwischen Vorgesetztem und Mitarbeiter,
- ihre Inhalte und Ziele für die Gesprächspartner, Gliederung, Ablauf und Dauer der einzelnen Gesprächseinheiten,
- Tipps für die Durchführung der unterschiedlichen Gespräche.

Ein kurzfristig angesetztes Gespräch, das Sie heute mit Ihrem langjährigen Mitarbeiter Klaus Schulz führten, verlief anders als erwartet. Eigentlich wollte er mit Ihnen lediglich Lösungsmöglichkeiten für unerwartet aufgetretene Schwierigkeiten bei einem seiner Projekte erörtern. Ein ungewöhnlicher Umstand, weil Herr Schulz aufgrund seiner anerkannt hohen Sachkompetenz und Erfahrung die ihm übertragenen Projekte für gewöhnlich problemlos und erfolgreich umsetzt. Aus diesem Grund haben Sie Herrn Schulz einen sehr hohen Grad an Eigenverantwortung übertragen, sodass Sie sich nur noch gelegentlich mit ihm über die Projekte austauschen.

Während der heutigen Unterhaltung stellten Sie fest, dass die aufgetretenen Probleme im Projekt überwiegend durch zeitliche Verzögerungen aufseiten Dritter, etwa in das Projekt involvierter Abteilungen (wie z. B. dem Einkauf), zustande kamen, für die Herr Schulz aus seiner Sicht »nichts kann«. Verstärkt durch die Einschätzung von Herrn Schulz, dass er nicht uneingeschränkt hinter den Zielsetzungen des Projekts stehen kann und daher auch dieses Projekt nicht die oberste Priorität in seinen Aufgaben habe, widmete er diesem Projekt Ihrer Meinung nach nicht dasselbe Engagement, dieselbe Energie wie bei anderen vergleichbar komplexen Aufgaben. Sie konnten darüber hinaus erfahren, dass sich bei ihm in letzter Zeit einiges an Frust und Enttäuschung aufgestaut hat. Das Gespräch verlief zwar sachlich, aber Herr Schulz, sonst kein Mann vieler Worte, erwischte Sie mit seiner Unzufriedenheit völlig unvorbereitet. Es überraschte Sie z. B. zu erfahren, dass die Zusammenarbeit zwischen Ihren Mitarbeitern und dem Einkauf nicht immer reibungslos funktioniert und auch deshalb im laufenden Projekt erfolgskritische Zeitverzögerungen auftraten. Bislang – so behauptete Ihr Mitarbeiter – habe Sie niemand direkt darauf angesprochen, weil man die Themen zunächst selbst lösen wollte. Schwerwiegender aber war seine Feststellung, dass er gerade auch bei komplexen Aufgabenstellungen völlig auf sich alleine gestellt sei und er den Eindruck habe, Sie würden sich für seine Themen nur am Rande interessieren. Aus diesen Gründen ist Herr Schulz mit seiner derzeitigen Arbeitssituation unzufrieden und zunehmend frustriert.

Für die aufgetretenen Schwierigkeiten bei seinem Projekt hatten Sie schnell Lösungsideen gefunden. Weitaus mehr Kopfzerbrechen bereitet Ihnen, dass ein Leistungsträger Ihrer Abteilung seine Unzufriedenheit äußert, ohne dass Sie hierfür Anzeichen bemerkt hatten. Was hätten Sie besser machen können?

2.1 Arten anlassbezogener Mitarbeitergespräche

Anlassbezogene Mitarbeitergespräche finden zu den verschiedensten Themenstellungen statt.
Zu den wichtigsten Gesprächsanlässen zählen:

- Verhaltensbedingte Anlässe
  - Anerkennung: Die erbrachten Leistungen des Mitarbeiters werden anerkannt und gewürdigt.

- Kritikgespräch: Problempunkte im Verhalten oder in der Leistung des Mitarbeiters werden bedarfsbezogen besprochen.
- Disziplinar-Abmahnungsgespräch: Hier handelt es sich um das Aussprechen einer Abmahnung aufgrund von Fehlverhalten des Mitarbeiters.

- Gespräche zur persönlichen Lebenssituation des Mitarbeiters
  - Gespräche zu kritischen Lebensereignissen: In diesem Gespräch werden sensible Themen aus dem persönlichen Lebensbereich des Mitarbeiters wie etwa Scheidung besprochen.
  - Gespräch zu Suchtproblemen: Vermutete oder offensichtliche Suchtprobleme wie Alkoholkrankheit werden hier behandelt.

- Organisations- bzw. strukturbedingte Anlässe
  - Kündigungsgespräch: In diesem Gespräch wird dem Mitarbeiter durch die Führungskraft die Beendigung des Arbeitsverhältnisses mitgeteilt.
  - Fehlzeiten- und Rückkehrgespräch: Nach einer längeren Abwesenheit des Mitarbeiters führt die Führungskraft ein Gespräch zur Integration, um mögliche Ursachen von Fehlzeiten zu analysieren und Maßnahmen zu deren Behebung zu entwickeln.
  - Beurteilungsgespräch: Die Gesprächspartner bewerten nach Maßgabe der vereinbarten Ziele die bisher erbrachten Leistungen des Mitarbeiters und arbeiten seine Erfolge und Defizite heraus.
  - Zielvereinbarungsgespräch: Zukünftige Ziele werden diskutiert, vereinbart und ein verbindlicher Zeitraum zum Erreichen dieser Ziele wird festgelegt.
  - Entwicklungsgespräch: Der Vorgesetzte diskutiert mit dem Mitarbeiter dessen berufliche Perspektiven und vereinbart geeignete Entwicklungsmaßnahmen.
  - Standortbestimmungen/Reviews: Die Gesprächspartner verschaffen sich einen Überblick über den Stand von verschiedenen Aufgaben und Projekten bzw. über den aktuellen Stand der angestrebten Ziele.

Die letzten vier aufgeführten Gesprächsarten sind in der Regel Teil eines unternehmensspezifischen Mitarbeitergesprächssystems. Sie werden deshalb in Kapitel 3 »Institutionalisierte Mitarbeitergespräche« ausführlich dargestellt. Sie können jedoch auch als anlassbezogene Gespräche durchgeführt werden, z. B. wenn in der Organisation kein verbindliches Mitarbeitergesprächssystem existiert.

- Arbeits- bzw. aufgabenbezogene Anlässe
  - Problemlösungsgespräch: Führungskraft und Mitarbeiter besprechen gemeinsam aufgetretene Probleme und erarbeiten geeignete Lösungen.
  - Delegationsgespräch: Hier werden dem Mitarbeiter bestimmte Aufgabenstellungen übertragen.

2.2 Vorgehen bei anlassbezogenen Mitarbeitergesprächen

Die nachfolgend aufgeführten Aspekte einer Unterredung gelten für alle Gesprächsarten und sollten deshalb immer beachtet werden – egal welche Variante des anlassbezogenen Gesprächs gerade ansteht. Hierbei handelt es sich insbesondere um:

- die Vorbereitung,
- die Ankündigung,
- den Ablauf,
- die Dauer,
- die Auswertung, Dokumentation sowie die Nachbereitung des Gesprächs.

Vorbereitung

Eine gute Vorbereitung beginnt mit der Analyse der Situation. Es gilt, sich mit den möglichen Ursachen und Gründen der Sachlage zu beschäftigen. Fehlt dem Mitarbeiter z. B. die entsprechende Kompetenz oder Fähigkeit zur Erfüllung einer Aufgabe, sollte die Führungskraft anders an die Situation herangehen, als wenn er motivationale Defizite zeigt und z. B. Änderungen nicht akzeptiert oder verweigert. Darüber hinaus können auch noch private bzw. persönliche Gründe, wie z. B. Scheidung oder Krankheit, einen Einfluss auf das Verhalten des Mitarbeiters haben.

Eine sorgfältige Vorbereitung auf das Gespräch

- erhöht die innere Überzeugung, ein Thema anzusprechen und damit die Selbstsicherheit im Auftreten,
- hilft, die Ziele im Auge zu behalten,
- ermöglicht es, die zentralen Themen für das Gespräch herauszuarbeiten,
- erzeugt Klarheit und Struktur für das Gespräch,
- listet die notwendigen Beobachtungen, Eindrücke, Daten, Fakten, Beispiele über den Sachverhalt auf,
- hilft, mögliche Gründe und Ursachen zu klären,
- hilft, Gegenargumente und eventuell auftauchende Schwierigkeiten zu durchdenken und Gegenstrategien vorzubereiten,
- erleichtert es, Möglichkeiten der Unterstützung zu planen.

Eine professionelle Vorbereitung bedeutet, die Situation aus unterschiedlichen Blickrichtungen zu analysieren und zu hinterfragen. Deshalb ist es wichtig, sich bereits im Vorfeld Gedanken über den Sachverhalt, zur Vorgeschichte, zum Mitarbeiter, zum betrieblichen Umfeld und auch bezüglich der eigenen Funktion als Führungskraft zu machen (vgl. Bild 2.1).

Ankündigung

Durch eine Ankündigung des geplanten Gesprächsinhalts kann sich der Mitarbeiter, ebenso wie die Führungskraft, vorbereiten. Er kann die Situation für sich analysieren und durchdenken. Je besser beide Seiten wissen, um was sich das Ge-

2.2 Vorgehen bei anlassbezogenen Mitarbeitergesprächen

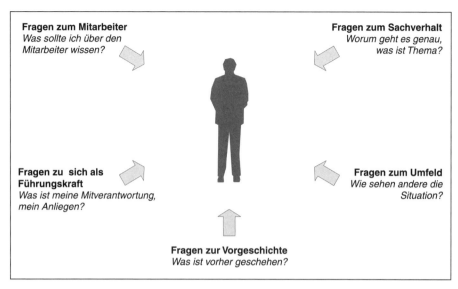

Bild 2.1 Fragen zur Vorbereitung

spräch drehen wird, desto effektiver und konstruktiver kann das Gespräch geführt werden.

Kündigen Sie das Gespräch beiläufig an, wie etwa: *»Herr Huber, wir sollten bei Gelegenheit mal über unseren Auftritt im Vertrieb sprechen, haben Sie vielleicht die nächsten Tage einmal Zeit?«*, nimmt der Mitarbeiter die Vorbereitung weniger ernst, als wenn Sie dem Mitarbeiter das eindeutige Signal senden, dass Ihnen der Sachverhalt sehr wichtig ist: *»Herr Huber, ich möchte mit Ihnen über Ihr Auftreten beim Kunden sprechen, mit dem ich nicht zufrieden bin. Ich bitte Sie, dazu morgen zu mir um 10.00 Uhr ins Büro zu kommen.«* Je bedeutsamer Sie das Gespräch positionieren, desto wichtiger wird auch der Mitarbeiter die Unterredung einstufen und sich entsprechend vorbereiten. Je bedrohlicher ein Mitarbeiter eine Ankündigung erlebt, desto eher können Sie damit rechnen, dass er eine Verteidigungsstrategie entwickelt.

Bevor Sie das Gespräch führen, empfiehlt es sich, einen letzten Check Ihrer Vorbereitung vorzunehmen:

- Sind Sie sich über die Ziele des Gesprächs im Klaren?
- Verfügen Sie über die nötige ruhige mentale Haltung?
- Haben Sie alle schriftlichen Vorbereitungen dabei?

Ihre Aufgabe ist es, das Gespräch zu leiten, was jedoch nicht bedeutet, dass Sie den größeren Redeanteil haben. Achten Sie auf eine zielorientierte Gesprächsführung und versuchen Sie, zu verstehen, warum der Mitarbeiter so gehandelt bzw. sich so verhalten hat. Dann haben Sie die besten Ansatzpunkte für Maßnahmen und können mit dem Mitarbeiter passende Lösungen erarbeiten.

Aufbau und Dauer des Gesprächs

Der Gesprächsablauf kann prinzipiell in drei Phasen strukturiert werden: der Gesprächseröffnungsphase, der Bearbeitung des Sachverhalts und der Phase des Gesprächsabschlusses.
Die Dauer eines solchen Gesprächs hängt von vielen Faktoren ab, unter anderem von:

- der Vorgeschichte (Ist es das erste oder schon das dritte Gespräch zum Thema?),
- der Einsichtsfähigkeit des Mitarbeiters,
- der Komplexität des Sachverhalts,
- zusätzlichen Themen, die sich im Gespräch ergeben,
- der Vielschichtigkeit notwendiger Maßnahmen.

Die benötigte Zeit kann deshalb von ca. einer halben Stunde bis zu eineinhalb oder auch zwei Stunden variieren.

Auswertung, Nachbereitung, Dokumentation

Die während des Gesprächs festgehaltenen Notizen über Ergebnisse und Vereinbarungen werden in einem Protokoll dokumentiert. Diese schriftliche Dokumentation der Gesprächsergebnisse

- verdeutlicht dem Mitarbeiter bei kritischen Gesprächen den Ernst der Situation,
- fokussiert auf konkrete Ergebnisse und klare Vereinbarungen,
- weist, falls es zu einer Eskalation kommen sollte, die Vorgehensweise und Aktivitäten der Führungskraft nach,
- ist eine Erinnerungshilfe für den Vorgesetzten.

Lassen Sie dem Mitarbeiter Ihre Aufzeichnungen mit dem Hinweis, bis zu einem bestimmten Termin Rückmeldung zu geben, per Post oder E-Mail zukommen. Damit soll verhindert werden, dass er den Sachverhalt anders versteht, wie in der schriftlichen Notiz aufgeführt. Das gleiche Verständnis über die Sachlage und erzielten Ergebnisse bei Mitarbeiter und Führungskraft ist unabdingbar, um konstruktive Lösungen zu erreichen.
Legen Sie die Protokolle so ab, dass diese Dokumentation nicht für andere Mitarbeiter einsehbar ist. Überprüfen Sie, ob es eine offizielle, betriebsinterne Regelung für solche Vorgänge gibt. Denken Sie auch daran, sich Ihre vereinbarten Aktivitäten einzuplanen, damit diese nicht vergessen werden.
Im Weiteren werden die verschiedenen anlassbezogenen Mitarbeitergespräche ausführlich beschrieben. Um Ihnen die Orientierung für die situativ richtige Herangehensweise an anlassbezogene Gespräche zu erleichtern, ist die Darstellung der Gesprächsarten durchgängig nach folgender Struktur gegliedert:

- Anlass,
- Ziele,
- Vorbereitung,

- mögliche Abstufungen (Eskalationsstufen) des Gesprächs, je nach Vorgeschichte oder Tragweite des Gesprächsinhalts,
- mögliche Gesprächsstruktur,
- Empfehlungen.

2.3 Verhaltensbedingte Anlässe

Aussprechen von Anerkennung/Anerkennungsgespräch

Anlass

Dieses Gespräch folgt in der Regel einem spezifischen Ereignis. Eine Anerkennung für ein positives Kundenfeedback z. B. bestärkt den Mitarbeiter in seiner Leistung und motiviert ihn zusätzlich.

Untersuchungen belegen, dass mangelnde Anerkennung und zu wenig Lob der Vorgesetzten demotivieren und selbst die Leistung ursprünglich hoch motivierter Mitarbeiter abfallen lassen. *(»Ich kann hier tun, was ich will, keiner nimmt es wahr. Am besten, ich mache weniger, dann merkt das auch niemand.«)* Zu wenig Lob bestärkt das Gefühl, dass Einsatz und Leistung sich nicht lohnen. Zeigen Sie deshalb Ihrem Mitarbeiter, welche Stärken Sie an ihm schätzen. Es ist zu erwarten, dass sich dies positiv auf seine Arbeitsmotivation und sein Vertrauen in seine Fähigkeiten auswirkt.

Bestand etwa eine Leistung darin, dass ein Projekt unter einem enormen Zeitdruck erfolgreich beendet wurde und viele Personen dafür ihre Freizeit geopfert haben, so muss dieser Umstand im Lob hervorgehoben werden. Es reicht nicht, nur die zeitgerechte Beendigung des Projekts zu loben. Waren verschiedene Personen an der Vollendung eines Projekts oder einer Aufgabe beteiligt, muss der Beitrag aller am Erfolg gewürdigt werden. Demotivierend würde sich auswirken, wenn das Lob lediglich die Leistung des Projektleiters hervorhebt. Die Folge wäre, dass sich das Team bei zukünftigen Projekten weniger stark engagiert, *»weil unsere Leistung sowieso nicht anerkannt wird und ein anderer sich die Lorbeeren holt«.*

Ziele

Mit dem Aussprechen von Anerkennung beabsichtigt die Führungskraft zumeist nicht nur, eine bestimmte Leistung oder besonderen Einsatz zu würdigen. Es geht auch darum,

- erfolgreiches Verhalten zu stabilisieren, zu bestätigen und auszubauen,
- die Leistungsbereitschaft und Motivation zu erhöhen,
- Feedback zu geben, um beim Mitarbeiter Bewusstheit über das positive, gewünschte Verhalten herzustellen,
- das Selbstvertrauen des Mitarbeiters zu stärken.

Das Aussprechen von Anerkennung wirkt sich daher positiv auf die Beziehung zwischen Führungskraft und Mitarbeiter aus.

Vorbereitung

Um die Ziele dieses Gesprächs zu erreichen, ist es in der Vorbereitung wichtig, sich mit folgenden Fragen zu beschäftigen:

- Welches konkrete Verhalten bzw. welche Ergebniserreichung soll positiv verstärkt werden?
- Was waren die konkreten Gründe für die anzuerkennende Leistung? Was genau hat der Mitarbeiter getan, damit dieses positive Verhalten/Ergebnis möglich war?
- Welchen Nutzen und welche Bedeutung hatte dieses Verhalten bzw. das Ergebnis für den Aufgaben- und Verantwortungsbereich und das Team/die Abteilung?

Mögliche Gesprächsstruktur

Wie Sie ein Anerkennungsgespräch strukturieren können, zeigt Tabelle 2.1.

Empfehlungen

- Begründen Sie Ihre Anerkennung.

Was genau hat Sie beeindruckt?

- Loben Sie glaubwürdig.

Nichts ist verletzender, als zu spüren, dass eine Anerkennung manipulativ eingesetzt wird. Beispielsweise, um dem Mitarbeiter Mehrarbeiten aufzubürden, nach dem Motto: *»Sie machen das so gut, Herr Müller, könnten Sie diesen Auftrag nicht auch noch erfüllen?«*

- Beschränken Sie Ihre Anerkennung auf Leistungen, Verhaltensweisen und Fähigkeiten, die wirklich anerkennenswert sind.

Es macht keinen Sinn, einen fachlich hoch qualifizierten Mitarbeiter z. B. wegen seiner schönen Schrift am Flipchart zu loben. Ein solches »Kompliment« wird ihn eher verletzen, denn er möchte zu Recht wegen seiner hervorragenden Fachkenntnisse anerkannt werden.

- Dosieren Sie Anerkennung angemessen.

Übertriebenes Lob wird nicht angenommen.

- Vergessen Sie nicht, auch Leistungen, die kontinuierlich zuverlässig und fehlerfrei erledigt werden, anzuerkennen.

Vorgesetzte neigen häufig dazu, solche Leistungen als selbstverständlich hinzunehmen. Die Mitarbeiter empfinden hierbei, dass ihre Arbeit entsprechend als »nichts Besonderes« angesehen wird. Beschränken Sie Ihre Anerkennung deshalb nicht nur auf herausragende, außergewöhnliche Leistungen.

- Loben Sie nicht »von oben herab«.

2.3 Verhaltensbedingte Anlässe

Tabelle 2.1 Mögliche Gesprächsstruktur eines Anerkennungsgesprächs

Ziel des Schritts	Themen
Einstieg	
Positiver Einstieg	• sich für das Kommen bedanken • etwas zum Trinken anbieten • falls passend: kurzer Small Talk
Anlass, Ziel und Rahmen klären	• den Grund der Unterredung nennen • den benötigten Zeitrahmen abstecken und notfalls begründen
Anerkennung aussprechen und begründen	
Rückmeldung durch die Führungskraft	• Verhalten bzw. die positive Leistung anhand konkreter Sachverhalte und Beispiele präzise beschreiben
Bedeutung der Leistung aufzeigen	• positive Auswirkungen für die Aufgabe, das Team, die Abteilung aufzeigen • Wirkungen des Verhaltens des Mitarbeiters auf die eigene Person beschreiben
Mitarbeiter zu Wort kommen lassen	
Zeit für Resonanz des Mitarbeiters geben	• Rückmeldung des Mitarbeiters auf das Feedback einholen • Möglichkeit für den Mitarbeiter schaffen, Stellung zu beziehen, auf andere zu verweisen, die ebenfalls am Erfolg teilhatten, oder sich zu bedanken
Danken (bestärken)	
Mitarbeiter anerkennen	• sich für die gute Leistung bedanken • Aufgaben und Themen aufzeigen, bei denen dieses Verhalten ebenfalls nutzbringend angewandt werden kann
Gesprächsabschluss	
Positiver Abschluss	• dem Mitarbeiter für die aufgewendete Zeit und das angenehme Gespräch danken

Auch beim Lob macht der Ton die Musik. Ein Lob wird gerne angenommen, wenn es nicht den Eindruck vermittelt, dass Machtpositionen demonstriert werden sollen. Je nach Tonfall kann ein Vorgesetzter mit dem Satz und der »Du-Botschaft« »*das haben Sie gut gemacht*« lediglich seine Überlegenheit demonstrieren. Besser ist, wenn Sie »Ich-Botschaften« verwenden: »*Ich war sehr beeindruckt von Ihrem gestrigen Vortrag*« (vgl. Kapitel 6 »Feedback«). Schränken Sie auch Ihr Lob nicht ein *(»Ihr*

Strategiepapier war sehr gut ausgearbeitet und begründet, aber Sie haben wirklich lange dafür gebraucht«).

Bedenken Sie auch, dass Lob, vor anderen geäußert, noch eine höhere Bedeutung erhält und eine Orientierung für erwünschtes Verhalten bietet. Auf der anderen Seite besteht die Gefahr, dass daraufhin abhängig vom Teamklima und der Akzeptanz des Kollegen im Team bei den Kollegen Neid oder Konkurrenzdenken entstehen, und in der Folge der Mitarbeiter von den Kollegen ausgrenzt wird. Wenn Sie über die Auswirkungen von Anerkennung Einzelner im Team nicht sicher sind, sprechen Sie die Anerkennung unter vier Augen aus.

Kritikgespräch

Kritikgespräche sind für viele Führungskräfte herausfordernd und mit Unsicherheiten verbunden. Ein gutes Kritikgespräch kann jedoch auch wichtige Veränderungsimpulse setzen, die dazu beitragen, die Leistung des Mitarbeiters zu steigern.

Anlass

Im beruflichen Alltag entstehen immer wieder Situationen, in denen Problempunkte im Verhalten oder in der Leistung des Mitarbeiters auftauchen oder auch Fehler entstehen. Je nach Bedeutung und Vorgeschichte der Situation werden diese Themen bedarfsbezogen besprochen. Nach unangenehmen Vorfällen oder auffallend negativen Verhaltensweisen, wie z. B. aufbrausendem Verhalten in Sitzungen, kann auch ein Kritikgespräch notwendig werden.

Generell besteht für die Führungskraft Handlungsbedarf, wenn

- das Fehlverhalten andere Mitarbeiter zum Nachahmen animieren könnte,
- das Verhalten des Mitarbeiters zu Schwierigkeiten und Konflikten im Team, im Umfeld oder beim Kunden führen könnte,
- sich Verhaltensweisen des Mitarbeiters auf die Zielerreichung, auf die Arbeitsqualität und auf den Erfolg im Team negativ auswirken könnten,
- ohne eine Einwirkung des Vorgesetzten das Verhalten des Mitarbeiters bestehen bleibt oder zunimmt.

Herr Schulz aus eingangs aufgeführtem Beispiel zählt zu den Mitarbeitern, die wissen, was sie können, und nicht häufig gelobt werden müssen, um motiviert ihre Arbeit zu verrichten. Allerdings fehlten ihm möglicherweise von Zeit zu Zeit anerkennende Gespräche, in denen er mit seinem Chef über seine Arbeitsinhalte und etwaige Probleme diskutieren und reflektieren kann. Möglicherweise widmete der Vorgesetzte seine Zeit dringlicheren Themenstellungen, in der Annahme, bei Herrn Schulz »läuft's ja sowieso«. Um Herrn Schulz langfristig zu binden, wird es nötig, dass der Vorgesetzte in regelmäßigen Abständen Gesprächsmöglichkeiten für Herrn Schulz etabliert. Aber auch an Herrn Schulz Verhalten ist Kritik aus dreierlei Gründen angebracht. Er hat die Führungskraft zum einen nicht darüber unterrichtet, dass er sein gegenwärtig betreutes Projekt skeptisch in Bezug auf die bisherigen

2.3 Verhaltensbedingte Anlässe

Zielsetzungen der Firma beurteilt und dass sich zum anderen erfolgskritische Zeitverzögerungen ergeben haben. Darüber hinaus hat er seine Unzufriedenheit und Frustration mit seiner beruflichen Situation für sich behalten. Hätte er die Führungskraft früher darüber unterrichtet, hätten diese Schwierigkeiten bereits im Vorfeld ausgeräumt werden können.

Ziele

Ziel des Gesprächs ist es, den Mitarbeiter zu veranlassen, sein Verhalten in Zukunft zu verändern. Kritikgespräche bieten Ihnen und den Mitarbeitern Gelegenheit, Verhaltensweisen zu korrigieren und dadurch Leistungen zu optimieren. Geben Sie den Mitarbeitern die Möglichkeit, aus ihren Fehlern zu lernen, indem Sie gemeinsam erörtern, wodurch ihre Leistung negativ beeinflusst wird bzw. was die Ursachen dafür sind. Erarbeiten Sie gemeinsam mit den Mitarbeitern Lösungen und Aktivitäten, um in Zukunft dieselben Fehler zu vermeiden bzw. die Leistung zu verbessern, und treffen Sie hierzu verbindliche Vereinbarungen.

Vorbereitung

Bei einem Kritikgespräch verfolgen Sie generell die Lösung eines bestehenden Problems. Eine gute Vorbereitung erhöht daher die Erfolgswahrscheinlichkeit. Das Wissen um Details der Situation, um die konkreten Fakten und Beispiele und der erforderlichen Argumentation hilft Ihnen, das Gespräch mit einer zielführenden Vereinbarung abzuschließen.

Bei der Vorbereitung auf ein Kritikgespräch sollten Sie sich darüber im Klaren sein, worüber Sie im Einzelnen mit dem Mitarbeiter sprechen und was Sie mit dem Gespräch erreichen wollen.

Die folgenden Fragen helfen, die notwendigen Perspektiven zu berücksichtigen. Die Liste ist sehr umfangreich und sicherlich nicht für alle Kritikgespräche relevant. Sie soll vor allem zur Reflexion anregen und Ihnen Impulse zur Vorbereitung zur Verfügung stellen.

Fragen zum Sachverhalt

- Was sind die Kritikpunkte und konkreten Gründe für das Gespräch?
- Welche konkreten (Verhaltens-)Beispiele können benannt werden?
- Welche Aufgaben und Tätigkeiten soll der Mitarbeiter übernehmen?
- Wie ist die faktische Arbeitsbelastung des Mitarbeiters? Welche konkreten Aufgaben mit welchem Zeitaufwand leistet er?

Fragen zur Vorgeschichte

- Seit wann besteht das Problem?
- Wie hat sich der Mitarbeiter bisher verhalten? Wie war die Leistung des Mitarbeiters früher?
- Ist bereits etwas unternommen worden, das Problem anzugehen?

Vorangegangene Aktivitäten beeinflussen den nächsten Schritt. Das Feedback, die Inhalte, aber auch die möglichen Konsequenzen des anstehenden Gesprächs sollten an die Vorgeschichte anschließen.

- Gab es zum Zeitpunkt der Verhaltensveränderung konkrete Ereignisse oder Vorkommnisse?
- Gab es bestimmte Vorfälle und Geschehnisse im Unternehmen (z. B. Umstrukturierungen im Team, eine neue Aufgabenverteilung oder einen neuen Vorgesetzten)? Können diese Sachverhalte die Identifikation mit der Tätigkeit und die Motivation des Mitarbeiters negativ beeinflusst haben?
- Welche Erfahrungen hatte der frühere Vorgesetzte mit dem Mitarbeiter?
- Gibt es in der Personalakte einen Vermerk (z. B. von der vorherigen Führungskraft)?
- Was waren die Ergebnisse und Erkenntnisse der letzten Feedback- und Mitarbeitergespräche?

Fragen zum Mitarbeiter

- Wie ist die Arbeitsweise des Mitarbeiters grundsätzlich zu bewerten?

Für ein qualifiziertes Feedback an einen Mitarbeiter ist es für eine Führungskraft wichtig, das zu kritisierende Verhalten im Kontext des gesamten Wirkens des Mitarbeiters zu betrachten und zu bewerten.

- Was sind seine Stärken und Schwächen?

Aktuelle Kritikanlässe bergen die Gefahr, dass das Negative überbewertet wird. Deshalb ist es für das Gespräch hilfreich, sich auch die positiven Seiten des Mitarbeiters bewusst zu machen. Dadurch wird es möglich, ein ausgewogenes Feedback zu geben.

- Gibt es Hinweise dafür, wie der Mitarbeiter die Situation und sein Verhalten einschätzt?
- Wie könnte der Mitarbeiter auf Kritik reagieren? Ist das Thema für den Mitarbeiter schon bekannt oder ein blinder Fleck (vgl. Kapitel 6 »Feedback«)? Mit wie viel Einsicht und Problembewusstsein kann die Führungskraft realistischerweise rechnen?

Hier geht es darum, Gründe zu eruieren, warum der Mitarbeiter in bestimmter Weise handelt und ob er sich der Auswirkungen seines Verhaltens bewusst ist.

- Wie wird sich der Mitarbeiter im Kritikgespräch verhalten? Welche Argumente könnte der Mitarbeiter vorbringen?

Da Führungskräfte in der Regel das Gesprächsthema bei der Terminvereinbarung ankündigen, wird der Mitarbeiter mit einer bestimmten Erwartungshaltung und Befindlichkeit in das Gespräch gehen. Je besser sich der Führende darauf einstellt, desto mehr kann er sich für eventuelle Reaktionen wappnen.

2.3 Verhaltensbedingte Anlässe

- Welche Unsicherheiten und Befürchtungen könnten vorhanden sein?
- Welche Absichten könnte der Mitarbeiter verfolgen?

Sind der Führungskraft potenzielle Befürchtungen und Absichten des Mitarbeiters bewusst, kann sie dies in der Vorbereitung ihrer Argumentation aber auch z. B. durch eine feinfühlige Gesprächsführung berücksichtigen.

- Könnte der Mitarbeiter private Probleme haben?

Wenn die Führungskraft dies vermutet, sollte sie sich sensibel an das Problem herantasten und »nicht mit der Tür ins Haus fallen«. In diesem Fall ist es wichtig, im Gespräch Einfühlungsvermögen und auch menschliche Wärme zu zeigen. Sobald Klarheit über ein privates Problem des Mitarbeiters besteht, kann die Führungskraft entscheiden, ob und für welchen begrenzten Zeitraum sie Rücksicht auf die private Situation des Mitarbeiters nehmen will. Dabei sollte sie berücksichtigen, dass persönliche Krisen jeden treffen können. Eine Trennung, eine schwere Krankheit, der Verlust eines Partners oder Kindes hinterlassen Spuren, die niemand einfach wegsteckt. Ein verändertes Verhalten in der Arbeitswelt ist bis zu einem bestimmten Maß eine natürliche Folge der Ereignisse.

- Wie ist derzeit die physische und psychische Verfassung des Mitarbeiters?
- Könnte sich der Mitarbeiter überfordert fühlen?
- Wie ist sein Engagement im Vergleich zu den anderen Mitarbeitern?
- Was könnten die Motive für sein Verhalten sein?

Fragen zu sich als Führungskraft

- Was ist Ihre Mitverantwortung? Haben Sie im Vorfeld etwas unterlassen, was zu Ihrer Führungsverantwortung gehört hätte?
- Welche langfristigen Ziele haben Sie für den Mitarbeiter?

Hier geht es darum, zu bestimmen, welche Ziele, über den aktuellen Kritikanlass hinaus, für den Mitarbeiter bestehen. Soll er sich in eine bestimmte Richtung weiterentwickeln? Sind bestimmte Zuständigkeiten und Aufgaben für den Mitarbeiter vorgesehen? Welche konkreten Erwartungen stellen Sie an sein zukünftiges Verhalten?

- Wie wollen Sie die Kritik formulieren?

Bei sensiblen Themen ist es wichtig, Fingerspitzengefühl zu zeigen. Daher kann es nützlich sein, zentrale Aussagen schon im Vorfeld vorzuformulieren.

- Auf welche Reaktionen müssen Sie sich einstellen? Wie gehen Sie mit Blockaden, Gefühlsausbrüchen und Widerständen um?
- Welche Gefühle haben Sie, die Situation und den Mitarbeiter betreffend?
- Haben Sie eventuell die Reaktion des Mitarbeiters oder sein Verhalten missverstanden oder falsch interpretiert?

Fragen zum Umfeld

- Wie könnte das Verhalten des Mitarbeiters auf die Kollegen, andere Abteilungen und Kunden wirken?
- Welche Konsequenzen hat sein Verhalten für das Arbeitsergebnis, für andere Kollegen, für das Unternehmen und für die Kunden?
- Wird das Verhalten durch andere unterstützt, provoziert oder geduldet?
- Gab es schon Reaktionen im Umfeld?
- Welche Rolle hat der Mitarbeiter im Team?

(Diese Fragen finden Sie im Formular 2.1 »Vorbereitungsfragen zum Kritikgespräch« unter www.a47-consulting.de oder www.hofbauerundpartner.de als Download.)

Für das Gespräch sollten Sie sich die wichtigsten relevanten Punkte auf einem Vorbereitungsbogen notieren. So erhalten Sie eine Anleitung für die im nächsten Schritt folgende Gesprächsstrukturierung.

Tabelle 2.2 zeigt, welche Informationen ein Vorbereitungsbogen für ein Kritikgespräch enthalten sollte.

Stufen des Kritikprozesses und Vorgehensweise

Wenn für Sie feststeht, dass aufgrund des Verhaltens eines Mitarbeiters Kritikbedarf besteht, stellt sich die Frage, in welcher Intensität und in welcher Form das Gespräch stattfinden soll. Dies ist unter anderem abhängig von:

- der Bedeutung des Mitarbeiterverhaltens für seine Arbeitsleistung,
- der Vorgeschichte,
- der Anzahl der Vorgespräche bzw. der schon erteilten Hinweise zum Fehlverhalten.

Nachfolgend wird dargestellt, wie Kritikgespräche je nach Schwere der Sachlage in sechs Abstufungen durchgeführt werden können: Das folgende Fallbeispiel geht davon aus, dass ein Mitarbeiter sich immer wieder gegenüber Kunden im Ton vergreift. Die mit ihm geführten Kritikgespräche werden, da der Mitarbeiter das monierte Verhalten nicht ändert, von Gespräch zu Gespräch immer nachdrücklicher. Die Stufen zwei und drei sind davon geprägt, dass beide Parteien kooperativ Lösungen erarbeiten. Danach wird das Gespräch direkter und die Intensität nimmt zu. Die Partizipationsmöglichkeiten des Mitarbeiters, seine Mitwirkung an der Zielfindung und den Lösungsmöglichkeiten, nimmt von Stufe zu Stufe ab. Dies verdeutlicht Bild 2.2.

- Erste Stufe: Rückmeldung bzw. Feedback

Ein Feedbackgespräch ist dann angebracht, wenn das Fehlverhalten zum ersten Mal als »kritikwürdig« aufgefallen ist. Es besteht noch kein akuter Handlungsbedarf. Ziel des Gesprächs ist es, in Form einer Anregung Rückmeldung zum Verhalten zu geben: *»Herr Huber, ich glaube, Sie könnten beim Kunden noch erfolgreicher sein, wenn Ihr Auftreten noch höflicher und respektvoller sein würde.«*

2.3 Verhaltensbedingte Anlässe

Tabelle 2.2 Vorbereitungsbogen für ein Kritikgespräch

Vorbereitungsbogen für ein Kritikgespräch		
Name:	Vorname:	Funktion:
Anlass des Gesprächs:		
Datum:	Geschätzte Dauer:	Ort:
Sachverhalt		
Fakten:		
Eigene Beobachtungen:		
Rückmeldungen Dritter (z. B. von Kunden, Kollegen, Schnittstellenpartnern)		
Beispiele:		
Mögliche Auswirkungen des Fehlverhaltens		
Auf Arbeitsergebnisse:		
Auf Team/Kollegen:		
Auf das Unternehmen:		
Auf Kunden:		
Vorgeschichte (falls notwendig)		
Grundsätzliche Einschätzung zum Mitarbeiter (unter anderem Leistung, Ergebnisse, Kompetenzen)		
Eigene Ziele für das Gespräch	Mögliche Absichten/Ziele des Mitarbeiters	
Mögliche Reaktionen des Mitarbeiters	Mögliche Ziele und Maßnahmen/ Konsequenzen	

(Diesen Bogen finden Sie als Formular 2.2 »Vorbereitungsbogen für ein Kritikgespräch« unter www.a47-consulting.de oder www.hofbauerundpartner.de als Download.)

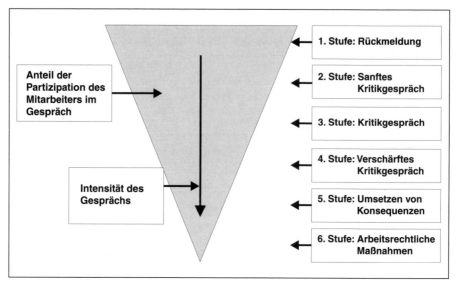

Bild 2.2 Stufen des Kritikprozesses

Meist versteht der Mitarbeiter den Hinweis und ändert sein Verhalten oder in diesem Fall sein »Benehmen« bzw. »Auftreten« beim Kunden.

- Zweite Stufe: Sanftes Kritikgespräch

Ein sanftes Kritikgespräch wird dann geführt, wenn sich das Fehlverhalten des Mitarbeiters nicht ändert. Der Mitarbeiter benötigt konkrete Informationen über die Kritikpunkte an seinem Verhalten sowie unmissverständliche Hinweise zu den Veränderungen, die er vornehmen soll.
Ziel des Vorgesetzten ist es in dieser Stufe, das Fehlverhalten sachlich und ohne Schärfe anzusprechen. Die Sichtweise des Mitarbeiters wird angehört und die Gründe werden erörtert. Es handelt sich nicht um ein formelles Kritikgespräch mit Ankündigung, trotzdem muss es, wie auch die weiteren Formen des Kritikgesprächs, unter vier Augen durchgeführt werden. Es kann beispielsweise sein, dass dem Mitarbeiter die Wirkung seines Auftretens nicht bewusst ist. Die gewünschten, konkreten Änderungen im Verhalten werden als Vorschläge vorgebracht. Die Führungskraft kann konkrete Hilfestellung im Sinne einer Rückmeldung zusichern: *»Herr Huber, ich möchte mich mit Ihnen über das Auftreten unserer Mitarbeiter im Außendienst unterhalten. Ich bin mir nicht sicher, ob Sie sich der Erwartungen und Anforderungen hinsichtlich Ihres Auftretens beim Kunden genau bewusst sind. Ich habe den Eindruck, Sie wirken oft gereizt und es fällt Ihnen schwer, die Ansichten und Wünsche unserer Kunden zu respektieren. Lassen Sie uns darüber sprechen. Ich nenne Ihnen auch gerne meine Vorstellungen über die Art und Weise im Umgang mit Kunden, die ich für unsere Vertriebsmitarbeiter entsprechend unserer Unternehmenskultur für wichtig erachte.«*

Zeigt diese Stufe keine Wirkung, steht die nächste Form des Gesprächs an.

- Dritte Stufe: Kritikgespräch

Diese Art der Kritikgespräche ist sinnvoll, wenn der Mitarbeiter sein Verhalten nicht ändert, obwohl der Mitarbeiter mittlerweile die konkreten Änderungspunkte an seinem Verhalten kennt. Ziel dieser Phase ist, dem Mitarbeiter zu verdeutlichen, dass sein Verhalten ernsthafte Folgen haben kann und konkrete Maßnahmen zu ergreifen sind, um gewünschte Änderungen zu bewirken.

Ab diesem Zeitpunkt findet ein offizielles Kritikgespräch mit Terminvereinbarung und Protokoll statt. Der Termin wird mit dem Mitarbeiter unter Nennung des Anlasses und des Themas gemeinsam vereinbart. In dieser Phase wird die Sprache deutlicher und die Erwartungen werden konkret definiert. Die Sichtweise des Mitarbeiters wird angehört. Es wird auch darauf hingewiesen, welche Auswirkungen es für den Mitarbeiter und das Unternehmen hat, wenn sich nichts am Verhalten ändert. Bei dieser Form des Gesprächs sollten am Ende auch konkrete Vereinbarungen und Verpflichtungen erzielt werden: *»Herr Huber, ich habe Sie schon mehrfach darauf hingewiesen, dass Ihr Umgang mit den Kunden nicht den Erwartungen unseres Unternehmens entspricht. Trotzdem habe ich keine Entwicklung bei Ihnen feststellen können. Dies sollte sich ändern. Ich möchte mit Ihnen über konkrete Lösungen sprechen. Wie sehen Sie das?«*

Werden die vereinbarten Aktivitäten und Maßnahmen erneut nicht realisiert bzw. zeigen sie keine Wirkung, kommt es zur nächsten Eskalationsstufe.

- Vierte Stufe: Verschärftes Kritikgespräch

Diese Variante des Kritikgesprächs ist angebracht, wenn sich das Verhalten des Mitarbeiters weiterhin nicht ändert, obwohl konkrete Maßnahmen zur Abhilfe vereinbart wurden. Es geht in dieser Stufe nicht mehr allein um das Fehlverhalten, sondern auch darum, wie ernst der Mitarbeiter Vereinbarungen nimmt, die die Führungskraft mit ihm verbindlich getroffen hat.

Der Mitarbeiter wird zu einem Termin bestellt. In klarer, eindeutiger Sprache wird die Botschaft vermittelt, dass keine weitere Bereitschaft mehr besteht, das Verhalten des Mitarbeiters zu tolerieren. Sollte es zu keiner Änderung kommen, muss der Mitarbeiter mit ernsthaften Konsequenzen rechnen. Wichtig ist hier, sich schon bei der Vorbereitung die möglichen Konsequenzen zu überlegen, damit Sie sich über deren Auswirkungen bewusst sind und gegebenenfalls die notwendige Unterstützung bei Ihrem Vorgesetzten oder auch der Personalabteilung erhalten.

In dieser Stufe wird es in der Regel nicht mehr nur zu Vereinbarungen, sondern zu konkreten Androhungen von Konsequenzen kommen: *»Herr Huber, obwohl wir konkrete Veränderungen vereinbart haben, habe ich keinen Unterschied wahrgenommen. Wenn Sie nicht innerhalb von drei Tagen die Vereinbarungen umsetzen, werde ich Sie aus dem Außendienst nehmen und in den Innendienst versetzen. Ich habe dies bereits mit der Personalabteilung als Möglichkeit abgeklärt.«*

- Fünfte Stufe: Umsetzen von Konsequenzen

Falls die Vereinbarungen vom Mitarbeiter immer noch nicht umgesetzt werden, müssen die geschilderten Konsequenzen realisiert werden. Nur so werden die Ernsthaftigkeit des Gesagten sowie die Glaubwürdigkeit der Führungskraft nicht infrage gestellt.

Dem Mitarbeiter werden in dieser Stufe des Kritikgesprächs die Konsequenzen mitgeteilt. Er wird darauf hingewiesen, dass von ihm trotzdem erwartet wird, dass er sein Verhalten wie besprochen ändert. Sollte er auch jetzt nicht innerhalb eines definierten Zeitraums die vereinbarten Zusagen einhalten, werden arbeitsrechtliche Schritte angedroht: *»Herr Huber, es hat sich trotz mehrmaliger Aufforderung von meiner Seite und trotz Ihrer Zusage keine Veränderung gezeigt. Ab sofort arbeiten Sie im Innendienst. Sie sind für Folgendes verantwortlich ... und haben folgende Aufgaben ... Ich erwarte aber weiterhin von Ihnen, dass Sie die Vereinbarungen vom ... umsetzen. Sollten bis zum ... keine Änderungen feststellbar sein, bin ich gezwungen, arbeitsrechtliche Schritte einzuleiten.«*

- Sechste Stufe: Arbeitsrechtliche Maßnahmen

Wenn bis zum angekündigten Zeitraum weiterhin keine Änderungen im Verhalten sichtbar werden, sind arbeitsrechtliche Maßnahmen, wie z. B. eine Abmahnung, unumgänglich. Es empfiehlt sich, arbeitsrechtliche Schritte prinzipiell im Rahmen eines Personalgesprächs auszusprechen (vgl. Abschnitt »Disziplinar-Abmahnungsgespräch« in diesem Kapitel).

Ankündigung des Gesprächs

Die Art der Ankündigung hängt davon ab, auf welcher Stufe des Kritikprozesses das Gespräch stattfindet. Deshalb sind Überlegungen zu den Inhalten und der gewählten Gesprächsstufe schon vor der Terminvereinbarung für Ihre Vorbereitung wichtig.

Kritikgespräche sollten zeitnah durchgeführt werden. Wenn Sie einen Termin mit dem Mitarbeiter vereinbaren, nennen Sie den ungefähren Zeitrahmen, den das Gespräch in Anspruch nehmen wird. Bei Gesprächen, die eine Kritik am Verhalten des Mitarbeiters zum Anlass haben, sollten Sie durchaus eine Stunde für das Gespräch einplanen. Meist ist es sinnvoll, dem Mitarbeiter den Anlass bei der Ankündigung des Gesprächs zu nennen: *»Herr Huber, ich möchte mich mit Ihnen unterhalten. Es geht um das Auftreten und Ihre Wirkung beim Kunden. Ich habe den Eindruck, dass Ihre und meine Vorstellungen unterschiedlich sind. Lassen Sie uns dies in einem Gespräch klären.«*

Mögliche Gesprächsstruktur

Tabelle 2.3 zeigt, welche Gesprächsinhalte ein Kritikgespräch der Stufe drei aufweisen sollte.

Tabelle 2.3 Mögliche Gesprächsstruktur eines Kritikgesprächs der 3. Stufe

Ziel des Schritts	Themen
Gesprächseröffnung	
Positiver Einstieg	• sich für das Kommen bedanken • etwas zum Trinken anbieten • falls passend: kurzer Small Talk
Anlass, Ziel und Rahmen klären	• den Grund der Unterredung nennen • benötigten Zeitrahmen abstecken und notfalls begründen
Bearbeitung des Sachverhalts	
Sichtweise der Führungskraft erläutern	• Kritikpunkte anhand konkreter Sachverhalte und Beispiele beschreiben
Auswirkungen aufzeigen	• Auswirkungen des Verhaltens z. B. auf Kollegen, Kunden und Vorgesetzte beschreiben
Sichtweise des Mitarbeiters kennenlernen	• den Mitarbeiter zur Situation befragen und anhören • die Sichtweise des Mitarbeiters diskutieren
Vergleich der Sichtweisen von Führungskraft und Mitarbeiter	
Gemeinsame Sicht der Dinge entwickeln	• Sichtweisen vergleichen • Konsens und Dissens in der Einschätzung herausarbeiten • soweit möglich: unterschiedliche Wahrnehmungen bzw. Missverständnisse klären
Die Stellungnahme des Mitarbeiters und sein Problembewusstsein beeinflussen das weitere Vorgehen:	
Ursachenanalyse	
Gründe herausarbeiten	• Ursachen und Gründe gemeinsam diskutieren • Ursachen zuordnen (z. B. zur Führungskraft, zum Mitarbeiter, zu Veränderungen von Rahmenbedingungen)
Lösungen und Maßnahmen	
Lösungen entwickeln	• sofern möglich: Lösungsvorschläge vom Mitarbeiter einholen • bei mehreren Lösungsmöglichkeiten: Lösungswege diskutieren und den Weg finden, den beide Partner akzeptieren
Verbindliche Vereinbarungen treffen	• Aktivitäten mit Terminierung vereinbaren • Hilfestellungen der Führungskraft festlegen • Commitment des Mitarbeiters einholen

Tabelle 2.3 *(Fortsetzung):* Mögliche Gesprächsstruktur eines Kritikgesprächs der 3. Stufe

Ziel des Schritts	Themen
Gesprächsabschluss	
Gesprächsergebnisse und Vereinbarungen zusammenfassen	• überprüfen, ob beide Seiten das Gleiche unter den Ergebnissen und geplanten Aktivitäten verstehen
Positiver Abschluss	• dem Mitarbeiter für die aufgewendete Zeit, die konstruktive Diskussion und die Bereitschaft, an der Umsetzung zu arbeiten, danken • Zuversicht äußern, dass die vereinbarten Maßnahmen zum gewünschten Ergebnis führen
Nächste Schritte	• Termin für ein Reviewgespräch festlegen, um den Erfolg der vereinbarten Aktivitäten zu bewerten

Empfehlungen

- Üben Sie Kritik rechtzeitig.

Kritik sollte, um die beabsichtigte Wirkung zu erzielen oder tatsächlich eine Verhaltensveränderung zu bewirken, möglichst kurz nach dem Anlass erfolgen. Wenn zu viel Zeit verstreicht, verliert Kritik ihre beabsichtigte Wirkung. Sie kann entgegen der ursprünglichen Absicht sogar für Unverständnis oder Irritation sorgen *(»Warum erfahre ich das nicht gleich?«)*.

- Kritisieren Sie nur unter vier Augen.

Auf keinen Fall sollten Kritikgespräche vorschnell und vor Dritten (z. B. im Rahmen von Teamsitzungen) stattfinden.

- Begründen Sie die Kritik sachlich und in angemessener Form.

Eine nach Mitarbeiterempfinden zu scharfe oder überzogene Kritik kann auch Widerstand hervorrufen, da sich der Mitarbeiter ungerecht behandelt fühlt und deshalb die Kritik als Ganzes ablehnen wird. Vermeiden Sie auch Übertreibungen und Verallgemeinerungen und benennen Sie stattdessen konkrete Beispiele und Situationen.

- Kritik ist keine Zuweisung von Schuld.

Es geht auch nicht darum, den Mitarbeiter zu »beschimpfen« oder zu beschuldigen. Sobald ein Mitarbeiter sich mit der Kritik in seinem Selbstwertgefühl verletzt fühlt, erlebt er dies als persönlichen Angriff und er beginnt, sich zu schützen bzw. zu verteidigen. Eine konstruktive Diskussion über Ursachen und Gründe sowie über adäquate Lösungen wird deutlich erschwert. Bei einem Kritikgespräch handelt es sich nicht um ein Gespräch über die Persönlichkeit und den Charakter, sondern

2.3 Verhaltensbedingte Anlässe

um Ergebnisse und Verhaltensaspekte (siehe auch Kapitel 6 »Feedback«). Wenn ein offener Umgang mit »Dingen, die nicht gut laufen«, bzw. Fehlern nicht möglich ist, werden Fehler oft vertuscht, was wiederum ein Lernen aus Fehlentwicklungen deutlich erschwert.

- Vermeiden Sie Vergleiche mit Kollegen.

Kritik sollte nur an dem jeweiligen Mitarbeiter und seinem Verhalten geübt werden. Vergleiche mit anderen – *»Ihr Kollege Müller zeigt hierzu deutlich mehr Engagement«*, *»Ihr Englisch ist genauso schlecht wie das von Herrn Meier«* – können sich auf die Zusammenarbeit im Team negativ auswirken. Darüber hinaus bietet es dem Mitarbeiter die Möglichkeit, ähnlich zu argumentieren: *»Bei Herrn Huber haben Sie dies auch akzeptiert, warum bei mir nicht?«*

- Achten Sie auf eine konstruktive und respektvolle Einstellung zur Person und Situation.

Unser menschliches Verhalten wird von der Einstellung bzw. der inneren Haltung geprägt. Diese beeinflusst unsere Wahrnehmung und auch unsere Sprechweise und Körpersprache. Eine ablehnende Haltung oder ein geringes Zutrauen dem Mitarbeiter gegenüber bestimmen die Themen und die Atmosphäre (siehe auch Kapitel 5 »Wahrnehmung« und Kapitel 8 »Kommunikation und Gesprächsführung«). Achten Sie deshalb darauf, mit einer positiven Einstellung in das Gespräch zu gehen: *»Wie kann ich das Gespräch so führen, dass das Ziel erreicht wird, und sich beide Kommunikationspartner dabei respektiert fühlen?«*

- Geben Sie dem Mitarbeiter die Möglichkeit, eigene Lösungsvorschläge zu entwickeln.

Wenn der Mitarbeiter sich selbst aktiv in die Suche nach Lösungen einbringen kann, steigt die Chance, die Akzeptanz von Lösungen zu erhöhen und Konfrontationen zu vermeiden. Außerdem wird der Mitarbeiter Lösungsmöglichkeiten, die er selbst mitentwickelt hat, konsequenter umsetzen als Vorschläge, die vom Vorgesetzten stammen.

- Kritik muss den Mitarbeiter nicht demotivieren.

Genauso wie jeder Mitarbeiter das Recht hat, für gute Ergebnisse und Leistungen eine entsprechende Rückmeldung bzw. eine Würdigung zu bekommen, ist es ebenfalls nur fair, ihn auf verbesserungswürdiges Verhalten hinzuweisen. Natürlich kann der Beurteilte nach einem Kritikgespräch frustriert und enttäuscht sein. Er wird aber nach einiger Zeit die Kritik akzeptieren, wenn er erkennt, dass die Beanstandung gerechtfertigt war und seine positiven Veränderungen entsprechend anerkannt werden. Eine konstruktive Rückmeldung durch die Führungskraft, selbst bei kleinen Entwicklungsschritten in die richtige Richtung, motiviert den Mitarbeiter, weiter an der Veränderung zu arbeiten.

- Erwarten Sie nicht, dass der Mitarbeiter der Kritik sofort zustimmt und diese akzeptiert.

Es kann Gespräche geben, in denen der Mitarbeiter die Kritik nicht akzeptiert, weil er sie zum gegebenen Zeitpunkt noch nicht nachvollziehen kann. Auf Einsicht und Akzeptanz im Gespräch zu drängen, führt häufig in eine Sackgasse. Sollten Sie jedoch von Ihrem Anliegen weiterhin überzeugt sein, bleiben Sie konsequent. Geben Sie dem Mitarbeiter Zeit zur Reflexion. Vereinbaren Sie einen nächsten Gesprächstermin und fordern Sie den Mitarbeiter auf, sich bis dahin selbst stärker zu beobachten und gegebenenfalls zusätzlich Rückmeldungen von Dritten einzuholen. Sie werden sehen, dass das nächste Gespräch mit einem veränderten Problembewusstsein des Mitarbeiters beginnt.

- Lob ist nicht notwendigerweise auch Bestandteil konstruktiver Kritik.

Anerkennende Worte können die Bereitschaft des Mitarbeiters, Kritik anzunehmen, vergrößern. Sie zeigen, dass Sie den Mitarbeiter in seiner Leistung differenziert (also mit den positiven und negativen Aspekten) wahrnehmen. Dies wiederum wirkt sich positiv auf die wahrgenommene Fairness der Kritik aus. Ist der Anlass der Kritik aber zu gewichtig oder ruft er in Ihnen starke Gefühle hervor, ist Lob nicht angemessen. Lob würde unter diesen Bedingungen manipulativ und gekünstelt wirken, weder ehrlich noch echt. Verzichten Sie deshalb in dieser Situation auf eine Phase der Anerkennung.

Disziplinar-Abmahnungsgespräch

Anlass

Sollte sich trotz mehrmaliger Aufforderung das Fehlverhalten eines Mitarbeiters nicht ändern, können Führungskräfte, je nach Schwere des Vorfalls, eine Ermahnung, Abmahnung oder Kündigung aussprechen. Bevor es zu einer verhaltensbedingten Kündigung kommt, muss in der Regel eine Abmahnung erfolgt sein.
Gründe für eine Abmahnung sind mangelnde Arbeitsleistung oder gestörtes Vertrauen [HÖLZL; RASLAN, 2006, S. 112]:

- Bedingt durch Arbeitsleistung:
    - wiederholt unpünktliches Erscheinen am Arbeitsplatz,
    - unentschuldigtes Fehlen im Anschluss an den Urlaub,
    - die Weigerung des Arbeitnehmers, vertretungsweise eine ihm übertragene Aufgabe zu übernehmen,
    - die mangelhafte Erledigung der übertragenen Aufgaben.
- Bedingt durch gestörtes Vertrauen:
    - Betrug, Diebstahl, Untreue,
    - Missbrauch von Kontrolleinrichtungen,
    - Tätlichkeiten und Beleidigungen von Vorgesetzten und Kollegen.

Spricht eine Führungskraft gegenüber ihrem Mitarbeiter eine Abmahnung aus, ist, bevor diese in der Personalakte dokumentiert wird, keine Anhörung vorgeschrieben. Die Ausnahme bilden Mitarbeiter des öffentlichen Dienstes mit einem BAT-

Vertrag. Trotzdem ist es sinn- und stilvoll, mit dem Mitarbeiter ein Personalgespräch zu führen, in dem mit ihm die Abmahnung und die sich daraus ergebenden möglichen Konsequenzen genau erörtert werden. Der Mitarbeiter erhält so zudem die Gelegenheit, zum Sachverhalt Stellung zu beziehen.

Bei einem Stellenwechsel bzw. im Zeugnis darf eine Formulierung, die auf eine Abmahnung schließen lässt (bzw. dass gerichtlich dagegen vorgegangen wurde), nicht erscheinen. Der Arbeitnehmer hat zudem bei einer unberechtigten Abmahnung einen Anspruch auf Entfernung der Abmahnung aus der Personalakte. Diesen Anspruch kann er gerichtlich durchsetzen.

Arbeitsrechtliche Definition einer Abmahnung

In einer Abmahnung werden schriftlich Leistungsmängel gerügt oder wird dem Mitarbeiter Fehlverhalten am Arbeitsplatz angelastet. Die Konsequenzen für den Mitarbeiter sind beträchtlich: Mit der Abmahnung kommt es zu einem Vermerk in der Personalakte des Mitarbeiters – der Vorfall wird aktenkundig. Bedeutender ist jedoch die Tatsache, dass die Abmahnung bereits einen arbeitsrechtlichen Schritt darstellt. Im Wiederholungsfall – also mit der zweiten Abmahnung zum gleichen Sachverhalt – ist für viele Arbeitgeber die Grundlage für eine Kündigung geschaffen. Dies kann in besonderen Härtefällen tatsächlich notwendig sein, wenn ein Mitarbeiter z. B. durch dauerhaft geschäftsschädigendes Verhalten auffällt. Eine Abmahnung ist sogar in besonderen Fällen entbehrlich, wenn der Vertragsverstoß so schwerwiegend ist, dass der Arbeitnehmer im Vorfeld wissen musste, dass der Arbeitgeber sein Verhalten unter keinen Umständen hinnehmen wird. Sie sollten deshalb besonnen abwägen, wann berufliches Fehlverhalten so gravierend ist, dass es eine Abmahnung rechtfertigt. Denn diese kann die berufliche Karriere eines Mitarbeiters gefährden, wenn nicht gar beenden.

Aus Beweisgründen sollte eine Abmahnung stets schriftlich erfolgen. Dabei muss eindeutig erkennbar sein, dass die Verfehlung nicht geduldet oder gebilligt wird und dass der Mitarbeiter mit Auswirkungen auf das Arbeitsverhältnis rechnen muss, wenn er sein Verhalten nicht ändert. *»Regelmäßig vom Vertragspartner hingenommene Verstöße gegen die vertraglichen Pflichten können zu einer inhaltlichen Änderung eines Vertrags führen. Wer dies verhindern will, muss klarstellen, dass er solch ein Verhalten nicht duldet. Er muss rügen und warnen«* [KÜTTNER; RÖLLER, 2009, S. 20, Ziffer 1].

Im Rechtssinne liegt nur dann eine Abmahnung vor, wenn die arbeitsrechtlichen Konsequenzen bis hin zur Kündigung für den Wiederholungsfall dem Mitarbeiter eindringlich deutlich gemacht werden. Die Führungskraft hat das Fehlverhalten zu beweisen. Sie muss dem Mitarbeiter die Folgen seines Verhaltens vor Augen führen und ihn darauf hinweisen, dass er im Wiederholungsfall mit der Kündigung zu rechnen hat. *»Der Vorgesetzte muss warnen. Die gesetzlich nicht geregelte Abmahnung verbindet beides. Mit ihr rügt man konkretes Fehlverhalten und warnt mit der Kündigungsandrohung vor weiteren Verstößen«* (Bundesarbeitsgericht [BAG] 17.02.1994, DB 94, 1477). *»... Abmahnungen sollen auf den Vertragspartner einwirken, ihn veran-*

lassen, sein vertragswidriges Verhalten einzustellen und so den Arbeitsplatz zu erhalten bzw. den Mitarbeiter nicht zu verlieren« [KÜTTNER; RÖLLER, 2009, S. 20, Ziffer 1].
Die Abmahnung muss verhältnismäßig sein (BAG 13.11.1991, DB 92, 843). Das ist sie, *»wenn ... nach Art und Schwere der Vertragsverstöße davon ausgegangen werden kann, dass die verhaltensbedingte Kündigung nach einem weiteren Vertragsverstoß gerechtfertigt ist«* [KÜTTNER; RÖLLER, 2009, S. 24, Ziffer 28]. Aber nicht jedes Fehlverhalten am Arbeitsplatz kann vom Arbeitgeber geahndet werden: *»Bei personenbedingten Störungen kommt eine Abmahnung nicht infrage. Sie sind nicht vom Willen des Arbeitnehmers abhängig. Gemeint sind krankheits- oder altersbedingte, auf Alkohol- oder Drogenabhängigkeit beruhende Leistungsminderungen«* [KÜTTNER; RÖLLER, 2009, S. 22, Ziffer 17].
Aus einer Abmahnung muss ein Mitarbeiter zweifelsfrei erkennen können, was ihm vorgeworfen wird, wie er sein Verhalten in Zukunft zu ändern hat und welche Konsequenzen es hat, wenn er dieser Aufforderung nicht nachkommt (BAG 18.01.1980, DB 80, 1351). Die kritisierten Sachverhalte bzw. Vorfälle müssen zeitlich konkret mit Datum und möglichst auch der Uhrzeit belegt werden: Die Abmahnung muss, um rechtlich relevant zu sein, *»... den Arbeitnehmer deutlich und ernsthaft ermahnen, ihn auffordern, ein genau bezeichnetes Fehlverhalten zu ändern bzw. aufzugeben, und ihm klarmachen, dass bei wiederholten Vertragsverstößen Inhalt oder Bestand seines Arbeitsverhältnisses gefährdet ist«* (BAG 18.01.1980, DB 80, 1351) [vgl. KÜTTNER; RÖLLER, 2009, S. 23, Ziffer 25].
»Der Betriebsrat muss vor der Abmahnung weder angehört noch unterrichtet werden. Die Abmahnung ist in der Betriebsverfassung mitbestimmungsfrei (BAG 17.10.1989). In einigen Personalvertretungsgesetzen ... ist die Beteiligung des Personalrats vor der Abmahnung vorgesehen« [KÜTTNER; RÖLLER, 2009, S. 24, Ziffer 30].
Vorstufen zur Abmahnung sind Ermahnungen, Verwarnungen oder Vorhaltungen. Sie enthalten, anders als die Abmahnung, keine Kündigungsandrohung und sind deshalb kündigungsrechtlich ohne entscheidende Bedeutung. Abmahnungsberechtigt ist jeder, der dem Mitarbeiter gegenüber weisungsbefugt ist.

Ziele

Im Rahmen eines Abmahnungsgesprächs wird dem Mitarbeiter sein Fehlverhalten aufgezeigt und ihm mitgeteilt, dass die Führungskraft dies nicht länger hinnimmt. Sollte es zu keiner Änderung kommen, muss mit Konsequenzen, z. B. einer Kündigung, gerechnet werden. Abmahnungsgespräche schaffen die rechtliche Grundlage für eine Kündigung. Damit dies nicht notwendig wird, werden in dem Gespräch Aktivitäten und Maßnahmen festgelegt, die das Fehlverhalten beenden.
In diesem Gespräch müssen mindestens folgende Ziele erreicht werden:

- die genaue Beschreibung des Fehlverhaltens,
- das zukünftig erwartete Verhalten,
- Klarheit über die Konsequenzen, sollte der Arbeitnehmer sein Verhalten nicht verändern.

2.3 Verhaltensbedingte Anlässe

Vorbereitung

Aufgrund der Bedeutung dieser Gespräche und möglichen rechtlichen Auswirkungen sind folgende Fragestellungen besonders genau zu klären:

- Was genau ist der Sachverhalt?
- Welche Auswirkungen gab es?
- Welche Vorgeschichte gibt es?
- Welche Informationen sind nötig (z. B. rechtliche Rahmenbedingungen), um Handlungssicherheit zu besitzen?
- Welche Gründe machen die Abmahnung zum jetzigen Zeitpunkt unumgänglich?
- Wen muss man im Vorfeld des Gespräches oder für die Durchführung des Gesprächs mit einbeziehen (z. B. Personalabteilung, Betriebsrat/Personalrat, nächsthöheren Vorgesetzten)?
- Wie könnte der Mitarbeiter reagieren?
- Inwieweit spielen für die Entscheidung, eine Abmahnung auszusprechen, Emotionen und Antipathien eine Rolle?

Notieren Sie die Sachlage und die Auswirkungen des Mitarbeiterverhaltens schriftlich und kontaktieren Sie vor dem Gespräch Ihre Personalabteilung oder auch einen Fachanwalt für Arbeitsrecht, um das weitere Vorgehen abzusprechen. Sollten Sie sich auch nach Abwägen des Für und Wider für eine Abmahnung entscheiden, muss diese detailliert begründet werden. Stimmen Sie sich zur Vorgehensweise auch mit Ihrem direkten Vorgesetzten ab.

Mögliche Gesprächsstruktur

Wie Sie ein Abmahnungsgespräch aufbauen können, zeigt Tabelle 2.4.

Empfehlungen

- Prüfen Sie die fertig formulierte Abmahnung genau auf Vollständigkeit.

Die Abmahnung ist nur dann wirksam, wenn Sie das Fehlverhalten genau begründen können. Das bedeutet, dass das kritisierte Verhalten bzw. der kritisierte Sachverhalt anhand konkreter Beispiele beschrieben werden muss (Ort, Zeitpunkt, das konkrete Verhalten). Rechtlich vorgeschrieben ist auch, in der Abmahnung auf die Folgen hinzuweisen, die ergriffen werden, wenn sich das kritisierte Verhalten bzw. der kritisierte Sachverhalt nicht ändert.

- Prüfen Sie, ob Sie zu dem Gespräch eine weitere Person hinzuziehen sollten.

Diese dritte Person könnte z. B. ein Vertreter der Personalabteilung sein. Sollte es nach dem Gespräch zu einer gerichtlichen Auseinandersetzung kommen oder eine Anhörung vor dem Betriebsrat stattfinden, haben Sie so einen »Zeugen«, der über die besprochenen Themen und Inhalte Auskunft geben kann.

Tabelle 2.4 Mögliche Gesprächsstruktur eines Abmahnungsgesprächs

Ziel des Schritts	Themen
Einstieg	
Anlass, Ziel und Rahmen klären	• den Mitarbeiter begrüßen • falls ein weiterer Gesprächspartner (z. B. aus der Personalabteilung) anwesend ist, diesen vorstellen und dessen Anwesenheit begründen • den Grund der Unterredung nennen • benötigte Gesprächsdauer mitteilen
Bearbeiten des Sachverhalts	
Gründe für die Abmahnung erläutern	• den zu kritisierenden Sachverhalt bzw. das zu kritisierende Verhalten konkret beschreiben • die Abmahnung aussprechen und begründen
Konsequenzen der Abmahnung erklären	• Auswirkungen der Abmahnung erklären • Konsequenzen für den Fall, dass sich der Mitarbeiter nicht ändert, darlegen
Sichtweise des Mitarbeiters einholen	• Mitarbeiter seine Sichtweise darlegen lassen • Mitarbeiter die Chance geben, mögliche Ursachen, die nicht in seiner Verantwortung lagen, vorzubringen
Festlegen von Vereinbarungen	
Aktivitäten und Maßnahmen festlegen	• Aktivitäten, die der Mitarbeiter und/oder die Führungskraft unternehmen, um eine Änderung zu erzielen, besprechen und (falls notwendig) vereinbaren
Ausblick/Review	
Nächste Schritte	• Folgetermin vereinbaren, um die Umsetzung der Aktivitäten zu überprüfen
Gesprächsabschluss	
Ergebnissicherung	• Gesprächsergebnisse und gegebenenfalls Vereinbarungen zusammenfassen
Betriebliches Verfahren erläutern	• darauf hinweisen, dass die Abmahnung und das Gesprächsprotokoll in die Personalakte kommen • den Mitarbeiter informieren, dass er die Abmahnung schriftlich erhält

Anschließend: Die Abmahnung wird schriftlich formuliert und eine Kopie in der Personalakte des Mitarbeiters abgelegt. Das Original erhält der Mitarbeiter. Der Zugang der Abmahnung an den Mitarbeiter muss nachweisbar sein.

2.4 Gespräche zur persönlichen Lebenssituation des Mitarbeiters

Gespräch zu kritischen Lebensereignissen

Anlass

Schwierige Lebenssituationen wie beispielsweise Trennungen, schwere Krankheiten von Verwandten und Freunden, Tod von nahestehenden Personen, finanzielle Engpässe oder Lebenskrisen können sich negativ auf das Arbeits- und Leistungsverhalten eines Mitarbeiters auswirken. Inwieweit diese den beruflichen Alltag beeinflussen, hängt einerseits von den persönlichen Bewältigungsstrategien ab, andererseits aber auch davon, wie das berufliche Umfeld, insbesondere die Führungskraft, diese Krisensituation annimmt und sie bei der Gestaltung der Verantwortung und Aufgabenerfüllung des Mitarbeiters berücksichtigt.

Ziele

Die Führungskraft sucht nach Möglichkeiten, den Mitarbeiter bei der Bewältigung der Krise zu unterstützen, damit dieser die ihm anvertrauten Aufgaben wieder erfolgreich erfüllt.
In einem solchen Gespräch sollte der Mitarbeiter erkennen, dass die Führungskraft und die Organisation die schwierige Situation akzeptieren und ihn unterstützen möchten. Dabei ist es für die Führungskraft wichtig zu erfahren, wie intensiv sich die Krise auf den Mitarbeiter und sein Verhalten auswirkt und wann wieder mit dessen voller Leistungsfähigkeit zu rechnen ist.

Vorbereitung

Im Vorfeld eines Gesprächs sollten Sie reflektieren, dass es sich bei den Gesprächsinhalten um private Themen und Probleme handelt. Ein Gespräch über die private Situation ist freiwillig. Nur die spürbaren Effekte der privaten Krise auf den Arbeitsbereich und damit verbundene Leistungseinbußen können Gegenstand eines Mitarbeitergesprächs sein.
Führungskräfte besitzen in der Regel auch keine therapeutische Ausbildung, die sie als Ratgeber für den Umgang mit privaten Krisen qualifiziert. Machen Sie sich deshalb auch die Grenzen Ihrer Kompetenz bewusst und entscheiden Sie im Vorfeld, welche Themen Sie besprechen können und welche nicht in dieses Personalgespräch gehören. Gehen Sie die Besprechung der Probleme behutsam und feinfühlig an und nehmen Sie sich vor, zunächst nur zuzuhören, um die Situation besser verstehen zu können.
Zur Vorbereitung sind unter anderem folgende Fragen wichtig:

- Welche Beispiele sollten Sie heranziehen, um die Veränderungen im Verhalten des Mitarbeiters, die Sie beobachtet haben, zu beschreiben?
- Was wissen Sie bereits über die Situation des Mitarbeiters und was nicht?

- Was möchten Sie noch in Erfahrung bringen?
- Wie »vorsichtig« wollen oder müssen Sie das Thema ansprechen?
- Welche Unterstützung können Sie anbieten?
- Inwieweit tragen die Kollegen die Situation mit?
- Besteht zwischen Ihnen und dem Mitarbeiter ausreichend Vertrauen, um offen über die privaten Probleme des Mitarbeiters zu reden?
- Welche Informationen wollen Sie dem Mitarbeiter zur Verfügung stellen (z. B. Adressen von Beratungsstellen, Webadressen für Informationen)?
- Wie viel Zeit können und wollen Sie dem Mitarbeiter geben, um seine Situation zu bewältigen?
- Was könnte ein guter, angemessener Gesprächseinstieg sein?

Mögliche Gesprächsstruktur

Tabelle 2.5 zeigt, wie Sie ein Gespräch strukturieren können, wenn Sie vermuten, den Mitarbeiter habe ein Schicksalsschlag getroffen.

Tabelle 2.5 Mögliche Gesprächsstruktur bei der Annahme, den Mitarbeiter habe ein Schicksalsschlag getroffen

Ziel des Schritts	Themen
Einstieg	
Akzeptanz für das Gespräch beim Mitarbeiter herstellen	• um das Gespräch bitten • Beobachtungen über Veränderungen im Verhalten (z. B. bezüglich der Arbeitsergebnisse oder des Kommunikationsverhaltens) schildern • Interesse für die Gründe der Veränderung äußern • Unterstützung bei möglichen privaten Schwierigkeiten anbieten • Vertraulichkeit zusichern
Zustimmung zum Gespräch einholen	• Freiwilligkeit des Dialogs ansprechen • Entscheidung des Mitarbeiters einholen, ob er das private Thema vertiefen möchte
Das weitere Gespräch hängt von der Reaktion des Mitarbeiters ab: In diesem Strukturbeispiel wird von einer Zustimmung des Mitarbeiters zur Fortführung des Gesprächs ausgegangen.	
Beschreibung des Sachverhalts	
Beobachtungen schildern und Gründe für Veränderungen klären	• beobachtete Verhaltensänderungen des Mitarbeiters beschreiben • nach möglichen Gründen fragen • den Mitarbeiter bitten, sein privates Problem zu schildern • aufmerksam zuhören und sensibel nachfragen

▶

2.4 Gespräche zur persönlichen Lebenssituation des Mitarbeiters

Tabelle 2.5 *(Fortsetzung):* Mögliche Gesprächsstruktur bei der Annahme, den Mitarbeiter habe ein Schicksalsschlag getroffen

Ziel des Schritts	Themen
Akzeptanz des Mitarbeiters für das Unterstützungsangebot erreichen	• Verständnis äußern • Unterstützung anbieten
Nimmt der Mitarbeiter das Unterstützungsangebot an, folgt der nächste beschriebene Schritt.	
Definition der Unterstützungsangebote und Festlegung konkreter Maßnahmen	
Kurzfristige Angebote entwickeln	• Maßnahmen und Aktivitäten gemeinsam erarbeiten, die den Mitarbeiter unterstützen und entlasten • Aktivitäten festlegen
Weitere Unterstützung signalisieren	• anbieten, weiterhin für Unterstützungsmaßnahmen zur Verfügung zu stehen
Gesprächsabschluss	
Vertrauensvorschuss signalisieren	• Vertrauen in den Mitarbeiter und in die Maßnahmen äußern
Mitarbeiter stärken	• bei Bedarf: Folgetermin vereinbaren
Wertschätzung zeigen	• für das Vertrauen und die Offenheit danken

Empfehlungen

- Berücksichtigen Sie, dass Menschen in Krisensituationen instabiler und empfindlicher sind als unter normalen Umständen.

Das Selbstwertgefühl kann in solchen Situationen ebenfalls sinken. Achten Sie deshalb bei diesen Gesprächen ganz besonders auf einen angemessenen Rahmen. Sorgen Sie dafür, dass sie während der Unterredung ungestört bleiben und eine vertrauensvolle Atmosphäre entstehen kann. Nur so können Sie die Bereitschaft des Mitarbeiters, sich zu öffnen, erreichen.

- Zwingen Sie den Mitarbeiter zu nichts.

Hören Sie erst einmal zu und versuchen Sie, die Situation und die Befindlichkeit zu verstehen und innerlich anzunehmen. Stellen Sie die heiklen Fragen vorsichtig. Achten Sie darauf, ob Ihr Gegenüber die Fragen zulassen kann. Bohren Sie nicht nach. Lassen Sie dem Mitarbeiter Zeit, die Fragen auf sich wirken zu lassen. Pausen sind hier hilfreich. Nur wenn der Mitarbeiter sich akzeptiert und in seiner »Welt« bzw. in seiner Situation angenommen fühlt, kann er sich öffnen und seine augenblickliche Verfassung schildern.

Sollte der Mitarbeiter nicht bereit sein, mit Ihnen zu sprechen, müssen Sie das akzeptieren. Bieten Sie trotzdem an, für ihn zur Verfügung zu stehen, wenn er zu einem späteren Zeitpunkt über das Thema sprechen möchte. Weisen Sie den Mitarbeiter jedoch darauf hin, dass Sie die momentanen Veränderungen im Verhalten nur befristet akzeptieren können.

- Lassen Sie im Gespräch auch Raum für die »Schwere« der Situation.

Vorschnelle Ratschläge, wie z. B.: »*Schauen sich doch nach vorne*« oder »*Es wird schon wieder leichter werden*«, können dazu führen, dass sich der Mitarbeiter unverstanden fühlt und ablehnend auf das Gespräch reagiert. Akzeptieren Sie einfach, dass momentan alles oder vieles für den Mitarbeiter schwer ist – selbst wenn Sie glauben, er sieht seine Situation zu pessimistisch. Menschen haben unterschiedliche Bewältigungsstrategien im Umgang mit Krisen. Während sich der eine in die Arbeit stürzt, kann eine andere Person mit Niedergeschlagenheit oder körperlichen Symptomen reagieren.

Gespräch zu Alkohol- und Drogensucht

Anlass

Der Genuss von Alkohol und illegalen Drogen kann die Leistungsfähigkeit von Mitarbeitern verringern. Aufmerksamkeit, Konzentration, Seh- und Denkvermögen lassen ebenso nach wie die körperlichen Fähigkeiten. Auch das Vermögen, sich selbst richtig einzuschätzen, sinkt. Die verlängerte Reaktionszeit kann die Unfallhäufigkeit erhöhen. Mit zunehmendem Promillegehalt steigt beispielsweise die Unfallgefahr erheblich [DHS, 2001, S. 11]: Bei 0,3 Promille besteht bereits ein zweifaches Unfallrisiko gegenüber einer Normalsituation, bei 1,5 Promille ein 16-faches Unfallrisiko!
Als Führungskraft sollten Sie sich der Gefahren, die durch Alkoholeinfluss entstehen, bewusst sein und Ihre Verantwortung wahrnehmen. Sowohl aufgrund Ihrer Fürsorgepflicht für den Mitarbeiter als auch Ihrer Pflicht, das betriebliche Umfeld vor Schaden durch Fehlhandlungen nach Alkoholmissbrauch und Drogenkonsum zu bewahren, müssen Sie handeln. Reagiert der Vorgesetzte nicht, so macht er sich mitverantwortlich. »*Bei rauschbedingten Arbeitsunfällen lockert sich bzw. entfällt der Versicherungsschutz. Nicht nur der verursachende Arbeitnehmer, sondern auch der Vorgesetzte kann in den Regress einbezogen werden, wenn er den Betroffenen nicht an der Weiterarbeit gehindert hat. Da dem Vorgesetzten objektive Methoden der Alkoholbestimmung (Blutalkoholbestimmung, Atemalkoholtest) nicht zur Verfügung stehen oder die Testdurchführung vom Betroffenen ohne Nachteile verweigert werden kann, ist er auf die Deutung seiner subjektiven Wahrnehmungen angewiesen*« [GOSTOMZYK, 2006, S. 10].
Da der Missbrauch von Alkohol und Drogen sich zumeist schleichend entwickelt, gilt der Grundsatz des vorbeugenden Handelns am Arbeitsplatz. Auffälligkeiten im Verhalten und Leistungsschwankungen des Mitarbeiters sollten frühzeitig erkannt werden, damit rechtzeitig gegengesteuert werden kann. Typische Anzeichen, die

2.4 Gespräche zur persönlichen Lebenssituation des Mitarbeiters

auf ein Alkohol- oder Drogenproblem des Mitarbeiters hindeuten, sind [DHS, 2001, S. 11]:

- häufige Fehltage, die als Kurzerkrankungen ohne ärztlichen Nachweis meistens durch Dritte entschuldigt werden,
- unentschuldigtes Fehlen, das nachträglich mit einem Urlaubstag abgegolten werden soll,
- fehlerhafte Arbeitsergebnisse und Arbeitsrückstände,
- aktive Phasen mit nachfolgendem deutlichen Leistungsabfall,
- Desinteresse an Arbeitsabläufen oder übergroßes Engagement (z. B. Mitarbeiter will Arbeitsvorhaben nicht aus der Hand geben),
- Beschäftigung des Mitarbeiters mit vielen Arbeitsaufgaben gleichzeitig, die für Außenstehende nicht nachvollziehbar sind,
- Zunahme der Unzuverlässigkeiten (z. B. versäumte Termine),
- fahriges, unkonzentriertes und nervöses Verhalten vor allem vor Arbeitspausen und dem Arbeitsende,
- Entfernen vom Arbeitsplatz während der Arbeitszeit (z. B. ist der Mitarbeiter oft ohne offensichtlichen oder nachvollziehbaren Grund unterwegs),
- vorgezogenes Arbeitsende oder Anhäufung von nicht vereinbarten Überstunden,
- überziehen der Pausen und unregelmäßiger Arbeitsbeginn.

Sprechen Sie den betroffenen Mitarbeiter so früh wie möglich direkt auf seinen Alkoholkonsum an, selbst wenn Sie nur einen Verdacht haben und keine Beweise. Informationsbroschüren von Verbänden und Beratungsstellen empfehlen den Führungskräften, sich im Zweifel für das Prinzip:»Sicherheit vor Risiko!« zu entscheiden.

Für Mitarbeiter, die infolge von Alkohol- oder Drogenkonsum nicht mehr fähig sind, ihre Arbeit ohne Gefahr für sich oder andere auszuführen, schreiben die Vorschriften der Berufsgenossenschaft zur Unfallverhütung ein sofortiges Beschäftigungsverbot vor:

(1) Versicherte dürfen sich durch Alkoholgenuss nicht in einen Zustand versetzen, durch den sie sich selbst oder andere gefährden können.

(2) Versicherte, die infolge Alkoholgenusses oder anderer berauschender Mittel nicht mehr in der Lage sind, ihre Arbeit ohne Gefahr für sich oder andere auszuführen, dürfen mit Arbeiten nicht beschäftigt werden [BGV, 2009].

Die Durchführungsanweisung zu § 38 Abs. 2 führt dazu aus: *»Das Beschäftigungsverbot zwingt nicht zur Entfernung aus dem Betrieb. Ob die Entfernung vertretbar ist, muss im Einzelfall entschieden werden.«*

Ziele

Ein Mitarbeitergespräch zum Thema Alkohol und Drogen dient dazu:

- die Alkoholproblematik frühzeitig zu erkennen,
- beim Mitarbeiter Einsicht für das Problem zu erzeugen,

- dem Mitarbeiter die Risiken für seine Leistungsfähigkeit, die Sicherheit und seine Gesundheit aufzuzeigen,
- Hilfen für den betroffenen Mitarbeiter rechtzeitig einzuleiten,
- möglichst schnell die Leistungsfähigkeit des Mitarbeiters wiederherzustellen.

Die Basis für das Vorgehen des Vorgesetzten ist der Arbeits-, Dienst- oder Ausbildungsvertrag, in dem sich der Arbeitnehmer zu bestimmten Leistungen verpflichtet. Gegebenenfalls stützt er sein Vorgehen auf die einschlägige Richtlinie oder die Betriebs- bzw. Dienstvereinbarung, sofern eine solche für das Unternehmen vorliegt. Er verweist den Arbeitnehmer auf seine Pflicht zur vertraglich vereinbarten Arbeitsleistung und auf Konsequenzen bei Nichteinhaltung arbeitsvertraglicher Verpflichtungen. Er erläutert dem Betroffenen die Zugangswege zur Suchtberatung und, so vorhanden, das betriebliche Hilfsprogramm.

Vorbereitung

Um bei einem solchen Gespräch ausreichend vorbereitet zu sein, sollten Sie sich gut informieren und gegebenenfalls fachkundigen Rat einholen. Machen Sie sich genau bewusst, welche Rolle Sie bei der Bekämpfung von Alkoholproblemen übernehmen können oder wollen, welche Verantwortung Sie gegenüber dem betroffenen Mitarbeiter, aber auch gegenüber Ihrem Team und dem Unternehmen haben und über welche Handlungsspielräume Sie verfügen. Dabei können Ihnen folgende Fragen helfen:

- Was ist Ihnen am Mitarbeiter, an seinem Verhalten und an seiner Leistungserbringung konkret aufgefallen?
- Wie haben sich sein Arbeits- und Sozialverhalten und sein Erscheinungsbild verändert? Gab es besondere Vorkommnisse? Notieren Sie die Antworten auf diese Punkte (z. B. Fehlzeiten, unentschuldigtes Fernbleiben, nachlassende Leistungen) jeweils mit Ort, Datum und Uhrzeit.
- Welches Verhalten soll der Mitarbeiter ändern?
- Gibt es bereits eine Vorgeschichte?
- Welche Informationen über Beratungsmöglichkeiten können Sie dem Mitarbeiter zur Verfügung stellen?
- Benötigen Sie zusätzliche Informationen? Wenn ja, welche (z. B. betriebliche Empfehlungen, Vorgaben und arbeitsrechtliche Aspekte)?
- Welche Konsequenzen kommen infrage, wenn der Mitarbeiter sein Verhalten nicht ändert?

Bedenken Sie: Der Vorgesetzte ist kein Suchttherapeut. Er stellt keine Diagnose, aber er erkennt ein Problem. Seine Führungsaufgabe und seine Fürsorgepflicht bestehen darin, beobachtete einschlägige Auffälligkeiten zu dokumentieren und den betroffenen Mitarbeiter im Gespräch mit den Erkenntnissen zu konfrontieren. Ausgangspunkt seiner Intervention sind die Verletzungen des Arbeitsvertrags durch den Mitarbeiter. Der betroffene Arbeitnehmer bekommt die Auflage, die Pflichtverletzungen abzustellen und mithilfe interner oder externer Stellen das Suchtproblem zu lösen.

2.4 Gespräche zur persönlichen Lebenssituation des Mitarbeiters

Das vom Vorgesetzten eröffnete Gespräch über seine Wahrnehmungen wird in der Praxis vom Suchtkranken häufig auf die emotionale Ebene (Abwehr- und Leugnungstendenzen, Uneinsichtigkeit, Heischen nach Verständnis) verschoben. Der Vorgesetzte sollte deshalb mit reflektierten und konkret für den Mitarbeiter entwickelten Zielvorgaben in das Gespräch gehen.

Stufen des Gesprächs

Alkohol- oder Drogenprobleme können nicht von heute auf morgen abgestellt werden. Die Deutsche Hauptstelle für Suchtfragen e. V. [DHS, 2001] empfiehlt daher, eine mittel- bis langfristige Lösung anzustreben und diese als einen Prozess mit mehreren Stufen zu betrachten. Ziel des Prozesses ist die Wiederherstellung der Arbeits- und Leistungsfähigkeit des Mitarbeiters.

Das Stufenprogramm zur Umsetzung dieses Prozesses zielt darauf ab, den Betroffenen zu motivieren, mit Unterstützung ambulanter oder stationärer therapeutischer Maßnahmen und Angeboten von Selbsthilfeeinrichtungen sein Verhalten zu ändern. Die Behandlung soll zu Abstinenz und einer Reintegration des Betroffenen in den Arbeitsprozess führen. Der Beitrag des Unternehmens zu dieser Entwicklung besteht in mehreren Gesprächen, in deren Verlauf der Betroffene für sich die Notwendigkeit einer Änderung seiner bisherigen Einstellungs- und Verhaltensmuster erkennt (vgl. Bild 2.3). Das erste Treffen besitzt noch den Charakter eines informativen Gesprächs. Ziel ist es, dem Betroffenen eine realistische Selbsteinschätzung der zumeist bestehenden Problemlage am Arbeitsplatz zu ermöglichen. Bei fortbestehender Problematik am Arbeitsplatz folgen Kritikgespräch und Abmahnungen. Am Ende des Prozesses steht die Kündigung und gegebenenfalls im Einzelfall die Möglichkeit der Wiedereinstellung nach erfolgreicher Therapiebeendigung.

Der Stufenplan will einen sogenannten »konstruktiven Leidensdruck« aufbauen, um den Betroffenen zur Einsicht in seine Krankheit zu bewegen und damit die Grundlage zu schaffen, dass er sich von seiner Sucht(gefährdung) lösen kann. Dahinter steht die Erfahrung, dass betriebliche »Hilfe durch Konsequenz« die innere

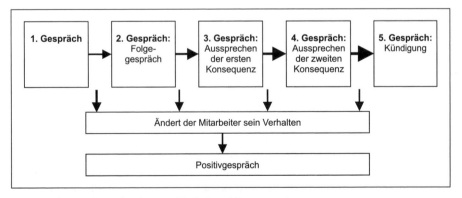

Bild 2.3 Gesprächsstufenplan zur Alkohol- und Drogensucht

Motivation zur Verhaltenskorrektur unterstützt. Im Folgenden ist der Stufenplan im Detail dargestellt:

- Erstes Gespräch: Rückmeldung zu Vermutungen

Angesichts der schweren Folgen von Alkoholmissbrauch und -sucht sollte dieses Gespräch so früh wie möglich stattfinden – im Zweifelsfall auch, wenn nur Verdachtsmomente bestehen und keine Beweise vorliegen.
Der Ablauf sollte etwa folgendermaßen gestaltet sein:
- Die Führungskraft schildert dem Mitarbeiter anhand konkreter Beispiele ihre Beobachtungen bzw. das Fehlverhalten.
- Die Führungskraft drückt ihre Besorgnis aus.
- Die Führungskraft äußert ihre Vermutung, Alkohol- oder Drogenprobleme könnten die Ursache der Veränderungen sein.
- Die Führungskraft fragt nach Gründen.
- Beide Seiten treffen eindeutig formulierte Vereinbarungen zur Vermeidung weiterer zu kritisierender Vorfälle.
- Die Führungskraft informiert den Mitarbeiter über die Konsequenzen der Nichteinhaltung der Vereinbarungen (z. B. mögliche Sofortmaßnahmen).
- Die Führungskraft weist den Mitarbeiter auf Beratungsstellen, Ansprechpartner und mögliche Hilfen im Betrieb und auf einen betrieblichen Stufenplan (z. B. von der Hauptstelle gegen Suchtgefahren) hin.
- Die Führungskraft äußert weitere Gesprächsbereitschaft für den Mitarbeiter.

Ziel des Gesprächs ist es, der betroffenen Person frühzeitig aufzuzeigen, dass sie Unterstützung vonseiten des Arbeitgebers bzw. von der Führungskraft erwarten kann, sofern sie dies wünscht.
Gelingt dem Mitarbeiter in den nächsten sechs bis acht Wochen eine Verhaltensänderung und stabilisiert sich sein Verhalten, wird ein sogenanntes »Positivgespräch« durchgeführt, in dem der Mitarbeiter Rückmeldung zu seiner positiven Verhaltensänderung erhält.

- Zweites Gespräch: Folgegespräch

Dieses Gespräch findet statt, sobald abzusehen ist, dass die vorherige Unterredung folgenlos geblieben ist. Wenn der Mitarbeiter zustimmt, sollte ein Vertreter der Personalvertretung oder Beratungspersonen aus der Sucht- oder Sozialberatung hinzugezogen werden.
Diesmal zeigt der Vorgesetzte wieder konkrete Beispiele für seine Vermutungen auf und beschreibt, wie diese mit dem Suchtmittelmissbrauch zusammenhängen könnten. Er empfiehlt Hilfsangebote, z. B. Suchtberatungsstellen zu nutzen, und macht deutlich, dass er, falls das Benehmen des Mitarbeiters weiterhin »unangenehm« auffällt, Konsequenzen ergreifen, d. h. eine Abmahnung aussprechen wird. Am Ende des Gesprächs informiert er den Mitarbeiter über ein mögliches stufenweises Vorgehen. Das Protokoll dieses Gesprächs wird der Personalabteilung zugeleitet. Bei erfolgter Verhaltensänderung findet ein Positivgespräch statt.

- **Drittes Gespräch: Aussprechen der ersten Konsequenz**

Lässt der Mitarbeiter weiterhin nicht vom Alkohol bzw. Drogen ab und kommt es infolgedessen zu weiterem Fehlverhalten, findet das nächste Gespräch statt. Diesmal wird neben den Gesprächsteilnehmern der vorangegangenen Unterredung noch ein Vertreter der Personalabteilung hinzugezogen.

Nachdem der Vorgesetzte das erneute Fehlverhalten beschrieben, den Zusammenhang mit dem Suchtmittelmissbrauch hergestellt und auf Hilfsangebote verwiesen hat, fordert er den Mitarbeiter unmissverständlich auf, eine Suchtberatung bis zu einem konkreten Termin aufzusuchen und für diesen Besuch einen Nachweis zu erbringen. Gibt der Mitarbeiter nun zu, ein Suchtproblem zu haben, fordert die Führungskraft ihn auf, eine Therapie zu beginnen, und sichert ihm seine Unterstützung zu. Ist das aber nicht der Fall, spricht der Vorgesetzte eine Abmahnung aufgrund fortgesetzten Fehlverhaltens aus und kündigt weitere Konsequenzen, konkret eine weitere Abmahnung, an, falls der Mitarbeiter erneut sein Verhalten nicht ändert. Das Gesprächsprotokoll wird in der Personalakte abgelegt (siehe auch unter Punkt 2.3 Disziplinar-Abmahnungsgespräch).

Zeigt sich der Mitarbeiter nun einsichtig oder beginnt er eine Therapie, werden keine weiteren Maßnahmen ergriffen.

- **Viertes Gespräch: Ausüben der zweiten Konsequenz**

Können trotz der vergangenen Gespräche und Maßnahmen keine Veränderungen beim Mitarbeiter beobachtet werden, folgt die vierte Stufe des Gesprächsprozesses. Es nehmen die gleichen Personen wie beim dritten Gespräch teil. Der Vorgesetzte beginnt wieder mit der Schilderung aktuellen Fehlverhaltens und bringt dieses mit dem Suchtmittelmissbrauch in Verbindung. Es folgt der Hinweis auf mögliche Hilfsangebote und – diesmal schriftlich – die Aufforderung, eine Beratungsstelle aufzusuchen. Die Führungskraft unterrichtet den Mitarbeiter davon, dass das Unternehmen nicht länger bereit ist, das Fehlverhalten hinzunehmen. Erklärt der Mitarbeiter daraufhin, dass keine Suchterkrankung vorliegt, spricht die Führungskraft eine zweite Abmahnung aus. Zusätzliche Konsequenzen des andauernden Fehlverhaltens könnten eine Versetzung oder eine Änderungskündigung sein.

Auch die zweite Abmahnung und das Gesprächsprotokoll werden in der Personalakte abgelegt. Ändert sich nun das Verhalten des Mitarbeiters oder nimmt er eine Therapie auf, bleiben weitere Folgen aus.

- **Fünftes Gespräch: Kündigung**

Als letzte Konsequenz und Eskalationsstufe wird mit dem Mitarbeiter ein Kündigungsgespräch geführt. Anwesend sind dieselben Personen wie in den beiden Gesprächen zuvor. Anlass ist diesmal die Umsetzung der zuvor angedrohten Kündigung (siehe Hinweis auch oben – gegebenenfalls Wiedereinstellung im Einzelfall).

Mögliche Gesprächsstruktur

Tabelle 2.6 zeigt, wie das zweite, also das Folgegespräch ablaufen könnte.

Tabelle 2.6 Mögliche Gesprächsstruktur eines Gesprächs der Stufe zwei wegen Alkoholmissbrauch

Ziel des Schritts	Themen
Einstieg	
Positiver Einstieg	• sich für das Kommen bedanken • etwas zum Trinken anbieten • falls passend: kurzer Small Talk
Anlass, Ziel und Rahmen klären	• den Grund der Unterredung nennen • benötigten Zeitrahmen abstecken und notfalls begründen
Klärung des Sachverhalts	
Fehlverhalten beschreiben	• erneutes Fehlverhalten anhand konkreter Sachverhalte und Beispiele präzise beschreiben • Zusammenhang zwischen Fehlverhalten und Suchtmittelmissbrauch herstellen
Sichtweise des Mitarbeiters einbeziehen	• Mitarbeiter um Rückmeldung bitten • dem Mitarbeiter ermöglichen, Stellung zu beziehen bzw. Erklärungen anzubieten
Hilfsangebote erläutern	• über mögliche Hilfsangebote informieren • empfehlen, die Hilfsangebote zu nutzen
Mögliche Konsequenzen aufzeigen	• darstellen, welche Konsequenzen bei fortgesetztem Fehlverhalten drohen (z. B. Abmahnung) • über Stationen und Zielsetzung des Stufenplans der Hauptstelle gegen Suchtgefahren informieren
Gesprächsabschluss	
Ergebnisse sichern	• Gesprächsergebnisse zusammenfassen
Mitarbeiter motivieren	• das Positive des Gesprächs hervorheben • Vertrauensvorschuss geben bzw. Zuversicht äußern, dass der Mitarbeiter die Kraft finden wird, etwas zu ändern
Wertschätzung zeigen	• für das Gespräch danken
Das Gesprächsprotokoll wird in der Personalakte abgelegt.	

Rechtliche Empfehlungen

Die Deutsche Hauptstelle für Suchtfragen e. V. (DHS) gibt Führungskräften zu den rechtlichen Aspekten folgende Empfehlungen:
Grundsätzlich gilt bei jeder Erkrankung von Arbeitnehmern das Recht auf freie Arzt- und Behandlungswahl. Die mit Sanktionen belegte Auflage, eine von betrieblicher Seite vorgegebene Beratung aufzusuchen oder sogar eine Therapie anzutreten, verstößt gegen dieses Recht. Die Aufforderung, eine Beratungsstelle oder Therapieeinrichtung aufzusuchen, muss deshalb immer deutlich als Hilfeangebot gekennzeichnet werden. Im fortgeschrittenen Stufenplan kann das Aufsuchen von Beratung sogar mit Nachdruck empfohlen werden. Allerdings ist in beiden Fällen zu berücksichtigen, dass die Nichtannahme dieses Hilfeangebots nach geltendem Recht disziplinarisch nicht zu beanstanden ist. Das Gleiche gilt für die Teilnahme an einer Selbsthilfegruppe, denn sie gehört zum privaten Lebensbereich von Beschäftigten. Die Nichtteilnahme an der Selbsthilfegruppe entgegen der betrieblichen Auflage, so die Rechtsprechung, rechtfertigt keine arbeitsrechtlichen Konsequenzen. Sanktioniert werden können nur die erneuten oder fortgesetzten Verstöße gegen arbeitsvertragliche Pflichten. Solange die Auflage, eine Beratungsstelle aufzusuchen, nicht unmittelbar aus arbeitsvertraglichen Verpflichtungen abgeleitet werden kann, besteht auch keine Handhabe, einen Nachweis für das Aufsuchen der Beratungseinrichtung zu verlangen. Der Arbeitgeber kann Arbeitnehmern auch nicht die Auflage machen, sich bei einer internen Einrichtung beraten zu lassen, er kann sie allerdings im Sinne des erweiterten Arbeitsschutzes zur Abwendung gesundheitlicher Gefährdungen verbindlich auffordern, sich durch interne Beratungskräfte oder Ansprechpersonen über Beratungsangebote informieren zu lassen.
Auflagen, die in den Stufengesprächen gemacht werden, müssen unmittelbar in Zusammenhang mit dem Dienst- oder Arbeitsverhältnis stehen oder im Weisungsrecht des Arbeitgebers liegen. Dazu kann auch ein individuelles Alkohol- oder Drogenkonsumverbot zählen, sofern es als Zusatz zum Arbeitsvertrag vereinbart wird.
Ein Gespräch nach dem Interventionsleitfaden (siehe Stufenplan) ist ein Gespräch zwischen Arbeitgeber und dem Beschäftigten im Rahmen des bestehenden Arbeitsvertrags. Es unterliegt damit dem besonderen Persönlichkeits- und Vertrauensschutz. Dies gilt insbesondere für das Stufengespräch, das zunächst ein Hilfe-, aber auch ein Disziplinargespräch ist. Weitere Personen, wie Betriebs-/Personalräte, Schwerbehindertenvertrauensleute, Gleichstellungsbeauftragte, dürfen deshalb nur mit Einverständnis der betroffenen Person am Stufengespräch teilnehmen. Das gilt in gleicher Weise auch für interne oder externe Beratungspersonen in der Sucht- oder Sozialberatung. Auch mit ihrer Teilnahme am Gespräch muss der Mitarbeiter sich einverstanden erklären, ausgenommen, sie werden als Vertretung des Arbeitgebers hinzugezogen [WIENEMANN; SCHUMANN, 2006, S. 50].
Eine Intervention bei Auffälligkeiten am Arbeitsplatz darf nach Wienemann und Schumann durch Personalverantwortliche nur erfolgen, wenn

- eine Vernachlässigung arbeitsvertraglicher oder dienstrechtlicher Pflichten (Haupt- und Nebenpflichten) vorliegt oder konkret absehbar ist,

- Störungen im Arbeitsablauf und/oder im Arbeitsumfeld verursacht werden,
- davon auszugehen ist, dass arbeitsbedingte Faktoren mit verursachend sein könnten bei der Entstehung der Probleme, die den Auffälligkeiten zugrunde liegen.

Eine Intervention nach dem Stufenplan sollte immer dann erfolgen, wenn die festgestellten Auffälligkeiten in Verbindung mit dem Gebrauch von Substanzen oder suchtbedingtem Verhalten stehen.

Empfehlungen

- Verhalten Sie sich konsequent und eindeutig gegenüber dem Mitarbeiter.

Bei Alkohol- und Drogenmissbrauch des Mitarbeiters empfiehlt sich eine einfühlsame, aber dennoch konsequente Führung durch den Vorgesetzten. Konsequentes und eindeutiges Handeln führt zu einem positiven Druck, der dazu beiträgt, dass es zu Einsicht und Akzeptanz der realen Situation kommt. Das ist eine Voraussetzung für die notwendigen Verhaltensänderungen.

Ein Dulden oder Übersehen ist das Gegenteil von Hilfe. Je früher die notwendigen unterstützenden Maßnahmen wie Therapien initiiert werden, desto leichter können Verhaltensänderungen erreicht werden. Echte Hilfe bedeutet, das »Versteckspiel« des Mitarbeiters vor der Realität des Konsums von Drogen, Alkohol oder anderen Suchtmitteln zu beenden und ihn zu einer realen Selbsteinschätzung zu bewegen.

- Lassen Sie sich von fachkundigen Personen, wie z. B. der Personalabteilung oder Mitarbeitern des betrieblichen Gesundheitswesens, beraten.

Für den Umgang mit alkohol- oder drogenabhängigen Mitarbeitern gibt es keine Patentrezepte, da jeder Fall sehr individuell ist. Es empfiehlt sich, eng mit anderen Stellen im Unternehmen zu kooperieren. Eine qualifizierte Beurteilung der Gefährdungs- und Krankheitsproblematik des betroffenen Mitarbeiters ist z. B. Aufgabe eines Arztes oder der Arbeitssicherheit. Außerdem gibt es eine Fülle von arbeitsrechtlichen Bestimmungen, die beim Umgang mit Suchtkranken zu beachten sind, falls Sie tatsächlich eine Kündigung aussprechen müssten.

Inner- und außerbetriebliche Fachstellen können dem Mitarbeiter bei den weiteren Schritten bis hin zur Behandlung beraten. Die Behandlung erfolgt – wie bei jeder Erkrankung – in qualifizierten Einrichtungen außerhalb der Organisation. Nach der Rückkehr müssen in den meisten Fällen besondere Regelungen beim Arbeitseinsatz vereinbart und muss eine Nachsorge sichergestellt werden.

2.5 Organisations- bzw. strukturbedingte Anlässe

Fehlzeiten- und Rückkehrgespräch

Anlass

Fehlzeiten sind ein Kostenfaktor für Unternehmen. Häufig müssen Kollegen den Ausfall durch zusätzliche Arbeit kompensieren. Es ist daher Aufgabe der Führungskraft, Fehlzeiten möglichst gering zu halten, aber auch prophylaktisch »krankheitsfördernde« Bedingungen zu vermeiden bzw. zu reduzieren.
Melden sich Mitarbeiter krank, plagen sie meist gesundheitliche oder psychische Probleme. Es können jedoch noch andere Ursachen für die Abwesenheit von Mitarbeitern verantwortlich sein, etwa das Betriebsklima oder die Arbeitsmotivation. Möglich ist auch, dass Fehlzeiten auf schlechte Arbeitsbedingungen hinweisen, die im Übrigen z. B. auch zu einem Arbeitsunfall führen oder psychosomatische Beschwerden fördern können.
Um die individuellen Ursachen von Fehlzeiten in einem Gespräch herauszuarbeiten zu können, hilft es, die möglichen Gründe dafür zu kennen. Sie lassen sich zwei Bereichen zuordnen:

- Gründe bezogen auf Aufgabe und Arbeitsumfeld
  - Aufgabe und Arbeitsinhalt: z. B. Unter- oder Überforderung, Überarbeitung oder Langeweile, Leiden unter ständigem Zeitdruck oder der Art der Tätigkeit, zu viel Monotonie oder Abwechslung in den Aufgaben.
  - Führung: Dieser Grund betrifft das Führungsverhalten des direkten Vorgesetzten bzw. das Zusammenwirken zwischen Mitarbeiter und der Führungskraft, z. B. zu geringe Anerkennung oder Wertschätzung durch den Vorgesetzten, zu wenig bis keine Entwicklungsmöglichkeiten, unklar definierte Erwartungen an Aufgaben- und Zielerfüllung, zu wenig Möglichkeiten, den Vorgesetzten zur Klärung wichtiger Sachverhalte anzusprechen, Konflikte mit dem Vorgesetzten.
  - Arbeitsbedingungen: z. B. ungesunde Arbeitsbedingungen, wie Lärm, schlechte Gerüche, Mängel beim Arbeitsschutz, ergonomisch schlecht eingerichtete Arbeitsplätze.
  - Arbeitsumfeld: z. B. vergleichsweise niedrige Entlohnung, die Länge oder Einteilung der Arbeitszeit, geringe Arbeitsplatzsicherheit, mangelnde Perspektiven im Unternehmen, offene oder unausgesprochene Konflikte im Team oder mit Kollegen, ein schlechtes Betriebsklima.

- Gründe bezogen auf das private Umfeld und persönliche Schwierigkeiten

Hier können vielfältige Ursachen für Fehlzeiten beim Mitarbeiter vorhanden sein, wie etwa persönliche Krisen (z. B. Scheidung), psychische Probleme, die Familiensituation, ein langer oder staugefährdeter Arbeitsweg des Mitarbeiters und Ähnliches.
Viele dieser Ursachen liegen im organisationalen Rahmen und in Umfeldbedingungen, die der Vorgesetzte nicht unmittelbar beeinflussen kann. Daher gilt es, sich im

Rückkehrgespräch vor allem auf Ursachen zu konzentrieren, die veränderbar sind, um wirkungsvolle Lösungen zu finden.

Ziele

Die Zielsetzung des Gesprächs hängt von der Vorgeschichte und den Annahmen des Vorgesetzten über die Gründe für die Fehlzeiten des Mitarbeiters ab. Im Allgemeinen werden folgende grundlegende Zielsetzungen verfolgt:

- schnelle Wiedereingliederung des erkrankten Mitarbeiters,
- Erhöhung der Arbeitszufriedenheit,
- Signalisieren des Interesses am Mitarbeiter und an dessen Arbeitssituation,
- Information an den Mitarbeiter über Veränderungen während seiner Abwesenheit,
- Analyse von Gründen und Ursachen von Fehlzeiten,
- Behebung betrieblich bedingter Ursachen für Fehlzeiten,
- Erhaltung der Leistungsfähigkeit.

Ziel des Gespräches ist es nicht,

- Mitarbeiter überführen zu wollen,
- Mitarbeiter zu maßregeln,
- Misstrauen zu verbreiten.

Arbeitsrechtlich dienen Rückkehrgespräche vorrangig zwei Zielen: Führungskräfte kommen durch das Gespräch zum einen ihrer Fürsorgepflicht (insbesondere nach § 618 BGB) nach, indem sie ergründen, ob es betriebliche Ursachen für die Erkrankungen gibt und wie diese gegebenenfalls behoben werden können. Zum anderen üben sie mit dem Gespräch auch eine gewisse Kontrolle aus, ob der Mitarbeiter seine vertraglich vereinbarte Arbeitsleistung erbringt. Der Arbeitnehmer kann sich diesem Gespräch nicht entziehen, denn als Arbeitgeber darf der Vorgesetzte den Arbeitnehmer aufgrund seines Weisungs- bzw. Direktionsrechts (§ 106 GewO) zu einem persönlichen Gespräch während der vertraglich geschuldeten Arbeitszeit bestellen. Der Inhalt des Gesprächs muss sich nicht auf Themen beschränken, die unmittelbar die Arbeitsleistung betreffen. Vielmehr dürfen auch allgemein die Grundsätze der gegenseitigen Zusammenarbeit besprochen werden (LAG Hessen, 07.07.1997, 16 Sa 2328/96, NZA 1998, 822), z. B. Probleme, die sich aus der Rückkehr nach einer Abwesenheit ergeben. Der Mitarbeiter muss im Rückkehrgespräch aber nur auf zulässige Fragen antworten. Im Rahmen eines Rückkehrgesprächs besteht somit keine Pflicht, Auskünfte über die Art der Erkrankungen und deren zukünftige Entwicklung zu geben (ArbG Mannheim, 12.01.2000, 11 Ca 310/99, RDV 2000, 281).

Gesprächsstufen

Rückkehr- bzw. Fehlzeitengespräche können sehr unterschiedlichen Charakter haben. Je nach Ursache und Vorgeschichte der längeren Abwesenheit des Mitarbeiters sollte sich der Vorgesetzte vor dem Gespräch für das richtige Vorgehen entscheiden:

2.5 Organisations- bzw. strukturbedingte Anlässe

- Erste Stufe: Rückkehrgespräch

Rückkehrgespräche werden nach jeder Abwesenheit (z. B. nach längerem Urlaub oder längerer Krankheit) geführt. Sie informieren den Mitarbeiter über Veränderungen und bieten Möglichkeiten, Probleme frühzeitig zu erkennen und zu lösen. Das Ziel ist die Wiedereingliederung und Herstellung der Arbeitsfähigkeit. Der Mitarbeiter erhält eine positive, wertschätzende Rückmeldung zu seiner Rückkehr (»Schön, dass Sie wieder bei uns sind!«). Die Wiedereingliederung wird besprochen.

- Zweite Stufe: Fehlzeitengespräch bei Auffälligkeiten

Fehlzeitengespräche werden nach mehreren krankheitsbedingten Abwesenheiten über eine bestimmte Zeit oder bei unentschuldigten Fehlzeiten geführt, um mögliche Ursachen zu analysieren und Lösungen zu entwickeln. Fehlzeitengespräche sind für alle Führungskräfte im Unternehmen verbindlich zu führen, wenn diese als »institutionalisierte Gespräche« definiert sind.

Ziel des Gesprächs ist es, die Wichtigkeit des Mitarbeiters für das Unternehmen aufzuzeigen und welche Auswirkungen sein Fehlen auf den betrieblichen Alltag hat. Der Mitarbeiter wird über Veränderungen, die während seiner Abwesenheit stattfanden, informiert.

Fragen nach möglichen Ursachen für die Krankheit mit dem Ziel, die Wiedereingliederung zu erleichtern, können gestellt werden. Der Mitarbeiter muss darauf jedoch nicht antworten. Sollte sich in diesem Teil des Gesprächs herausstellen, dass die Abwesenheit auch mit der Aufgabe und dem Arbeitsumfeld zusammenhängt, gilt es, sofern möglich, Maßnahmen einzuleiten, die auf diese Gegebenheiten einwirken (z. B. bei Mobbing). Über das Gespräch, mit seinen Themen und Vereinbarungen sollte der Vorgesetzte ein Protokoll führen.

- Dritte Stufe: Fehlzeitengespräch in »schwierigen« Fällen

Bei diesem Gespräch sollte ein Vertreter der Personalabteilung hinzugezogen werden, und – falls das der Mitarbeiter wünscht – ein Arbeitnehmervertreter.
Der Mitarbeiter wird erneut über Veränderungen im Unternehmen während seiner Abwesenheit informiert. Auch sollten wieder Fragen nach möglichen Ursachen für die Krankheit gestellt werden, um eine Wiedereingliederung zu erreichen. Rechtlich gesehen muss der Mitarbeiter darauf allerdings nicht antworten. Dem Mitarbeiter wird verdeutlicht, dass sein häufiges Fehlen aufgefallen ist und so nicht weiter akzeptiert werden kann. Diese Ausführung sollte auch einen Hinweis auf mögliche Konsequenzen beinhalten.
Um Abhilfe zu schaffen, werden im Laufe des Gespräches Ziele und Maßnahmen zur Veränderung diskutiert und soweit möglich verbindlich vereinbart. Wenn es zu einer Vereinbarung kommt, wird diese schriftlich dokumentiert.
Grundsätzlich empfiehlt es sich, ab der zweiten Eskalationsstufe ein Protokoll des Gesprächs zu erstellen, um bei etwaigen späteren rechtlichen Auseinandersetzungen über Dokumentationen zu verfügen. Die gesetzlichen Bestimmungen (z. B. Informations- und Mitspracherechte des Betriebsrats) sowie die innerbetrieblichen

Vereinbarungen müssen beachtet werden. Hier gilt es, sich genau zu informieren, um als Führungskraft Handlungssicherheit zu besitzen. Lassen Sie sich im Zweifelsfall vor dem Gespräch von der personaljuristischen Abteilung im Unternehmen beraten.

- Vierte Stufe: Kündigungs- oder Versetzungsgespräch

Sollte sich auch nach dem dritten Gespräch keine Besserung einstellen und der Mitarbeiter weiterhin unbegründete Fehlzeiten aufweisen, ist es notwendig, weitere Maßnahmen und Konsequenzen herbeizuführen.

Dem Mitarbeiter wird mitgeteilt, dass sein Verhalten vom Arbeitgeber nicht weiter akzeptiert werden kann und deswegen die Kündigung ausgesprochen wird (siehe auch Kündigungsgespräch). Diese ordentliche Kündigung erfolgt schriftlich und wird dem Betroffenen nach dem Entlassungsgespräch übergeben. Die Versetzung des Mitarbeiters an einen anderen Arbeitsplatz stellt eine alternative Option bei begründeter Aussicht auf Verhaltensänderung dar.

Vorbereitung

Je nach Zielsetzung des Gespräches werden einige der unten stehenden Fragen für Sie relevant:

- Welche möglichen Ursachen gibt es für die Fehlzeiten (z. B. körperliche oder psychische Erkrankung, private Umstände, Motivationsprobleme)?
- Wie sieht die Vorgeschichte aus? Gibt es bereits Vermerke in der Personalakte?
- Gibt es Auffälligkeiten im Verhalten?
- Gibt es ernst zu nehmende Gerüchte?
- Wie steht der Mitarbeiter zum Unternehmen?
- Wie könnte der Mitarbeiter reagieren?
- Welche rechtlichen Fragen sind relevant? Wer kann Sie im Zweifelsfall beraten bzw. informieren?
- Wer muss mit einbezogen bzw. informiert werden?
- Welche Konsequenzen sind Sie bereit, zu verfolgen?

Mögliche Gesprächsstruktur

Tabelle 2.7 zeigt, aus welchen Bestandteilen ein Fehlzeitengespräch bestehen sollte.

Empfehlungen

- Recherchieren Sie vor dem Gespräch die Vorgeschichte des Mitarbeiters in der Personalakte, falls diese Ihnen noch nicht bekannt ist.
- Planen Sie dieses Gespräch schon am ersten Tag nach der Rückkehr des Mitarbeiters ein.
- Bauen Sie keinen Druck auf.

Vermeiden Sie Andeutungen wie *»Ihr Kollege ist nach der gleichen Krankheit schon nach der Hälfte der Zeit wieder in der Arbeit erschienen«* oder *»Sie haben aber wirklich*

Tabelle 2.7 Mögliche Gesprächsstruktur eines Fehlzeitengesprächs

Ziel des Schritts	Themen
Einstieg	
Positiver Einstieg	• sich für das Kommen bedanken • etwas zum Trinken anbieten • positiv herausstellen, dass der Mitarbeiter wieder im Unternehmen ist
Anlass, Ziel und Rahmen klären	• den Grund der Unterredung nennen • benötigten Zeitrahmen abstecken und notfalls begründen
Information über Neuigkeiten/Rückmeldung zur Bedeutung des Mitarbeiters	
Mitarbeiter über Veränderungen im Unternehmen informieren	• über Neuigkeiten aus dem Unternehmen, der Abteilung etc. berichten • dem Mitarbeiter Möglichkeit zum Nachfragen geben
Bedeutung des Mitarbeiters für das Unternehmen erläutern	• Auswirkungen des Fehlens für Kollegen und Unternehmen aufzeigen
Wiedereingliederung	
Ursachen klären	• nach möglichen Ursachen für die Krankheit fragen, um Unterstützung anzubieten (der Mitarbeiter muss darauf nicht antworten) • eigene Vermutungen schildern und diese mit konkreten Beobachtungen und Beispielen begründen
Aktivitäten zur Wiedereingliederung entwickeln	• die Gründe für die Fehlzeiten analysieren, falls der Mitarbeiter diese genannt hat (z. B. gesundheitliche Einschränkungen, Konflikte am Arbeitsplatz) • gemeinsam Maßnahmen zur Wiedereingliederung bzw. zur Behebung der Ursachen entwickeln
Festlegen von Maßnahmen und Aktivitäten	
Vereinbarungen treffen	• gemeinsam Maßnahmen definieren und festlegen • Termin vereinbaren zur gemeinsamen Überprüfung des Erfolgs der Maßnahmen
Gesprächsabschluss	
Ergebnissicherung	• wesentliche Ergebnisse und Vereinbarungen wiederholen und schriftlich dokumentieren
Motivation	• das Positive des Gesprächs hervorheben • Vertrauensvorschuss geben
Wertschätzung zeigen	• für das Gespräch danken

gewartet, bis Sie absolut vollständig gesund sind.« Solche Äußerungen enthalten unterschwellige Vorwürfe und werden als Misstrauen erlebt.

- Vermitteln Sie dem Mitarbeiter, dass er als Mensch vermisst wurde und nicht nur seine Arbeitskraft.
- Gehen Sie auf den Mitarbeiter und dessen Bedürfnisse ein.

Gerade Mitarbeiter, die wegen Krankheit abwesend waren, benötigen eine gründliche und angemessene Wiedereingliederung. Rückkehrgespräche verlangen Fingerspitzengefühl. Es gilt darüber zu sprechen, welche Anforderungen schon wieder möglich sind und welche Unterstützung der Mitarbeiter noch braucht, um wieder seine volle Leistungsfähigkeit zu erreichen. Dies setzt eine vertrauensvolle und offene Atmosphäre voraus. Geben Sie dem Mitarbeiter daher die Möglichkeit, Themen, die ihm wichtig sind, anzusprechen und Verbesserungsvorschläge zu machen. Gehen Sie behutsam vor. Sollten Sie unsicher über die Schwierigkeiten bei der Wiedereingliederung sein, können Sie sich beim Betriebsarzt oder bei den zuständigen Krankenkassen informieren.

Kündigungsgespräch

Anlass

Kündigungsgespräche sind für alle Beteiligten eine große Belastung, da es gilt, eine schlechte Nachricht an den Mitarbeiter zu übermitteln. Für Führungskräfte zählen sie zu den schwierigsten und unangenehmsten Mitarbeitergesprächen.
Diese Gespräche sollte der direkte Vorgesetzte führen, da er die Personalverantwortung trägt und er auch sonst die Mitarbeitergespräche führt. Die Führungskraft kennt den Mitarbeiter und dessen persönliche Verhältnisse am besten.
Je nach Grund unterscheidet man verschiedene Arten der Kündigung. Jede Kündigung erfordert eine spezifische Vorbereitung und Durchführung. Hier eine Aufstellung unterschiedlicher Kündigungsarten [www.123recht.net/Arten-der-Kündigung-und-was-zu-tun-ist, aufgerufen am 07.11.2009]:

- Betriebsbedingte Kündigung

Die betriebsbedingte Kündigung wird ausgesprochen, wenn der Arbeitgeber den Arbeitsplatz nicht mehr zur Verfügung stellen will oder kann, da er seinen Betrieb nicht mehr so fortführen wird wie bisher. Für die betriebsbedingte Kündigung sind weder verhaltens- noch personenbedingte Kündigungsgründe erforderlich. Die Kündigung resultiert daher aus einer rein unternehmerischen Entscheidung.
Auch bei der betriebsbedingten Kündigung ist der Grundsatz der Verhältnismäßigkeit zu beachten. Hiernach ist eine betriebsbedingte Kündigung nur zulässig, wenn keine aus Sicht des Arbeitgebers milderen Mittel zur Verfügung stehen, um den verfolgten Zweck der unternehmerischen Entscheidung zu erreichen. Ein dringendes betriebliches Erfordernis für die Kündigung fehlt daher immer dann, wenn der Arbeitnehmer auf einen für beide Parteien zumutbaren anderen freien, vergleich-

2.5 Organisations- bzw. strukturbedingte Anlässe

baren und gleichwertigen Arbeitsplatz im Unternehmen versetzt werden kann (BAG-Bundesarbeitsgericht 06.12.2001 – 2 AZR 695/00).
Vor Ausspruch der betriebsbedingten Kündigung ist regelmäßig eine Sozialauswahl durchzuführen, nach welcher schutzbedürftige Arbeitnehmer nicht vor einem weniger schutzbedürftigen Arbeitnehmer zu kündigen sind, ohne dass berechtigte betriebliche Bedürfnisse dessen Weiterbeschäftigung bedingen. Die Sozialauswahl ist nur dann entbehrlich, wenn der gesamte Betrieb stillgelegt oder die gesamte Abteilung geschlossen werden soll.

- Personenbedingte Kündigung

Die personenbedingte Kündigung ist sozial gerechtfertigt, wenn sie durch Gründe bedingt ist, die in der Person des Arbeitnehmers liegen. Das Kündigungsschutzgesetz (KSchG) enthält jedoch keine Definition von personenbedingten Gründen. Gemeint sind aber Gründe, die die persönlichen Eigenschaften und Fähigkeiten des Arbeitnehmers betreffen, wie z. B. die fehlende Eignung bzw. Befähigung des Arbeitnehmers, Krankheit, eine fehlende Arbeitserlaubnis oder die Verbüßung einer Freiheitsstrafe. Ein Verschulden ist regelmäßig nicht erforderlich, sodass der personenbedingten Kündigung auch keine Abmahnung vorauszugehen hat.
Der Arbeitgeber ist daher gerade bei der personenbedingten Kündigung verpflichtet, jede zumutbare und geeignete Maßnahme zu ergreifen, durch die im Rahmen der betrieblichen Interessen die Kündigung vermieden werden kann.

- Verhaltensbedingte Kündigung

Mögliche Gründe für eine verhaltensbedingte Kündigung sind:
- Leistungsstörung: unentschuldigtes Fehlen oder sonstige Verstöße gegen die Arbeitspflicht.
- Störungen der betrieblichen Ordnung: Beleidigungen von Kollegen oder Vorgesetzten, Verstöße gegen Rauch- oder Alkoholverbote.
- Störungen im Vertrauensbereich: unerlaubte Handlungen, insbesondere Straftaten.
- Verletzung von Nebenpflichten: verspätete oder gänzlich unterbliebene Krankmeldung bzw. Vorlage der Arbeitsunfähigkeitsbescheinigung.

Verhaltensbedingte Gründe sind nur dann kündigungsrelevant, wenn auch künftige Vertragsverstöße zu befürchten sind (Bundesarbeitsgericht 17.01.1991, DB 91, 1226) und demnach eine Wiederholungsgefahr besteht.
Einer verhaltensbedingten Kündigung hat in der Regel eine vergebliche Abmahnung, die keine Änderung bewirkt hat, vorauszugehen, da auch diese Kündigung nur ausgesprochen werden kann, wenn keine milderen Mittel zur Verfügung stehen.

- Außerordentliche Kündigung

Die außerordentliche oder oftmals auch als fristlos bezeichnete Kündigung löst das Arbeitsverhältnis mit sofortiger Wirkung auf.

Erforderlich für eine außerordentliche Kündigung ist ein wichtiger Grund, aufgrund dessen dem Kündigenden die Fortsetzung des Arbeitsverhältnisses nicht zugemutet werden kann.
Gemäß § 626 Abs. 1 BGB ist für eine außerordentliche oder fristlose Kündigung ein sogenannter wichtiger Grund erforderlich. Es müssen daher Tatsachen vorliegen, aufgrund derer es dem Kündigenden nicht weiter zugemutet werden kann, das Arbeitsverhältnis auch nur bis zum Ablauf der Kündigungsfrist oder des vereinbarten Endes fortzusetzen (z. B. bei schwerer Beleidigung, unbegründeter Arbeitsverweigerung, Werksdiebstahl und sexueller Belästigung).

Ziele

Kündigungsgespräche verfolgen vor allem vier Ziele:

- Aussprechen der Kündigung,
- ausführliche Darlegung der Gründe für die Kündigung,
- Festlegung der Details der weiteren Vorgehensweise,
- Vereinbarung von Unterstützung des betroffenen Mitarbeiters durch den Arbeitgeber und die Führungskraft.

Vorbereitung

Von der Art der Kündigung hängt es ab, welche der folgenden Fragen für die Gesprächsvorbereitung genutzt werden können:

- Was sind die genauen Kündigungsgründe? Welche möchten Sie kommunizieren?
- Wie stehen Sie persönlich zur Kündigung?
- Welche Informationen benötigen Sie aus der Personalakte?
- Welche rechtlichen Aspekte müssen Sie berücksichtigen?
- Was bedeutet die Kündigung für den Mitarbeiter?
- Wie wird der Mitarbeiter wahrscheinlich reagieren?
- Welche Konsequenzen hat die Kündigung für den Mitarbeiter?
- Für was wollen Sie sich beim Mitarbeiter bedanken?
- Welche Unterstützung für die Arbeitsplatzsuche können und wollen Sie anbieten?
- Welche Aspekte benötigen eine Klärung und Regelung?

Mögliche Gesprächsstruktur

Eine außerordentliche Kündigung aus einem gewichtigen Grund, wie z. B. Diebstahl, findet in einer anderen Gesprächsatmosphäre statt wie eine betriebsbedingte Kündigung. Die grobe Gesprächsstruktur ist jedoch ähnlich. Die einzelnen Aspekte benötigen entsprechende Gesprächsführungskompetenzen und Empathie. Tabelle 2.8 beschreibt am Beispiel einer betriebsbedingten Kündigung, wie das Gespräch verlaufen könnte.

2.5 Organisations- bzw. strukturbedingte Anlässe

Tabelle 2.8 Mögliche Gesprächsstruktur bei einer betriebsbedingten Kündigung

Ziel des Schritts	Themen
Einstieg	
Neutraler Einstieg	• kurze Begrüßung • kein Small Talk, da hier unangemessen
Anlass, Ziel und Rahmen klären	• den Grund der Unterredung nennen • benötigten Zeitrahmen abstecken und notfalls begründen
Kündigung aussprechen und begründen	
Kündigung und deren Gründe erläutern	• Kündigung aussprechen • nachvollziehbare Gründe dafür nennen • rechtliche Regelungen darlegen • sofern ehrlich, authentisch und passend: Betroffenheit und Bedauern äußern • Mitarbeiter die Möglichkeit geben, nachzufragen, und ihm Zeit geben, die Botschaft wirken zu lassen
Weiteres Vorgehen skizzieren	• falls der Mitarbeiter in der Lage und bereit ist: weiteres Vorgehen bei der Umsetzung der Kündigung erklären • falls der Mitarbeiter dazu nicht in der Lage ist (z. B. aufgrund heftiger emotionaler Reaktion): Gespräch hier kurz unterbrechen, bis der Mitarbeiter sich wieder gefasst hat, oder Folgetermin vereinbaren
Nächste Schritte regeln	
Offene Fragen klären	• Umgang mit offenen Punkten (z. B. Überstunden, Abfindung, Resturlaub, Abschließen von Aufgaben und Projekten, Übergaben, Zeugnis) gemeinsam besprechen
Gegebenenfalls Unterstützung vereinbaren	• sofern möglich und Bereitschaft vorhanden: Unterstützung bei der Suche nach einem neuen Arbeitgeber anbieten
Gesprächsabschluss	
Angemessenes Ende	• schriftliche Kündigung übergeben • sich für die Zusammenarbeit, die erbrachte Leistung und die Ergebnisse bedanken • Kündigung bedauern

Empfehlungen

- Unterdrücken Sie nicht Ihre Gefühle und erwarten Sie auch nicht vom Mitarbeiter, dass er das tut.

Kündigungsgespräche gehören zu den unangenehmen Seiten der Führungstätigkeit. Sie sind aber Teil der Führungsverantwortung und müssen als solche auch in ihrer Schwere akzeptiert werden. Versuchen Sie nicht, die Situation zu überspielen. Eine sehr hohe Sachlichkeit, Coolness oder Härte ist der Situation unangemessen und der Mitarbeiter fühlt sich zusätzlich zur unangenehmen Botschaft auch noch abgefertigt.
Sollten Sie eine Kündigung persönlich bedauern, wie dies z. B. bei betriebsbedingten Kündigungen eigentlich die Regel ist, teilen Sie dies dem Mitarbeiter auch mit. Spürt der Mitarbeiter, dass es Sie auch menschlich und persönlich berührt, kann er eine Anteilnahme auch akzeptieren. Achten Sie jedoch darauf, dass nicht Ihren Gefühlen, sondern den Gefühlen des Mitarbeiters im Gespräch besondere Aufmerksamkeit geschenkt wird. Trotz aller Tragik sollte das Gespräch wertschätzend durchgeführt werden. Akzeptieren Sie, dass der Mitarbeiter seine Gefühle offen zeigt.

- Informieren Sie sich ausreichend über die juristischen Voraussetzungen und Hintergründe (Kündigungsschutzgesetz).

Die Beweislast liegt beim Arbeitgeber bzw. bei Ihnen als Führungskraft.

- Lassen Sie sich von der Personalabteilung beraten.

Sie kann Sie über alle Konsequenzen informieren, Ihnen Aufschluss über die Sozialdaten des betroffenen Mitarbeiters geben und Sie zu alternativen Maßnahmen, z. B. den Wechsel des Arbeitsortes, beraten.

- Sofern ein Betriebsrat existiert, nehmen Sie Kontakt auf und halten Rücksprache.

Nach dem Betriebsverfassungsgesetz (§ 102 BetrVG) ist der Betriebsrat vor jeder Kündigung zu hören. Eine Kündigung ohne Anhörung des Betriebsrates ist unwirksam.

- Führen Sie ein Kündigungsgespräch an einem normalen Arbeitstag, zu Beginn der Woche oder in der Wochenmitte.

So kann das betriebliche Umfeld die starke psychische Belastung des Betroffenen, die die Entscheidung hervorrufen kann, registrieren und nach Möglichkeit auffangen. Bei einem Gespräch gegen Ende der Arbeitswoche nimmt der Mitarbeiter die aktuellen Emotionen mit in das Wochenende.

2.6 Arbeits- bzw. aufgabenbezogene Anlässe

Problemlösungsgespräch

Anlass

Im Arbeitsalltag werden Ihre Mitarbeiter immer wieder, auch aufgrund der zunehmenden Komplexität und Eigenverantwortung, mit Schwierigkeiten konfrontiert, die sie nicht allein bewältigen können, weil ihnen z. B. die erforderliche Entscheidungskompetenz fehlt. In solchen Situationen bietet sich ein Problemlösungsgespräch an. Es dient dazu, gemeinsam das Problem und seine Ursachen zu identifizieren und infrage kommende Lösungsmöglichkeiten herauszuarbeiten. Je konkreter Sie die Schritte zur Lösung des Problems vereinbaren, umso wahrscheinlicher werden die geplanten Maßnahmen zum Erfolg führen.

Ziele

Beim Problemlösungsgespräch sollen folgende Ziele erreicht werden:

- Analyse des aktuellen Stands der Aufgabe/des Projekts,
- Analyse der Ursachen für Probleme,
- Abwägen alternativer Lösungsmöglichkeiten,
- Maßnahmenplanung zur Lösung von Problemen,
- Erkennen möglicher Schwachstellen bzw. mangelnder Kompetenzen und Befugnisse des Mitarbeiters und
- bei Bedarf: Korrekturen in der Arbeitsweise und Aufgabenerledigung des Mitarbeiters.

Vorbereitung

Planen Sie ausreichend Zeit für die Vorbereitung auf dieses Gespräch ein. Bitten Sie den Mitarbeiter, Ihnen vorab mündlich und per E-Mail Hintergrundinformationen zum Problem zu geben. Dabei sollte er insbesondere darlegen,

- was das Ziel des Gesprächs ist,
- wie sich der aktuelle Stand der Situation darstellt,
- um welches Problem es sich genau handelt,
- ob und auf welche Fragestellungen sich die Führungskraft vorbereiten sollte,
- was der Mitarbeiter von Ihnen als Führungskraft erwartet.

Mit diesem Vorwissen können Sie sich anhand folgender Fragen vorbereiten:

- Was wissen Sie bisher über das Problem?
- Welche Annahmen haben Sie?
- Sind andere Themen, Projekte, Ziele und Aufgabenstellungen von dem zu lösenden Problem tangiert?
- Wie sieht im Moment die aktuelle Arbeitssituation des Mitarbeiters aus?

- Wie schätzen Sie den Mitarbeiter ein? Wie hoch sind im Moment seine Fach- und Problemlösungskompetenz, Leistung und Motivation?
- Welche Rückmeldungen an den Mitarbeiter sind wichtig?

Bitten Sie auch den Mitarbeiter, sich anhand folgender Fragestellungen auf das Gespräch vorzubereiten:

- Was genau ist das Problem?
- Was sind mögliche Gründe dafür?
- Wie könnte eine mögliche Lösung aussehen?

Mögliche Gesprächsstruktur

Tabelle 2.9 stellt dar, wie Sie zusammen mit Ihrem Mitarbeiter in einem Gespräch ein gewichtigeres Problem lösen können.

Empfehlungen

- Nehmen Sie sich Zeit, ein gemeinsames Verständnis der Problemlage zu erarbeiten.

Nur wenn Sie und Ihr Mitarbeiter gemeinsam von einer gleichen Problemdefinition ausgehen, können Sie sicherstellen, nicht aneinander vorbeizureden.

- Führen Sie eine gründliche Analyse des Problems durch.

Nur auf dieser Grundlage können Sie effektive Lösungen finden.

- Fordern Sie den Mitarbeiter auf, eigene Vorschläge zur Lösung des Problems vorzubringen.

Sie fördern damit nicht nur seine Eigeninitiative und Kreativität, er wird erfahrungsgemäß eigene Lösungsvorschläge überzeugter umsetzen als »Anweisungen von oben«. Die Identifikation mit den eigenen Ideen ist im Allgemeinen größer als mit vorgegebenen Lösungen. Erst danach unterbreiten Sie ihm Ihre Vorschläge.

- Erarbeiten Sie gemeinsam einen Plan mit geeigneten Maßnahmen zur Lösung des Problems.

Je genauer die einzelnen Schritte definiert werden, umso selbständiger kann der Mitarbeiter die aufgetretenen Schwierigkeiten beheben.

Delegationsgespräch

Anlass

Eine wichtige Aufgabe von Führung stellt die Delegation von Aufgabenstellungen an Mitarbeiter dar. Dabei ist es besonders wichtig, Mitarbeiter für die Aufgaben so auszuwählen, dass sie die entsprechenden Erfahrungen und Fähigkeiten besitzen, um die ihnen delegierten Aufgaben erfolgreich zu meistern.

2.6 Arbeits- bzw. aufgabenbezogene Anlässe

Tabelle 2.9 Mögliche Gesprächsstruktur eines Problemlösungsgesprächs

Ziel des Schritts	Themen
Einstieg	
Positiver Einstieg	• sich für die Übermittlung der Informationen bedanken
Anlass, Ziel und Rahmen klären	• Ziel des Gesprächs nennen • benötigten Zeitrahmen abstecken und notfalls begründen
Problemdarlegung	
Problem verstehen	• Mitarbeiter das Problem definieren und die Sachlage schildern lassen • nachfragen, um einzelne Punkte präziser herauszuarbeiten
Soll-Ist-Abgleich	• sich ein eigenes Bild von der Problemlage machen und dieses darlegen
Ursachen herausarbeiten	• aktuelle Situation und Ursachen des Problems sorgfältig analysieren
Lösung entwickeln	
Finden von Lösungsalternativen	• den Mitarbeiter durch gezielte Fragen anregen, Ideen für Lösungsmöglichkeiten zu entwickeln • vorhandene Lösungsansätze zur Diskussion stellen
Lösungsalternativen bewerten	• Kriterien für die Auswahl einer Lösungsmöglichkeit definieren • Entscheidung treffen
Maßnahmen und Aktivitäten	
Vereinbarungen treffen	• gemeinsam festlegen, was zur Lösung des Problems unternommen werden soll • gefundenen Lösungsweg dokumentieren
Gesprächsabschluss	
Ergebnissicherung	• wesentliche Ergebnisse zusammenfassen und die Vereinbarungen wiederholen
Motivation	• Feedback (unter anderem Anerkennung für die beigesteuerten Ideen) an den Mitarbeiter aussprechen • dem Mitarbeiter Vertrauensvorschuss geben
Wertschätzung zeigen	• sich für die gute Vorbereitung und das konstruktive Gespräch bedanken (nur wenn dies den Tatsachen entspricht!) • bei Bedarf: anbieten, weiter zur Verfügung zu stehen
Nachhaltigkeit herstellen	• nach maximal zwei Wochen nachfragen, ob die Aktivitäten zur Problemklärung effektiv waren

Sie können sowohl Routineaufgaben, eine Projektverantwortung, die Entwicklung von Konzepten oder Ideen, Teilaspekte einer größeren Aufgabenstellung mit der entsprechenden Verantwortung und den notwendigen Befugnissen delegieren als auch Aufgaben übertragen, die Sie entlasten und Ihnen mehr Zeit für Ihre Führungstätigkeit verschaffen.

Interessante und anspruchsvolle Aufgaben spornen den Mitarbeiter an und fördern gleichzeitig die Entwicklung der Kompetenzen, die zu ihrer erfolgreichen Umsetzung notwendig sind. Davon profitieren der Mitarbeiter und das Unternehmen. Die Delegation findet in einem Gespräch statt, das die Ziele, die Voraussetzungen und die Rahmenbedingungen für die neue Aufgabe absteckt.

Ziele

Mögliche Ziele eines Delegationsgesprächs können sein:

- die Bearbeitung komplexer Aufgaben,
- die Entlastung der Führungskraft,
- die Motivation des Mitarbeiters,
- die Förderung der Leistungsfähigkeit des Mitarbeiters,
- die Förderung der Selbständigkeit und Entwicklung des Mitarbeiters,
- das Klären sowohl der Ziele und erwarteten Ergebnisse als auch der Rahmenbedingungen, Ressourcen und Befugnisse, die für die Aufgabenerfüllung erforderlich sind.

Vorbereitung

Vor dem Gespräch sollten Sie genau den Zweck und die Ziele der Delegation definieren. Was genau soll getan werden und welches Ergebnis soll erzielt werden? Wenn Sie wissen, was Sie delegieren wollen, gilt es, den für diese Aufgabe geeigneten Mitarbeiter zu finden.
Kriterien für die Auswahl des richtigen Mitarbeiters können sein:

- das Kompetenzniveau,
- der Entwicklungsstand,
- freie zeitliche Ressourcen sowie
- Entwicklungsziele des Mitarbeiters.

Grundlegende Eckpunkte für Inhalt und Umfang der Delegation können Sie sich mit folgenden drei Fragen erarbeiten:

- Warum soll der Mitarbeiter diese Aufgabe übernehmen?

Mit der Antwort auf diese Frage formulieren Sie, warum die Aufgabe wichtig und wertschöpfend ist und welches Ergebnis erzielt werden soll. Sie können dem Mitarbeiter so vermitteln, welcher Sinn hinter den Aktivitäten steckt.

- Wie soll er es tun?

2.6 Arbeits- bzw. aufgabenbezogene Anlässe

Anhand dieser Frage klären Sie den genauen Umfang der übertragenen Aufgabe und Details für deren Umsetzung, also welche Mittel und Ressourcen zur Verfügung stehen, welche Informationen gegeben werden, wie der Handlungs- und Entscheidungsrahmen aussieht und wie die zusätzliche Aufgabe mit den anderen Tätigkeiten vereinbart werden kann. Je nach Kompetenzen des Mitarbeiters sollten Sie hier auch überlegen, welche Unterstützung notwendig ist und wie sie gegeben werden kann.

- Bis wann soll der Mitarbeiter die Aufgabe bewältigen?

In der Regel gibt es für Aufgaben einen Endtermin. Dieser sollte festgelegt werden, ebenso eventuelle Zwischenkontrolltermine, damit der Mitarbeiter seine Zeit richtig einteilen kann.

Als Führungskraft sollten Sie sich auch überlegen, ob der Mitarbeiter nachvollziehbare Gründe haben könnte, die Aufgabe abzulehnen.

Mögliche Gesprächsstruktur

Tabelle 2.10 zeigt, wie ein Delegationsgespräch ablaufen könnte.

Tabelle 2.10 Mögliche Gesprächsstruktur eines Delegationsgesprächs

Ziel des Schritts	Themen
Einstieg	
Positiver Einstieg	• sich für das Kommen bedanken • etwas zum Trinken anbieten • falls passend: kurzer Small Talk
Anlass, Ziel und Rahmen klären	• den Grund der Unterredung nennen • benötigten Zeitrahmen abstecken und notfalls begründen
Für die Übernahme der Aufgabe motivieren	• Bedeutung und Sinn der Aufgabe vorstellen • möglichen Nutzen für den Mitarbeiter aufzeigen
Delegation erklären	
Aufgabe erläutern	• Aufgabe so genau wie nötig erklären und beschreiben
Aufgabenverständnis überprüfen	• dem Mitarbeiter die Möglichkeit für Rückfragen geben
Rahmenbedingungen klären	
Handlungsspielraum definieren	• Rahmenbedingungen, Gestaltungsspielräume und Kompetenzen bei der Lösung der Aufgabe diskutieren

Tabelle 2.10 *(Fortsetzung):* Mögliche Gesprächsstruktur eines Delegationsgesprächs

Ziel des Schritts	Themen
Realisierbarkeit herstellen	• Machbarkeit der zu delegierenden Aufgabe prüfen (z. B.: Verträgt diese sich mit den bisherigen Tätigkeiten des Mitarbeiters? Benötigt der Mitarbeiter Entlastung oder Unterstützung?)
Delegation fixieren	
Ergebnisse festhalten	• konkrete Vereinbarungen treffen, um die Ergebnisse des Delegationsgesprächs festzuhalten
Gesprächsabschluss	
Positiver Abschluss	• Ergebnisse zusammenfassen • für das angenehme Gespräch danken • den Mitarbeiter ermutigen, bei Fragen und Schwierigkeiten das Gespräch mit Ihnen zu suchen • einen Vertrauensvorschuss geben • positives Gesprächsende suchen

Empfehlungen

- Delegierte Aufgaben sollten für Mitarbeiter herausfordernd, aber nicht überfordernd sein.
- Informieren Sie umfassend, auch über den Gesamtzusammenhang der Aufgabe im Betriebsgeschehen.
- Delegieren Sie möglichst die vollständige, komplette Aufgabe mit der entsprechenden Verantwortung und Kompetenz.
- Definieren Sie klare Zwischenschritte und Endtermine.
- Achten Sie darauf, dem Mitarbeiter die Entscheidungsbefugnisse und Freiräume, auf die er zur Bewältigung seiner Aufgabe angewiesen ist, zu geben.

So halten Sie Rückfragen und Rückdelegation möglichst gering. Dieses Vorgehen stellt die Möglichkeit zum selbständigen Handeln und in der Folge meist eine höhere Identifikation und Motivation sicher.

DAS WICHTIGSTE IN KÜRZE

➡ Im Arbeitsalltag führen Vorgesetzte aus verschiedenen Anlässen Gespräche mit ihren Mitarbeitern. Der Unterschied dieser Gespräche liegt in ihrer Zielsetzung. Es können verschiedene Arten von anlassbezogenen Gesprächen unterschieden werden: Gespräche, die durch das Verhalten des Betroffenen bedingt sind und Anerkennung oder Kritik beinhalten, Gespräche zur persönlichen Situation des Mitarbeiters, wie zu kritischen Lebensereignissen oder Suchtproblemen, Unterredungen, die sich aufgrund organisationaler oder struktureller Themenstellung ergeben, wie Kündigungs- oder Rückkehrgespräche, sowie aufgabenbezogene Gesprächsinhalte wie im Rahmen von Delegations- oder Problemlösungsgesprächen.

➡ Für alle anlassbezogenen Mitarbeitergespräche empfiehlt sich grundsätzlich dieselbe Vorgehensweise. So besteht jedes Gespräch in der Regel aus einer Vorbereitungsphase, einer Ankündigung des Gesprächs, einer Festlegung des Ablaufs und der Dauer sowie einer Phase der Auswertung, Nachbereitung und Dokumentation. Die Ausgestaltung, Schwerpunktsetzung sowie Inhalte der Gespräche variieren dagegen abhängig vom Anlass des Gesprächs.

➡ Ausschlaggebend für den Erfolg der Gespräche ist eine gute Vorbereitung. Sie hilft nicht nur das Thema konkret zu fassen, Argumente zu ordnen und einen sinnvollen Ablauf für das Gespräch zu erarbeiten, sondern erhöht auch die innere Überzeugung der Führungskraft, das anstehende Anliegen zur Sprache zu bringen und damit deren Sicherheit im Auftreten. Kennzeichen einer guten Vorbereitung sind die Analyse der Perspektiven der Beteiligten sowie Überlegungen, wie der Mitarbeiter reagieren könnte, insbesondere, welche Gegenargumente er vorbringen könnte. Auf diese Weise kann die Führungskraft bereits im Vorfeld effektive Gesprächsstrategien entwickeln. Das Ergebnis der Vorbereitung sollte der Vorgesetzte für sich schriftlich festhalten.

➡ Die Ankündigung des Gesprächs beinhaltet das zu behandelnde Thema und die Vereinbarung eines Gesprächstermins. Dies ermöglicht dem Mitarbeiter, sich ebenfalls vorzubereiten. Der Ton, in dem diese Ankündigung erfolgt, sollte der Bedeutung des Anlasses entsprechen.

➡ Vor dem Gespräch empfiehlt sich ein letzter Check, um zu prüfen, ob der Führungskraft die Ziele des Gesprächs präsent sind, alle benötigten Unterlagen bereitliegen und der Vorgesetzte in einer mentalen Verfassung ist, die es ihm erlaubt, nicht nur sein Anliegen vorzubringen, sondern auch auf sein Gegenüber einzugehen.

➡ Die Dauer eines anlassbezogenen Mitarbeitergesprächs variiert je nach Komplexität des Themas bzw. der zu ergreifenden Maßnahmen, der Vorgeschichte und der Reaktion des Mitarbeiters zwischen einer halben Stunde und zwei Stunden.

- Wenn die Führungskraft eine Leistung ausdrücklich anerkennt, bestärkt sie den Mitarbeiter in seinem Verhalten und motiviert ihn zusätzlich. Anlass für Lob sollten aber nicht nur außergewöhnliche Leistungen sein, sondern auch die sorgfältige Erledigung von Routinearbeiten.

- Kritikgespräche gehören zu den unangenehmen Aufgaben einer Führungskraft. Sie sind aber unumgänglich, wenn das Verhalten des Mitarbeiters einer Änderung bedarf, da Arbeitsleistung, Atmosphäre oder Außenkontakte der Abteilung darunter leiden bzw. ohne Eingreifen des Vorgesetzten keine Verbesserung der Situation zu erwarten ist. Je nach Vorgeschichte und Bedeutung des Gegenstandes der Kritik sollte man bereits im Vorfeld die adäquate Stufe des Gesprächs und das entsprechende Vorgehen wählen. Die erste Stufe ist ein Feedbackgespräch, in dem die Aufforderung zur Veränderung noch als Anregung formuliert ist. Können daraufhin noch keine Änderungen festgestellt werden, wird die Intensität des Gesprächs erhöht. Zunächst formuliert die Führungskraft ihre Kritik nachdrücklicher, dann werden konkrete Vereinbarungen mit dem Mitarbeiter getroffen, um Besserung zu erreichen. Führt dies erneut zu keiner Veränderung, werden Konsequenzen formuliert. In einem weiteren Eskalationsschritt werden diese umgesetzt. Bei ausbleibender Änderung wird schließlich auf arbeitsrechtliche Mittel zurückgegriffen, z. B. auf eine Abmahnung. Kritik sollte grundsätzlich nur unter vier Augen und möglichst kurz nach dem Anlass erfolgen.

- Auch ein Abmahnungsgespräch hat zum Ziel, Fehlverhalten eines Mitarbeiters abzustellen. Im Gegensatz zum Kritikgespräch hat es aber arbeitsrechtliche Relevanz und wird in der Personalakte dokumentiert. Damit eine Abmahnung gegebenenfalls auch vor Gericht Bestand hat, muss der Vorgesetzte das dem Mitarbeiter angelastete Fehlverhalten mit Datum und möglichst auch Uhrzeit belegen und den Mitarbeiter eindringlich darauf hinweisen, dass er im Wiederholungsfall mit der Kündigung zu rechnen hat. Aufgrund der möglichen rechtlichen Auswirkungen der Abmahnung sollte sich die Führungskraft vor dem Gespräch von der Personalabteilung oder einem auf Arbeitsrecht spezialisierten Juristen beraten lassen.

- Gespräche zu privaten Krisensituationen des Mitarbeiters erfordern ein besonderes Fingerspitzengefühl. Nicht jeder Mensch kann oder will offen über persönliche Probleme reden. Bleibt der Mitarbeiter über das Thema schweigsam, so muss dies von der Führungskraft akzeptiert werden. Für einen Vorgesetzten ist von Interesse, um welches Problem es geht, wie lange es voraussichtlich andauern wird und ob der Mitarbeiter es bewältigen kann. Denn private Sorgen können die Leistungsfähigkeit, insbesondere die Konzentrationsfähigkeit des Mitarbeiters verringern. Ziel dieses Gesprächs ist es deshalb zu eruieren, ob und gegebenenfalls wie der Vorgesetzte den Mitarbeiter unterstützen kann, damit dieser schneller die Krise überwindet, oder wie durch sie verursachte Beeinträchtigungen der Leistungsfähigkeit abgefedert werden können.

Das Wichtigste in Kürze

- Bei Suchtproblemen hat der Vorgesetzte die Pflicht einzugreifen: zum einen aufgrund seiner Verantwortung für den Mitarbeiter, zum anderen auch, weil nach dem Konsum von Alkohol oder Drogen die Unfallgefahr rapide ansteigt. Je früher er mit dem betroffenen Mitarbeiter das Gespräch sucht, desto größere Chancen bestehen, dass dieser sein Problem erkennt, etwas dagegen unternimmt und bald wieder seine Aufgaben voll erfüllen kann. Dennoch: Die Führungskraft ist kein Suchttherapeut. Basis ihrer Intervention kann nur die Forderung sein, dass der Mitarbeiter seinen Arbeitsvertrag einhält. Dabei sollte sie sich im Klaren darüber sein, dass eine Bewältigung der Sucht nicht von heute auf morgen eintritt. Führungskräfte sollten daher Informationen bei der Personalabteilung oder bei Suchtberatungsstellen einholen und gegenüber dem Arbeitnehmer einen konstruktiven Leidensdruck aufbauen und diesen Schritt für Schritt erhöhen, um ihn zu unterstützen, die Krankheit in den Griff zu bekommen. Weigert oder leugnet der Mitarbeiter seine Krankheit konsequent, muss der Vorgesetzte das kritisierte Verhalten als Fehlverhalten ahnden. So folgt auf das erste ernste Gespräch eine verbindliche Vereinbarung, um eine Änderung herbeizuführen, dann eine Abmahnung, die zweite Abmahnung und schließlich die Kündigung.

- Grundsätzlich sollte ein Vorgesetzter nach jeder längeren Abwesenheit eines Mitarbeiters, diesen zu einem Rückkehrgespräch bitten. In diesem geht es darum, den Mitarbeiter über Änderungen im Arbeitsumfeld zu informieren und zu eruieren ob Maßnahmen mit Rücksicht auf dessen Gesundheitszustand getroffen werden müssen, um die Integration des Mitarbeiters in die Arbeit zu gewährleisten. Häufen sich jedoch die Tage, an denen der Mitarbeiter nicht im Unternehmen ist, ist es Zeit für ein Fehlzeitengespräch. In ihm prüft die Führungskraft, ob die Abwesenheiten tatsächlich krankheitsbedingt sind. Auch Probleme mit der Arbeitsaufgabe oder dem Arbeitsumfeld sowie private Schwierigkeiten können einen Mitarbeiter so belasten, dass er krank wird oder schon bei geringen Symptomen zu Hause bleibt. In diesem Fall sollte der Vorgesetzte die Ursachen herausfinden und soweit möglich abstellen oder den Mitarbeiter bei der Bewältigung der privaten Schwierigkeiten unterstützen. Kommt es danach immer noch zu Fehlzeiten oder unentschuldigtem Fehlen, sollte die Führungskraft mit dem Mitarbeiter eine konkrete Vereinbarung treffen, wie die Fehlzeiten abzustellen sind. Hilft auch diese Maßnahme nichts, steht am Ende des Prozesses ein Gespräch über eine Versetzung oder die Kündigung.

- Kündigungsgespräche sind notwendig, wenn das Unternehmen den Arbeitsplatz des Mitarbeiters streicht (betriebsbedingte Kündigung), der Mitarbeiter keine ausreichenden Fähigkeiten oder Eigenschaften zeigt, um seine Aufgabe erfüllen zu können (personenbedingte Kündigung), er wiederholt Fehlverhalten zeigte und damit zu rechnen ist, dass dieses andauert (verhaltensbedingte Kündigung), oder etwas so Schwerwiegendes passiert ist, dass

> dem Arbeitgeber nicht zuzumuten ist, den Mitarbeiter auch nur einen Tag länger zu beschäftigen (fristlose Kündigung). Vor der verhaltensbedingten Kündigung muss der Mitarbeiter in der Regel abgemahnt worden sein. Ziele des Gesprächs sind, die Kündigung auszusprechen sowie die Übergabe und den Abschluss der Aufgaben des Mitarbeiters zu regeln. Falls die Möglichkeit besteht und der Vorgesetzte dies für angebracht hält, kann auch besprochen werden, inwieweit der bisherige Vorgesetzte den Mitarbeiter bei der anstehenden Arbeitssuche unterstützen kann. Wichtig bei diesen Gesprächen ist es, auf die Gefühle des Mitarbeiters Rücksicht zu nehmen. Außerdem sollte sich die Führungskraft vor der Kündigung von einem Juristen oder der Personalabteilung Rat einholen. Ist ein Betriebsrat vorhanden, muss dieser einbezogen werden.

> Treten unerwartete Schwierigkeiten auf, die der Mitarbeiter nicht selbständig lösen kann, sollte er mit seinem Vorgesetzten ein Problemlösungsgespräch führen können. Es dient dazu, die Ursachen für das Problem zu identifizieren und geeignete Lösungsmöglichkeiten zu finden.

> Delegieren gehört zu den Grundaufgaben einer Führungskraft. Damit die übertragene Aufgabe erfolgreich gemeistert werden kann und der betroffene Mitarbeiter durch sie motiviert und nicht überfordert wird, sollte der Vorgesetzte sich bei der Delegation Zeit für ein Gespräch nehmen. Bei dessen Vorbereitung kommt es vor allem darauf an, die Aufgabe genau zu definieren, den Nutzen für das Unternehmen und den Mitarbeiter herauszuarbeiten und mögliche Hindernisse zu bedenken. Im Gespräch selbst ist dann zu klären, welche Aufgabe wie und bis wann zu erfüllen ist und ob der Mitarbeiter dazu Unterstützung benötigt.

Mehr zu diesem Thema

Brandenburg, U.; Nieder, P.: *Betriebliches Fehlzeiten-Management. Instrumente und Praxisbeispiele für erfolgreiches Anwesenheits- und Vertrauensmanagement.* Gabler, 2009

DHS (Deutsche Hauptstelle gegen die Suchtgefahren e. V.): »Substanzbezogene Störungen am Arbeitsplatz. Eine Praxishilfe für Personalverantwortliche«. DHS, 2001 (www.dhs.de/web/daten/ Arbeitsplatz.pdf, aufgerufen am 04.11.2009)

Küttner W.; Röller, J. (Hrsg.): *Personalhandbuch 2009.* Beck, 2009

Wienemann, E.; Schumann, G.: *Qualitätsstandards in der betrieblichen Suchtprävention und Suchthilfe.* Deutsche Hauptstelle für Suchtfragen (DHS), 2006

www.mobbing-gegner.de/Mobbing/Krankheit/RückkehrGespräch, aufgerufen am 06.11.2009
www.123recht.net/Arten-der-Kündigung-und-was-zu-tun-ist, aufgerufen am 06.11.2009
www.arbeitsratgeber.com/alkohol-am-arbeitsplatz, aufgerufen am 06.11.2009
www.bzga.de (Bundeszentrale für gesundheitliche Aufklärung [BZgA]), aufgerufen am 06.11.2009

Institutionalisierte Mitarbeitergespräche

DARUM GEHT ES ...

- Welche Zielsetzungen verfolgen institutionalisierte Mitarbeitergespräche?
- Wie sichert man den Mitarbeitergesprächen größtmögliche Akzeptanz?
- Welche Bestandteile hat ein institutionalisiertes Mitarbeitergespräch?
- Worauf müssen Sie bei der Vorbereitung und Durchführung achten?

DIESES KAPITEL BESCHREIBT:

- Ziele, die Unternehmen Mitarbeitergesprächen setzen,
- Faktoren für die Akzeptanz des institutionalisierten Mitarbeitergesprächs,
- Erfolgsfaktoren von institutionalisierten Mitarbeitergesprächen,
- wie sich Führungskräfte und Mitarbeiter optimal vorbereiten können,
- welche Rahmenbedingungen zu beachten sind,
- den Ablauf des Mitarbeitergesprächs mit den Bestandteilen Zielvereinbarung, Standortbestimmung, Leistungsbeurteilung, Entwicklungsgespräch und Besprechung der Zusammenarbeit mit Vorgesetzten, Kollegen und anderen Abteilungen.

Sie sind stolz, dass Ihre Firma in den letzten zehn Jahren von einem kleinen Betrieb mit fünf Mitarbeitern auf insgesamt 60 Mitarbeiter gewachsen ist. Waren die Anfangsjahre von Pioniergeist und großer Nähe zwischen Ihnen und Ihrem damals noch kleinen Mitarbeiterteam geprägt, so befinden Sie sich jetzt in einer völlig anderen Unternehmensphase. Es ist unmöglich für Sie geworden, alle 60 Mitarbeiter direkt zu führen und die gleiche Nähe zu etablieren, wie Sie es in der Mitarbeiterführung in den Anfangsjahren gewohnt waren. Daher haben Sie schon seit längerer Zeit Strukturen geschaffen, in denen an Sie berichtende Führungskräfte die Verantwortung für Unternehmensbereiche und die damit verbundene Mitarbeiterführung übernommen haben. Vereinzelte Rückmeldungen von Mitarbeitern, aber auch Ihre eigenen Beobachtungen verfestigen Ihren Eindruck, dass diese Führungskräfte Ihrer Führungsverantwortung sehr unterschiedlich nachkommen und es dadurch auch immer wieder zu Unzufriedenheiten bei den Mitarbeitern kommt. Sie haben daher beschlossen, einen verbindlichen Führungsprozess für Ihr Unternehmen zu etablieren und institutionalisierte Mitarbeitergespräche einzuführen. Sie fragen sich nun, was ein gutes institutionalisiertes Mitarbeitergesprächssystem auszeichnet und auf was man bei der Vorbereitung und Durchführung achten sollte. Zudem beschäftigt Sie die Frage, wie Sie die Möglichkeiten, die das Mitarbeitergespräch als Führungsinstrument bietet, möglichst effektiv nutzen und wie Sie bei Führungskräften und Mitarbeitern Akzeptanz für die Durchführung dieser Gespräche sichern können.

3.1 Ziele institutionalisierter Mitarbeitergesprächssysteme

Die Ausgestaltung der Gesprächsinhalte und auch des Ablaufprozesses von institutionalisierten Mitarbeitergesprächen kann von Organisation zu Organisation verschieden sein, abhängig von den Zielen, die mit der Durchführung dieser Gespräche verbunden sind, und der spezifischen Unternehmenskultur. Auch werden diese Gespräche häufig mit einem besonderen Namen gekennzeichnet, wie z. B. »Jahresgespräche«, »Januargespräche«, »Mitarbeiter-Reviews«, »Orientierungsgespräche«, »Performance Reviews« und Ähnliches, um den Unterschied zu einem anlassbezogenen oder ad hoc geführten Mitarbeitergespräch zu verdeutlichen. Manche Unternehmen vergeben auch Kürzel für dieses Gespräch (wie z. B. MAG) oder koppeln es mit dem Firmennamen oder an einen Slogan (z. B. »MEAG – Erfolg durch Ziele«), wie die Unternehmensbeispiele in Kapitel 13 verdeutlichen.
Nach Rice [RICE, 1996] kommt der eindeutigen Definition der Ziele der Mitarbeitergesprächssysteme große Bedeutung zu. Sind die Absichten des Unternehmens nicht eindeutig formuliert, reagieren Mitarbeiter und Führungskräfte mit Unzufriedenheit. Daher sollten Unternehmen die Ziele, die sie mit einem Mitarbeitergesprächssystem bezwecken, transparent machen und klar kommunizieren. So können sie Unsicherheiten bei der Anwendung sowohl aufseiten der Mitarbeiter als auch bei Führungskräften vermeiden. Grundsätzlich unterscheidet man nach der Zielsetzung zwei Gruppen:

- evaluative Mitarbeitergesprächssysteme und
- entwicklungsorientierte Mitarbeitergesprächssysteme.

Evaluative Mitarbeitergesprächssysteme

Beim evaluativen Einsatz dient das Mitarbeitergespräch vor allem als Entscheidungshilfe in zwei Bereichen:

- Anerkennung der individuellen Leistung,
- Identifikation von Mitarbeitern mit guten bzw. schlechten Leistungen und den damit verbundenen Folgeentscheidungen wie z. B. Beförderung, Versetzung oder Kündigung bzw. Entscheidung über Gehaltserhöhungen oder über die Höhe der leistungsorientierten Bezahlung.

Bei evaluativen Beurteilungsentscheidungen wird immer der einzelne Mitarbeiter mit einer bestimmten Mitarbeitergruppe verglichen, man spricht hier von einer »relativen Beurteilung« der Mitarbeiter. Knüpft man an die Beurteilung Folgeentscheidungen wie z. B. Bonus-, Gehalts- und Karriereentscheidungen, so erhöht sich häufig die Ernsthaftigkeit, mit der Beurteilungsgespräche geführt werden. Führungskräfte müssen vergütungsrelevante Entscheidungen, die an eine Beurteilung gekoppelt sind, stichhaltig begründen und bereiten sich daher oft besonders intensiv auf die der Entscheidung vorangehenden Mitarbeitergespräche vor (vgl. Beispiel Mitarbeitergespräch GTZ in Kapitel 13).

Zudem stehen sie im Vorfeld der Beurteilung vor der Aufgabe, Zielsetzungen und Leistungsstandards zu definieren. Allein schon die ausführliche Besprechung von Leistungserwartungen kann sich positiv auf die Leistung der Mitarbeiter insgesamt auswirken [LOCKE; LATHAM, 2002]. Darüber hinaus lässt bereits die Aussicht der Mitarbeiter auf die Honorierung guter Arbeitsergebnisse ihr Zielcommitment und Engagement ansteigen.

Studien ergaben, dass Mitarbeiter implizit erwarten, dass die Höhe ihres Gehalts in Relation zu ihren erbrachten Leistungen steht. Wird dieses Thema im Beurteilungsgespräch nicht besprochen und geklärt, erfüllt die Führungskraft nicht die berechtigten Erwartungen des Mitarbeiters. 2003 untersuchte Lawler III 55 Fortune-500-Arbeitgeber in den USA und deren Einsatz von Performance-Management-Systemen. Dabei kam er zu dem Ergebnis, dass die Arbeitgeber Beurteilungen für umso wirksamer halten, je enger diese mit monetären Anreizsystemen verknüpft sind. Die erhöhte Wirksamkeit zeigt sich nach ihrer Ansicht sowohl bei der Förderung von leistungsrelevanten Faktoren (z. B. Motivation und Zielcommitment) als auch bei der Effektivität des gesamten Performance-Management-Systems.

Entwicklungsbezogene Mitarbeitergesprächssysteme

Der entwicklungsbezogene Einsatz von Mitarbeitergesprächssystemen hat nach Boswell und Boudreau [BOSWELL; BOUDREAU, 2000] vor allem zum Ziel,

- die Kommunikation und Zusammenarbeit zwischen Mitarbeitern und Führungskräften zu verbessern,

- ein Feedback zu Stärken und Schwächen zu ermöglichen,
- Entwicklungs- und Qualifizierungsbedarfe zu besprechen und gegebenenfalls
- den Einsatz des Mitarbeiters in neuen oder erweiterten Aufgabenfeldern und Verantwortlichkeiten zu beschließen.

Im Gegensatz zu den evaluativen Beurteilungsentscheidungen, die Mitarbeiter zueinander in relativen Vergleich setzen, basieren entwicklungsbezogene Beurteilungen auf der spezifischen Betrachtung der individuellen Fähigkeiten des Mitarbeiters [CLEVELAND; MURPHY; WILLIAMS, 1989].

Im deutschen Sprachraum gehen in jüngerer Zeit viele Firmen bei der Entwicklung von Mitarbeitergesprächssystem dazu über, sowohl evaluative wie auch entwicklungsorientierte Komponenten zu integrieren. So erfüllt das Instrument häufig folgende Funktionen:

- Instrument der Unternehmenssteuerung

In dieser Funktion dient es dazu, die individuellen Aufgaben und Ziele jedes Mitarbeiters von den übergeordneten Unternehmenszielen abzuleiten. Die individuellen Aufgaben und Ziele jedes einzelnen Mitarbeiters tragen so unmittelbar zum Unternehmenserfolg bei. Mitarbeiter erhalten durch Zielvereinbarungen mehr Eigenverantwortung innerhalb eines vereinbarten Handlungsspielraums.

- Instrument der Personalentwicklung

Das Mitarbeitergespräch bietet die Möglichkeit, konkrete Entwicklungsmaßnahmen zu vereinbaren und umzusetzen, die den Mitarbeiter unterstützen, sowohl seine aktuellen Aufgaben und Ziele zu erfüllen als auch eine mittelfristige Karriereperspektive zu entwickeln. Zu diesem Zweck tauschen sich Mitarbeiter und Führungskraft über Stärken und Lernfelder des Mitarbeiters aus.

- Instrument der Personalführung

Hier dient das Mitarbeitergespräch dazu, einen verbindlichen und einheitlichen Zielvereinbarungs- und Leistungsbewertungsprozess für alle Mitarbeiter zu etablieren und so eine aufgaben- und zielorientierte Mitarbeiterführung und -entwicklung zu unterstützen. Die Leistung jedes Mitarbeiters wird dadurch nach einheitlichen Standards bewertet. Gleichzeitig bietet das Mitarbeitergespräch genügend Spielraum, um auf individuelle Belange des Mitarbeiters einzugehen und darauf abgestimmte differenzierte Regelungen zu treffen. Darüber hinaus kann bei dieser Zielsetzung auch angesprochen werden, wie man die Zusammenarbeit zwischen Führungskräften, Mitarbeitern und Kollegen anderer Abteilungen verbessern kann.

- Instrument für die Bestimmung individueller leistungsabhängiger Incentivierungen

In diesem Fall bildet die Einschätzung bestimmter erzielter Ergebnisse oder der Gesamtleistung des Mitarbeiters durch die Führungskraft eine Grundlage für die

Festsetzung der Vergütung und andere Folgeentscheidungen, wie z. B. Karriereplanungen.
In der bestehenden Literatur zu Mitarbeitergesprächssystemen wird empfohlen, den entwicklungsorientierten Teil des Mitarbeitergesprächs vom leistungsbewertenden Teil zu trennen. Dadurch reagiert der Mitarbeiter im entwicklungsorientierten Gesprächsteil offener auf Feedback zu seinen Stärken und Schwächen sowie auf Empfehlungen zur Leistungssteigerung. Stellt eine Führungskraft in dem Gespräch dagegen das Thema in den Mittelpunkt, wie sich die Leistung des Mitarbeiters auf dessen Vergütung auswirkt, besteht die Gefahr, dass der Mitarbeiter zum Schluss gelangt, sich im Mitarbeitergespräch möglichst gut darstellen zu müssen, um das Ergebnis des Mitarbeitergesprächs positiv zu beeinflussen [BOSWELL; BOUDREAU, 2002].
Führungskräfte legen bei der Bewertung unterschiedliche Messlatten an, je nachdem, was sie beurteilen sollen. Geht es beispielsweise um die Bewertung der Leistung des Mitarbeiters, stützen sie sich eher auf Vergleichswerte. Diese spielen dagegen bei entwicklungsorientierten Bewertungen eher eine untergeordnete Rolle.
Mittelfristig erwarten sich viele Unternehmen von der Einführung von Mitarbeitergesprächssystemen, dass sich diese insgesamt positiv auf

- Leistung und Produktivität der Mitarbeiter auswirken,
- aber auch organisationales Commitment, Motivation und Zufriedenheit erhöhen.

Ob ein Mitarbeitergesprächssystem diese Erwartungen tatsächlich erfüllt und ausschlaggebend für die Veränderung dieser Variablen war, konnten empirische Studien bislang noch nicht zweifelsfrei nachweisen [HOSSIEP; BITTNER; BERNDT, 2008; WINKLER, 2007]. Das liegt zum einen daran, dass bisher zu wenig Feldstudien untersuchten, ob durch die Einführung von Mitarbeitergesprächssystemen langfristig positive Effekte in den genannten Variablen zu verzeichnen sind. Zum anderen sind gerade Motivation und Zufriedenheit, aber auch das Leistungsverhalten von Mitarbeitern von sehr vielen weiteren Faktoren abhängig (z. B. Wettbewerbsfähigkeit der Produkte, Schlankheit der Prozesse, Höhe der Vergütung in Relation zu vergleichbaren Positionen bei Wettbewerbern, Unternehmenskultur, intrapersonale Variablen, wie etwa die individuelle Leistungsmotivation).

3.2 Akzeptanz des Mitarbeitergesprächs

Die Verbreitung des Mitarbeitergesprächs liegt nach einer Untersuchung von Hossiep und Bittner [HOSSIEP; BITTNER, 2006] in deutschen Unternehmen bei 75 bis 85 Prozent. Ihre Befragung von deutschen Top-500-Unternehmen sowie der 20 größten Versicherungen und Banken Deutschlands zeigte, dass 92 Prozent der Unternehmen in ihrem Hause institutionalisierte Mitarbeitergespräche mit den Schwerpunkten Leistungsfeedback, Standortbestimmung, Karriereplanung und Planung von Entwicklungsmaßnahmen durchführen. Interessanterweise überarbeiten 38 Prozent der Unternehmen zum Zeitpunkt der Studie gerade ihre Richtlinien und Materialien. Das deutet darauf hin, dass das Instrument in vielen Unternehmen weiterentwickelt wird. Im Durchschnitt wird die Akzeptanz des Mitarbeitergesprächs auf einer Skala von »1 = sehr gering« bis »5 = sehr hoch« mit 3,9 von den befragten Personalfachleuten bewertet. 97 Prozent der Befragten betrachten das Mitarbeitergespräch generell als sinnvoll bis sehr sinnvoll. Als Gründe, die die Akzeptanz beeinträchtigen können, werden von ihnen genannt aufseiten der Führungskräfte:

- der hohe Zeitbedarf,
- mögliche Autoritätsverluste,

aufseiten der Mitarbeiter:

- fehlender Glaube, dass sich aus dem Gespräch tatsächlich Konsequenzen ergeben.

Trotz dieser Vorbehalte sprechen gewichtige Argumente für institutionalisierte Mitarbeitergesprächssysteme (vgl. Tabelle 3.1). Je mehr die Vorteile den Beteiligten bewusst sind, desto höher ist die Wahrscheinlichkeit, dass die Gespräche als Investition in eine produktive Zusammenarbeit verstanden werden und professionell und engagiert durchgeführt, vor- und nachbereitet werden.

Tabelle 3.1 Vorteile institutionalisierter Mitarbeitergespräche

Vorteile für Mitarbeiter	Vorteile für Führungskräfte	Vorteile für das Unternehmen
Sie können mit dem Vorgesetzten einvernehmlich verbindliche Ziele für den nächsten Zeitraum vereinbaren.	Ihre Bewertungskriterien werden eher akzeptiert, da sie transparent sind und zuvor gemeinsam mit dem Mitarbeiter festgelegt worden sind.	Das Mitarbeitergespräch ermöglicht eine an gemeinsamen Zielen, Standards und Vereinbarungen ausgerichtete Zusammenarbeit zwischen Vorgesetzten und Mitarbeitern. Das führt zu einer Steigerung der Arbeitsergebnisse und der Arbeitsqualität.
Sie erhalten klare Aussagen über ihre Stärken und Schwächen sowie eine Bestätigung für ihre bisherigen Leistungen.	Sie lernen die Anschauungen und Einschätzungen ihres Mitarbeiters genauer kennen und können so von vornherein Differenzen klären und Missverständnisse vermeiden. Handlungs- und Verantwortungsspielräume können abgestimmt werden.	Mitarbeiter können dort eingesetzt werden, wo sie ihre Neigungen und ihr Know-how bestmöglich einbringen können. Dazu gehört auch ein regelmäßiger Soll-Ist-Vergleich der Leistung, Qualifikation und Vorstellungen der Mitarbeiter mit den Erfordernissen der von ihnen zu erfüllenden Aufgaben.

3.2 Akzeptanz des Mitarbeitergesprächs

Tabelle 3.1 *(Fortsetzung):* Vorteile institutionalisierter Mitarbeitergespräche

Vorteile für Mitarbeiter	Vorteile für Führungskräfte	Vorteile für das Unternehmen
Sie können anhand konstruktiven Feedbacks Verbesserungsmöglichkeiten erarbeiten, erhalten dabei vom Vorgesetzten Rat und Unterstützung.	Sie erhalten wichtige Aufschlüsse über atmosphärische Aspekte. (Wie ist die Stimmung des Mitarbeiters, seine Verfassung, seine derzeitige Motivation? Ist er mit seiner Arbeitssituation zufrieden?)	Ein regelmäßiger und offen geführter Austausch zwischen Vorgesetzten und Mitarbeitern verbessert das Betriebsklima.
Sie erhalten Hinweise für die berufliche Zukunftsplanung und für die Verbesserung ihrer Fähigkeiten, zudem konkrete Vorschläge für ihre individuelle Karriereentwicklung.	Sie können sich rechtzeitig auf die Karriereplanung des Mitarbeiters einstellen und so, z. B. wenn dieser den Arbeitsplatz wechseln will, gezielt einen Nachfolger aufbauen.	Die Förderung der Entwicklung der Mitarbeiter steigert deren Leistung und Motivation. Durch den gezielten Einsatz von besonderen Fähigkeiten und Potenzialen kann das Unternehmen auch besser und flexibler auf anstehende Anforderungen reagieren.
Sie erhalten die Möglichkeit, durch klare Formulierung ihrer Vorstellungen Veränderungen an ihrem Arbeitsplatz in Gang zu setzen.	Sie erhalten die Chance, Ursachen für vorhandene Defizite zu identifizieren und mit dem Mitarbeiter Lösungsmöglichkeiten zu finden oder aufgetretene Probleme frühzeitig aus dem Weg zu räumen.	Das Mitarbeitergespräch ermöglicht dem Vorgesetzten, regelmäßig mit seinen Mitarbeitern den Einsatz von Mitteln und Ressourcen unter dem Gesichtspunkt der Wirtschaftlichkeit zu überprüfen. Das liefert zusätzliche Entscheidungshilfen für die Personalplanung.

Erfolgsfaktoren von Mitarbeitergesprächen

Ob die von Organisationen eingesetzten Mitarbeitergesprächssysteme von Mitarbeitern und Führungskräften positiv bewertet werden, hängt von vielerlei Faktoren ab.
In Anlehnung an Bittner [BITTNER, 2005], Hossiep, Bittner und Berndt [HOSSIEP; BITTNER; BERNDT, 2008] und Winkler [WINKLER, 2007] führt Tabelle 3.2 auf, welche Eigenschaften von Mitarbeitergesprächssystemen für deren Beurteilung ausschlaggebend sein können.
Ein wesentlicher Qualitätsfaktor für das Mitarbeitergespräch ist die Anwendung durch die direkte Führungskraft. Diese kann durch ihr Verhalten im Mitarbeitergesprächsprozess sowohl die Wahrnehmungen der Mitarbeiter während des gesamten

Tabelle 3.2 Charakteristika vom Mitarbeitergesprächen, die positiv bzw. negativ bewertet werden

Charakteristika von Mitarbeitergesprächssystemen, die negativ bewertet werden	Charakteristika von Mitarbeitergesprächssystemen, die positiv bewertet werden
• Mitarbeitergespräche werden sehr formal durchgeführt. Die Bewertung erfolgt nach dem Schulnotenprinzip. • Gespräche gelten als lästige Pflicht, die nur erfüllt wird, weil sie von oben angeordnet wurde. • Das System besitzt keinen durchgängigen Prozess von oben nach unten. • Die Gespräche finden unter Zeitdruck statt und sind daher sehr kurz und selten. • Es fehlt eine Standardisierung. • Die Qualität der Durchführung variiert je nach Führungskraft. • Das Ergebnis wird nicht dokumentiert und ist daher nur wenig verbindlich. • Wenn Mitarbeitergespräche nicht durchgeführt werden, gibt es geringe Sanktionen.	• Gespräche finden nach definierten inhaltlichen Kriterien und einem festgelegten transparenten Prozess statt. • Sie werden konsequent und regelmäßig im gesamten Unternehmen durchgeführt. • Die Organisation überprüft, ob die Gespräche durchgeführt und ihre Inhalte dokumentiert werden. • Die inhaltliche Vorbereitung von Führungskraft und Mitarbeiter auf das Gespräch ist qualitativ hochwertig. • Die Führungskräfte nehmen sich ausreichend Zeit für die Gespräche. • Mitarbeiter und Führungskräfte profitieren von einer offenen Kommunikation und Feedback. • Die Ergebnisse der Mitarbeitergespräche sind verbindlich. • Die Anzahl der Mitarbeiter, mit denen Führungskräfte die Gespräche durchführen, beträgt maximal 15 Personen.

Gesprächsprozesses wie auch deren Reaktionen auf das formulierte Feedback und die Beurteilung positiv beeinflussen. Damit wächst dem Vorgesetzten aber auch große Verantwortung für die Akzeptanz des Mitarbeitergesprächssystems zu: Von seinem Verhalten hängt maßgeblich ab, ob der Mitarbeiter den Gesprächsprozess als fair wahrnimmt, ob er das Feedback und die Beurteilung annehmen kann und ob er bereit ist, beispielsweise aufgrund der im Feedback geäußerten Kritik sein Verhalten zu ändern. Er muss gleichzeitig eine Vielzahl von Führungsaufgaben bewältigen, beispielsweise Ziele vereinbaren, Leistungserwartungen formulieren, Feedback geben, Leistung honorieren, Entwicklungsmaßnahmen und -möglichkeiten anbieten und für ein vertrauensvolles, leistungsförderndes und motivierendes Arbeitsumfeld sorgen. Die Wirksamkeit des Gesprächs steht somit in direkter Wechselwirkung mit der professionellen und kompetenten Vorbereitung und Durchführung durch die Führungskraft.

3.3 Bestandteile institutionalisierter Mitarbeitergespräche

Folgende fünf Bestandteile sind für die Gespräche typisch:

- Zielvereinbarungsgespräch,
- Standortbestimmung/Review,
- Beurteilungsgespräch,
- Gespräch zur Verbesserung der Zusammenarbeit im Betrieb,
- Entwicklungsgespräch.

Bild 3.1 zeigt, wie diese Gesprächsbestandteile innerhalb eines Jahres aufeinanderfolgen können und in die Führungsstrukturen eines Unternehmens hineinwirken.

Zielvereinbarungsgespräch

In dieser Gesprächsform diskutieren Vorgesetzter und Mitarbeiter die zukünftigen Aufgaben und Ziele des Mitarbeiters vor dem Hintergrund übergeordneter Unternehmensziele und persönlicher Zielvorstellungen. Gemeinsam legen sie fest, welche Aufgaben und Ziele der Mitarbeiter innerhalb welchen Zeitraums erfüllen soll. Dabei konkretisiert die Führungskraft ihre Leistungs- bzw. Ergebniserwartungen wie auch Handlungs- und Entscheidungsspielräume und verdeutlicht, worauf der Mitarbeiter seine Kräfte fokussieren soll. Damit macht sie ihre Kriterien für die spätere Beurteilung der Leistung transparent.

Beim Zielvereinbarungsgespräch werden aus den grundsätzlichen, strategischen Unternehmenszielen konkrete Mitarbeiterziele für die jeweilige Ebene abgeleitet und formuliert. Voraussetzung dafür ist ein strategischer Planungsprozess im Unternehmen, der die unternehmerischen Zielsetzungen festlegt (vgl. auch Kapitel 4 »Ziele formulieren und vereinbaren«) und was die einzelnen Abteilungen dazu beitragen.

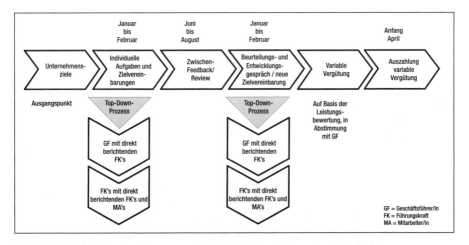

Bild 3.1 Mitarbeitergesprächsprozess im Jahreszyklus (Unternehmensbeispiel)

Auf dieser Basis besprechen Mitarbeiter und Vorgesetzter sowohl die Zielvorgaben, die der Vorgesetzte für seinen Bereich/seine Abteilung hat und die daraus für den Aufgabenbereich des Mitarbeiters resultieren, wie auch die Zielvorstellungen des Mitarbeiters, die dieser für seinen Aufgabenbereich sieht. Im Zielvereinbarungsgespräch stimmen so Vorgesetzter und Mitarbeiter ihre anvisierten Ziele ab, legen sie verbindlich fest, besprechen, anhand welcher Beurteilungskriterien die Zielerreichung festgestellt werden kann, und einigen sich auf die zur Umsetzung der Ziele erforderlichen Maßnahmen. In der Regel werden diese Vereinbarungen für ein Jahr oder einen kürzeren Zeitraum festgelegt.

Diese Gespräche dienen zudem dazu, dass Führungskräfte die Erwartungen an die Leistung ihrer Mitarbeiter offenlegen und präzisieren, anhand welcher Beurteilungskriterien sie die Leistung ihrer Mitarbeiter evaluieren werden. Gleichfalls können die Mitarbeiter darstellen, welche Ziele sie sich gesetzt haben, und gegebenenfalls Unterstützung einfordern, um ihre Aufgaben leichter und besser erfüllen zu können. Idealerweise sollte die gemeinsame Zielvereinbarung dazu beitragen, dem Mitarbeiter mehr Selbständigkeit bei der Durchführung seiner Aufgaben zu gewähren.

Voraussetzung dafür ist die genaue Operationalisierung der gesteckten Ziele. Sie sollen nach Möglichkeit so formuliert sein, dass im Verlauf ihrer Realisierung und nach Erreichen des Endergebnisses eine Messung oder Überprüfung erfolgen kann. Bei quantitativen Zielen, beispielsweise »die Steigerung des Umsatzes«, ist die Messung noch relativ einfach. Bei entwicklungsorientierten Zielen, wie Änderung des Verhaltens gegenüber Kunden oder Verbesserung der Gesprächsführung bei Akquisitionsgesprächen, ist eine messbare Überprüfung von Ergebnissen nur anhand von vorher definierten Beurteilungsindikatoren möglich (vgl. Kapitel 4 »Ziele formulieren und vereinbaren«).

Eine regelmäßige Kontrolle und Bewertung der Zwischenergebnisse wird häufig anhand eines Soll-Ist-Vergleichs in Zwischenfeedback- oder Standortbestimmungsgesprächen durchgeführt.

Zielvereinbarungen oder Zielvorgaben?

Bevor man Zielvereinbarungsgespräche führt, sollte man sich den Unterschied zwischen einer Zielvorgabe und einer Zielvereinbarung vergegenwärtigen. Bei Zielvorgaben hat der Mitarbeiter wenig Einfluss auf die Formulierung des Zieles, er kann bestenfalls vorschlagen, wie es erreicht werden könnte. Eine Vorgabe schließt ebenfalls aus, dass Mitarbeiter eine Rückmeldung geben können, ob aus ihrer Sicht die Ziele zu erreichen sind.

Bei der Zielvereinbarung dagegen tauschen Führungskraft und Mitarbeiter ihre Zielvorstellungen offen aus. Hier sind beide Seiten in gleichem Maße an der Formulierung der Ziele beteiligt. Diese Verfahrensweise soll gewährleisten, dass sich der Mitarbeiter Ziele setzt, die ihn nicht überfordern und die er auch umzusetzen in der Lage ist. Zielvereinbarungen beinhalten im Vergleich zu Zielvorgaben eine höhere Wahrscheinlichkeit, dass der Mitarbeiter sich mit diesen identifizieren kann und damit für deren Umsetzung motiviert ist, als wenn diese ihm einfach »vorgesetzt«

werden. Die ersten Schritte des Weges zum Ziel können von der Führungskraft und dem Mitarbeiter gemeinsam erarbeitet werden. Um eine Strategie und die Gesamtziele eines Unternehmens erfolgreich umzusetzen, ist es häufig nicht zu vermeiden, dass Zielvorgaben formuliert werden müssen, um sicherzustellen, dass alle Mitarbeiter in die gleiche Richtung arbeiten. Befindet sich eine Organisation beispielsweise in einer wirtschaftlich prekären Situation, in der sie Kosten einsparen muss, so ist es sinnvoll, die Höhe der Einsparungsziele vorzugeben, damit die richtigen Maßnahmen ergriffen werden können, um am Ende den benötigten Einsparungseffekt zu erzielen. Würde man die Höhe der Einsparung dem individuellen Aushandlungsprozess des Zielvereinbarungsgespräches überlassen, so wäre die Wahrscheinlichkeit hoch, dass nicht der gewünschte Effekt auftritt, da unterschiedliche Vereinbarungen – je nach Verhandlungsergebnis der Akteure – getroffen würden. Der Weg, wie eine vorgegebene Einsparungshöhe erreicht werden kann, kann sich jedoch im Unternehmen von Abteilung zu Abteilung sehr unterscheiden und bedarf Kreativität und Verantwortungsbewusstsein seitens der davon betroffenen Führungskräfte und Mitarbeiter. Auch ergeben sich unterschiedliche Möglichkeiten für Einsparungsmaßnahmen, je nachdem, auf welchem Aggregierungsniveau (Bereich, Abteilung, Gruppe) die Vorgabe formuliert und deren Einhaltung gemonitort wird.

Damit Mitarbeiter eine Zielvorgabe akzeptieren können, sind nach Locke und Latham [LOCKE; LATHAM, 2002] zwei Voraussetzungen notwendig:

- Mitarbeiter müssen verstehen, warum ein Ziel formuliert wurde, auf Basis welchen Berechnungs- und Entscheidungsprozesses beispielsweise die Höhe der Einsparung resultiert, welche Maßnahmen dafür angedacht sind und was die Konsequenz für die Organisation ist, sollte das Ziel erreicht bzw. nicht erreicht werden. Daher ist es besonders wichtig, dass die Führungskraft diese Hintergrundinformationen an den Mitarbeiter übermittelt und damit ein besseres Verständnis für die Gründe der Zielvorgabe beim Mitarbeiter erwirkt.
- Mitarbeiter müssen erkennen können, welchen Beitrag sie für die Zielerreichung leisten können, wie andere zur Zielerreichung beitragen und warum es wichtig ist, dass auch sie die Zielvorgabe unterstützen.

Sind diese beiden Bedingungen erfüllt, so besteht nach Locke und Latham [LOCKE; LATHAM, 2002] auch bei Zielvorgaben eine hohe Wahrscheinlichkeit, dass diese akzeptiert werden. Da die Vereinbarung von Zielen für Unternehmen und Institutionen von übergeordneter Bedeutung ist, wird dies im Kapitel 4 gesondert behandelt.

Vorbereitung des Vorgesetzten auf das Zielvereinbarungsgespräch

Voraussetzung für die im Mitarbeitergespräch zu treffenden Vereinbarungen ist, dass sich zunächst die Führungskraft über die Unternehmensziele bzw. übergeordneten Ziele im Klaren ist und daraus Zielsetzungen für den eigenen Verantwortungsbereich ableitet. Diese Ziele sollten mit dem Vorgesetzten der Führungskraft abgesprochen sein.

Damit sich Mitarbeiter auf das Zielvereinbarungsgespräch vorbereiten können, sollte die Führungskraft sowohl die übergeordneten Unternehmensziele als auch die ihren eigenen Verantwortungsbereich betreffenden Bereichs-, Abteilungs- oder Gruppenziele im Rahmen einer Mitarbeiterbesprechung kommunizieren. Nur so wird es für den Mitarbeiter möglich, seine eigene Vorbereitung von Zielen von den Anforderungen des Unternehmens her zu erarbeiten.

Abgeleitet von den Zielsetzungen für den Bereich, die Abteilung oder Gruppe ist zu überlegen bzw. zu definieren, welche Ziele mit dem Mitarbeiter für den nächsten Zeitraum zu vereinbaren sind. Zur Vorbereitung können folgende Fragen dienen:

- Welche Ziele hat sich das Unternehmen gesetzt? Welche Ziele folgen daraus für den Verantwortungsbereich der Führungskraft?
- Auf welche Aufgaben und Ziele sollte der Mitarbeiter sich zukünftig konzentrieren?
- Welchen Beitrag leisten seine Ziele zu den Unternehmenszielen?
- Entsprechen die für den Mitarbeiter vorgesehenen Ziele seinen Fähigkeiten und bisherigen Leistungen?
- Welche Maßnahmen sind geeignet, die Ziele zu erreichen?
- Welche Rahmenbedingungen müssen erfüllt sein?
- Welche Unterstützung braucht der Mitarbeiter bei der Umsetzung?
- Sind diese Ziele »SMART«, also spezifisch, messbar, attraktiv, realisierbar und terminiert (vgl. Kapitel 4 »Ziele formulieren und vereinbaren«)?
- Anhand welcher Kriterien kann überprüft werden, ob das Ziel erreicht wurde?
- Gibt es außer aufgabenbezogenen, auch entwicklungs-, team- oder führungsbezogene Ziele, die bis zum nächsten Mitarbeitergespräch vereinbart werden müssen? Führungsbezogene Ziele sind dann zu berücksichtigen, wenn der Mitarbeiter selbst Führungsverantwortung trägt.

In diesem Zusammenhang sollte die Führungskraft auch überprüfen, wie sie den Mitarbeiter bei der Erfüllung seiner Aufgaben und Ziele unterstützen kann und in welchem Maße sie über den jeweiligen Stand der Dinge informiert und bei der Umsetzung einbezogen werden möchte.

Vorbereitung des Mitarbeiters auf das Zielvereinbarungsgespräch

Die Vorbereitung des Mitarbeiters stützt sich auf:

- die Informationen, die ihm zu übergeordneten strategischen Zielsetzungen des Unternehmens und der eigenen Abteilung bekannt sind,
- die Erfahrungen, die er bei seinen bisher zu erbringenden Leistungen gewonnen hat und
- seine Vorstellungen von seiner zukünftigen beruflichen Tätigkeit.

Bei der Vorbereitung können folgende Fragen eine Orientierung darstellen:

- Welche Ziele waren leicht zu erreichen? Wo traten Schwierigkeiten auf?
- Welche Ziele strebt der Mitarbeiter in seinem Aufgabengebiet und darüber hinaus an?

3.3 Bestandteile institutionalisierter Mitarbeitergespräche

- Entsprechen diese Ziele seinen Fähigkeiten und bisherigen Leistungen?
- Welche Unterstützung oder auch Entwicklungsmaßnahmen benötigt der Mitarbeiter, um diese Ziele zu erreichen?
- Anhand welcher Kriterien kann überprüft werden, ob das Ziel erreicht wurde?
- Sind die Ziele nach den »SMART«-Kriterien formuliert (vgl. Kapitel 4 »Ziele formulieren und vereinbaren«)?

Auch der Mitarbeiter sollte in seine Überlegungen einbeziehen, welche Aufgaben er selbständig erfüllen kann und wo er Unterstützung, z. B. durch seinen Vorgesetzten, benötigt (diese Fragen finden Sie im Formular 3.1 »Vorbereitungsfragen zum Zielvereinbarungsgespräch« unter www.a47-consulting.de oder www.hofbauer undpartner.de als Download).

Tipps für den Ablauf eines Zielvereinbarungsgesprächs

Für die im Rahmen des Mitarbeitergesprächs zu treffenden Zielvereinbarungen gelten die in Kapitel 4 aufgeführten Regeln. Nachfolgend finden Sie Tipps für die Durchführung eines Zielvereinbarungsgesprächs.

- Fragen Sie einleitend den Mitarbeiter, welche Ziele er sich für seinen Aufgabenbereich gesetzt hat und was ihn zu dieser Zielsetzung bewogen hat.
- Stellen Sie im Gegenzug die Ziele, die Sie für ihn vorgesehen haben, vor und erklären Sie ihm Ihre Auswahlkriterien.
- Vergleichen Sie im nächsten Schritt, welche Ihrer Zielvorstellungen übereinstimmen und wo unterschiedliche Auffassungen vorliegen.
- Besprechen Sie zunächst die Ziele, die auch der Mitarbeiter für wichtig erachtet, bzw. solche, über die Sie sich leicht einigen können. Das Gefühl von Gemeinsamkeit überträgt sich dann auf die weiteren, schwierigeren Punkte des Gesprächs.
- Besprechen Sie ausführlich, wie diese Ziele bewertet, formuliert und erreicht werden können. Suchen Sie einen Modus für die Bewertung der Ergebnisse und vereinbaren Sie erste Maßnahmen für die Umsetzung. Sind die Ziele einvernehmlich formuliert, können auch ihre Messkriterien festgelegt werden.
- Gehen Sie anschließend zu den Zielen über, die Sie und Ihr Mitarbeiter unterschiedlich bewerten. Prüfen Sie gemeinsam jedes dieser Ziele auf seine Relevanz und Realisierbarkeit nach Maßgabe der von der Geschäftsleitung vorgegebenen Rahmenbedingungen.
- Tauschen Sie Ihre Argumente offen aus. So werden Sie sich auch bei diesen Zielen einigen und einvernehmliche Formulierungen finden. Vergessen Sie nicht, Ihre gemeinsame Zielformulierung nach den Regeln der »SMARTen« Ziele (vgl. Kapitel 4 »Ziele formulieren und vereinbaren«) schriftlich zu fixieren.
- Beachten Sie, dass diese Vereinbarung sowohl aufgaben-, entwicklungs- und teambezogene Ziele beinhalten kann als auch führungsbezogene bei Mitarbeitern mit Führungsverantwortung. Viele Unternehmen geben in ihren Mitarbeitergesprächssystemen hier auch Vorgaben, zu welchen Zielbereichen wie viele Ziele definiert werden sollen.

- Fragen Sie den Mitarbeiter, welche Unterstützung er von Ihnen benötigt, um die vereinbarten Ziele erreichen zu können (beispielsweise, indem Sie ihn bei seinen ersten Kundenbesuchen oder bei der Kontaktaufnahme mit dem Geschäftsführer eines wichtigen Kunden begleiten).
- Achten Sie darauf, dass das Aufgaben- und Zielportfolio des Mitarbeiters neben Themenstellungen, die dieser schon routiniert bearbeitet, auch Aufgaben und Zielsetzungen enthält, die dieser gerne macht und die ihm die Möglichkeit bieten, sein Wissen und seine Kompetenzen zu vertiefen oder zu erweitern. Dies wird sich positiv auf dessen Motivation auswirken (vgl. Kapitel 4 »Ziele formulieren und vereinbaren«).

Standortbestimmungsgespräch (Review)

Die Gesprächspartner verschaffen sich bei diesen Unterredungen während des Beurteilungszeitraums einen Überblick, inwieweit der Mitarbeiter bereits vereinbarte Aufgaben und Projekte erfüllt hat bzw. inwieweit dieser die angestrebten Ziele bereits verwirklicht hat. Sollten Hindernisse dem Erfolg des Mitarbeiters entgegenstehen, vereinbaren die Gesprächspartner, wie der Mitarbeiter sich weiter verhalten soll bzw. wie er sein Problem lösen kann.

Regelmäßig stattfindende Standortbestimmungen, häufig auch Zwischenfeedbackgespräche oder Reviews genannt, erleichtern Vorgesetzten und Mitarbeitern, den aktuellen Stand der zu erfüllenden Aufgaben zu ermitteln und möglichen Handlungsbedarf frühzeitig zu erkennen. Faktoren, die das Erreichen der gesteckten Ziele behindern, werden identifiziert, aufgetretene Probleme auf Lösungsmöglichkeiten hin untersucht und Maßnahmen für das weitere Vorgehen besprochen. Im Standortbestimmungsgespräch wird es zudem möglich, gegebenenfalls Aufgaben und Zielsetzungen auf die aktuellen Rahmenbedingungen hin anzupassen. Es wird beurteilt, wie die vereinbarten Ziele, Aufgaben oder Projekte bis jetzt durchgeführt wurden und wie sie weitergeführt werden sollen. Standortbestimmungs- oder Zwischenfeedbackgespräche werden in vielen Unternehmen mindestens einmal zwischen Zielvereinbarungs- und Beurteilungsgespräch als formalisiertes Gespräch geführt, um sicherzustellen, dass Führungskraft und Mitarbeiter frühzeitig möglichen Hemmnissen und Schwierigkeiten bei der Zielerreichung entgegenwirken können und dass Ziele bei Bedarf adjustiert werden können. Gerade in sich rasch verändernden Geschäftsfeldern muss besonders abgewogen werden, ob die ursprünglich getroffenen Vereinbarungen noch Gültigkeit haben. Auf der anderen Seite muss man nicht bei jeder auftretenden Schwierigkeit gleich Ziele verändern oder anpassen. Vielmehr gilt es in diesem Fall zu überlegen, ob man auf einem anderen Weg als bisher doch noch das ursprüngliche Ziel erreichen kann. Hier sollten Mitarbeiter und Führungskraft die Rahmenbedingungen analysieren und von Fall zu Fall entscheiden, ob neue Vereinbarungen getroffen werden sollten.

3.3 Bestandteile institutionalisierter Mitarbeitergespräche

Vorbereitung von Mitarbeiter und Führungskraft

Anhand folgender Leitfragen können sich Mitarbeiter und Führungskraft auf das Gespräch vorbereiten:

- Was klappt gut, wo treten Probleme auf?
- Welche Gründe gibt es für Zielabweichungen?
- Welche Vorgehensweisen haben sich bewährt, wo müssen neue Wege zur Zielerreichung gewählt werden?
- Welche weitere Unterstützung ist notwendig, um die Ziele zu erreichen? Was sind die weiteren Schritte?
- Gibt es veränderte Rahmenbedingungen, die eine Zielmodifikation notwendig machen?
- Müssen neue Ziel- und Aufgabenvereinbarungen aufgenommen werden? Fallen andere weg?
- Müssen Modifikationen an bestehenden Vereinbarungen vorgenommen werden? Sind neue Priorisierungen nötig?

(Diese Fragen finden Sie im Formular 3.2 »Vorbereitungsfragen zum Review« unter www.a47-consulting.de oder www.hofbauerundpartner.de als Download.)

Tipps für das Führen von Standortbestimmungen

- Planen Sie regelmäßige Mitarbeitergespräche für Reviews in Ihrem Terminkalender ein. Führen Sie mindestens einmal im Jahr ein institutionalisiertes Zwischenfeedbackgespräch mit jedem Ihrer Mitarbeiter.
- Verschaffen Sie sich bei der Vorbereitung einen Überblick über den Stand der Aufgabenerfüllung und Zielerreichung und planen Sie darauf aufbauend die nächsten Schritte für die weitere Vorgehensweise.
- Fordern Sie Ihre Mitarbeiter auf, sich ebenfalls auf diese Gespräche vorzubereiten, um sowohl Erfolge als auch aufgetretene Probleme bei den umzusetzenden Projekten oder zu bewältigenden Aufgaben präzise schildern zu können.
- Unterstützen Sie Ihre Mitarbeiter bei der Entwicklung von Lösungsvorschlägen. Planen Sie gemeinsam das weitere Vorgehen bis zum nächsten Reviewtermin.
- Sprechen Sie beim nachfolgenden Standortbestimmungsgespräch gemeinsam durch, was in der Zwischenzeit erreicht worden ist und wie die einzelnen Projektschritte weiterhin umgesetzt werden sollen. Auf diese Weise stellen Sie sicher, dass die bevorstehenden Aufgaben gut geplant sind und kontinuierlich voranschreiten können.

Beurteilungsgespräch

Die Gesprächspartner bewerten nach Ablauf der Beurteilungsperiode entsprechend den gemeinsam vereinbarten Zielen die bisher erbrachten Leistungen und das Kompetenzprofil des Mitarbeiters. Dabei arbeiten sie Erfolge, Stärken, aber auch Defizite des Mitarbeiters heraus. Weitere Themen sind, welche Kontextfaktoren auf die Arbeitsergebnisse förderlich oder hinderlich wirken und wie man die

Zusammenarbeit mit Vorgesetzten, Kollegen und anderen Abteilungen verbessern kann.
Dieses Gespräch hat die Beurteilung der erbrachten Leistung des Mitarbeiters zum Inhalt. Ihm können viele andere Gespräche vorausgehen: Zielvereinbarungsgespräche, Standortanalysen, anlassbezogene Lob- oder Kritikgespräche, Problemlösungsgespräche usw. Wichtig ist, dass beide Gesprächspartner vorab vereinbaren, welche dem Mitarbeiter übertragenen Aufgaben- und Zielvereinbarungen als Grundlage der Beurteilung dienen sollen. Auf dieser Basis lassen sich die festgestellten Ergebnisse und die Art und Weise, wie sie erreicht wurden, konkreter beurteilen. Wenn vereinbarte Aufgaben und Ziele nicht auf ihren Erfolg überprüft werden, kann beim Mitarbeiter der Eindruck entstehen, dass die Erreichung der Ziele nicht wichtig war, dass seine Leistung den Vorgesetzten nicht interessiert oder ihm nicht anerkennenswert genug erscheint.
Im Beurteilungsgespräch tauschen Vorgesetzter und Mitarbeiter ihre Sicht der Dinge zu bisher erbrachten Leistungen aus. Gute Leistungen werden bestätigt und anerkannt. Wo berechtigt, sollte Kritik geäußert, vorhandener Handlungsbedarf ermittelt und sollten Verbesserungsmöglichkeiten aufgezeigt und Konsequenzen für das weitere Vorgehen gezogen werden. Insofern bilanzieren beide Gesprächspartner den vergangenen Beurteilungszeitraum. Dabei gilt es, einerseits die Stärken und Erfolge des Mitarbeiters hervorzuheben, andererseits zu untersuchen, aus welchen Gründen er vereinbarte Ziele nicht erreicht hat, um Lerneffekte zu erzielen und geeignete Maßnahmen für die Zukunft zu bestimmen. Wichtig ist, dass die Rückmeldungen des Vorgesetzten für den Mitarbeiter nachvollziehbar und begründet sind. Deshalb sollten sie exakte Fakten, genaue Beobachtungen und Beispiele aus dem Beurteilungszeitraum enthalten.
Manche Firmen koppeln das Ergebnis des Beurteilungsgesprächs mit einer leistungsorientierten Vergütungskomponente (vgl. auch das Beispiel GTZ in Kapitel 13). Je besser die Leistungen der Mitarbeiter sind, desto höher fällt dieser leistungsorientierte Vergütungsanteil aus. Bei dieser Variante kommt dem Beurteilungsgespräch eine besondere Bedeutung zu, da »der eigene Geldbeutel« vom Urteil des Vorgesetzten betroffen ist.
In vielen Firmen werden Beurteilungsgespräche unter Zuhilfenahme vorgefertigter Formulare geführt (vgl. auch die Fallbeispiele in Kapitel 13). Diese werden nach dem Gespräch von Mitarbeiter und Führungskraft unterschrieben und häufig auch dem nächsthöheren Vorgesetzten vorgelegt. Oft wird der ausgefüllte Beurteilungsbogen in der Personalakte des Mitarbeiters abgelegt, um eine mehrjährige Leistungsdokumentation für jeden Mitarbeiter zu archivieren.
Um den Mitarbeiter in den Beurteilungsprozess schon früh mit einzubeziehen, aber auch um dessen Sichtweise besser zu verstehen, gehen viele Firmen dazu über, den Mitarbeiter im Vorfeld des Beurteilungsgesprächs eine Selbsteinschätzung vornehmen zu lassen. Diese unterstützt den Mitarbeiter dabei, sich auf das Beurteilungsgespräch vorzubereiten. Häufig erhält die Führungskraft im Vorfeld des Beurteilungsgesprächs diese Selbsteinschätzung, damit diese schon frühzeitig die Perspektive des Mitarbeiters in die eigene Beurteilung mit einbeziehen und

3.3 Bestandteile institutionalisierter Mitarbeitergespräche

Diskrepanzen zwischen ihrer Einschätzung und der des Mitarbeiters identifizieren kann.
Ein Beurteilungsgespräch sollte folgende Gesprächskomponenten beinhalten:

- Beurteilung der vereinbarten Aufgaben und Ziele durch den Mitarbeiter (Selbsteinschätzung) und den Vorgesetzten mit anschließender Diskussion über das Erreichte, Anerkennung von guten Leistungen, Ursachenforschung für nicht erreichte Aufgaben oder Ziele.
- Beurteilung der vereinbarten Entwicklungs- bzw. Führungsziele durch Mitarbeiter und Vorgesetzten. Auch hier gilt es, das Erreichte hervorzuheben und möglichen Verbesserungsbedarf zu diskutieren.
- Erörterung der Zusammenarbeit. Sie bietet dem Vorgesetzten die Möglichkeit, vom Mitarbeiter zu erfahren, wie zufrieden er insgesamt an seinem Arbeitsplatz ist, wie er die Zusammenarbeit mit seinen Kollegen und anderen Personen, beispielsweise aus anderen Abteilungen, den Kunden oder Lieferanten, beurteilt, und ob er spezifische Wünsche hinsichtlich der Zusammenarbeit mit seinem Vorgesetzten hat.
- Wenn sich die Möglichkeit ergibt, auch die berufliche Weiterentwicklung und Weiterbildung anzusprechen, kann ein Entwicklungsgespräch im Anschluss geführt oder dafür ein späterer Zeitpunkt vereinbart werden.
- Oft bietet es sich an, im Anschluss an das Beurteilungsgespräch auch gleich in einem zweiten Gesprächsteil die Ziele für den kommenden Beurteilungszeitraum zu vereinbaren. So entsteht in einem Termin ein kombiniertes Mitarbeitergespräch mit den Komponenten Beurteilung des Vorjahres und Zielvereinbarung und Entwicklungsplanung für das kommende Jahr.

Vorbereitung des Vorgesetzten

Lesen Sie noch einmal die getroffenen Aufgaben- und Zielvereinbarungen des vorausgegangenen Mitarbeitergesprächs sorgfältig durch, und stellen Sie sich dabei folgende Fragen:

- Welche Ziele hat der Mitarbeiter erreicht, welche dagegen nur zum Teil oder gar nicht? Ziehen Sie für Ihre Bewertung die im Vorfeld vereinbarten Kriterien zur Messung der Ergebnisse hinzu.
- Welche Beispiele und Beobachtungen können Sie zur Begründung Ihrer Bewertung anführen? Sind Ihre Argumente für den Mitarbeiter nachvollziehbar?
- Welche äußeren Umstände oder anderen Ursachen haben dazu geführt, dass bestimmte Ziele nur in Teilen oder nicht erreicht wurden?
- Welche Stärken und Schwächen hat der Mitarbeiter bei der Umsetzung seiner Aufgaben im vergangenen Beurteilungszeitraum gezeigt? Was hat er besonders gut gemacht, wo ist noch Entwicklungsbedarf festzustellen? Welche hinderlichen oder positiven Verhaltensweisen hat er an den Tag gelegt?
- Gab es Aufgaben, die der Mitarbeiter zusätzlich übernommen hat?
- Wie schätzt der Mitarbeiter selbst seine Leistungen und Kompetenzen ein? Bei welchen Feldern haben Sie ähnliche Einschätzungen, wo gibt es Unterschiede?

Neben diesen Fragen sollten Sie auch überlegen, in welchem Maße der Mitarbeiter bei der Umsetzung seiner Aufgaben Ihre Unterstützung benötigte und auf diese »bauen« konnte, für welche Leistungen er besondere Anerkennung verdient hat und wo berechtigte Kritik angebracht ist. Für eine faire Beurteilung der Arbeitsleistung des Mitarbeiters ist es wichtig, anhand konkreter Beispiele den gesamten Beurteilungszeitraum hinsichtlich wichtiger Erfolge oder auch Defizite zu betrachten. Dazu ist es notwendig, dass die Führungskraft sich auch während des Jahres zu leistungsrelevanten Vorkommnissen Notizen macht. Auch benötigen Sie definierte Kriterien, nach denen Sie die Leistung bewerten können (siehe Kapitel 4 »Ziele formulieren und vereinbaren«).

Feedbackgespräche während des Beurteilungszeitraums (vgl. Kapitel 6 »Feedback«) dienen dazu, schon während des Jahres positive, aber auch verbesserungswürdige Leistungen zu besprechen.

Vorbereitung des Mitarbeiters

Auch der Mitarbeiter sollte die im vorausgegangenen Gespräch getroffenen Ziele und andere Vereinbarungen noch einmal sorgfältig lesen und folgende Überlegungen anstellen:

- Welche Aufgaben und Ziele wurden erreicht, welche nicht oder nur in Teilen? Grundlage für die Bewertung sind auch hier die zuvor vereinbarten Kriterien zur Messung der Ergebnisse.
- Mit welchen Beispielen und Beobachtungen kann er seine Bewertung begründen?
- Welche äußeren Umstände oder Ursachen macht er dafür verantwortlich, dass Ziele nur zum Teil oder nicht erreicht wurden?
- Wie beurteilt er seine Stärken und Schwächen bei der Umsetzung seiner Aufgaben? Was hat er besonders gut gemacht, wo muss er sich noch steigern? Welche Verhaltensweisen sind noch verbesserungswürdig?
- Welche Aufgaben hat er neben seiner Tätigkeit zusätzlich übernommen?

(Diese Fragen finden Sie im Formular 3.3 »Vorbereitungsfragen zum Beurteilungsgespräch« unter www.a47-consulting.de oder www.hofbauerundpartner.de als Download.)

Zusätzlich sollte der Mitarbeiter Revue passieren lassen, ob ihm sein Vorgesetzter im Bedarfsfall die gewünschte Unterstützung bot, auf welche Leistungen er besonders stolz sein kann, und überlegen, wo er bei sich noch Verbesserungsmöglichkeiten sieht.

Tipps für den Ablauf eines Beurteilungsgesprächs

- Setzen Sie für das Gespräch ca. eineinhalb bis zwei Stunden an. Angesichts der Tatsache, dass verschiedene Ziele angepeilt werden, wie Feedback zur Leistung, Motivations- und Klimaverbesserung, Bereinigung von Missverständnissen, Besprechung von Zielen und klarer Definition von Maßnahmen, ist dies eine Investition in eine optimiertere Zusammenarbeit.

- Bitten Sie Ihren Mitarbeiter, bei der Vorbereitung auf das Gespräch seine Leistungen selbst zu bewerten. Viele Unternehmen haben dafür auf ihren Beurteilungsbögen entsprechende Skalen definiert (z. B. Ziel nicht erreicht, teilweise erreicht, voll erreicht, übertroffen) oder ein spezielles Formular für die Selbsteinschätzung angefertigt. In Kapitel 13 befinden sich beispielhafte Ausschnitte aus Beurteilungsbögen.
- Erleichtern Sie Ihrem Mitarbeiter mit Einstiegsfragen, ins Gespräch zu kommen. Fragen Sie beispielsweise, was für ihn im vergangenen Jahr wichtig war, wo er Erfolge oder Fortschritte sieht oder was er gerne zusätzlich hätte erreichen wollen.
- Lassen Sie den Mitarbeiter anhand von Beispielen seine Bewertung begründen, stellen Sie Zwischenfragen, um seine Beurteilung besser nachvollziehen zu können. Erläutern Sie dem Mitarbeiter anschließend, wie Sie seine Leistung sehen und wie Sie den Zwischenstand der einzelnen Ziele einschätzen. Begründen Sie Ihr Urteil und ermutigen Sie den Mitarbeiter, seinerseits Zwischenfragen zu stellen, wenn ihm etwas unklar ist.
- Vergleichen Sie zunächst, in welchen Punkten Ihre Bewertungen übereinstimmen. Zeigen Sie dem Mitarbeiter Ihre Anerkennung, wenn er seine Zielvorgaben erfüllt hat. Hat er dagegen seine Aufgaben nur unzureichend erfüllt, analysieren Sie gemeinsam die dafür infrage kommenden Ursachen und suchen nach geeigneten Lösungsmaßnahmen.
- Sprechen Sie im nächsten Schritt die strittigen Bewertungen durch. Versuchen Sie herauszufinden, worin Ihre unterschiedlichen Einschätzungen begründet sind. Häufig resultieren nicht übereinstimmende Auffassungen aus einem unterschiedlichen Verständnis zur Aufgabenerfüllung. Fragen Sie deshalb sicherheitshalber präzise nach, worauf sich Ihr Gesprächspartner mit seinen Bewertungen bezieht (vgl. Kapitel 7 »Leistungsbeurteilung«), machen Sie ihm Ihre Argumente anhand konkreter Begründungen und Beispiele deutlich. Auf diese Weise lassen sich oft schwierige Diskussionen vermeiden. Tauschen Sie Ihre Meinungen auch anhand konkreter Beispiele aus.
- Hinterfragen Sie aber auch noch einmal Ihre Sicht der Dinge. Vielleicht liegen Sie mit Ihrer Einschätzung falsch.
- Prüfen Sie genau, ob die Kriterien für Ihre Bewertung im Vorfeld nicht eindeutig waren und dadurch die unterschiedlichen Auffassungen zustande kamen.
- Geben Sie dem Mitarbeiter auch die Möglichkeit, seine Gefühle, wie Enttäuschung, Ärger oder Stolz, mitzuteilen. Akzeptieren Sie die emotionale Reaktion und ergründen Sie, worauf sie sich bezieht.
- Überprüfen Sie, ob Sie die Wahrscheinlichkeit einer möglichen Zielerreichung falsch bewerten, weil wichtige, hinderliche Faktoren, die der Mitarbeiter nicht beeinflussen kann, bei Ihrer Urteilsbildung unberücksichtigt blieben.

Nur ein offener Austausch von Argumenten ermöglicht eine gemeinsame Sicht auf diese strittigen Punkte. Hilfreich ist, die einzelnen Sachverhalte und die unterschiedlich bewerteten Ziele nacheinander zu behandeln und auf diese Weise für jeden einzelnen Aspekt eine von beiden Gesprächspartnern getragene Einschätzung zu erlangen. Beachten Sie dabei folgende Empfehlungen:

- Geben Sie Ihrem Mitarbeiter Gelegenheit, zu aufgetretenen Schwierigkeiten und Hindernissen Stellung zu nehmen.
- Beachten Sie, dass die Beurteilung sich auch auf die im Vorfeld vereinbarten Entwicklungs- und Teamziele bezieht und auch die Führungsziele nicht ausschließt, wenn er mit Führungsaufgaben betraut ist.
- Fassen Sie Ihre Einschätzung über die Gesamtleistung des Mitarbeiters nochmals zusammen. Heben Sie seine Stärken hervor und sagen Sie ihm, welchen Entwicklungsbedarf er Ihrer Meinung nach aufweist.
- Anschließend sollte auch der Mitarbeiter Gelegenheit haben, eine zusammenfassende Stellungnahme vorzubringen.
- Erarbeiten Sie für den nächsten Beurteilungszeitraum geeignete Maßnahmen für noch nicht oder nur teilweise erreichte Ziele, nehmen sie diese Maßnahmen in die Zielvereinbarung mit auf.
- Regen Sie Ihren Mitarbeiter bei Kritikpunkten durch Fragen zur Selbstreflexion und Lösungsfindung an. Geben Sie auch eigene Versäumnisse und Fehler zu. Dies ist nicht nur fair und ein Zeichen von Souveränität, sondern es erleichtert auch Ihrem Mitarbeiter, Fehler und Schwächen anzusprechen.
- Erlauben Sie sich, humorvoll zu sein. Mit Humor können gerade Kritikpunkte pointierter und vielfach angemessener vermittelt werden als auf bierernste Weise. Schließen Sie das Beurteilungsgespräch bewusst mit positiven Worten ab.
- Halten Sie die wichtigsten Ergebnisse und Vereinbarungen des Beurteilungsgesprächs schriftlich fest. In vielen Firmen existieren dazu vorgefertigte Formulare.

Gespräche zur Verbesserung der Zusammenarbeit im Betrieb

Die bisher beschriebenen Gesprächsinhalte setzen ein hohes Maß an offenem Meinungsaustausch voraus. Die damit verbundene förderliche Atmosphäre sollten Sie nützen, um mit dem Mitarbeiter Themen zu besprechen, die die Qualität der Zusammenarbeit des Mitarbeiters mit Ihnen, anderen Kollegen und Schnittstellenpartnern verbessern helfen. Es gibt kaum noch Aufgabenbereiche, in denen Mitarbeiter für sich alleine ohne Interaktionen mit anderen Kollegen und Schnittstellenpartnern agieren müssen. Daher stellt die Kommunikations- und Kooperationsfähigkeit des Mitarbeiters eine wichtige Kompetenz dar, die sehr viel für ein reibungsloses Miteinander beiträgt und hilft, Kooperations- und Konfliktmanagementkosten in Organisationen gering zu halten. Aber auch Ideen des Mitarbeiters zur Verbesserung der Zusammenarbeit mit der eigenen Führungskraft, anderen Abteilungen und weiteren wichtigen Kooperationspartnern können wichtige Impulse geben.

3.3 Bestandteile institutionalisierter Mitarbeitergespräche

Vorbereitung des Vorgesetzten

- Wie beurteilen Sie die Zusammenarbeit mit dem Mitarbeiter? Wo ist sie Ihrer Meinung nach gut, wo gibt es Verbesserungsmöglichkeiten?
- Welche Eigenschaften und Fähigkeiten könnte der Mitarbeiter an Ihnen schätzen, welche dagegen kritisieren? Gibt es Möglichkeiten, die beiderseitige Zusammenarbeit zu verbessern? Ist er mit Ihrem Führungsverhalten zufrieden?
- Wie ist die Zusammenarbeit Ihres Mitarbeiters mit seinen Teamkollegen zu beurteilen? Können Sie Beispiele für gute oder verbesserungswürdige Zusammenarbeit anführen?
- Arbeitet er mit anderen Abteilungen gut zusammen? Wo sind hier Verbesserungen angebracht?

Vorbereitung des Mitarbeiters

Der Mitarbeiter geht bei seiner Vorbereitung auf diesen Themenkomplex von seinen bisherigen gewonnenen Erfahrungen aus:

- Wie bewertet er die Zusammenarbeit mit seinem Vorgesetzten und dessen Führungsverhalten? Welche Eigenschaften könnte sein Vorgesetzter an ihm schätzen, welche dagegen kritisieren?
- Wo könnte seiner Meinung nach die Zusammenarbeit mit seinem Vorgesetzten verbessert werden?
- Wie beurteilt er das Teamwork mit Kollegen? Kann er Beispiele für gute oder verbesserungswürdige Zusammenarbeit anführen?
- Wie arbeitet er mit anderen Abteilungen und wichtigen Schnittstellenpartnern im Unternehmen zusammen? Wo ist die Zusammenarbeit gut, wo sieht er Defizite? Wie könnten etwaige Probleme gelöst werden?

(Diese Fragen finden Sie im Formular 3.4 »Verbesserung der Zusammenarbeit« unter www.a47-consulting.de oder www.hofbauerundpartner.de als Download.)

Tipps für den Ablauf des Gesprächsteils Zusammenarbeit im Betrieb

- Fragen Sie den Mitarbeiter einleitend, ob er etwas an der Zusammenarbeit mit Ihnen verbessern möchte. Sagen Sie ihm, dass Sie für Kritik und Verbesserungsvorschläge offen sind. Das setzt allerdings voraus, dass Sie bei geäußerten Kritikpunkten nicht gleich eine Abwehrhaltung einnehmen, sondern zunächst einmal aufmerksam zuhören und hinterfragen, wie er zu dieser Meinung kommt (vgl. auch Kapitel 5 »Wahrnehmung«). Bedenken Sie, dass der Mitarbeiter, wenn Sie auf Kritik ärgerlich oder beleidigt reagieren, sich zukünftig genau überlegen wird, ob er nochmalig ehrliche Kritik äußern wird, um nicht seine Beziehung mit Ihnen zu sehr zu strapazieren.
- Stellen Sie dar, wie Sie die beiderseitige Zusammenarbeit beurteilen und welche Verbesserungsmöglichkeiten Sie sehen. Auf dieser Grundlage können Sie gemeinsam Möglichkeiten zur Optimierung Ihrer Zusammenarbeit vereinbaren.

Versuchen Sie dabei zu erfahren, was er von Ihnen, seinem Vorgesetzten, erwartet. Nutzen Sie die Chance, aus dem Feedback Ihres Mitarbeiters zu lernen. Wichtig hierbei ist, dass Sie nicht versuchen, allen in Sie gesetzten Erwartungen zu entsprechen, sondern nur Verbesserungsmöglichkeiten zustimmen, die Sie auch realisieren können. Denn wenn Sie Ihre Versprechungen nicht einhalten können, wird sein Vertrauen in Sie als Führungskraft sinken, was wiederum Auswirkungen auf zukünftige Gespräche hätte.

- Im nächsten Schritt sollten Sie die Zusammenarbeit des Mitarbeiters im Team und mit den anderen Abteilungen Ihrer Firma behandeln. Auch hier ist es informativ, zunächst seine Einschätzung zu hören, bevor Sie ihm Ihre Bewertung mitteilen. Beginnen Sie dabei mit den Punkten, die Ihnen positiv auffallen, bevor Sie auf Dinge zu sprechen kommen, die Ihrer Meinung nach verbesserungswürdig sind.
- Begründen Sie Ihre Einschätzung anhand konkreter Beispiele. Anschließend erarbeiten Sie gemeinsam verbindliche Maßnahmen zur Optimierung des Teamworks und der abteilungsübergreifenden Zusammenarbeit.
- Bieten Sie dem Mitarbeiter Ihre Unterstützung bei der Lösung etwaiger Probleme mit anderen Abteilungen oder Personen an.

Entwicklungsgespräch

Der Vorgesetzte diskutiert hier mit dem Mitarbeiter vor dem Hintergrund der betrieblichen Möglichkeiten und persönlichen Fähigkeiten und Interessen berufliche Perspektiven und vereinbart geeignete Entwicklungsmaßnahmen.

Entwicklungsgespräche haben zum Ziel, die Vorstellungen des Mitarbeiters über seine berufliche Entwicklung mit der Einschätzung des Vorgesetzten und den Möglichkeiten, die das Unternehmen bietet, abzugleichen. Sie ermöglichen, einen Planungs- und Orientierungsrahmen über den weiteren Einsatz und die zukünftige Entwicklung des Mitarbeiters abzustecken. Entwicklungsgespräche sollen einerseits dem Mitarbeiter eine attraktive und realistische berufliche Perspektive aufzeigen, sie sollen andererseits auch verhindern, dass Mitarbeiter eine unrealistische Sicht über ihre beruflichen Möglichkeiten im Unternehmen entwickeln oder sich gar, aus Mangel an Perspektiven, bei anderen Unternehmen bewerben. Erfahrungsgemäß wirken sich Entwicklungsgespräche motivierend auf Mitarbeiter aus, weil sie konkret ihre längerfristige berufliche Perspektive zum Inhalt haben. Führungskräften ermöglichen sie einen Einblick in den aktuellen Stand der beruflichen Karriereplanung des Mitarbeiters.

Die Entwicklungsziele des Mitarbeiters und die Möglichkeiten für ihre Realisierung sind Inhalt dieser Gespräche. Häufig ist das Entwicklungsgespräch ein Bestandteil des jährlichen Mitarbeitergespräches, in dem sowohl über die Beurteilung als auch über die Zielvereinbarung für die neue Beurteilungsperiode gesprochen wird.

Es ist hilfreich zu unterscheiden, ob sich der Mitarbeiter in seinem gegenwärtigen Arbeitsbereich weiterentwickeln kann und möchte oder ob er die Übernahme neuer Verantwortung, wie z. B. Führungsaufgaben, anstrebt und ob dafür in der Organisation Chancen bestehen.

3.3 Bestandteile institutionalisierter Mitarbeitergespräche

Vorbereitung des Vorgesetzten

Die Überlegungen zur Leistungsbeurteilung dienen als Grundlage für die Vorbereitung des Entwicklungsgesprächs. Folgende Fragen helfen Ihnen bei der Bewertung der Entwicklungsmöglichkeiten Ihres Mitarbeiters.

- Kommt nach Ihrer Meinung eher eine Fach- oder Führungslaufbahn infrage? Welche Einschätzung hat hierzu der Mitarbeiter?
- Welche Möglichkeiten der Entwicklung bestehen in Ihrer Organisation? Welche Positionen werden in nächster Zeit frei? Wo werden mittelfristig Nachfolger gesucht? Wo besteht Bedarf?
- Mit welchen zusätzlichen oder anderen, eventuell verantwortungsvolleren Aufgaben möchten Sie den Mitarbeiter künftig gerne betrauen? Welche Position könnte er in Zukunft Ihrer Meinung nach einnehmen? Sammeln Sie entsprechende Argumente.
- Stellen Sie fest, wie er schrittweise zu dieser Position gelangen könnte. Verfügt er bereits über das notwendige Know-how, oder weist er noch Lernbedarf auf?
- Bitten Sie den Mitarbeiter bei der Terminvereinbarung, als Vorbereitung auf das Gespräch seine beruflichen Ziele und Wünsche präzise zu formulieren.
- Welche Maßnahmen zur beruflichen Weiterentwicklung haben Sie mit dem Mitarbeiter im vergangenen Mitarbeitergespräch vereinbart? Sind diese Maßnahmen wie geplant durchgeführt worden? Wie ist der Erfolg zu bewerten?
- Wie bewerten Sie die Stärken und Schwächen des Mitarbeiters? Benötigt er noch zusätzliche Kenntnisse und Fähigkeiten, um seine Aufgaben noch besser erfüllen zu können? Ist er mit seiner derzeitigen Tätigkeit insgesamt zufrieden?
- Ist er seinen Fähigkeiten und seinem Potenzial entsprechend optimal eingesetzt?
- Wie hat er sich in seinem Verantwortungsbereich und in seiner Abteilung entwickelt? Füllt ihn seine derzeit ausgeübte Tätigkeit aus?
- Wie beurteilen Sie die mittelfristigen Perspektiven des Mitarbeiters für die nächsten drei Jahre? Welches Potenzial steckt in ihm? Wie könnte seine nächste Stelle aussehen?
- Konnte er sich auf Ihre Unterstützung verlassen? In welchem Maße haben Sie dazu beigetragen, dass er sich in seinem Verantwortungsbereich entfalten konnte?

Anhand dieser Überlegungen können Sie bewerten, welche Maßnahmen Ihnen für die mittelfristigen Karriereplanungen des Mitarbeiters sinnvoll erscheinen. Infrage kommen z. B. Weiterbildungsmaßnahmen, Qualifizierung am Arbeitsplatz, Übernahme spezieller Aufgaben oder Mitarbeit bei übergreifenden Projekten. Durch die Übernahme weiterführender Aufgaben durch den Mitarbeiter gewinnen Sie zusätzliche Erkenntnisse darüber, welchen Rollen und Aufgaben der Mitarbeiter gewachsen sein könnte.

Vorbereitung des Mitarbeiters

Auch der Mitarbeiter sollte, ausgehend von der Selbsteinschätzung seiner Leistungen und seines Potenzials, seine beruflichen Pläne konkretisieren:

- Welche Maßnahmen zur beruflichen Weiterbildung hat er mit seinem Vorgesetzten im vergangenen Mitarbeitergespräch vereinbart? Sind diese Maßnahmen zu seiner Zufriedenheit durchgeführt worden? Welches Wissen und welche Fähigkeiten konnte er mithilfe der Maßnahme erweitern? Wie hat sich die Qualifizierung konkret auf die Arbeitsergebnisse ausgewirkt? Entspricht der Erfolg der Maßnahme seinen Vorstellungen?
- Welche Kenntnisse und Fähigkeiten muss er noch hinzugewinnen, um seine Aufgaben noch besser erfüllen zu können?
- Ist er mit seiner derzeitigen Arbeit insgesamt zufrieden? Wie hat er sich in seinem Aufgabengebiet, seinem Verantwortungsbereich und in seiner Abteilung entwickelt?
- Welche zusätzlichen oder anderen Aufgaben würde er gerne übernehmen?
- Welche beruflichen Perspektiven sieht er für die nächsten drei Jahre? Wie stellt er sich seine nächste Stelle vor?
- Welche beruflichen Entwicklungsmaßnahmen sollten seiner Meinung nach erfolgen, damit seine mittelfristigen Karrierevorstellungen verwirklicht werden können?

(Die Fragen finden Sie im Formular 3.5 »Vorbereitungsfragen zum Entwicklungsgespräch« unter www.a47-consulting.de oder www.hofbauerundpartner.de als Download.)

Nach sorgfältiger Überprüfung der einzelnen Punkte wird er einschätzen können, welche zukünftigen Einsatzmöglichkeiten für ihn infrage kommen könnten und wie er seine Vorstellungen dem Vorgesetzten gegenüber begründen kann. Diese Überlegungen sollten dann im Gespräch eruiert werden.

Tipps für den Ablauf von Entwicklungsgesprächen

Bei Beachtung folgender Empfehlungen können Sie Ihre Personalplanung gezielter und sicherer gestalten:

- Wenn Sie mit offenen Karten spielen, ist die Wahrscheinlichkeit höher, dass auch der Mitarbeiter Ihnen in Bezug auf seine Karriereplanung ebenfalls ehrlich gegenübertritt. Das hängt wiederum von dem Vertrauensverhältnis ab, das zwischen Ihnen besteht.
- Bedenken Sie auch, dass sich nicht jeder Mitarbeiter weiterentwickeln möchte. Sie können als Führungskraft Anregungen geben und Erwartungen äußern. Die Entscheidung hierüber liegt aber beim Mitarbeiter.
- Gehen Sie in dem Gespräch sowohl auf kurzfristige wie auch bei Bedarf auf mittelfristige Entwicklungsmöglichkeiten des Mitarbeiters ein.

Entwicklung des Mitarbeiters in seinem Aufgabenbereich

- Fragen Sie den Mitarbeiter, ob er mit seinem Aufgabenbereich zufrieden ist. Prüfen Sie, ob die im letzten Mitarbeitergespräch vereinbarten Fortbildungsmaßnahmen durchgeführt wurden und welche Erfolge dabei erzielt wurden.
- Fragen Sie den Mitarbeiter, wo er in seinem Aufgabenbereich für sich noch Entwicklungsbedarf sieht. Vergleichen Sie, ob Ihre Einschätzung mit der Ihres Mitarbeiters übereinstimmt. Wo sind Unterschiede festzustellen? Liegen unterschiedliche Auffassungen vor, müssen die Gründe herausgearbeitet werden.
- Einigen Sie sich auf Maßnahmen, die für die Weiterentwicklung des Mitarbeiters in seinem derzeitigen Aufgabengebiet relevant sind, und legen Sie die getroffenen Vereinbarungen schriftlich fest. Da Sie eventuell manche Maßnahmen im Unternehmen noch mit Entscheidungsträgern abklären müssen, teilen Sie Ihrem Mitarbeiter mit, wann er mit einer definitiven Rückmeldung rechnen kann.

Mittelfristige Entwicklungsperspektive für den Mitarbeiter entwickeln

- Fragen Sie den Mitarbeiter, welche beruflichen Ziele er sich mittelfristig gesetzt hat. Schildern Sie ihm Ihre Einschätzung über sein Potenzial. Stimmen Ihre Vorstellungen über die berufliche Entwicklung mit seinen überein, erarbeiten Sie gemeinsam Maßnahmen, die ihm helfen, diese Ziele zu erreichen.
- Liegen dagegen unterschiedliche Auffassungen vor, beispielsweise, weil der Mitarbeiter seine beruflichen Aufstiegsmöglichkeiten unrealistisch einschätzt, sollten Sie ihm Ihre Meinung über seine Fähigkeiten offen darlegen und erklären, warum Sie seine Karrierevorstellungen nicht teilen.
- Bedenken Sie, dass die Vorspiegelung falscher Tatsachen in solchen Fällen keinem weiterhilft. Nur mit einem ehrlichen Feedback, mit genauer Begründung, können Sie verhindern, dass der Mitarbeiter Ihre Bereitschaft, seine berufliche Laufbahn zu unterstützen, unrealistisch und falsch einschätzt. Formulieren Sie präzise, welche Maßnahmen zu seiner beruflichen Weiterbildung Ihnen sinnvoll erscheinen und welche für ihn ungeeignet sind. Auf diese Weise bringen Sie seine Karriereerwartungen auf eine realistische Basis.
- Im nächsten Schritt können Sie gemeinsam konkrete Entwicklungs- und Qualifizierungsmaßnahmen vereinbaren, die er benötigt, um die mittelfristig angestrebten neuen Aufgaben erfüllen zu können. Klären Sie ab, wer in welchem Maße für die Realisierung der vereinbarten Maßnahmen verantwortlich ist. Ihre Aufgabe besteht darin, infrage kommende Weiterbildungsmaßnahmen zu ermöglichen, weil Sie bzw. das Unternehmen dafür Geld und Zeit zur Verfügung stellen muss. Der Mitarbeiter hat dafür Sorge zu tragen, dass er die ihm gebotenen Möglichkeiten konsequent nutzt, um seine Kenntnisse zu erweitern. Entsprechend sollten Sie gemeinsam den Lerneffekt der erfolgten Weiterbildungsmaßnahmen prüfen. Auf dieser Grundlage können Sie die Rahmenbedingungen für die neuen Einsatzmöglichkeiten des Mitarbeiters festlegen, damit er sein zusätzlich erworbenes Know-how gezielt anwenden und einbringen kann. So können Sie beispielsweise vereinbaren, dass er, um künftig Kundenpräsentationen auch in englischer

Sprache durchführen zu können, seine Englischkenntnisse verbessern muss. Hierfür muss er in den nächsten sechs Monaten einen Abendkurs in Wirtschaftsenglisch besuchen, welchen die Firma zusammen mit der zum Selbststudium erforderlichen Fachliteratur bezahlt.
- Einigen Sie sich über die mittelfristigen Perspektiven, die Ihre Firma dem Mitarbeiter bietet, ebenso über die dafür erforderlichen Maßnahmen – mit gesetzten Terminen. Bedenken Sie dabei, dass vor allem die Übertragung von neuen Aufgaben mit mehr Verantwortungsrahmen die Kompetenzen Ihres Mitarbeiters weiterentwickeln hilft. Wollen Sie ihm beispielsweise in 18 Monaten eine Führungsposition übertragen, könnte er ab dem kommenden Quartal mit einer Stellvertreterfunktion betraut werden und könnte ab sofort die wöchentlichen Teambesprechungen moderieren und neue Mitarbeiter einarbeiten. Vergessen Sie nicht, feste Termine zur Kontrolle des Entwicklungserfolges zu vereinbaren. Das kann z. B. durch regelmäßiges Feedback über die Qualität seiner Moderation in den wöchentlich stattfindenden Teambesprechungen erfolgen. Dieses Feedback kann er von Ihnen und, wenn so vereinbart, auch von den Teilnehmern der Besprechungen erhalten.

3.4 Prototypischer Ablauf eines institutionalisierten Mitarbeitergesprächs

Vorbereitung auf das Mitarbeitergespräch

Qualität und Erfolg des Mitarbeitergesprächs hängen wesentlich davon ab, wie gründlich sich die Gesprächspartner darauf vorbereitet haben. Damit genügend Zeit für die Vorbereitung verbleibt, empfiehlt es sich, den Termin mindestens zwei Wochen vor dem Gespräch zu vereinbaren, das nicht »en passant« oder unter Zeitdruck stattfinden sollte. Werden Mitarbeitergespräche nur einmal jährlich durchgeführt, dauern sie für gewöhnlich länger als solche, die beispielsweise im vierteljährlichen Turnus stattfinden. Ihre Dauer hängt aber auch von den zu besprechenden Themen ab. Als Orientierungspunkt dienen die Erfahrungswerte in Bild 3.2.
Bitten Sie Ihren Mitarbeiter, sich gut auf das Gespräch vorzubereiten. In vielen Unternehmen werden zur Erleichterung der Vorbereitung vorgefertigte Gesprächsformulare und Unterlagen eingesetzt. Stellen Sie Ihren Mitarbeitern alle Informationen zum Mitarbeitergesprächssystem und zu Vorbereitung und Ablauf der Mitarbeitergespräche im Vorfeld zur Verfügung.
Wichtig ist auch eine ungestörte Gesprächsatmosphäre. Reservieren Sie deshalb einen Besprechungsraum, wenn in Ihrem Büro die notwendige Ruhe nicht gewährleistet ist.
Bedenken Sie, dass schon durch die Art und Weise Ihrer Ankündigung der Ablauf des bevorstehenden Mitarbeitergesprächs wesentlich beeinflusst werden kann. Wenn Sie dem Mitarbeiter beispielsweise das Gefühl vermitteln, es komme etwas Bedrohliches auf ihn zu, wird dieser seine Vorbereitung darauf ausrichten.

3.4 Prototypischer Ablauf eines institutionalisierten Mitarbeitergesprächs

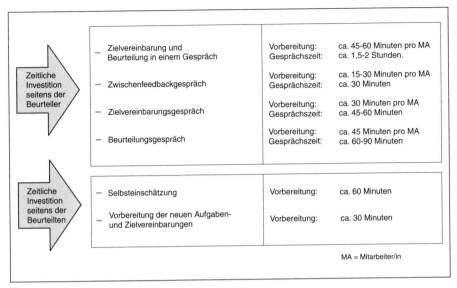

Bild 3.2 Erfahrungswerte zur zeitlichen Investition für Mitarbeitergespräche

In welchem Maße bereits die bloße Ankündigung ein Gespräch beeinflussen kann, veranschaulicht ein Beispiel:
Silke Huber wurde zu ihrem Vorgesetzten bestellt. Beide vereinbarten einen Termin für ein Zielvereinbarungsgespräch. Als sie gerade sein Büro verlassen wollte, fügte er hinzu: »Übrigens, Frau Huber, es werden auch einige Veränderungen auf Sie zukommen.« Dieser Schlusssatz irritierte Silke Huber, weil sie etwas Bedrohliches im Unterton zu vernehmen glaubte. Sie war verunsichert. In letzter Zeit, so mutmaßte sie, habe ihr Chef sie sowieso des Öfteren kritisiert. War er mit ihrer Leistung nicht mehr zufrieden? Würden ihr eventuell Kompetenzen genommen? Sie beschloss, sich auf das bevorstehende Gespräch besonders gut vorzubereiten, um ihrem Chef zu beweisen, wie gut sie sei, und ihm vorsorglich auch nichts über die in dem von ihr betreuten Projekt aufgetretenen Schwierigkeiten zu erzählen.
Entsprechend bereitete sich Silke Huber gründlich auf ihre Verteidigung vor. Mögliche Perspektiven und Aspekte zur Optimierung der Arbeit blieben allerdings bei ihrer Vorbereitung außer Acht.
In der Regel ist der Mitarbeiter bei der Vorbereitung auf das Mitarbeitergespräch angespannt, selbst wenn ein gutes Vertrauensverhältnis zu seinem Vorgesetzten besteht. Allein schon deshalb, weil auch über seine Arbeitsleistung gesprochen wird.
Darum empfiehlt es sich, bei der Ankündigung auf das Gespräch darauf zu achten, dass dem Mitarbeiter die zu behandelnden Themen und beabsichtigten Ziele bekannt sind und er noch genügend Zeit hat, sich selbst gut vorzubereiten. Die Ankündigung sollte ihn motivieren, das Gespräch für einen intensiven Austausch zu nutzen.

Durchführung des Mitarbeitergesprächs

Gesprächseinstieg

Der Erfolg von Mitarbeitergesprächen hängt unter anderem davon ab, ob sie in einer offenen und ungestörten Gesprächsatmosphäre stattfinden, die einen konstruktiven Dialog und Austausch von Argumenten ermöglicht. Sie können von Anfang an die Gesprächsatmosphäre positiv beeinflussen. Drücken Sie zu Beginn dem Gesprächspartner Ihre Wertschätzung aus. Versichern Sie ihm, dass Sie großen Wert darauf legen, seine ehrliche Meinung und seine Sichtweisen kennenzulernen. Betonen Sie, dass Ihnen diese Gespräche wichtig sind, weil sie fernab der Tageshektik die Möglichkeit bieten, gemeinsam die Vergangenheit zu reflektieren und für die Zukunft zu planen. Sichern Sie dem Mitarbeiter, wenn er dies wünscht, Vertraulichkeit zu. Klären Sie ihn aber auch über die möglichen Auswirkungen auf, wenn keine schriftliche Dokumentation der Gesprächsergebnisse erfolgt (vgl. Kapitel 9 »Methoden und Techniken für eine erfolgreiche Gesprächsführung«). Ermutigen Sie den Mitarbeiter, im Verlauf des Gesprächs offen Punkte anzusprechen, die er kritisch beurteilt. Fordern Sie ihn auf, entsprechende Verbesserungsvorschläge zu äußern.

Geben Sie dem Gesprächspartner eine Orientierungshilfe, indem Sie den zeitlichen Rahmen und die Reihenfolge der zu besprechenden Themen vorschlagen. Zu Beginn des Gesprächs könnten beispielsweise die erbrachten Leistungen besprochen werden, bevor man zur Vereinbarung der Ziele für den nächsten Zeitraum übergeht. Im Anschluss kommen die berufliche Weiterentwicklung des Mitarbeiters und die Zusammenarbeit mit Vorgesetzten, Kollegen sowie anderen Abteilungen des Unternehmens zur Sprache.

Der Zeitdruck des Arbeitsalltags lässt Führungskräfte dazu neigen, gleich zur Sache zu kommen. Sie sollten sich Zeit nehmen, mit dem Mitarbeiter ins Gespräch zu kommen. Gerade zu Beginn tauchen, meist unbewusst, Fragen auf wie »*In welcher Stimmung ist der andere?*«, »*Muss ich heute aufpassen?*« oder »*Wie wird er sich heute verhalten?*«

Dauert dieses vorsichtige gegenseitige Abtasten zu lange, bleibt es über das gesamte Gespräch erhalten und wirkt sich negativ auf die Atmosphäre und demzufolge auf eine offene und konstruktive Bearbeitung der Themen aus. In der Regel hilft eine kurze Aufwärmphase, eventuelle Verkrampfungen zu lösen, Vertrauen aufzubauen und sich offen die Meinung zu sagen. Die Gesprächssituation wird aber auch beeinflusst durch Vorerfahrungen der Beteiligten aus früheren Gesprächen, ihre jeweiligen Charaktere, aktuelle Stimmungslagen sowie die allgemeine Stimmung im Unternehmen oder in der Abteilung. Ebenso kann der Raum, in dem das Gespräch stattfindet, die Gesprächsatmosphäre beeinflussen. So wird im Büro des Vorgesetzten, in dem schon des Öfteren heftige Meinungsverschiedenheiten ausgetragen wurden, nur schwerlich eine angenehme und entspannte Gesprächsatmosphäre entstehen. Überlassen Sie deshalb die äußeren Rahmenbedingungen für das Gespräch nicht dem Zufall.

Tipps zur Gesprächseröffnung

- Beginnen Sie das Gespräch mit aufmunternden Worten.
- Bieten Sie dem Gesprächspartner ein Getränk an.
- Halten Sie Blickkontakt zu ihm.
- Zeigen Sie dem Mitarbeiter Ihr Interesse für seine persönlichen Belange, indem Sie auch persönliche Themen ansprechen.
- Geben Sie dem Gesprächspartner Zeit, lassen Sie ihn ausreden, gehen Sie auf ihn ein, hören Sie zu. So tragen Sie zu einer positiven, vertrauensvollen Gesprächsatmosphäre bei, die sich auf den weiteren Verlauf auch auswirkt.
- Bleiben Sie natürlich und authentisch.

Rückblick und Leistungsbeurteilung

Der Mitarbeiter schildert zu Beginn seine Einschätzung über seine Arbeitssituation, seine Leistung sowie hinderliche bzw. förderliche Arbeits- und Rahmenbedingungen (Voraussetzung dafür ist eine vorher getroffene Zielvereinbarung). Danach erfolgt die Rückmeldung des Vorgesetzten. Er beurteilt die umgesetzten Aufgaben des Mitarbeiters in Bezug auf seine Leistung und seine Stärken sowie seinen Verbesserungsbedarf. Im anschließenden Meinungsaustausch kommen folgende Themen zur Sprache: Wo stimmen die Einschätzungen überein? In welchen Punkten bestehen Widersprüche? Was sind die Ursachen für vorhandene Widersprüche? Wie sieht die gemeinsame Beurteilung der geleisteten Arbeit aus?

Austausch über die Zusammenarbeit im Betrieb

Der Mitarbeiter gibt sein Urteil über die Zusammenarbeit mit dem Vorgesetzten, den Kollegen und anderen Abteilungen, danach schildert ihm der Vorgesetzte seine Sicht der Dinge. Beide Parteien diskutieren Verbesserungsmöglichkeiten und vereinbaren konkrete Maßnahmen zur Optimierung der Zusammenarbeit.

Erarbeitung und Vereinbarung von zukünftigen Arbeitszielen

Der Mitarbeiter schlägt seine zukünftigen Arbeitsziele vor, im Anschluss schildert der Vorgesetzte seine Zielvorstellungen und gegebenenfalls auch Zielvorgaben. Beide Seiten tauschen ihre Meinungen und Argumente aus und einigen sich verbindlich auf Maßnahmen zur Realisierung und Überprüfung der gemeinsam formulierten Ziele.

Besprechung und Vereinbarung von Entwicklungszielen

Der Mitarbeiter beschreibt dem Vorgesetzten seine Karrierevorstellungen und Möglichkeiten, die er für seine weitere berufliche Qualifizierung sieht. Im Gegenzug schildert der Vorgesetzte seine Einschätzung über das Potenzial des Mitarbeiters und die für ihn infrage kommenden Entwicklungsmöglichkeiten. Anschließend werden geeignete Maßnahmen zur beruflichen Weiterentwicklung des Mitarbeiters diskutiert und vereinbart.

Zusammenfassung des Gesprächs

Behandlung noch offener Fragen, Ideen und Anregungen, schriftliche Dokumentation der Vereinbarungen.

Abschluss

Bewertung des Gesprächs, Verabschiedung mit einem Ausblick auf die Gestaltung der nächsten Gespräche (z. B. Standortbestimmung).

Tipps zum Abschluss des Mitarbeitergesprächs

- Fassen Sie aus Ihrer Sicht die wichtigsten Punkte des gesamten Gesprächs zusammen. Fragen Sie den Mitarbeiter, ob es noch offene Punkte gibt, die er mit Ihnen besprechen möchte. Das Mitarbeitergespräch sollte Raum bieten für generelle, seine Arbeit betreffende Themen, beispielsweise Ideen und Anregungen für Verbesserungen am Arbeitsplatz oder in der Firma, ausreichende Versorgung mit Betriebsmitteln oder Aspekte seiner privaten Lebenssituation. Sind alle Punkte hinreichend besprochen und geklärt, keine Fragen mehr offen, danken Sie dem Mitarbeiter für das Gespräch und sagen Sie ihm konkret, was Ihnen an dieser Besprechung gefallen hat, z. B. seine konstruktiven Anregungen oder die Offenheit seiner Aussagen.
- Geben Sie einen Ausblick über die Gestaltung der weiteren Gespräche. Vielleicht wollen Sie in Zukunft alle drei Monate regelmäßige Standortanalysen und alle zwei Wochen Gruppenbesprechungen durchführen. Sprechen Sie Ihrem Mitarbeiter bei der Verabschiedung Ihre Wertschätzung aus.

Mitarbeitergespräch mit einem neuen Mitarbeiter

Findet dieses Gespräch mit einem Mitarbeiter zum ersten Mal statt, beispielsweise, weil er neu in Ihrer Firma ist, ist es angebracht, zuerst über den Sinn und Zweck der Mitarbeitergespräche, dann über die Aufgaben und Ziele sowie über die Struktur des Mitarbeitergesprächsprozesses zu sprechen. Anschließend können dann die Zielvereinbarungen miteinander besprochen werden. Im Anschluss sollten seine Fähigkeiten auf die Erfordernisse der ihm übertragenen Aufgaben abgeglichen und, falls notwendig, Maßnahmen zur Erweiterung seines Know-hows vereinbart werden. Da zu diesem Zeitpunkt bezüglich der Zusammenarbeit mit Vorgesetzten und Kollegen noch keine konkreten Erfahrungswerte vorliegen, bietet sich an, jeweils die Erwartungen an eine funktionierende Zusammenarbeit auszutauschen.

DAS WICHTIGSTE IN KÜRZE

- Gut 90 Prozent der deutschen Top-500-Unternehmen nutzen Mitarbeitergespräche als Führungsinstrument.

- Der Vorteil von Mitarbeitergesprächen besteht für den Mitarbeiter darin, dass er klare Aussagen über seine Stärken und Schwächen erhält, durch konstruktive Kritik erfährt, wo er sich steigern kann, Aufschlüsse über seine berufliche Zukunftsplanung erhält und im Einvernehmen mit seinem Vorgesetzten verbindliche Ziele vereinbaren kann.

- Klar definierte Ziele sind eine wichtige Voraussetzung für die Akzeptanz von Mitarbeitergesprächen. Nach ihrer Zielsetzung unterscheidet man evaluative und entwicklungsbezogene Mitarbeitergesprächssysteme.

- Evaluative Mitarbeitergesprächssysteme dienen als Entscheidungshilfen bei der Beurteilung der individuellen Leistung des Mitarbeiters und der Bemessung der Höhe seines Gehalts. Bei Bewertung des einzelnen Mitarbeiters wird dessen Leistung in Relation zu einer Vergleichsgruppe von Kollegen gesetzt.

- Entwicklungsbezogene Mitarbeitergesprächssysteme haben dagegen die Kommunikation zwischen Mitarbeitern und ihrer Führungskraft, das Feedback zu den Leistungen des Mitarbeiters, die Planung von Entwicklungsmaßnahmen sowie die Definitionen von Aufgaben und Handlungsspielräumen zum Thema. Der Bezugsrahmen für die Beurteilung des Mitarbeiters sind dessen individuelle Fähigkeiten und Entwicklungspotenziale.

- In der Praxis kommt es meist zu einer Kombination evaluativer und entwicklungsbezogener Systeme. Unternehmen nutzen Mitarbeitergespräche in der Regel gleichermaßen zur Unternehmenssteuerung, Personalführung, Personalentwicklung und als Grundlage für Gehaltsentscheidungen.

- Von Mitarbeitergesprächssystemen erwarten sich die Unternehmen, dass sich das Arbeitsklima verbessert, sie einen offenen Meinungsaustausch zwischen Führungskräften und Mitarbeitern ermöglichen, die Fähigkeiten jedes einzelnen ausgelotet werden und er so optimal eingesetzt werden kann, die Motivation und Leistung insgesamt steigt und das Unternehmen flexibler und besser auf von außen eintretende Veränderungen reagieren kann.

- Dieses Instrument ermöglicht der Führungskraft, die bisher erbrachten Leistungen auf der Grundlage gemeinsam festgelegter Beurteilungskriterien zu beurteilen. Es hilft ihm, die Einstellungen und Sichtweisen seiner Mitarbeiter besser kennenzulernen und so von vornherein Differenzen zu klären und Missverständnisse zu bereinigen. Zudem erhält er Einblick in die Absichten und beruflichen Pläne der Mitarbeiter, das erleichtert ihm die mittelfristige Personalplanung.

- Mitarbeitergespräche werden im Unternehmen akzeptiert, wenn ihre Regeln und die Bewertungskriterien für alle Beschäftigten transparent sind, sie regelmäßig stattfinden und dokumentiert werden und von Mitarbeitern und Führungskräften gut vorbereitet sind. Darüber hinaus sollten sie eine offene Diskussion ermöglichen und ihre Ergebnisse verbindlich sein. Die Führungsspanne sollte für Führungskräfte nicht mehr als 15 Mitarbeiter, mit denen regelmäßige Gespräche geführt werden, umfassen.

- Mitarbeitergespräche behandeln in der Regel fünf Themen: Zielvereinbarungen, Beurteilungen des Mitarbeiters, Entwicklungsperspektiven des Mitarbeiters, Verbesserungsmöglichkeiten der Zusammenarbeit und Standortbestimmungen von aktuellen Projekten.

- Zielvereinbarungsgespräche sind notwendig, um die Erwartungen der Vorgesetzten an ihre Mitarbeiter offenzulegen und messbare Kriterien für die Beurteilung der zu erbringenden Leistungen zu gewinnen. Es macht einen Unterschied, ob Gegenstand des Gesprächs eine Zielvorgabe oder eine Zielvereinbarung ist. Bei Zielvorgaben hat der Mitarbeiter wenig Einfluss auf die Zielinhalte, bei Zielvereinbarungen stimmen die Gesprächspartner ihre Zielvorstellungen ab, legen sie verbindlich fest und einigen sich auf die erforderlichen Maßnahmen.

- Standortbestimmungen helfen, einen Überblick über den aktuellen Stand von laufenden Projekten oder zu bewältigenden Aufgaben zu gewinnen. Sie ermöglichen, eventuellen Handlungsbedarf frühzeitig zu erkennen und etwaigen oder bereits aufgetretenen Schwierigkeiten entgegenzuwirken. Es empfiehlt sich, die Mitarbeiter in die Entwicklung von Problemlösungen einzubeziehen. Das fördert ihre Eigeninitiative, ihre Motivation und das Verantwortungsbewusstsein aller Beteiligten.

- Beurteilungsgespräche haben die Bewertung der erbrachten Leistungen des Mitarbeiters zum Inhalt. Die Gesprächspartner »bilanzieren« den vergangenen Beurteilungszeitraum, indem sie aus ihrer Sicht die Leistungen des Mitarbeiters beschreiben. Als Beurteilungskriterien hierfür dienen unter anderem die im Zielvereinbarungsgespräch festgelegten Ziele. Dabei werden gute Leistungen bestätigt und anerkannt. Wo noch Verbesserungen möglich sind, sollten konstruktive Kritik und konkrete Vorschläge erfolgen. Zweck dieser Gespräche ist, dem Mitarbeiter positive Impulse zu geben und seine speziellen Fähigkeiten herauszuarbeiten und zu fördern. Sie sollten keinesfalls als Disziplinarmaßnahme missverstanden und eingesetzt werden.

- Entwicklungsgespräche sollen einerseits verhindern, dass der Mitarbeiter seine Fähigkeiten überschätzt und unrealistische Vorstellungen über seine berufliche Karriere entwickelt, andererseits aufzeigen, welche Perspektiven ihm die Firma mittelfristig bieten kann. Entsprechend vereinbaren beide Seiten konkrete Entwicklungsschritte für die berufliche Weiterbildung und -qualifizierung des Mitarbeiters.

Das Wichtigste in Kürze

- Qualität und Erfolg des Mitarbeitergesprächs hängen wesentlich von der Vorbereitung der Beteiligten und der Einhaltung einer strukturierten Vorgabe der Gesprächsinhalte ab. Damit die Gesprächspartner genügend Zeit für die Vorbereitung zur Verfügung haben, empfiehlt es sich, den Termin mindestens zwei Wochen im Voraus zu vereinbaren. Je nach Turnus, in dem sie geführt werden, und je nach zu besprechenden Themen können Mitarbeitergespräche zwischen ein bis drei Stunden, in Ausnahmefällen auch länger dauern.

- Wichtig ist, im Vorfeld die Voraussetzungen für eine angenehme Gesprächsatmosphäre zu schaffen. Bereits die Ankündigung sollte so formuliert sein, dass beim Mitarbeiter kein Unbehagen oder die Befürchtung entsteht, er habe etwas Unangenehmes oder Bedrohliches zu erwarten. Bei der Wahl des Besprechungszimmers ist darauf zu achten, dass eine ungestörte Unterhaltung gewährleistet ist.

- Zur Vorbereitung gehört auch, dass Vorgesetzter und Mitarbeiter sich genau überlegen, was sie im Einzelnen besprechen, abklären und vereinbaren wollen. Ein bewährtes Hilfsmittel dafür ist, anhand eines Fragenkatalogs Themen für das Mitarbeitergespräch zu sammeln.

- Die Führungskraft kann das Gespräch positiv beeinflussen, wenn sie dem Mitarbeiter ihr Interesse bekundet, auf seine Argumente eingeht, ihn ausreden lässt, aufmerksam zuhört und auch für persönliche Belange offen ist. Damit schafft sie die Bedingungen für einen offenen und konstruktiven Meinungsaustausch über die anstehenden Themen.

- Bei der Durchführung sollte der Vorgesetzte zuerst den Mitarbeiter seine Sicht der anstehenden Themen darstellen lassen und dem dann seine eigenen Beobachtungen gegenüberstellen. Danach gehen beide Seiten, so vorhanden, differierenden Auffassungen auf den Grund und suchen eine Lösung dafür. Zum Abschluss legen sie fest, was in Zukunft beibehalten werden soll, was sie wie verbessern wollen und was beide Seiten zu den Veränderungen beitragen werden.

- Am Ende des Gesprächs empfiehlt es sich, dass beide Seiten die Ergebnisse des Gesprächs aus ihrer Sicht zusammenfassen, um unterschiedlichen Auffassungen vorzubeugen. Abschließend sollte der Vorgesetzte noch einen Ausblick über die Gestaltung der weiteren Gespräche geben und dem Mitarbeiter seine Wertschätzung aussprechen.

Mehr zu diesem Thema

Hossiep, R.; Bittner, J.E.: »Reden wir drüber ... Der stille Erfolg des Mitarbeitergesprächs in deutschen Unternehmen«. *Wirtschaftspsychologie aktuell* 2 - 3 (2006), S. 41 - 44

Kießling-Sonntag, J.: *Handbuch Mitarbeitergespräche*. Cornelsen Lehrbuch, 2004

Kießling-Sonntag, J.: *Zielvereinbarungsgespräche. Erfolgreiche Zielvereinbarungen. Konstruktive Gesprächsführung*. Cornelsen Lehrbuch, 2007

Mentzel, M.; Grotzfeld, S.; Haub, C.: *Mitarbeitergespräche*. Rudolf Haufe, 2009

Neuberger, O.: *Das Mitarbeitergespräch. Praktische Grundlagen für erfolgreiche Führungsarbeit*. Rosenberger, 2009

Ziele formulieren und vereinbaren

DARUM GEHT ES ...

- Welche Funktion erfüllen Ziele im Berufsleben?
- Wann sind Ziele Erfolg versprechend, wann zum Scheitern verurteilt?
- Welche Anforderungen bestehen an den strategischen Planungsprozess?
- Welche Bedeutung haben sie für Führungskräfte?

DIESES KAPITEL BESCHREIBT:

- die Bedeutung von Zielen,
- deren Ableitung aus den strategischen Zielsetzungsprozessen wie z. B. der Balanced Scorecard oder Management-by-Objectives-Prozessen,
- wie Ziele formuliert sein sollten, um motivierend zu wirken,
- wie eine größtmögliche Akzeptanz von Zielen erreicht werden kann.

Sie hatten heute Zeit, mit zwei Mitarbeiterinnen Ihrer Abteilung »Neukundengewinnung« darüber zu sprechen, wie im nächsten Halbjahr die Anzahl von Neukunden erhöht werden kann. Im Nachhinein sind Sie immer noch verwundert, wie unterschiedlich die Gespräche verlaufen sind, obwohl beide Mitarbeiterinnen zu Ihren Leistungsträgern zählen. Im ersten Gespräch wollten Sie von der Mitarbeiterin Claudia Keil, einer resoluten Frohnatur, erfahren, ob sich aus ihrer Sicht der Neukundenanteil erhöhen lassen könnte.

Frau Keil staunte über Ihr Anliegen, weil sich ihrer Meinung nach die Ergebnisse der Akquise sehen lassen könnten und eine Steigerung kaum mehr möglich sei. Sie gab an, dass eine Steigerung um etwa fünf Prozent die Obergrenze des Erreichbaren sei. Ihren Vorschlag, die Anzahl von Neukunden um mindestens zehn Prozent zu erhöhen, wiegelte sie als illusorisch ab. Mit diesem Ergebnis waren Sie nicht zufrieden und beschlossen, im nächsten Gespräch mit Silke Faust, einer ziemlich introvertierten, aber sehr gewissenhaften Mitarbeiterin, anders zu verfahren.

Sie teilten ihr gleich zu Beginn des Gesprächs mit, dass Sie im nächsten Halbjahr eine Steigerung der Neukunden um zehn Prozent erwarten. Zu Ihrer Verwunderung reagierte sie nicht gleich mit Abwehr, sondern überlegte erst einmal eine Weile. Dann sagte sie, dass dieses Ziel zwar recht hoch gesteckt sei, aber erreicht werden könne, wenn bestimmte Voraussetzungen erfüllt seien. In diesem Zusammenhang führte sie Schwachstellen in Ihrer Abteilung auf, die Ihnen teilweise selbst nicht bekannt waren. Gemeinsam stellten Sie fest, dass die Akquise noch weitaus effektiver gestaltet werden könnte, wenn diese Schwachstellen erst einmal behoben würden.

Sie fragen sich, warum die Reaktionen Ihrer Mitarbeiterinnen so vollkommen unterschiedlich waren.

4.1 Bedeutung von Zielen

Ziele bestimmen das menschliche Sein. Sie motivieren zu Leistungen und führen bei Erreichen zu einem Erfolgserlebnis. Sie geben dem eigenen Handeln einen Sinn und eine längerfristige Ausrichtung. Zielloses Handeln dagegen führt zur Orientierungslosigkeit. Die Motivation als Antriebsfeder sinkt, das Leben erscheint monoton und sinnentleert. Dasselbe gilt auch im Arbeitsleben. Wer sich berufliche Ziele setzt, richtet sein Handeln auf diese Ziele aus. Er nimmt die erforderlichen Anstrengungen in Kauf und entwickelt die notwendige Hartnäckigkeit und Ausdauer, aber auch zielspezifische Handlungspläne und innovative Strategien, um das gesteckte Ziel zu erreichen und nicht vom Kurs abzuweichen. Anspruchsvolle und präzise formulierte Ziele stärken das unternehmerische und verantwortungsbewusste Denken und Handeln jedes Einzelnen, sie motivieren und erhöhen die Leistungsbereitschaft. Wer seinen Beitrag am Gesamterfolg kennt, wird sich mit Nachdruck für das Gelingen der gestellten Aufgaben einsetzen.

4.1 Bedeutung von Zielen

In zahlreichen Studien rund um die sehr gut empirisch erforschte Zielsetzungstheorie von Locke und Latham [LOCKE; LATHAM, 1990, 2002] wurde der Zusammenhang zwischen Zielsetzungen und Leistung wissenschaftlich untersucht und in einem Modell, dem sogenannten High Performance Cycle [vgl. auch LOCKE; LATHAM, 2002, S. 714] visualisiert (vgl. Bild 4.1):
Das Modell verdeutlicht [LOCKE; LATHAM, 1990] die bisher nachgewiesenen Zusammenhänge zwischen hohen Zielen, Leistung, Moderatoren (wie beispielsweise die Fähigkeiten, das Commitment, Feedback und die Aufgabenkomplexität) und Mechanismen (wie z. B. die Ausdauer oder aufgabenspezifische Strategien): Werden dem Mitarbeiter anspruchsvolle Ziele gesetzt, mobilisiert er Kräfte, um die gewünschte Leistung zu erzielen. Hat er dann Erfolg, wird er (sowohl aufgabenbezogen wie auch nicht aufgabenbezogen) belohnt, was wiederum seine Zufriedenheit und die Bereitschaft, hochgesteckte Ziele zu erfüllen, erhöht. Werden anspruchsvolle Ziele erreicht, führt dies zu größerer Leistungsbereitschaft in der Zukunft. Leistung und Beharrlichkeit steigen vor allem bei hochgesteckten und anspruchsvollen Zielen an [LOCKE; LATHAM, 2002]. Voraussetzung dafür aber ist, dass alle Beteiligten die gesetzten Ziele akzeptieren, das notwendige Know-how besitzen und die erforderlichen Rahmenbedingungen gegeben sind, um die Ziele tatsächlich erreichen zu können.
Der Erfolg hängt jedoch auch stark davon ab, wie präzise ein Ziel formuliert ist. Eine spezifische Zielvereinbarung hat eine weitaus höhere Leistung zur Folge als ein unverbindlich und allgemein gehaltener Auftrag nach dem Motto: »*Tun Sie Ihr Bestes!*«

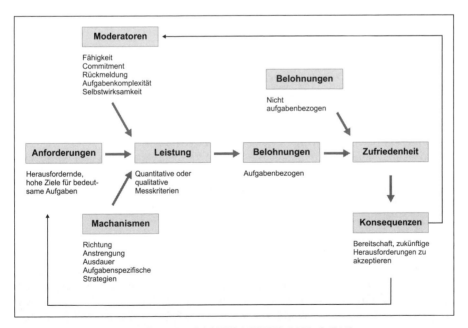

Bild 4.1 High Performance Cycle [nach LOCKE; LATHAM, 2002, S. 714]

Anderson und West [ANDERSON; WEST, 1998] wiesen nach, dass Gruppenleistungen steigen können, je klarer den Gruppenmitgliedern die Zielsetzungen sind. Probanden, die im Laborversuch den Auftrag erhielten, in zehn Minuten 30 Ideen zu einem bestimmten Thema zu entwickeln, schnitten weitaus besser ab als eine andere Versuchsgruppe, die in derselben Zeit »so viele Ideen wie möglich« sammeln sollte [LOCKE; LATHAM, 1990]. Ursache dafür könnte die Einschätzung der eigenen Leistung bei den Probanden sein. Personen, deren Ziele weniger spezifisch formuliert sind, bewerten ihre eigene Leistung positiver und variabler als solche, die an klar definierten Zielsetzungen, beispielsweise 30 Ideen zu entwickeln, ihre Leistungsfähigkeit messen müssen. Sind keine spezifischen Kriterien für ein optimales Ziel vereinbart, bleibt natürlich viel Raum für Eigendefinitionen. So können manche Personen schon zehn Ideen als höchst produktiv empfinden, andere vielleicht 15. Dennoch werden alle fest davon überzeugt sein, damit bereits ihr »Bestes« getan zu haben. Entsprechend lassen sich die unterschiedlichen Reaktionen von Frau Keil und Frau Faust im Eingangsbeispiel erklären. Während an Frau Keil eine recht offene Frage herangetragen wurde, ob die Akquisition gesteigert werden könne, formulierte der Vorgesetzte bei Frau Faust schon eine Frage mit einer spezifischen Zielvorstellung von zehn Prozent Steigerung. Es sei hier nicht betrachtet, wie realistisch diese zehn Prozent tatsächlich zu erreichen sind, sondern der Prozess, der in den Beteiligten ausgelöst wurde. Während Frau Keil möglicherweise davon ausging, sowieso schon ihr Bestes zu geben und daher die Frage nach weiteren Steigerungen als illusorisch recht schnell abwinkte, ging Frau Faust durch die konkrete Benennung der Steigerungserwartung in ihren Überlegungen einen Schritt weiter und setzte sich mit dem konkret formulierten Ziel auseinander. Sie stellte das Ziel nicht von vornherein infrage, sondern überlegte, unter welchen Bedingungen noch Steigerungen möglich seien. Schon das konkrete Formulieren eines Ziels setzt tiefere Auseinandersetzungsprozesse mit diesem in Bewegung als unspezifisch formulierte Vorstellungen und Fragen.

Es erfüllt einen mit Stolz, etwas erreicht zu haben. Erfolgserlebnisse steigern nach dem Prinzip der Selbstwirksamkeit das Selbstbewusstsein und die Überzeugung, etwas erreichen zu können, wenn man es wirklich will. Das Erfolgserlebnis wird umso intensiver und befriedigender empfunden, je besser die ihm vorausgegangenen Arbeiten kontrolliert und bewertet werden können. Ein Mitarbeiter wird einen Erfolg umso mehr genießen, je mehr er zum Gelingen beitragen und das Zustandekommen mit beeinflussen kann. Entsprechend sollte er für seine Leistung anerkannt werden.

Aktivierungsfunktion von Zielen

Personen, die niedriger gesteckte Ziele anstreben, können zwar mehr Erfolgserlebnisse verbuchen, fühlen sich aber im Gegensatz zu Personen mit anspruchsvollen Zielen insgesamt weniger befähigt, wirkliche Herausforderungen anzunehmen [LOCKE; LATHAM, 1992]. Wenn Sie Ihre Mitarbeiter nur mit leichten Aufgaben oder Routinearbeiten betrauen, werden sie diese Jobs zwar problemlos zu 100 Prozent erfüllen, aber zulasten ihrer beruflichen Entwicklung und Qualifikation. Dadurch sinkt das Gefühl, wirklich etwas leisten zu können. Ihre Mitarbeiter trauen sich demnach langfristig weniger zu, können ihre Fähigkeiten nicht weiterentwickeln und beginnen zu stagnieren. Deshalb sollten Sie bei der Aufgabenverteilung darauf achten, dass Sie nicht nur Routinearbeiten übertragen, sondern die Mitarbeiter auch immer wieder vor Herausforderungen stellen sowie ihre Potenziale und Fähigkeiten fordern und fördern.

Anspruchsvolle Ziele führen zu höherer Leistung

Ziele haben eine aktivierende Funktion, weil sie auf eine noch nicht existierende Realität hinweisen, zielgerichtetes Handeln veranlassen und die Aufmerksamkeit auf das angestrebte Ergebnis konzentrieren. Dabei wird Unwichtiges, was nicht zum Erreichen des angestrebten Ziels beiträgt, automatisch vernachlässigt. Anspruchsvolle Ziele führen zu höherer Leistung, wenn

- sie herausfordernd und gleichzeitig erreichbar sind sowie das vorhandene Fähigkeits- und Leistungspotenzial des Mitarbeiters nicht überfordern,
- sie von allen Beteiligten akzeptiert werden und dem eigenen Wertesystem nicht widersprechen,
- sie spezifisch und präzise formuliert sind sowie die zum Erreichen notwendigen Methoden und Maßnahmen klar festliegen,
- regelmäßig Feedback zur erbrachten Leistung gegeben wird und
- das Erreichen der gesetzten Ziele mit positiven Konsequenzen und finanziellen Anreizen verbunden ist [LOCKE; LATHAM, 1990, 2002].

Locke und Latham [LOCKE; LATHAM, 2002] betonen, dass die Arbeitsleistung linear mit der wahrgenommenen Schwierigkeit eines vereinbarten Ziels bis zu jenem Punkt ansteigt, an dem die Anforderungen des Ziels die Fähigkeiten des Betroffenen übersteigen.

Bei extremer Überforderung wird die Verfolgung von Zielen aufgegeben, Anstrengung und Persistenz nehmen ab [LOCKE; LATHAM, 1984]. Ziele haben auch dann einen dysfunktionalen Effekt, wenn zu hoher Leistungsdruck zu einer hinderlichen Konkurrenz mit Kollegen, zum Beschönigen von Tatsachen und zu abnehmender Offenheit und Ehrlichkeit führt [PUTZ; LEHNER, 2002].

Bei der Festlegung des Schwierigkeitsgrads der Ziele ist die Führungskraft auf Erfahrungswerte angewiesen. Um den richtigen Schwierigkeitsgrad pro Mitarbeiter zu definieren, sollte die Führungskraft sich zu folgenden Fragen ein Bild machen:

- Welche Leistungen wurden in dem definierten Arbeitsfeld von ehemaligen Stelleninhabern erbracht und stellen demnach realistische Leistungserwartungen dar?
- Gibt es Informationen darüber, z. B. in Form von Benchmarks, welche Ziele und Leistungserwartungen der Klassenbeste der Branche an das Aufgabenfeld hat?
- Welche Anforderungen existieren in anderen Unternehmen an ähnliche Aufgaben/Ziele?

- Welches Kompetenz- und Erfahrungsniveau des Mitarbeiters kann man voraussetzen und reicht dieses aus, um die gesetzten Ziele ohne Überforderung zu erreichen?

Management by Objectives – Ziele als Führungsinstrument

Schon 1911 vertrat Taylor in *Principles of Scientific Management* die These, dass Aufgaben, die in zeitlich und inhaltlich gut überschaubare, eindeutige Vorgaben aufgeteilt werden, zu besserer Arbeitsleistung und höherer Zufriedenheit führen als die unpräzise Aufforderung, sein Bestes zu geben. Peter Drucker leitete daraus 1954 ein Führungskonzept ab, das unter dem Begriff Management by Objectives (MbO) in die Literatur eingegangen ist und auf dem auch viele Mitarbeitergesprächssysteme basieren [siehe ODIORNE, 1971, 1980]. Je nach Ausprägung können die Unterschiede zwischen Mitarbeitergesprächen und MbO-Systemen von substanzieller oder lediglich gradueller Natur sein.

Innerhalb der MbO-Systeme unterscheidet man zwischen einer planungs- und einer personenorientierten Variante. Während die planungsorientierte Version eine ganzheitliche Unternehmenssteuerung inklusive detaillierter Ressourcenplanung und -kontrolle zum Zweck hat, stehen in der personenorientierten Version Zielvereinbarungen mit dem Mitarbeiter, seine Lern- und Entwicklungspotenziale und sein Verhältnis zum Vorgesetzten im Mittelpunkt. Die Ziele werden hier nicht vorgegeben, sondern zwischen Mitarbeiter und Führungskraft in einem Vieraugengespräch vereinbart. In einer späteren Abweichungsanalyse wird die Zielerreichung in einem gut vorbereiteten Gespräch zwischen dem Vorgesetzten und Mitarbeiter besprochen [PUTZ; LEHNER, 2002]. Die Grenzen zwischen personenorientierten MbO-Systemen und Beurteilungsgesprächen sind fließend.

Die Zielformulierung bei der personenorientierten und der planungsorientierten Version von MbO-Systemen unterscheidet sich in zweierlei Hinsicht: Die Operationalisierung von Inhalt, Ausmaß und Zeitbezug der Aufgabenschwerpunkte des Mitarbeiters in der nächsten Beurteilungsperiode kann bei personenorientierten MbO-Systemen noch spezifischer, unter Berücksichtigung der vorhandenen Kompetenzen des Mitarbeiters, besprochen werden. Auf der anderen Seite fehlen, verglichen mit den planungsorientierten Systemen, bei vielen personenorientierten MbO-Systemen häufig die Festlegung von strategischen Zielen durch die Unternehmensleitung und eine in sich konsistente Ausrichtung der Gesamtorganisation auf diese unternehmerischen Ziele. Dieser zweite Punkt ist auch oft ein Manko von Mitarbeitergesprächssystemen.

In der Praxis findet man daher häufig die Kombination beider Versionen. Ein von oben nach unten strukturierter Zielvereinbarungsprozess, orientiert an der planungsorientierten MbO-Version, ermöglicht die Ausrichtung der Zielfestlegung für die Beschäftigten an den strategischen Zielen des Unternehmens. Die individuelle Zielfestlegung wird jedoch in persönlichen Zielvereinbarungsgesprächen unter Berücksichtigung der besonderen individuellen Arbeitssituation und der Kompetenzen des Mitarbeiters besprochen. Die Unternehmensleitung definiert

4.1 Bedeutung von Zielen

im Rahmen ihrer jährlichen Planungsentscheidung die Unternehmensziele für das nächste Jahr. Im Anschluss stimmt sie mit den Führungskräften die anzustrebenden Ziele und die dafür notwendigen Maßnahmen ab. Diese Führungskräfte führen, wie Bild 4.2 zeigt, ihrerseits Mitarbeitergespräche in der nächstfolgenden Ebene, vereinbaren mit ihren Mitarbeitern, welche Leistungen erbracht werden müssen, um die Zielvorgaben der Geschäftsleitung zu erfüllen, und treffen verbindliche Vereinbarungen. Entsprechend wird in den nächstfolgenden Mitarbeiterebenen verfahren.

Auf diese Weise durchlaufen die Gespräche innerhalb eines fest definierten Zeitraums sämtliche Mitarbeiterebenen in allen Unternehmensbereichen. Der Konkretisierungsgrad der Unternehmensziele steigt: Alle Mitarbeiter werden in kurzer Zeit über die wichtigsten Ziele des Unternehmens, die für den nächsten Zeitraum definiert wurden, informiert. Jeder Einzelne kann seinen Beitrag, den er zum Erreichen der Unternehmensziele an seinem Arbeitsplatz erbringen muss, nachvollziehen und erkennen. Damit wird es möglich, als Organisation »an einem Strang zu ziehen«. In vielen Unternehmen ist es zusätzlich Praxis, dass in Zielvereinbarungsgesprächen eine Bottom-up-Rückmeldeschleife stattfindet. Dabei sollen die Mitarbeiter an ihrem Arbeitsplatz eigene Ideen entwickeln und überlegen, welche Ziele ihrer Meinung nach für einen bestimmten Zeitraum realistisch und Erfolg versprechend sind. Auf diese Weise wird versucht, durch frühzeitiges Einbinden der Mitarbeiter in den Zielplanungsprozess, Fehlentscheidungen des Topmanagements oder nicht realisierbaren Vorhaben vorzubeugen.

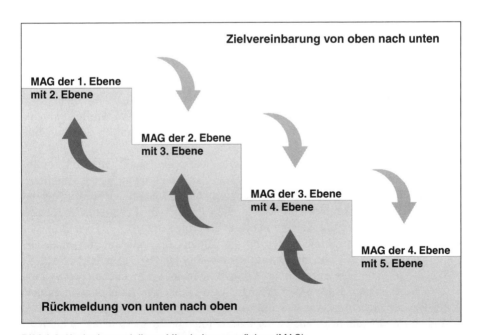

Bild 4.2 Kaskadenmodell von Mitarbeitergesprächen (MAG)

Eindeutige und konkrete Formulierung von Zielen

Ein Prinzip unserer Leistungsgesellschaft ist, immer effektiver, schneller, preisgünstiger und wirtschaftlicher zu arbeiten. Mit der positiven Folge, dass Arbeitsprozesse laufend überprüft und verändert werden. Aber auch mit dem negativen Effekt, dass neben globalwirtschaftlichen und ökologisch negativen Konsequenzen dieses ökonomischen Prinzips, die Anforderungen an Flexibilität, Fähigkeiten und Leistungen der Mitarbeiter ebenfalls zugenommen haben. Da deren Leistungsfähigkeit begrenzt ist und sie neben ihrer Arbeit auch noch Zeit brauchen, um andere, private oder gesellschaftliche Rollen zu erfüllen, ist zu beachten, dass Ziele realistisch und die umzusetzenden Aufgaben möglichst konkret formuliert werden. Dadurch lassen sich Stress und Missverständnisse vermeiden, ebenso die Vergeudung von menschlichen Ressourcen.

Anhand vieler Studien konnte gezeigt werden, dass die Identifikation mit einem Ziel sinkt, je geringer die Wahrscheinlichkeit ist, das Ziel zu erreichen [KOHNKE, 2002; LOCKE; LATHAM 1990]. Die Zielbindung wird jedoch erhöht, wenn Mitarbeiter glauben, dass es möglich und wichtig ist, das Ziel zu erreichen.

Achten Sie deshalb darauf, dass Ihre Ziele anspruchsvoll, aber erreichbar, verständlich und nachvollziehbar sind. Zwischen Ihnen und den Mitarbeitern sollte ein Konsens darüber bestehen, was in welchem Umfang mit welchen Maßnahmen bis wann mit welcher Priorität erreicht werden kann. Legen Sie auch fest, wann ein Ziel als erreicht gilt und wie sein Ergebnis gemessen und überprüft werden kann. Einen guten Ansatz für Zielformulierungen, der mittlerweile in vielen Organisationen als Daumenregel angewandt wird, bietet die Formel »SMART« (vgl. Bild 4.3). Demnach sollten Ziele folgendermaßen ausgestaltet sein:

- **Spezifisch:** Ziele sollten spezifiziert werden. Was soll erreicht werden? Wie soll das Ergebnis, der Endzustand aussehen?
- **Messbar:** Ziele sollten messbar oder zumindest beurteilbar sein. Auf welche Weise, wie häufig, wie exakt, wann kann gemessen werden, ob Zwischenresultate und schließlich das Ziel erreicht wurden? Anhand welcher Kriterien kann die erfolgreiche Aufgabenerfüllung überprüft werden? Wie sollen die Rückmeldungen erfolgen?
- **Attraktiv/aktiv beeinflussbar/akzeptiert:** Ziele sollten die Mitarbeiter herausfordern und so formuliert sein, als seien sie schon eingetreten. Worin besteht bei diesem Ziel der Anreiz? Was motiviert? Wie sieht der Zustand nach Erreichen des Ziels aus? Wie gut kann der Mitarbeiter das Ziel für sich akzeptieren? Wie stark kann der Mitarbeiter die Zielvereinbarung beeinflussen?
- **Realistisch/relevant:** Ziele sollten für die Organisation relevant, anspruchsvoll und dennoch realistisch sein. Warum ist das Ziel für die Organisation wichtig? Sind die gesetzten Ziele erreichbar? Können sie in der vorgegebenen Zeit und unter den gegebenen Umständen erreicht werden? Welche Rahmenbedingungen müssen berücksichtigt, welche Fähigkeiten vorausgesetzt werden? Welche Mittel sind notwendig, um bei realistischer Betrachtung die Ziele erreichen zu können? Ist auf die notwendige Unterstützung der Kollegen und Vorgesetzten Verlass?

4.1 Bedeutung von Zielen

- **Terminiert:** Für die avisierten Ziele sollte ein Zeitrahmen festgelegt werden. Wie viel Zeit wird benötigt? Welche Zwischentermine sind sinnvoll?

Sind Ihre Ziele »SMART« formuliert, so sind Sie und Ihre an der Umsetzung beteiligten Mitarbeiter in der Lage, anhand vorher definierter Indikatoren den erreichten Stand zu überprüfen und das Endergebnis auf seinen Erfolg hin zu bewerten. Dadurch, dass Sie sich auf bestimmte Vereinbarungen festlegen, kann auch Ihr Beitrag zum Erfolg einer kritischen Prüfung unterzogen werden.

Tabelle 4.1 zeigt anhand einiger Beispiele, wie Zielformulierungen mithilfe von Indikatoren präzisiert werden können. Ein Indikator wird dabei als messbare Größe verstanden, an der man ablesen kann, inwieweit ein anvisiertes Ergebnis oder ein gewünschter Zustand erreicht ist.

Bei qualitativen Zielen (z. B. Verbesserung der Kundenzufriedenheit) ist es nicht immer leicht, geeignete Indikatoren zu definieren, ohne aufwendige Messverfahren zu nutzen. Doch es lohnt sich, wesentliche Leistungsgrößen (wie z. B. Kundenzufriedenheit), die einen entscheidenden Einfluss auf den Geschäftserfolg vermuten lassen, systematisch zu erheben. Vielleicht müssen Sie diese Untersuchung auch

---

SMART-Formel zur Zielvereinbarung

S: spezifische Ziele
Was soll genau erreicht werden?

M: messbare Ziele
Wie wird die Zielerreichung gemessen?

A: akzeptierte Ziele
Ist der Mitarbeiter mit dem Ziel einverstanden?

attraktive Ziele
Ist das Ziel herausfordernd?

aktiv beeinflussbare Ziele
Kann der Mitarbeiter das Ziel aktiv beeinflussen?

R: relevante Ziele
Warum ist das Ziel wichtig?

realistische Ziele
Kann das Ziel erreicht werden?

T: terminierte Ziele
Bis wann soll das Ziel erreicht werden?

Bild 4.3 SMARTe Ziele

Tabelle 4.1 Beispiele für Zielvereinbarungen und Indikatoren

Ziel	Indikator
Einhaltung des Entwicklungsbudgets für Produkt X	Vergleich von Ist- und Sollwert des Budgets jeweils am Ende des Quartals und am Ende des Jahres
Reduktion der Entwicklungskosten für Produkt Y gegenüber Plan um zehn Prozent	Vergleich der Höhe der Entwicklungskosten zum Zeitpunkt der Entscheidung, die Kosten zu reduzieren, und am Ende des Planungszeitraums
Reduktion der Bearbeitungsrückstände auf null bis 31.03.	Keine Rückstände am 01.04.
Qualifikation eines Mitarbeiters in der XY-Technologie bis zum 30.09: Bis zum 30.09. ist Herr Z in der Lage, mithilfe der XY-Technologie den Auftrag für den Kunden AB selbständig zu bearbeiten.	Am 01.10. überprüft Herr M, wie selbständig der Mitarbeiter Z mit der XY-Technologie umgehen kann, und holt sich Feedback vom dafür verantwortlichen Ausbilder ein.
Entsendung von zwei Mitarbeitern in das neue Entwicklungszentrum in China bis 01.04. Ab 01.05. arbeiten zwei Mitarbeiter im neuen Entwicklungszentrum in China.	Anzahl der unterschriebenen Entsendeverträge am 15.03.

nicht selbst in Auftrag geben. Im Idealfall sammelt das Unternehmen bereits in anderem Zusammenhang (z. B. für die Verkaufsabteilung) Daten, auf die Sie bei der Definition der Indikatoren zurückgreifen können.

Bevor Sie auf ein relevantes Ziel verzichten, weil es zu kompliziert erscheint, eine geeignete Messmethode zu entwickeln, können Sie sich auch schrittweise immer aussagekräftigere Indikatoren erarbeiten. Dabei definieren Sie im ersten Schritt Merkmale, die anzeigen, dass man sich einem bestimmten Ziel nähert. Heißt dieses Ziel »Kundenzufriedenheit«, so könnte ein Merkmal z. B. sein, dass der Mitarbeiter positive und negative Kundenrückmeldungen für eine bestimmte Dauer sammelt, um daraus Hinweise für Verbesserungen oder Verschlechterungen im Kundenkontakt zu generieren. Mit der Zeit können Sie dann immer genauere Messverfahren entwickeln und in der Folge immer aussagekräftigere Indikatoren formulieren.

Abgrenzung des Zielbegriffs von anderen Begriffen

Aussagen zu Zielen sollten klar und eindeutig sein. Die im Folgenden beschriebenen Unterscheidungsmerkmale sollen helfen, Zielaussagen präzise zu formulieren. Dabei dient die Unterscheidung zu anderen Begriffen mehr der Orientierung. Im Mittelpunkt steht die Fragestellung: Was ist nicht unter einem »Ziel« zu verstehen?

- Ein Ziel ist keine Maßnahme.

Wenn Ihre Zielformulierung lediglich einen Vorgang, den Weg oder ein Verfahren hin zu einem möglichen Endzustand beschreibt, dann stellen Sie sich die Frage *»Wozu?«* Auf diese Weise kommen Sie Ihrem eigentlichen Ziel einen Schritt näher. Eine typische Maßnahme, die in Zielvereinbarungsbögen oftmals unter der Rubrik »Zielvereinbarung« zu finden ist, ist z. B. *»Besuch eines wöchentlichen Englischkurses«*. Richtig formuliert müsste das Ziel *»Selbständige und korrekte Bearbeitung der englischsprachigen Kundenkorrespondenz ab 01.10.20xx«*, lauten. Die unterstützende Maßnahme, die die Unternehmung für den Aufbau der Kompetenz anbietet, ist der Besuch eines Sprachkurses.

- Ein Ziel ist kein Anspruch oder Appell.

Betont Ihre Zielformulierung mehr den hypothetischen Charakter (*»Man sollte ...«*, *»Man müsste ...«*) und weniger den sachlich nachvollziehbaren Aspekt (*»... ist bis zum ... erreicht«*), nähern Sie sich mit den Fragen *»Wer soll etwas tun?«* und *»Bis wann?«* Ihrem Ziel an.

- Ein Ziel ist kein (Qualitäts-)Standard.

Bezieht sich Ihre Zielformulierung eher auf eine Regel oder Verhaltensnorm, z. B. darauf, wie etwas funktionieren soll (z. B. *»reibungslose Abwicklung«*) oder welcher (Umgangs-)Stil (z. B. *»höflicher Umgang mit Kunden«*) gewünscht wird, hilft Ihnen ebenfalls die Frage *»Wozu?«*, dem eigentlichen Ziel einen Schritt näher zu kommen.

- Ein Ziel ist kein Wunsch.

Enthält Ihre Zielformulierung Aussagen, die eher die Intention oder die Planung, nicht aber das Ergebnis beschreiben (*»... werden wir erreichen«*, *»... wollen wir erarbeiten«*, *»... haben wir vor«*), hilft die Frage *»Wozu?«*, sich dem Ziel anzunähern.

- Ein Ziel ist kein Glaubenssatz und keine Wertvorstellung.

Beinhaltet Ihre Zielformulierung allgemeine Wertvorstellungen und Glaubenssätze (*»für eine bessere Zukunft«*, *»solidarisches Handeln«*, *»kooperativer Umgangsstil«*, *»Nächstenliebe«* usw.), gibt sie zweifelsohne Ihre Meinung und Überzeugung wieder, ist aber nicht messbar. Konkretisieren Sie diese Aussagen durch Beschreibung einzelner Merkmale, formulieren Sie eindeutig und handlungsbezogen die erwarteten Ergebnisse.

4.2 Arten von Zielen

Je nach angestrebtem Ergebnis wird unterschieden zwischen aufgaben-, projekt-, verhaltens-, entwicklungs-, führungs- und teambezogenen Zielen. Im Folgenden sind Beispiele von Zielarten mit den entsprechenden Indikatoren und Maßnahmen aufgeführt.

Aufgabenbezogene Ziele

Diese Ziele beziehen sich konkret auf die Tätigkeit des Mitarbeiters und sind in der Regel quantitativ messbar oder anhand vorher definierter Qualitätskriterien beurteilbar.

Beispiel 1:
»Bis zum Jahresende wird der Verkauf eines Produktes um zehn Prozent durch systematische Ansprache von Topkunden und Präsenz auf allen wichtigen Messen gesteigert.«
Indikator: Steigerung des Verkaufs um zehn Prozent.

Beispiel 2:
»Monatliche Erstellung der Auswertung X bis zum vierten Arbeitstag des Folgemonats.«
Indikator: Auswertung liegt spätestens am vierten Arbeitstags des Folgemonats vor.

Projektbezogene Ziele oder Innovationsziele

Diese Ziele beziehen sich auf konkret definierte und zeitlich abgeschlossene Projekt- und Veränderungsvorhaben. In der Regel wird anhand des im Vorfeld des Projekts erarbeiteten Projektplans und der definierten Projektergebnisse überprüft, inwieweit die Ziele erfüllt sind.

Beispiel 1:
»Bis zum 31.12.20xx ist das Mitarbeitergesprächssystem für alle Mitarbeiter und Führungskräfte entwickelt und implementiert.«
Indikatoren: Schriftliche Unterlagen (z. B. Handbuch, Formulare, Prozessbeschreibungen) sind mit den entscheidenden Gremien abgestimmt, erstellt und an Mitarbeiter und Führungskräfte kommuniziert.
Außerdem haben am 31.12.20xx alle Führungskräfte und Mitarbeiter Informations- und Schulungsveranstaltungen besucht, die sie auf die Durchführung der Mitarbeitergespräche vorbereiten.

Beispiel 2:
»Selbständige Entwicklung einer anschaulichen und leicht verständlichen Auswertung zum Thema Y bis 30.03.20xx.«
Indikator: Am 01.04.20xx liegen zwei Vorschläge für eine alternative Darstellungs- und Aufbereitungsweise vor, die zeigen, wie sich die Kennzahlen zum Thema Y im Vergleich zum Vorjahr entwickelt haben.

Entwicklungsbezogene Ziele

Diese Ziele beziehen sich auf die Weiterentwicklung der Fähigkeiten und der beruflichen Perspektiven der Mitarbeiter. Erreicht werden sollen eine gezielte Erweiterung ihres Know-hows und ihrer Fähigkeiten sowie die Förderung ihrer Bereitschaft, sich beruflich weiterzuentwickeln. Untersuchungen belegen, dass Personen mit klaren Karrierevorstellungen ihre beruflichen Ziele stringenter verfolgen und sich als erfolgreicher einschätzen als Personen ohne genaue Vorstellungen über ihre berufliche Zukunft [LOCKE; LATHAM, 1990].

Beispiel 1:
»Ab 01.01.20xx werden die Telefonate und der Schriftverkehr mit Kunden selbständig in Englisch durchgeführt.
Konkrete Maßnahmen hierzu sind der Besuch eines Kurses in Wirtschaftsenglisch sowie das entsprechende Selbststudium in der Freizeit.«
Indikator: Zur regelmäßigen Kontrolle des Lernerfolges dient die stichprobenweise Überprüfung des verfassten Schriftverkehrs durch XY und die Beurteilungen des Englischlehrers.

Beispiel 2:
»Weiterentwicklung der Fachkompetenz im Bereich XY mit dem Ziel, dass die Mitarbeiter Anfragen zum Themenbereich Z ab dem 01.07.20xx selbständig bearbeiten können.
Konkrete Maßnahmen hierzu sind: das Selbststudium der Fachliteratur durch die Mitarbeiter, die Besprechung typischer Anfragen mit dem bereits eingearbeiteten Kollegen A, die sukzessive Bearbeitung von Anfragen zum Thema Z und die Überprüfung der Bearbeitung inklusive Coaching durch den Kollegen A.«
Indikator: Selbständige und korrekte Bearbeitung der Anfragen im Bereich XY zum Thema Z ab. 01.07.20xx.

Führungsbezogene Ziele

Führungsbezogene Ziele beziehen sich auf das Verhalten von Führungskräften und legen fest, wie die Prioritäten bei den Führungsaufgaben zu setzen sind. In vielen Unternehmen vereinbart der direkte Vorgesetzte mit einer Führungskraft spezifische Führungsziele und überprüft später, ob sie erreicht wurden.
Sie als Vorgesetzter können sich zusätzlich selbst Ziele setzen. Da Sie im gesamten Zielvereinbarungsprozess eine zentrale Rolle einnehmen, sollten auch Sie sich deshalb geeignete und angemessene Ziele setzen, um Ihre Führungsposition bestmöglich ausüben zu können.

Beispiel 1:
»Bis Ende des Jahres kümmert sich die Führungskraft XY systematisch um die Weiterentwicklung der Mitarbeiter seiner Abteilung. Bis 01.03. hat die Führungskraft XY für jeden Mitarbeiter aus ihrem Team einen spezifischen Entwicklungsplan erstellt, dessen Umsetzung am Ende des Jahres überprüft wird.
Geeignete Maßnahmen dazu sind Entwicklungsgespräche, um festzustellen, wie die Mitarbeiter ihrem Potenzial entsprechend eingesetzt werden können und das Knowhow jedes Einzelnen in seinem Fachgebiet gesteigert werden kann. Bis 01.03. hat XY als Ergebnis dieser Gespräche mit jedem Mitarbeiter Entwicklungsziele und -maßnahmen vereinbart. Ab dem zweiten Quartal werden die vereinbarten Maßnahmen durchgeführt.«
Indikator: Vorlage der schriftlich definierten Entwicklungsziele und -maßnahmen an den nächsthöheren Vorgesetzten und Nachweis der Realisierung der geplanten Entwicklungsmaßnahmen anhand einer Aufstellung der Termine der durchgeführten Entwicklungsmaßnahmen für jeden Mitarbeiter.

Beispiel 2:
»Im Jahr 20xx ist die Gesundheitsquote in der Abteilung von 94 Prozent auf 96 Prozent gestiegen.«
Indikator: Steigerung der Gesundheitsquote um zwei Prozent. Der Maßnahmenplan zur Steigerung der Gesundheitsquote liegt bis zum xx.xx. vor.

Beispiel 3:
»Bis zum 30.08.20xx beherrschen alle Mitarbeiter die Software X.«
Indikator: Bis zum 30.08.20xx arbeiten alle Mitarbeiter selbständig mit der Software X.
Dies wird überprüft durch monatliche individuelle Feedbackgespräche mit den Betroffenen zum Qualifikationsstand. Der Qualifizierungsplan für die Mitarbeiter wird dafür im Vorfeld bis zum 01.02.20xx erarbeitet.

Verhaltensbezogene Ziele

Verhaltensbezogene Ziele dienen der Förderung der Verhaltensweisen des Mitarbeiters zur besseren Erfüllung seiner Aufgaben, beispielsweise der Verbesserung seines Verhaltens gegenüber den Kunden. So könnte das Ziel lauten:

Beispiel 1:
»Zur Verbesserung der Erreichbarkeit ist Herr X ab 01.01.20xx in der Lage, folgende kundenorientierte Standards zu erfüllen: Telefon ab sofort nicht länger als dreimal klingeln lassen, die Kundenanfragen innerhalb von 24 Stunden erledigen.«

Zur Überprüfung dieses Ziels eignen sich Indikatoren wie z. B. monatliche Analysen von eingegangenen Kundenbeschwerden, stichprobenweise Kontrollen der Bearbeitungsdauer und zwischenzeitliche Testanrufe bei dem Mitarbeiter.

Verhaltensorientierte Ziele können sich auch auf die Verbesserung der Teamorientierung beziehen. Wichtig ist, dass alle Teammitglieder bei der Vereinbarung dieser Ziele mitwirken, weil schließlich das gesamte Team für eine förderliche Arbeitsatmosphäre verantwortlich ist.

Beispiel 2:
»Die Zusammenarbeit im Team ist ab sofort verbessert durch gegenseitige Hilfestellung. Die Kollegen werden in Stresssituationen von anderen unterstützt. Der Erfolg wird durch Beobachtung der Unterstützungsleistungen der einzelnen Teammitglieder in Überlastungssituationen und durch Einführung des Tagesordnungspunktes ›Wer benötigt und erhielt Unterstützung?‹ in den folgenden Gruppensitzungen beurteilt.«
Indikator: Monatliche Besprechung der Qualität der gegenseitigen Unterstützung in der Teamsitzung

Beispiel 3:
»Bis Ende August ist die Zusammenarbeit im Team XY so verbessert, dass keine Schlichtungsgespräche mehr nötig werden.«
Indikatoren: Keine individuellen Beschwerden durch Teammitglieder über andere beim Vorgesetzten. Kritikpunkte werden zwischen Teamkollegen direkt besprochen oder im Team-Jour-fixe thematisiert. Es finden keine Schlichtungsgespräche mehr statt.

4.2 Arten von Zielen

Maßnahmen hierzu sind die Klärung von Konfliktursachen in einer Teambildungsveranstaltung und ein Maßnahmenplan, der im Team bis Ende Juli erarbeitet wird.

Im Gegensatz zu aufgabenbezogenen Zielen muss man sich bei verhaltensbezogenen Zielen mit einer etwas unschärferen Messmethode, den sogenannten »Trendbeobachtungen«, zufriedengeben. Um hier aussagekräftige Ergebnisse erreichen zu können, ist Folgendes wichtig:

- Regelmäßig stattfindende Standortbestimmungen bzw. Coachinggespräche mit den Mitarbeitern, um Feedback über mögliche Verbesserungsmöglichkeiten oder Schwierigkeiten bei der Umsetzung der verhaltensbezogenen Ziele zu erhalten.
- Stichproben, um die Kontrollen zu erleichtern. Wichtig ist hierbei, dass diese Kontrollmethoden transparent gemacht werden – idealerweise schon bei der Zielvereinbarung – und dass den Mitarbeitern die Ergebnisse mitgeteilt werden.
- Gemeinsame Interpretation der vorliegenden Ergebnisse, Fehlerraten und anderen Statistiken, beispielsweise von Kundenbefragungen oder Beschwerden, durch Mitarbeiter und den Vorgesetzten.
- Gemeinsame Beobachtung des »Trends« der Verhaltensveränderung durch Mitarbeiter und Führungskraft, damit beide Seiten gegebenenfalls zusätzliche Maßnahmen vereinbaren können, wenn keine Veränderung oder eine Veränderung in die negative Richtung zu verzeichnen ist.

Verhaltenszielvereinbarungen: eine Anmaßung?

Viele Führungskräfte scheuen sich davor, Mitarbeiter auf Defizite in ihrem Verhalten konkret anzusprechen und gemeinsam verhaltensbezogene Ziele zu vereinbaren. Sie befürchten, den Mitarbeitern damit zu nahe zu treten. Kritik könnte als Abwertung missverstanden werden und Verstimmung auslösen, mit negativen Folgen für die Motivation und Arbeitsleistung.

Andererseits stört beispielsweise unkooperatives oder schroffes Auftreten häufig den Teamgeist, behindert die Kundenorientierung oder beeinträchtigt den eigenen persönlichen Erfolg der Mitarbeiter.

Die Gründe für die Notwendigkeit von Verhaltensänderungen und die Festlegung von geeigneten Zielen sind leichter zu akzeptieren, wenn ein nachvollziehbarer Zusammenhang mit der Aufgabenerfüllung hergestellt wird und wenn genau erläutert wird, wie das erwünschte Verhalten aussehen kann. Wichtig ist in diesem Zusammenhang auch, den Nutzen und den Sinn der gewünschten Verhaltensänderung sowohl für den Betroffenen und seinen persönlichen Erfolg als auch für das Unternehmen zu erklären (vgl. Kapitel 6 »Feedback«).

Sprechen Führungskräfte Verbesserungsmöglichkeiten nicht an, besteht die Gefahr, dass sich negative Verhaltensweisen, Muster und Routinen einschleichen, die zur Belastung für Kunden, Kollegen und Vorgesetzte werden.

Der Satz *»Das müsste ihm mal sein Chef sagen!«* wird häufiger ausgesprochen, als manche Vorgesetzte glauben. Haben Sie den Mut, dafür Sorge zu tragen, dass Ihre

Mitarbeiter diesen Satz nicht sagen müssen. Reden Sie deshalb mit ihnen offen über verbesserungswürdige Verhaltensweisen, die den Mitarbeiter derzeit bei der erfolgreichen Aufgabenerfüllung unangemessen behindern, und legen Sie gemeinsam entsprechende Ziele fest. Sie werden bei Ihren Mitarbeitern sogar Erleichterung feststellen können, wenn Sie auch einmal offen Kritik üben, denn indirekt registrieren sie doch, wenn der Vorgesetzte mit ihnen nicht zufrieden ist. Unausgesprochene, aber vorhandene Unzufriedenheit wirkt verunsichernd auf die Mitarbeiter. Sie führt zu Vermutungen und Interpretationen, die nicht nur missverständlich bewertet werden können, sondern auch zu bestimmten Befürchtungen einladen. Geben Sie dabei wohlwollendes, aber aufrichtiges Feedback, indem Sie alternative Verhaltensmöglichkeiten aufzeigen. Auf diese Weise helfen Sie den Mitarbeitern, gute Leistungen zu erbringen und Lerneffekte zu erzielen.

Teambezogene Ziele

Arbeitsergebnisse werden nicht nur durch die Leistungen Einzelner erbracht, sondern auch von Teams, z. B. Projektgruppen, erreicht. Beim Teamwork leisten alle Beteiligten einen Einzelbeitrag zur Gesamtleistung. Dafür muss jeder die Teamziele kennen. Nur so kann er wissen, wie sein Beitrag zum Gesamterfolg auszusehen hat und wie er zu bewerten ist. Gruppenziele wirken besonders effektiv, wenn die Aufgaben der Gruppe nur gemeinsam gelöst werden können und die Gruppe als Ganzes Feedback bekommt. Gemeinsame Abstimmungsgespräche zur Aufgabenkomplexität und Planung machen dem Team den Zusammenhang zwischen Gruppenzielen und Gruppenleistung bewusst [KLEINBECK, 2004].

Der Erfolg des Teams kann daran gemessen werden, inwieweit die Teammitglieder und die Führungskräfte gemeinsam das Ergebnis erreichen bzw. durch die Überprüfung, in welcher Weise einzelne Teammitglieder der ihnen übertragenen Teilverantwortung für die Erzielung eines Teilergebnisses im Team gerecht geworden sind.

Beispiel 1:
»Die beiden Teams ›Beratung‹ und ›Marktfolge‹ erhöhen im kommenden Geschäftsjahr die Anzahl der Neukunden um zehn Prozent.«
Dafür werden folgende Maßnahmen vereinbart: *»Die Teams führen ab sofort gemeinsam einmal im Monat Kundenveranstaltungen durch. Das Team ›Beratung‹ besucht zur Kontaktaufnahme mit Neukunden wichtige Messen und das Team ›Marktfolge‹ ist für die Planung der Kundenveranstaltungen und Durchführung von monatlichen Telefonaktionen verantwortlich. Hierfür steht den beiden Teams ab sofort ein Marketingbudget in Höhe von XY Euro zur Verfügung.«*

Im nächsten Schritt werden die Gruppenziele in Einzelziele aufgesplittet, um den Beitrag der einzelnen Teammitglieder bestimmen zu können: Drei bereits länger im Unternehmen beschäftigte Teammitglieder erhalten eine höhere Quote für die Akquise von Neukunden als eine neue Mitarbeiterin, die eingearbeitet wird und daher erst über geringere Marktkenntnisse verfügt.

4.2 Arten von Zielen

Beispiel 2:
»Verbesserung der Erreichbarkeit im Servicecenter und Verbesserung der Erreichbarkeitsbewertung durch Kunden. Hierzu sind folgende Maßnahmen erforderlich: sofortige Verlängerung der Geschäftszeiten des Servicecenters auf 8.00 Uhr bis 18.00 Uhr, Änderung der Dienstpläne und selbständige Sicherstellung von Vertretungsregeln mit dem Ziel, dass in den Servicezeiten mindestens drei Mitarbeiter erreichbar sind.«

An diesem Ziel sind alle Mitarbeiter gleich stark beteiligt. Es kann nicht auf Einzelziele heruntergebrochen werden, sondern wird als gemeinsames Ziel bewertet.

Kohnke [KOHNKE, 2002, S. 178 – 179] führt weitere Beispiele für Themen quantitativer und qualitativer Gruppenziele im Produktionsumfeld auf. Sie sind in Tabelle 4.2 zusammengefasst.

Unternehmen können diese quantitativen und qualitativen Gruppenziele entweder nur mit der gesamten Gruppe vereinbaren oder mit der Gruppe und zusätzlich als Individualziele mit einzelnen Mitarbeitern.

Tabelle 4.2 Quantitative und qualitative Gruppenziele

Quantitative Ziele		
qualitätsbezogen	kostenbezogen	zeitbezogen
• Kundenreklamationen • Gutteile je Schicht/Gruppe • Ausschuss, Nacharbeit, Schrottrate, Abfall • Anzahl von Direktläufern (Produkte ohne Nacharbeit)	• Produktivität • Herstellungs- und Gemeinkosten • Anlagen, Maschinenverfügbarkeit • Maschinenauslastung • Materialeinsparung • Bestände • Krankenstand	• Durchlaufzeit • Warte- und Ausfallzeiten • Termintreue/-verzug • Lieferbereitschaft • Rüstzeiten/Vorgabezeiten

Qualitative Ziele	
prozessbezogen	kunden- und mitarbeiterbezogen
• Arbeitssicherheit (z. B. Unfallrate) • Ordnung und Sauberkeit • Anzahl umgesetzter Verbesserungsvorschläge • KVP-Aktivitäten (z. B. zur Arbeitsplatzgestaltung oder Prozessoptimierung) • Durchführung von KVP-Workshops	• Kunden- und Mitarbeiterzufriedenheit • Flexibilität (Qualifikation/Rotation) • Arbeitszeitflexibilisierung (bedarfsorientierte Anpassung der Arbeitszeit) • Selbständigkeit der Gruppe • Initiative/Engagement • Informationsverhalten • Zusammenarbeit (in der Gruppe/an den Schnittstellen)

Folgende Argumente sprechen für die Kombination von Gruppen- mit Individualzielen:

- Der Mitarbeiter erhält eine Rückmeldung über seinen Anteil am Ergebnis.
- Die Vereinbarung von Individualzielen ermöglicht die Berücksichtigung unterschiedlicher Leistungstemperamente. Trittbrettfahrerverhalten kann so reduziert werden.
- Die zusätzliche Festlegung von Individualzielen kann die Grundlage für die Entlohnung von Individualleistungen sein.
- Die Formulierung von Individualzielen kann das Gruppenziel für den einzelnen Mitarbeiter verbindlicher machen.

Gegen die Kombination sprechen folgende Argumente:

- Die Gruppe soll gemeinsam Leistung erbringen.
- Die Einzelinteressen sind für die Erreichung der Gruppenziele den Gruppeninteressen unterzuordnen.
- Wenn sich die Gruppe anhand der Zielsetzung selbst steuert und optimiert, sind Individualziele nicht notwendig.

Untersuchungen zur Wirksamkeit von Produktivitätsmanagementsystemen zeigten, dass Leistungsmessung und -bewertung, systematische Rückmeldungen und darauf aufbauende Zielvereinbarungen die besten Voraussetzungen für Produktivitätssteigerungen und eine hohe Mitarbeitermotivation sind. Nach Kleinbeck [KLEINBECK, 2008] müssen jedoch folgende Faktoren erfüllt sein, damit diese Ergebnisse eintreten:

- leistungsbezogene Entgeltkomponenten,
- an den Unternehmenszielen orientierte Gruppenziele,
- Festlegung der Spezifität und Höhe der Teilziele für die einzelnen Gruppenmitglieder,
- Leistungsindikatoren und Bewertungskurven zur Produktivitätsmessung,
- Ergebnismessung und Rückmeldung der einzelnen Indikatorwerte mit ihren Produktivitätswerten,
- hohe spezifische Zielvereinbarungen für jeden Indikatorbereich sowie
- Unterstützung beim zielorientierten Arbeitshandeln (d. h. Stärkung der Zielbindung und Ausdauer; richtiger Umgang mit Erfolg und Misserfolg und gegebenenfalls Zielaufgabe).

4.3 Gestaltung des Aufgaben- und Zielportfolios

Die Ausgestaltung des Aufgaben- und Zielportfolios von Mitarbeitern ist eine wichtige Führungsaufgabe. Sie bestimmt mit, inwieweit die strategischen Unternehmensziele umgesetzt werden können und wie interessant und motivierend der Aufgabenbereich für den Mitarbeiter ist.

4.3 Gestaltung des Aufgaben- und Zielportfolios

Bei der Zusammenstellung und Formulierung der Ziele, also des Aufgaben- und Zielportfolios, sollten Sie sich bewusst sein, dass die anvisierten Ziele Teil eines großen Ganzen sind. Nur wenn sich die strategischen Unternehmensziele in den Vereinbarungen mit den Mitarbeitern widerspiegeln, können diese ihre Funktion als Führungsinstrument erfüllen. Deshalb sollten Sie vor allem folgende zwei Aspekte beachten:

- Die Ziele müssen an der Strategie des Unternehmens ausgerichtet sein.

In jedem Unternehmen gibt es Ziele, die aufgrund geschäftsstrategischer Entscheidungen festgelegt sind, um das Überleben der Organisation zu sichern. Damit Mitarbeiter die gesetzten Ziele verstehen und mittragen können, sollten sie nachvollziehen können, mit welchem Entscheidungsprozess und welchen Begründungen z. B. die Höhe bestimmter Geschäftsziele festgelegt wurde. Hier ist die Führungskraft als Übersetzer und Vermittler der wichtigsten Argumente der geschäftsstrategischen Diskussionen und Entscheidungsprozesse gefragt.

- Die Ziele müssen von den Mitarbeitern, so weit wie möglich, akzeptiert werden und sollen sie motivieren.

Ziele werden umso wahrscheinlicher umgesetzt, je nachvollziehbarer sie für die Mitarbeiter sind und je größer der Anreiz für die Beschäftigten ist, die Ziele zu erreichen. Dazu gehört auch, die Mitarbeiter in die Zielformulierung mit einzubeziehen und sich mit ihren Perspektiven und individuellen beruflichen Vorstellungen auseinanderzusetzen. Der Vorgesetzte steht in diesem Punkt vor der Herausforderung, einerseits auf die Mitarbeiter einzugehen, gleichzeitig aber im Interesse des Unternehmens zu handeln.

Wie umfangreich ein Aufgaben- und Zielportfolio sein soll, ist in der Forschung umstritten [KOHNKE, 2002]. In der Praxis hat es sich aber bewährt, eine Unter- und Obergrenze für die Anzahl der Ziele festzulegen. Viele Zielvereinbarungssysteme sehen drei bis sieben Ziele vor. Ziel dieser Begrenzung ist, den Mitarbeitern neben der Verfolgung der vereinbarten Ziele auch Zeit für die Erledigung von Routineaufgaben zu lassen. Zudem dienen Zielvereinbarungen dazu, dass die Mitarbeiter in ihrer Arbeit klare Schwerpunkte setzen können. Zu viele unterschiedliche Zielvereinbarungen bergen die Gefahr, dass die Mitarbeiter sich verzetteln.

Relevante Ziele

Jedem Zielfindungsprozess muss ein strategischer Prozess vorausgehen. Ohne Überlegungen zu zukunftsorientierten Fragen können keine unternehmerischen Ziele abgeleitet werden. Dabei geht es z. B. um Fragen wie:

- Wohin soll sich mittelfristig das Unternehmen, die Abteilung, das Team entwickeln?
- In welchen Märkten, mit welchen Produkten und Dienstleistungen will sich das Unternehmen positionieren?

- Welche Veränderungen und Innovationen sind notwendig, um (auch) in Zukunft konkurrenzfähig zu sein?
- Welche Qualitätsmerkmale müssen die Produkte/Dienstleistungen erfüllen, um langfristig am Markt erfolgreich zu sein?
- Welches Wissen, Können, welche Erfahrungen benötigen die Mitarbeiter, um zukünftigen Herausforderungen begegnen zu können?

In vielen Unternehmen findet das Management seine Lösung zu diesen Themen durch einen strategischen Planungsprozess. Seine Ergebnisse hält es in einem mittelfristig und kurzfristig ausgerichteten Businessplan fest.

Die darin festgehaltenen Zielsetzungen und Prioritäten müssen dann auf allen Hierarchieebenen umgesetzt werden. Wie dies in Ihrer Abteilung und Ihrem Team geschehen kann, legen Sie in den Zielvereinbarungen fest. Um zu gewährleisten, dass die darin festgelegten Ziele tatsächlich die Unternehmensstrategie unterstützen, sollten Sie bereits bei der Vorbereitung zu den Zielvereinbarungsgesprächen folgende Fragen klären:

- Sind die Ziele so formuliert, dass sie sowohl in die Strategie des Unternehmens als auch in Ihren Verantwortungsbereich passen?
- Sind die Aufgaben und Anforderungen klar definiert?
- Sind die Entscheidungskompetenzen genau geregelt?
- Sind Fach- und Führungskompetenzen nachvollziehbar voneinander abgegrenzt?
- Sind die Vereinbarungen mit der Budget-, Investitions- und Stellenplanung abgestimmt?

Über die Ebenen hinweg werden diese Zielsetzungen anschließend in die Organisation mithilfe von Zielvereinbarungsgesprächen heruntergebrochen. Im Rahmen dieses Buches können wir nicht detailliert auf die Gestaltungsmöglichkeiten von strategischen Planungsprozessen eingehen. Der folgende Abschnitt stellt jedoch im Überblick die Methode der Balanced Scorecard vor, da diese in den letzten Jahren immer gebräuchlicher für die Gestaltung von strategischen Zielsetzungsprozessen geworden ist.

4.4 Entwicklung strategischer Ziele mit der Balanced Scorecard

Eine Unternehmensleitung hat ein großes Interesse daran, dass strategische Ziele auch von den Mitarbeitern verstanden und umgesetzt werden. Dazu ist es jedoch notwendig, dass sie selbst strategische Ziele definiert und diese dann mithilfe von Umsetzungsprogrammen und festgelegten Meilensteinen allen nachgeordneten Unternehmensteilen vorgibt. Ein inzwischen weitverbreitetes Tool, um messbare strategische Ziele auf übergeordneter Ebene zu entwickeln, ist das Steuerungs- und Controllinginstrument Balanced Scorecard (BSC).

4.4 Entwicklung strategischer Ziele mit der Balanced Scorecard

Der Grundgedanke der BSC besteht darin, unternehmensstrategische Kernaussagen nicht nur in Form einer Vision oder Strategie zu formulieren, sondern auch konkrete Priorisierungs- und Gewichtungsentscheidungen zu treffen, die an vorhandene oder geplante finanzwirtschaftliche Budgets gekoppelt sind. Kaplan und Norton, die Entwickler der BSC, unterscheiden dazu zunächst vier Kernbereiche einer Unternehmensstrategie, die sie als »Perspektiven« bezeichnen:

- die finanzwirtschaftliche Perspektive, die die Finanzkennzahlen enthält,
- die Kundenperspektive, die Kennzahlen aus den wettbewerbsrelevanten Kunden- und Marktsegmenten umfasst,
- die Perspektive des Lernens und der kontinuierlichen Weiterentwicklung, die Kennzahlen z. B. zur Mitarbeiterzufriedenheit und Qualifikation enthält, und
- die Perspektive der Innovation und der Prozessoptimierung, die Kennzahlen hinsichtlich der Leistungsfähigkeit interner Prozesse enthält.

Die Perspektiven ermöglichen die Integration sämtlicher Unternehmensaktivitäten auf einer übergeordneten Steuerungsebene. Im Unterschied zu den traditionellen Ansätzen, die fast ausschließlich auf Finanzkennzahlen basieren, berücksichtigt das Balanced-Scorecard-System mit den weiteren drei Perspektiven zusätzliche relevante »Treiber« (Kunden, Innovation und Optimierung, Qualifikation der Mitarbeiter), die finanziellen Zielgrößen vorgeordnet sind.

Um Besonderheiten einzelner Unternehmen stärker mit zu berücksichtigen, diskutierte man im Zuge der Etablierung von Balanced-Scorecard-Systemen auch die prinzipiell mögliche Aufnahme von weiteren Perspektiven (wie z. B. »Gemeinwohl« oder »ethisches Verhalten«). Da es laut Kaplan und Norton [KAPLAN; NORTON, 1997, S. 33] keine mathematische Formel gibt, die beweist, dass vier Perspektiven notwendig und ausreichend sind, ist es denkbar, dass zukünftig weitere Perspektiven von Unternehmen in dieses System einbezogen und gemessen werden.

Einführungsschritte der Balanced Scorecard

Die Erstellung einer BSC ist das Ergebnis vielfältiger Reflexions-, Kommunikations- und Überprüfungsprozesse. Die Einführung kann folgendermaßen stattfinden.

Die Geschäftsleitung definiert in den vier Bereichen (Geschäftszahlen, Kunden, Lernen und Weiterentwicklung, Innovation und Prozessoptimierung) Ziele, die sie innerhalb von drei bis fünf Jahren verwirklichen möchte, und formuliert kurzfristige, operative Meilensteine, die beschreiben, wie sie diese Schritt für Schritt erreichen will. Damit entscheidet sie auch, welchen Stellenwert jede der Perspektiven über welchen Zeitraum hinweg besitzen soll und wie sie mit den anderen Perspektiven vernetzt ist.

Durch prozentuale Gewichtungen werden zugleich antizipierte Investitionsentscheidungen festgelegt. Ein junges, im Aufbau befindliches Unternehmen wird z. B. eher Geld für die Neukundengewinnung und eine gute Marktpositionierung ausgeben wollen. Ein etabliertes Unternehmen fokussiert dagegen wahrscheinlich stärker auf die Optimierung von Prozessen und die Bindung bestehender Kunden (Bild 4.4).

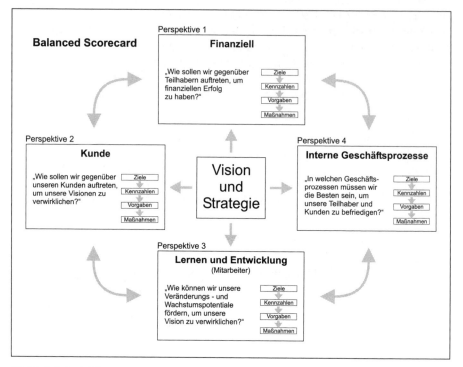

Bild 4.4 Beispiel für eine Balanced Scorecard [nach KAPLAN; NORTON, 1997]

Anschließend werden top-down, in den nachgeordneten Abteilungen und Bereichen, von den strategischen Unternehmenszielen operative Ziele und Aufgaben abgeleitet. Gleichzeitig werden Kennzahlen und Messkriterien definiert, anhand derer man Fortschritte und den Zielerreichungsgrad feststellen kann. Bottom-up-Feedbacks der nachgeordneten Unternehmenseinheiten ermöglichen, die von der Geschäftsführung definierte strategische Ausrichtung zu korrigieren, wenn sich Ziele oder Meilensteine nicht oder nicht im geplanten Ausmaß verwirklichen lassen. Die Verknüpfung der in der BSC erfassten strategischen Ziele, Messgrößen und Aktionsprogramme mit Budgets und individuellen Zielen fördert damit strategieorientiertes Handeln im Alltag.

Neben der Operationalisierung der Strategie durch die Hinterlegung von Kennzahlen und Aktivitäten ist die Erstellung einer sogenannten »Strategy Map« das zweite zentrale Element einer Balanced Scorecard. Die strategischen Ziele eines Unternehmens oder Unternehmensbereichs werden dabei den vier Perspektiven zugeordnet und miteinander in sogenannten Ursache-Wirkungs-Ketten verknüpft. Die Erarbeitung solcher Ursache-Wirkungs-Ketten zu den strategischen Zielen sichert im Management Übereinstimmung im Verständnis des entworfenen Geschäftsmodells. Zielkonflikte werden so frühzeitig thematisiert und ausgeräumt. Die Strategy Map ermöglicht auch eine Darstellung der strategischen Inhalte, die leichter zu verste-

4.4 Entwicklung strategischer Ziele mit der Balanced Scorecard

hen ist und wirkungsvoller kommuniziert werden kann als die üblichen Power-Point-Folien. Die in den Ursache-Wirkungs-Ketten angenommenen Kausalitäten resultieren in der Regel nicht aus Auswertungen empirischer Unternehmensdaten, sondern aus intuitiv plausibel erscheinenden Überlegungen. Sie können folglich eine erhebliche Anzahl Fehlannahmen enthalten. Ein Beispiel einer Ursache-Wirkungs-Kette ist in Bild 4.5 dargestellt.

Ergebnis ist ein festgelegter Ziel- und Strategierahmen, der allen Mitarbeitern verdeutlicht, inwiefern ihre persönliche Ziel- und Aufgabenerfüllung zur Erreichung der Gesamtstrategie beiträgt. Die Kommunikation der BSC trägt dadurch zur unternehmensweiten und verbindlichen Verankerung der gesetzten Unternehmensziele für alle Bereiche, Teams und Individuen bei. Jede einzelne Zielvereinbarung in der Organisation sollte auf ein Perspektivenelement der BSC bezogen werden. Ist das nicht möglich, wird sie verworfen, da ihr Beitrag zu den vier Perspektiven nicht klar ist.

Dadurch entsteht einerseits eine konsequente Ausrichtung der Organisation auf die von der Geschäftsleitung gesetzten strategischen Ziele. Andererseits ermöglicht diese ganzheitliche Zielformulierung, dass Ziele aufeinander abgestimmt und genauer operationalisiert werden können.

Eine neu eingeführte BSC kann auch zur Grundlage für eine Neugestaltung der Leistungsbeurteilung werden. Die Leistung eines Mitarbeiters ist dann definiert als der konkrete Beitrag, den der Mitarbeiter im Rahmen seiner Funktion zur Erfüllung der BSC leistet. Wie hoch dieser Beitrag ist, errechnet sich aus den Kennzahlen der BSC. Dadurch steigt der Anreiz für den Mitarbeiter, sich für Unternehmensziele zu engagieren.

Zielvereinbarungssysteme transportieren die Unternehmensziele stufenförmig von oben nach unten in die Organisation. Die wichtigen Zieldiskussionen, die sich durch die Zielvereinbarungen in den Hierarchieebenen entwickeln, können jedoch nur durch ständige Zielreviews aktuell gehalten werden, die auch sich verändernde Ziele aktuell aufgreifen und neu priorisieren. Nagel und Dietl [NAGEL; DIETL, 2009] zeigen durch die Analyse der Einführung einer Balanced Scorecard in einem Un-

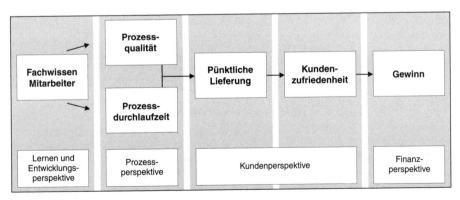

Bild 4.5 Beispiel einer Ursache-Wirkungs-Kette [KAPLAN; NORTON, 1997, S. 29]

ternehmen auf, dass der Aufwand für deren Implementierungsprozess nicht unterschätzt werden darf. Unabdingbar für den Erfolg ist eine gut durchdachte, in sich schlüssige Strategie, deren Entwicklung intensiven Einsatz seitens des Managements voraussetzt. Diese muss sich an ihrer Umsetzung und den initiierten Aktivitäten messen lassen. Ebenso wichtig ist daher die eingehende Kommunikation der Strategy Map. Nur wenn ihre Inhalte von allen Beschäftigten verstanden und akzeptiert werden, kann sie sich zur Richtschnur für unternehmerisches Handeln auf allen Ebenen entwickeln. Nagel und Dietl empfehlen, nach zwei Jahren zu prüfen, ob die Messgrößen der BSC tatsächlich aussagekräftige Daten liefern, um den strategischen Erfolg zu reflektieren, oder modifiziert werden müssen. Erst danach sollten ihre Ergebnisse für weitere Führungsinstrumente, wie z. B. variable Vergütungsmodelle, genutzt werden.

Zielfindung bei komplexen Themenstellungen

Die aus den übergeordneten Unternehmenszielen abgeleiteten Team- oder individuellen Ziele können bisweilen recht komplex sein und die Zusammenarbeit mit anderen Kollegen bei der Lösung erfordern. Bei komplexen Zielen und Aufgabenstellungen müssen daher nicht nur die anvisierten Ergebnisse besprochen werden, sondern muss auch eine Strategie für die Erfüllung der einzelnen Aufgaben gefunden werden. Fehlen dem Mitarbeiter in einzelnen Aufgabenbereichen die nötige Erfahrung oder ausreichendes Training für die erforderliche Umsetzung, wird es schwierig, geeignete Handlungs- oder Problemlösungsstrategien zu entwickeln. Kommt auch noch Zeitdruck hinzu, gibt es kaum Möglichkeiten für Experimente oder gar nachträgliches Lernen. Deshalb sollten Vorgesetzte darauf achten, realistische Ziele zu setzen, die unter den gegebenen Bedingungen die Mitarbeiter herausfordern, gleichzeitig aber auch von ihnen umgesetzt und erreicht werden können. Zudem sollten Zwischenziele definiert werden, mithilfe derer die Aufgaben in kleinere Aufgabenpakete unterteilt werden können. Dadurch wird die Komplexität der Aufgabe reduziert. Hilfreich hierbei ist es, die Mitarbeiter bei der Erarbeitung der für die Umsetzung notwendigen Zwischenziele und Aktivitäten mit einzubeziehen und herauszuarbeiten, an welcher Stelle der Mitarbeiter in welcher Form Unterstützung benötigt. Auch hier sollten geeignete messbare Indikatoren besprochen und festgelegt werden, um regelmäßig den erreichten Stand der Dinge überprüfen zu können.

4.5 Zielakzeptanz und Mitarbeitermotivation

In der Regel dienen Ziele der Verbesserung des gegenwärtigen Zustands. Die Motivation, Verbesserungen anzustreben und zu erzielen, steigt, wenn die entsprechenden Zielsetzungen positiv formuliert sind. So wirkt der Auftrag *»Steigerung der Kundenzufriedenheit um zehn Prozent ab sofort«* weitaus motivierender als die Formulierung *»Reduktion der Kundenunzufriedenheit um zehn Prozent«*.

4.5 Zielakzeptanz und Mitarbeitermotivation

Ebenso können Sie die Motivation der Mitarbeiter steigern, wenn Sie bei den Zielvereinbarungen deren besondere Qualifikationen und Neigungen berücksichtigen. Je mehr die berufliche Tätigkeit eines Mitarbeiters seinen Interessen und Fähigkeiten entspricht, desto engagierter erfüllt er in der Regel seine Aufgaben. Ein motivierendes Aufgaben- und Zielportfolio berücksichtigt daher folgende Aspekte:

- Ziele sind aus dem Stellenprofil des Mitarbeiters abgeleitet.
- Aufgaben und Ziele orientieren sich an den Stärken und Interessen des Mitarbeiters.
- Ziele sind in ihrer Höhe, dem Schwierigkeitsgrad und dem Ausmaß der Verantwortung herausfordernd, aber erreichbar.
- Das Erreichen der Ziele hat eine positive Konsequenz.
- Die Führungskraft achtet auf die richtige Balance von aufgabenbezogenen Zielen und Innovationszielen. Aufgabenbezogene Ziele ergeben sich aus dem direkten Aufgabenprofil. Innovationsziele gehen über den gewohnten Rahmen hinaus. Sie beinhalten Neuerungen, Verbesserungen oder Veränderungen des bisher Bewältigten oder beziehen sich auf Projekte oder Sonderaufträge. Die Führungskraft fördert die Motivation und den gegebenenfalls notwendigen Kompetenzaufbau für das Erreichen der Innovationsziele durch gezieltes und dosiertes Job Enrichment.
- Entwicklungsziele werden in Verbindung mit konkreten Aufgaben definiert, in denen der Mitarbeiter das neu erlernte Wissen anwenden kann. Das Erfüllen projekt- und entwicklungsbezogener Ziele ist für den Mitarbeiter oft besonders reizvoll, da er dabei sein Wissen und seine Kompetenzen erweitern kann.
- Die Beurteilung der Leistung des Mitarbeiters ist transparent. Schon während der Zielvereinbarung wird besprochen, welche Kriterien, sogenannte Indikatoren, für die Bewertung der Zielerreichung herangezogen werden.
- Während der Zielvereinbarung wird besprochen, welche Unterstützung der Mitarbeiter für die Erreichung der definierten Ziele braucht.
- Mitarbeiter verstehen, welchen Beitrag ihre individuellen Ziele für die übergeordneten Ziele der Abteilung leisten.
- Mitarbeiter wissen um die Schwerpunkte der Aufgaben und Zielsetzungen der Kollegen in der Abteilung.
- Die notwendigen Ressourcen zur Zielerreichung stehen zur Verfügung.
- Die Mitarbeiter besitzen die notwendigen Handlungs- und Entscheidungsspielräume für die Zielverfolgung.

Nicht nur die Formulierung der anvisierten Ziele, auch ihre Akzeptanz bei allen Beteiligten beeinflusst maßgeblich die Bereitschaft, das Angestrebte zu realisieren. Je höher die Akzeptanz, desto größer ist auch die Anstrengung, etwas zu erreichen. Die Intensität, mit der ein Ziel verfolgt wird, hängt von drei Faktoren ab:

- der Wertigkeit des Ziels in der persönlichen Zielhierarchie,
- der ihm zugemessenen Wichtigkeit und
- dem Grad der persönlichen Identifikation mit dem Ziel.

Jeder strebt in seinem Leben mehrere Ziele gleichzeitig an. Sie beziehen sich sowohl auf das Privatleben als auch den Beruf. Man will beispielsweise genügend Zeit mit dem Partner verbringen, sich weiterhin im Sportverein engagieren, ein eigenes Haus bauen und gleichzeitig sich im Beruf weiterqualifizieren. Wichtig hierbei ist, die persönlichen und beruflichen Ziele miteinander zu vereinbaren. Treten Zielkonflikte auf, muss eine Entscheidung über die Zielprioritäten getroffen werden.

Ein frisch verheirateter Mitarbeiter, der gerade Vater geworden ist und die Kinderbetreuung nicht allein seiner Frau überlassen möchte, wird z. B. nur ungern eine Aufgabe übernehmen wollen, die mit häufigen Geschäftsreisen verbunden ist. Der Zielkonflikt zwischen seinen Rollen als Vater und Berufstätiger zwingt ihn zu wählen, welcher Rolle er mehr Gewicht einräumen möchte. Er muss Prioritäten setzen. Entscheidet er sich für die Familie, wird er einen Arbeitsplatz suchen, der ihm mehr Zeit für Frau und Kind ermöglicht, andernfalls wird er eine Lösung für die Betreuung des Kindes finden. Je größer bis dahin die Diskrepanz zwischen seinen beruflichen und persönlichen Zielen ist, umso größer ist die Gefahr, dass seine Leistungsfähigkeit sinkt.

Auch Feedback spielt eine wichtige Rolle für das berufliche Engagement der Mitarbeiter. Die höchsten Leistungen können erreicht werden, wenn Zielsetzungs- und Feedbackprozesse zusammenwirken. Diese Bedingungen fördern also offensichtlich die Motivation [LOCKE; LATHAM, 2002]. Zielvereinbarungen ohne Feedback zur Zielerreichung führen dagegen genauso wenig zu Leistungssteigerungen wie ein Feedback, das sich nicht an konkreten Zielsetzungen orientiert. Nur Feedback, das bewertet, inwieweit und auf welche Weise jemand erfolgreich handelt und Ergebnisse erreicht, führt zu Motivation [KLEINBECK, 1996; NERDINGER, 2003].

Einfluss des Vorgesetzten

Vorgesetzte können maßgeblich dazu beitragen, dass die Mitarbeiter die vereinbarten Ziele akzeptieren [LOCKE; LATHAM, 1990]. Die Akzeptanz wird steigen, wenn sie

- die Bedeutung der Zielerreichung für den Mitarbeiter und das Unternehmen erläutern,
- überzeugende und nachvollziehbare Gründe für das Ziel liefern (das gilt vor allem bei Zielvorgaben),
- die erwarteten Ergebnisse erläutern,
- verdeutlichen, wie der Mitarbeiter zur Umsetzung der Unternehmensziele beitragen kann und was dieser an Fähigkeiten für die Aufgabe mitbringt,
- die Mitarbeiter bei der Umsetzung der Ziele unterstützen,
- physisch präsent und ansprechbar sind,
- vertrauenswürdig sind,
- das notwendige Fachwissen besitzen und
- konstruktives Feedback geben.

Honorierung von Zielerreichungen

Dem Thema »materielle und immaterielle Honorierung von Zielerreichungen« muss ein hoher Stellenwert zugeordnet werden. Eine Honorierung des Erreichens vorher definierter Ziele und bestimmter Leistungen fördert die Akzeptanz der Ziele seitens des Mitarbeiters und damit seine Bereitschaft, sich für ihre Erfüllung einzusetzen. Aus den Praxisbeispielen in Kapitel 13 wird deutlich, dass die Einführung eines Zielvereinbarungssystems unmittelbar mit Überlegungen zur Neugestaltung des Vergütungssystems verbunden ist.

Auch Locke und Latham [LOCKE; LATHAM, 1990] zeigen, dass direkte finanzielle Honorierungen leistungssteigernd wirken. Wie groß diese Steigerung ausfällt, hängt allerdings von Situations- und Persönlichkeitsvariablen wie z. B. soziale Vergleichsprozesse, bisherige Lernprozesse und Erfahrungen des Mitarbeiters ab. Die Honorierung kann ihre volle Wirkung allerdings nur entfalten, wenn sie nicht mit anderen, vom Mitarbeiter hoch angesiedelten Werten (z. B. übermäßige Arbeitsbelastung und dadurch weniger Zeit für familiäre Aktivitäten) in Widerstreit gerät.

Die größte Wirkung geht von finanziellen Anreizen aus, die proportional zur Zielerreichung erfolgen und damit unmittelbar die tatsächliche Leistung honorieren, wie z. B. Stücklohn und Provisionsmodelle. Sie lösen beim Mitarbeiter spontan den Wunsch aus, etwas zusätzlich zu erreichen, und erhöhen somit die Zielbindung.

Vor allem in vertriebsorientierten Funktionen wird häufig auf die stark motivationsfördernde Anreizfunktion von Provisionsmodellen gesetzt, um Verkäufer zu höheren Verkaufsergebnissen anzuspornen. In der öffentlichen Diskussion rund um die Finanzkrise wurde jedoch diese Gestaltung von Vergütungsmodellen kritisiert, weil sie beispielsweise Investmentbanker oder Verkäufer aus Verdiensterwägungen heraus verleiten, vermehrt Geschäfte abzuschließen, die hohe Risiken für Kunden und Unternehmen beinhalten. Dieses Beispiel macht deutlich, wie sensibel Vergütungs- und Anreizsysteme gehandhabt werden müssen und wie genau die Honorierungsparameter durchdacht sein müssen, um langfristige Fehlsteuerungen zu vermeiden.

Nicht monetäre Anreize wie z. B. die Aussicht auf leistungsbezogene Anerkennung oder eine Beförderung wirken sich ebenfalls leistungssteigernd aus. Voraussetzung dazu ist allerdings, dass sie für den Mitarbeiter hohe Bedeutung in seiner persönlichen Wertehierarchie haben, er diesbezügliche Zusagen des Vorgesetzten als verbindlich und glaubwürdig einschätzt und die Honorierungen tatsächlich an bestimmte Leistungen gekoppelt sind.

Gefahren für die Akzeptanz von Zielvereinbarungssystemen

Sprenger [SPRENGER, 2002, 2007] kritisiert, dass Zielvereinbarungssysteme oft dann eingeführt werden, wenn man mit der Leistung von Mitarbeitern unzufrieden ist oder neue Entgeltsysteme entwickelt werden müssen, um die Personalkosten zu reduzieren. Die Mitarbeiter reagieren dann verständlicherweise mit Skepsis. Sie argwöhnen, ihnen werde unterstellt, sie setzten sich nicht voll ein, man wolle sie auf etwas »festnageln«, um sie dann der Nichteinhaltung von Vereinbarungen zu überführen. Dazu komme, dass Ziele oft nicht vereinbart, sondern diktiert würden. Aufgrund dieser Beobachtung sähen sich die Mitarbeiter zum »Ausführungslakaien« ohne Mitspracherecht degradiert.

Jährliche Zielvereinbarungen bärgen zudem die Gefahr, längerfristige Zieldimensionen und qualitative Aufgaben aus dem Auge zu verlieren. Die starke Koppelung mit leistungsorientierten Vergütungsbestandteilen führe auch leicht zu kurzfristigem Aktionismus und risikoreichem Handeln. Dadurch käme die Berücksichtigung der Langzeitfolgen bestimmter kurzfristiger Zielsetzungen zu kurz. Dieser Punkt wurde vor allem in der Diskussion über die Ursachen der Finanzkrise aufgeführt und oft als mitverantwortlich für das Ausmaß der Krise betrachtet.

Einen weiteren Kritikpunkt stellt die in Zielvereinbarungssystemen angelegte Reduzierung der Leistungsbeurteilungen auf die Bewertung erreichter Ziele dar. Ein Mitarbeiter stelle dem Unternehmen ein viel breiteres Leistungsspektrum zur Verfügung, als es sich über ein reines Zielvereinbarungssystem abbilden lässt. Einseitig ausgerichtete Zielvereinbarungssysteme vernachlässigen vor allem qualitative Beiträge von Mitarbeitern, wie Teamarbeit, Wissensweitergabe oder gegenseitige Unterstützung. Diese Leistungen erzeugen jedoch einen hohen Wert für Organisationen, da sie dazu beitragen, dass interne Prozesse auch außerhalb festgelegter Vorschriften funktionieren.

Sprenger kommt zu dem Schluss, dass bei der Entwicklung des Zielvereinbarungssystems und der Kommunikation an Mitarbeiter den Kritikpunkten Rechnung getragen werden muss. Nur so lassen sich Reaktanz, Misstrauen und Demotivation bei Mitarbeitern und Führungskräften vermeiden.

4.6 Typische Fallen bei Zielvereinbarungsprozessen

Immer wieder treten typische Problemfelder bei Zielvereinbarungsprozessen auf, für die in den nachfolgenden Abschnitten Lösungsmöglichkeiten aufgezeigt werden [vgl. auch STÖWE; BEENEN, 2009].

- Ziele haben keine strategische Verankerung.

Die individuellen Ziele Ihrer Mitarbeiter sollten an einer mittelfristigen Planung für Ihren Verantwortungsbereich ausgerichtet sein. Fehlt diese, erscheinen Zielvereinbarungen oftmals als kurzfristiger Aktionismus anstatt als Teil einer längerfristigen und durchdachten Strategie. Dies hat negative Effekte auf die Identifikation Ihrer Mitarbeiter mit ihren individuellen Zielen und denen der Abteilung.

- Sicherheitspuffer produzieren unrealistische Zielsetzungen.

Vor allem wenn Ziele über eine Kaskade an den Mitarbeiter gelangen, besteht bei Führungskräften die Tendenz, auf jeder Stufe einen »Puffer« einzubauen. Sie setzen z. B. den Termin enger oder verändern die Zielhöhe. Damit beabsichtigen sie, sich ein »Sicherheitspolster« anzulegen, für den Fall, dass ein Mitarbeiter das Ziel nicht ernst nehmen und in Verzug geraten sollte. Dieses Vorgehen birgt jedoch die

4.6 Typische Fallen bei Zielvereinbarungsprozessen

Gefahr, dass durch diese über die verschiedenen Stufen hinweg kumulierten Puffer beim Mitarbeiter unrealistische Zielvorgaben ankommen, was es diesem wiederum erschwert, sich mit den Zielen zu identifizieren.

- Zielkonflikte behindern die Zielerreichung.

Zielkonflikte können entstehen, wenn Mitarbeiter Ihres Verantwortungsbereichs für die Mitarbeit an einem Ziel die Kooperation einer anderen Abteilung benötigen, die jedoch durch ihre Ziele andere Prioritäten besitzt. Diese Konflikte können Sie vermeiden, in dem Sie

- Ihre Ziele an den strategischen Prioritäten des Unternehmens ausrichten und
- mit dem Vorgesetzten des benachbarten Bereichs und eventuell Ihrem Vorgesetzten den Zielkonflikt besprechen und eine Lösung erarbeiten.

Zielkonflikte können auch innerhalb des eigenen Teams entstehen, z. B. weil zwei Mitarbeiter zur gleichen Zeit bestimmte Ressourcen wie etwa die Teamassistenz für ein wichtiges Projekt benötigen. Um solche Engpässe zu verhindern, empfiehlt es sich, eine Ziel-Mitarbeiter-Matrix anzufertigen, aus der Sie mit einem Blick die Ziele jedes Mitarbeiters Ihrer Abteilung erfassen können. Auf diese Weise können Sie schnell feststellen, ob und wo es Zielkonflikte gibt. Des Weiteren hilft ein Zielworkshop, in dem Sie die übergeordneten Ziele, die Abteilungsziele, aber auch die individuellen Ziele mit den Mitarbeitern gemeinsam besprechen, mögliche Zielkonflikte zu identifizieren und Gegenmaßnahmen zu ergreifen.

- Zielformulierungen sind zu unkonkret.

Ziele müssen konkret formuliert sein. Es reicht z. B. nicht, eine »Verbesserung« in Punkt X anzuvisieren. Nur wenn festgelegt ist, was sich genau wie und bis wann ändern soll, können Vorgesetzter und Mitarbeiter sicher sein, dass beide dasselbe unter der Zielsetzung verstehen. Bei der Zielvereinbarung mit dem Mitarbeiter sollte auch diskutiert werden, anhand welcher Messpunkte – auch Indikatoren genannt – die Zielerreichung festgestellt werden kann. Deshalb ist es hilfreich, sowohl das Ziel als auch mögliche Indikatoren schriftlich festzuhalten. Die Frage »Woran können wir beide erkennen, dass das Ziel erreicht wird?« hilft, gemeinsam mit dem Mitarbeiter die richtigen Indikatoren und Messinstrumente zu identifizieren.

- Verteilungsprinzip von Zielen oder unangenehmen Aufgaben ist intransparent.

Bei der Delegation von unpopulären Aufgaben/Zielen ist es für Mitarbeiter wichtig zu verstehen, dass die Delegation dieser Aufgabe keine Schikane, sondern Notwendigkeit ist und dass jeder im Team (z. B. in einem Rotationsprinzip) gleich betroffen ist bzw. sein könnte, die Aufgabe für eine bestimmte Zeit zu übernehmen. Hierfür sollten Sie im Vorfeld der Zielvereinbarungsgespräche, eventuell sogar zusammen mit Ihrem Team, ein plausibles Prinzip erarbeiten.

- Gleiche Zielinhalte werden ohne Erklärung in unterschiedlicher Höhe an die Teammitglieder verteilt.

Auch hier ist es für Mitarbeiter wichtig, das Prinzip, das hinter dieser unterschiedlichen Zuteilung steht, zu verstehen. Es ist für Mitarbeiter durchaus akzeptabel, dass weniger erfahrene Mitarbeiter auch eine geringere Zielhöhe bewältigen müssen als erfahrene Mitarbeiter. Für erfahrene Mitarbeiter muss jedoch ersichtlich sein, dass die erhöhte Zielsetzung auch mit einer erhöhten »Honorierung«, z. B. durch finanzielle Vergütung oder eine besondere Hervorhebung der Erfahrung und damit Statuszugewinn in der Gruppe, verbunden ist.

- Intransparente Weitergabe von Aufgaben oder Zielen, die mit einem besonderen Renommee oder Annehmlichkeiten verbunden sind.

Damit sich Mitarbeiter nicht benachteiligt fühlen, ist es für sie wichtig zu verstehen, welche Gründe für die Auswahl eines bestimmten Mitarbeiters für eine besonders interessante oder angenehme Aufgabe sprechen. Gründe, die leichter akzeptiert werden, sind: Kompetenz, Erfahrung oder Auszeichnung für sichtbare Erfolge. Gründe, die schlechter akzeptiert werden, sind Sympathie des Chefs für den Mitarbeiter, Bevorzugung Einzelner, die sich z. B. selbst für diese Aufgaben vorgeschlagen haben, oder auch Zufälligkeit in der Auswahl.

- Der Begriff »Zielvereinbarung« provoziert bei Mitarbeitern und Führungskräften eine falsche Vorstellung von Beteiligungsstrukturen.

Der Begriff Zielvereinbarung führt häufig dazu, dass bei Führungskräften und Mitarbeitern die Vorstellung eines gleichberechtigten Aushandlungsprozesses entsteht. Das führt zu - für beide Seiten - frustrierenden Gesprächen. Beim Mitarbeiter sind Frustrationen vorprogrammiert, vor allem wenn es darauf hinausläuft, dass die von der Führungskraft definierten Ziele stärker gewichtet werden als eigene vorgebrachte Zielvorschläge.
Frustrationen entstehen umgekehrt auch bei der Führungskraft, wenn der Mitarbeiter organisational wichtige Zielsetzungen für sich nicht akzeptieren möchte, aus der Vorstellung heraus, als gleichberechtigter Partner ein Veto einlegen zu können. Ursache für diese Frustrationen ist jedoch ein falsch verstandenes Konzept des Begriffs Zielvereinbarung. Daher sind einige Firmen schon dazu übergegangen, nicht mehr vom Zielvereinbarungsprozess, sondern vom Zielsetzungsprozess zu sprechen.
Als Führungskraft sind Sie für die Ergebnisse und für die Steuerung Ihres Bereiches verantwortlich. Daher ist es wichtig zu vermitteln, dass in diesen Gesprächen die Mitarbeiter zwar Zielvorschläge einbringen können und auch über die Wege der Zielerreichung in einem offenen Dialog diskutiert werden kann, jedoch den unternehmerischen Zielsetzungen die Priorität gilt.
Damit Mitarbeiter die Höhe von Zielen verstehen und mittragen können, sollten sie nachvollziehen können, mit welchem Entscheidungsprozess und welchen Begründungen die Höhe von Geschäftszielen festgelegt wurde. Hier ist die Führungskraft als Übersetzer und Vermittler der wichtigsten Argumente der geschäftsstrategischen Diskussionen und Entscheidungsprozesse gefragt.

- Ungünstige Reihenfolge der Diskussion der Ziele.

4.6 Typische Fallen bei Zielvereinbarungsprozessen

Werden in einem Zielsetzungsgespräch sowohl gesetzte Ziele als auch vom Mitarbeiter vorgebrachte eigene Zielsetzungen diskutiert, so sollte mit der Besprechung der gesetzten Ziele begonnen werden. Nur so können Führungskraft und Mitarbeiter entscheiden, wie viel Spielraum und Kapazität noch bleibt, um zusätzlich persönliche Zielsetzungen zu vereinbaren. Eine umgekehrte Reihenfolge der Zieldiskussion hat zur Folge, dass möglicherweise am Anfang des Gespräches Vereinbarungen zu den persönlichen aushandelbaren Zielen getroffen werden, die später – wenn man zu den gesetzten Zielen kommt – wieder revidiert werden müssen.

- Ziele werden für zu lange Zeiträume festgelegt und nicht an Kontextbedingungen angepasst.

Nach Festlegung der Ziele ist es wichtig, deren Umsetzbarkeit in der Praxis zu überprüfen. Da das Arbeitsumfeld, Marktentwicklungen, aber auch die Prioritätensetzung von Unternehmen kontinuierlichen Änderungen unterworfen sind, müssen auch Zielsetzungen von Zeit zu Zeit auf ihre inhaltliche Tragfähigkeit, Relevanz und Umsetzbarkeit überprüft werden. Dies geschieht in den Reviews.
Stöwe und Beenen [STÖWE; BEENEN, 2009, S. 208] nennen folgende Möglichkeiten, die Zielerreichung unterjährig zu thematisieren:

- monatliche Besprechungen des Stands der generellen Teamziele im Rahmen eines Meetings,
- Zusendung der monatlichen Auswertung der Team- oder individuellen Ergebnisse, die im Meeting dann besprochen werden können,
- regelmäßige individuelle Status-quo-Reports zur Zielerreichung aller Mitarbeiter, z. B. per E-Mail oder im Rahmen von Zielerreichungsworkshops,
- Definition von Zwischenterminen für die Reviews von Zwischenzielen gleich bei der Vereinbarung von Zielen,
- Zielreview als fester Bestandteil der Agenda von regelmäßigen Teamsitzungen oder anlassbezogenen Mitarbeitergesprächen,
- Vereinbarung von ein bis drei individuellen Zielerreichungsgesprächen im Jahr,
- regelmäßiger öffentlicher Aushang der Zielerreichung im Team (z. B. quantitative Ziele oder Qualitätskennziffern).

Im Zielvereinbarungsgespräch sollte explizit vereinbart werden, dass Mitarbeiter die Verantwortung für die Umsetzung der Ziele übernehmen. Dies beinhaltet auch, dass diese bei Hindernissen, die von ihnen nicht selbst überwunden werden können und die die Zielerreichung verzögern, die Führungskraft aktiv darüber informieren müssen. Dies gewährleistet dem Mitarbeiter auch den Handlungsspielraum, eigenständig die Ziele zu verfolgen, und bewahrt Führungskräfte vor »Überkontrolle«, die gerade bei sehr selbständigen Mitarbeitern schnell zur Demotivation führen kann.
Ein wirkungsvolles Instrument für eine Selbstkontrolle des Mitarbeiters ist die Zielverfolgungssystematik. Der Mitarbeiter stellt hierbei die Wirksamkeit der Maßnahmen und Aktivitäten zur Erreichung der Ziele durch kontinuierliche Soll-Ist-Vergleiche sicher. Sobald er Abweichungen feststellt und erkennt, dass er sie selbst

nicht ausgleichen kann, wendet er sich an seinen Vorgesetzten, um mit diesem zu besprechen, wie er weiter verfahren soll. So können Probleme bei der Umsetzung möglichst früh erkannt und unverzüglich Maßnahmen zum Gegensteuern ergriffen bzw. Ziele modifiziert werden. Die Sollwerte werden zum Zeitpunkt der Zielsetzung für eine bestimmte Anzahl von Zwischenzielen festgelegt. Gleichzeitig wird definiert, welche Abweichungen tolerabel sind (z. B. bis zehn Prozent vom Zwischenzielwert) und ab wann sie der Führungskraft mitgeteilt werden müssen. So lässt sich laufend überprüfen, ob das Ziel effektiv verfolgt wird und erreicht werden kann.

Der Grad der Zielerreichung kann z. B. durch Prozentangaben oder durch eine Ampelvisualisierung dargestellt werden. Bei dieser Form der Selbstkontrolle ist der Mitarbeiter in der Bringschuld. Er übernimmt Verantwortung und erspart der Führungskraft regelmäßige Kontrollen.

- Unrealistische Erwartungshaltungen hinsichtlich der Zielerreichung: Es wird implizit erwartet, dass Ziele übertroffen werden müssen.

Führungskräfte wie auch Mitarbeiter haben bisweilen die Vorstellung, Mitarbeiter seien nur dann gut, wenn sie Ziele übererfüllen. Dies widerspricht jedoch dem Prinzip der realistischen Zielsetzung. Ziele sollten so gesetzt werden, dass sie anspruchsvoll, aber erreichbar sind. Ein kompetenter Mitarbeiter erreicht anspruchsvolle und für das Unternehmen relevante Ziele. Nicht mehr, aber auch nicht weniger sollte ein Vorgesetzter erwarten. Erwartet er implizit eine Übererfüllung und Mitarbeiter erkennen dies, so wird dies bei nächsten Zielvereinbarungen zur Folge haben, dass die Mitarbeiter versuchen, die Zielhöhe zu reduzieren, um sie dann übererfüllen zu können. Das führt zu reduzierten Zielsetzungen und einer größerer Anzahl von Mitarbeitern, die die Zielerreichung regelmäßig »übertreffen«. Das widerspricht jedoch dem Konzept der zielorientierten Steuerung des Unternehmens. Ziele sollen eine konkrete Größe darstellen, die möglichst genau erfüllt wird, nicht eine Mindestanforderung, von der keiner weiß, um wie viel sie übertroffen wird.

In der Kommunikation Ihrer Erwartungen an die Mitarbeiter sollten Sie daher betonen, dass anspruchsvolle Ziele definiert werden, die mit Kompetenz, Anstrengung und Ausdauer erreichbar sind. Werden Ziele übererfüllt, so sollte überprüft werden, auf was dies zurückzuführen ist:

- Wurde das Ergebnis stark von einem positiven Marktumfeld beeinflusst, auf das der Mitarbeiter gar keinen Einfluss hatte?
- Standen durch die starke Konzentration der Aktivitäten auf die Übererfüllung eines Ziels wichtige Ressourcen des Mitarbeiters anderen Aufgabenstellungen, die ebenfalls vereinbart wurden, nicht genügend zur Verfügung?
- Wurden vom Mitarbeiter möglicherweise sogar die falschen Prioritäten gesetzt?

Ist dies alles nicht der Fall, dann verdient ein hoher Erfolg bei der Zielerreichung natürlich eine hohe Anerkennung und ein »Feiern des Erfolges«.

- Die Balance zwischen aufgabenbezogenen Zielen und Innovationszielen verschiebt sich auf die Seite der Routineaufgaben.

4.6 Typische Fallen bei Zielvereinbarungsprozessen

In der Praxis ist immer wieder zu beobachten, dass bei den leistungsfähigen Mitarbeitern die aufgabenbezogenen Ziele (z. B. im Vertrieb) von Jahr zu Jahr steigen. Die simple Erhöhung der Ergebniserwartung bei gleichbleibenden Zielinhalten führt häufig dazu, dass Mitarbeiter die Zielinhalte für sich nicht mehr als herausfordernd betrachten, sich ausgenutzt fühlen und in der Folge ihre Identifikation mit den Zielen und ihre Motivation sinken. Um dieser Entwicklung vorzubeugen, sollten Sie bei jedem Mitarbeiter darauf achten, dass er genügend neue und interessante Aufgaben gestellt bekommt.

- Es wird zu wenig auf eine konstruktive Atmosphäre geachtet

Eine vertrauensvolle Atmosphäre ist für die Festlegung von Zielen mindestens genauso wichtig wie präzise formulierte Zielaussagen. Sie bildet die Voraussetzung für offene Diskussionen oder gemeinsam entwickelte kreative Ideen, mit deren Hilfe sich auch besonders herausfordernde Ziele erreichen lassen. Deshalb sollten Sie strategische Entscheidungen des Unternehmens offen kommunizieren und den Mitarbeitern vermitteln, dass Sie deren Ansichten, Ressentiments und Gefühle ernst nehmen. Das bedeutet insbesondere:

- Informieren Sie Ihre Mitarbeiter über Unternehmensziele und Ziele Ihrer Abteilung, bevor Sie individuelle Zielvereinbarungsgespräche führen. So können die Mitarbeiter besser nachvollziehen, wie Entscheidungen zu bestimmten Zielen entstehen, und sich auf die Zielvereinbarungsgespräche konkreter vorbereiten.
- Beziehen Sie Ihre Mitarbeiter bei der Festlegung und Formulierung der Ziele, soweit möglich, mit ein. Transparentes, kooperatives Vorgehen hilft allen Beteiligten, nicht nur Vorschläge und Wünsche, sondern auch Bedenken oder Wertvorstellungen einzubringen.
- Nehmen Sie Rücksicht auf Gefühle, sowohl auf Ihre eigenen als auch die der Mitarbeiter. Gefühle sagen oft mehr über die Qualität der gesetzten Ziele aus als manche klar definierten Ziel- oder Maßnahmenkataloge. Scheuen Sie sich deshalb nicht zu sagen, wie Sie ein gestecktes Ziel emotional bewerten.
- Gestik und Sprache geben gerade in der entscheidenden Phase der Entscheidungsfindung Aufschlüsse über die Sicht der Dinge beim Gesprächspartner. Sprechen Sie deshalb Aspekte, die sich eher auf der Ebene der Emotionen befinden, an. Befindlichkeiten, wie etwa Skepsis, Unsicherheit oder Ablehnung, wirken sich auf die Akzeptanz eines Zieles und damit auf die Umsetzung aus. Sollte der Mitarbeiter von sich aus solche Punkte nicht ansprechen, gehen Sie in die Gesprächsführung und fragen nach (siehe auch die Kapitel 8 »Kommunikation und Gesprächsführung« und 9 »Methoden und Techniken für eine erfolgreiche Gesprächsführung«).

In Experimenten konnte nachgewiesen werden, dass Zielvorgaben, die in einer freundlichen unterstützenden Atmosphäre erläutert und begründet wurden, sowohl eine ebenso hohe Identifikation mit dem Ziel als auch Leistung zur Folge hatten wie Ziele, die partizipativ vereinbart wurden [LOCKE; LATHAM, 1990]. Sind Mitarbeiter jedoch an die Partizipation bei Zielvereinbarungen gewohnt, wirkt sich die Vorgabe von Zielen negativ auf die Identifikation mit Zielen aus [GUEST, 1989]. Es zeigte sich ebenfalls, dass die Wirkung der Partizipation an der Zielfestlegung weniger motivationaler als eher kognitiver Art ist [LATHAM; WINTERS; LOCKE, 1994]. Mitarbeiter und Führungskraft bringen demnach ihr Wissen und ihre Erfahrungen ein und können dadurch spezifischere, realistischere und auch schwierigere Ziele sowie effektivere Zielerreichungsstrategien entwickeln. Dies ist besonders wichtig bei komplexen Aufgabenstellungen, bei denen eine große Anzahl von Informationen berücksichtigt werden muss. Außerdem gelingt es durch partizipativ und dialogisch gestaltete Zielvereinbarungsgespräche, Zielkonflikte frühzeitig zu erkennen und zu minimieren und Missverständnisse zu reduzieren.

Cawley, Keeping und Levy [CAWLEY; KEEPING; LEVY, 1998] fanden in ihrer Metaanalyse bestehender Einzelstudien zu Mitarbeitergesprächen heraus, dass Mitarbeitergespräche positivere Reaktionen hinsichtlich der Zufriedenheit mit dem Instrument, mit dem Gespräch, auch hinsichtlich der Motivation, die eigene Leistung zu verbessern, hervorrufen, wenn Mitarbeiter das Gefühl haben, wirklich in ihrer Meinung gehört zu werden und auch Einfluss auf die Gesprächsergebnisse nehmen zu können. Die Absicht bei der gemeinsamen Festlegung und Formulierung von Zielen ist daher, einen Konsens über die Notwendigkeit eines bestimmten Ergebnisses zu erreichen. Konflikte treten dann ein, wenn die Gesprächspartner unterschiedliche Zielvorstellungen vertreten oder die Dringlichkeit der Ergebniserreichung unterschiedlich bewerten.

DAS WICHTIGSTE IN KÜRZE

➡ Ziele motivieren zu Leistungen und führen bei Erreichen zu Erfolgserlebnissen. Wer sich berufliche Ziele setzt, nimmt die dafür erforderlichen Anstrengungen in Kauf und setzt sich mit Nachdruck für das Gelingen der gestellten Aufgaben ein. Aufgabe von Führungskräften ist, bei der Festlegung von Zielen darauf zu achten, dass sie einerseits die Mitarbeiter vor Herausforderungen stellen, andererseits nicht überfordern. Es empfiehlt sich deshalb, sie bei der Erarbeitung der für die Umsetzung notwendigen Schritte und Maßnahmen einzubeziehen. Nicht minder wichtig ist, Ziele präzise und nachvollziehbar zu formulieren und darauf zu achten, dass sie von allen Beteiligten akzeptiert werden und ihrem Wertesystem nicht widersprechen.

➡ Ziele motivieren, wenn sie anspruchsvoll sind und den Mitarbeiter herausfordern. Wichtig dabei ist allerdings, dass er das gesetzte Ziel mit etwas Anstrengung auch tatsächlich erreichen kann. So wächst der Mitarbeiter mit seinen Aufgaben. Sind Ziele dagegen zu hoch gesteckt, besteht die Gefahr, den Mitarbeiter zu demotivieren.

Das Wichtigste in Kürze

- Ziele können nur als Richtschnur für die Arbeit der Mitarbeiter dienen, wenn sie so formuliert sind, dass über ihren Inhalt kein Zweifel aufkommen kann. Einen bewährten Ansatz dazu bieten die sogenannten »SMARTen« Ziele. Sie schlagen vor, genau zu beschreiben, was erreicht werden soll und welche Kriterien für die Erfolgsmessung herangezogen werden. Zudem sollten die Ziele sowohl anspruchsvoll als auch realistisch sein. Ihre Formulierung sollte so lauten, als seien sie bereits erreicht worden. Schließlich müssen die Rahmenbedingungen für die Umsetzung der erforderlichen Maßnahmen bekannt und muss der Zeitraum festgelegt sein.

- Ziele werden zum effektiven Führungsinstrument, wenn sie an der Gesamtstrategie des Unternehmens ausgerichtet sind. Hierzu setzt zunächst die oberste Führungsebene fest, in welche Richtung sich das Unternehmen entwickeln soll, und leitet davon Ziele für die ihr direkt untergeordnete Führungsebene ab. Diese verfährt nach demselben Prinzip, ebenso die nächste Führungsebene und so fort. Auf diese Weise werden die strategischen Ziele des Unternehmens Teil der Zielvereinbarungen bis in die unterste Mitarbeiterebene. Dieses Vorgehen kann zusätzlich mit einer Rückkoppelungsschleife, in der die Mitarbeiter Ideen und Anregungen zu weiteren Zielbereichen und zur effektiven Umsetzung der Unternehmensziele einbringen können, ergänzt werden.

- Ein hilfreiches Instrument, um die strategischen Ziele eines Unternehmens zu definieren, ist die Balanced Scorecard.

- Je nach angestrebtem Ergebnis wird zwischen aufgaben-, projekt-, entwicklungs- verhaltens-, führungs- und teambezogenen Zielen unterschieden. Aufgabenbezogene Ziele beziehen sich konkret auf die Tätigkeit des Mitarbeiters und sind in der Regel quantitativ messbar. Projektbezogene Ziele beinhalten die Konkretisierung von Veränderungsvorhaben, Entwicklungsziele fokussieren auf die Kompetenzentwicklung des Mitarbeiters. Verhaltensziele können zur Förderung der Verhaltensweisen des Mitarbeiters oder zur Verbesserung seiner Teamorientierung dienen. Führungskräfte sollten sich nicht scheuen, störende Verhaltensweisen anzusprechen. Im Gegenteil, in den meisten Fällen zeigen sie ihren Mitarbeitern auf diese Weise Verbesserungsmöglichkeiten auf. Führungsbezogene Ziele beziehen sich auf das Verhalten von Führungskräften. Hier gilt es, das eigene Verhalten oder das nachgeordnete Führungsverhalten kritisch zu überprüfen. Teambezogene Ziele fokussieren den Beitrag, den jedes einzelne Teammitglied als seinen Anteil an der Realisierung eines gemeinsam umzusetzenden Projekts oder Teamziels kennen muss.

- Auf die Gestaltung eines interessanten Zielportfolios sollte besondere Sorgfalt verwendet werden. Sie ist maßgeblich dafür verantwortlich, ob die Ziele motivierend wirken und ob sie die Gesamtstrategie des Unternehmens unterstützen. Um festzustellen, welche Ziele wirklich relevant sind, sollte man sich am Businessplan des Unternehmens orientieren. Zudem sollte gewährleistet sein, dass eine für den Mitarbeiter motivierende Zusammenstellung von aufgaben- und entwicklungsorientierten Zielen sowie Innovationszielen gefunden wird. Wichtig bei der Zusammenstellung der Ziele ist, auch zu prüfen, ob ausreichend Entscheidungsbefugnisse und Ressourcen vorhanden sind, um die Ziele auch umzusetzen.

◌ Ziele wirken umso motivierender, je positiver sie formuliert sind und je mehr sie die Bedürfnisse und Neigungen des Mitarbeiters berücksichtigen. Abwechslungsreiche Anforderungen und Aufgaben, die Entwicklungsmöglichkeiten bieten, spornen ebenfalls an. Wichtig ist auch, dass der Mitarbeiter weiß, inwieweit er einen Beitrag zu ganz konkreten strategischen Zielen leistet und welche Bedeutung seine Arbeit für die Abteilung bzw. das Unternehmen hat. Außerdem sollte der Prozess der Festlegung von Zielen transparent sein. Daneben ist sicherzustellen, dass die Mitarbeiter über ausreichend Verantwortungsspielräume und Ressourcen verfügen, um die Ziele auch umsetzen zu können. Gegebenenfalls sollte schon bei der Zielvereinbarung festgelegt werden, auf welche Unterstützung der Mitarbeiter bauen kann. Für die spätere Leistungsbewertung sollte bereits bei der Zielvereinbarung festgelegt werden, an welchen Kriterien Leistung gemessen wird.

◌ Bei der Zielvereinbarung fällt dem Vorgesetzten eine wichtige Rolle zu. Er hat die Ziele zu erläutern und in einen Gesamtzusammenhang für das Unternehmen zu stellen. Darüber hinaus muss er dem Mitarbeiter vermitteln, dass er bei auftretenden Problemen ein kompetenter und erreichbarer Ansprechpartner ist. Außerdem obliegt es ihm, zu entscheiden, welche Unterstützung der Mitarbeiter für die Bewältigung seiner Aufgaben erhalten kann, sowie sicherzustellen, dass der Mitarbeiter auch die Unterstützung erhält.

◌ Wichtig für die Motivation der Mitarbeiter ist auch die Aussicht auf eine Honorierung ihrer Leistung. Dabei kann es sich um einen monetären Bonus handeln. Immaterielle »Belohnungen«, wie z. B. die Erfahrung zu machen, dass man an schwierigen Aufgaben gewachsen ist, eine ausdrückliche Belobigung oder eine Beförderung, können aber ebenfalls einen starken Anreiz darstellen, solange sie im Wertesystem des Mitarbeiters hoch angesiedelt sind.

Mehr zu diesem Thema

Jetter, F.; Strotzki, R. (Hrsg.): *Handbuch Zielvereinbarungsgespräche.* Schäffer-Poeschel, 2000

Kaplan, R.; Norton, D.: *Alignment. Mit der Balanced Scorecard Synergien schaffen.* Schäffer-Poeschel, 2006

Kleinbeck, U.: »Das Partizipative Produktivitätsmanagement (PPM) – ein Motor für Produktivitätssteigerungen«. *OrganisationsEntwicklung,* 1 (2008), S. 33–41

Locke, E. A.; Latham, G. P.: »Building a practically useful theory of goal setting and task motivation«. *American Psychologist* 57 (2002), S. 705–717

Nagel, R.; Wimmer, R.: *Systemische Strategieentwicklung.* Schäffer-Poeschel, 2009

Wahrnehmung

DARUM GEHT ES ...

- Wie kommt es, dass zwei Menschen ein und denselben Vorgang vollkommen unterschiedlich beschreiben oder bewerten?
- Wodurch wird ihre Wahrnehmung beeinflusst?
- Wie wirkt sich die unterschiedliche Wahrnehmung auf den Berufsalltag aus?
- Wie können sich Führungskräfte im Mitarbeitergespräch gegen negative Folgen der subjektiven Wahrnehmungsmuster wappnen?

DIESES KAPITEL BESCHREIBT:

- die Funktionsweise der Wahrnehmung,
- wie Sie unterschiedliche Wahrnehmungen in Übereinstimmung bringen,
- die häufigsten Wahrnehmungsverzerrungen,
- Möglichkeiten, die eigene Wahrnehmung zu verbessern.

> *Für heute haben Sie ein Gespräch mit Ihrem Mitarbeiter Werner Barthel vorgemerkt. Sie hatten Herrn Barthel beauftragt, die neu eingestellte Mitarbeiterin Karin Baumann einzuarbeiten und in ihrer Probezeit zu betreuen, weil sie auch künftig ihm unterstellt sein soll. Nun wollen Sie von ihm erfahren, wie er die Leistungen von Frau Baumann einschätzt und ob sie ihre Probezeit erfolgreich absolvieren wird.*
> *Bislang hatten Sie einen guten Eindruck von der neuen Mitarbeiterin. Sie hat ihre Aufgaben nicht nur pünktlich und sorgfältig erledigt, Ihnen fiel auch auf, dass sie viele neue Ideen einbrachte. Ihre Vorgehensweise war zwar manchmal unkonventionell, aber die Ergebnisse sprachen für sich. Zudem gab es keinerlei Kundenbeschwerden, und auch ihre Kollegen haben sich anerkennend über sie geäußert. Ihrer Meinung nach sprach alles dafür, Frau Baumann nach der Probezeit zu übernehmen.*
> *Umso erstaunter sind Sie, als Herr Barthel Ihnen mitteilt, dass er mit Frau Baumann Schwierigkeiten hat. Sicher sei an ihren Leistungen nichts auszusetzen, aber er könne sich eine Zusammenarbeit mit ihr nur schwer vorstellen. Als Sie ihn nach den Gründen fragen, beschwert er sich darüber, dass ihr Arbeitsplatz ein »reines Chaos« sei und sie offenbar nichts von Ordnung halte. Sie würde alles durcheinanderbringen, weil ihre Art zu arbeiten unstrukturiert sei. Auch ihre Pünktlichkeit ließe zu wünschen übrig. Mal ginge sie früher, wenn ihre Arbeit erledigt ist, andere Male bliebe sie bis zum Abend. Er habe sie zum wiederholten Male darauf angesprochen, aber offenbar nehme sie ihn nicht ernst. Sie wundern sich, dass Herr Barthel und Sie Frau Baumann unterschiedlich wahrnehmen. Sie fragen sich, wie Sie nun entscheiden sollen. Ihrer Meinung nach ist Frau Baumann eine Bereicherung für Ihre Abteilung, Herr Barthel sieht das aber anders. Wie kann es kommen, dass Ihre Bewertung so anders ausfällt wie die von Herrn Barthel?*

5.1 Wie wird Wirklichkeit wahrgenommen?

Sie haben sicher auch schon Gespräche erlebt, die sich durch gegenseitiges Unverständnis auszeichneten. In solchen Situationen ist man erstaunt, vielleicht sogar entrüstet, über die vermeintliche Andersartigkeit des anderen, und darüber, wie unterschiedlich die Wahrnehmung ein und desselben Tatbestands sein kann.

Jeder Mensch nimmt die Wirklichkeit subjektiv wahr. Er misst den gewonnenen Eindrücken und Beobachtungen unterschiedliche Bedeutung bei und ordnet sie in sein persönliches Wertesystem ein. Mit anderen Worten: Er konstruiert seine eigene, individuelle Realität.

Ein Landwirt beispielsweise nimmt in der Natur andere Dinge wahr als ein Erholungsuchender, der seinen Urlaub auf dem Bauernhof verbringt. Verhaltensweisen der eigenen Kinder werden meist anders gesehen und bewertet als die von Kindern anderer.

Sowohl die eigenen Empfindungen als auch Geschehnisse um uns herum werden gefiltert aufgenommen. Ähnlich wie beim Fotografieren blendet der Betrachter nach seinem individuellen Wahrnehmungsmuster Teile ein und aus, vergrößert oder verkleinert den Winkel, variiert die Schärfe der Farben oder wechselt seinen Standort. Die derart vorgefilterten Eindrücke nimmt er auf und interpretiert sie anschließend. Als Erstes ordnet er die wahrgenommenen Informationen in ein bekanntes Raster aus vertrauten Mustern und Erfahrungen ein und passt sie seinem Weltbild an. Stimmt das Wahrgenommene nicht mit diesem Weltbild überein, behilft er sich mit leichten Ergänzungen und Veränderungen an den empfangenen Informationen. Verwirrung kommt dagegen auf, wenn diese neuen Informationen mit den eigenen Wertvorstellungen und Erfahrungen überhaupt nicht mehr übereinstimmen. Die Konfrontation mit Neuem und Ungewohntem führt zwangsläufig zu einem Lern- und Veränderungsprozess, weil neue Erklärungen und Handlungsmuster für diese bis dahin unbekannte und neue Situation entwickelt werden müssen. Diese subjektive und selektive Wahrnehmung der Umwelt beeinflusst direkt auch das menschliche Verhalten.

Führungskräfte müssen sich, da sie Verantwortung für andere tragen, darüber bewusst sein, dass ihr Wirklichkeitsbild und damit auch ihre Meinung über ihre Mitarbeiter und die geleistete Arbeit nur begrenzt gültig sind.

Verschiedene Blickwinkel

Wenn Sie als Führungskraft einvernehmlich mit Ihren Mitarbeitern zusammenarbeiten wollen, z. B. bei gemeinsam zu treffenden Zielvereinbarungen, kommen Sie nicht daran vorbei, sich auch mit deren Perspektive auf ihre Arbeitswirklichkeit auseinanderzusetzen. Die aus unterschiedlichen Betrachtungsweisen gewonnenen Annahmen, Ansichten und Vorurteile prägen die Handlungsweise jedes Einzelnen und wirken sich somit auch auf Sie, Ihre Mitarbeiter und das gesamte Unternehmen aus. Die jeweiligen Vorstellungen über die Wirklichkeit stehen in einem Gespräch in einer ständigen Wechselbeziehung zueinander und beeinflussen sich gegenseitig.

Je nach Interpretation der aufgenommenen Informationen fallen die Reaktionen auf Beobachtungen oder Ereignisse unterschiedlich aus. Ein Beispiel: *Zwei Mitarbeiter stellen ihrem Vorgesetzten die gleiche Verständnisfrage zu einem bestimmten Sachverhalt. Die Führungskraft hält einen der beiden für sehr qualifiziert und kompetent, die Fähigkeiten und das Potenzial des anderen schätzt sie dagegen eher gering ein. Tendenziell nimmt der Vorgesetzte die Frage des in seinen Augen kompetenteren Mitarbeiters positiv auf. Er interpretiert sie als Nachfrage zum besseren Verständnis oder als Beitrag für neue Anregungen. Bei dem anderen Mitarbeiter könnte er dieselbe Frage dagegen so deuten: »Er hat es wieder einmal nicht verstanden.«* Je nach subjektiver Bewertung wird der Vorgesetzte auf ein und dieselbe Frage unterschiedlich reagieren und antworten.

Das menschliche Verhalten und Handeln ist geprägt von Vorstellungen und Assoziationen, die jeder Einzelne zu einer Sicht der Welt verbindet. Wohin sich die Aufmerksamkeit jeweils richtet, hängt ab von den individuellen Interessen, Gefühlen, Vorurteilen, Wertesystemen und Einstellungen. Da nicht alle Eindrücke auf einmal verarbeitet werden können, reduziert sich der Blickwinkel auf besondere Merkmale und Eigenschaften, die eine Bewertung ermöglichen und die Einordnung des

Wahrgenommenen in ein Gesamtbild erleichtern. So nimmt jeder die Umwelt durch seine »persönliche Brille« wahr und stellt die so vorgefilterten Informationen seinen bisherigen Erfahrungen, Überzeugungen und Maßstäben gegenüber. Die daraus resultierenden Bewertungen und Gefühle steuern, regeln und bestimmen die Entscheidungen und das Verhalten im täglichen Leben und somit auch die Verhaltensweisen von Vorgesetzten im Führungsalltag.

Eine gemeinsame Sicht der Dinge: Voraussetzung für gemeinsames Handeln

Viele Konflikte entstehen, weil die eigene Sicht der Dinge zur absoluten Wirklichkeit erhoben wird. Ein einvernehmliches Handeln und Vorgehen kann deshalb nur erreicht werden, wenn sich die Beteiligten auf eine gemeinsame Sicht der Dinge einigen. Nur so kann es gelingen, die vorhandene Mehrdeutigkeit in Eindeutigkeit umzuformen.

Eine gemeinsame Betrachtungsweise und ein besseres gegenseitiges Verständnis im Berufsleben können nur unter der Voraussetzung erreicht werden, dass die Beteiligten ihrem Gegenüber zuhören und gezielt Fragen stellen. Je offener und unvoreingenommener Sie im beruflichen Alltag mit Ihren Mitarbeitern diskutieren, umso leichter werden Sie mit ihnen eine Einigung erzielen.

Funktionsweise der Wahrnehmung

Der Begriff »Wahrnehmen« drückt bereits in der wörtlichen Bedeutung aus, dass es darum geht, etwas für »wahr«, also richtig zu »nehmen«. Es handelt sich hierbei um einen Prozess, in dem der Wahrnehmende Reize aus der Außenwelt aufnimmt, selektiert, interpretiert und bewertet. Wahrnehmung ist somit eine aktive Handlung, ein Vorgang, mit dem Menschen ihre eigene Wirklichkeit konstruieren.

Anders ausgedrückt, man erfährt durch seine Wahrnehmung nicht nur etwas über das betrachtete Objekt, sondern erhält gleichzeitig Informationen über sich und seine eigenen Deutungsmuster.

Daraus ergibt sich, dass ein und dasselbe Ereignis von verschiedenen Menschen unterschiedlich wahrgenommen wird. Dies lässt sich allein schon daran erkennen, dass zwei Menschen denselben Gegenstand unterschiedlich beschreiben, wenn sie getrennt voneinander befragt werden. Der eine legt bei seiner Beobachtung beispielsweise mehr Wert auf Farbe und Form, der andere dagegen auf die Größe und Funktion. Beide nehmen selektiv das wahr, was ihnen wichtig erscheint. Einigen sie sich jedoch auf bestimmte Wahrnehmungskriterien, haben sie gute Chancen, ähnliche Wahrnehmungen zu erreichen, beispielsweise durch die Vorgabe, zuerst die Farbe, dann die Form, Funktion usw. zu beschreiben. Für Gespräche mit Ihren Mitarbeitern bedeutet dies, sich bewusst zu werden, dass die Sichtweise des Gegenübers sich von Ihrer unterscheidet. Gezielte Nachfragen helfen, die »Welt« des anderen besser zu verstehen. Ihre »eigene Welt« können Sie durch präzise und eindeutige Ausführungen vermitteln. Ob diese ihr Gesprächspartner verstanden hat, lässt sich durch Rückfragen überprüfen.

Begrenzte Sichtweisen

Anatomisch betrachtet bilden die fünf Sinne (Sehen, Hören, Riechen, Schmecken, Fühlen) die Schnittstelle zwischen der Innen- und der Außenwelt des Menschen. Sie ermöglichen ihm aber nur eine eingeschränkte Wahrnehmung der Wirklichkeit. Zu diesem natürlichen Filtersystem der Sinne kommt noch ein weiterer Filter hinzu, der sogenannte psychologische bzw. gesellschaftliche Filter (vgl. Bild 5.1). Er selektiert unter anderem die Werte und Normen, die im Laufe der persönlichen Entwicklung gelernt und akzeptiert werden. Dieser Filter ist abhängig von den Einflüssen des direkten sozialen Umfelds, wie dem Elternhaus, der Erziehung, den Umgangsformen oder der Kultur. Solche Einflussfaktoren prägen die Wahrnehmung des Menschen entscheidend. Sie sind beispielsweise ausschlaggebend dafür, dass man auf unterschiedliche Merkmale achtet, wenn man einen Menschen kennenlernt. Wen kann man »riechen«, wen nicht? Gleiches gilt für die Wahrnehmung der Aussagen eines Gesprächspartners: Sind es Wahrnehmungen, die von Fakten oder von Empfindungen beeinflusst sind? Sind die Aussagen des anderen nachvollziehbar oder erscheinen sie zunächst so fremdartig, dass eine Fortsetzung des Gesprächs abgelehnt wird? Viele dieser Mechanismen laufen automatisch ab, sodass ihr Einfluss auf die Wahrnehmung überhaupt nicht registriert wird.

Neben dem natürlichen und dem psychologischen, gesellschaftlichen Filter beeinflussen auch Gefühle wie Angst, Freude, Euphorie, Liebe oder Hass die menschliche Wahrnehmung. Verliebte beispielsweise sehen ihren Partner durch eine »rosarote Brille«, Hass dagegen lenkt das Hauptaugenmerk überwiegend auf negative Eigenschaften und führt zu Generalisierungen sowie Verallgemeinerungen von beobachteten Verhaltensweisen.

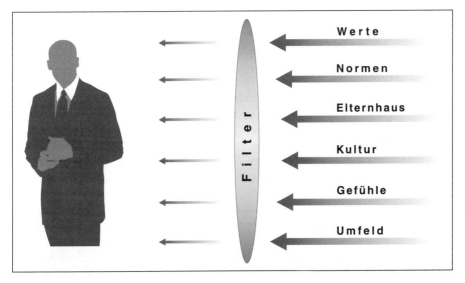

Bild 5.1 Filter der Wahrnehmung

Ein zusätzlicher Filter entsteht durch die Selektion der Reize. Menschen sind nicht in der Lage, alle Reize, die aus ihrer Umgebung auf sie einwirken, aufzunehmen. Sie nehmen eine Auswahl vor, die nicht allein bestimmt ist durch persönliche Erfahrungen, eigene Bedürfnisse und Motive, sondern auch durch die Intensität der Reize. Je häufiger, intensiver und auffälliger ein Reiz ist, umso wahrscheinlicher wird er wahrgenommen.

Auch Organisationen unterscheiden sich voneinander, beispielsweise aufgrund unterschiedlicher interner »Spielregeln«, eigener Wertesysteme, Aufgaben, Strukturen oder Arbeitsweisen. So kann beispielsweise in einem Unternehmen die heterogen zusammengesetzte Belegschaft eine wichtige Rolle spielen, weil sich diese durch Innovation und Kreativität auszeichnet. Ein anderes Unternehmen wird Werte wie lange Anwesenheit am Arbeitsplatz, Fleiß oder Pünktlichkeit über Kreativität und Ideenreichtum stellen, weil es letztgenannte Eigenschaften eher als störend erachtet. Solche Werte und »Spielregeln« prägen natürlich auch die dort beschäftigten Menschen. Führungskräfte benutzen für die Beurteilung von Verhaltensweisen und Fähigkeiten ihrer Mitarbeiter die unternehmensspezifischen Werte und Regeln. Sie laufen jedoch dadurch Gefahr, »betriebsblind« zu werden, wenn es ihnen nicht gelingt, die Dinge auch einmal von außen zu betrachten und die »Unternehmensbrille« abzulegen.

Führungskräfte sollten sich der verschiedenen Ursachen für die Begrenztheit ihrer Wahrnehmung bewusst sein und erkennen, dass die Urteile und Bewertungen, die sie über ihre Mitarbeiter bilden, immer im Zusammenhang mit den jeweiligen Rahmenbedingungen und den eigenen Wertvorstellungen stehen und nicht losgelöst von ihnen vorgenommen werden können. Deshalb sollten Sie als Führungskraft Ihre Wahrnehmungen und Urteile überprüfen, einen selbstkritischen Blick gegenüber den eigenen Vorurteilen entwickeln und versuchen, im Zweifel durch Nachfragen, Reflexion und Offenheit den anderen gerecht zu werden.

Subjektive und abgesprochene Wirklichkeit: »Sinn von Vereinbarungen«

Eine der größten Störungsquellen in der menschlichen Kommunikation ist die unterschiedliche Wahrnehmung und Interpretation ein und derselben Situation. Besteht dagegen eine Grundakzeptanz der unterschiedlichen Sichtweisen, Einsichten oder Emotionen, können Sachverhalte so gesehen und Aufgaben so umgesetzt werden wie vereinbart. Eine »abgesprochene Wirklichkeit« betrachtet die Dinge als sicher und eindeutig. Ein Stuhl bleibt ein Stuhl, hier gibt es keine Missverständnisse. Hier herrscht eine Übereinkunft, die gesellschaftlich und kulturell abgesprochen und vereinbart ist. Pechtl formulierte hierzu folgendes Postulat: *»Basis für konstruktives Zusammenarbeiten ist daher die abgesprochene Wirklichkeit«* [PECHTL, 2001]. Angaben wie *»baldigst«*, *»eilig«* oder *»dringend«* verwässern die abgesprochene Wirklichkeit, weil sie für jeden ein anderes Zeitmaß bedeuten können.

Je präziser und genauer Sie daher im Mitarbeitergespräch dafür sorgen, dass die beabsichtigten Ergebnisse und Zeiträume klar definiert werden *(»Bis zum Quartalsende am 31.07. ist das Projekt abgeschlossen«)*, und durch verbindliche Verein-

barungen unmissverständlich festlegen, wie das Ergebnis eines Projekts konkret aussehen soll, umso höher ist die Wahrscheinlichkeit, dass Ihr Handeln eine »gemeinsame« Richtung hat. Auf diese Weise erreichen Sie eine abgesprochene Wirklichkeit zwischen Ihnen und Ihren Mitarbeitern.
Diese Vorgehensweise erzeugt nicht nur Verbindlichkeit, sie gibt den Gesprächspartnern auch die Rahmenbedingungen vor, die sie für ein einheitliches Handeln benötigen. Es empfiehlt sich, getroffene Vereinbarungen schriftlich zu fixieren, weil sie sonst im Laufe der Zeit an Schärfe verlieren und zum Teil vergessen werden können.
Folgende Regeln helfen Ihnen, im Mitarbeitergespräch abgesprochene Wirklichkeiten zu erzielen:

- Einhaltung von Absprachen

Wenn Sie gemeinsam getroffene Vereinbarungen einhalten, schaffen Sie nicht nur Verbindlichkeit und Sicherheit, sondern vermitteln den Mitarbeitern auch Ihre Wertschätzung.

- Akzeptanz und Respekt vor der subjektiven Wirklichkeit des Gesprächspartners

Respektieren Sie die Meinungen und Überzeugungen Ihrer Mitarbeiter, und nehmen Sie Bezug auf ihre Aussagen. Bei Beachtung dieser Prämissen werden Sie die Sichtweise des Mitarbeiters verstehen lernen und Ihre Gesprächsinhalte und Argumente auf seine Sicht der Dinge zuschneiden können.

- Erarbeitung gemeinsamer Definitionen und Vereinbarungen

Nehmen Sie sich Zeit für die präzise Formulierung von Zielen und anzustrebenden Ergebnissen. Vergewissern Sie sich durch Rückfragen, ob Ihr Mitarbeiter die getroffene Vereinbarung genau so versteht wie Sie.

- Dokumentation der Absprachen

Schriftlich fixierte Vereinbarungen sind ein wesentlicher Bestandteil für die kooperative, konstruktive und produktive Zusammenarbeit. Sie schützen vor unterschiedlichen Interpretationen und Auslegungen, Verfälschungen und Abweichungen.

5.2 Wahrnehmungsverzerrungen

Jeder macht sich ein eigenes Bild von seinen Mitmenschen. Er fragt sich, was der andere wohl denken mag, was seine Absichten und Eigenschaften sind, versucht, sich in ihn hineinzuversetzen.
Je besser Sie als Führungskraft Ihre Mitarbeiter einschätzen können, umso leichter gelingt es Ihnen, sich auch auf sie einzustellen. Denn bei der Wahrnehmung von Personen entstehen Verzerrungen, die sich auf Ihre Bewertung auswirken und somit auch Einfluss auf das Mitarbeitergespräch haben. Die folgenden Beispiele zeigen für den beruflichen Alltag typische Wahrnehmungsverzerrungen.

Projektionen (Übertragungen)

Vielleicht ist es Ihnen auch schon so ergangen, dass Sie jemandem begegnet sind, der bei Ihnen in irgendeiner Weise Erinnerungen an Personen geweckt hat, die Sie in der Vergangenheit im Guten oder im Schlechten prägend beeinflusst haben. Solche Erinnerungen können ausgelöst werden durch äußere oder innere Ähnlichkeiten. Plötzlich werden Erinnerungen, Gefühle und Handlungsmuster aus der Vergangenheit wach und in die Gegenwart übertragen. Der andere wird unbewusst mit der Person aus der Vergangenheit, ob Vater, Mutter, Freund, Bekannter, Verwandter, ehemaliger Partner usw., verglichen. Entsprechend werden auch die Verhaltensweisen sowie Empfindungen, Absichten, Einstellungen aus der Vergangenheit auf diesen Menschen projiziert, gleichzeitig wird von ihm erwartet, dass sein Verhalten dem der Person aus der Vergangenheit entspricht.

Ein weiterer Aspekt der Übertragung ist, dass Eigenschaften, die man an sich selbst nicht akzeptiert, einem bei anderen Menschen besonders auffallen und bei diesen nur wenig tolerieren kann.

So kann es passieren, dass Sie im Mitarbeitergespräch Ihrem Gesprächspartner mangelndes Interesse am Gespräch vorwerfen, der eigentliche Grund aber in Ihrer eigenen mangelnden Motivation liegt, die Sie auf ihn übertragen. Sie schieben ihm sozusagen unbewusst den »Schwarzen Peter« zu.

Auch der eigene persönliche Hintergrund beeinflusst die Bewertung von Lösungsalternativen für bestimmte Sachverhalte. Bei gleichen betrieblichen Problemen wird der Geschäftsführer nach Maßgabe seines beruflichen Hintergrunds entscheiden. Ein betriebswirtschaftlich denkender Vorgesetzter wird eher die Kostensenkung präferieren, ein technisch orientierter eher auf die Reorganisierung der Produktion oder die Forcierung der Entwicklung abstellen, der vertriebsorientierte Geschäftsführer dagegen absatzorientierte Maßnahmen vorziehen.

Erster Eindruck und Halo-Effekt

Der erste Eindruck von einem Menschen ist meist ausschlaggebend für seine weitere Einschätzung. Beim ersten Kontakt werden Hinweise und Bezugspunkte gesucht, um den anderen in die bisherigen Erfahrungen einzubauen und dabei Unsicherheiten oder Orientierungslosigkeit zu vermeiden.

Jeder versucht bei der ersten Begegnung, sich innerhalb von wenigen Sekunden ein Bild von dem anderen zu machen. Dieses Bild wird durch folgende Faktoren bestimmt:

- Die Beurteilung hängt von der aktuellen Stimmungslage ab und von der vorhandenen Vorinformation.
- Erfahrungen mit Menschen, die dem anderen ähneln, werden auf ihn übertragen.
- Negative äußere Merkmale werden leichter registriert als positive.
- Ein negatives oder positives Merkmal wird verallgemeinert und überlagert in der Folgezeit alle anderen Eigenschaften (»Halo-Effekt«).

- Ist der Eindruck einmal negativ, besteht die Neigung, Merkmale und Eigenschaften zu suchen, die diesen ersten negativen Eindruck bestätigen.
- Der erste Eindruck stellt die Weichen für das weitere Verhalten gegenüber dieser Person.

Deshalb sollten Sie als Führungskraft, wenn Sie einen neuen Mitarbeiter kennenlernen, sich besonders des ersten Eindrucks, den Sie gewonnen haben, bewusst werden. Geben Sie ihm die Möglichkeit, sein »wahres Gesicht« zu zeigen und seine tatsächlichen Fähigkeiten unter Beweis zu stellen, indem Sie Ihren ersten Eindruck von ihm zwar bewusst wahrnehmen, sich jedoch von der spontanen Bewertung, soweit es geht, innerlich distanzieren und im weiteren Gesprächsverlauf offenbleiben für weitere, auch andersartige Eindrücke.

Bezugssysteme

Unser Urteil über Verhaltensweisen anderer wird stark von Bezugssystemen bestimmt. Die Einschätzung über andere Menschen ist abhängig von den Vergleichen, die zu ihnen gezogen werden. Wenn Sie als Führungskraft einen neuen Mitarbeiter an den Fähigkeiten Ihrer erfahrenen »alten Hasen« messen, wird er Ihnen wahrscheinlich als wenig kompetent erscheinen.
Auch bestimmte Idealvorstellungen können Ihre Wahrnehmung und Bewertung beeinflussen. Ein neuer Mitarbeiter wird häufig mit seinem Vorgänger verglichen. War dieser aufgrund seiner Fähigkeiten und Eigenschaften sehr erfolgreich, hat der »Neue« einen schweren Stand, weil er an den hohen Maßstäben seines Vorgängers gemessen wird. Andere, vielleicht noch wichtigere Fähigkeiten, die er vorweisen kann, werden dann leicht übersehen.

Vorurteile, Kategorien

Wer einen Menschen zum ersten Mal sieht, kann dessen Persönlichkeit unmöglich »auf Anhieb« in seiner vollen Einmaligkeit und Komplexität verstehen. Um Vertrauen und Verständnis zu entwickeln, versucht man deshalb möglichst schnell, für einen selbst wesentliche Aspekte der Person zu erkennen. Das bedeutet: Jeder konzentriert sich zunächst auf hervorstechende Kennzeichen des anderen und ordnet auf dieser Grundlage sein Gegenüber dann in selbst definierte Kategorien ein. Manchmal genügt schon ein Merkmal, z. B. das Geschlecht, für die Assoziation mit bestimmten Eigenschaften und Fähigkeiten. So steht beispielsweise für einige Männer fest, dass Frauen sich von ihren Gefühlen leiten lassen. Deshalb sollte man ihnen besser keine Projekte übertragen, die großes Verständnis für logische Abläufe, die Strukturierung von Zielen und eine konsequente Planung voraussetzen.
Es hängt aber vom subjektiven Blickwinkel des Wahrnehmenden ab, was dieser als wichtige Merkmale des anderen betrachtet und wie er diese Merkmale gewichtet. Wählen Sie deshalb Ihre Vergleichsmerkmale vorsichtig aus, damit Sie sich und Ihren Mitarbeitern gerecht werden können. Treffen Sie diese Auswahl bewusst und hinterfragen Sie Ihre dabei gewonnenen Eindrücke.

Wertesystem und -hierarchie

Jeder Mensch besitzt seine individuellen Wertvorstellungen, die ihn prägen und sein Bild über den Gesprächspartner beeinflussen. Ist z. B. die Eigenschaft »Pünktlichkeit« in der persönlichen Wertehierarchie des Vorgesetzten und des Unternehmens ganz oben angesiedelt, sind die Erwartungen an andere in dieser Beziehung sehr hoch. Verhaltensweisen wie Unpünktlichkeit oder Unzuverlässigkeit werden genau registriert. Wer sich verspätet, wird generell als unzuverlässig und unverbindlich eingeschätzt und für einen Mitarbeiter gehalten, der seine Aufgaben nicht besonders ernst nimmt. Dabei besteht die Gefahr, dass andere Qualitäten dieser Person nicht oder nur in geringem Maße wahrgenommen werden. Es fallen nur solche Eigenschaften auf, die in das eigene Weltbild und Wertesystem passen, sie werden besonders intensiv wahrgenommen und überlagern die anderen Fähigkeiten.

»Sich selbst erfüllende Prophezeiung« und ihr Nutzen

Erfolgreiche Führungskräfte zeichnen sich durch ihr großes Vertrauen in die Leistungsfähigkeit und in das Potenzial ihrer Mitarbeiter aus. Mit diesem Vertrauensbonus können Vorgesetzte hohe Erwartungen an ihre Mitarbeiter stellen und ihnen anspruchsvolle Aufgaben übertragen.

Eine positive Grundhaltung sendet auch positive nonverbale Signale an die Umgebung aus. Gestik, Mimik und die Sprechweise strahlen eine positive Einstellung aus, die Mitarbeiter spüren, was ihr Vorgesetzter von ihnen hält. Sein Zutrauen, seine Zuwendung, die Art und Weise, wie er Sachverhalte erklärt, die Aufmerksamkeit, die er ihnen widmet, und anderes mehr drücken diese Grundhaltung aus.

Ein Mitarbeiter, der Ihr Vertrauen genießt, geht sicherlich mit mehr Zutrauen an seine Aufgaben heran als ein anderer, der Ihr latentes Misstrauen spürt. Die Macht der Erwartungen an Ihre Mitarbeiter ist so groß, dass sie sich direkt auf ihr Verhalten auswirkt. Dieser Effekt wird auch als »sich selbst erfüllende Prophezeiung« bezeichnet. Sie nimmt Einfluss auf die Wahrnehmung und damit auf das aus Ihrer Bewertung resultierende Verhalten der Mitarbeiter.

Robert Rosenthal, Professor der Harvard University in den USA, untersuchte dieses Phänomen und kam zu folgenden Ergebnissen [ROSENTHAL, 1971]: Personen, die eine positive Erwartung in andere setzen,

- verbreiten ein wärmeres emotionales Klima,
- geben mehr Feedback über den Leistungsstand,
- stellen höhere Anforderungen,
- geben mehr Informationen,
- bieten mehr Möglichkeiten für Diskussionen.

Behandeln Sie also die Mitarbeiter nicht nach Maßgabe der Aufgaben, die sie aktuell erfüllen, sondern nach dem Potenzial, das in ihnen steckt. Dann werden sie sich weiterentwickeln und ihre Möglichkeiten voll entfalten. Die positive Grundhaltung, die Sie ihnen entgegenbringen, fördert ihr Selbstvertrauen und weckt ihren Ehrgeiz. Begegnen Sie Ihren Mitarbeitern im Mitarbeitergespräch mit einer posi-

5.2 Wahrnehmungsverzerrungen

tiven Grundhaltung und geben Sie ihnen einen Vertrauensvorschuss, sie werden dies spüren, Ihnen ihrerseits Vertrauen entgegenbringen und Selbstvertrauen entwickeln. Diese Haltung sollte aber auf keinen Fall vorgetäuscht werden, um den Gesprächspartner zu manipulieren. Er würde Ihre Absicht bemerken und sofort Misstrauen entwickeln. Vielmehr sollten innere Überzeugung und der Glaube an die Fähigkeiten des Mitarbeiters Leitmotiv für diese Grundhaltung sein.

Steigerung der Wirkung der »sich selbst erfüllenden Prophezeiung«

Sinnvollerweise sollten Sie sich vor einem Mitarbeitergespräch mithilfe folgender Kriterien die Fähigkeiten und Erfolge des Mitarbeiters vor Augen führen:

- Geben Sie einen Vertrauensvorschuss. So spornen Sie den Mitarbeiter an, gute Ergebnisse zu erzielen.
- Behandeln Sie ihn nach seinem Potenzial.
- Animieren Sie ihn, seine Fähigkeiten auszutesten.
- Seien Sie offen für seine Vorschläge und Ideen.
- Vermitteln Sie, dass Sie eine positive Einstellung zu ihm haben.
- Geben Sie ein angemessenes Feedback.
- Übertragen Sie ihm Aufgaben und Ziele, die etwas anspruchsvoller sind als die bisherigen, das fordert ihn heraus.

Dabei sollten Sie bewusst auch das Risiko in Kauf nehmen, dass Ihr Mitarbeiter eine ihm gestellte Aufgabe einmal nicht bewältigt. Erinnern Sie sich daran, wie viel Sie selbst aus Fehlern gelernt haben.

Weitere häufig vorkommende »Wahrnehmungsbrillen«

Die menschliche Wahrnehmung wird bestimmt durch die Filter von »Wahrnehmungsbrillen«. Die folgenden Beispiele zeigen, wie sich die gefilterte Sichtweise im Alltag auswirken kann (aus einem persönlichen Manuskript von Dr. Gudrun Jakubeit):

Rollen

Die Wahrnehmung hängt unter anderem davon ab, in welchem Maße man am Geschehen selbst beteiligt ist bzw. welche Rolle man spielt. So wird beispielsweise ein Konflikt von einem Außenstehenden anders bewertet als von jemandem, der für die an diesem Konflikt beteiligten Personen Verantwortung trägt.

Bedürfnisse/persönliche Situation

Wer hungrig durch eine Stadt fährt, dem fällt Werbung für Lebensmittel weitaus deutlicher ins Auge als im satten Zustand.

Standpunkte/Blickwinkel

Bei einer Fahrt über die Europabrücke erscheint sie wie jede beliebige Autobahnbrücke, fährt man allerdings unter ihr hindurch, lässt sich das ganze Ausmaß ihrer Höhe und Spannweite ermessen. Ein anderes Beispiel: Verglichen mit der Perspektive von Erwachsenen erscheinen Kindern dieselben Gegenstände in ihren Ausmaßen oder ihrer Bedrohlichkeit viel größer.

Zusammenfassend lässt sich feststellen, dass die eigene Subjektivität umso stärker relativiert werden kann, je besser die persönliche »Wahrnehmungsbrille« erkannt wird. In diesem Fall steigt die Bereitschaft, sich mit anderen über ihre Wahrnehmungen und ihr Weltbild auszutauschen. Solche Dialoge über unterschiedliche Sichtweisen helfen, andere Menschen, ihre Beweggründe und ihre Absichten besser zu verstehen. Je besser und genauer die Anschauungen, Gefühle und Vorstellungen anderer Personen bekannt sind und verstanden werden, desto angemessener wird die Reaktion auf sie ausfallen.

5.3 Verbesserung der Wahrnehmung und Erkennen der eigenen Muster

Wer viel mit Menschen zu tun hat oder mit Führungsaufgaben betraut ist, sollte sich die Frage stellen, was an den eigenen Wahrnehmungen tatsächlich »wahr« ist. Es macht einen Unterschied, ob die eigene Sichtweise von einer Wahrheit ausgeht, die für alle gültig ist, oder ob sie von vielen unterschiedlichen Wahrheiten geprägt ist, über die erst eine Verständigung erfolgen muss. Wollen Sie im Mitarbeitergespräch gemeinsame Lösungen und damit eine gemeinsame Wirklichkeit erreichen, müssen Sie sich von der Vorstellung verabschieden, dass Ihre eigene Sicht der Wirklichkeit die einzig richtige ist.

Die Sensibilisierung der Wahrnehmung kann nicht nur Ihre Lebensqualität bereichern, sie verbessert auch Ihre Sozial- und Führungskompetenz. Sie öffnen Ihr Bewusstsein für Feinheiten, genauso wie ein Maler die feinen Nuancen von Farben, Formen und Wirkungen erkennt oder ein Musiker vermag, feinste akustische Unterschiede herauszuhören.

Um eine größere Sensibilität für die Stimmung und die Vorgänge im Unternehmen zu erlangen und die eigene Wahrnehmung zu intensivieren, sollte eine Führungskraft folgende Fähigkeiten trainieren:

- Aufmerksamkeit bei der Wahrnehmung der verschiedenen Signale im Gespräch,
- Selbstreflexion, um die eigene Wahrnehmung und Sicht der Wirklichkeit zu hinterfragen bzw. zu überprüfen,
- Bewusstes Wahrnehmen der eigenen Gefühle, um die Zusammenhänge der Empfindungen bei der Wahrnehmung zu erkennen,
- Loslassenkönnen von der eigenen, vermeintlich richtigen Sicht der Dinge,
- Einfühlungsvermögen, um zu erkennen und nachzuempfinden, wie der andere die Dinge aus seiner Sicht betrachtet,

5.3 Verbesserung der Wahrnehmung und Erkennen der eigenen Muster 155

- Distanz zu eigenen Einschätzungen, Vorstellungen und Idealen gewinnen als Voraussetzung, sich für die Einstellungen des anderen zu öffnen.

Übung zur Sensibilisierung

Für Führungskräfte mit vollen Terminkalendern und vielen Gesprächsterminen ist es trotz allen Bemühens nicht immer einfach, in jedem Mitarbeitergespräch ihrem Gesprächspartner die gewünschte Aufmerksamkeit und Sensibilität entgegenzubringen. Die folgende Übung hilft, trotz Zeitdruck und Terminstress die vielfältigen Signale, die der Gesprächspartner im Gespräch sendet, bewusster zu empfangen und seine Botschaften richtig zu deuten, um seine Anliegen besser zu erkennen. Die Vorgehensweise ist einfach. Mithilfe spezifischer Fragen üben Sie, Ihren Blick für nicht sprachliche Signale zu schärfen und Ihre Wahrnehmung zu sensibilisieren. Beobachten Sie Ihren Gesprächspartner und stellen Sie sich dabei folgende Fragen:

- Wie ist sein Blickkontakt (z. B. ruhig, direkt, ausweichend, nach unten gerichtet)?
- Wann verändert sich sein Blickkontakt?
- Wie ist sein Gesichtsausdruck (angespannt, entspannt)? Wann verändert er sich?
- Wie ist seine Sprechweise (laut, leise, abgehackt, monoton, lebendig)?
- Stimmen die Inhalte seiner Aussagen mit seiner Sprechweise überein?
- Wie ist seine Gestik (sparsam, ausladend)?
- Wie ist seine Körperhaltung (offen, aktiv, vorgebeugt oder nach hinten gelehnt, abwehrend, verschlossen)?
- Wann ändert sich seine Körperhaltung?

Es empfiehlt sich, diese Übung nur anzuwenden, wenn Sie sich im Gespräch sicher fühlen und einen passiven Part einnehmen können. Wenn Sie diese Übung mehrmals wiederholen, werden Sie feststellen, dass Sie versteckte Botschaften des Gesprächspartners früher erkennen und ihn besser verstehen werden. Fallen Ihnen Unstimmigkeiten auf, fragen Sie nach, um sie aufzulösen.

Verbesserung der Wahrnehmung im Mitarbeitergespräch

Folgende Tipps helfen Ihnen, Ihre Wahrnehmung im Mitarbeitergespräch zu verbessern:

- Fragen Sie den Mitarbeiter, wie er die Situation einschätzt und interpretiert, damit Sie seine Sichtweise besser verstehen und mit Ihrer Einschätzung abgleichen können.
- Führen Sie, sofern es geht, keine Gespräche, wenn Sie emotional stark aufgewühlt sind. Wer beispielsweise sehr verärgert ist, wird Argumente anderer weniger akzeptieren und sie weitaus selektiver aufnehmen als im ausgeglichenen Zustand.
- Achten Sie auf verbale und nonverbale Äußerungen Ihres Gesprächspartners. Runzelt er beispielsweise die Stirn, während Sie ihm etwas erklären, dann fragen Sie nach, ob es eventuell Nachfragen oder Bedenken gibt.

- Beobachten Sie, ob der Gesprächspartner Blickkontakt zu Ihnen hält. Wie ist der Blickkontakt zwischen Ihnen beiden? Sucht Ihr Gesprächspartner den Kontakt zu Ihnen oder haben Sie eher den Eindruck, sein Blick schweift ab? Bei abschweifendem Blick achten Sie darauf, ob dies eher generell oder bei bestimmten Punkten stattfindet.
- Achten Sie auf Ihre eigenen Empfindungen. Werden Sie sich Ihrer emotionalen Reaktionen bewusst, die sie bei Ihnen hervorrufen.
- Versetzen Sie sich in die Position des Gesprächspartners.
- Bereiten Sie sich auf jedes Gespräch vor und hinterfragen Sie im Vorfeld kritisch Ihre Einstellung zum Mitarbeiter und zu seiner Sicht der Dinge.

DAS WICHTIGSTE IN KÜRZE

Jeder Mensch nimmt die Wirklichkeit subjektiv, durch seine persönliche »Brille«, wahr und ordnet die gewonnenen Eindrücke und gemachten Beobachtungen in sein persönliches Wertesystem ein. Auf diese Weise schafft sich jeder seine eigene, individuelle Realität. Die unterschiedlichen Betrachtungsweisen prägen das Verhalten und die Handlungsweise jedes Einzelnen und wirken sich somit auch auf das Arbeitsleben aus.

Eine unterschiedliche Wahrnehmung kann sich störend auf die Kommunikation zwischen Führungskräften und Mitarbeitern auswirken. Wird aber eine Grundakzeptanz der unterschiedlichen Sichtweisen erreicht, eine »abgesprochene« Wirklichkeit geschaffen, lassen sich unterschiedliche Betrachtungsweisen einander angleichen und die Handlungen der Beteiligten in eine gemeinsame Richtung lenken. Die Voraussetzung für eine abgesprochene Wirklichkeit kann im Mitarbeitergespräch durch klare, präzise und verbindliche Vereinbarungen geschaffen werden. Je genauer die Rahmenbedingungen für die Realisierung der gesetzten Ziele vorgegeben sind, umso höher ist die Wahrscheinlichkeit, dass alle Beteiligten von den gleichen Voraussetzungen ausgehen und einheitlich handeln.

Erkennen Führungskräfte, welche Faktoren auf ihre Wahrnehmung Einfluss haben, können sie objektiver und bewusster auf ihre Mitarbeiter eingehen und sich mit ihnen auseinandersetzen. Wahrnehmungsverzerrungen können beispielsweise entstehen durch den ersten Eindruck, den jemand hinterlässt, durch herangezogene eigene Bezugssysteme, Vorurteile oder unterschiedliche Wertvorstellungen. Erinnert beispielsweise der Gesprächspartner stark an eine Bezugsperson aus der Vergangenheit, besteht die Gefahr, dass er unbewusst frühere Verhaltensweisen oder Erwartungen auslöst.

Auch kann der erste Eindruck, den ein neuer Mitarbeiter hinterlässt, die zukünftige Einstellung maßgeblich beeinflussen. Des Weiteren beeinflussen sogenannte »Wahrnehmungsbrillen« die eigene Sicht der Dinge. Ein und dieselbe Beobachtung wird je nach individuellen Bedürfnissen, der persönlichen Situation, dem Standpunkt, Blickwinkel oder der Rolle, die der Beobachter einnimmt, völlig unterschiedlich bewertet und beurteilt. Wichtig ist, sich dieser Einflussfaktoren auf die eigene Wahrnehmung bewusst zu werden und zu wissen, wie man ihnen entgegensteuern kann.

➡ Es gibt verschiedene Möglichkeiten, die eigene Wahrnehmung zu verbessern und zu objektivieren. Erfahrungsgemäß hängt diese auch sehr stark von der eigenen Grundhaltung gegenüber dem Gesprächspartner ab. Erfolgreiche Führungskräfte zeichnen sich unter anderem dadurch aus, dass sie ihren Mitarbeitern ein hohes Maß an Vertrauen entgegenbringen. Diese positive Grundeinstellung führt dazu, dass die Mitarbeiter mehr Zutrauen in ihre Fähigkeiten entwickeln und entsprechend selbstsicherer ihre Aufgaben angehen.

Mehr zu diesem Thema

Goldstein E.B.; Irtel, H.: *Wahrnehmungspsychologie: Der Grundkurs.* Spektrum Akademischer Verlag, 2007

Luhmann, N.; Beacker, D. (Hrsg.): *Einführung in die Systemtheorie.* Carl-Auer-Systeme, 2006

Pechtl, W.: *Zwischen Organismus und Organisation. Wegweiser und Modelle für Berater und Führungskräfte.* Np Buchverlag, 2001

Scharmer, C.O.; Käufer, K.: »Führung vor der leeren Leinwand. Presencing als soziale Technik«. *OrganisationsEntwicklung* 2 (2008), S. 4–11

Watzlawick, P.: *Die erfundene Wirklichkeit.* Piper, 2008

Feedback

DARUM GEHT ES ...

- Wie können Führungskräfte Rückmeldungen geben, die ihren Mitarbeitern helfen, die Wirkung des eigenen Verhaltens auf andere besser zu verstehen?
- Wie sollten diese Feedbacks erfolgen, damit die Mitarbeiter sie annehmen können und positive Verhaltensänderungen gefördert werden?

DIESES KAPITEL BESCHREIBT:

- die Bedeutung des Feedbacks,
- die Unterschiede in der Wahrnehmung, die das Feedback erforderlich machen,
- Tipps, Feedback richtig zu geben und zu empfangen,
- die Wirkung des Feedbacks auf die Gesprächspartner,
- die Differenzierung zwischen offenem und entwicklungsorientiertem Feedback,
- die Grenzen des Feedbacks,
- die Erfolge, die unter Beachtung der Feedbackregeln beim Mitarbeitergespräch erzielt werden können.

Sie haben heute ein anstrengendes Gespräch vor sich. Eine Mitarbeiterin, Britta Müller, seit zwei Jahren in Ihrer Abteilung tätig, wurde von Ihnen erstmals mit einem Projekt betraut, das sie als Projektleiterin zusammen mit weiteren Kollegen umsetzen soll. Die ehrgeizige junge Frau wollte schon seit Längerem ihre Fähigkeiten im Projektmanagement unter Beweis stellen. Obwohl sie dieses Projekt bislang insgesamt zufriedenstellend umgesetzt hat, gibt es immer wieder Reibungspunkte mit ihren Projektkollegen. Diese beklagen sich über den hohen Zeitdruck, den Frau Müller im Projekt aufbaut, und kritisieren, dass Frau Müller sie des Öfteren »von oben herab« und »besserwisserisch« behandele, wenn sie konkrete Fragen an sie richten. Aus Ihrer Sicht liegt der Grund für die Irritation der Kollegen vor allem bei dem sachlich und knapp gehaltenen Kommunikationsstil von Frau Müller, was dieser aber nicht ausreichend bewusst ist. Als verantwortliche Führungskraft möchten Sie deshalb ein Gespräch mit Frau Müller führen und ihr Feedback zu ihrem Verhalten geben. Auf diese Weise kann sie dessen Wirkung und Konsequenzen reflektieren und Veränderungen vornehmen. Sie versprechen sich davon insgesamt eine Verbesserung des Teamklimas.

6.1 Feedback: Eine Chance für Entwicklungen

Würden Sie nicht auch gerne die Gedanken anderer lesen können? Was denken die Mitarbeiter wirklich über Sie als Chef? Fällt das Urteil über Sie »hinter vorgehaltener Hand« anders aus als in Ihrer Anwesenheit?

Entsprechend möchten Ihre Mitarbeiter auch gerne wissen, wie Sie tatsächlich über sie denken, welche Fehler Ihnen auffallen, wie Sie ihre Leistungen einschätzen oder ob Sie mit ihrer Arbeit zufrieden sind.

Nachdem Führungskräfte und Mitarbeiter über diese Themen gesprochen haben, sind beide Seiten überraschend häufig erleichtert, offen miteinander geredet zu haben, und staunen nicht selten, wie viel Klarheit solche Gespräche in ihre Arbeitsbeziehungen und Aufgabenstellungen bringen können.

Grundlage für dieses Ergebnis sind die Rückmeldungen, die Feedbacks die zwischen Personen ausgetauscht werden. Auch wenn unbequeme Sachverhalte, z. B. die mangelnde Zielerreichung des Mitarbeiters, angesprochen werden und im Gespräch durchaus auch Unsicherheiten und Ängste verursachen können, wird das Feedback, sofern es konstruktiv ist, meist mit großer Erleichterung aufgenommen. Reaktionen wie *»Es war ja gar nicht so schlimm, wie ich befürchtet habe«* oder *»Jetzt weiß ich endlich, was er über mich denkt und wo ich stehe«* sind nicht selten. Viele Befragungen bestätigen: Mitarbeiter wünschen sich mehr Rückmeldung zu ihren Leistungen. Sie interessiert nicht nur die Anerkennung ihrer Leistungen, sondern auch ehrliche und konstruktive Kritik zu ihren Defiziten.

Obwohl das Bedürfnis nach ehrlicher Einschätzung der eigenen Person und Leistung groß ist, fällt es den meisten Menschen schwer, dem anderen klar, spontan

und offen zu sagen, was sie von ihm denken oder für ihn empfinden. Sowohl Führungskräfte als auch Mitarbeiter haben Hemmungen, ihre Wahrnehmungen und Empfindungen offen mitzuteilen. Hauptgründe dafür sind Ängste, den anderen zu kränken oder zu verschrecken. Bei Mitarbeitern ist es besonders die Angst vor möglichen negativen Konsequenzen, die sie hindert, ihren Vorgesetzten ehrlich ihre Meinung zu sagen.
Zurück zum obigen Beispiel: Die Führungskraft ist vielleicht unschlüssig, wie sie Frau Müller eine Rückmeldung zu ihrem Verhalten geben soll. Einerseits hält sie es für wichtig, dass Frau Müller weiß, wie sie auf die Kollegen wirkt. Andererseits fürchtet sie aber, dass die Mitarbeiterin das Feedback als Kritik an ihrer Person empfindet und deshalb in Zukunft in ihrem Engagement nachlassen könnte. Kurzum: Know-how zum Thema Feedback ist gefragt.

Was bedeutet Feedback?

Feedback heißt Rückmeldung, Rückkoppelung. Es informiert darüber, wie eigene Verhaltensweisen von anderen wahrgenommen, verstanden und erlebt werden. Feedback ermöglicht, die Wirkungen der eigenen Verhaltensweisen auf andere besser kennenzulernen und zu prüfen, ob diese Wirkungen wie beabsichtigt eintreten.
Es informiert zudem auch über die eigenen Absichten, Wünsche und Gefühle und verkleinert somit beim Gesprächspartner das Feld der Vermutungen, Befürchtungen und Fantasien, die er aufgrund mangelnder Informationen und unzureichenden Wissens aufbaut. Damit ist es ein Instrument zur Regulierung sozialen Verhaltens. Feedback kann Änderungen im Verhalten initiieren bzw. bewirken. Positive Verhaltensweisen werden verstärkt, andere können korrigiert werden.
Rückmeldungen so zu geben, dass sie aufbauend, aber nicht verletzend sind und positive Verhaltensänderungen bewirken können, erfordert die Kenntnis bestimmter Regeln und Verhaltensweisen, der sogenannten Feedbackregeln. Richtiges Feedback hilft, bei Mitarbeitern positive Verhaltensänderungen zu fördern, sie im Gespräch aufzubauen, und macht es ihnen leichter, offen ihre Meinung zu sagen.
Darüber hinaus leistet es einen wichtigen Beitrag zur Verbesserung der Selbst- und Fremdwahrnehmung. Mitarbeiter und Führungskräfte sind immer wieder über die tatsächliche Wirkung ihres Verhaltens auf andere erstaunt. Wer seine Wirkung auf andere kennt, versteht die Reaktionen seiner Mitmenschen besser und kann das eigene Verhalten situativ angepasster und zielorientierter steuern. Feedbackprozesse unterstützen zudem den Aufbau und Erhalt von konstruktiven Arbeitsbeziehungen und Entwicklungsprozessen.
Wenn Sie beispielsweise Frau Müller eine Rückmeldung zu ihrer Wirkung geben, kann dies dazu führen, dass Frau Müller die Reaktionen ihrer Kollegen besser versteht und damit beginnt, über ein verändertes Kommunikationsverhalten nachzudenken.

Wie wirkt Feedback auf das Selbst- und Fremdbild?

Für die Einschätzung, wie wir auf andere wirken, ist nicht nur wichtig, wie wir uns selbst sehen, sondern auch, wie die anderen uns wahrnehmen. Das Bild, das wir von uns haben, setzt sich zusammen aus dem Selbstbild, d. h., wie wir uns selbst sehen und wahrnehmen (*»Heute empfand ich mich sehr offen«*) und dem Fremdbild, d. h. unserem Erscheinungsbild nach außen, den Eindrücken also, die andere von uns haben und uns mitteilen (*»Sie wirken auf mich heute wenig zugänglich«*). Solche Rückmeldungen helfen uns, unsere Wirkung auf andere besser zu verstehen.

Um sich selbst und die eigene Wirkung auf andere besser zu verstehen, ist es wichtig, das eigene Selbstbild mit dem Fremdbild abzugleichen. Das Selbstbild, das Sie von sich haben, ist nur ein Teil Ihrer wirklichen Person. Es wird überlagert durch Ihre Wünsche und Vorstellungen, wie Sie sich selbst gerne sehen würden. Andere Teile sind entweder nicht bekannt oder werden nicht als zur Person zugehörig akzeptiert, wie beispielsweise eher negativ bewertete Verhaltensweisen.

Das Fremdbild ist eine Kombination aus Realität, also tatsächlich stattgefundenen und wahrgenommenen Äußerungen, Handlungen und Verhaltensweisen und den Eigenschaften, die Ihnen andere aufgrund der Wirkung Ihres Verhaltens auf sie beimessen, beispielsweise durch Vermutungen oder Fantasien.

Ein Feedback bewirkt, dass sich Selbst- und Fremdbild stärker angleichen. Erst wenn Sie erfahren, wie andere Sie wirklich sehen, können Sie überprüfen, ob Sie tatsächlich so sein möchten oder ob nicht eine Veränderung bestimmter Verhaltensweisen sinnvoll wäre, um Ziele besser zu erreichen. Denn wenn Sie wissen,

- wie andere Sie wahrnehmen, können Sie deren Reaktionen besser verstehen,
- wie Sie auf andere wirken, können Sie Ihr Verhalten besser steuern.

Möglicherweise nimmt Frau Müller, die Mitarbeiterin aus dem Einführungsbeispiel, die Reaktionen der Kollegen anders auf, als diese es beabsichtigen. Ihrem Selbstbild entsprechend meint sie es gut mit den Kollegen, gibt möglichst knapp gehaltene Empfehlungen und Tipps, um deren Zeit nicht unnötig zu binden. Diese wiederum empfinden ihre Art und Weise aber als oberlehrerhaft und fühlen sich nicht ernst genommen. Frau Müller bewirkt damit genau das Gegenteil von dem, was sie im Grunde genommen beabsichtigt hat. Sie will den Kollegen weiterhelfen, was diese jedoch als abwertend erleben. Erst eine Rückmeldung über die Wirkung ihres Verhaltens gibt ihr die Möglichkeit, das eigene Kommunikationsverhalten und dessen Konsequenzen zu verstehen und zu verändern.

6.2 Feedback geben und nehmen

Feedback als Reaktion auf den Gesprächspartner sagt nicht nur etwas über den Empfänger aus, sondern ebenso viel über den Feedbackgeber. Je nach Wahrnehmungsmuster des Feedbackgebers kann das Verhalten anderer positiv oder negativ beurteilt werden. Was den einen stört, ist für den anderen vielleicht gar nicht »der

Rede wert«. Es kann also immer sein, dass wir selbst einen Maßstab an das Verhalten anderer anlegen, der stark subjektiv ist und nicht unbedingt von anderen geteilt wird, d. h., es kann sich also auch um Aussagen über eigene, besondere Befindlichkeiten handeln.

Daraus folgt: Wer Feedback gibt, sollte auch bereit sein, den eigenen Anteil an der Wahrnehmung des Gesprächspartners gleichermaßen zum Gegenstand der Reflexion und des Austausches zu machen. Auch dann, wenn nur Nuancen im Verhalten eine Rolle spielen.

Auf diese Weise werden Ihre Anteile als Feedbackgeber am Verlauf des Gesprächs transparent und Ihre Bewertungsmaßstäbe nicht schlichtweg zur absoluten Norm erhoben. Man kann sich vielmehr über diese Maßstäbe unterhalten und sie können damit Gegenstand der Auseinandersetzung werden.

Was behindert offenes Feedback?

Oft fällt es schwer, dem anderen ad hoc in der Gesprächssituation seine eigenen Wahrnehmungen zu schildern. Gründe dafür können sein:

- eine von Misstrauen geprägte Atmosphäre,
- bestimmte Normen (z. B. Höflichkeit),
- Unsicherheit über das richtige Vorgehen beim Feedbackgeber,
- unzureichende Vorbereitung der Feedbackinhalte,
- Angst vor Überforderung des Feedbackempfängers,
- Reaktionen des Feedbackempfängers (Abwehrverhalten, z. B. durch Rückzug, Angriffe auf den Feedbackgeber, Bestreiten von Informationen, Begründungen, Unterstellungen),
- Furcht vor unangenehmen Konsequenzen bzw. vor Missverständnissen.

Wird man sich der Gründe für Ängste und Bedenken, die aus eigener Sicht eine offene Gesprächsführung mit Feedbacks behindern, bewusst und setzt sich mit diesen auseinander, stellt man häufig fest, dass sie einer objektiven Überprüfung nicht standhalten. Meist wurden sie überbewertet. Diese Erkenntnis allein reicht aber nicht aus, um Mitarbeitergespräche in Zukunft anders zu führen. Um die Feedbackinformation dem Gegenüber präzise vermitteln zu können, bedarf es einer gründlichen Vorbereitung auf jedes einzelne Gespräch.

Bei der Vorbereitung auf ein Feedback im Mitarbeitergespräch und die Reaktion auf das Verhalten und die Aussagen des Gesprächspartners können Sie sich folgende Fragen stellen:

- Was schätze ich an ihm?
- Was kann und macht er besonders gut?
- Welche besonderen Stärken hat er?
- Was kann er nicht so gut? Was hat das für Konsequenzen?
- Worin sollte er sich weiterentwickeln?
- Wie ist sein Verhalten gegenüber Kollegen, Kunden und/oder Schnittstellenpartnern?

- Wie hoch sind sein Engagement und seine Leistungsbereitschaft?
- Wie fügt er sich in das Team ein?
- Was irritiert mich manchmal?
- In welchen Punkten steht er sich manchmal selbst im Wege?

Das Erarbeiten dieser Fragen ermöglicht Ihnen eine konkrete Vorstellung über den Gesprächspartner vor Ihrem »inneren Auge« und auch über die Gedanken und Empfindungen positiver und negativer Art, die dieser bei Ihnen auslöst.

Tipps für den Feedbackempfänger

Wer kein Feedback gewohnt ist, bewegt sich anfangs auf »dünnem Eis«, wenn er im Gespräch mit Rückmeldungen konfrontiert wird. Es ist nicht ratsam, Rückmeldungen zwanghaft annehmen zu wollen. Man sollte sich eine »Einspielzeit« gönnen, wenn man darin unerfahren ist, mit Reaktionen des Gesprächspartners konfrontiert zu werden:

- Nehmen Sie Feedbacks nur dann an, wenn Sie sich dazu in der Lage fühlen bzw. offen dafür sind. Andernfalls besteht die Gefahr, dass Sie nach kurzer Zeit überreagieren oder das Gespräch kontraproduktiv verläuft.
- Versuchen Sie, ruhig zuzuhören und sich nicht sofort zu verteidigen oder zu rechtfertigen. Damit geben Sie dem Gesprächspartner das Gefühl, dass er Ihnen seine Meinung mitteilen kann, ohne dass Sie sich angegriffen oder ungerecht behandelt fühlen.
- Überprüfen Sie durch Nachfragen, ob Sie alles richtig verstanden haben. Sie vermeiden Missverständnisse und zeigen, dass Sie die Ausführungen des anderen interessieren.
- »Schlucken« Sie nichts »um des lieben Friedens willen«, teilen Sie mit, in welchen Punkten Sie warum anderer Ansicht sind. Es wäre doch nur ein scheinbarer Frieden, denn Sie werden, vielleicht zum ungelegenen Zeitpunkt und Anlass, diesen Punkt wieder zur Sprache bringen.
- Stellen Sie richtig, wo Ihrer Meinung nach mögliche Missverständnisse vorliegen. Bei zukünftigen Gesprächen sollten diese Missverständnisse keine Irritationen mehr hervorrufen.
- Achten Sie darauf, dass keine Punkte offenbleiben, die nach Beendigung des Gesprächs bei Ihnen nachwirken, weil sie nicht abgeklärt wurden. Dadurch vermeiden Sie, dass Sie im Nachhinein ins Grübeln kommen und überlegen: *»Eigentlich hätte ich das sagen müssen.«*
- Suchen Sie bei Bedarf eine weitere Gelegenheit zu einem Gespräch, sollten für Sie im Nachgang des Gespräches noch Punkte klärungsbedürftig erscheinen.

Mit jedem neuen Gespräch wird es leichter, das erhaltene Feedback zu verarbeiten und einzuordnen. Hierbei sollte nicht übersehen werden, dass der Gesprächspartner, der Rückmeldungen gibt, anfangs ähnlich verunsichert sein kann wie der Feedbackempfänger.

Tipps für den Feedbackgeber

Auch das Geben von Rückmeldungen ohne die gewohnten Vorsichtsmechanismen entwickelt sich nicht von heute auf morgen. Es empfiehlt sich, die Informationen so weiterzugeben, dass sie hilfreich und aufbauend sind. Feedback ist keine »objektive Wahrheit«, sondern die Beschreibung einer persönlichen und subjektiven Wahrnehmung. Ein und dasselbe Verhalten kann von zwei Personen vollkommen unterschiedlich wahrgenommen und erlebt werden. Das gilt für alle Beteiligten an einem Gespräch. Gestehen Sie sich und dem Gesprächspartner zu, dass man auch einmal irren kann.

Ob Feedback vom Empfänger akzeptiert werden kann, hängt sowohl von der Glaubwürdigkeit der Person des Feedbackgebers für den Empfänger ab als auch von der Glaubwürdigkeit der Quellen und Beispiele, die der Feedbackgeber in dem Gespräch heranzieht. Deshalb ist es für den Feedbackgeber wichtig, das Feedback in einer vertrauensvollen Atmosphäre zu geben, kompetent und sachlich zu argumentieren und Beispiele anzuführen, die die Grundlage für die eigene Einschätzung bilden. Generell wird positives Feedback leichter angenommen als negatives.

Aber auch wenn der Feedbackempfänger die Rückmeldung als richtig akzeptiert, ist noch nicht gewährleistet, dass er sein Verhalten ändert. Hierzu muss er sich auch entscheiden, tatsächlich etwas unternehmen zu wollen, um Veränderungen einzuleiten. Um diese Entscheidung herbeizuführen, braucht es einen zusätzlichen Anreiz. Deshalb sollte der Feedbackgeber auch aufzeigen, wie genau eine Veränderung oder auch ein verändertes Verhalten aussehen kann und welchen Nutzen der Feedbackempfänger daraus ziehen kann.

Empfehlungen, um Feedbackakzeptanz zu erreichen:

- Geben Sie Rückmeldung zum Verhalten, nicht zur Person.

Machen Sie deutlich, dass das Feedback in direktem Zusammenhang mit der Aufgabenerfüllung steht. Feedback wird besser akzeptiert, wenn erkennbar ist, dass es nicht um Kritik an der Person, sondern um konkrete, für die Arbeit relevante Verhaltensweisen geht.

- Beschreiben Sie, was nicht rund läuft, aber verteilen Sie nicht die Schuld dafür.

Bei wertfreien Reaktionen bleibt es Ihrem Gesprächspartner überlassen, ob er die Informationen annimmt oder nicht. Durch den Verzicht auf Werturteile, Moralisierungen und Vorwürfe ist er nicht gezwungen, sich zu rechtfertigen.

- Äußern Sie sich klar, präzise und konkret.

Formulieren Sie Ihre Aussagen verständlich und genau. Vermeiden Sie sehr lange oder diffuse Äußerungen. Rückmeldungen sollen konkret und nachvollziehbar sein. Beschreiben Sie erlebte Ereignisse und Verhaltensweisen.

- Berücksichtigen Sie die Aufnahmefähigkeit Ihres Gesprächspartners.

Eine Überforderung kann irritierend und verunsichernd wirken und zur Ablehnung der Information führen.

- Geben Sie Feedback zeitnah.

So kann der Feedbacknehmer einen direkten Bezug zwischen der Situation und der Rückmeldung herstellen.

- Geben Sie dem Gespräch einen positiv wertschätzenden und konstruktiven Charakter.

Versuchen Sie, positive und negative Wahrnehmungen gleichermaßen zu äußern. Feedback, das nur negative Punkte beinhaltet, wird als unfair wahrgenommen und kann in der Folge demotivierend wirken. Sprechen Sie respektvoll mit Ihrem Gegenüber und zeigen Sie eine wohlwollende Einstellung zum Gesprächspartner.

- Sprechen Sie in der Ich-Form.

Vermeiden Sie das »Man«. Ich-Botschaften (siehe Kapitel 9 »Methoden und Techniken für eine erfolgreiche Gesprächsführung«) wirken präziser. Sie beziehen dadurch eine klare Position, Ihr Gesprächspartner kann sich leichter auf Sie einstellen.

- Argumentieren Sie offen und ehrlich.

Man muss nicht alles sagen, was man denkt, aber das, was man sagt, sollte stimmen.

- Respektieren Sie das Selbstwertgefühl Ihres Gegenübers.

Wenn Sie das Selbstwertgefühl Ihres Gesprächspartners verletzen, fühlt sich dieser persönlich angegriffen und kann deshalb das Feedback nicht akzeptieren. Richten Sie deshalb das Hauptaugenmerk Ihrer Kritik nicht auf die persönlichen Eigenschaften Ihres Gegenübers, sondern auf die Verhaltensweisen, die für die erfolgreiche Bewältigung seiner Aufgaben notwendig sind. Achten Sie darauf, dass Ihr Gesprächspartner die Möglichkeit hat, auf das Feedback reagieren zu können.

- Vergleichen Sie nicht.

Entwerten Sie durch Ihre Rückmeldung nicht die Leistung anderer. Kommt es zum abwertenden Vergleich Ihres Gegenübers mit anderen, könnte sich Ihr Gesprächspartner persönlich angegriffen fühlen.

Empfehlungen, um die Bereitschaft zu einer Verhaltensänderung zu erreichen

Damit Ihr Gegenüber den Wunsch entwickelt, sein Verhalten zu verändern, sollten Sie auch folgende Aspekte berücksichtigen [DENISI; KLUGER, 2000; vgl. KLEBL, 2006]:

- Nehmen Sie eine konstruktive Gesprächshaltung ein und zeigen Sie Ihrem Gesprächspartner anhand konkreter Beispiele auf, was er tun könnte, um Situationen erfolgreicher zu meistern und Leistungen zu verbessern. Erst durch diese Tipps und Anregungen werden Alternativen zum bisher praktizierten Verhalten greifbar und entstehen neue Perspektiven.

- Erarbeiten Sie mit dem Gesprächspartner Zielsetzungen, mithilfe derer der Gesprächspartner überprüfen kann, ob geplante Verhaltensveränderungen tatsächlich erfolgreich waren. Wenn beispielsweise eigenständiges Handeln erwartet wird, kann ein Ziel sein, dass der Mitarbeiter seltener Rückfragen stellt und trotz der verringerten Absicherungsgespräche richtige Entscheidungen fällt und gute Arbeitsergebnisse erzielt. Auch ein Rückgang von Kundenbeschwerden kann einen Indikator für verändertes Verhalten gegenüber Kunden darstellen.
- Arbeiten Sie heraus, welchen Nutzen der Feedbackempfänger davon hat, die besprochenen Veränderungen umzusetzen.
- Ermutigen Sie Ihren Gesprächspartner, diese Veränderungen anzugehen. Verweisen Sie auf seine Stärken und sprechen Sie ihm Ihr Zutrauen aus, dass er es schaffen kann.

Feedback geben – konkrete Beispiele

Feedback erfolgt automatisch in allen sozialen Situationen, weil jedes Verhalten wahrnehmbare Reaktionen hervorruft. Es ist unmöglich, kein Feedback zu geben. Im Mitarbeitergespräch kann Ihr Gesprächspartner beispielsweise gähnen, unaufmerksam sein, angespannt zuhören, zustimmend nicken, sich Notizen machen, zum Fenster hinausschauen usw. Solche Reaktionen können sowohl unbewusst als auch mehr oder weniger beabsichtigt oder als eindeutige Rückmeldungen erfolgen. Bewusste Rückmeldungen sind Aussagen über:

- die eigene Selbsteinschätzung (*»Ich denke, hier habe ich einen Fehler gemacht«*),
- die eigene Empfindung (*»Ich fühle mich in dieser Situation jetzt sehr wohl«*),
- die Einschätzung anderer Personen (*»Ich denke, Sie brauchen noch einige Wochen, um diese Aufgabe sicher bewältigen zu können«*),
- die Empfindung für andere Personen (*»Ich fühle mich wohl in der Zusammenarbeit mit Ihnen«*).

Da sich diese Aussagen auf die eigenen Gefühle und Einschätzungen beziehen, spricht man auch von »Ich-Botschaften«.
Es ist hilfreich, bei Rückmeldungen in drei Schritten vorzugehen. Kurze Gesprächssequenzen zeigen, wie sich das jeweils anhören könnte:

Erster Schritt: Beschreibung

»Ich nehme an Ihnen wahr ...«, »... ich beobachte ...«. Jedes Feedback sollte nach Möglichkeit mit einer konkreten Beschreibung bzw. Beobachtung eingeleitet werden.

Schlecht

»Sie hören mir nie zu!« Auf solche Generalisierungen folgen meist Widerstand und Abwehr.

Besser

»In den letzten zehn Minuten haben Sie mich mehrmals unterbrochen, Sie haben sich auch nicht zu meinen beiden Vorschlägen geäußert.«

Zweiter Schritt: Auswirkung

»Das wirkt auf mich ...«, *»das löst in mir aus ...«*. Da aus der Beschreibung der Tatsachen nicht hervorgeht, wie der andere innerlich reagiert, ist es notwendig, auch seine Empfindungen zu beschreiben.

Schlecht

»Sie hören mir nie zu! Ich finde Ihr Verhalten unmöglich!«
Menschen neigen dazu, andere für die eigenen Gefühle verantwortlich zu machen. Solche Zuschreibungen bzw. Abwertungen erzeugen ebenfalls Abwehr. Damit besteht kaum eine Chance zur Veränderung.

Besser

»In den letzten zehn Minuten haben Sie mich mehrmals unterbrochen, und ich konnte nicht feststellen, dass Sie auf meine beiden Vorschläge eingegangen sind. Ich fühle mich von Ihnen nicht ernst genommen.«

Dritter Schritt: Wunsch bzw. Konsequenz

»Ich wünsche mir ...«, *»für mich wäre wichtig ...«* oder Konsequenz *»dies hat folgende mögliche Auswirkungen ...«*, *»dies hat folgende Konsequenzen ...«*. Die Äußerung konkreter Wünsche und Ziele vermittelt dem Gesprächspartner, mit welcher Handlung er reagieren und auf den anderen eingehen kann. Durch die Äußerung als Wunsch erlebt er die Verhaltensaufforderung als Wahlmöglichkeit und nicht als Zwang. Er kann seine eigenen Konsequenzen ziehen.

Schlecht

»Sie hören mir nie zu! Ich finde Ihr Verhalten unmöglich. Hören Sie mir gefälligst zu!«

Besser

»In den letzten zehn Minuten haben Sie mich immer wieder unterbrochen, und ich konnte nicht feststellen, dass Sie auf meine beiden Vorschläge eingegangen sind. Ich fühle mich von Ihnen nicht ernst genommen. Ich wünsche mir von Ihnen, dass Sie mich ausreden lassen und zu meinen Vorschlägen Stellung beziehen.«

Weiteres Beispiel

Der Mitarbeiter stellt überzogene Forderungen hinsichtlich zeitlicher und finanzieller Ressourcen.

Schlecht

»Wollen Sie uns in den Ruin treiben. Mit Ihren Vorschlägen liegen Sie jenseits von Gut und Böse!«

Besser

»Ich sehe, dass unsere Vorschläge hinsichtlich der zeitlichen und finanziellen Rahmenbedingungen des Projekts weit auseinanderklaffen« (Beschreibung).
»Ich kann als Führungskraft aber nur solche Bedingungen akzeptieren, bei denen der Aufwand und der Ertrag in einem vernünftigen Verhältnis stehen« (eigene Überzeugung).
»Damit ich Ihre Vorschläge akzeptieren kann, benötige ich von Ihnen eine präzise Aufstellung sowohl über Zeit und Kosten, aber auch über die erwarteten mittel- und langfristigen Erlöse« (Konsequenz).

Offenes und entwicklungsorientiertes Feedback

Je differenzierter Sie mit dem Feedback umgehen, desto effektiver können Sie es einsetzen. Deshalb sollten Sie zwischen zwei Feedbackarten unterscheiden:

- offenes Feedback und
- entwicklungsorientiertes Feedback.

Beim offenen Feedback informieren Sie Ihr Gegenüber, wie Sie es wahrnehmen, verstehen und empfinden. Über das Fazit und mögliche Veränderungen im Verhalten reflektiert Ihr Gegenüber. Ihm bleibt es überlassen, inwieweit es die Informationen annimmt oder nicht.

Oftmals möchten Führungskräfte Mitarbeitern jedoch auch Perspektiven aufzeigen, in die sie sich weiterentwickeln sollten. Diese Form des Feedbacks wird als »entwicklungsorientiertes Feedback« bezeichnet. Tabelle 6.1 zeigt diese beiden Formen des Feedbacks im Vergleich:

Tabelle 6.1 Merkmale offenen und entwicklungsorientierten Feedbacks

	Offenes Feedback	Entwicklungsorientiertes Feedback
Charakter des Feedbacks	Information für den Feedbacknehmer, wie Verhalten wirkt und was es auslöst	Informationen für den Feedbacknehmer, wie er sein Verhalten in eine bestimmte Richtung entwickeln bzw. optimieren könnte
Ziel	Verbesserung des Abgleichs zwischen Selbst- und Fremdbild; Bewusstwerden der Wirkung des Verhaltens	Verbesserung des Abgleichs zwischen Selbst- und Fremdbild, Förderung und Entwicklung; Steigerung der Leistung, Motivation schaffen
Voraussetzungen	Feedbacknehmer muss dafür offen sein, es »verkraften« können und Bereitschaft signalisiert haben	Feedbacknehmer muss dafür offen sein, es annehmen können, die beabsichtigte Verhaltensänderung muss realisierbar sein

Tabelle 6.1 *(Fortsetzung)* Merkmale offenen und entwicklungsorientierten Feedbacks

	Offenes Feedback	Entwicklungsorientiertes Feedback
Zeitpunkt	möglichst zeitnah nach der Situation, auf die sich das Feedback bezieht	möglichst kurz vor der Situation, bei der der Feedbacknehmer Gelegenheit hat, sein Verhalten zu ändern
Vorbereitung der Führungskraft	umfasst die Wirkung und die möglichen Konsequenzen des Verhaltens des Mitarbeiters	berücksichtigt das gezeigte Verhalten und das Potenzial des Mitarbeiters sowie mögliche Entwicklungsschritte und das Ziel
Rahmenbedingung	in der Regel unter vier Augen, kann aber bei rein positiver Rückmeldung (Anerkennung) auch vor anderen gegeben werden	nur unter vier Augen

Wenn Sie zwischen diesen Feedbackarten differenzieren, machen Sie sich die Zielrichtung der Rückmeldung bewusst. Sie entscheiden, ob Sie Rückmeldung über die Wirkung einer Person geben oder ob Sie zusätzlich erreichen wollen, dass Ihr Mitarbeiter Informationen erhält, wie er sich fortentwickeln kann. Mit dieser Differenzierung setzen Sie auch unterschiedliche Schwerpunkte in der Vorbereitung. Sie hilft Ihnen auch, den richtigen Zeitpunkt zu wählen und die Prioritäten des Feedbacks festzulegen.

6.3 Mögliche Verhaltensweisen nach Feedback und angemessene Reaktion

Nicht alle Menschen nehmen Feedback sofort an oder sind in der Lage, es als wichtige Lernmöglichkeit zu nützen. Den meisten bereitet es eher Schwierigkeiten, mit Feedback bzw. Kritik konstruktiv umzugehen. Das ist besonders dann der Fall, wenn Verhaltensweisen zur Sprache kommen, die negative Konsequenzen haben und die ihnen bisher so noch nicht bewusst waren. Man spricht in diesem Fall von dem sogenannten blinden Fleck [vgl. LUFT, 1993]. Werden solche blinden Flecken Inhalt eines Feedbackgesprächs, ist davon auszugehen, dass der Feedbackempfänger zunächst die Richtigkeit des Feedbacks anzweifelt. Die Information ist für ihn neu und negative Informationen werden nicht ohne sorgfältige Prüfung in das Selbstbild integriert. Deshalb erfordert das Ansprechen von blinden Flecken viel Fingerspitzengefühl aufseiten des Feedbackgebers. Es ist daher ratsam, die in Punkt 6.2 gegebenen Tipps besonders zu berücksichtigen.
Im Folgenden sind mögliche Reaktionen von Feedbackempfängern beschrieben und wie Sie damit adäquat umgehen können:

6.3 Mögliche Verhaltensweisen nach Feedback und angemessene Reaktion

- Manche Menschen sind übermäßig selbstkritisch und sehen, wenn sie mit Kritik konfrontiert werden, nur noch ihre Schwächen.

In diesem Fall sollten Sie besonders darauf achten, die Stärken des Gegenübers zu betonen, um durch Ihre Aussagen keine übertriebene Fokussierung auf Schwächen zu provozieren. Gerade bei Personen, die sehr leicht an sich zweifeln, hat eine zu große Überbetonung ihrer Schwächen den Effekt, dass sie sich anschließend noch weniger zutrauen. Geben Sie daher Ihr Feedback wohldosiert und sensibel und verdeutlichen Sie anhand konkreter Beispiele, was die Person tun könnte, um sich in dem angesprochenen Bereich zu verbessern.

- Viele akzeptieren andere Meinungen zunächst nicht, sie bezweifeln die Stichhaltigkeit der Aussagen und reagieren auf ein Feedback ablehnend oder aggressiv.

Wenn die Reaktionen so stark sind, ist möglicherweise im Feedback ein »blinder Fleck« angesprochen worden. Es ist unwahrscheinlich, dass Personen, die zum ersten Mal auf einen blinden Flecken aufmerksam gemacht werden, sofort das Feedback für sich akzeptieren können. Zunächst treten beim Feedbackempfänger Zweifel auf, ob das Feedback tatsächlich richtig ist. In diesem Fall sollten Sie anhand von konkreten Beispielen argumentieren, damit Ihr Feedback nachvollziehbar wird. Rechnen Sie aber nicht damit, den anderen schon im ersten Feedbackgespräch überzeugen zu können. Darum geht es in diesem Gespräch auch nicht. Es soll vielmehr die Basis dafür schaffen, dass sich Ihr Mitarbeiter anschließend über das Gesagte Gedanken macht, sich intensiver selbst beobachtet und möglicherweise, mit einer gewissen Zeitverzögerung und einem weiteren Gespräch, Ihr Feedback annehmen und für positive Verhaltensveränderungen nutzen kann.

- Wieder andere ziehen sich, nachdem sie ein Feedback bekommen, zurück, werden nachdenklich und wortkarg.

Sie sollten jedes Feedbackgespräch so führen, dass der Gesprächspartner Ihr Feedback auch verarbeiten kann. Daher kann es nach einem Rückzug des Gesprächspartners sinnvoll sein, nochmals nachzufragen, wie Ihre Aussagen verstanden wurden und was der Grund für die zu beobachtende Nachdenklichkeit ist. Auch in solchen Fällen sollten Sie nicht davon ausgehen, dass Ihr Feedback bereits im ersten Gespräch vollständig angenommen werden kann. Achten Sie bei solchen Gesprächspartnern aber darauf, dass Ihre Aussagen von einem Klima der persönlichen Wertschätzung begleitet werden und dass Sie mit dem Mitarbeiter zu den besprochenen Inhalten, z. B. in einem weiteren Termin, im Gespräch bleiben.

6.4 Feedback – Grenzen und Besonderheiten

Feedback ist im Gespräch kein Allheilmittel gegen Irritationen bei zwischenmenschlichen Beziehungen im Berufsalltag. Die Praxis zeigt, dass in bestimmten Situationen dieses hilfreiche Instrument an seine Grenzen stößt. So erreicht man mit Feedback nichts oder nur sehr wenig, wenn der Gesprächspartner

- keinen Grund zur Veränderung seines Verhaltens sieht oder ein großes Interesse bzw. Nutzen davon hat, das bestehende Verhalten aufrechtzuerhalten,
- kein Interesse an einer besseren Zusammenarbeit hat,
- den Feedbackgeber nicht akzeptiert und damit auch dessen Rückmeldung nicht ernst nimmt,
- den Nutzen einer gewünschten Verhaltensänderung nicht erkennt oder einsieht,
- das Feedback zwar versteht, aber nicht in der Lage ist, sein Verhalten zu ändern,
- unfähig ist, sein Verhalten selbstkritisch zu hinterfragen und daraus auch seine Konsequenzen zu ziehen,
- selbstgerecht, d. h. zutiefst davon überzeugt ist, dass seine Sicht der Dinge und sein Verhalten die allein richtigen sind.

Besonderheiten

- Nach dem Feedback kann die Leistung vorübergehend sinken.

Sie dürfen nicht erwarten, dass die Leistung Ihres Mitarbeiters unmittelbar nach einem Feedbackgespräch steigen wird. Eine Metaanalyse über die Wirkung von Feedbackinterventionen auf die Leistung von Mitarbeitern führte zu dem Ergebnis, dass in über einem Drittel der publizierten Fälle zunächst eine Reduzierung der Leistungen festzustellen war [KLUGER; DENISI, 1996].
Eine mögliche Interpretation dafür könnte sein, dass nach Feedbacks zunächst die Aufmerksamkeit schwerpunktmäßig auf bestimmte Verhaltensweisen gerichtet wird. Was vorher »unbewusst« und nach einer bestimmten Routine erfolgte, wird durch das Feedback neu beleuchtet und bewusst gemacht. Wenn man sich bewusst auf neues Verhalten konzentriert, wird das Handeln erst mal angestrengter, man muss genauer überlegen, wie man handeln möchte. Die durch das Feedback veranlasste Verhaltensveränderung muss allmählich in das Handeln integriert und zu einer »automatischen« Handlungsabfolge werden.

- Feedback wirkt erst mit der Zeit.

Ein Feedback, das möglicherweise das eigene Bild von sich verschiebt, kann nicht sofort akzeptiert werden, zunächst irritiert es. Menschen benötigen Zeit, dieses »irritierende« Feedback zu verarbeiten.
Diese Zeit gilt es auch Ihren Mitarbeitern zuzugestehen. Erwarten Sie nicht sofort eine Einsicht und sofortige Feedbackakzeptanz, vor allem dann, wenn Sie Personen mit blinden Flecken konfrontieren. Geben Sie dem Mitarbeiter Zeit, ein solches Feedback innerlich zu verarbeiten und dessen Richtigkeit zu überprüfen. Dieser

6.4 Feedback – Grenzen und Besonderheiten

Prozess kann durchaus ein paar Tage dauern. Suchen Sie jedoch nach einigen Tagen erneut das Gespräch, um mit dem Mitarbeiter gemeinsam Alternativen und Ansätze zu besprechen, wie er sein Verhalten verändern kann.

- Unterdrückte eigene Emotionen können den Erfolg des Feedbacks gefährden.

Als Führungskraft können Sie auch in Situationen geraten, in welchen Sie verärgert oder wütend sind und eine sachliche, überlegte Kommunikation im Sinne der Feedbackregeln Ihnen kaum mehr möglich ist. Akzeptieren Sie es. Wenn Sie krampfhaft versuchen, Ihren Ärger zu verbergen und mit Ihrem Gesprächspartner im Sinne der oben beschriebenen Rückmeldungen zu kommunizieren, wird er in der Regel auch Ihren Ärger wahrnehmen. Auf diese Weise senden Sie zwei unterschiedliche Aussagen gleichzeitig. Das kann zu Irritationen und zur Verunsicherung führen. Und wenn der Gesprächspartner registriert, dass Sie nicht mehr zu Ihren Gefühlen stehen, sinkt seine Akzeptanz Ihnen gegenüber.
Sprechen Sie über Ihren Ärger und Ihre Enttäuschung. Vermeiden Sie dabei, sich lautstark, verärgert zu äußern, sprechen Sie über Ihren Ärger ruhig und ernst. Das wirkt authentischer und glaubwürdiger, kann Respekt schaffen und auch Grenzen aufzeigen. So vermeiden Sie, aus einem spontanen Impuls den anderen ungerecht zu behandeln oder »in die Pfanne zu hauen«.
In solchen Situationen sollten Sie versuchen aufzuzeigen, was der Grund für Ihren Ärger war und wodurch er ausgelöst wurde. Spüren Sie im Verlauf des Gespräches, dass es für Sie und auch für Ihren Gesprächspartner schwer wird, die eigenen Emotionen zu kontrollieren, sollten Sie das Gespräch auf einen anderen Zeitpunkt vertagen, an dem Sie beide gefasster und damit auch fokussierter das Thema weiter behandeln können. Wenn die Emotionen hoch sind, werden häufig Dinge gesagt, die einem später leidtun. Diese Situation sollten Sie so gut es geht für sich und Ihren Gesprächspartner vermeiden.

- Eine abwertende innere Einstellung zum Gegenüber steht dem konstruktiven Charakter des Feedbacks entgegen.

Achten Sie auch darauf, welche innere Einstellung Sie zu Ihrem Mitarbeiter besitzen. Bemerken Sie eine wenig respektvolle oder negative innere Haltung zum Gegenüber, besteht die Gefahr, dass Ihr Feedback auch abwertend klingt und vom Gegenüber negativ aufgenommen wird (siehe auch Kapitel 5 »Wahrnehmung«). Ist es Ihnen nicht möglich, die negative Haltung innerlich bewusst beiseitezuschieben, sollten Sie ein Feedback in diesem Moment eher unterlassen und das Gespräch zu einem späteren Zeitpunkt durchführen.

- Feedback dient dazu, das Verhalten des Gegenübers zu verändern, nicht aber dessen Persönlichkeit.

Als Führungskraft sollen Sie die Leistungsfähigkeit Ihrer Mitarbeiter stärken und erhalten. Dabei dürfen Sie aber gewisse Grenzen nicht überschreiten: Sie haben zwar die Aufgabe, Arbeitsergebnisse und dazu dienliche Verhaltensweisen einzufordern. Der Charakter und die Persönlichkeit des Mitarbeiters sind jedoch »Privatsache«. Sätze wie der folgende sollten deshalb für Sie tabu sein: »*Herr Meier, Sie müssen Ihren Charakter ändern und extrovertierter werden, wenn Sie bei uns Erfolg haben wollen.*« In der Regel besitzen Führungskräfte keine therapeutischen Kompetenzen, um an der Persönlichkeit des Mitarbeiters zu arbeiten.

Sie können aber jederzeit zur Sprache bringen, welches Verhalten für den Erfolg beim Erledigen konkreter Aufgaben entscheidend ist: »*Herr Meier, es wäre gut, wenn Sie mit Kunden Ihres Verantwortungsbereichs mindestens zweimal monatlich einen persönlichen Kontakt in einem Telefonat herstellen. So können Sie deren Bedürfnisse besser kennenlernen.*«

Legitime Feedbackbereiche	Kritische Feedbackbereiche
Verhalten Ergebnisse Wirkungen von Verhalten	Persönlichkeit Charakter Lebenssinn

Bild 6.1 Legitime und kritische Feedbackbereiche

Bild 6.1 fasst zusammen, welche Themen Sie ohne Bedenken ansprechen können und in welchen Fällen Sie das besser unterlassen sollten. Wenn Sie zweifeln, ob Sie in einem bestimmten Punkt ein Recht haben, auf den Mitarbeiter beeinflussend einzuwirken, kann dieses Ihnen Orientierung geben, zu entscheiden, welche Feedbackinhalte legitim sind, da sie einen hohen Aufgabenbezug haben, und welche unangemessen sind, da sie die Persönlichkeit oder den Charakter des Mitarbeiters infrage stellen.

Was bewirkt Feedback im Mitarbeitergespräch?

Das Feedback im Mitarbeitergespräch ermöglicht nicht nur, sich selbst und seine Wirkung auf die Mitarbeiter besser kennenzulernen und die Diskrepanz zwischen Selbst- und Fremdwahrnehmung zu verringern, es hilft Ihnen auch,

- Beziehungen zu klären und ein besseres Verständnis füreinander zu erlangen,
- Verhaltensänderungen zu bewirken, vor allem positive Verhaltensweisen zu stärken und zu fördern,
- das Erreichen gemeinsamer Ziele zu unterstützen,
- Verhaltensweisen, die von anderen benannt und anerkannt werden, zu intensivieren,
- solche Verhaltensweisen, die der eigentlichen Intention nicht entsprechen, zu korrigieren und
- eine Atmosphäre gegenseitigen Vertrauens zu schaffen.

Das Wichtigste in Kürze

Das Feedback im Mitarbeitergespräch ist ein wesentlicher Bestandteil für den offenen Umgang miteinander und für gegenseitiges Verständnis. Denn Offenheit fördert sowohl das Zusammenwirken und die Zusammenarbeit im Arbeitsbereich als auch die betriebliche Effektivität.

Das Feedback unterstützt zudem die Weiterentwicklung der sozialen Kompetenz und der Persönlichkeitsentwicklung. Es schafft Vertrauen und Sicherheit im gegenseitigen Umgang und bildet damit die Voraussetzung für ein ausgeglichenes, emotionales Gefüge in den Beziehungen zwischen Vorgesetzten und Mitarbeitern.

DAS WICHTIGSTE IN KÜRZE

- Feedback ist eine Rückmeldung, die besagt, wie Verhaltensweisen von anderen wahrgenommen, verstanden und erlebt werden. Es ermöglicht, die Wirkung des eigenen Verhaltens zu erfahren. Beim Mitarbeitergespräch ist das Feedback ein wesentlicher Faktor für offenen Umgang und für gegenseitiges Verständnis. Führungskräfte können bei Kenntnis der Regeln und Vorgehensweisen des Feedbacks bei ihren Mitarbeitern positive Verhaltensveränderungen fördern, sie im Gespräch aufbauen und ihnen erleichtern, ihre Meinung offen mitzuteilen.

- Darüber hinaus bewirkt das Feedback, dass sich Selbst- und Fremdbild einer Person stärker angleichen. Wer seine Wirkung auf andere kennt, kann ihre Reaktionen besser verstehen und zuordnen.

- Die Wirkung des Feedbacks wird sehr stark davon beeinflusst, wie groß das Vertrauen und die Offenheit zwischen den Gesprächspartnern sind.

- Empfehlenswert ist, Rückmeldungen in drei Schritten vorzunehmen. Die Einleitung sollte nach Möglichkeit mit einer konkreten Beschreibung bzw. Beobachtung erfolgen. Hierbei ist es hilfreich, im zweiten Schritt auch die eigenen Empfindungen und Wirkungen zu beschreiben, um dem Gesprächspartner eine Einschätzung der Konsequenzen seines Verhaltens zu ermöglichen. Im dritten Schritt können konkrete Wünsche und Ziele geäußert werden, die mitteilen, welche Änderungen sinnvoll wären.

- Die Rückmeldung gibt auch Aufschluss über den Feedbackgeber. Je nach Wahrnehmungsmuster kann ein und dasselbe Verhalten anderer unterschiedlich bewertet werden. Wer Feedback gibt, sollte deshalb auch bereit sein, seine eigene Wahrnehmung gleichermaßen zum Gegenstand des Gesprächs zu machen.

- Eine gute Gesprächsvorbereitung, die auch mögliche Reaktionen des Gesprächspartners auf das eigene Verhalten und die eigenen Aussagen berücksichtigt, hilft, sich ein genaueres Bild von ihm zu machen und seine Gedanken und Empfindungen besser nachvollziehen zu können.

Mehr zu diesem Thema

Antons, K.: *Praxis der Gruppendynamik. Übungen und Techniken.* Hogrefe, 2000

DeNisi, A.S.: »Performance appraisal and performance management. A multilevel analysis«. In: Klein, K.J.; Kozlowski, S. (Hrsg.): *Multilevel theory, research and methods in organizations.* Jossey-Bass, 2000, S. 121 - 156

Felfe, J.: »Feedbackprozesse in Organisationen: Akzeptanz bei Vorgesetzten und Mitarbeitern«. In: Busch, R. (Hrsg.): *Mitarbeitergespräch - Führungskräftefeedback. Instrumente in der Praxis.* Hampp, 2000

Fengler, J.: *Feedback geben. Strategien und Übungen.* Beltz, 1998

Freimuth, J.; Asbahr, T.: »Eine kurze Geschichte des Feedback«. *OrganisationsEntwicklung* 01/02 (2002), S. 79 - 84

Leistungsbeurteilung

DARUM GEHT ES ...

- Welche Methoden der Leistungsbeurteilung gibt es?
- Wie kann Leistung gemessen werden?
- Welche Faktoren fördern die Genauigkeit von Leistungsbeurteilungen?
- Was sind die Anforderungen an einen fairen Prozess der Leistungsbeurteilung?

DIESES KAPITEL BESCHREIBT:

- wie Leistung definiert und gemessen werden kann,
- die Vor- und Nachteile bestimmter Methoden der Leistungsbeurteilung,
- wie die Genauigkeit von Beurteilungen erhöht werden kann und
- wie eine faire Leistungsbeurteilung sichergestellt werden kann.

Vor Kurzem fand das jährliche Beurteilungsgespräch mit Ihrem Mitarbeiter Herrn Roth statt. Nach einem recht gelungenen Start in entspannter Atmosphäre mussten Sie jedoch zunehmend feststellen, dass Ihr Mitarbeiter seine Leistungen im vergangenen Jahr wesentlich besser einschätzte, als Sie diese bewerteten. Selbst bei objektiv messbaren Abweichungen von ursprünglich vereinbarten Zielen führte Herr Roth viele Gründe an, warum er trotz hohem Einsatz – durch äußere Faktoren bedingt – das Ziel überhaupt nicht erreichen konnte. Er bewies bei seiner Argumentation so viel Einfallsreichtum an Aktivitäten und Aufgaben, die er im Laufe des Jahres übernommen habe, und so wenig Einsicht für aus Ihrer Sicht nicht voll erreichte Ziele, dass es Ihnen nicht leichtfiel, Ihren Standpunkt angemessen zu begründen. Als Sie am Ende des Beurteilungsgesprächs Herrn Roth in der Gesamtbeurteilung mit »überwiegend erreicht« bewerteten, eine aus Ihrer Sicht sowieso schon zu milde Beurteilung, wurde er ungehalten. Die Beurteilung sei unfair, für die meisten Abweichungen von den vereinbarten Zielen könne er nichts und er wird die Beurteilung so nicht akzeptieren. Aufgrund der emotionalen Geladenheit von Herrn Roth beschlossen Sie, das Gespräch zu unterbrechen und den weiteren Gesprächsverlauf auf einen anderen Termin zu vertagen, auch um sich nochmals über die Gestaltung der nächsten Gesprächssequenz Gedanken machen zu können. Sie fragen sich nun: Wie kommt es zu dieser unterschiedlichen Leistungseinschätzung von Herrn Roth? Was ist wichtig, um eine genaue und faire Leistungsbeurteilung sicherzustellen?

7.1 Was versteht man unter Leistung?

Ein wichtiger Baustein von Mitarbeitergesprächen ist ein ausführliches Leistungsfeedback an den Mitarbeiter. Wie kann jedoch die Leistung eines Mitarbeiters korrekt definiert und erfasst werden?

Leistungsdefinition

Auf eine einfache Formel gebracht, hängt die Leistung von Mitarbeitern von drei wesentlichen Faktoren ab: Können, Wollen und Dürfen. Diese drei stehen in einem multiplikativen Zusammenhang. Ist einer der Faktoren null, entsteht, egal welchen Wert die anderen Faktoren haben, keine Leistung. Es ist Aufgabe der Führungskraft, positive Voraussetzungen für die Entfaltung dieser drei Faktoren zu schaffen. Nur so können Mitarbeiter ihre Leistungsfähigkeit voll entwickeln. Nun zu den einzelnen Faktoren:

- Können

Mitarbeiter müssen über die fachlichen und überfachlichen Kenntnisse und Fähigkeiten verfügen, die zur erfolgreichen Aufgabenerledigung erforderlich sind, sowie über geeignete Arbeitsmittel und für die Arbeit notwendige Informationen. Nur so besitzen sie die nötige Handlungskompetenz.

- Wollen

Mitarbeiter müssen bereit sein, sich zu engagieren und Leistung zu erbringen. Das Engagement hängt in erster Linie davon ab, ob es motivationale und volitionale, also durch den Willen beeinflusste, Gründe für ein Handeln und damit die Erfüllung einer gestellten Aufgabe gibt. Damit Motivation und Engagement für bestimmte Ziele entstehen können, muss deshalb vereinbart werden, welche Ziele erreicht werden sollen. Motivationale Einschränkungen können durch Zielkonflikte oder durch Über- bzw. Unterforderung entstehen.

- Dürfen

Damit Mitarbeiter selbständig und eigenverantwortlich handeln können, brauchen sie Handlungs- und Entscheidungsspielräume sowie entsprechende Entscheidungskompetenzen. Zudem müssen die Aktivitäten der einzelnen Mitarbeiter durch die Organisation von Arbeitsteilung, Abläufen und Schnittstellen geplant und koordiniert werden.

7.2 Leistungsmessung

Die Gesamtleistung eines Mitarbeiters, also der Teil, den eine Person zur Erreichung der Gesamtziele beiträgt, stellt ein multidimensionales Konstrukt dar. Laut Schuler [SCHULER, 2004] ist sie nicht erfahrbar, sondern nur annäherungsweise erhebbar, indem man Leistungskomponenten so gewichtet und miteinander kombiniert, dass sie möglichst viele Facetten der Gesamtleistung berücksichtigen. Je nach Aufgabenprofil tragen unterschiedliche Leistungskomponenten verschieden stark zur Gesamtleistung bei. In das Beurteilungsgespräch fließen dann sowohl die Bewertung der so definierten Leistungskomponenten als auch die Einschätzung der Gesamtleistung als Ganzes ein.
So kann z. B. ein Großteil der Gesamtleistung eines Verkäufers über ergebnisorientierte Leistungsmaße wie etwa erzielter Umsatz und Kundenbindung erfasst werden. Um z. B. die Leistung einer Sekretärin zu beschreiben, wird größtenteils die qualitativ hochwertige und selbständige Bearbeitung von Routinetätigkeiten als Bewertungsmaßstab dienen.
Ein Grund für das misslungene Beurteilungsgespräch im eingangs erwähnten Beispiel könnte sein, dass Herr Roth tatsächlich im Laufe des Jahres wichtige Aufgaben übernommen und Impulse für die Abteilung gesetzt hat (z. B. durch Unterstützung von neuen Kollegen, Übernahme von weiteren Routineaufgaben, durch krankheitsbedingte Vertretungen von Kollegen und Ähnliches), die ihn daran hinderten, seine Arbeitskraft primär der Erreichung vereinbarter Ziele zu widmen. Trotz der nur teilweise erreichten Ziele wäre ihm dann sein Engagement positiv anzurechnen. Da Führungskräfte vom Alltagsgeschehen in einem Team häufig nur einen Ausschnitt mitbekommen, könnte es durchaus sein, dass dem Vorgesetzten einige dieser Zusatzleistungen von Herrn Roth entgangen sind und er sie daher nicht in der Gesamtbewertung berücksichtigt hat.

Ein anderer Grund für die nur teilweise erreichten Ziele könnte sein, dass die Zielvereinbarungen schon von Beginn an zu hoch waren, um von Herrn Roth erreicht werden zu können. Es wäre auch denkbar, dass die Zielvereinbarungen nicht genügend präzise definiert waren. Herr Roth und sein Vorgesetzter gingen von unterschiedlich hohen Ergebniserwartungen aus, mit der Folge, dass Herr Roth seine Ergebnisse besser einschätzte als seine Führungskraft.

Zuletzt ist es auch möglich, dass Herr Roth im laufenden Jahr zu wenig korrigierendes Feedback von seiner Führungskraft erhielt, um Leistungsverbesserungen vornehmen zu können. Dadurch konnte Herr Roth keine realistische Einschätzung seiner Leistung entwickeln und war natürlich dementsprechend überrascht, ohne »Vorwarnung« zu hören, dass der Vorgesetzte seine Leistung nur für »überwiegend erreicht« hielt.

Um derartige Missverständnisse zu vermeiden und stattdessen eine genaue und multidimensionale Leistungsbeurteilung zu ermöglichen, sollte man schon bei der Konzeption des Instruments Mitarbeitergespräch berücksichtigen, welche Leistungskomponenten wie gemessen werden und welche Bedeutung sie für die Bewertung der Gesamtleistung haben.

Objektive Leistungskriterien

Mit diesen Leistungsmaßen können Leistungen unabhängig von der Person des Beurteilers gemessen werden. Sie sind dadurch nicht von subjektiven Einschätzungen beeinträchtigt.

Solche an Aufgaben und Ergebnissen orientierte Leistungsmaße sind:

- Zielerreichung

Dieses Leistungsmaß gibt Auskunft über für das Unternehmen erzielte wichtige Projekte und Ergebnisse. Zum Beispiel: *»Systemumstellung von X auf Y bis zum ...«*, *»Akquisition von fünf Neukunden mit einem Umsatzvolumen von XY Prozent des Gesamtumsatzes.«*

- Aufgabenerfüllung

Die zuverlässige und selbständige Bearbeitung von regelmäßigen Routineaufgaben in gleichbleibend hoher Qualität und nach genau definierten Standards kann ebenfalls ein Maß für Leistung sein. Zum Beispiel: *»termingerechte und fehlerfreie Erstellung von Präsentationsunterlagen für Kundentermine.«*

- Messbare Ergebnisbeiträge

Dieses Leistungsmaß gibt Auskunft über für das Unternehmen erzielte messbare Ergebnisse. Zum Beispiel: *»Reduktion der Fehlerquote auf XY Prozent, Steigerung des Ertrags um XY Prozent«* (vgl. Bild 7.1).

1. Ziele (Basis- und Innovationsziele)

1: übererfüllt   2: voll erreicht   3: überwiegend erreicht   4-6: teilweise bis nicht erreicht

Ziel 1:

Bis zum 31.07.09 Neukunden mit einem Gesamtauftragsvolumen von mindestens 90.000 Euro akquirieren.

Kommentar: Zielerreichung: 1☐   2☐   3☐   4☐   5☐   6☐

Bild 7.1 Beispiel einer Zielvereinbarung mit Beurteilungsskala in einem Beurteilungsformular

Vorteile

Diese Bewertungskriterien ermöglichen eine einfache und objektive Beurteilung von an Ergebnissen orientierten Leistungen (z. B. in Form von Prozentangaben) und repräsentieren nachvollziehbar einen Teil des Konstrukts »Gesamtleistung«.

Nachteile

Die erzielten Ergebnisse, Aufgaben- und Zielerreichungen sind nicht immer auf die Person zurückzuführen, sondern werden durch andere Faktoren mitbeeinflusst (z. B. Marktsituation, Produktqualität etc.), die oft auch außerhalb des direkten Einflusses des Mitarbeiters liegen. Eine zu starke Berücksichtigung ergebnisorientierter Leistungsmaße bei der Bewertung der Gesamtleistung birgt die Gefahr einer Verhaltensfehlsteuerung (z. B. Gewinne erzielen um jeden Preis statt nachhaltige geschäftspolitische Ausrichtung, Verkaufen um jeden Preis statt Aufbau von langfristigen Kundenbeziehungen). Die ergebnisbezogene Beurteilung empfiehlt sich nur dann, wenn klar ist, in welchem Kontext und mit welchen Mitteln die Leistungsziele erfüllt werden sollen, und wenn gegebenenfalls Verbesserungen und Fördermöglichkeiten im Anschluss vereinbart werden.

Subjektive Leistungskriterien

Die Einschätzung der Leistung eines Mitarbeiters erfolgt bei subjektiven Leistungskriterien immer durch eine andere Person (z. B. durch den Vorgesetzten). Subjektive Leistungsmaße sind für Urteilsverzerrungen anfälliger als objektive Leistungsmaße.

Am Wissen und Können des Mitarbeiters orientierte Leistungsmaße

- Wissen

Die Kenntnisse und Fähigkeiten eines Mitarbeiters (z. B. Expertenwissen im Bereich XY, sicheres Beherrschen von bestimmten Aufgaben und Abläufen) stellen für das Unternehmen eine wichtige Ressource dar, die dazu beiträgt, dass der Mitarbeiter zukünftige Projekte und Aufgaben erfolgreich bearbeitet. Je genauer das benötigte Wissen und Können pro Arbeitsplatz z. B. durch arbeitsanalytische Erhebungen

2. FACHKENNTNISSE

Die Anforderungen der Stelle wurden:
- nicht oder teilweise erfüllt
- überwiegend erfüllt
- voll erfüllt
- übertroffen

MS-Office Kenntnisse

Kriterium	nicht/teilw.	überw.	voll	übertr.
Sicher im Umgang mit Word (Schriftverkehr, Umgang mit Serienbriefen, Formatierung, Dokumentenverwaltung)	☐	☐	☐	☐
Sicher im Umgang mit Excel (Kenntnisse der Grundfunktionen, Anlage von Listen und Formatierungen)	☐	☐	☐	☐
Sicher im Umgang mit Powerpoint (Routiniertes Erstellen und Überarbeiten von Präsentationen)	☐	☐	☐	☐
Sicher in der Anwendung des Groupwise Kalenders	☐	☐	☐	☐
Sicher in der Anwendung der XY Datenbank	☐	☐	☐	☐

Sprachkenntnisse

Kriterium				
Englischkenntnisse (Beantwortung von Kundenfragen in Englisch in Wort und Schrift)	☐	☐	☐	☐
Hervorragende Kenntnisse der Deutschen Sprache (inklusive der neuen Rechtschreibung)	☐	☐	☐	☐

Kenntnisse der Arbeitsabläufe

Kriterium				
Sicher in den administrativen Abläufen gemäß QM Handbuch	☐	☐	☐	☐

Gesamtbeurteilung Fachkenntnisse	☐	☐	☐	☐
	0%	80%	100%	120%

Bild 7.2 Beispiel für die Operationalisierung von Fachkenntnissen in einem Beurteilungsformular

definiert ist, desto stringenter kann sich der Mitarbeiter mit den Wissens- und Könnensanforderungen, die an ihn gestellt sind, auseinandersetzen. Bild 7.2 zeigt einen Ausschnitt aus einem Beurteilungsformular, in dem unter der Rubrik Fachkenntnisse die Wissens- und Könnensvoraussetzungen des Mitarbeiters definiert sind.

Vorteile

Diese Kriterien zeichnen sich durch die gute Vergleichbarkeit gleichartiger Arbeitsplätze aus, sofern die jeweiligen Wissens- und Könnenserfordernisse eindeutig definiert und beschrieben sind. Die Anforderungen an den Mitarbeiter sind für diesen eindeutig beschrieben.

Nachteile

Wissen und Können des Mitarbeiters müssen im Unternehmen auch eingesetzt werden dürfen, damit ein Mehrwert geschaffen werden kann. Eine Sekretärin mit sehr guten Englischkenntnissen, die an ihrem Arbeitsplatz nicht in Englisch kommunizieren muss, kann ihr Wissen nicht einbringen, obwohl es vorhanden ist. Ihr Wissen trägt folglich nicht zu ihrer Leistung für das Unternehmen bei und ist deshalb auch nicht als Kriterium geeignet, das dazu beiträgt, die »Gesamtleistung« der Sekretärin besser zu beurteilen. Wenn Wissen und Können anhand allgemein beschriebener Verhaltensanforderungen oder Eigenschaften beurteilt werden, besteht die Gefahr, dass diese subjektiven Einschätzungen durch Beurteilungstendenzen (in diesem Beispiel: »*Sprachkenntnisse sind immer von Vorteil*«) verzerrt werden.

An Kompetenzen und Leistungsstandards orientierte Leistungsmaße

Kompetenzen und Leistungsstandards zeigen sich in Eigenschaften und/oder Verhaltensweisen, die auf die Fähigkeit schließen lassen, Wissen und Können adäquat einzusetzen (z. B. »*Teamorientierung: tritt anderen mit Offenheit und Toleranz gegenüber, identifiziert und bewältigt auftretende Konflikte konstruktiv*«, vgl. Bild 7.3). Sie bedeuten einen Mehrwert für das Unternehmen. Wenn z. B. ein Verkäufer professionell mit Kunden umgeht und folglich dieser mit dem Service zufrieden ist, wird der Kunde mit hoher Wahrscheinlichkeit wiederkommen.

Vorteile

Diese Leistungsmaße bieten eine hohe Vergleichbarkeit von gleichartigen Arbeitsplätzen, sofern die Leistungsstandards und erwünschten Verhaltensweisen jedes Arbeitsplatzes eindeutig beschrieben sind. Darüber hinaus sensibilisieren sie die Mitarbeiter für zentrale Verhaltensanforderungen.

Nachteile

Da der Vorgesetzte nicht alle Handlungen des Mitarbeiters beobachten kann, kann sich die Beurteilung immer nur auf den Ausschnitt des Mitarbeiterverhaltens beziehen, den der Vorgesetzte beobachten konnte. Abgesehen davon geben verhaltensorientierte Kriterien auch nur einen Teil der Verhaltensweisen wieder, die zum Ziel führen können. Hinzu kommt die Schwierigkeit, Verhalten eindeutig zu definieren. Aus diesen Gründen besitzen verhaltens- oder eigenschaftsorientierte Skalen generell eine hohe Anfälligkeit für Beurteilungsfehler.

Teamorientierung	
z.B.	
▪ Gibt Informationen und Wissen an andere weiter und unterstützt Teammitglieder bei Bedarf ▪ Tritt anderen mit Offenheit und Toleranz gegenüber ▪ Identifiziert und bewältigt auftretende Konflikte konstruktiv	☐ außergewöhnlich übertroffen ☐ deutlich übertroffen ☐ erfüllt bis übertroffen ☐ teilweise erfüllt ☐ nicht erfüllt

Bild 7.3 Beispiel für die Operationalisierung der Kompetenz »Teamorientierung« in einem Beurteilungsformular

Zudem neigen Urteiler bei verhaltensorientierten Kriterien dazu, sich zunächst einen Gesamteindruck von der zu bewertenden Person zu machen und sich dann zu fragen: *»Wäre es für die Person typisch, sich so und so zu verhalten?«* Das erhöht die Wahrscheinlichkeit von Beurteilungsverzerrungen, z. B. aufgrund von Vorurteilen oder Halo-Effekten.

Auch besteht die Gefahr, dass gerade Personen in komplexen Aufgaben diese Form der Beurteilungen als erzieherisch und anmaßend empfinden.

An der Motivation des Mitarbeiters orientierte Leistungsmaße

Durch Verhaltensweisen bzw. Eigenschaftskonstrukte wie Engagement, Initiative oder zeitliche Flexibilität kann die Leistungs- und Einsatzbereitschaft des Mitarbeiters beschrieben werden. Bild 7.4 zeigt ein Beispiel für die Operationalisierung des Konstrukts »Initiative« in einem Beurteilungsformular.

Vorteile

Auch diese Beurteilungskriterien liefern eine gute Vergleichsmöglichkeit für gleichartige Arbeitsplätze und sensibilisieren den Mitarbeiter für zentrale Verhaltensanforderungen. Voraussetzung ist allerdings eine eindeutige Beschreibung der erwünschten motivationalen Verhaltensweisen pro Arbeitsplatz. Wenn die Verhaltensweisen auf allgemeinem Niveau beschrieben sind, können sie bei vielen Aufgabenprofilen Verwendung finden, allerdings müssen sie dann nochmals auf die spezifischen Anforderungen des individuellen Arbeitsplatzes »rückübersetzt« werden, indem man sich die Frage stellt: *»Was heißt das Kriterium »Initiative« genau für dieses spezifische Arbeitsplatzprofil?«*

Nachteile

Hier gelten die gleichen Nachteile wie bei der Beschreibung von Leistungsstandards und erwünschten Verhaltensweisen. Bei Verhaltensbeschreibungen, die wie in Bild 7.4 nicht speziell die Anforderungen eines spezifischen Arbeitsplatzes

	Die Erwartungen wurden			
	nicht oder teilweise erfüllt	überwiegend erfüllt	voll erfüllt	übertroffen
Initiative ■ Zeigt Eigeninitiative bei der Lösung von organisatorischen Fragestellungen ■ Sucht aktiv nach Verbesserungsmöglichkeiten des eigenen Arbeitsbereichs ■ Gibt aktiv Informationen weiter und holt sich erforderliche Informationen ■ Zeigt, wenn nötig, zeitliche Flexibilität und Einsatzbereitschaft	☐	☐	☐	☐
	0%	80%	100%	120%

Bild 7.4 Beispiel für die Operationalisierung des Konstrukts »Initiative« in einem Beurteilungsformular

wiedergeben, müssen die Verhaltensanforderungen wieder rückübersetzt werden auf die spezifischen Anforderungen des konkreten Arbeitsplatzes (z. B. eines Laboranten).

An der Prognose der Leistungsentwicklung des Mitarbeiters orientiertes Leistungsmaß

Durch die Einschätzung sowohl der Einsatzbreite eines Mitarbeiters wie auch dessen Potenzial für die Übernahme größerer Verantwortung kann das zukünftige Leistungspotenzial ermittelt werden.

Im Management Review der Henkel KGaA wird nach Schulz und Maaß [SCHULZ; MAASS, 2001] z. B. in einem Gespräch, das der Leiter des Personalmanagements mit dem Leiter der Unternehmensbereiche führt, eine unternehmensbereichsbezogene Potenzialanalyse angefertigt. In diese Potenzialanalyse fließen alle unternehmensweit eingesetzten Beurteilungsinstrumente, wie z. B. Zielerreichungs-, Leistungs- und Kompetenzbeurteilungen, aber auch Ergebnisse aus internen Development Centern und Vorgesetztenbeurteilungen, mit ein. Beim Management Review werden alle Führungs- und Nachwuchskräfte in eine Matrix mit den Dimensionen »beobachtbares Potenzial« (horizontale Achse) und »vermutetes Potenzial für weiterführende Aufgaben« (vertikale Achse) eingeordnet (vgl. Bild 7.5). Diese Ergebnisse dienen dann für Entscheidungen über konkrete Entwicklungsmaßnahmen, Jobrotationen, Nachfolgeregelungen, Besetzungen oder Versetzungen.

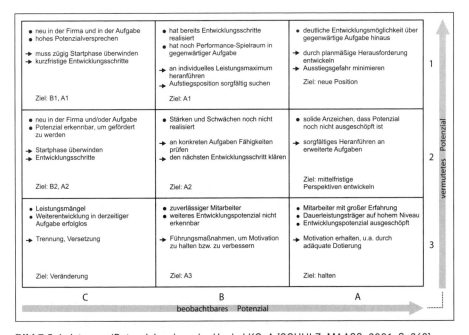

Bild 7.5 Leistungs-/Potenzialanalyse der Henkel KGaA [SCHULZ; MAASS, 2001, S. 269]

Vorteile

Die Kriterien »beobachtbares Potenzial« und »vermutetes Potenzial« ermöglichen die zukunftsorientierte Betrachtung des Mitarbeiterpotenzials und damit verbundene Informationen für eine zukunftsorientierte Personaleinsatzplanung (z. B. bei der Nachfolgeplanung).

Nachteile

Das Potenzial des Mitarbeiters stellt eine Schätzgröße dar. Da beurteilt wird, mit welcher Wahrscheinlichkeit ein Mitarbeiter in einem erweiterten Verantwortungsraum, in dem er derzeit jedoch nicht tätig ist, erfolgreich sein wird, liegen dieser Einschätzung wenig empirisch gesicherte Arbeitsergebnisse zugrunde. Dieses Verfahren ist daher fehleranfällig.

7.3 Beurteilungsverfahren

Beurteilungsverfahren können äußerst unterschiedlich gestaltet sein. In einigen Unternehmen fasst der Vorgesetzte auf einer halben Seite zusammen, durch was sich die Leistung seines Mitarbeiters charakterisiert; andere stellen der Führungskraft mehrseitige Fragebögen, mit oder ohne vorgegebene Bewertungskategorien zur Verfügung. Nachfolgend werden Vor- und Nachteile der gängigen Gestaltungselemente diskutiert.

Freie Beurteilungen

Bei einer freien, nicht an Bewertungskriterien und -skalen ausgerichteten Beurteilung, beschreibt die Führungskraft qualitativ zusammenfassend die Stärken und Entwicklungsbedarfe des Mitarbeiters.

Beispiel: *»Herr Krebs zeichnet sich durch eine hohe Vertriebsstärke und Kundenorientierung aus. Im vergangenen Jahr leistete er durch die Akquisition von drei Neukunden einen sehr wichtigen Beitrag zur Erreichung der Teamziele. Besonders hervorzuheben sind sein professioneller Auftritt beim Kunden, seine rasche Auffassungsgabe hinsichtlich neuer Produkte und sein hohes Engagement. In der Rolle als Produktverantwortlicher sollte Herr Krebs noch intensiver Koordinations- und Steuerungsaufgaben wahrnehmen, um Reibungsverluste und einen unnötigen Ressourceneinsatz zu vermeiden. Hier sollte Herr Krebs darauf achten, dass Kollegen in ihrer Multiplikatorenfunktion von seinem Wissen profitieren können und dieses frühzeitiger und strukturierter weitergeben.«*

Vorteile

Frei formulierte Leistungsbewertungen und Stellungnahmen haben den Vorteil, dass Vorgesetzte auf besondere Arbeitssituationen, komplexe Anforderungen und deren Bewältigung bzw. Einflussfaktoren, die nicht im Verantwortungsbereich des

Mitarbeiters liegen, auch eingehen können. Individuelle Formulierungen gewährleisten die persönliche Note. Zudem wird aus der Beurteilung Konfliktpotenzial herausgenommen, da auf eine harte vergleichende Beurteilung verzichtet wird.

Nachteile

Frei formulierte Stellungnahmen können sich in Bezug auf ihre Qualität erheblich unterscheiden. Nicht alle Führungskräfte und Mitarbeiter haben die Fähigkeit, Leistungen kurz und knapp zu beschreiben und zusammenfassend nach nachvollziehbaren Kriterien zu beurteilen. Damit fehlt die für Vergleiche und die richtige Interpretation der Beurteilung notwendige Standardisierung.

Kriterienbezogene Beurteilung

Bei der kriterienbezogenen Beurteilung, die oft auch als absolute Leistungsbeurteilung bezeichnet wird, werden Personen im Vergleich zu einem feststehenden Maßstab bewertet. Die Leistung des Mitarbeiters wird mit vorab individuell vereinbarten Leistungserwartungen/Leistungskriterien verglichen. Vorteil dieser Methode ist, dass sie sichtbar macht, wie sich der Verantwortungsrahmen und die Kompetenzen des Mitarbeiters von Jahr zu Jahr entwickeln. Auch Personen in der Einarbeitung haben die Chance, ein gutes Beurteilungsergebnis zu erzielen.
Für die kriterienorientierte Leistungsbeurteilung werden in der Regel Beurteilungsskalen wie in Bild 7.6 verwendet. Methodisches Prinzip der Beurteilung ist die Zuordnung (englisch Rating) von Verhaltensbeobachtungen, Ergebnis- oder Merkmalseinschätzungen zu einer Skalenstufe. Deren Bezeichnungen vermitteln, welchen Anspruch das Unternehmen an den Mitarbeiter stellt, und bieten somit diesem die Möglichkeit, die eigene Leistung mithilfe des angestrebten Sollwerts zu überprüfen. Zudem erlaubt diese Bewertung einen Leistungsvergleich mit anderen Kollegen mit gleichen Aufgaben.
Voraussetzung dafür ist allerdings, dass der Sollwert klar definiert ist und den Mitarbeitern erläutert wird. Darüber hinaus sollte sichergestellt sein, dass die Vorgesetzten bei der Bewertung vergleichbarer Tätigkeiten unter den jeweiligen Bewertungsstufen weitgehend dasselbe verstehen. Nur so kann gewährleistet werden, dass die Leistung eines Mitarbeiters im Bereich A bei einer »kritischen« Führungskraft die gleiche Einstufung erhält wie der Mitarbeiter im Bereich B bei einem sehr wohlwollenden Vorgesetzten. Skalenbeurteilungen können sowohl für die Beurteilung einzelner Leistungskomponenten als auch für die Beurteilung der Gesamtleistung eingesetzt werden.

Vorteile

Skalenbeurteilungen haben den Vorteil, dass sie Beurteiler zwingen, alle Mitarbeiter ihres Teams nach dem gleichen Maßstab zu bewerten, und tragen dazu bei, die Beurteilung jeweils mit den gleichen Skalenpunkten und ihren vorgegebenen Formulierungen vorzunehmen. Dadurch wird auch ein Vergleich der Mitarbeiter

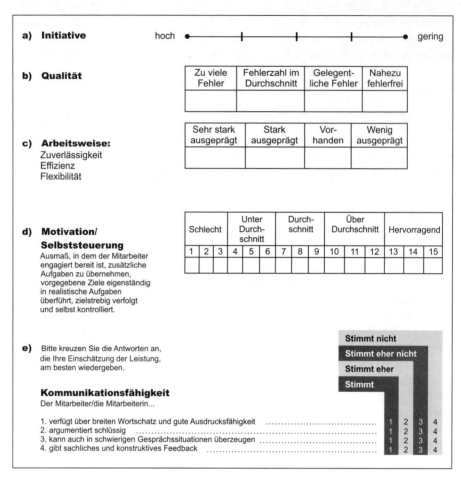

Bild 7.6 Beispiele für einfache Urteilsskalen [LOHAUS, 2009, S. 60]

untereinander möglich. Gerade negative Einschätzungen, die sich in einer niedrigen Bewertung ausdrücken, werden so deutlich an den Mitarbeiter vermittelt.

Nachteile

Je nach Gestaltung der Skalendefinitionen kann ein Mitarbeiter die Bewertung als zu streng empfinden und sich daraus im Beurteilungsgespräch Konfliktpotenzial entwickeln. Reine Skalenbewertungen, die dem Beurteiler wenig Raum für die Dokumentation von Faktoren, die sich auf die Leistung des Mitarbeiters positiv oder negativ auswirkten, geben, werden häufig von den Beurteilten als ungeeignet empfunden, eine differenzierte Beurteilung ihrer Leistung vorzunehmen.

Vorteilhaft hat sich in diesen Fällen die Kombination von Skalenbewertungen mit einer frei formulierten Anmerkung erwiesen (vgl. Bild 7.7). Das Feedback wird

7.3 Beurteilungsverfahren

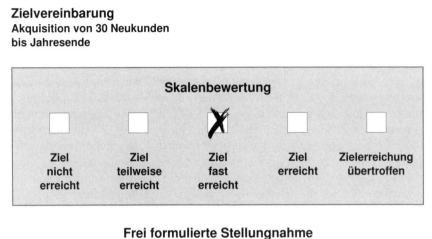

Bild 7.7 Beispiel für eine Skalenbewertung in Kombination mit einer frei formulierten Stellungnahme

durch die Skaleneinschätzung prägnant und eindeutig interpretierbar. In der frei formulierten Anmerkung kann auf besondere Rahmenbedingungen, Leistungen usw. zusätzlich hingewiesen werden.

Ratingformate und die Motivation von Mitarbeitern, ihre Leistung zu verbessern

Die Theorie sozialer Vergleichsprozesse besagt, dass Menschen sich dann verändern wollen, wenn sie feststellen, dass sie mit ihren Fähigkeiten im Vergleich zu einer Vergleichsgruppe negativ abschneiden. Eine wichtige Voraussetzung, dass negatives Feedback zu einer Leistungssteigerung motiviert, ist jedoch, dass die Selbstwirksamkeitserwartungen und Erfolgserwartungen des negativ Beurteilten an sich hoch sind.

Ratingformate liefern, wie Bartol, Durham und Poon [BARTOL; DURHAM; POON, 2001] herausgefunden haben, implizit vergleichende Feedbackinformation. Das Leistungsrating einer niedrigen Kategorie bedeutet für den Beurteilten, dass er schlechtere Leistung liefert als Mitarbeiter, die in mittleren oder höheren Kategorien eingestuft sind. Der Beurteilte wird daran aber nur etwas ändern wollen, wenn er das Gefühl hat, dass er mit mehr Anstrengung auch wirklich die nächste Leistungskategorie erreichen kann. Unter welchen Bedingungen sieht er dafür eine realistische Chance?

Bartol, Durham und Poon [BARTOL; DURHAM; POON, 2001] konnten mit Experimenten belegen, dass die Motivation eines negativ beurteilten Mitarbeiters unter anderem von der Anzahl der in der Skala verwendeten Beurteilungsstufen abhängig ist. Ein Ratingformat mit fünf Kategorien (1 = vergleichsweise niedrig, 2 = unterdurchschnittlich, 3 = durchschnittlich, 4 = überdurchschnittlich, 5 = außergewöhnlich hoch) löste bei den Versuchsteilnehmern signifikant höhere Selbstwirksamkeitserwartungen aus, die nächste Ratingstufe erreichen zu können, als ein Ratingformat mit drei Kategorien, bei dem Kategorie 2 drei Unterstufen umfasste (1 = vergleichsweise niedrig, 2 = Durchschnitt unteres Ende, 2 = durchschnittlich, 2 = Durchschnitt oberes Ende, 3 = außergewöhnlich hoch). Außerdem setzten die Versuchspersonen des Ratingformates mit fünf Ratingstufen sich höhere Ziele, um ihr Rating zu verbessern, und erreichten auch größere Verbesserungen des Ratings bei einem zweiten Versuch als Personen, die durch ein Ratingformat mit drei Kategorien beurteilt wurden.

Sowohl das Ratingformat wie auch die erhaltene Leistungseinstufung veränderten die Gerechtigkeitswahrnehmungen. Personen, die im Dreierkategoriensystem in der Mittelkategorie *»2 = Durchschnitt unteres Ende«* bewertet wurden, fühlten sich mit höherer Fairness behandelt als Personen in der Kategorie *»2 = unterdurchschnittlich«* der Fünferbeurteilungsskala. Umgekehrt fühlten sich Personen, die im Dreierkategoriensystem mit der Mittelkategorie *»2 = Durchschnitt oberes Ende«* bewertet wurden, distributiv unfairer behandelt als Personen, die mit der Kategorie *»4 = überdurchschnittlich«* in der Fünferbeurteilungsskala bewertet wurden.

Bedenkt man, dass leistungsbezogene Vergütungssysteme dazu führen, dass Mitarbeiter mit ihrer Meinung nach zu niedrig klassifizierter Leistung verstärkt kündigen, ist die Bedeutung der Gestaltung von Ratingformaten für die Mitarbeiterbindung nicht zu unterschätzen. Wenn überdurchschnittlich leistende Personen nicht ausreichend anerkannt werden, z. B. weil sie zusammen mit Personen, die weniger leisten, in die gleiche Leistungsratingkategorie eingestuft werden, so bedeutet das, dass diese in Gefahr sind, die Firma zu verlassen, während Personen, die weniger leisten und in die Mittelkategorie eingestuft werden, dazu veranlasst werden, zu bleiben.

7.4 Entwicklung von Beurteilungsskalen

Zunächst ist zu entscheiden, wie viele Abstufungsmöglichkeiten/Kategorien eine Beurteilungsskala umfassen soll. Anschließend müssen die jeweiligen Skalenstufen definiert werden.

Festlegen der Anzahl der Skalenstufen

Wie viele Stufen eine Skala im Idealfall besitzen sollte, ist in der Literatur umstritten. Die am häufigsten beschriebene und verwendete Skala ist eine fünfstufige Be-

7.4 Entwicklung von Beurteilungsskalen

Die Leistungserwartungen wurden im Beurteilungszeitraum insgesamt:

☐ außergewöhnlich übertroffen
☐ deutlich übertroffen
☐ erfüllt bis übertroffen
☐ teilweise erfüllt
☐ nicht erfüllt

Bild 7.8 Beispiel 1 für eine Gesamtleistungseinschätzung anhand einer fünfstufigen Skala

Die Leistungserwartungen wurden im Beurteilungszeitraum insgesamt:

☐ nicht erfüllt
☐ teilweise erfüllt
☐ erfüllt
☐ übertroffen
☐ deutlich übertroffen

Bild 7.9 Beispiel 2 für eine Gesamtleistungseinschätzung anhand einer fünfstufigen Skala

urteilungsskala, wie Skalenbeispiele in Bild 7.8 und Bild 7.9 illustrieren. Zwischen fünf und neun Stufen einer Skala werden als Reliabilitätsoptimum angesehen.

Stöwe und Beenen [STÖWE; BEENEN, 2009] machen bei fünfstufigen Beurteilungsskalen die Gefahr aus, dass der Mitarbeiter die mittlere Beurteilungskategorie als »durchschnittlich« und nicht als Anerkennung für eine gute Leistung interpretiert. Außerdem beanstanden sie die Beschreibungen für die obersten Stufen. Es ist häufig schon schwer, anspruchsvolle Zielvereinbarungen und Leistungserwartungen zu übertreffen.

Eine weitere Stufe des Übertreffens, wie in Bild 7.8 die Kategorie »außergewöhnlich übertroffen«, stellt eine Leistungskategorie dar, deren Erreichbarkeitswahrscheinlichkeit gering ist. Zudem besteht bei einer fünfstufigen Skala bei Beurteilern die

Tendenz, überwiegend die mittlere Beurteilungskategorie zu nutzen. Bei Beurteilungsskalen mit vier oder sechs Beurteilungsstufen zwingt man ihn, sich klarer zu positionieren.

Aus diesen Gründen empfehlen Stöwe und Beenen [STÖWE; BEENEN, 2009], vierstufige Beurteilungsskalen (vgl. Bild 7.10) zu verwenden. Des Weiteren warnen sie davor, Beurteilungsskalen zu sehr auszudifferenzieren (z. B. zehnstufige Bewertungsskalen). In diesen Fällen ist es sehr schwer, z. B. den Unterschied in der Leistungseinschätzung zwischen einer 7 oder 8 zu begründen.

Definition der Skalenstufen

Die Definition der Skalenstufen erfolgt in der Regel durch Zahlenwerte (vgl. Bild 7.1), wie z. B.: prozentuale Einschätzungen (vgl. Tabelle 7.2), Adjektive bzw. Adverbien (vgl. Bild 7.10) oder Verhaltensbeschreibungen (vgl. Bild 7.11).

Kennzeichnung der Skalenstufen mit Zahlen

Im deutschsprachigen Raum besteht bei der Verwendung von Zahlen die Gefahr, dass die Skalenstufen mit einer Schulnotenskala verglichen werden, was in der Regel kein zulässiger Vergleich ist und zu Fehlschlüssen verleitet. Darüber hinaus kann dies bei einigen Mitarbeitern Assoziationen und Erinnerungen an negative Schulerfahrungen auslösen. Zudem besteht bei der Benennung der Stufen mit Zahlen die Gefahr, dass ein Durchschnittswert aus den einzelnen Skalenpunkten gebildet wird. Damit daraus ein richtiges Ergebnis resultiert, müsste der Unterschied in der Leistung von Skalenstufe zu Skalenstufe gleich groß sein. Diese Gleichabständigkeit (Äquidistanz) ist die Voraussetzung für die Bildung von korrekten Mittelwerten. Da Leistungsbeurteilungsskalen selten nach den Kriterien der Äquidistanz konzipiert sind, ist von diesem Vorgehen abzusehen. Daher werden die Skalenabstufungen häufig mit Buchstaben oder Symbolen versehen (z. B. »*Stufe D = erfüllt die Anforderungen in weiten Teilen nicht, Stufe C = erfüllt die Anforderungen überwiegend*« usw.; siehe auch Bild 7.10).

erfüllte das Ziel / die Anforderungen...

☐ in weiten Teilen nicht

☐ überwiegend

☐ voll

☐ übertrifft die Anforderungen

Bild 7.10 Beispiel für eine vierstufige verbal verankerte Skala zur Beurteilung der Zielerreichung

7.4 Entwicklung von Beurteilungsskalen

	A	B	C	D	E
Teambildung	Stellt Eigeninteresse vor Teaminteresse. Zeigt wenig Sensibilität für Teamsituationen.	Versucht Mitarbeiter in Prozesse einzubinden, scheitert damit aber in kritischen Situationen.	Sorgt für Zusammenhalt der Gruppe. Repräsentiert die Gruppe durchgängig nach außen.	Verschafft den Teammitgliedern Wertschätzung, bestärkt Mitarbeiter in ihren Leistungen und vertritt die Interessen des Teams auch in kritischen Situationen.	Sorgt für Gruppenidentität, vertritt den Ruf des Teams nach außen und versteht es Konflikte frühzeitig in konstruktives Handeln umzuwandeln.

Bild 7.11 Beispiel einer verhaltensverankerten Beurteilungsskala

Verhaltensverankerte Beurteilungsskalen

Eine alternative Kennzeichnung der Skalenstufen besteht darin, jede Skalenstufe mit einer konkreten Verhaltensbeschreibung zu definieren (vgl. Bild 7.11). Einstufungsskalen, die nicht bei allen Skalenstufen eine verbale Verankerung haben, nennt man auch grafische Einstufungsverfahren. Tabelle 7.1 zeigt dafür ein Beispiel.
Um alle wesentlichen Facetten des Leistungsbereichs eines Mitarbeiters auf diese Weise abzudecken, müssen etwa fünf bis 20 Skalen verwendet werden. Verhaltensverankerte oder grafische Beurteilungsskalen können – wie auch die meisten anderen beschriebenen Methoden – für alle Tätigkeitsbereiche und Positionsebenen eingesetzt werden.

Vorteile

Die verbale Verankerung jeder Einstufungsmöglichkeit mit operationalisierten Verhaltensbeschreibungen hilft, das Verständnis für die Skalenstufe über verschiedene Beurteiler hinweg zu konkretisieren und den Spielraum für persönliche Interpretationen der Skalenstufe zu reduzieren. Zudem trägt die verbale Verankerung dazu bei, den Mitarbeiter für das Verhalten, das das Unternehmen erwartet, zu sensibilisieren und beim Beurteiler Urteilstendenzen zu verringern.

Nachteile

Verhaltensverankerte Beurteilungsskalen erfordern hohen Konzeptionsaufwand.

Tabelle 7.1 Beispiel für eine grafische Einstufungsskala [nach SCHULER, 2004, S. 11]

Kontaktfähigkeit						
1	2	3	4	5	6	7

1 = ist im Umgang mit anderen befangen und ängstlich
4 = ist unkompliziert und wird von anderen akzeptiert
7 = findet selbst zu schwierigen Menschen Kontakt

Tabelle 7.2 Beispiel für eine prozentual verankerte Verhaltensbeobachtungsskala

Stellt hohe Erreichbarkeit für die Kunden sicher				
fast nie 1	2	3	4	5 fast immer
0 - 19 %	20 - 39 %	40 - 59 %	60 - 79 %	80 - 100 %
Beantwortet Kundenanfragen innerhalb der definierten Antwortzeit von 24 Stunden				
fast nie 1	2	3	4	5 fast immer
0 - 19 %	20 - 39 %	40 - 59 %	60 - 79 %	80 - 100 %
Informiert Kunden regelmäßig über neue Angebote (z. B. durch Newsletter)				
fast nie 1	2	3	4	5 fast immer
0 - 19 %	20 - 39 %	40 - 59 %	60 - 79 %	80 - 100 %

Verhaltensbeobachtungsskalen

Verhaltensbeobachtungsskalen basieren auf dem sogenannten Likert-Format, welches fünf Skalenstufen umfasst, die durch adverbiale Häufigkeitsbezeichnungen definiert sind. Bei diesem Verfahren soll nur beobachtbares Verhalten eingestuft werden. Die Skalenentwicklung erfolgt durch arbeitsanalytische Methoden. Die einzelnen Skalen werden testtheoretisch geprüft und meist nach Leistungsdimensionen geordnet. Je nach Zielsetzung werden die Einzelwerte nach Dimensionen summiert oder zu einem Gesamtwert zusammengefasst, der durch die große Anzahl von Einzelskalen relativ reliabel ist. Ein Beispiel ist in Tabelle 7.2 dargestellt.

Entwicklung von Beurteilungskriterien

Verwendet man verhaltensverankerte Skalen oder Verhaltensbeobachtungsskalen, müssen nach der Definition der Skalenstufen auch die Beurteilungskriterien definiert werden. Dies geschieht durch die Festlegung von Eigenschaften, die der zu bewertende Mitarbeiter aufweisen soll. Unter Eigenschaften versteht man dabei ein zeitlich überdauerndes Merkmal, wie z. B. Zuverlässigkeit, Initiative oder Kommunikationsverhalten. Sie sind grundsätzlich nicht direkt beobachtbar, sondern werden aus Verhaltensweisen abgeleitet. Deswegen benötigt man zur Einschätzung jedes dieser globalen und häufig abstrakten Merkmale immer mehrere Situationen, in denen man das Verhalten des zu bewertenden Mitarbeiters beobachtet und festhält. Erst aus der Zusammenfassung dieser Beobachtungen kann man eine Eigenschaft ableiten.

In der Praxis hat sich die Kombination von eigenschaftsorientiertem Überbegriff mit verhaltensorientierten Operationalisierungen bewährt. Bild 7.12 zeigt das

7.4 Entwicklung von Beurteilungsskalen

Kundenorientierung (intern/extern)

z.B.

- Baut vertrauensvolle Beziehungen zu Kunden auf und pflegt sie
- Erfasst die Bedarfe und Erwartungen von Kunden und sucht nach Möglichkeiten den Kundennutzen zu erhöhen
- Kommuniziert verbindlich und hält gegebene Zusagen ein

☐ außergewöhnlich übertroffen
☐ deutlich übertroffen
☐ erfüllt bis übertroffen
☐ teilweise erfüllt
☐ nicht erfüllt

Konkrete Beschreibungen / Beispiele des Arbeitsverhaltens

Bild 7.12 Ausschnitt aus einem Beurteilungsbogen mit eigenschaftsorientiertem Überbegriff und verhaltensorientierten Operationalisierungen

Beispiel eines Beurteilungsbogens, in dem der Vorgesetzte im Feld »*konkrete Beschreibungen/Beispiele des Arbeitsverhaltens*« weitere Faktoren benennen kann, die besonders positiv oder auch negativ auf die Leistung des Mitarbeiters einwirkten.
Um eine möglichst breite Einsetzbarkeit eines Beurteilungssystems zu gewährleisten, werden häufig allgemeingültige Beurteilungskriterien definiert, die für verschiedene Aufgabenprofile Gültigkeit haben.

Vorteile

Der Vorteil von Eigenschaftskriterien ist deren Übertragbarkeit auf andere Situationen, in denen eine Eigenschaft, z. B. Kommunikationsfähigkeit, ebenfalls relevant ist. Des Weiteren können zur Beschreibung einer Eigenschaft Verhaltensweisen gewählt werden wie z. B. *»hält Kundenzusagen ein«*, *»reagiert auf Kundenbeschwerden besonnen«* und Ähnliches. Dadurch schafft man die Voraussetzung, Kritik im Feedback an konkreten Verhaltensweisen und nicht an der Person selbst festzumachen und konkrete und nachvollziehbare Entwicklungsbedarfe zu identifizieren.
Der Beurteilungsbogen ist für viele Mitarbeiter nutzbar, eine große Zahl von Mitarbeitern wird über zentrale Anforderungen und Verhaltenserwartungen des Unternehmens informiert. Operationalisierte Verhaltensbeschreibungen erhöhen die Objektivität des Beurteilers und reduzieren Ratingfehler. Die Vorabkommunikation der Beurteilungskriterien erhöht die Akzeptanz der Einschätzung beim Mitarbeiter.

Nachteile

Der Nachteil liegt vor allem bei schlechten Einschätzungen in einer erhöhten Gefahr der Vorverurteilung und Kritik der zu bewertenden Person. Zudem muss die Führungskraft, um im Feedback Verbesserungsbedarf klar zu benennen, die abstrakten Eigenschaften, die sich ändern sollen (z. B. mangelnde Kommunikationsfähigkeit), mit dem Verhalten des Mitarbeiters in konkreten Situationen beschreiben.

Kriterienkataloge können nicht alle Stärken und Schwächen der Mitarbeiter erfassen. Dadurch kann es vorkommen, dass Stärken, die bei einem Aufgabenbereich besonders wichtig sind, nicht in die Leistungsbewertung einfließen.

Wenn die Anforderungskriterien (wie z. B. im Beispiel von Bild 7.12) sehr allgemein formuliert sind, muss für jede zu bewertende Funktion zusätzlich definiert werden, was genau unter dem jeweiligen Konstrukt, wie z. B. Kundenorientierung, verstanden wird.

Tipps für die Gestaltung von Urteilsskalen

- Um eine multidimensionale Leistungsbeurteilung zu gewährleisten, müssen genügend relevante Kriterien die Leistung beschreiben. Jedes Kriterium muss so eindeutig formuliert sein, dass die Beurteiler die unterschiedlichen Beurteilungskriterien zweifelsfrei voneinander unterscheiden können.
- Jedes Leistungskriterium sollte möglichst eindeutig operationalisiert sein. Eine verbale Definition der Skalenstufen erleichtert es dem Vorgesetzten, die Bewertungsmaßstäbe zu verstehen und anzuwenden. Bei der Formulierung der Skalenstufen sollte auf Gleichabständigkeit (Äquidistanz) geachtet werden, damit diese von Beurteilern gut unterschieden werden können.
- Neben der Bewertung anhand einer Skala sollte Platz für freie Anmerkungen sein. So kann die Führungskraft Faktoren kommentieren, die die Leistung des Mitarbeiters positiv oder negativ beeinflussten, und damit das Leistungsrating erläutern.
- Die Anzahl der Skalenabstufungen sollte eine ausreichende Differenzierung zwischen den Leistungen der Mitarbeiter ermöglichen, allerdings überschaubar bleiben. Bewährt haben sich vier bis maximal sieben Skalenstufen. Je höher die Anzahl der Stufen und damit die Differenzierungsmöglichkeiten der Leistungsbewertung sind, desto schwerer fällt es den Vorgesetzten, sich für eine Stufe zu entscheiden und ihre Beurteilung stichhaltig zu begründen.
- Eine gerade Anzahl von Skalenabstufungen zwingt den Urteiler zu einer eindeutigeren Aussage, ob er die Leistung des Mitarbeiters tendenziell in der besseren oder der schlechteren Hälfte der Bewertungsskala ansiedelt, und verhindert damit die Tendenz, die mittlere Skalenstufe anzukreuzen. Ungerade Anzahlen haben den Nachteil, dass Beurteiler vermehrt mit der Tendenz zur Mitte beurteilen und Mitarbeiter die mittlere Kategorie als »nur« durchschnittliche Bewertung missinterpretieren, auch wenn die Beschreibung der Skalenstufe anders bezeichnet ist (wie z. B. »*Ziele voll erfüllt*«). Für die Entscheidung, welche Variante man wählt, sollte man sich nochmals die Ziele, die das Beurteilungsverfahren erfüllen soll, ins Gedächtnis rufen.

7.5 Beurteilungslogiken

Bei der Konzeption eines Beurteilungsverfahrens muss entschieden werden, nach welcher Beurteilungslogik und welchen Entscheidungsregeln die Leistung bewertet werden soll. In der Praxis finden sich folgende Vorgehensweisen.

Summarische und analytische Bewertung

Bei einer summarischen Bewertung fasst der Vorgesetzte die Leistung eines Mitarbeiters zu einem Kriterium »Gesamtleistung« zusammen. Bei einer analytischen Bewertung stützt er sich dafür auf die Beurteilung mehrerer Kriterien.

Ein Großteil der mittlerweile in der Praxis eingesetzten Beurteilungsverfahren kombiniert die analytische Bewertung, in der einzelne Leistungskomponenten, wie z. B. Zielerreichung, Kompetenzen und erwünschte Verhaltensanforderungen, beurteilt werden, mit einer summarischen Bewertung der Gesamtleistung. Dies kann auf zweierlei Arten geschehen.

Das Gesamturteil kann entweder nach einer fest definierten Entscheidungsregel errechnet werden, beispielsweise durch eine gewichtete Summation der analytischen Einzelbewertungen, oder durch den Mittelwert von gleich gewichteten Leistungskomponenten. Diese mathematische Ermittlung eines Gesamturteils setzt allerdings voraus, dass bereits im Vorfeld festgelegt wird, wie die Leistungsfaktoren gewichtet werden sollen und die Gesamtleistung errechnet werden soll. Da während eines Geschäftsjahres dynamische Entwicklungen sowohl eine Neudefinition der Themenstellungen wie auch der Gewichtungsfaktoren notwendig machen können, ist diese Vorabfestlegung nicht immer einzuhalten.

Entschließt sich ein Unternehmen aus diesen Gründen das Gesamturteil nicht nach einer mathematischen Entscheidungsregel zu ermitteln, müssen Führungskräfte die Ergebnisse der analytischen Einzelbewertungen intuitiv zu einem Gesamturteil zusammenfassen. In diesem Fall folgt die Gewichtung der einzelnen Leistungskomponenten zu einem Gesamturteil nicht einem definierten Verfahren, sondern findet gewissermaßen im »Kopf« des Beurteilers statt. Bei dieser Abwägung kann er viele Faktoren berücksichtigen, z. B. was nach seiner Erfahrung Personen in ähnlichen Aufgabengebieten »im Normalfall« leisten, wie er unterschiedliche Leistungskomponenten gewichtet oder auch die Leistungen des zu Beurteilenden mit dem Leistungsniveau von Mitarbeitern mit ähnlichem Aufgabengebiet vergleichen. Bei diesem sehr freien Vorgehen besteht die Gefahr, dass Führungskräfte sehr unterschiedliche Maßstäbe und summarische Regeln anwenden, um zu einem Gesamturteil zu kommen. Allerdings muss die Führungskraft auch in diesem Fall dem Mitarbeiter nachvollziehbar erklären und begründen, wie er zu der Gesamtbeurteilung gekommen ist. Nur so kann ein Mitarbeiter das Ergebnis verstehen und akzeptieren.

Relative Beurteilung

Der oben beschriebenen Gefahr, dass Beurteiler sehr unterschiedliche implizite Kriterien, Bezugspunkte und Gewichtung von Leistungskomponenten für die Generierung eines Gesamturteils anwenden, soll die relative Beurteilungslogik entgegenwirken. Bei einer relativen, die man auch normorientierte Beurteilung bezeichnet, wird die aktuelle Leistung der Mitarbeiter verglichen. Der Maßstab bei dieser Form der Beurteilung ergibt sich am Ende des Beurteilungszeitraums jeweils aus den erreichten Leistungen aller Mitglieder einer Bezugsgruppe. Normorientierte Beurteilungen verhindern damit Urteilsverzerrungen, wie die Tendenz zur Milde oder die ausschließliche Nutzung mittlerer Beurteilungskategorien.

Relative Leistungsbeurteilungen zielen darauf ab, den Wettbewerb zwischen den Mitarbeitern durch den Vergleich zu intensivieren und sie so zu einem insgesamt höheren Leistungsniveau zu motivieren. Um den Anreiz für Leistungssteigerungen zu erhöhen, werden oft die individuellen Rangplätze an weitere Konsequenzen (wie z. B. Bonuszahlungen) geknüpft. Häufig werden relative Leistungsbeurteilungen und die damit oftmals verbundenen leistungsorientierten Vergütungen auch eingesetzt, um gute Mitarbeiter an das Unternehmen zu binden und schlechte Mitarbeiter zu identifizieren, um sich gegebenenfalls von ihnen zu trennen. Der Vorteil dieser Methode ist, dass der Mitarbeiter erfährt, wo sein Leistungsniveau im Vergleich zu einer Bezugsgruppe liegt. Nachteil dieser Methode ist es, dass z. B. Mitarbeiter, die sich in der Einarbeitung befinden, im Vergleich zu Personen, die in ihrem Aufgabenfeld Erfahrung haben, schlechtere Bewertungen erhalten, obwohl sie sich möglicherweise besonders angestrengt haben, um sich schnell in das neue Themengebiet einzuarbeiten. Dies birgt die Gefahr der Demotivation, da die in der Einarbeitungsphase erbrachten Leistungen nicht genügend anerkannt werden. Häufig geht dieser normorientierten Beurteilung eine analytische und summarische Beurteilung voraus. Die so erzielten Ergebnisse dienen dann als Grundlage, um die Leistungen der zu beurteilenden Personen miteinander zu vergleichen.

Typische Verfahren von relativen Beurteilungen sind Rangordnungsverfahren, wie beispielsweise Rangreihenbildungen zu bewertender Personen oder auch Quotenvorgaben.

Personenrangordnungen

Bei Personenrangordnungen wird eine Rangordnung aller Mitarbeiter hinsichtlich ihrer Leistung in der betrachteten Einheit erstellt. Viswesvaran [VISWESVARAN, 2002] empfiehlt, für größere Gruppen das »alternierende Ranking« anzuwenden. Dabei setzt man zuerst die beste und die schlechteste Person auf den ersten bzw. letzten Rangplatz. Von den verbleibenden Personen wird dann der zweitbesten und zweitletzten Person wieder der jeweilige Rangplatz zugeordnet, bis die ganze Gruppe positioniert ist.

Quotenvorgaben

Bei der Quotenvorgabe geht man von der Annahme aus, dass die Leistungen der Mitarbeiter weitgehend entsprechend der Normalverteilung bewertet werden können. Führungskräfte erhalten deshalb die Vorgabe, die Mitarbeiter in einem bestimmten Verhältnis vorgegebenen Leistungsgruppen zuzuordnen.

7.5 Beurteilungslogiken

In den angelsächsischen Ländern nennt man normorientierte Beurteilungsverfahren mit Personenrangordnungen oder Quotenvorgaben, »Forced Rankings« oder »Forced Distribution«. Bei dieser Methode müssen Führungskräfte entweder die Mitarbeiter nach ihrer Leistung in eine Rangreihe bringen (Forced Ranking) oder ihre Mitarbeiter nach einer vorgegebenen Verteilung den Leistungsbeurteilungskategorien zuordnen. Dies hat zur Folge, dass ein bestimmter Prozentsatz der Mitarbeiter den schlechteren Leistungsbeurteilungskategorien zuordnet werden muss (Forced Distribution). Diese Beurteilungsmethode soll Manager dazu zwingen, Personen mit niedrigerer Leistung sichtbar zu machen und für sie einen Maßnahmenplan aufzustellen. Organisationen, die die Forced Distribution einsetzen, versprechen sich davon ein klareres Vorgehen bezüglich Mitarbeitern mit niedrigen Leistungen und damit langfristig eine Leistungsverbesserung im gesamten Unternehmen.

Dabei gehen die überzeugten Anhänger dieser Beurteilungsmethode, deren prominentester Vertreter Jack Welsh, ehemaliger CEO von General Electric, ist, davon aus, dass die Leistung der Mitarbeiter weitgehend der Normalverteilung entspricht. Deshalb bewertet General Electric auf der Grundlage einer Forced Distribution jährlich in einem konzernweiten Personalentwicklungs- und -planungsprozess, der »Session C«, alle Manager, Mitarbeiter in Schlüsselpositionen und High Potentials nach den Kriterien Leistungen und Ergebnisbeiträge für das Unternehmen und Umsetzen der Werte von General Electric. Bild 7.13 zeigt diese Beurteilung. Die Ergebnisse dieser Maßnahme dienen unter anderem dazu, Talentpools zu identifizieren, Nachfolgepläne für Schlüsselpositionen zu entwickeln und Entwicklungsmaß-

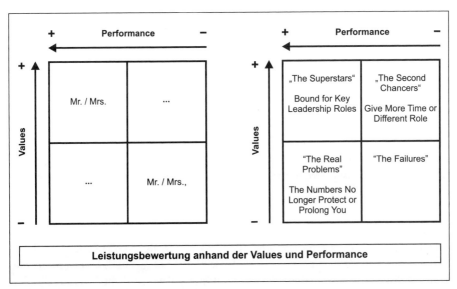

Bild 7.13 Leistungsbewertung nach Ergebnisbeiträgen und Umsetzen der Werte von General Electric [BLANK; HAMMER, 2001, S. 325]

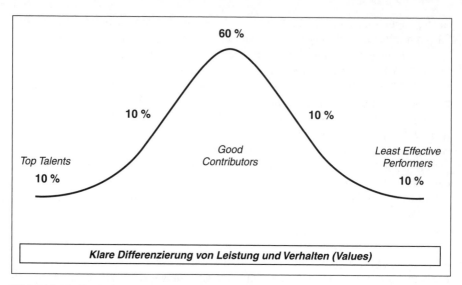

Bild 7.14 Vitality Curve [aus: BLANK; HAMMER, 2001, S. 324]

nahmen zu definieren. Dabei sind zwei Beurteilungsdimensionen zu berücksichtigen: »Leistung« und »Umsetzung von Werten«. Dies hat zur Folge, dass die Unternehmenswerte nicht nur in den Köpfen existieren, sondern – insbesondere auch von den Managern – konsequent gelebt werden müssen, um eine gute Leistungseinschätzung zu erhalten.

Entscheidungsgrundlage für die reine Leistungsbewertung ist die »Vitality Curve«, die der Normalverteilung entspricht. Bild 7.14 zeigt diese Kurve. Gemäß den von ihr gezeigten Leistungskategorien müssen die Führungskräfte ihre Mitarbeiter auf der Kurve platzieren.

Lawler III [LAWLER III, 2003] untersuchte, ob Fortune-500-Firmen in den USA, die die »Forced Distribution« als Beurteilungsmethode einsetzten, die Wirksamkeit ihres Beurteilungssystems signifikant besser einstuften als Firmen, die diese Beurteilungsmethode nicht verwandten. Die Ergebnisse von Lawler III konnten keine signifikanten Unterschiede feststellen, die nachweisen würden, dass »Forced-Distribution-Methoden« die Differenzierung von Mitarbeitern mit guten und schlechten Leistungen besser vornehmen würden als andere Methoden der Leistungsbeurteilung.

Vorteile

Durch die Vorgabe von bestimmten Häufigkeiten in der Skaleneinstufung kann Bewertungstendenzen zur Milde, Strenge oder Mitte entgegengewirkt werden. Führungskräfte werden durch diese Art des Rankings gezwungen, die Leistung der Mitarbeiter zu vergleichen. Dadurch erfassen und analysieren sie mehr Leistungsindikatoren.

Nachteile

Nachteil dieses Rankings ist allerdings, dass die Mitarbeiter, besonders in Gruppen mit sehr homogenen Leistungen, dieses Beurteilungsverfahren oft als ungerecht empfinden. Diese Methode kann Frustration auslösen, da sie individuellen Fortschritten der Mitarbeiter zu wenig Rechnung trägt und nur auf den Vergleich mit anderen fokussiert. Zudem wird ein und derselbe Mitarbeiter in einem leistungsstarken Team eine schlechtere Bewertung erhalten als der gleiche Mitarbeiter in einem leistungsschwachen Team. Da häufig nur die Beurteilung und nicht die Bezugsgruppe dokumentiert wird, würde bei einer rückwirkenden Betrachtung sich ein verzerrtes Bild von der tatsächlichen Leistungsfähigkeit des Mitarbeiters in einem leistungsstarken Team ergeben.

7.6 Genauigkeit der Leistungsbeurteilungen

Viele Beurteilungsverfahren basieren nicht bzw. nicht ausschließlich auf objektiven Zahlen, sondern auf den Einschätzungen eines Beurteilers. Wie aussagekräftig sie sind, hängt damit ausschlaggebend von der Genauigkeit und Qualität von dessen Beobachtungen ab.

Unter Genauigkeit bei der Leistungsbeurteilung versteht man die Abweichung eines Urteils vom wahren Leistungswert. Idealerweise sollte ein Großteil von Leistungsbeurteilungen die tatsächliche Leistung des zu beurteilenden Mitarbeiters genau wiedergeben. Metaanalysen zeigen jedoch, dass dies nur eingeschränkt der Fall ist [vgl. BOMMER et al., 1995; HENEMANN, 1986; VISWESVARAN, 1993; VISWESVARAN; ONES; SCHMIDT, 1996].

So sind auch die Ergebnisse von Leistungsratings in vielen Organisationen weder normalverteilt noch nutzen sie alle Möglichkeiten der Leistungsbewertung. Vielmehr tendieren viele Vorgesetzte dazu, die Leistung ihrer Mitarbeiter milde zu beurteilen. Das fanden Bretz, Milkovich und Read [BRETZ; MILKOVICH; READ, 1992] in einer Untersuchung von Beurteilungssystemen amerikanischer Unternehmen heraus. Sie zeigte, dass bei einer fünfstufigen Leistungsbewertung 60 bis 70 Prozent der Mitarbeiter Leistungsratings der beiden oberen Kategorien erhielten, während die beiden unteren Kategorien eher leer blieben. Realistischerweise ist es aber unwahrscheinlich, dass alle Organisationen einen so hohen Anteil von herausragenden Mitarbeitern beschäftigen. Folglich ist davon auszugehen, dass ein Milde-effekt vorliegt.

Diese Tendenz der Führungskräfte, eher positiv zu urteilen, entspricht auch der Erfahrung vieler Personalexperten. Beurteiler beschönigen vor allem dann ihre Ratings, wenn sie eine Konfrontation mit Mitarbeitern mit schlechter Leistung vermeiden wollen.

Niedrigere Werte der Skala können aber auch deshalb weniger benutzt werden, weil parallel Prozesse im Unternehmen in Gang sind, die die Zahl der Mitarbeiter mit schlechten Leistungen verringern. Ein Unternehmen könnte z. B. im Zuge einer

Personalreduzierung konsequent alle Beschäftigten gekündigt haben, die nicht ein vorgegebenes Leistungsniveau erreichten. In der Folge hätte dies zur Konsequenz, dass seltener schlechte Leistungsratings auftreten und die meisten Mitarbeiter gute Leistungen erzielen.
Dennoch beschreibt das Vorgesetztenurteil eher die tatsächliche Arbeitsleistung des zu Beurteilenden als andere Quellen (z. B. Selbsteinschätzung, Peereinschätzung, Untergebeneneinschätzung). Eine multidimensionale Messung von Leistung hat eine höhere Genauigkeit zur Folge als eine eindimensionale Messung eines Gesamturteils.

Möglichkeiten zur Verbesserung der Genauigkeit von Beurteilungen

Beurteilungsfehler wie Halo-Effekte, Beurteilungstendenzen, Stereotypisierungen und Kontrasteffekte können bewusst oder auch unbewusst entstehen (vgl. Kapitel 5 »Wahrnehmung«). Sie schmälern nicht nur die Aussagekraft der Bewertung, sondern verringern auch die Akzeptanz der Beurteilung beim Mitarbeiter. Er wird das Ergebnis nur widerwillig annehmen, wenn er den Eindruck hat, der Beurteiler habe ungenau beobachtet bzw. seine Einschätzung beschreibe nicht die tatsächlich erbrachte Leistung.

Die Führungsriege in einem Unternehmen sollte deshalb sicherstellen, dass die Beurteiler die Mitarbeiter an eindeutig definierten und transparenten Kriterien messen und über ihre Einschätzung auch Rechenschaft ablegen können. Zwei wichtige Instrumente dafür sind Beurteilungstrainings und die Berichtspflicht der Beurteiler gegenüber einer übergeordneten Instanz.

Beurteilungstrainings

Beurteilungstrainings tragen nachweislich dazu bei, sowohl die Objektivität zu erhöhen wie auch Ratingfehler zu verringern [siehe z. B. KEOWN-GERRARD; SULSKY, 2001; NOONAN; SULSKY, 1996; SULSKY; SKARLICKI; KEOWN, 2002; PURSELL; DOSSETT; LATHAM, 1980]. Aufgrund dieser Tatsache ist in den meisten Unternehmen die Teilnahme an Beurteilungstrainings verpflichtend und ein fester Bestandteil der Implementierungsphase.

Zwei Trainingsmethoden haben sich als besonders effizient erwiesen:

- Die Beurteiler erfahren, wo die Fehlerquellen in der Mitarbeiterbeurteilung sind und unter welchen Bedingungen sie auftreten.

Beurteilungsfehler, die in der Person des Beurteilers liegen, sind z. B. Vorurteile, Sympathie- bzw. Antipathieeffekte, Projektionsfehler, bei denen der Beurteiler seine eigenen Fähigkeiten oder Schwächen in seinen Mitarbeiter projiziert, oder auch der Bezugspersoneneffekt, nach dem der Beurteiler die Beurteilung seines Vorgesetzten bewusst oder unbewusst übernimmt. Wahrnehmungsverzerrungen können bei der Informationsaufnahme und -verarbeitung durch den Beurteiler erfolgen. Hierzu gehört, der Halo-Effekt, in dem ein besonderes Merkmal eines Mitarbeiters auf alle anderen Eigenschaften überstrahlt. Beim Recency-Effekt orientiert sich der

7.6 Genauigkeit der Leistungsbeurteilungen

Beurteiler vor allem an der kürzlich erbrachten Leistung des Mitarbeiters und nicht an der gesamten Beurteilungsperiode. Bei der selektiven Wahrnehmung nimmt der Beurteiler nur einen Teil des Mitarbeiterverhaltens wahr und bewertet diesen mit größerem Gewicht. Beurteilungsverfälschungen entstehen, wenn der Beurteiler absichtlich seine Beurteilung manipuliert, z. B. Begünstigungen, Diskriminierungen, »Wegloben«, oder indem er negative Beurteilungen vermeidet, um keine Konflikte mit seinen Mitarbeitern zu erleben.

- In einem Frame-of-Reference-Training entwickeln Beurteiler einen gemeinsamen Bezugsrahmen für die Leistungsbewertung.

Hier ist es für die Beurteiler besonders wichtig, den Maßstab der jeweiligen Skala zu verstehen, um weitgehend objektive Beurteilungen und eine einheitliche Interpretation der Skala im Unternehmen zu gewährleisten. Dadurch können Beurteilungsverzerrungen, wie z. B. die Tendenz zur Milde, bei der nachsichtige Beurteiler Mitarbeiter eher zu positiv einschätzen, oder die Tendenz zur Strenge, bei der Beurteiler die Mitarbeiterleistung zu streng beurteilen, sowie die Tendenz zur Mitte, die vor allem vorsichtige Beurteiler verwenden, reduziert werden.
Die in der Literatur beschriebenen Trainingsprogramme für Beurteiler enthalten folgende Bausteine:

- Die Teilnehmer erhalten eine Serie von Arbeitsplatzbeschreibungen und diskutieren sie.
- Danach sehen sie sich ein Beispiel für Mitarbeiterverhalten auf Video an.
- Die Teilnehmer bewerteten dann das Verhalten des Mitarbeiters und begründen ihre Einschätzung.
- Der Trainer enthüllt im Anschluss das korrekte Raterverhalten und diskutiert, wie die Teilnehmer ihre Objektivität bei der Bewertung erhöhen können (z. B. durch mehrere Beobachter, verhaltensbasierte Kriterienoperationalisierungen oder das Notieren von Beobachtungen).
- Darüber hinaus üben die Teilnehmer in diesen Workshops Fähigkeiten ein, die eine objektivere Leistungsbeurteilung möglich machen, z. B. die Kommunikation von Zielen und Leistungsstandards, das Führen von Leistungsprotokollen und die Ausrichtung an einheitlichen Bezugsrahmen bei der Skalenvergabe (Frame-of-Reference-Training).

In Kapitel 11 »Implementierung von Mitarbeitergesprächen« finden sich Hinweise zur Gestaltung von Beurteilungstrainings.

Mehrere Beurteilungsquellen

In Unternehmen, in denen Mitarbeiter vermehrt in flexiblen Strukturen hoch spezialisiert und in flachen Hierarchien arbeiten, ist es für Vorgesetzte nicht einfach, einen fundierten Einblick in die Tätigkeit des Mitarbeiters zu erlangen, um diesen umfassend zu beurteilen. Hier geht man dazu über, neben dem direkten Vorgesetzten auch weitere Beurteilerinformationen für die Leistungsbeurteilung zu berücksichtigen. Typische zusätzliche Quellen sind z. B. die Beurteilung durch einen Projektleiter, für den der Mitarbeiter zeitlich begrenzt gearbeitet hat, Feedback von Empfängern von Leistungen des Mitarbeiters, wie z. B. interne und externe Kunden, oder bei Führungskräften auch die Bewertung ihres Führungsverhaltens durch die eigenen Mitarbeiter, was auch Vorgesetztenbeurteilung genannt wird. Mithilfe dieser zusätzlichen Feedbackquellen wird die Genauigkeit der Leistungsbeurteilung vergrößert, da ein erweiterter Ausschnitt des Leistungsverhaltens des Mitarbeiters dadurch sichtbar wird. Vor allem für Personalentwicklungszwecke werden auch 360-Grad-Feedbackverfahren, in denen unterschiedliche Personengruppen, wie z. B. Kollegen, Kunden, Mitarbeiter und Vorgesetzte eine Person einschätzen, verwendet. Übereinstimmende Rückmeldungen aus verschiedenen Quellen werden in der Regel von der beurteilten Person eher akzeptiert und bieten daher die Chance, Verhaltensänderungen zu bewirken. Allerdings stellt die Bereitstellung von verlässlichen schriftlichen oder mündlichen Feedbackinformationen weiterer Feedbackgeber einen deutlichen Mehraufwand für die Vorbereitung und Durchführung der Beurteilungsgespräche dar.

Begründung der Ergebnisse der Mitarbeitergespräche vor einer weiteren Instanz

Studien haben nachgewiesen, dass Beurteiler Leistungen akkurater bewerten, wenn die Organisation von ihnen detaillierte Begründungen für ihre Einschätzungen einfordert. Sie nehmen dann den Beurteilungsprozess ernster und sind motivierter, genauer zu urteilen.
Mero und Motowidlo [MERO; MOTOWIDLO, 1995], Mero, Motowidlo und Anna [MERO; MOTOWIDLO; ANNA, 2003] und Curtis, Harvey und Ravden [CURTIS; HARVEY; RAVDEN, 2005] fanden z. B. heraus, dass Beurteiler, die Erklärungen an eine außenstehende Instanz ablegen mussten, auf mehr Leistungsinformation achteten, mehr Notizen in höherer Qualität anfertigten, mit höherem Engagement bei der Sache waren und folglich genauere Leistungsratings anfertigten als Beurteiler, die nicht für ihre Entscheidungen verantwortlich gemacht wurden.
Diese Befunde finden jedoch bislang im Unternehmensalltag nur wenig Beachtung. Napier und Latham [NAPIER; LATHAM, 1986] haben festgestellt, dass Beurteiler in vielen Organisationen keine Konsequenzen zu erwarten hätten, egal ob sie gute oder schlechte Leistungsbeurteilungen vornähmen. Auch London, Smither und Adsit [LONDON; SMITHER; ADSIT, 1997] sind der Meinung, dass Beurteiler für die Genauigkeit und für die Nützlichkeit des vermittelten Feedbacks verantwortlich gemacht werden sollten. Thomas und Bretz [THOMAS; BRETZ, 1994] berichten, dass nur 22 Prozent der Manager von Fortune-500-Firmen in den USA Rechenschaft darüber ablegen müssten, wie gut sie ihre Leistungsbeurteilungen machten. Das legt den Schluss nahe, dass Manager nur wenig Anstrengung in etwas investieren, für das sie nicht geradestehen müssen.
Diese Erkenntnisse sprechen dafür, dass die in einigen Unternehmen gelebte Praxis, den nächsthöheren Vorgesetzten über das Ergebnis der Beurteilung zu informieren, durchaus Sinn macht, sofern der Vorgesetzte sich nochmals mit den Beurteilungsergebnissen auseinandersetzt und nicht »nur« die Ergebnisse zur Kenntnis nimmt.

Vorteile

Wird der nächsthöhere Vorgesetzte mündlich oder anhand der Dokumentation schriftlich über die Ergebnisse des Gesprächs informiert, kann er im Bedarfsfall nochmals auf die vereinbarten Zielvorgaben oder die Beurteilung der Leistungen und beruflichen Perspektiven des Mitarbeiters Einfluss nehmen. Er kann überprüfen, ob die ihm nachgelagerte Führungskraft ihren Führungsauftrag tatsächlich ernst nimmt, qualitativ hochwertige Mitarbeitergespräche führt und die Potenziale ihrer Mitarbeiter erkennt. Zudem kann er bei aufgetretenen Konflikten zwischen den Gesprächspartnern ausgleichend einwirken und zur Lösung beitragen.

Nachteile

Die Gesprächsinhalte bleiben nicht vertraulich zwischen Mitarbeiter und Vorgesetzten, sondern erhalten eine größere Öffentlichkeit. Dadurch erhalten die Beurteilungsergebnisse größere Relevanz für Folgeentscheidungen. Das wirkt sich gerade auf Mitarbeiter mit schlechter Leistungsbewertung aus. Je mehr Entscheidungsträger von ihrem Abschneiden wissen, desto stärker wird der organisationale Druck auf den direkten Vorgesetzten, Maßnahmen zur Verbesserung einzuleiten oder z. B. die betreffenden Mitarbeiter möglichst schnell an eine Stelle mit passenderem Anforderungsprofil zu versetzen.

7.7 Fairness im Beurteilungsprozess

Mitarbeiter achten sehr stark darauf, ob bei Beurteilungen Fairnessprinzipien eingehalten werden. Elicker, Levy und Hall [ELICKER; LEVY; HALL, 2006] sprechen in Anlehnung an Folger und Cropanzano [FOLGER; CROPANZANO, 1998] von der Leistungsbeurteilung als einem »kritischen Gerechtigkeitsereignis« oder »Kontaktpunkt« zwischen Mitarbeiter und Führungskraft, in dem Führung spürbar wird [siehe auch HOLBROOK, 2002] und der stark durch die bestehende Beziehung zwischen dem Vorgesetzten und dem Mitarbeiter beeinflusst wird. Von seiner Durchführung hängt zum Großteil die Akzeptanz für den gesamten Mitarbeitergesprächsprozess ab.
Viele Studien erforschen deshalb die interaktiven Prozesse bei der Beurteilung und deren Wirkung auf den Beurteilten. Dabei wurde deutlich, dass die Mitarbeiter den Leistungsbeurteilungsprozess umso mehr akzeptieren, je fairer sie ihn wahrnehmen. Das äußert sich z. B. in einem konstruktiveren Umgang mit Leistungsfeedback, höherer Motivation, die eigene Leistung zu verbessern, oder auch größerer Zufriedenheit mit dem Beurteilungsgespräch. Zudem führt die Wahrnehmung der Gerechtigkeit des Ergebnisses der Leistungsbeurteilung zu verbesserten organisationalen Einstellungen (z. B. zu mehr organisationalem Commitment) der Mitarbeiter, welche sie darin bestärken, in der Organisation zu bleiben. Tabelle 7.3 fasst die Reaktionen von Mitarbeitern auf ein von ihnen als fair empfundenes Beurteilungssystem zusammen.

Tabelle 7.3 Konsequenzen eines fairen Beurteilungssystems [nach GILLILAND; LANGDON, 1998, S. 213]

Verbesserung der ...	Positive Effekte auf Variablen wie z. B.
Einstellung und der Reaktionen der Mitarbeiter auf Beurteilungen	• Akzeptanz der Beurteilung und des Beurteilungssystems • Zufriedenheit mit dem Beurteilungsprozess • wahrgenommene Genauigkeit der Beurteilung • Zufriedenheit mit einer Gehaltserhöhung bzw. generell der Entlohnung
Mitarbeitermotivation und der Leistung (kleine Effekte)	• Motivation, die Leistung zu verbessern • Leistungsverbesserungen
Einstellung der Mitarbeiter zur Organisation	• Vertrauen in die Führungskraft • Vertrauen in das Management • organisationales Commitment • Intention, in der Organisation zu bleiben • Arbeitszufriedenheit • proorganisationale Einstellungen zur Organisation (z. B. Hilfsbereitschaft, Bereitschaft, sich zusätzlich zu engagieren) • wahrgenommene Gerechtigkeit der Organisation
Position der Firma bei Rechtsstreitigkeiten im Zusammenhang mit Beschäftigungsfragen	• verbesserte rechtliche Position durch definierte Prozesse • reduzierte Wahrscheinlichkeit eines Rechtsstreits (hypothetische Konsequenz)

Ob Mitarbeiter eine Leistungsbeurteilung als fair einstufen, hängt von vier Faktoren ab:

- Verteilungsfairness oder distributive Fairness

Sie bedeutet, dass ein Ergebnis, eine Ressourcenverteilung oder auch eine Entscheidung als gerecht empfunden wird. Bei der Leistungsbeurteilung stellen Leistungsratings sowohl zu einzelnen Beurteilungsdimensionen wie auch zur Gesamtleistung eine Ergebnisinformation dar. Der Mitarbeiter prüft, ob er aus seiner Sicht das erhaltene Ergebnis als fair empfindet, d. h., ob die erhaltene Bewertung auf seiner Leistung basiert und ob Empfehlungen zu Gehalt und Beförderungen, die möglicherweise im Anschluss einer Leistungsbeurteilung stehen, auf seiner Leistungsbeurteilung beruhen.

- Verfahrensfairness des Prozesses, der zu einer Entscheidung oder zu einem Ergebnis führt, oder prozedurale Gerechtigkeit

Hier ist die wesentliche Erkenntnis der Fairnessforschung [vgl. THIBAUT; WALKER, 1975; LEVENTHAL, 1980], dass Prozesse, die als gerecht wahrgenommen werden, die Akzeptanz von Ergebnissen erhöhen. Dieser Prozesskontrolleffekt wird in der Literatur auch als »Fair Process Effect« oder auch als »Voice Effect« bezeichnet [siehe FOLGER, 1977; LIND; TYLER, 1988]. Bei der Leistungsbeurteilung erfordert die prozedurale Fairness vor allem, dass Beurteiler so weit wie möglich vorurteilsfrei entscheiden und sich genau an den von der Organisation definierten Prozess halten. Dazu ist es wichtig, dass die Führungskraft den Arbeitsplatz des Beurteilten gut kennt. Zudem sollte der Mitarbeiter die Möglichkeit erhalten, die Beurteilung mit seinem Vorgesetzten zu diskutieren und gegebenenfalls auch zu widerlegen.

- Interpersonale Fairness

Sie zeigt sich in fairer Behandlung der Akteure untereinander. Bei der Leistungsbeurteilung heißt das z. B., dass der Beurteiler dem Mitarbeiter Respekt entgegenbringt.

- Informationale Fairness

Sie bedeutet, dass Erklärungen und Informationen über das Beurteilungssystem, aber auch zu den Beurteilungskriterien als ehrlich und umfassend vom Mitarbeiter eingestuft werden. Im Vorfeld der Leistungsbeurteilung sollten daher die Bewertungskriterien nachvollziehbar und transparent kommuniziert sein.
Gilliland und Langdon [GILLILAND; LANGDON, 1998] entwickelten aufgrund der bestehenden Leistungsbeurteilungsforschung und ihrer eigenen praktischen Erfahrung mit Leistungsbeurteilungsprozessen Empfehlungen zur Umsetzung von Fairness bei einem Leistungsbeurteilungsprozess, die in Tabelle 7.4 in einer von den Autoren dieses Buches erweiterten Form aktualisiert dargestellt sind.

Tabelle 7.4 Fairness im Beurteilungsprozess [angelehnt an GILLILAND; LANGDON, 1998, S. 229]

Determinante	Beschreibung	Empfohlene Praxis
Meinungsäußerung	Mitarbeiter können ihre Meinung in die Leistungsbeurteilung einbringen.	- Mitarbeiter füllen Selbstbeurteilungen aus. - Führungskräfte führen das Gespräch als Dialog und holen aktiv die Meinung des Mitarbeiters ein.
Konsistenz	Konsistente Kriterien sind für die Beurteilung aller Mitarbeiter sichergestellt.	- Konsistenz bei der Ankündigung von Leistungsstandards, der Mitarbeiterbeteiligung und der Sammlung von Leistungsinformation ist gewährleistet. - Führungskräfte sind darin ausgebildet, diese Konsistenz zu fördern. - Das Beurteilungsinstrument ist standardisiert und formalisiert.

Tabelle 7.4 *(Fortsetzung):* Fairness im Beurteilungsprozess [angelehnt AN GILLILAND; LANGDON, 1998, S. 229]

Determinante	Beschreibung	Empfohlene Praxis
		• Ein Prozesshandbuch ermöglicht es Mitarbeitern und Führungskräften, sich über den Sollprozess der Beurteilung zu informieren. • Qualifizierungsmaßnahmen stellen sicher, dass alle Mitarbeiter und Führungskräfte den Sollprozess kennen.
Vorurteile	Die Vorurteile der Beurteiler beeinflussen den Beurteilungsprozess so wenig wie möglich.	• Führungskräfte sind trainiert, Vorurteile zu minimieren. • Beurteilungskriterien und -prozess sind standardisiert. • Die Beurteilung durch mehrere Personen und 360-Grad-Feedbacks werden in die Leistungsbeurteilung mit einbezogen. • Die Verantwortlichkeit der Führungskräfte für ihre Ratings wird durch die Überprüfung der Beurteilungsergebnisse durch Kollegen oder den nächsthöheren Vorgesetzten gestärkt.
Vertrautheit mit den Aufgaben	Die Führungskraft ist mit den Aufgaben des Mitarbeiters vertraut.	• Die Führungskraft dokumentiert kontinuierlich die Leistungen der Mitarbeiter. • Für die Bewertung holt der Beurteiler die Einschätzung der Leistung des zu bewertenden Mitarbeiters auch von Kollegen und weiteren Führungskräften ein.
Relevanz	Die Leistungsratings basieren auf der aufgabenbezogenen Leistung des Mitarbeiters.	• Das Beurteilungssystem ist aufgabenbezogen konzipiert.
Kommunikation	Leistungserwartungen werden im Vorfeld der Beurteilung kommuniziert.	• Mitarbeiter sind über Leistungsstandards und Beurteilungskriterien vor der Beurteilung informiert. • Mitarbeiter werden über alle etwaigen Veränderungen im Laufe der Beurteilungsperiode informiert.
Feedback	Überraschungen und unerwartete negative Beurteilungen werden vermieden.	• Während der Beurteilungsperiode erhält der Mitarbeiter kontinuierlich Feedback. • Es ist sichergestellt, dass die Mitarbeiter realistische Erwartungen an das Beurteilungsgespräch haben. • Das Feedback ist respektvoll und aufgabenbezogen.

Tabelle 7.4 *(Fortsetzung):* Fairness im Beurteilungsprozess [angelehnt an GILLILAND; LANGDON, 1998, S. 229]

Determinante	Beschreibung	Empfohlene Praxis
Ergebnisse	Folgeentscheidungen werden auf Basis der Leistungsratings getroffen.	• Folgeentscheidungen wie beispielsweise Gehaltserhöhungen, Bonusse, Beförderungen sind transparent, da sie auf Basis der Leistungsratings vergeben werden. • Die Kriterien des Incentivesystems werden allen Mitarbeitern kommuniziert.
Wissen über das Beurteilungssystem	Beurteiler und Beurteilte sind gut über das Beurteilungssystem informiert.	• Mitarbeiter und Führungskräfte werden für die Anwendung des Beurteilungsverfahrens und des Beurteilungsprozesses geschult. • Handbücher, Gesprächsleitfäden, Formulare sind allen zugänglich.
Empfehlungen zu Entwicklungsmaßnahmen	Tipps zu karrierefördernden Maßnahmen erhöhen die wahrgenommene Fairness.	• Mögliche Verbesserungen und Maßnahmen zur Entwicklung des Mitarbeiters werden diskutiert. • Karrierewünsche des Mitarbeiters werden ernsthaft geprüft.

DAS WICHTIGSTE IN KÜRZE

➡ Leistung entsteht durch die drei multiplikativ verbundenen Faktoren Können, Wollen und Dürfen. Ist einer der drei Faktoren nicht gegeben, findet keine Leistung statt. Aufgabe der Führungskraft ist es, die Entfaltung dieser drei Faktoren in seinem Verantwortungsbereich zu fördern.

➡ Die Gesamtleistung eines Mitarbeiters stellt ein Konstrukt dar, das nur näherungsweise mithilfe mehrerer Leistungskomponenten und deren Indikatoren (z. B. Arbeitsergebnisse, Zielerreichung, spezifische Kompetenzen) erhoben und bewertet werden kann. Die Komponenten werden dann je nach ihrer Bedeutung für die Aufgabenstellung des Mitarbeiters gewichtet. Je mehr diese verschiedenen und relevanten Leistungskomponenten in die Bewertung einfließen, desto genauer wird die Beurteilung.

➡ Es gibt objektive und subjektive Leistungskriterien. Objektive Kriterien basieren auf messbaren Zahlen, subjektive auf der Einschätzung eines Beurteilers.

➡ Mithilfe von objektiven Leistungskriterien kann gemessen werden, inwieweit der Mitarbeiter ein genau definiertes Ziel erreicht hat, korrekt seine Aufgaben erfüllt und exakt definierte Ergebnisbeiträge liefert. Vorteil dieser

Kriterien ist, dass sie auf Zahlen und Fakten beruhen, die direkt, also ohne ausgelegt zu werden, Grundlage der Bewertung sind. Situationen, die der Mitarbeiter nicht beeinflussen kann, aber ausschlaggebend für Erfolg oder Misserfolg sind, werden bei dieser Art der Leistungsmessung jedoch häufig zu wenig berücksichtigt.

➡ Subjektive Leistungskriterien können dazu beitragen, das Wissen und Können des Mitarbeiters, seine Kompetenzen und Leistungsverhalten, seine Motivation oder die Prognose der Leistungsentwicklung des Mitarbeiters zu beurteilen. Außerdem besteht hier die Möglichkeit, auch die Kontextbedingungen bei der Bewertung von Kriterien zu berücksichtigen, die auf die Leistung des Mitarbeiters förderlich oder hinderlich einwirkten. Damit diese Kriterien von Mitarbeitern und Vorgesetzten gleich verstanden werden können, müssen das Wissen, die Fähigkeiten, die Eigenschaften und die Verhaltensweisen, die der Mitarbeiter an seinem Arbeitsplatz zeigen sollte, genau operationalisiert werden. Dadurch sind Leistungen an gleichartigen Arbeitsplätzen, die nach diesen Kriterien gemessen werden, gut vergleichbar. Die Kriterien können zudem dem Mitarbeiter als Richtschnur für das von ihm erwartete Verhalten dienen. Nachteil dieser Kriterien ist allerdings, dass sie, um wirklich aussagekräftig zu sein, für jeden Arbeitsplatz präzisiert werden sollten und dass das sehr aufwendig ist. Darüber hinaus können sie nur mithilfe der Einschätzungen eines Beurteilers erhoben werden und sind deshalb fehleranfällig.

➡ Je nach Aufgabenprofil muss definiert werden, in welchem Verhältnis objektive Leistungskriterien (z. B. Anzahl der Geschäftsabschlüsse) oder subjektive Leistungskriterien (z. B. Beurteilung der Kompetenzen, des Wissens und des Könnens) dazu beitragen, die Leistung zu beschreiben.

➡ Beurteilungsverfahren können sehr unterschiedlich gestaltet sein. Grundsätzlich unterscheidet man bei ihnen zwischen freier Bewertung und kriterienbezogener Bewertung. In der Praxis basieren allerdings viele Beurteilungsverfahren auf einer Mischform der beiden Varianten.

➡ Bei freien Beurteilungen beschreibt der Vorgesetzte mit seinen eigenen Worten die Stärken und Schwächen eines Mitarbeiters. Vorteil dieses Verfahrens ist, dass damit sehr individuell die Leistung des Mitarbeiters beschrieben werden kann. Fehlende Vergleiche zur Leistung anderer Mitarbeiter verringern das Konfliktpotenzial. Allerdings hängt die Qualität dieser Beurteilung stark von den Formulierungskünsten und der Beobachtungsfähigkeit des Vorgesetzten ab. Beurteilungen verschiedener Vorgesetzter sind bei dieser Methode nicht oder nur schwer vergleichbar.

➡ Bei kriterienbezogenen Beurteilungen wird die Leistung eines Mitarbeiters an zuvor eindeutig definierten und individuell gesetzten Maßstäben beurteilt. Dies geschieht in der Regel durch ein Rating, d. h. die Bewertung von vorab definierten Kriterien oder Leistungsvereinbarungen in einer abgestuften

Das Wichtigste in Kürze

Skala. So können die individuellen Stärken und Entwicklungsfelder einzelner Mitarbeiter sichtbar gemacht werden. Gleichzeitig zwingt diese Beurteilungsmethode den Vorgesetzten aber auch dazu, die gleichen, durch die Skala vorgegebenen, Beurteilungskriterien anzuwenden. Das schafft nicht nur größere Objektivität gegenüber der freien Bewertung, sondern ermöglicht auch eine gute Vergleichbarkeit der Leistungen der Mitarbeiter untereinander und ein eindeutiges Feedback für den Mitarbeiter, wie seine Leistung eingeschätzt wird. Andererseits birgt die Einschränkung der möglichen Bewertungen auf die vorgegebenen Antworten der Skala auch Konfliktpotenzial. Sie lassen die Berücksichtigung besonderer Umstände, die der Mitarbeiter nicht beeinflussen konnte, nicht zu. Der Mitarbeiter kann sich so ungerecht behandelt und zu schlecht beurteilt fühlen. Daher entscheiden sich viele Unternehmen für die Kombination von kriterienbezogenen Beurteilungen, die durch frei formulierte Kommentare ergänzt werden können.

- Mit Bedacht gestaltete Ratingformate können dazu beitragen, die Motivation eines schlecht bewerteten Mitarbeiters, seine Leistung zu verbessern, zu steigern, die Arbeitszufriedenheit zu verbessern und Leistungsträger zu halten. Voraussetzung für die Leistungssteigerung ist, dass ein Mitarbeiter in einer aus seiner Sicht schlecht bewerteten Ratingstufe eine realistische Chance sieht, durch Anstrengung und Leistungssteigerung eine bessere Beurteilung zu erhalten. Untersuchungen ergaben, dass er diese Möglichkeit eher bei einer fünfstufigen Bewertungsskala als gegeben ansieht als bei einer dreistufigen. Je positiver die Bewertung einer Skaleneinstufung formuliert ist, desto gerechter empfinden die Beurteilten das Ergebnis. Eine anerkennende und faire Beurteilung vor allem von Leistungsträgern reduziert die Gefahr der Abwanderung dieser Zielgruppe.

- Bei der Erstellung einer Beurteilungsskala sollte zuerst die Anzahl der Bewertungsstufen festgelegt werden. Sie sollte eine differenzierte und trotzdem eindeutige Leistungsbewertung ermöglichen. Daher haben sich Skalenformate mit minimal vier bis maximal sieben Skalenstufen bewährt. Skalen mit gerader Stufenanzahl zwingen den Beurteiler zu einer eindeutigen Entscheidung und reduzieren die Tendenz zur Mitte.

- Die Skalenstufen können mit Zahlen, Prozentangaben, Adverbien bzw. Adjektiven oder Verhaltensbeschreibungen benannt werden. Die ausschließliche Verwendung von Zahlen ist in Deutschland selten, da man die Assoziation zu Schulnoten vermeiden möchte. In der Regel werden die Zahlen entweder durch kurze Erklärungen, in der Regel Adjektive oder Adverbien, ergänzt oder gleich Buchstaben oder Prozentangaben für die Kennzeichnung der Skalenstufe verwandt. Verhaltensverankerte Skalen definieren jede Bewertungsstufe durch eine Verhaltensbeschreibung, die mithilfe von arbeitsanalytischen Methoden entwickelt wird. Dadurch sind eindeutige Bewertungskriterien vorgegeben. Die Bewertungen werden so einerseits untereinander vergleichbar.

Andererseits bieten sie den Mitarbeitern eine klar definierte Richtschnur für das von ihnen erwartete Verhalten. Diese Art der Skalenbenennung erfordert allerdings hohen Aufwand. Für die Beschreibung des gewünschten Verhaltens in einem Arbeitsbereich sind ca. fünf bis 20 Skalen notwendig.

⇨ Für die Entwicklung verhaltensverankerter Skalen und von Verhaltensbeobachtungsskalen müssen zusätzlich subjektive Beurteilungskriterien formuliert werden. In der Regel listet man dabei Eigenschaften auf, die ein Mitarbeiter für die Ausübung seiner Aufgaben besitzen sollte. Jede dieser Eigenschaften wird dann durch Verhaltensbeschreibungen, in denen diese Eigenschaft in unterschiedlicher Ausprägung sichtbar wird, operationalisiert.

⇨ Grundsätzlich gibt es drei Beurteilungslogiken: die summarische, die analytische und die relative Beurteilung. Bei der summarischen Bewertung fasst der Beurteiler die Gesamtleistung frei zusammen. Die analytische Beurteilung stützt sich bei der Gesamtleistungseinschätzung auf die Ergebnisse mehrerer Leistungskomponenten. Bei der relativen Beurteilung basiert das Gesamtergebnis eines Mitarbeiters auf dem Vergleich seiner Leistung mit einer fest definierten Bezugsgruppe. In der Praxis werden summarische und analytische Beurteilung oft gemeinsam eingesetzt. Kennzeichen relativer Beurteilungen sind Rangordnungsverfahren und Quotenvorgaben. Diese Bewertungsmethoden zwingen den Beurteiler, entweder seine Mitarbeiter in eine Rangreihe zu bringen oder die Leistung seiner Mitarbeiter anhand vorgegebener Verteilungen zuzuordnen. Durch diese Verfahren verspricht man sich, die wissenschaftlich erwiesene Tendenz zur Milde zu verringern und besser zwischen Mitarbeiterleistungen zu unterscheiden. Nachteil von ihnen ist jedoch, dass diese Einstufungen in Teams mit homogenem Leistungsniveau oft als ungerecht empfunden werden. Außerdem kann es zu Urteilsverzerrungen kommen, je nachdem, ob die Vergleichsgruppe z. B. außergewöhnlich leistungsstark oder -schwach ist.

⇨ Leistungsbeurteilungen sollten möglichst wahrheitsgetreu die Leistungsfähigkeit der Mitarbeiter wiedergeben. Wissenschaftliche Untersuchungen haben allerdings gezeigt, dass Führungskräfte dazu tendieren, Beurteilungsfehlern und -verzerrungen zu unterliegen. Dieser Tatsache kann durch Beurteilungstrainings für Führungskräfte und die Vorgabe, dass jeder Beurteiler seine Einschätzungen z. B. gegenüber seinem nächsthöheren Vorgesetzten begründen muss, entgegengewirkt werden.

⇨ Leistungsbeurteilungen werden dann am besten akzeptiert, wenn die Mitarbeiter sie als fair wahrnehmen. Das bedeutet nicht nur, dass die Beurteilung zu einem Ergebnis führen sollte, das Mitarbeiter als angemessen ansehen können. Das Ergebnis sollte auch gemäß transparenter bzw. nachvollziehbarer Regeln zustande kommen und in einer Atmosphäre gegenseitigen Respekts zwischen den Gesprächspartnern nicht nur mitgeteilt, sondern auch begründet werden.

Mehr zu diesem Thema

Gilliland, S.W.; Langdon, J.C.: »Creating performance management systems that promote perceptions of fairness«. In: Smither, J.W. (Hrsg.): *Performance appraisal: State of the art in practice.* Jossey-Bass, 1998

Klendauer, R.; Streicher, B.; Jonas, E.; Frey, D.: »Fairness und Gerechtigkeit«. In: Bierhoff, H.W.; Frey, D. (Hrsg.): *Handbuch der Sozialpsychologie und Kommunikationspsychologie.* Hogrefe, 2006

Lohaus, D.: *Leistungsbeurteilung.* Hogrefe, 2009

Schuler, H. (Hrsg.): *Beurteilung und Förderung beruflicher Leistung.* Hogrefe, 2004

Winkler, B.: »Die Effekte von Fairnesswahrnehmungen bei Leistungsbeurteilungen auf Mitarbeiterreaktionen. Ergebnisse einer empirischen Untersuchung von Mitarbeitern nach einer mit einer variablen Bonuszahlung verbundenen Leistungsbeurteilung«. Dissertationsschrift Universität München, 2007

Kommunikation und Gesprächsführung

DARUM GEHT ES ...

- Wie lassen sich die Erkenntnisse aus der Kommunikationsforschung auf das Mitarbeitergespräch übertragen?
- Wie kommt es, dass beim Gegenüber die Botschaft ganz anders ankommt, als vom Sender gemeint?
- Was ist im Gespräch zu beachten, um Missverständnisse zu vermeiden?
- Wie beeinflussen Emotionen, nicht sprachliche Signale und andere Einflussfaktoren die Wahrnehmung?
- Ist es sinnvoll, nicht nur auf Fakten einzugehen, sondern auch Gefühle anzusprechen?

DIESES KAPITEL BESCHREIBT:

- grundlegende kommunikationspsychologische Erkenntnisse,
- die Bedeutung der nonverbalen Kommunikation für das Mitarbeitergespräch,
- Ursachen für Störungen in der Kommunikation,
- was es im Mitarbeitergespräch zu berücksichtigen gilt, wenn es optimal verlaufen soll.

Sie merken, dass das heutige Gespräch mit Ihrem Mitarbeiter Klaus Schumacher Sie immer noch beschäftigt. Eigentlich wollten Sie mit ihm abklären, wie er mit seinem Projekt vorankommt, nachdem die von ihm verursachte »Panne« zwischenzeitlich behoben wurde. Herr Schumacher, der seine Aufgaben normalerweise gründlich erfüllt, hatte versehentlich bei einem Zulieferer falsche Halbfertigteile für ein neues Produkt bestellt und dadurch beinahe den Zeitplan für die Fertigstellung durcheinandergebracht. Kurz vor dem Gespräch erfuhren Sie von einer Mitarbeiterin, dass es ihm doch gelingen wird, den ursprünglichen Terminplan einzuhalten.

Als Sie ihn mit den Worten »Das haben Sie aber gut gemacht!« begrüßten, wirkte er plötzlich, entgegen seiner Gewohnheit, sehr verunsichert. Im Verlauf des Gesprächs wich er Ihren Blicken aus und ging nicht auf Ihre Fragen ein. Er versuchte immer wieder zu erklären, wie es dazu kam, dass er versehentlich die falschen Halbfertigteile bestellt hatte. Obwohl Sie ihm wiederholt versicherten, dass es Ihnen gar nicht darum geht, auf Fehlern »herumzureiten«, war ein normales Gespräch nicht möglich. Er schien Ihren Beteuerungen nicht zu glauben. Sie fragen sich nun, was in dem Gespräch schiefgelaufen ist. Wieso konnte es passieren, dass ein Mitarbeiter wie Klaus Schuhmacher, der Sie schon seit Jahren kennt, auf Lob irritiert und ablehnend reagierte?

8.1 Was ist Kommunikation?

Kommunizieren ist ein grundlegendes Bedürfnis des Menschen, ohne das ein gesellschaftliches Leben nicht vorstellbar ist. Mithilfe der Kommunikation werden beispielsweise Gedanken ausgetauscht, Anliegen besprochen, Entscheidungen getroffen, neue Erkenntnisse gewonnen oder Probleme gelöst. Im Unterschied zum Monolog treten Menschen durch die Kommunikation miteinander in Beziehung und richten ihre Botschaften an einen bestimmten Personen- bzw. Empfängerkreis.

Zur Kommunikation gehören mindestens zwei Partner

Zur Kommunikation gehören mindestens zwei Partner: ein Sender, der eine Botschaft mitteilt, und ein Empfänger, der die Botschaft aufnimmt.

Sie beschränkt sich nicht allein auf die Sprache. Auch Mimik, Gestik, Haltungen und Einstellungen, Ausdrucksweisen, Laute, Töne und sogar unwillkürliche Körpervorgänge wie Schwitzen oder Erröten zählen zur Kommunikation, weil sie Informationen über emotionale Zustände weitergeben. Des Weiteren wird die Kommunikation maßgeblich bestimmt durch Motive, Erfahrungen, Einstellungen oder Interessen der beteiligten Kommunikationspartner.

»Management ist Kommunikation«, betont der Managementexperte Peter F. Drucker [DRUCKER, 1954]. Überlegen Sie, wie viel Zeit Sie als Führungskraft täglich der Kommunikation widmen. Ein Großteil der Schwierigkeiten und Fehler im beruf-

lichen Alltag sind nach Drucker auf Kommunikationsprobleme zurückzuführen. Unklar definierte Zielvereinbarungen oder unpräzise formulierte Aufträge führen zu Missverständnissen und damit zu unerwünschten Arbeitsergebnissen, Problemen und Konflikten.

Eine Führungskraft, die das Mitarbeitergespräch ängstlich und verunsichert führt, stellt andere Fragen oder verhandelt anders als eine Führungskraft, die selbstbewusst und überzeugt mit dem Mitarbeiter von ihren Vorstellungen spricht. Die Wirkung der Kommunikation hat Auswirkungen auf das Gegenüber und bewirkt wiederum Reaktionen im Verhalten.

Ein Mitarbeiter, der klar und strukturiert, mit fester Stimme und unterstreichender Gestik seine Vorstellungen beschreibt, findet bei seinem Vorgesetzten eine größere Akzeptanz als ein Mitarbeiter, der die gleichen Ziele und Inhalte vorbringt, aber nuschelnd, fahrig, unsystematisch und in geduckter Haltung.

Im Gespräch wirken die Gesprächspartner aufeinander ein, unabhängig davon, ob sie miteinander sprechen. Der Kommunikationsforscher Paul Watzlawik bemerkte richtig, dass es Menschen unmöglich ist, nicht zu kommunizieren.

Man kann nicht »nicht kommunizieren«

Ein Mitarbeiter, der Ihnen schweigend gegenübersitzt, redet zwar nicht mit Ihnen, drückt aber allein durch sein Schweigen einiges über sein aktuelles Befinden oder über seine Beziehung zu Ihnen aus. Mit seiner Haltung gibt er Informationen über sich preis, z. B. seine geringe Diskussionsbereitschaft, Abwehrhaltung, Wartestellung oder Verärgerung. Solche nonverbalen Signale werden nicht nur vom Gesprächspartner registriert, sie beeinflussen unmittelbar auch dessen Rückmeldungen.

Wenn Sie jemanden mit einem offenen, freundlichen Lächeln begrüßen, wird er in den meisten Fällen gelöster in das Gespräch gehen und Ihnen dieselbe Freundlichkeit entgegenbringen. Die Kommunikation ist zu definieren als Prozess, der aus

- Aussenden von Informationen und Vermittlung von Inhalten durch einen Sender und
- entsprechenden Reaktionen bzw. Antworten eines Empfängers nach Maßgabe seiner Wahrnehmung dieser Informationen besteht.

Ein gut verständliches Modell, das diesen Prozess der menschlichen Kommunikation beschreibt, ist das Sender-Empfänger-Modell. Ein Sender nimmt mit seinem Verhalten direkt Einfluss auf die Reaktionen des Empfängers. Übertragen auf das Mitarbeitergespräch heißt dies, dass die Führungskraft und der Mitarbeiter sich wechselseitig in ihrem Gesprächsverhalten beeinflussen.

Die Kommunikation bildet demnach einen Kreislauf, der aus Sender, Nachricht, Empfänger und Rückmeldung besteht (vgl. Bild 8.1).

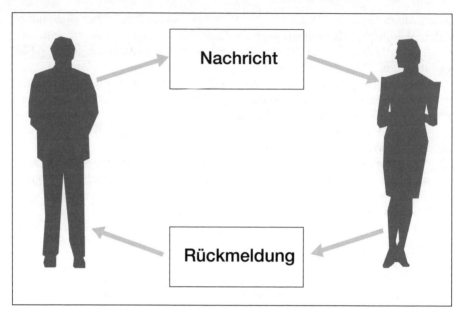

Bild 8.1 Kreislauf der Kommunikation

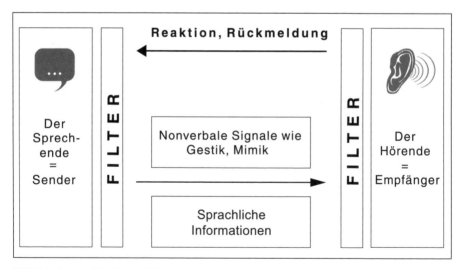

Bild 8.2 Sender-Empfänger-Modell

Der Prozess vom Gedanken bis zur Aussage ist, wie Bild 8.2 zeigt, ein sehr komplexer. Gedachtes und Gemeintes durchläuft einen inneren Filter sowie ein subjektives Bewertungsraster. Diese Übersetzungstätigkeit führt dazu, dass sich beim Sprechen das Gedachte verändert. Die Nachricht wird »verschlüsselt«. Der eigene

Wortschatz versucht das Gemeinte auszudrücken, schafft aber nur eine mehr oder weniger genaue Annäherung an Ihre Vorstellung. Das Gesprochene begleitet eine individuelle Gestik und Mimik. Diese wiederum ist bestimmt durch die Gefühle, die Sie mit dem Inhalt verbinden.

Kommen Teile der Nachricht nicht an, da beispielsweise zu leise oder zu undeutlich gesprochen wird oder eine Lärmkulisse das Verstehen erschwert, entstehen in der Kommunikation Übermittlungsfehler. Der Empfänger nimmt nur einen Teil der Nachricht wahr, filtert die Informationen mit seinen Interessen und Bedürfnissen. Das führt zu einer weiteren Veränderung der Information. Darüber hinaus reagiert der Empfänger auch auf Ihre nonverbalen Signale. Diese »Zusatzinformationen« beeinflussen ebenfalls die Deutung des Gesagten. Kurzum: Der Empfänger hat gleichzeitig viele Aspekte einer Nachricht zu entschlüsseln.

Um zu überprüfen, wie er Ihre Nachricht verstanden hat, ist es deshalb sinnvoll, sich mit dem Gesprächspartner durch Fragen rückzukoppeln. So können Sie herausfinden, wie dieser Ihre Aussagen versteht. Zuhören und Nachfragen im Gespräch sind daher wichtige Gesprächstechniken.

Inhalt und Deutung von Aussagen

Die Abteilungsleiterin Gerlinde Wahl sitzt mit einem Mitarbeiter im Gespräch zusammen und vereinbart mit ihm die Ziele und Arbeitsschwerpunkte für das nächste Quartal. Am Ende des Mitarbeitergesprächs gibt sie ihm noch die Botschaft mit: »Aber dass Sie sich dieses Mal auch richtig anstrengen!«

Die Abteilungsleiterin hatte eigentlich beabsichtigt, ihrem Mitarbeiter eine eher spaßhafte Aufmunterung mit auf den Weg zu geben. Er aber deutete dies als massive Kritik an seinen Leistungen und machte sich seine Gedanken: *»Schätzt sie mich als faul ein? Warum ist sie mit mir unzufrieden, ich habe mich doch so engagiert? Ich kann tun, was ich will, ihr kann man es sowieso nicht recht machen.«* Diese Botschaft wurde somit anders verstanden, als sie gemeint war.

Ähnlich liegt der Fall im Eingangsbeispiel. *Herr Schumacher hat die Aussage »Das haben Sie aber gut gemacht!« völlig falsch aufgenommen. Er meinte, Sie wüssten noch nicht, dass er den Terminplan trotz seines Fehlers einhalten kann, und interpretierte Ihre ernst gemeinte Anerkennung als hämische Kritik. Damit war für ihn die Basis für ein ernsthaftes Gespräch zerstört.*

Kommt es zu Missverständnissen im Gespräch, können verschiedene Komponenten der Kommunikation dafür verantwortlich sein:

- Die Führungskraft hat etwas mitgeteilt, der Mitarbeiter die Aussage aber missverstanden.
- Die Führungskraft hat etwas übermittelt, der Mitarbeiter die Nachricht aber gar nicht wahrgenommen.
- Die Führungskraft hat ihre Botschaft unklar übermittelt, diese wurde deshalb vom Mitarbeiter nicht oder falsch verstanden.
- Die Führungskraft hat ihre Botschaft klar vermittelt. Der Mitarbeiter akzeptiert die Botschaft aber nicht und gibt nur vor, die Information verstanden und akzep-

tiert zu haben, handelt aber anschließend anders. Die Führungskraft geht davon aus, dass der Mitarbeiter so handelt, wie er es gesagt hat.
- Die Nachricht ist verzerrt angekommen, z. B. wegen Lärms im Hintergrund oder schlechten Empfangs am Telefon, und konnte deshalb nicht vollständig empfangen werden.

Es gibt somit viele Ursachen für Missverständnisse. Wenn Sie Ihr Mitarbeitergespräch erfolgreich durchführen und sicherstellen wollen, dass Ihr Gesprächspartner dieselben Ziele anstrebt wie Sie, achten Sie auf eine klare und eindeutige Kommunikation. Dazu gehört auch, das Gesagte mit Nachfragen zu überprüfen. Die Wichtigkeit dessen veranschaulicht folgendes Modell.

GESAGT ist noch nicht GEHÖRT,
GEHÖRT ist noch nicht VERSTANDEN,
VERSTANDEN ist noch nicht AKZEPTIERT,
AKZEPTIERT ist noch nicht GEMERKT,
GEMERKT ist noch nicht MOTIVIERT,
MOTIVIERT ist noch nicht BEGONNEN,
BEGONNEN ist noch nicht FERTIGGESTELLT.

Und übrigens: Einmal getan heißt noch nicht wirklich GEKONNT oder gar schon VERINNERLICHT und auch nicht DAUERHAFT UMGESETZT.

8.2 Ebenen der Kommunikation

Kommunikation findet auf mehreren Ebenen statt. Wichtig für das Mitarbeitergespräch ist, wie Bild 8.3 verdeutlicht, die Unterscheidung von zwei Ebenen: der sachlichen und der emotionalen Ebene.
Wenn Sie das Wort ergreifen, sprechen Sie mit Ihrem Gesprächspartner über ein bestimmtes Thema oder eine bestimmte Sachlage. Sie befinden sich in dieser Phase auf der inhaltlichen, sachlichen Ebene der Kommunikation.
Ihr emotionaler Zustand und Ihre Haltung zum Gesprächspartner wirken sich ebenfalls auf Ihre Wahrnehmung, Schwerpunkte und Bewertung der Gesprächsinhalte aus. Zugleich äußern sich Ihre Gefühle durch Signale wie Stirnrunzeln, Lächeln, zugewandte Haltung oder abwehrende Gestik.
Ihre Empfindungen veranlassen Sie, ohne dass Sie sich dessen immer bewusst sind, zu bestimmten Verhaltensweisen. Dieser emotionale, häufig unbewusste Bereich ist die zweite Ebene der Kommunikation, er wird auch emotionale oder Beziehungsebene genannt. Dieser Ebene wird in der Kommunikation eine wichtige Bedeutung beigemessen, weil sie auch die sachliche Ebene prägt.
Die Kommunikation findet bei jedem Gespräch auf diesen beiden Ebenen gleichzeitig statt, bewusst und reflektiert auf der sachlichen Ebene, weniger bewusst auf der emotionalen Ebene, die von Gefühlen, Bedürfnissen und Einstellungen bestimmt ist.

8.2 Ebenen der Kommunikation

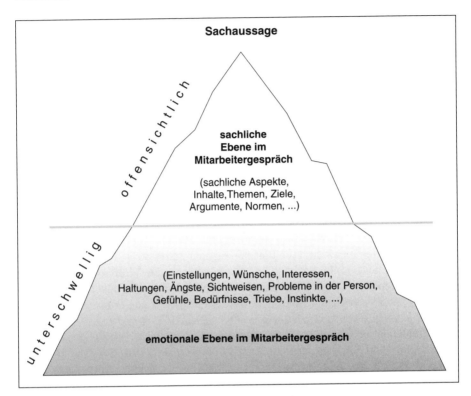

Bild 8.3 Ebenen im Mitarbeitergespräch

Auf der Sachebene geht es im Mitarbeitergespräch beispielsweise um
Ziele, Rahmenbedingungen, Fakten, Arbeitsergebnisse, Zeitvorgaben, Ressourcen, Vorgehensweisen, Anwendungen, Investitionen, Maßnahmen, neue Techniken, Qualifizierungsmaßnahmen usw.

Auf der emotionalen Ebene kommen Empfindungen zum Tragen wie
Misstrauen, persönliche Vorlieben, Motivation, Freude, Wut, Ängste, Sympathie, Antipathie, Unsicherheit, gegenseitige Akzeptanz, Vertrauen, Zufriedenheit, Enttäuschung, Frustration, Erwartungen, Ärger, Aggression usw.
Die Begrüßung »Einen schönen guten Tag!« kann, je nachdem, wie sie ausgesprochen wurde, als warm und herzlich aufgenommen werden, ebenso aber als sachlich und kalt oder gar drohend und aggressiv. Entsprechend wird sie unterschiedliche Reaktionen beim Gegenüber hervorrufen, von herzlicher Erwiderung bis zur offenen Ablehnung. Nicht der Inhalt, sondern die Art und Weise, wie die Aussage interpretiert wird, macht den Unterschied aus.
Die Interpretation der Aussage durch den Empfänger hängt auch unmittelbar von der Beziehung zu Ihnen ab und umgekehrt von Ihrer Beziehung zu ihm. Besteht ein

gutes, vertrauensvolles Verhältnis zwischen Ihnen und Ihrem Mitarbeiter, können Sie meist effektiver auf der Sachebene diskutieren, weil die emotionalen Botschaften, die Ihre beiderseitige Beziehung definieren, keine Irritationen verursachen. Der Vorgesetzte kann aus der Reaktion des Mitarbeiters auf seine Fragen erkennen, ob er sicher oder unsicher ist, ob er frei oder gehemmt, emotional oder rational, entspannt oder bedrängt, ob er interessiert oder eher gleichgültig das Mitarbeitergespräch führt. Diese Signale zeigen, in welchem Maße der Gesprächspartner bereit ist, sich auf das Gespräch einzulassen.

Im Mitarbeitergespräch spielen beide Kommunikationsebenen eine wichtige Rolle. Kommunikationsforscher wie Paul Watzlawik und Schulz von Thun [SCHULZ VON THUN, 2008] gehen davon aus, dass die Beziehungsebene die Inhaltsebene bestimmt.

Direkte und indirekte Botschaften

Das Unterscheiden zwischen Sach- und Beziehungsebene erleichtert es Ihnen auch, zwischen direkten und indirekten Botschaften zu differenzieren. Ein Mitarbeiter, der es als beschämend empfindet, im Mitarbeitergespräch seinem Vorgesetzten eingestehen zu müssen, dass die gestellte Aufgabe ihn überfordert, wird meist nicht anführen, dass ihm die erforderlichen Fähigkeiten fehlen. Er wird beispielsweise versuchen, die zu knapp bemessenen zeitlichen Ressourcen oder andere Faktoren als Ursachen für sein Problem anzuführen. Seine direkten Botschaften, die Gründe, die er vorbringt, treffen in diesem Fall aber nicht zu. Er setzt sie lediglich ein, um etwas anderes zu bezwecken, z. B. um von seiner eigenen Unsicherheit abzulenken. Körpersprachliche Hinweise wie eine vorsichtige zögerliche Gestik oder eine veränderte Sprechweise, etwa eine leiser werdende Stimme, können auf diese Unsicherheit hinweisen.

Eine Führungskraft, die diese unterschwellige Unsicherheit wahrnimmt, ist in der Lage, das eigentliche Problem vorsichtig anzusprechen. *»Kann es sein, dass diese Aufgabe Sie sehr fordert?«* So kann sie erreichen, dass die Überforderung thematisiert wird. Das Eigentliche, das, worum es wirklich geht, wird damit besprechbar. Auf dieser Basis ist es nun möglich, gemeinsam mit dem Mitarbeiter die Ursachen für aufgetretene Probleme zu finden und durch Nachfragen die Hintergründe für die nicht erfüllte Aufgabe zu klären. Anschließend können dann beide konstruktiv nach Lösungsmöglichkeiten suchen.

Aufbau einer Beziehung im Gespräch

Jeder Mensch und somit auch jeder Ihrer Mitarbeiter hat das Bedürfnis, dass der andere auf ihn respektvoll eingeht und ihn individuell behandelt. Wenn Sie dies berücksichtigen, werden Ihre Mitarbeitergespräche geprägt sein von echter Akzeptanz und gegenseitiger Wertschätzung. Ihre innere Einstellung bestimmt den Verlauf der Gespräche und wie offen sie geführt werden. Sie ist damit ausschlaggebend für die Qualität und das Ergebnis der Unterredungen.

Achten Sie deshalb im Mitarbeitergespräch nicht nur darauf, was Sie sagen, sondern auch, wie Sie es sagen. Von der Beziehungsebene im Gespräch hängt ab, ob Ihr Mitarbeiter

- die Atmosphäre angenehm findet,
- sich im Gespräch sicher fühlt,
- Vertrauen zu Ihnen entwickelt,
- Sie sympathisch findet,
- sich auf die Inhalte einlassen kann,
- motiviert aus dem Gespräch kommt und
- das Gespräch positiv bewertet.

Wenn zwei Menschen sich begegnen, »tasten« sie sich zunächst einmal ab, um zu erfahren, ob man dem Gegenüber vertrauen kann oder von ihm etwas zu befürchten hat, wie dessen Stimmungslage ist oder inwieweit man sich gegenüber dieser Person durchsetzen kann. Wird diese Phase des Abtastens, des Aufwärmens übergangen, kann es passieren, dass ein Mitarbeiter seine vorsichtige Haltung beibehält, diese den Verlauf des gesamten Gesprächs prägt und damit das Ergebnis beeinflusst.

Das Aufwärmen erfüllt zwei wichtige Aufgaben. Aus den vielen Möglichkeiten des gegenseitigen Umgangs kristallisieren sich bestimmte »akzeptierte« Verhaltensweisen heraus. Die von den beiden Personen bewusst und unbewusst aufgenommenen Signale der Zustimmung oder Ablehnung führen zu einer bestimmten, von beiden Seiten akzeptierten Form des Umgangs. Besonders wichtig ist dies, wenn sich die Gesprächspartner noch nicht lange kennen. Dann kann unterschwellig ein »Kampf« darüber stattfinden, wer sich behauptet und wer welchen Platz in der Rangordnung einnimmt. Das Abtasten zu Anfang erleichtert es beiden Seiten, einen angemessenen Platz zu finden. Ist aber die Position der beiden Gesprächspartner geklärt, kommt das Gespräch »in Fluss« und lässt sich für beide Seiten entspannt führen. Nutzen Sie also die Chance, von Anfang an eine positive emotionale Ebene aufzubauen. Fühlen sich die Gesprächspartner auf der gleichen »Wellenlänge« und empfinden beide Seiten Sympathie füreinander, verläuft das Gespräch viel befriedigender als im umgekehrten Fall. Selbst Differenzen lassen sich leichter austragen, wenn die Beziehung tragfähig ist. Der Austausch von Argumenten gestaltet sich einfacher, ebenso die Bewertung der Aussagen und die Konsensfindung. Für beide Seiten wird es leichter, das Gespräch zu strukturieren und zu steuern. Kommt es dagegen zu Dissonanzen im emotionalen Bereich, beeinträchtigt dies das Gespräch. Das Besprechen von Sachverhalten wird schwieriger, Lösungen lassen sich schwerer finden.

Aufbau einer positiven Atmosphäre zu Gesprächsbeginn

Ist die Bedeutung der emotionalen Ebene für die Kommunikation erkannt, stellt sich die Frage, wie sie positiv beeinflusst werden kann. Führungskräfte können eine angenehme Gesprächsatmosphäre schaffen, wenn sie

- dem Gesprächspartner zu Beginn etwas anbieten, z. B. Getränke,
- einen positiven Bezug herstellen, Themen ansprechen, die vom Gesprächspartner positiv bewertet werden oder über die er gerne spricht, beispielsweise seine Erfolge, besonders gut erfüllte Aufgaben,

- einen persönlichen Bezug zum Gesprächspartner herstellen, indem sie sich z. B. nach seinem Befinden, dem seiner Kinder oder Familie erkundigen oder auf andere Art Interesse an seiner Person zeigen,
- durch Zuhören und Nachfragen Aufmerksamkeit für seine Ausführungen zeigen,
- den Gesprächspartner öfters mit seinem Namen ansprechen,
- zu ihm Kontakt halten, z. B. durch Blicke,
- durch Zustimmung und Anerkennung dem anderen ihre Akzeptanz vermitteln.

Bei diesen Empfehlungen ist zu beachten, dass sie nicht schematisch angewandt werden sollten. Achten Sie auf echtes, authentisches und glaubwürdiges Verhalten. Wenn Tonfall, Gestik und Mimik das Gesagte nicht bekräftigen oder sogar ihm widersprechen, entstehen beim Gesprächspartner Vorsicht und Misstrauen. Vermeiden Sie auch Floskeln wie *»Hallo, wie geht es Ihnen?«*

8.3 Verbale und nonverbale Kommunikation

Bedeutung der Sprache

Viele Menschen gehen im Gespräch davon aus, dass ihre Überzeugung die richtige ist. Vor allen Dingen sind sie davon überzeugt, die Bedeutung ihrer Worte zu kennen. Sie glauben ebenso, dass die Gesprächspartner denselben sprachlichen Code verwenden wie sie. Dabei wird aber übersehen, dass Wörter unterschiedliche Bedeutungen haben bzw. der Sprecher ihnen seine eigene, spezifische Bedeutung beimisst. Damit Ihre Informationen und Ihr Anliegen beim Empfänger im Mitarbeitergespräch gut aufgenommen werden, gilt es empfängerorientiert zu formulieren.
Hierfür gibt es einige klassische Empfehlungen:

- Benutzen Sie nur geläufige (Fremd-)Wörter.

Die sprachliche Formulierung wird durch Satzbau und Wortwahl bestimmt. Die Angleichung an die Diktion des Gesprächspartners kann ein Gefühl von Gemeinsamkeit und Gleichwertigkeit erzeugen und das beiderseitige Vertrauensverhältnis fördern. Ein gleicher Dialekt beispielsweise kann Verbundenheit erzeugen und somit den Kontakt und einen offenen Meinungsaustausch erleichtern.

- Fassen Sie sich kurz, beschränken Sie sich auf das Wesentliche.

Auch für die Verwendung der Sprache gilt die Aussage: *»Weniger ist oft mehr.«* Versuchen Sie bei Ihren Ausführungen nicht auszuschweifen, bemühen Sie sich um eine kurze und präzise Ausdrucksweise.

- Verwenden Sie Beispiele und Bilder.

Beispiele und bildhafte Schilderungen erleichtern das Verständnis.

8.3 Verbale und nonverbale Kommunikation

- Sprechen Sie in einfachen Sätzen und formulieren Sie präzise.

Eine genaue Wortwahl hilft, Aussagen besser zu verstehen und schneller aufzunehmen. Je mehr sichergestellt ist, dass beide Seiten das Gleiche verstehen, desto geringer sind die Kommunikationsprobleme. Deshalb ist folgender Satz ein Negativbeispiel: *»Herr Huber, ich bräuchte relativ bald eine Rückmeldung von Ihnen zum Sachverhalt XY.«* Der Begriff *»bald«* ist alles andere als eindeutig. Für manche bedeutet er *»in spätestens zehn Minuten«*, für andere *»im Lauf der nächsten zwei Tage«*. Auch *»Rückmeldung«* besitzt eine große Interpretationsbreite in Bezug auf deren Qualität und Form. Präzise Informationen und Aussagen reduzieren Missverständnisse und Konflikte.

- Vermeiden Sie Schachtelsätze.

Ein Satz wird mit zunehmender Länge unverständlicher. Achten Sie deshalb bei Ihren Aussagen auf kurze, leicht verständliche Sätze. Zwischen den einzelnen Sätzen sollte ein »roter Faden« erkennbar bleiben, damit ihr logischer Bezug nicht verloren geht. Die Logik einer einzelnen Aussage sollte nicht im Widerspruch zur Gesamtaussage stehen.

- Schaffen Sie eine Struktur in Ihrer Ausführung (z. B. Startpunkt, Zwischenstationen, Zielerreichung).

Zusammenfassungen und strukturierende Elemente *(»Jetzt kommen wir zum dritten Punkt meines Anliegens«)* erleichtern es dem Gesprächspartner, die wesentlichen Zusammenhänge zu erkennen.

- Gestalten Sie Ihre Sprechweise durch Variieren von Sprechgeschwindigkeit, -lautstärke und -rhythmus abwechslungsreich.

Die Verwendung von Pausen, verschiedener Betonung und Modulation der Stimme erzeugt nicht nur Aufmerksamkeit, Dynamik und Spannung, sondern hilft, das Gespräch zu steuern, weil dadurch der Blick des Gesprächspartners auf das Wesentliche gelenkt wird. So haben auch der Tonfall, die Stimme und die Lautstärke einen starken Einfluss auf die Wirkung und Überzeugungskraft Ihrer Argumente. Insbesondere tragen humorvolle Formulierungen, rhetorische Fragen und bildhafte Schilderungen dazu bei, die Aufmerksamkeit und das Interesse des Zuhörers zu wecken und zu halten.

Bedeutung nonverbaler Signale

Viele Informationen im Mitarbeitergespräch sind nichtsprachlicher Natur. Sie können die Sprache ersetzen oder unterstützen und geben der Aussage ihre eigentliche Bedeutung. Körperhaltung, Gestik, Mimik und Sprechweise transportieren Aspekte wie Vertrauen, Überzeugung, Bereitschaft oder Motivation.
Herr Mayer, Abteilungsleiter in einem Elektrounternehmen, fordert im Mitarbeitergespräch seinen Mitarbeiter Herrn Huber auf, einen neuen Verantwortungsbereich zu übernehmen. Während er Herrn Huber die neuen Aufgaben schildert, wird seine Stimme verhaltener und zögerlicher, und seine Handbewegungen werden fahriger. Die-

ses Verhalten seines Vorgesetzten irritiert und verunsichert Herrn Huber. Er vermutet, dass bei diesem neuen Auftrag etwas »faul« sein könnte oder dass sein Chef ihm offenbar diese Aufgabe nicht zutraut. Herr Huber geht verunsichert an diese Aufgabe heran und steht ihr skeptisch bzw. ablehnend gegenüber.

Diese Haltung des Mitarbeiters ist in diesem Fall die Folge der widersprüchlichen Informationen, die der Vorgesetzte mit dem Gesagten und seiner Gestik sowie Sprechweise vermittelte. Bestehen zwischen dem Gesprochenen und den nonverbalen Signalen Widersprüche, so treten Unsicherheit und Missverständnisse auf. In der Realität ist die Reaktion oft nicht so eindeutig wie in dem geschilderten Beispiel. Man kann aber wahrscheinlich davon ausgehen, dass Herr Huber nach dieser Art der Aufgabenübertragung zumindest zögerlich anstatt engagiert seine neue Herausforderung angeht.

Menschen neigen einerseits dazu, ihre wahren Gefühle ganz oder zumindest in Teilen zu verbergen, und sind sich andererseits ihrer Empfindungen oft selbst nicht bewusst. Deshalb lassen sich ihre eigentlichen Aussagen besser verstehen, wenn der Körpersprache mehr Aufmerksamkeit gewidmet wird. Diese Informationen sind meist ehrlicher, weil sich die Reaktionen des Körpers weitaus weniger kontrollieren lassen als die Sprache. Sie geben Hinweise darauf, wie die verbalen Aussagen tatsächlich zu verstehen sind. So können eine zurückgelehnte Sitzhaltung, eine zuweisende Gestik, eine Pause oder ein Blick auf die Uhr dem Gesprächspartner signalisieren, dass ein Themenwechsel im Gespräch ansteht oder erwünscht ist.

Gängige Begriffe wie »den Kopf verlieren«, »ein saures Gesicht machen«, »die Stirn bieten«, »die Ohren steifhalten«, »die Nase rümpfen« oder »Rückgrat haben« verdeutlichen, wie seit ehedem Empfindungen nonverbal ausgedrückt werden. Auch die Reaktionen auf solche Signale erfolgen häufig unbewusst oder ohne genauer darüber nachzudenken. Wenn zwei Menschen auf einem engen Bürgersteig aufeinander zugehen, denkt keiner der beiden darüber nach, in welche Richtung er dem anderen ausweichen muss. Sie informieren sich automatisch gegenseitig durch körpersprachliche Signale.

Sprache des Körpers

Die Körpersprache ist eine Symbolsprache: Gesten und Bewegungen geben Aufschlüsse über Gefühle und Emotionen. Doch bei der Interpretation ist Vorsicht geboten, denn auch für die Deutung dieser inneren Regungen wird die Umgebung nicht objektiv, sondern subjektiv wahrgenommen und interpretiert. Die Körpersprache lässt sich nach folgenden Kriterien differenzieren:

Mimik

Die Physiognomie eines Menschen weist drei wichtige Bereiche aus: die Stirn, die Augen und den Mund. Die Gesichtsmuskeln drücken die Stimmungslage aus. So können z. B. Stirnfalten eine innere Anspannung ausdrücken, fest zusammengepresste Lippen können auf Abwehr und Verschlossenheit schließen lassen. Die

8.3 Verbale und nonverbale Kommunikation

Mimik eines Menschen ist mit einem Spiegelbild vergleichbar, das seinen inneren Gemütszustand wiedergibt und etwas über sein Befinden aussagt. Dabei sollten Sie aber besonders darauf achten, die Mimik des anderen nur im Kontext des Gesprächs zu interpretieren! Denn viele Personen runzeln beispielsweise auch die Stirn, wenn sie knifflige Probleme lösen. Es wäre demnach falsch, Stirnrunzeln automatisch als unfreundliches Verhalten zu interpretieren. Prüfen Sie deshalb, ob sich die Körpersprache des anderen auf die Situation bezieht. Runzelt er z. B. bei der Begrüßung die Stirn, könnte dies darauf hindeuten, dass er Sie nicht sofort wiedererkennt, über Sie verärgert ist oder über etwas nachdenkt, das sich auf Sie bezieht. Den Grund für dieses Stirnrunzeln können Sie nur durch Nachfragen erfahren.

Gestik

Mit Ihrer Gestik »zeigen« Sie, was Sie zu sagen haben. Die Hände und Arme als Hilfsmittel unterstreichen und betonen Ihre Aussagen und verstärken Ihre Wirkung auf den Gesprächspartner. Das kann bewusst oder unbewusst geschehen.

Körperhaltung

Die Körperhaltung kann Aufschlüsse über die Aufmerksamkeit, das Interesse oder Desinteresse des Gesprächspartners am Gespräch geben. Sie kann signalisieren, ob ihm das Gespräch gleichgültig ist oder ob er konzentriert bei der Sache ist. Ein Gesprächspartner mit einer aufrechten Körperhaltung, einem geraden Rücken und straffen Schultern wirkt sicherer, interessierter und überzeugender als jemand, der krumm vor Ihnen sitzt und mit nach vorne geneigten Schultern und vorgebeugtem Kopf seine Argumente vorbringt.

Blickkontakt

Suchen Sie Blickkontakt, ohne zu fixieren. Das signalisiert Offenheit und Interesse. Er dient häufig als Aufforderung zum Sprechen und hat einen verstärkenden Effekt für die Intensität der Kommunikation. Wenn Sie Ihrem Gesprächspartner in die Augen schauen, kann dieser Blickkontakt Offenheit, Aufmerksamkeit und persönliches Interesse signalisieren.

Distanz und Nähe

Menschen drücken durch Distanz oder Nähe aus, wie ihre Bedürfnisse nach Kontakt beschaffen sind. Die typischen, für Gesprächssituationen relevanten Distanzen sind von Person zu Person unterschiedlich ausgeprägt. Die Zone der »persönlichen Distanz« beträgt erfahrungsgemäß zwischen 80 und 120 Zentimetern. Körperliche Nähe und manchmal auch körperliche Berührung können ein Bedürfnis nach Nähe ausdrücken oder auf Vertrautheit hindeuten. Hat ein Gesprächspartner aber das Gefühl, dass der andere ihm zu nahe rückt, fühlt er sich schnell unwohl oder gar bedroht. Jeder besitzt seinen persönlichen Idealabstand. Dieser kann abhängen von der Stellung der Person in der Unternehmenshierarchie, von persönlichen Beziehungen, von der augenblicklichen Tagesform und anderen Einflussfaktoren, wie z. B. der Nationalität. Es ist wichtig, diese Grenze nicht zu überschreiten.

Wenn Sie im Mitarbeitergespräch Signale wie ein leichtes Zurückrücken des Stuhles oder ein betontes Zurücklehnen feststellen, kann dieses Verhalten darauf hindeuten, dass Sie in das »Territorium« des anderen eingedrungen sind.

An der Art, wie mit Distanzzonen umgegangen wird, lässt sich der Rang eines Menschen ablesen. Ein Vorgesetzter, der sich weit über den Schreibtisch seines Angestellten beugt, zeigt damit deutlich: *»Ich bin hier der Boss! Ich bestimme den Kontakt.«*

Als Führungskraft sollten Sie in der Lage sein, im Gespräch mit Ihren Mitarbeitern auch solche Botschaften oder Absichten zu verstehen, die Ihre Mitarbeiter vielleicht nicht direkt vermitteln können oder wollen. Gerade in Situationen, die eine offene Kommunikation nicht zulassen oder wo sie nur erschwert möglich ist, spielen solche indirekten, nonverbalen Botschaften eine wichtige Rolle.

Versuchen Sie nicht, Ihre Körpersprache an vorgefertigten Konzepten oder selbst auferlegten Regeln zu orientieren bzw. diese sich selbst aufzuoktroyieren. Seien Sie authentisch. Dann stimmen Inhalt, Sprechweise und Körpersprache überein. Sie wirken glaubwürdig. Die körpersprachlichen Signale sollen Ihre innere Haltung und Überzeugung ausdrücken. Sind dagegen Brüche festzustellen, kann dies beim Gesprächspartner zu Irritationen und Verunsicherung führen.

Sprechweise

Auch die Art, wie jemand etwas sagt, seine Stimmlage und Lautstärke, sein Dialekt, das Sprechtempo, die Modulation und die eingesetzten Pausen beeinflussen die Wahrnehmung des Gesprächspartners. Spricht ein Vorgesetzter monoton in der gleichen Tonlage, verzichtet er auf Betonungen und wechselt dabei auch seine Lautstärke nicht, wirken seine Aussagen auf die Dauer ermüdend.

Eine dünne, leise Stimme transportiert den Inhalt weniger überzeugend als eine kräftige, voluminöse Stimme, die gut zu verstehen ist. Dagegen kann ein zu lautes Sprechen wiederum bedrohlich wirken.

Eine abgehackte, stakkatoartige Sprechweise schafft im Gespräch eher Distanz, anders dagegen ist die Wirkung einer warmen Stimme und einer modulierten Ausdrucksweise.

Sprachstörungen können auf Hemmungen oder Ängste des Sprechers zurückzuführen sein. Mitarbeiter, die plötzlich zu stottern beginnen, ihre Sätze unvollständig formulieren, Silben oder ganze Wörter auslassen, geben damit Aufschlüsse über ihre momentane seelische Verfassung. Sie sind möglicherweise verunsichert, haben ein »schlechtes Gewissen«, Schuldgefühle oder leiden unter der Angst zu versagen.

Die Sprechweise drückt Empfindungen und Überzeugungen aus. Wenn Sie auf diese Signale achten, können Sie mehr über Ihre Mitarbeiter, deren Stimmungen, Interessen und Motivationslagen erfahren als bisher.

Bedeutung der Körpersprache und der Sprechweise im Mitarbeitergespräch

Nicht sprachliche Signale helfen, die empfangenen sprachlichen Informationen besser zuzuordnen und zu verstehen. Sie können die Akzeptanz von Aussagen verstärken oder schmälern, Vertrauen fördern oder Misstrauen schaffen.

Wenn Sie körpersprachliche Signale deuten, sollten Sie die Gestik und Mimik Ihres Gesprächspartners nicht isoliert interpretieren. Berücksichtigen Sie auch die Situation, in der diese Signale entstanden sind.

Da die Körpersprache in der Regel spontan und nicht vom Willen gesteuert ist, ermöglicht sie, die sprachlich-inhaltlichen Botschaften mit den »wahren« Signalen des Körpers zu vergleichen. Sie können davon ausgehen, dass, wenn Sie unaufrichtig oder nicht vollständig informieren, Ihr Gesprächspartner es bewusst merken oder unbewusst aufnehmen wird. Selbst wenn er nicht feststellen sollte, dass Sie ihm Informationen vorenthalten, wird er doch ein Unwohlsein verspüren, das sein Vertrauensverhältnis zu Ihnen einschränken kann. Deshalb sollten Sie darauf achten, Ihre Aussagen authentisch und ehrlich zu vermitteln. Sie müssen nicht jedes Detail weitergeben, aber das, was sie sagen, sollte ehrlich sein. Gibt es dagegen berechtigte Gründe dafür, Ihrem Gesprächspartner nicht alles zu sagen, schweigen Sie lieber, bevor Sie mit Halbwahrheiten herausrücken.

Ähnliches gilt für die Beurteilung Ihres Mitarbeiters. Loben Sie ihn nur der Form halber, ohne es wirklich ernst zu meinen, dann wird es Ihnen schwerfallen, diese positive Aussage mit Ihrer Körpersprache zu unterstreichen. Er wird an Ihrem Tonfall, Blickkontakt oder an Ihrer Stimme merken, dass Sie Ihr Lob nicht ernst meinen. Ist Ihr Verhalten dagegen spontan und ehrlich, steht es im Einklang mit Ihrer Aussage. Seien Sie deshalb authentisch. Nicht nur, was Sie sagen, ist für den Eindruck verantwortlich, den Sie bei Ihrem Gesprächspartner hinterlassen, sondern auch, wie Sie es ihm sagen.

8.4 Vom Umgang mit Gefühlen

Wenn Führungskräfte wissen, was welche Gefühle auslöst, können sie deren Einfluss auf ihre Entscheidungen und ihr Handeln erkennen. Wer sich seiner Gefühle bewusst ist, kann auch die Gefühle anderer besser erkennen und leichter Beziehungen zu Menschen aufbauen. Wer dagegen die eigenen Emotionen nur in Teilen wahrnimmt oder sie begrenzt zulässt, neigt dazu, die Gefühle anderer zu übersehen oder falsch zu deuten. Achten Sie deshalb darauf, welche Gefühle bei Ihnen aufkommen, wenn Sie etwas wahrnehmen, beispielsweise Freude, Staunen, Ärger, Verwunderung oder Unverständnis. Je besser Sie solche Gefühle erkennen, umso leichter werden Sie Ihre eigenen Reaktionen verstehen. Das hilft Ihnen, Ihre Entscheidungen in Übereinstimmung mit Ihren Empfindungen zu treffen und damit überzeugender und selbstsicherer auf andere zu wirken.

Sie können aber auch in Führungssituation geraten, in denen Ihre Gefühle Sie und die Situation negativ beeinflussen. Stellen Sie z. B. vor einem Mitarbeitergespräch fest, dass Sie unwillkürlich eine ablehnende Haltung gegenüber dem Mitarbeiter entwickeln, den Sie in wenigen Minuten treffen werden. In diesem Fall könnten Ihre Gefühle den erfolgreichen Verlauf des Gesprächs gefährden. Die Fähigkeit, auf die eigenen Emotionen Einfluss zu nehmen, ermöglicht Ihnen, sich selbst besser zu steuern, damit Sie das Gespräch konstruktiver und dem Mitarbeiter angemessener führen können.

Um auf seine Gefühle Einfluss nehmen zu können, müssen diese wahrgenommen werden. Denn was Sie bei sich nicht bewusst wahrnehmen, können Sie nicht beeinflussen. Eine weitere Voraussetzung ist das »Akzeptieren« dieser Empfindungen. Was Sie bei sich nicht bereit sind »anzunehmen« (»So bin ich nicht«), darauf werden Sie auch nicht Einfluss nehmen wollen, da Sie diese Gefühle gar nicht besitzen. Dieses Akzeptieren wiederum bietet die Voraussetzung, die »Entscheidung« zu treffen, in welche Richtung Sie handeln bzw. etwas verändern wollen. Diese Ausrichtung ist die Basis für »bewusstes Handeln«, nämlich seine Emotionen und Gefühle gezielt zu beeinflussen und zu steuern.

Wenn Sie also wahrnehmen, dass Sie eine ablehnende Haltung zu Ihrem Mitarbeiter entwickeln, nützt es Ihnen nicht, sich zu sagen: »*So will ich nicht sein.*« Erst ein »Akzeptieren« im Sinne von: »*Oh, ich besitze in mir eine ablehnende Einstellung Herrn Meier gegenüber*«, ermöglicht eine Entscheidung darüber, wie Sie mit der Situation umgehen wollen. Sollten Sie sich beispielsweise dazu entscheiden, eine positivere, respektvollere Haltung entwickeln zu wollen, können Sie Ihre Einstellung und Ihr Verhalten entsprechend beeinflussen, indem Sie sich die Qualitäten und die Erfolge des Mitarbeiters ins Bewusstsein rufen. Eine negative Haltung zu einer Person lenkt den Wahrnehmungsfokus auf Defizite und verführt, dessen Verhaltensweisen entsprechend zu bewerten. Um auf seine Gefühle steuernd und lenkend einzuwirken, bedarf es damit, vereinfacht ausgedrückt, vierer Erkenntnisstufen, wie Bild 8.4 zeigt.

Daniel Goleman hat sich intensiv mit dem bewussten und intelligenten Umgang mit den Gefühlen beschäftigt. Seine Erkenntnisse hat er mit der Bezeichnung »emotionale Intelligenz« zusammengefasst [GOLEMAN, 2002].

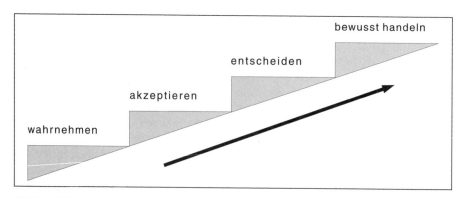

Bild 8.4 Erkenntnisstufen zur Beeinflussung von Gefühlen

Emotionale Intelligenz

Goleman hat den Umgang mit Gefühlen im Gespräch wissenschaftlich untersucht und kam zu dem Schluss, dass erfolgreiche Führungskräfte eines gemeinsam haben: Sie verfügen über ein hohes Maß an emotionaler Intelligenz. Diese definiert er als Metafähigkeit, die darüber entscheidet, wie man seine sonstigen Fähigkeiten, z. B. die fachliche Expertise, zu nutzen versteht. Sie befähigt, eigene Emotionen zu erkennen, Gefühle zu managen, sich selbst zu motivieren und sich in andere hineinzuversetzen. Emotionale Kompetenz umfasst fünf Bereiche [GOLEMAN, 2002]:

Selbstreflexion

Führungskräfte mit dieser Eigenschaft erkennen und verstehen ihre eigenen Gefühle und Stimmungen sowie ihre Wirkung auf andere. Sie sind in der Lage, ihre eigenen Fähigkeiten weitgehend realistisch einzuschätzen. Des Weiteren verfügen sie nicht nur über Selbstvertrauen, sondern haben auch einen Sinn für Selbstironie. Auf diese Weise neigen sie nicht zur Selbstüberschätzung oder zu mangelndem Selbstvertrauen. Dies befähigt sie, sich weitgehend realistische Ziele zu setzen. Dadurch scheuen sie sich nicht, selbst anspruchsvolle Projekte anzugehen. Sie wissen, wo ihre Stärken liegen, und können auch ihre Grenzen gut einschätzen.

Selbstkontrolle

Dies ist die Fähigkeit, erst zu denken und dann zu handeln. Solche Vorgesetzte handeln weder impulsiv noch unbesonnen. Sie können mit den eigenen »Launen« bewusst und der Situation angemessen umgehen. Aufgrund ihrer Besonnenheit und Aufrichtigkeit werden sie als vertrauenswürdig wahrgenommen. Für ihre Mitarbeiter sind sie berechenbar, weil sie keine negativen Gefühle an anderen auslassen oder großen Stimmungsschwankungen unterliegen.

Motivation

Motivierte Führungskräfte fallen durch einen starken Willen, hohes Engagement und eine hohe Frustrationstoleranz bei Rückschlägen auf. Sie erzielen langfristig Erfolge, weil sie ihre Ziele mit Energie und Ausdauer verfolgen, Herausforderungen suchen und ihre Mitarbeiter animieren, kreative Lösungen zu entwickeln.

Empathie

Sie ist die Fähigkeit, sich in die Gefühlswelt anderer Menschen hineinzuversetzen und Rücksicht auf deren Gefühle zu nehmen. Solche Führungskräfte versuchen, ihre Mitarbeiter und deren Innenwelt zu verstehen und sich einzufühlen. Sie sind in der Lage, die Perspektive des Gegenübers nachzuvollziehen und den Mitarbeiter aus seinem Arbeits- und Lebenskontext heraus zu verstehen. Empathie setzt das

Interesse am anderen und die Bereitschaft, den Mitarbeiter zu verstehen, voraus. Sie basiert also auf der bewussten Entscheidung, sich dem anderen zuzuwenden. Es gilt dabei, sich nicht nur auf den Inhalt zu konzentrieren, sondern auch offen zu sein für die Ebenen der Emotionen sowie der Interessen und Motive.

Soziale Kompetenz

Führungskräfte, die diese Kompetenz aufweisen, können Beziehungen auch langfristig unterhalten und Netzwerke aufbauen. Je besser Sie in der Lage sind, die Bedürfnisse, Emotionen und Interessen Ihrer Mitarbeiter zu erkennen, desto mehr gelingt es Ihnen, die Mitarbeiteranliegen miteinander zu verknüpfen und Ihr Team zum Erfolg zu führen.

Erwartungen des Mitarbeiters an ein Gespräch

Jeder Mensch hat Empfindungen, Bedürfnisse, Interessen oder Erwartungen. Deshalb ist im Mitarbeitergespräch die Aufmerksamkeit des Mitarbeiters nur zum Teil auf den inhaltlichen Aspekt gerichtet. Fragen wie *»Nimmt mein Chef mich ernst?«*, *»Werde ich respektiert?«*, *»Ist er mit mir zufrieden?«* oder *»Wie schätzt er mich ein?«* beschäftigen ihn und wirken sich auf die Qualität und den Ablauf des Gesprächs aus. Wenn Sie sich diese Anliegen vergegenwärtigen, nutzen Sie bereits zwei Fähigkeiten der emotionalen Intelligenz. Sie zeigen Empathie und überlegen, wie Sie den Mitarbeiter motivieren können.

Dessen Erwartungen lassen sich in zwei Gruppen unterteilen:

Auf die eigene Person bezogene Erwartungen

Der Mitarbeiter möchte fair und gerecht behandelt, in seiner Individualität respektiert und geachtet werden. Er will adäquate Anerkennung erhalten und als eine Person anerkannt werden, die ein wichtiger Teil des Teams bzw. der Abteilung ist.

Auf die Arbeitsleistung bezogene Erwartungen

Hier will der Mitarbeiter wissen, wie der Vorgesetzte seine Leistung und sein Verhalten beurteilt und welche Fähigkeiten, Kompetenzen und Kenntnisse er in Zukunft erwartet. Der Mitarbeiter möchte spüren, dass er ein wichtiger Bestandteil des Unternehmens ist, der seinen Teil zum Gesamterfolg beiträgt.

8.5 Konstruktives Gesprächsverhalten

Gegenseitiges Verstehen, Verständnis und Wertschätzung des anderen sind die Grundlage für jedes Gespräch. Weil Menschen aber nur eine begrenzte Aufnahmefähigkeit besitzen und die Welt überwiegend aus ihrem eigenen Blickwinkel betrachten, empfehlen sich folgende Verhaltensweisen.

8.5 Konstruktives Gesprächsverhalten

Positives Verhalten beim Sprechen

- Eine präzise und genaue Ausdrucksweise benutzen,
- einen in sich logischen Aufbau der Gesprächsinhalte gewährleisten,
- Aussagen machen, die nicht zu viele Aspekte und Gedanken beinhalten, weil kurze Botschaften verständlicher und prägnanter sind,
- auf Weiterreden verzichten, wenn Unsicherheit auftritt,
- die Aufnahmekapazität des Zuhörers berücksichtigen,
- die eigenen Aussagen auf die Sichtweisen und Argumente des Gesprächspartners beziehen,
- angemessene Sprechzeiten für den Gesprächspartner einrichten.

Positives Verhalten beim Zuhören

- Alles anhören, was der Gesprächspartner sagt,
- Zwischenfragen stellen, die den anderen zum Sprechen veranlassen,
- aufmunternde Signale senden, die den anderen animieren, aktiver am Gespräch teilzunehmen,
- Aufmerksamkeit schenken,
- geduldig zuhören, lassen Sie den anderen seine Aussagen zu Ende führen, bis Sie sich Ihr Urteil über seine Ausführungen gemacht haben (der Gesprächspartner hat oft noch mehr mitzuteilen, als Sie glauben).

Gesprächsstörer und Gesprächsförderer

Um im Gespräch erfolgreich und konstruktiv zu kommunizieren, gilt es störende Faktoren zu vermeiden und fördernde anzuwenden.
Im Folgenden sind die wichtigsten Faktoren, die ein Gespräch positiv oder störend beeinflussen können, aufgeführt:

Gesprächsstörer

Befehlen oder drohen – ungebetene Ratschläge erteilen – ironisieren und spotten – vom Thema ablenken – nur von sich reden – überreden wollen – den Gesprächspartner unterbrechen – abwerten, nicht ernst nehmen – schwierige Sachverhalte herunterspielen – monologisieren – ausfragen – Gegenbehauptungen aufstellen – belehren – nur auf die Sache achten oder nur auf Stimmungen eingehen.

Gesprächsförderer

Aktiv zuhören – nachfragen, ohne auszufragen – etwas auf den Punkt bringen – Gefühle ansprechen – Anerkennung ausdrücken – Denkanstöße geben – Wertschätzung zeigen – aktive Beteiligung am Gespräch – ausgewogene Gesprächsanteile – Blickkontakt – authentisches Verhalten – gegenseitiger Respekt – ausreden lassen – auf Gefühle und nonverbale Signale achten.

8.6 Förderliche Kommunikation im Mitarbeitergespräch

Welche Konsequenzen können Führungskräfte aus den bisher beschriebenen Erkenntnissen der Kommunikationsforschung für das Mitarbeitergespräch ziehen? Neben inhaltlichen Aspekten, wie der Besprechung von Zielen oder Aufgaben, hat das Mitarbeitergespräch auch die Funktion, den Kontakt mit dem Mitarbeiter zu pflegen und ein offenes, vertrauensvolles Verhältnis aufzubauen. Dadurch wird eine ehrliche und konstruktive Zusammenarbeit möglich. Führen Sie deshalb Ihre Gespräche nicht nur aufgaben- und zielorientiert, sondern auch mitarbeiterorientiert.

Nehmen Sie sich ausreichend Zeit für das Gespräch. Vorgesetzte glauben häufig, dass sie lange genug mit ihren Mitarbeitern sprechen, diese wiederum bemängeln oft, dass genau das Gegenteil der Fall sei. Voraussetzung für eine erfolgreiche Kommunikation ist, dass Führungskräfte

- sich verantwortlich für die Inhalte des Gesprächs, seine Struktur und den Ablauf fühlen,
- Signale des Gesprächspartners wahrnehmen und ansprechen,
- mit Missverständnissen umgehen können,
- sich in den Gesprächspartner hineinversetzen,
- Kontakt herstellen und halten können.

Gelungene Kommunikation

Die beschriebenen Faktoren helfen, die Kommunikation positiv zu beeinflussen. Wenn sie im Gespräch berücksichtigt werden, stellt sich folgendes Szenario ein:

- Die Gesprächspartner sprechen Probleme und Konflikte direkt an und können ihre Meinung offen vertreten.
- Die Gesprächspartner gestehen sich Pausen und Bedenkzeit zu, ihre Umgangsweise ist locker und entspannt.
- Gefühle werden angesprochen, man nimmt sich Zeit füreinander.
- Kritik wird akzeptiert und nicht abgewehrt.
- Beide Parteien übernehmen die Verantwortung für das Gespräch und die Ergebnisse.
- Beide Gesprächspartner spielen mit »offenen Karten« und pflegen einen ehrlichen und authentischen Umgang.

8.7 Tipps für Mitarbeitergespräche

Folgende Tipps helfen Ihnen, die Erkenntnisse der Kommunikationspsychologie auf ein Mitarbeitergespräch zu übertragen:

- Sorgen Sie zu Beginn des Gesprächs für eine angenehme Gesprächsatmosphäre, indem Sie sich beispielsweise beim Mitarbeiter dafür bedanken, dass er sich die

Zeit für Sie genommen hat, indem Sie ihm ein Getränk anbieten oder sich nach seinem Wohlbefinden erkundigen. Sind Sie über ihn verärgert oder müssen mit ihm ein fälliges Kritikgespräch führen, sprechen Sie das Thema sofort an. Es würde den Mitarbeiter eher verwirren, wenn Sie zunächst »um den heißen Brei herumreden«, denn er spürt Ihre Stimmungslage.

- Beginnen Sie das Mitarbeitergespräch, indem Sie den inhaltlichen und zeitlichen Rahmen festlegen und die zu besprechenden Themen definieren.
- Stellen Sie immer wieder Blickkontakt her.
- Zeigen Sie insbesondere dann Ihr persönliches Interesse, wenn Probleme und Anliegen Ihres Mitarbeiters angesprochen werden.
- Bekunden Sie Ihr Interesse, Respekt und Wertschätzung, indem Sie sich mit den Argumenten des Gesprächspartners auseinandersetzen, sich für seine Anliegen Zeit nehmen und ihn spüren lassen, dass Ihnen diese wichtig sind.
- Seien Sie ein guter Zuhörer. Zuhören bedeutet Zuwendung. Lassen Sie den anderen spüren, dass Sie für ihn ein »offenes Ohr« haben.
- Beobachten Sie die nonverbalen Signale Ihres Gesprächspartners. Sie geben Aufschlüsse über seine Empfindungen, die für das Gespräch wichtig sein können.
- Lassen Sie sich durch irritierende Verhaltensweisen nicht verunsichern, nutzen Sie diese als nützliche und wertvolle Informationen.
- Stellen Sie, wenn nötig, Rückfragen und vertiefende Nachfragen. Oft erhalten Sie nur auf diese Weise hinlängliche Antworten und die nötige Substanz in den Aussagen.
- Fassen Sie Gemeinsamkeiten zusammen.

Haben Sie keine Scheu, sich mit Ihrer ganzen Person in das Gespräch einzubringen, indem Sie auch Ihre Gefühle und Wünsche ansprechen und gleichermaßen auf die Emotionen Ihres Gesprächspartners eingehen. Sie müssen sich nicht als perfekt darstellen, gestehen Sie sich ruhig ein, dass Sie sich auch einmal irren können.

DAS WICHTIGSTE IN KÜRZE

Der Managementexperte Peter F. Drucker stellt fest: *»Management ist Kommunikation«*, und führt einen Großteil der Schwierigkeiten und Fehler im beruflichen Alltag auf Kommunikationsprobleme zurück. Solche Störungen können verschiedene Ursachen haben. Da die Kommunikation beispielsweise auf verschiedenen Ebenen stattfindet, kann eine Diskussion durch die Gefühlslage der Gesprächspartner bestimmt werden, die sachliche Ebene wird von der emotionalen Ebene überlagert. Aus diesem Grund empfiehlt es sich, im Gespräch die Emotionalität des anderen zu berücksichtigen und auf sie einzugehen.

⇨ Jede Aussage kann unterschiedlich interpretiert werden. Missverständnisse sind zu erwarten, wenn die Gesprächspartner nicht auf eine klare und eindeutige Kommunikation achten. Denn in der Regel geht jeder davon aus, dass der andere seine Worte so deutet und versteht, wie er sie gemeint hat.

⇨ Hinzu kommt, dass im Gespräch viele Informationen nicht sprachlicher Natur sind. Auch die Körpersprache wie Gestik, Mimik, Haltung, Blickkontakt usw. sendet Signale, die vom Gesprächspartner gleichermaßen wahrgenommen und interpretiert werden. Eine positive Aussage kann durch eine gleichzeitige abwertende Geste einen ganz anderen Sinn bekommen und zu Irritationen führen. Da die Körpersprache in der Regel spontan und nicht vom Willen gesteuert ist, erlaubt sie einen Vergleich der sprachlich-inhaltlichen Botschaften mit den »wahren« emotionalen Botschaften.

⇨ Im Gegensatz zur Körpersprache, die häufig unbewusst geschieht, werden indirekte Botschaften bewusst eingesetzt, um beispielsweise von den eigentlichen Ursachen für aufgetretene Probleme abzulenken. Sie dienen sozusagen als »Ausweichmanöver«, um vom Thema abzulenken.

⇨ Es gibt verschiedene Signale, die auf einen erfolgreichen Gesprächsverlauf hindeuten. Zu diesen zählen beispielsweise, dass Gefühle angesprochen werden, die Atmosphäre und die Umgangsweise angenehm und entspannt sind, Ergebnisse schnell erreicht und Probleme direkt angesprochen werden.

Mehr zu diesem Thema

Bauer, J.: *Warum ich fühle, was du fühlst. Intuitive Kommunikation und das Geheimnis der Spiegelneurone.* Hoffmann und Campe, 2005
Goleman, D.: *Emotionale Intelligenz.* Deutscher Taschenbuch Verlag, 2002
Rosenberg, M. B.: *Gewaltfreie Kommunikation. Eine Sprache des Lebens.* Junfermann, 2007
Schulz von Thun, F.: *Miteinander reden. Kommunikationspsychologie für Führungskräfte.* Band 1 bis 3. Rowohlt, 2008
Watzlawik, P.; Beavin, J. H.; Jackson, D. D.: *Menschliche Kommunikation.* Huber, 2007

Methoden und Techniken für eine erfolgreiche Gesprächsführung

DARUM GEHT ES ...

- Welche Techniken und Methoden gibt es, um Gespräche zu führen und zu steuern?
- Wie erhalten Sie genau die Informationen, die Sie für Ihr weiteres Vorgehen benötigen?
- Wie kann der Gesprächspartner zur aktiven Teilnahme angeregt werden?
- Wie lassen sich Gespräche strukturieren, um möglichst effektiv das weitere Vorgehen festzulegen oder Probleme zu lösen?

DIESES KAPITEL BESCHREIBT TECHNIKEN UND INSTRUMENTE:

- zur Lenkung und Steuerung des Mitarbeitergesprächs,
- zur Aktivierung des Gesprächspartners,
- zur Informationsgewinnung,
- für den Umgang mit schwierigen Situationen.

> Der Abteilungsleiter Herr Bauer wurde von seinem Vorgesetzten, dem Bereichsleiter Herrn Kaps, zum diesjährigen Mitarbeitergespräch eingeladen. Nach einer kurzen Gesprächseröffnung bat ihn sein Chef, zunächst aus seinem Bereich zu berichten. Nach kurzer Zeit entwickelte sich das Gespräch jedoch recht unglücklich. Herr Kaps unterbrach ihn häufig, stellte viele Fragen zu bestimmten Kunden, zu den Mitarbeitern und Vorgängen, die Herr Bauer nicht immer in der gewünschten Informationstiefe beantworten konnte, mit der Folge, dass er von Minute zu Minute unsicherer wurde. Als das Gespräch endlich beendet war, verließ Herr Bauer den Besprechungsraum mit dem Gefühl, einen schlechten Eindruck hinterlassen zu haben.
> Er ging in sein Büro und ließ dieses Gespräch noch einmal Revue passieren. Allmählich wurde ihm bewusst, was ihn letztlich so verunsichert hatte. Was eigentlich als jährliches Mitarbeitergespräch angekündigt war, entwickelte sich zunehmend zum Verhör. Dies wiederum hatte zur Folge, dass er immer mehr ins Stocken geriet, die Punkte, die er sich eigentlich vorgenommen hatte zu sagen, nicht äußerte und vielem, was sein Chef von ihm im nächsten Jahr verlangte, einfach zustimmte, um möglichst schnell der Situation zu entkommen.
> Herr Bauer fragt sich nun, welche Möglichkeiten er gehabt hätte, das Gespräch in eine andere Richtung zu lenken, und wie er seine Gespräche, die er mit seinen eigenen Mitarbeitern führt, anders gestalten könnte.

9.1 Bedeutung von Techniken, Methoden und systematischen Vorgehensweisen im Mitarbeitergespräch

In Kapitel 8 »Kommunikation und Gesprächsführung« wird beschrieben, wie die Kommunikation von unterschiedlichen Einflussfaktoren bestimmt wird. Es kommt nicht nur darauf an, was gesagt wird, sondern auch, wie es gesagt wird. Wie Sie die Informationen, die auf Sie einströmen, aufnehmen und verarbeiten, hängt von Ihrer Wahrnehmung ab, von Ihrer Empfindung und von der Stimmung, in der Sie sind. Die Bedeutung einer Aussage wird demnach nicht objektiv und logisch, sondern subjektiv verarbeitet.

Ihre Sympathie für, aber auch Ihre innere Haltung zum Gesprächspartner haben daher einen entscheidenden Einfluss darauf, wie Sie seine Botschaften aufnehmen und auf sie reagieren. Bei Führungskräften kommt hinzu, dass sie häufig unter Zeitdruck stehen und hohen Anforderungen ausgesetzt sind. Das erschwert ihnen, die vielen Informationen und Eindrücke, die sie im Gespräch erhalten, offen und unvoreingenommen aufzunehmen und zu verarbeiten. Nicht selten kommen dabei auch Respekt und Wertschätzung dem anderen gegenüber zu kurz.

Wie alle Gespräche setzen sich auch Mitarbeitergespräche aus wiederkehrenden Bestandteilen zusammen und werden nach bestimmten Regeln geführt, unabhängig davon, worauf sie abzielen, welchen Inhalt sie haben und von wem sie geführt werden. Es gibt unterschiedliche Gesprächstechniken, die auf diesen kommunikativen Prinzipien aufbauen.

Die im Folgenden vorgestellten »Kommunikationswerkzeuge« bzw. -techniken zeigen Ihnen Möglichkeiten auf, Gespräche erfolgreich, eindeutig und mit positivem Ergebnis zu führen. Diese Werkzeuge sind nicht als Patentrezepte zu verstehen, sondern als Anregung zur Erweiterung Ihrer Fähigkeiten und Sensibilität. Wenden Sie daher nur solche Kommunikationstechniken an, hinter denen Sie stehen. Lassen Sie sich bei der Anwendung dieser Methoden Zeit, und wählen Sie zum Lernen oder Einüben passende Situationen aus, damit Sie diese Fähigkeiten routiniert dann einsetzen können, wenn Sie sie brauchen. Zu Beginn werden Ihnen einige der im Folgenden beschriebenen Kommunikationstechniken ungewohnt vorkommen; Sie werden sie vielleicht sogar als »aufgesetzt« empfinden. Doch je öfter Sie die Instrumente nutzen, desto sicherer und selbstverständlicher können Sie sie anwenden. Die Gespräche erscheinen Ihnen dann durch die Integration der neu erworbenen Techniken in Ihr Verhaltensrepertoire auch wieder »natürlich«. Zusätzlich zeigen Sie aber neue Kompetenzen in den Gesprächen und erreichen so ein höheres Kommunikationsniveau. Damit werden die Gespräche nicht nur verständlicher und zielgerichteter, sondern es werden die Themen durch die offenere Atmosphäre auch umfassender und ehrlicher diskutiert.

Wenden Sie die im Folgekapitel vorgestellten Methoden im Interesse des Mitarbeiters und der Qualität des Gesprächs an, auf keinen Fall aber, um ihr Gegenüber mit »guten Techniken« gekonnt zu manipulieren [NEUBERGER, 2009].

Menschen registrieren im Allgemeinen, bewusst oder unbewusst, sehr schnell jeden Manipulationsversuch und wehren ihn instinktiv ab. Typische Reaktionen auf eine vermutete Manipulation sind Misstrauen gegenüber dem anderen, Widerstand gegen seine Vorschläge, manchmal auch Aggression oder Rückzugsverhalten. Das Vertrauen nimmt Schaden und es bedarf in der Regel längerer Zeit und etlicher Vertrauensbeweise, bis es wieder aufgebaut werden kann. Manchmal ist der Vertrauensbruch auch nicht mehr zu »kitten«.

Achten Sie deshalb darauf, mit welchen Absichten Sie in ein Gespräch gehen. Sind Sie noch offen genug, sich überzeugen zu lassen, oder haben Sie eine feste Meinung und besprechen Sie sich nur noch »pro forma«?

9.2 Methoden der Gesprächslenkung

Sie sollten als Führungskraft in der Lage sein, Mitarbeitergespräche so zu steuern, dass konkrete Gesprächsergebnisse erzielt werden. Im Gegensatz zu Ihren Mitarbeitern sind Sie dafür verantwortlich, die Rahmenbedingungen für das Gespräch vorzugeben, es zu strukturieren und seinen Verlauf zu bestimmen.

Es gibt verschiedene Methoden zur Gesprächslenkung, die Ihnen helfen, Ihre Mitarbeiter aktiv am Gespräch zu beteiligen und ihr Interesse zu steigern. Diese Methoden können offen oder auch versteckt greifen, sodass sie von dem anderen nicht wahrgenommen werden. Wenn Sie Ihrem Gesprächspartner beispielsweise häufig

zustimmen, indem Sie seine Aussagen mit Gesten begleiten, ihm zwischendurch Fragen stellen und bestätigend mit dem Kopf nicken, können Sie seine Bereitschaft, am Gespräch teilzunehmen und sich mitzuteilen, erhöhen.
Zu den wichtigsten Lenkungstechniken zählen:

- Verstärken,
- Zusammenfassen,
- Interpretieren,
- Konkretisieren (Verbalisieren),
- Sprechpausen,
- Vorgehensweisen aufzeigen,
- Fragen.

Verstärken

Verstärken bedeutet, interessante Aussagen des Gesprächspartners mit positiven, zustimmenden Signalen zu beantworten. Das kann durch Körpersignale oder sprachliche Signale erfolgen. Die eingesetzten Verstärkungsmechanismen stellen für den anderen eine Aufmunterung dar, sie animieren ihn, über diesen Sachverhalt weiterzusprechen. Typisch sind Signale wie Kopfnicken, aufmerksame und zugewandte Körperhaltung, Worte wie »*ja*«, »*genau*«, »*gut*« oder auch ein zustimmendes, erstauntes oder interessiertes »*Hmm*«. Sie machen Ihrem Mitarbeiter auf diese Weise deutlich, dass Sie ihn verstehen und akzeptieren und wünschen, dass er weiterspricht. Nehmen diese Signale ab, geben Sie ihm die Botschaft, dass Ihr Interesse abnimmt oder Ihre Zustimmung nachlässt.

Zusammenfassen

Als Führungskraft sind Sie für die Gesprächssteuerung verantwortlich. Es gehört daher zu Ihren Aufgaben, die Aussagen zu ordnen, zu strukturieren und zusammenzufassen. Sie müssen das Gesagte »auf den Punkt bringen«, den roten Faden sichtbar machen, das Wesentliche hervorheben und darauf achten, dass nicht plötzlich am Thema vorbeigeredet wird.

Eine Zusammenfassung deutet auf den bevorstehenden Abschluss eines zu erörternden Sachverhalts, eines Abschnitts oder des Gesprächs selbst hin. Sie ermöglicht, das Vorherige auf seine wesentlichen Inhalte zu reduzieren, eine Verständigung ohne größeren Informationsverlust zu gewährleisten oder sachbezogene Aspekte zu ordnen und miteinander zu verknüpfen. Somit bietet eine Zusammenfassung die Möglichkeit, Akzente zu setzen und dem Gesprächspartner die eigenen Argumente erneut vorzutragen und das Gespräch in den nächsten Schritt zu leiten.

Diese Technik eignet sich besonders, wenn das Gespräch unübersichtlich und ein Überblick notwendig wird, oder es einer Struktur bedarf, um die Gesprächsinhalte zu ordnen. Sie wird auch eingesetzt, wenn die Zeit knapp geworden oder die Aufnahmekapazität erschöpft ist. Wichtig hierbei ist, den Sachverhalt mit eigenen

Worten zusammenzufassen, um nicht den Eindruck eines »Nachplapperns« entstehen zu lassen. Beispiele für die Überleitung zu einer Zusammenfassung sind:

- »*Ich fasse mal mit eigenen Worten Ihren Vorschlag kurz zusammen ...*«
- »*Habe ich Sie so richtig verstanden ...?*«
- »*Wenn ich zusammenfassen darf ...*«
- »*Nach dem, was wir bis jetzt besprochen haben ...*«

Auf diese Weise gewinnt das Mitarbeitergespräch an Zielklarheit, man verliert den Anlass und die gewünschten Ergebnisse nicht aus den Augen. Mit dieser Technik zeigen Sie Ihrem Mitarbeiter Ihre Wertschätzung für das bisher Gesagte und können überprüfen, ob Sie seine Aussagen richtig verstanden haben. Die Zusammenfassung gibt Ihnen die Möglichkeit, den Gesprächsverlauf zu beeinflussen, zu strukturieren und auf das »Timing« zu achten.

Jedes Gespräch und auch jede Gesprächseinheit sollte mit einer Zusammenfassung der wichtigsten Besprechungspunkte enden. So lässt sich überprüfen, ob alle Aspekte berücksichtigt wurden. Häufig fallen den Beteiligten nachträglich noch Ergänzungen oder Zusätze ein, die sie im Gespräch nicht erwähnt haben.

Interpretieren

Aussagen lassen sich verschieden auslegen und interpretieren, wodurch Unsicherheiten und Irritationen entstehen können. Das lässt sich verhindern, indem eine gemeinsame Interpretation vorgeschlagen wird. Diese Vorgabe reduziert die Vielzahl an Deutungsmöglichkeiten und beugt somit auch etwaigen Verunsicherungen vor.

Wird eine Äußerung des Gesprächspartners aufgegriffen, gedeutet und zur Diskussion gestellt, wird er im Gegenzug indirekt aufgefordert, diese Deutung zu bestätigen oder zu korrigieren. Interpretationen tragen dazu bei, entstandene Missverständnisse zu klären, weil sie dem anderen die Möglichkeit zur Richtigstellung seiner Aussagen geben und somit Missdeutungen vorbeugen. Interpretationen können beispielsweise folgendermaßen eingeleitet werden:

- »*Sie vermuten also, dass ...*«
- »*Ich verstehe Ihre Äußerung so, dass es Ihnen auf Folgendes ankommt ...*«
- »*Wenn ich Sie richtig verstehe, wollen Sie ...*«

Bei dieser Methode ist allerdings Vorsicht angebracht, weil der Gesprächspartner sie als Versuch, ihn zu beeinflussen, missverstehen könnte. Achten Sie darauf, dass Sie Ihre Interpretation vorsichtig, im Sinne eines Angebotes, vorbringen. Je neutraler sie vorgetragen wird und je offener Sie für die Antwort Ihres Gegenübers sind, umso geringer wird die Wahrscheinlichkeit, dass sie als Manipulationsversuch gedeutet wird.

Konkretisieren

Konkretisierungen bzw. Verbalisierungen verlagern die Kommunikation von einer abstrakten auf eine für den Gesprächspartner nachvollziehbare Ebene, indem veranschaulichende Beispiele gegeben werden.
Ein Schwachpunkt in vielen Mitarbeitergesprächen ist, dass über weite Strecken hinweg abstrakte, gegenstandsferne und allgemeine Probleme zur Sprache kommen. Die Schilderung konkreter Sachverhalte dagegen macht ein Gespräch präziser und inhaltlich nachvollziehbarer. Hier kann der Gesprächspartner konkret zu seinen Ansichten, Gefühlen oder Lösungsvorschlägen Stellung nehmen. Diese Technik eignet sich besonders dazu, Verständigung zu fördern, Verständnis zu entwickeln und auf diese Weise Probleme aufzudecken.
Beispiele für konkretisierende Fragen:

- *»Dies würde also in der Praxis bedeuten, dass ...«*
- *»Konkret ergibt sich daraus doch Folgendes: ...«*
- *»Können Sie konkrete Gründe nennen?«*
- *»Haben Sie Beispiele?«*

Sprechpausen

Pausen sind eine wichtige Voraussetzungen für genaues Zuhören und bieten die Chance, etwas Neues zu erfahren. Gleichzeitig geben sie dem Gesprächspartner die Möglichkeit, selbst im Gespräch aktiv zu werden.
Eine bewusst eingeschobene Pause fördert die Kommunikation, weil sie den anderen in »Zugzwang« bringt oder einlädt weiterzusprechen. Der Informationsfluss wird angeregt, weitere Details können in Erfahrung gebracht werden. Zusätzlich gewinnt man Zeit zum Nachdenken, Informationen zu verarbeiten, den Gesprächsverlauf gedanklich zu strukturieren und sich so der jeweiligen Situation anzupassen.
Mit Sprechpause ist in diesem Zusammenhang nicht die Zeitspanne zwischen einzelnen Sätzen gemeint, sondern eine bewusste Unterbrechung, die dem Gesprächspartner zeigt, dass er genügend Zeit hat, seine Überlegungen in das Gespräch einzubringen. Die Pause dient als Impuls, der dem anderen signalisiert, dass er »an der Reihe ist«. Meist werden Pausen vermieden, da man den anderen dadurch nicht verunsichern will oder einer von beiden Gesprächspartnern sofort zu einer Aktivität übergeht. Bei der Pause als Gesprächstechnik handelt es sich aber um einen bewussten Schritt, um das Gesagte nachwirken zu lassen und damit dem Gespräch mehr Substanz zu verschaffen. Bewusst eingesetzte Pausen sind also kein Schweigen. Achten Sie aber darauf, dass Ihre Pausen, insbesondere nachdem Sie etwas gefragt haben, nicht zu lang werden. Sie können sonst zu Anspannung und Unbehagen führen.
Versuchen Sie, Pausen, die durch Betroffenheit oder intensives Nachdenken entstehen, wahrzunehmen und nicht zu übergehen oder zu überspielen. Sie sollten solche Pausen aushalten können. Wenn Sie sich bemühen, jede Pause mit Worten zu füllen, könnten Sie tiefergehende Themen verhindern.

Vorgehensweisen aufzeigen

Ein wichtiges Instrument zur Strukturierung eines Mitarbeitergesprächs ist die Bekanntgabe und anschließende gemeinsame Absprache des weiteren Vorgehens. Sie dient nicht nur der Orientierung, sondern verbessert auch die Effektivität und Effizienz des Gesprächs, weil die Aufmerksamkeit der Beteiligten auf die wesentlichen zu ergreifenden Aktivitäten gelenkt wird.

Fragen

Dieser wichtigen Gesprächslenkungstechnik ist das nachfolgende Kapitel »Methoden der Informationsgewinnung und Gesprächsaktivierung« gewidmet.

9.3 Methoden der Informationsgewinnung und Gesprächsaktivierung

Fragetechniken: Wer fragt, der führt

Fragen sind die Grundlage für die Beschaffung von Informationen, um planen und entscheiden zu können. Sie sind das einfachste Mittel, die Sichtweise des Gesprächspartners kennenzulernen und zu verstehen. Je nach Zielsetzung, Situation und Gesprächspartner gibt es unterschiedliche Möglichkeiten, Fragen zu formulieren. Um gezielt die richtigen Fragen stellen zu können, ist es hilfreich, zwischen unterschiedlichen Fragetypen und deren Charakter zu unterscheiden. Denn die Wirkung einer Frage und die Qualität der Antworten hängen davon ab, welche Frage in welcher Situation und mit welcher Absicht gestellt wird. Wer beispielsweise eine Aussage seines Gesprächspartners hinterfragt, stellt eine gleichberechtigte Kommunikation her und kann auf diese Weise Sachverhalte erörtern und klären. Er veranlasst den anderen, seine Probleme und Schwierigkeiten auszudrücken, über seine Wünsche und Bedürfnisse zu sprechen und sich in das Gespräch einzubringen. Dieser muss, um qualifiziert antworten zu können, seine Gedanken ordnen und in klare Aussagen fassen.

Fragen sind zudem ein probates Mittel, im Gespräch Zeit zu gewinnen, den eigenen Standpunkt zu reflektieren und die nächsten Gedanken zu formulieren. Setzen Sie hinter eine Frage eine Pause, verstärken Sie diesen Effekt. Wenn Sie eine Frage richtig stellen wollen, müssen Sie sich darüber im Klaren sein, was Sie mit dieser Frage tatsächlich beabsichtigen. Erst dann sind Sie in der Lage, das Gespräch zu steuern, zu gestalten und zu führen.

Mit Fragen kann man:

- Informationen einholen,
- das Gespräch steuern,
- Fakten und Motive klären,
- Probleme lösen,
- Dialoge und Kooperation herstellen,

- Ängste abbauen,
- zum Nachdenken anregen,
- den Gesprächspartner aktivieren.

Zu den wichtigsten Fragearten im Mitarbeitergespräch zählen:

- offene Fragen,
- geschlossene Fragen,
- Präzisionsfragen,
- Fragen nach Motiven, Beweggründen und Ursachen,
- systemische Fragen.

Offene Fragen

Bei diesem Fragetyp werden Informationen indirekt erfragt. Es gibt keine Hinweise auf mögliche Antworten, sodass die Antwort beispielsweise nicht *»Ja«* oder *»Nein«* lauten kann. Offene Fragen können nicht in ein oder zwei Worten beantwortet, sondern müssen ausführlicher erläutert werden.

Wozu dienen offene Fragen?

Diese Fragen helfen, das Gleichgewicht im Gespräch zu halten bzw. wiederherzustellen. Sie ermöglichen, den Partner zum Nachdenken anzuregen, wenn seine Aufmerksamkeit nachlässt. Mit offenen Fragen werden Informationen über die Sichtweise, Situation bzw. Ausgangslage des Gesprächspartners eingeholt. Mit offenen Fragen aktivieren Führungskräfte die Kreativität, die Ideen und das Wissen des Gesprächspartners.

Wie stellt man offene Fragen?

Für die Formulierung offener Fragen eignen sich besonders die sogenannten W-Fragen: *»Was?«, »Warum?«, »Wer?«, »Wie?«, »Wann?«* und *»Wozu?«*

Wann stellt man offene Fragen?

Führungskräfte können mit offenen Fragen Sachverhalte klären, Informationen einholen und die Aufmerksamkeit und Reflexion des Gesprächspartners steigern. Diese Fragen eignen sich besonders, die Einschätzungen des Mitarbeiters und seine Beweggründe zu hinterfragen und seine Sicht der Dinge besser nachzuvollziehen. Hier einige Beispiele:

- *»Was ist Ihr Vorschlag?«*
- *»Worin sehen Sie die Ursachen für dieses Problem?«*
- *»Welches Vorgehen würden Sie vorschlagen?«*

Nutzen für das Mitarbeitergespräch

Durch offene Fragen werden vielfältige Informationen und Sichtweisen herausgearbeitet. Sie bewirken eine aktive Beteiligung des Mitarbeiters. So können seine Ideen

9.3 Methoden der Informationsgewinnung und Gesprächsaktivierung

und Potenziale in die Planung zukünftiger Maßnahmen und zu treffender Entscheidungen mit einfließen. Das Ergebnis des Gesprächs wird vom Mitarbeiter mitgetragen, da seine Vorstellungen Gehör finden und mit berücksichtigt werden. Somit fördern offene Fragen eine partnerschaftliche Gesprächsführung.

Tipps

Wichtig ist, offene Fragen nur dann zu stellen, wenn ein echtes Interesse an den Antworten besteht!
Sollten Sie einen Sachverhalt oder ein Thema abschließen wollen, ist es nicht mehr förderlich, offene Fragen zu stellen. Dadurch eröffnen Sie das Gespräch erneut, generieren zusätzliche Informationen, die wieder in die Erörterung des Sachverhalts aufgenommen werden müssten, um nicht unkommentiert stehen zu bleiben. In Folge verschiebt sich das angestrebte Ende.

Geschlossene Fragen

Geschlossene Fragen lassen sich in den meisten Fällen mit *»Ja«* oder *»Nein«* oder mit einer kurzen, präzisen Information beantworten. Antworten auf diese Fragen bringen nur die Information, nach der gefragt wurde, und zwingen den Antwortenden zu einer eindeutigen Stellungnahme.

Wozu dienen geschlossene Fragen?

Mithilfe dieser Fragen können im Gespräch Entscheidungen schneller herbeigeführt oder kann Klarheit über Standpunkte und Sichtweisen des Gesprächspartners gewonnen werden. Geschlossene Fragen sorgen für Transparenz.

Wie stellt man geschlossene Fragen?

Geschlossene Fragen beginnen meist mit einem Verb. Hier einige Beispiele:

- *»Sind Sie damit einverstanden?«*
- *»Haben wir genug Informationen dazu?«*
- *»Welchen Termin schlagen Sie vor?«*
- *»Können Sie mir dies bestätigen?«*
- *»Können wir diesen Punkt als geklärt betrachten?«*

Wann stellt man geschlossene Fragen?

Dieser Fragetyp eignet sich besonders, um

- Entscheidungen herbeizuführen,
- Gesprächseinheiten bzw. Teilaspekte zu beenden,
- Strukturen zu schaffen,
- eindeutige Stellungnahmen von Mitarbeitern einzuholen,
- Vielredner zu bremsen.

Nutzen für das Mitarbeitergespräch

Mit diesen Fragen lässt sich das Gespräch sehr gut steuern und strukturieren. Sie ermöglichen, klare Vereinbarungen und Beschlüsse zu treffen, Fakten zusammenzutragen und die vorgesehene Gesprächszeit einzuhalten.

Tipp

Geschlossene Fragen sollten sparsam eingesetzt werden, weil sie dem Gesprächspartner wenige Möglichkeiten bieten, sich mitzuteilen. Werden sie zu häufig gestellt, behindern sie einen offenen Meinungsaustausch und den Gesprächsfluss.

Umwandlung geschlossener Fragen in offene Fragen

Bleiben die Mitarbeiter im Gespräch einsilbig und zugeknöpft, kann das daran liegen, dass Sie, wie die Führungskraft in dem Beispiel zu Beginn des Kapitels, viele geschlossene Fragen stellen und damit keinen Gesprächsfluss aufkommen lassen. Geschlossene Fragen können aber in den meisten Fällen, wie folgende Beispiele zeigen, durch eine einfache Umformulierung in offene Fragen umgewandelt werden:
Geschlossen: *»Können Sie mit diesem Softwareprogramm umgehen?«*
Offen: *»In welchem Ausmaß verwenden Sie dieses Softwareprogramm?«*
Geschlossen: *»Kann dieses Projekt verbessert werden?«*
Offen: *»Was kann getan werden, um dieses Projekt zu verbessern?«*
Geschlossen: *»Brauchen Sie Unterstützung?«*
Offen: *»Wie können wir Sie am besten unterstützen?«*

Präzisionsfragen

Im Gespräch kann es vorkommen, dass wichtige Aussagen fehlen, ein Aspekt unscharf dargestellt oder das, worum es eigentlich geht, nicht ersichtlich ist. Präzisionsfragen helfen, einen Sachverhalt zu konkretisieren und so den roten Faden wiederzufinden und Informationslücken zu schließen.

Wozu dienen Präzisionsfragen?

Präzisionsfragen werden gestellt, um Informationen zu konkretisieren, Bedeutungen zu klären, Substanz und Tiefe im Gespräch herzustellen, »blinde Flecken« zu entdecken oder etwaige Einschränkungen im Denken des anderen zu erkennen. Erst nach einer erfolgten Präzisierung bzw. einer Klarheit in der Sache kann man mehr in die Tiefe gehen und die Ursachen erforschen und nach dem Warum und Weshalb fragen.
Dieser Fragentyp eignet sich insbesondere zum

- Herstellen von Transparenz bei unklaren Sachverhalten,
- Vertiefen und Ergänzen von Sachverhalten,
- Konkretisieren von Fragestellungen,
- Sammeln von Informationen.

9.3 Methoden der Informationsgewinnung und Gesprächsaktivierung

Wie stellt man Präzisionsfragen?

Präzisionsfragen sind oft an den Wörtern *»genau«* oder *»konkret«* zu erkennen. Ziel ist es, Transparenz herzustellen. Unklare Aussagen, Begriffe und Beschreibungen werden so lange hinterfragt, bis sie eindeutig formuliert sind. Hierzu ein Beispiel: Ein Mitarbeiter beschwert sich über die Betreuung eines Kunden: *»Irgendwie klappt bei uns gar nichts!«* Folgende Präzisionsfragen wären in diesem Fall denkbar:

- *»Was genau klappt nicht?«*
- *»Was meinen Sie genau damit?«*
- *»Wen meinen Sie mit ›bei uns‹. Wer ist hauptsächlich davon betroffen?«*
- *»Wirklich gar nichts, bzw. was davon?«*
- *»Können Sie mir ein Beispiel geben?«*

Wann stellt man Präzisionsfragen?

Sie werden insbesondere dann eingesetzt, wenn im Gespräch folgende Situationen auftauchen:

- Übertreibungen *(»irre«, »wahnsinnig«, »total«)*,
- Verallgemeinerungen *(»immer«, »nie«, »normalerweise«)*,
- Konjunktionen *(»würde«, »müsste«)*,
- Substantivierungen *(»es gab Ärger«, »da kam Freude auf«)*,
- Verzerrungen *(»ein wenig«, »ein bisschen«, »etwas«, »irgendwie«)*.

Nutzen für das Mitarbeitergespräch

Mit Präzisionsfragen lässt sich prüfen, ob die Aussagen des Mitarbeiters richtig verstanden wurden oder ob wichtige Aspekte seiner Ausführungen zu einem Sachverhalt unberücksichtigt blieben. Diese Fragetechnik unterstützt den Mitarbeiter, seine Aussagen tiefer und grundlegender zu durchdenken und zu beleuchten. Die entstandene Genauigkeit unterstützt das Entwickeln passender Lösungen.

Fragen nach Motiven, Beweggründen und Ursachen

Vieles im (beruflichen) Alltag wird unreflektiert akzeptiert und hingenommen. Das betrifft insbesondere altgediente Gewohnheiten, eingefahrene Verhaltensweisen oder auch bestimmte Abläufe. Fragen nach dem Warum, Wozu und Weshalb helfen, diese Selbstverständlichkeiten zu hinterfragen.

Wozu dienen Fragen nach Motiven, Beweggründen und Ursachen?

Mit Fragen nach Motiven, Beweggründen und Ursachen kann das, was Mitarbeiter bewegt und antreibt, herausgearbeitet werden sowie aktuellen Herausforderungen und Problemen auf den Grund gegangen werden. Auf dieser Basis können Sie die ausschlaggebenden Gründe klar definieren und effektive Lösungen finden.

Wie stellt man Fragen nach Motiven, Beweggründen und Ursachen?

Diese Art der Fragen sind an Fragewörtern wie »warum«, »wozu« oder »weshalb« zu erkennen. Dazu einige Beispiele:

- »Warum ist aus Ihrer Sicht die Situation so, wie sie im Moment ist?«
- »Welche Ursachen sehen Sie für die wiederholten Meinungsverschiedenheiten mit Kollege XY?«
- »Wozu ist es gut, den bestehenden Ablauf nicht analog der neuen Prozessbeschreibung zu verändern?«
- »Warum fällt es Ihnen schwer, dieses Vorgehen zu realisieren?«

Wann stellt man Fragen nach den Motiven, Beweggründen und Ursachen?

Wenn im Arbeitsalltag z. B. Reibungsflächen entstehen, Kollegen aneinander vorbeiarbeiten oder die Tätigkeit des einen sogar die des anderen konterkariert, liegt die Ursache dafür nicht unbedingt am »bösen Willen« der Beteiligten. In diesen Fällen gilt es nach den Ursachen zu fragen und die Absichten der Beteiligten bei ihrem Handeln und Verhalten zu klären.

Nutzen für das Mitarbeitergespräch

Fragen nach den Motiven, Beweggründen und Ursachen ermöglichen Ihnen, das Mitarbeitergespräch in die notwendige Tiefe zu führen. Mit diesen Nachfragen erreichen Sie ein »Dahinterblicken«. Damit können Sie beispielsweise die Sichtweisen des Mitarbeiters erkennen, ihn besser verstehen und eventuelle Entscheidungen und Maßnahmen auf ihn abstimmen. Je genauer Sie das, worum es geht, herausarbeiten, desto leichter wird es Ihnen fallen, das Richtige zu tun.

Tipps

Um zu verhindern, dass die Antworten eine Flut an irrelevanten Informationen liefern, ist es hilfreich, sich bei der Fragestellung immer wieder das Ziel des Gesprächs zu vergegenwärtigen.

Um Ursachen und Wirkungszusammenhänge zu ergründen, stellen Menschen fast unwillkürlich die Frage »Warum?« Diese Fragen können aber auch rückwärtsgewandt und problemorientiert wirken und damit eine gewisse Schwere ins Gespräch bringen. Wenn Sie das vermeiden wollen und stattdessen Möglichkeiten für die Zukunft ausloten wollen, sollten Sie Ihre Frage mit »wozu« formulieren. Dann wird Ihre Frage »nach vorne gerichtet« und trägt dazu bei, das Gespräch lösungsorientiert fortzuführen.

Systemische Fragen

Systemische Fragen arbeiten heraus, wie die Menschen, Ereignisse und Strukturen, also die Elemente eines Systems, z. B. eines Team oder einer Abteilung, zueinander in Beziehung stehen. Das Konzept des systemischen Fragens entstammt der Fami-

9.3 Methoden der Informationsgewinnung und Gesprächsaktivierung

lientherapie der Mailänder Schule, der Gruppe um Selvini Palazzoli. Sie entwickelte es, um das Gesamtsystem der Familie mit seinen Beziehungen, den gegenseitigen Abhängigkeiten und dem Verhalten zu verstehen.

Aufgrund des Erfolgs dieses Arbeitsansatzes in der Familientherapie wurde diese Fragetechnik weiterentwickelt, wanderte in andere Beratungsfelder und spielt heute auch in der Unternehmensberatung eine große Rolle. Hier werden diese Fragen angewendet, um neue Sichtweisen zu generieren, Muster und Wechselwirkungen im Unternehmensalltag zu erkennen sowie Lösungsoptionen zu schaffen.

Im Führungsalltag ermöglichen systemische Fragen eine gemeinsame Lernsituation zwischen Führungskraft und Mitarbeiter. Sie initiieren einen gemeinsamen Suchprozess mit dem Ziel, die gegenwärtige Situation besser zu verstehen. Dabei werden Informationen zu zwei zentralen Themenkomplexen herausgearbeitet (vgl. Bild 9.1):

- das, was ist (Fragen zur Wirklichkeitskonstruktion), und
- das, was sein könnte (Fragen zur Möglichkeitskonstruktion).

Fragen zur Istsituation (Wirklichkeitskonstruktion) tragen dazu bei, den aktuellen Kontext bzw. die aktuellen Wechselbeziehungen besser zu verstehen. Hier können unter anderem folgende Arten von Fragen unterschieden werden:

- Fragen zum Kontext und zu Rahmenbedingungen

Sie dienen dazu, Informationen über die gegenseitigen Wechselbeziehungen herauszuarbeiten. Beispiele hierfür sind: »*Wer hat den meisten Vorteil von diesem Problem?*« oder »*Wie reagieren Ihre Kollegen in der Regel in diesen Situationen?*«

- Fragen nach Unterscheidungen und Ausnahmen

Hier geht es um die unterschiedlichen Sichtweisen, Wahrnehmungen und Bewertungen der Beteiligten. Beispiele hierfür sind: »*Welche Kollegen schätzen die Situation ähnlich ein wie Sie, welche nicht?*« oder »*In welchen Situationen tritt diese Schwierigkeit nicht auf?*«

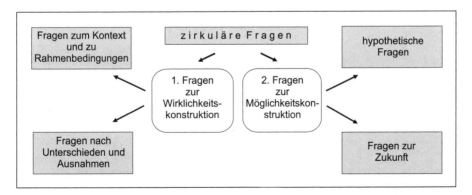

Bild 9.1 Zentrale Themenkomplexe der systemischen Fragen und mögliche Fragestellungen

- Zirkuläre Fragen

Sie helfen, Wechselwirkungen transparent und Zusammenhänge sichtbar zu machen. Sie sind Fragen über eine »dritte« Person. Beispiele hierfür sind: *»Was glauben Sie, würde uns denn unser Geschäftsführer hierfür empfehlen?«* oder *»Würde ich Ihren Kollegen fragen, was vermuten Sie, welche Ursachen würde er nennen?«*

Fragen zur Sollsituation (Möglichkeitskonstruktion) zielen darauf ab, neue (Beziehungs-)Möglichkeiten zu erdenken und damit Idealbilder zu konstruieren oder Zukunftsvisionen zu entwerfen. Hier können folgende Fragen unterschieden werden:

- Hypothetische Fragen

Sie helfen, neu gewonnene Perspektiven zu weiterführenden Ideen fortzuentwickeln. Beispiele: *»Wenn Sie drei Wünsche zur Lösung des Problems offen hätten, was würden Sie sich wünschen?«*, *»Angenommen, ich würde alle Ihre Vorschläge umsetzen, was würde sich für den Kunden verändern?«*

- Zukunftsfragen

Sie ermöglichen es, Visionen zu entwickeln und bisher Undenkbares zu denken. Beispiele hierzu sind: *»Angenommen, Ihr nächster Karriereschritt ist erfolgreich, was ändert sich für Sie?«*, *»Wenn Sie Ihr Projekt verlassen, wer könnte Sie am besten ersetzen?«*

Wozu dienen systemische Fragen?

Viele Probleme und Annahmen werden oft lediglich in Ursache-Wirkungs-Zusammenhängen erklärt und gelöst. Die Arbeitsrealität mit ihren spezifischen Handlungsabläufen ist häufig vielschichtiger und komplexer. Systemische Fragen haben zum Ziel, nicht erkannte Zusammenhänge und Wechselwirkungen herauszuarbeiten und neue Lösungen zu entwickeln. Die so neu gewonnenen Informationen helfen, sich von subjektiven Sicht- und Verhaltensweisen zu lösen und sich damit für neue Perspektiven, Einstellungen und Wechselbeziehungen zu öffnen. Systemische Fragen im Mitarbeitergespräch zielen folglich darauf, die Wahrnehmung auf die Umwelt und die eigene Sicht auf die Realität zu verändern und zu erweitern. Dies gilt sowohl für den Mitarbeiter wie die Führungskraft.

Arten systemischer Fragen, und wie man sie stellt

Da systemische Fragen sowohl auf die aktuelle, reale Situation als auch auf eine wünschenswerte zukünftige Situation zielen, gibt es mehrere Arten systemischer Fragen. Tabelle 9.1 nennt die am häufigsten verwendeten systemischen Fragen und beschreibt, wie man sie formuliert und zu welchem Zweck man sie einsetzt.

9.3 Methoden der Informationsgewinnung und Gesprächsaktivierung

Tabelle 9.1 Arten systemischer Fragen

Kontextfragen	
Was versteht man darunter?	Kontextfragen sind Fragen nach Rahmenbedingungen, betroffenen Personen, möglichen Schnittstellen oder Wechselwirkungen.
Welches Ziel verfolgt man mit ihnen?	Sie dienen dazu, thematische und organisatorische oder personenbezogene Rahmenbedingungen transparent zu machen.
Beispiele	• »Wer ist von diesem Problem betroffen?« • »Wer hat die Befugnisse, hier eine Entscheidung mit zu beeinflussen?« • »Wer hat Interesse, dass es (nicht) zu einer Lösung kommt?«

Unterscheidungsfragen	
Was versteht man darunter?	Unterscheidungsfragen sind Fragen, die die unterschiedliche Bewertung von Personen und Situationen herausarbeiten. Die Antworten enthalten oft Prozentangaben.
Welches Ziel verfolgt man mit ihnen?	Diese Fragen helfen aufzuzeigen, inwieweit die beteiligten Akteure die Sachverhalte bei aktuellen Problemen aus einer anderen Perspektive betrachten und daher auch anders bewerten.
Beispiele	• »Wer ist mit der Situation zufrieden?« • »Wie viel Prozent dieses Problems wären damit gelöst?« • »Wer von Ihren Kollegen steht Ihnen am nächsten, wer am entferntesten?« • »Stellen Sie sich eine Skala zwischen 0 und 10 vor, die angibt, inwieweit Sie Ihre eigenen Potenziale verwirklichen. 0 steht für ›Potenziale gar nicht realisiert‹. 10 bedeutet ›Potenziale voll realisiert‹. Wo auf der Skala von 0 bis 10 stehen Sie heute? Wo auf der Skala von 0 bis 10 möchten Sie in zwei Jahren stehen?«

Fragen nach Ausnahmen	
Was versteht man darunter?	Diese Art der Fragen arbeitet heraus, ob es Ausnahmen von der Regel gibt, abhängig von Situation, Zeitpunkt und/oder Kontext.
Welches Ziel verfolgt man mit ihnen?	Fragen nach Ausnahmen dienen dazu, unzulässige Verallgemeinerungen sichtbar zu machen. Mit ihnen können Sie Sachverhalte differenzieren und so herausarbeiten, inwieweit die Beteiligten einen Sachverhalt unterschiedlich wahrnehmen.
Beispiele	• »Ist diese Spannung auch spürbar, wenn Herr Meier im Urlaub ist?« • »In welchen Situationen treten die Fehler weniger auf?« • »Wie verhält sich Ihr Team, wenn Sie nicht anwesend sind?«

▸

Tabelle 9.1 *(Fortsetzung):* Arten systemischer Fragen

Umkehrfragen	
Was versteht man darunter?	Umkehrfragen befassen sich mit dem Gegenteil, der Kehrseite eines Problems bzw. einer Lösung.
Welches Ziel verfolgt man mit ihnen?	Umkehrfragen dienen dazu, das Gute im Schlechten herauszuarbeiten und so das Wahrnehmungs- und Lösungsspektrum zu erweitern.
Beispiele	• »Was müsste man tun, um den Konflikt zu verschlimmern?« • »Was ist der Vorteil, wenn man die Situation lässt, wie sie ist?« • »Wenn Sie mit Ihrem Vorgehen Erfolg haben, welchen Preis bezahlt dann Ihr Team?«
Zirkuläre Fragen	
Was versteht man darunter?	Unter zirkulären Fragen versteht man Fragen über eine dritte Person und was diese wahrscheinlich tut, denkt oder beabsichtigt.
Welches Ziel verfolgt man mit ihnen?	Zirkuläre Fragen dienen dazu, komplexe Zusammenhänge im Verhalten von Personen sowie Erwartungen und andere Sichtweisen deutlich zu machen. Mit den Fragen nach einer dritten Person bezieht man eine weitere, neue Position in die Überlegungen zur aktuellen Sachlage mit ein. Sie helfen so, die Wechselwirkungen des Handelns, Denkens oder der Absichten der beteiligten Personen herauszuarbeiten und bisher Unausgesprochenes zu erfassen.
Beispiele	• »Angenommen, ich frage Ihren Kunden XY, wie würde er die Zusammenarbeit schildern?« • »Wenn ich den Verantwortlichen Ihrer Nachbarabteilung fragen würde, welche Vorschläge würde er bringen?« • »Was glauben Sie, ist die Absicht von Frau Huber?« • »Was würden Ihre Mitarbeiter über Ihr Vorgehen bei der Umstrukturierung der Abteilung sagen?«
Hypothetische Fragen	
Was versteht man darunter?	Hypothetische Fragen fordern den Antwortenden auf, sich auszumalen, was wäre, wenn beispielsweise ein Teil des aktuellen Problems bereits gelöst wäre oder er mit seinen derzeitigen Absichten erfolgreich wäre.
Welches Ziel verfolgt man mit ihnen?	Diese Art der Fragen macht denkbar, was unmöglich erscheint, und schafft damit eine erweiterte Perspektive. Auf diese Weise lassen sich neue Ideen entwickeln oder Varianten für die Lösung eines aktuellen Problems ausloten.

Tabelle 9.1 *(Fortsetzung):* Arten systemischer Fragen

Hypothetische Fragen	
Beispiele	• »Angenommen, Ihr Problem wäre gelöst, was wäre anders?« • »Sie haben bei einer guten Fee drei Wünsche frei...?« • »Stellen Sie sich vor, dass ...« • »Wenn wir mal so tun, als ob ...« • »Angenommen, ein Kollege würde Sie bei diesem Problem unterstützen, wer könnte es am ehesten, und was würde er vermutlich tun?«
Zukunftsfragen	
Was versteht man darunter?	Zukunftsfragen sind Fragen zu zukünftigen Szenarien.
Welches Ziel verfolgt man mit ihnen?	Zukunftsfragen dienen dazu, zusätzliche und neue Informationen zu sammeln und so kreative Lösungen für aktuelle Probleme zu finden.
Beispiele	• »Wie wird Ihr Team reagieren, wenn Sie ihm die Entscheidung kommunizieren?« • »Angenommen das Veränderungsprojekt ist erfolgreich, was ändert sich in der Zusammenarbeit mit der Abteilung xy?« • »Angenommen der Kunde gibt Ihnen den Zuschlag, was müssen Sie dann als erstes bewältigen?«

Wann stellt man systemische Fragen?

Die systemische Fragetechnik ist eine Gesprächstechnik, die Erfahrung voraussetzt. Es existiert keine feste Struktur und kein Standardfragenkatalog, an welche Sie sich halten können. Welche Frage gerade die richtige ist, ergibt sich aus der Situation. Folgende Abfolge der Fragen passt jedoch in einer Vielzahl der Fälle.

- Mit Kontextfragen können Sie sich einen guten Überblick über die Ausgangssituation verschaffen. Sie eruieren das Umfeld und die relevanten Personengruppen und deren Sichtweisen, Vermutungen, Erwartungen, Gefühle oder Interessen. An den Anfang des Gesprächs gehören auch die Fragen nach Fakten und Rahmenbedingungen.
- Sobald die Konturen des Bildes der Situation erkennbar sind, hilft gezieltes Nachhaken mit Unterscheidungsfragen und Fragen nach Ausnahmen, um wichtige Aspekte zu vertiefen. Auch Unausgesprochenes wird dadurch sichtbar. Auf diese Weise erhalten Sie ein immer differenzierteres Bild der Situation.
- In diesem Gesprächsstadium kann es sein, dass Sie aus den bisherigen Antworten Verhaltensmuster und zentrale Zusammenhänge herauslesen können. Wollen Sie diese Erkenntnisse überprüfen, bietet es sich an, Ihre Schlussfolgerungen als Reflexionsangebot zur Diskussion zu stellen.

- Danach bieten sich zirkuläre und hypothetische Fragen an. Sie regen dazu an, die aktuelle Situation noch detaillierter zu analysieren, und bringen neue Perspektiven und Sichtweisen in die Erörterung ein.
- Nähern Sie sich schließlich der Lösung für das aktuelle Problem, ist es an der Zeit, verschiedene Handlungsoptionen zu prüfen. Hierfür eignen sich hypothetische und Zukunftsfragen besonders.

Um den richtigen Zeitpunkt zu finden, eine der systemischen Fragen zu stellen, sollten Sie Ihrem Mitarbeiter aufmerksam zuhören. Das bedeutet nicht nur der inhaltlichen Argumentation zu folgen, sondern auch die unterschwelligen Aussagen wahrzunehmen und darauf zu achten, ob ein Themenbereich fehlen könnte. Je mehr Sie sich in die Situation und die Person des Gegenübers hineindenken, desto sicherer finden Sie die systemische Frage, die sie beide der Lösung des Problems näher bringt. Geben Sie Ihrem Mitarbeiter und sich Zeit, über die Fragen und Antworten nachzudenken. Sobald Sie Zusammenhänge und Muster erkennen können, sollten Sie diese Annahmen formulieren, um sie im nächsten Schritt auf ihre Stichhaltigkeit hin zu überprüfen. Achten Sie auch darauf, wie die Antworten auf Sie wirken. Je unvoreingenommener Sie die Fragen formulieren, desto offener werden Sie für die Antworten sein. Wenn Sie den Eindruck haben, die diskutierte Situation einschätzen zu können, können Sie aufhören, nach den Fakten zu fragen, und sich den Lösungsmöglichkeiten zuwenden.

Tipps

Wenn Sie feststellen, dass Ihr Gesprächspartner bei einer Frage nachdenklich wird, sollten Sie ihm die Zeit lassen, das Gesagte zu reflektieren, und nicht sofort mit der nächsten Frage nachlegen.
Einige der systemischen Fragen klingen zunächst befremdlich und irritierend (z. B. *»Was müssten Sie tun, damit der Kunde noch unzufriedener wird?«*). Gerade darin liegt aber die Chance, den Befragten von seinen gewohnten oder gar eingefahrenen Annahmen und Interpretationsmustern wegzuführen und ihn zu animieren, die Situation neu zu sehen und zu beurteilen. Wenn Ihr Gegenüber bei einer systemischen Frage irritiert reagiert, sollten Sie Ihr Vorgehen begründen. Sie können beispielsweise erklären, Sie wollten mit der ungewohnten Frage neue Aspekte und Sichtweisen einbringen, um so zu besonders effektiven Lösungen zu kommen.
Systemischen Fragen liegt ein komplexes Konzept zugrunde. Sollte Ihnen dieses zunächst sehr schwierig erscheinen, gehen Sie Schritt für Schritt vor. Verwenden Sie anfangs ein oder zwei systemische Fragearten, um diese zu erlernen. Wenn Sie sich zu viel vornehmen, besteht die Gefahr, dass Sie sich mehr auf sich und die Technik konzentrieren als auf Ihren Gesprächspartner. Sobald Sie mit einer Frageform Sicherheit gewinnen, können Sie weitere hinzunehmen.

Weitere Fragearten

Neben den bereits vorgestellten Fragetechniken gibt es weitere Möglichkeiten, mit bewusst eingesetzten Fragestellungen das Mitarbeitergespräch zu steuern und ge-

9.3 Methoden der Informationsgewinnung und Gesprächsaktivierung

zielt Informationen einzuholen. Je genauer Sie die verschiedenen Techniken und deren Wirkung kennen, desto zielgerichteter können Sie sie einsetzen.

Bestätigungsfragen

Es handelt sich hierbei um geschlossene Fragen, die gestellt werden, um die eigene Meinung zu bestätigen oder die Richtigkeit eines Sachverhalts zu überprüfen. Hierzu zählen Fragen wie:

- *»Können Sie mir das bestätigen?«*
- *»Stimmen Sie mir in folgenden Überlegungen zu?«*
- *»Ist dieser Punkt so weit ausreichend geklärt?«*

Rhetorische Fragen

Diese Fragen beantwortet der Fragesteller gleich mit. Sie helfen, ein Gespräch zu strukturieren oder Spannung zu erzeugen. Setzen Sie rhetorische Fragen aber sensibel ein, da sie, wie die folgenden Beispiele zeigen, belehrend wirken können.

- *»Sie werden sich jetzt sicher fragen: Wie kann das funktionieren? Ich möchte Ihnen meine Vorstellungen zum Vorgehen kurz erklären.«*
- *»Wie können wir sicherstellen, dass das Problem nicht nochmals auftritt? Erstens sollten wir ...«*

Gegenfragen bzw. Rückfragen

Wenn Sie eine an Sie gerichtete Frage nicht sofort beantworten können oder wollen, stellen Sie eine Gegenfrage. Sie verschaffen sich auf diese Weise »Luft« und gewinnen Zeit für eigene Überlegungen. Beachten Sie aber, dass diese Art der Fragestellung auch als unhöflich empfunden werden kann.
Frage des Mitarbeiters: *»Bis wann brauchen Sie denn das Ergebnis?«*
Gegenfrage des Vorgesetzten: *»Bis wann schaffen Sie es denn?«*

Alternativfragen

Diese Fragen eignen sich, den Gesprächspartner zu einer Entscheidung zu führen, indem Sie ihm Alternativen zur Beantwortung anbieten. In der Regel werden zwei Antworten zur Auswahl vorgegeben. Verwenden Sie diese Fragetechnik ebenfalls sparsam, denn Alternativfragen können, wenn sie zu häufig gestellt werden, einengend und bevormundend wirken:

- *»Sollten wir einen Termin Anfang März oder Anfang April vereinbaren?«*
- *»Wollen Sie mit der Realisierung diese Woche oder nächste Woche beginnen?«*

Was ist beim Fragen zu beachten?

Fragetechniken lassen sich wirkungsvoller zur Gesprächslenkung einsetzen, wenn folgende Hinweise mit berücksichtigt werden:

- Fragen sollten in Verbindung mit körpersprachlichen Signalen, die Interesse aufzeigen, gestellt werden, beispielsweise mit Blickkontakt und einer offenen, dem Gesprächspartner zugewandten Körperhaltung.
- Es empfiehlt sich, möglichst nur eine Frage und nicht mehrere Fragen auf einmal zu stellen. Sonst laufen Sie Gefahr, den Befragten zu überfordern und zu irritieren. Seine Antworten werden dann ungenauer und oberflächlicher. Wenn Sie zu viele Fragen hintereinander stellen, kann beim Gesprächspartner der Eindruck entstehen, dass er ausgefragt wird oder sich in einem Verhör befindet. Stellen Sie deshalb Ihre Fragen wohldosiert.
- Achten Sie darauf, dass Sie Ihren Gesprächspartner bei Ihrer Fragestellung wirklich ernst nehmen. Wenn er sich ernst genommen und respektiert fühlt, wird er auf Ihre Frage offen und ehrlich antworten.
- Oft ist es angebracht, dem Mitarbeiter zu erklären, warum ihm eine Frage gestellt wird. Eine Frage, verbunden mit einer gleichzeitigen Erklärung des Vorgesetzten, könnte beispielsweise lauten: »*Herr Bähr, Ihren Vorschlag zur Vorgehensweise bei unserem neuen Projekt finde ich sehr interessant. Um Ihnen die notwendigen Ressourcen zur Verfügung stellen zu können, ist für mich folgende Frage wichtig: Welche langfristigen Erfolge kann unser Unternehmen damit erzielen?*«
- Scheuen Sie sich nicht, die Argumente und Ideen aus den Antworten des Gesprächspartners aufzugreifen und diese Aspekte wieder in neue Fragen einzuflechten.
- Eine sinnvolle Kombination der verschiedenen Fragearten, insbesondere der Wechsel von offenen und geschlossenen Fragen, wirkt sich auf den Gesprächsverlauf positiv aus.
- Formulieren Sie Fragen positiv, vermeiden Sie, wenn möglich, die Verwendung negativ besetzter Begriffe. So kann, wie die folgenden Beispiele zeigen, allein durch die Art der Fragestellung eine völlig unterschiedliche Gesprächsatmosphäre entstehen:
  Negativ: »*Haben Sie schon wieder Probleme?*«
  Positiv: »*In welchen Punkten haben Sie Veränderungsbedarf?*«
  Negativ: »*Wieso haben Sie dies falsch gemacht?*«
  Positiv: »*Warum haben Sie es so gemacht?*«
- Vermeiden Sie ausschweifende, lange Formulierungen. Bilden Sie kurze Fragesätze.

9.4 Aktives Zuhören

Eine Methode, die wichtige Erkenntnisse der Kommunikationspsychologie, wie z. B. angemessene Körpersprache und Fragetechnik, integriert, ist das aktive Zuhören. Richtig angewandt hilft es, die Aussagen des Gesprächspartners und ihn als Person besser zu verstehen. Aktives Zuhören sorgt auch für eine wertschätzende, positive Gesprächsatmosphäre. Denn es setzt Verhaltensweisen voraus, die dem anderen Interesse an seinen Ausführungen signalisieren, ebenso den Wunsch, diese auch zu verstehen. Aktives Zuhören bedeutet:

- hören, was der Gesprächspartner sagt,
- überprüfen, ob man seine Aussagen richtig verstanden hat, und
- den Gesprächspartner zum Weitersprechen ermuntern.

Somit ist aktives Zuhören eher ein Zustand als eine Technik oder Methode. Es impliziert ehrliches Interesse, Neugier und ein ernsthaftes Bemühen, den anderen zu verstehen. Aktives Zuhören setzt folgende Grundhaltungen voraus:

- das Bestreben, den Gesprächspartner zu verstehen,
- Bereitschaft, sich in die Lage des Gegenübers hineinzuversetzen,
- Interesse für die Gedanken und Gefühle des anderen,
- Akzeptanz und Verzicht auf verfrühte (Vor-)Urteile,
- Aushaltenkönnen von Pausen,
- angemessene Reaktion auf die erhaltenen Aussagen.

Zuhören kann manchmal ziemlich anstrengend sein, denn es besteht ein großer Unterschied zwischen Hören und Zuhören. Letzteres erfordert nicht nur Energie, Konzentration und Interesse am Gesprächspartner, sondern auch die Fähigkeit, sich in den anderen hineinversetzen, hineindenken und einfühlen zu können. Es verlangt, dass man sich um wirkliches Verständnis bemüht und ein Gespür für die Gefühle und Stimmungen des anderen entwickelt. Wertungen, Ratschläge und spontane Reaktionen treten in den Hintergrund.

Aktives Zuhören bedeutet, sich bewusst auf den Gesprächspartner zu konzentrieren, ihn zu beobachten und ihm durch nonverbale Reaktionen zu zeigen, dass man auf ihn eingeht.

Stufen aktiven Zuhörens

Man unterscheidet drei aufeinander aufbauende Stufen des aktiven Zuhörens [SCHULZ VON THUN; RUPPEL; STRATMANN, 2008, S. 72 - 74]:

Erste Stufe: Beziehungsebene

Auf der Beziehungsebene signalisiert der Zuhörer: *»Ich bin ganz Ohr.«* Mögliche Störquellen sind ausgeschaltet. Der Zuhörer zeigt seine Aufmerksamkeit beispielsweise durch Blickkontakt und Nicken und bestätigt durch Laute wie *»hmm«*, dass er den Sprecher gehört hat.

Zweite Stufe: Inhaltliches Verständnis

Dies zeigt der Zuhörer, indem er die Kernaussagen in eigenen Worten zusammenfasst, zentrale Aussagen auf den Punkt bringt und dadurch überprüft, ob er sein Gegenüber richtig verstanden hat.

Dritte Stufe: Gefühle verbalisieren

In dieser Phase fasst der Zuhörer die Gefühle, die der Gesprächspartner mit Worten, Gesten oder Mimik äußert, in Worte. Dabei formuliert er eine Gefühlsvermutung und spricht dem anderen »aus dem Herzen«.

Verhaltensweisen beim aktiven Zuhören

Wer seinem Gesprächspartner aktiv zuhört, zeigt unwillkürlich typische Verhaltensweisen. Diese lassen sich den beschriebenen drei Stufen zuordnen.

Für Stufe eins sind typisch:

- Blickkontakt

Am Blickkontakt lässt sich erkennen, dass sich der Zuhörer dem Gesprächspartner »ungeteilt« zuwendet. Die auf den Sprecher gerichteten Augen deuten auf Interesse und Aufmerksamkeit hin.

- Offene und zugewandte Körperhaltung

Eine offene, leicht nach vorne geneigte Haltung signalisiert Aufmerksamkeit und ermutigt den Gesprächspartner, offen über seine Sicht der Dinge zu reden.

- Körpersprachliche Signale der Zustimmung und des Interesses

Auch andere nonverbale Signale helfen, den Kontakt zum Gesprächspartner aufrechtzuerhalten und zu intensivieren. Hierzu zählt beispielsweise unterstützendes Kopfnicken. Es bestätigt die Aussage des anderen und ermutigt ihn zu mehr Offenheit.

- Gelegentliche Kurzäußerungen

Neben nonverbalen Signalen signalisieren kurze verbale Äußerungen wie *»hmm«*, *»aha«*, *»verstehe«*, *»gut«* usw. dem Gesprächspartner, dass ihm aufmerksam und konzentriert zugehört wird.

Folgende Verhaltensweisen sind dem aktiven Zuhören in der Stufe zwei zuzuordnen:

- Zusammenfassungen

Wiederholen Sie hin und wieder zusammengefasst die Aussagen Ihres Gesprächspartners. Dadurch zeigen Sie, wie seine Argumentation bei Ihnen »angekommen« ist. Erkundigen Sie sich, ob Sie ihn in allen Punkten richtig verstanden haben.

- Rückformulierungen (Paraphrasieren)

Zum aktiven Zuhören gehört auch das Rückformulieren, das Wiederholen einzelner Aussagen des anderen mit eigenen Worten. Rückformulierungen helfen, das Gespräch in Gang zu halten. Der Zuhörer signalisiert dem Gesprächspartner, dass er mitdenkt und sich mit seinen Themen ernsthaft beschäftigt. Sie ermöglichen auch, Zeit zu gewinnen, auf vorangegangene Punkte zurückzukommen *(»Sie sagten vorhin ...«)* und Informationen den Zielen entsprechend zu gewichten. Paraphrasieren sorgt für eine Verdichtung des Gesprächs und für eine Überprüfung des Verständnisses der Aussagen des Gesprächspartners. Das Wiedergeben der Themen durch das Gegenüber signalisiert nicht nur dessen Aufmerksamkeit und Interesse, sondern auch eine Wertschätzung des Gesagten.

Rückformulierungen erleichtern Überleitungen in einen nächsten Gesprächsschritt. Zum Beispiel: »*Wenn ich Sie richtig verstanden habe, dann meinen Sie ...*« oder »*Das würde doch bedeuten ...*«

- Reaktionen in der Ich-Form

Mit verständnisvollen Kommentaren wie »*Das kann ich gut nachvollziehen!*« unterstreicht der Zuhörer, dass er die Ausführungen interessiert und zustimmend verfolgt.
Folgende Verhaltensweise ist für das aktive Zuhören in der Stufe drei typisch:

- Verbalisieren von Emotionen

Hierbei geht es um Rückmeldungen über die Wahrnehmung von Gefühlen und Emotionen des Gesprächspartners. Da Wahrnehmung sehr subjektiv ist, gilt es darauf zu achten, die Aussagen bedingt zu formulieren, quasi mit einem »kleinen Fragezeichen«. Hierzu einige Beispiele:

- »*Kann es sein, dass dieser Aspekt Sie irritiert?*«
- »*Wäre es möglich, dass Sie diesem Punkt eher ablehnend gegenüberstehen?*«
- »*Ich habe den Eindruck, dass Sie an diesem Projekt sehr interessiert sind.*«

Gerade bei Themen, bei denen die Motivation, die Einstellung oder die Gefühlslage des Mitarbeiters eine Rolle spielt, ermöglicht ein Verbalisieren der Emotionen, unterschwellige »Knackpunkte« anzusprechen. Informationen, die vorher lediglich »zwischen den Zeilen« herausgelesen werden konnten, können so erörtert und damit auch bearbeitet werden.

Typische Fehler beim (aktiven) Zuhören

Aktives Zuhören erfordert Konzentration und ein gewisses Maß an Übung, sonst glaubt man, dem anderen zuzuhören, hört aber doch nicht richtig hin. Das kann passieren, wenn der Zuhörer

- sich mehr auf die eigenen Antworten konzentriert als auf die Aussagen des Gesprächspartners,
- Interesse vortäuscht,
- durch eigene Überlegungen abgelenkt ist,
- zu sehr auf Sachdetails achtet und den roten Faden verliert,
- zu wissen glaubt, was der Sprecher meint und sagen will, bevor dieser zu Ende gesprochen hat,
- die Art und Weise, wie der andere spricht, überbewertet und dadurch seine eigentlichen Botschaften zu wenig wahrnimmt,
- sich von Vorinformationen, die er über den Gesprächspartner erhalten hat, beeinflussen lässt, sodass diese seine Aufnahme und Bewertung der Aussagen überlagern.

9.5 Ich-Botschaften

Jeder Mensch betrachtet die Dinge aus seinem Blickwinkel, bewertet sie nach seinem Wertesystem und seinen Empfindungen. Dieses Postulat drückt sich in der Gesprächstechnik »Ich-Botschaften« aus. »Ich-Botschaften« heben den Blickwinkel des Sprechenden hervor und beginnen mit »Ich«: *»Ich denke, dass ...«* anstatt *»Man hat oft den Eindruck, dass ...«* Oder: *»Ich verstehe Ihre Aussage nicht«* anstatt *»Sie drücken sich missverständlich aus.«* Ein Vorteil der »Ich-Botschaften« ist, dass der Gesprächspartner sie als subjektive Aussagen in der Regel akzeptiert, weil er ihnen seine eigene Sicht der Dinge entgegensetzen kann und nicht grundsätzlich widersprechen muss.

Im Mitarbeitergespräch lassen diese Botschaften verschiedene Sichtweisen und Meinungen gleichwertig in den Dialog einfließen. Gestaltet sich ein Gespräch schwierig, können Sie Ihren Mitarbeiter mit Ich-Botschaften darüber informieren, wie Sie die Situation sehen und empfinden. Er erfährt auch, welche Gefühle und Gedanken er mit seinem Verhalten oder seinen Aussagen bei Ihnen auslöst. Folgende Kennzeichen sind typisch für Ich-Botschaften:

- Sie sind in der Ich-Form gehalten,
- Sie- oder Du-Formulierungen werden vermieden,
- auf Man-Aussagen wird ebenfalls verzichtet,
- Beobachtungen oder Wünsche werden direkt ausgedrückt.

Der Kern dieser Botschaften ist das eigene Erleben. Sie beschreiben aber auch, wie das Verhalten anderer empfunden wird und welche möglichen Konsequenzen es nach sich ziehen kann.

Formulierung von Ich-Botschaften

Diese Botschaften sind in der Regel so formuliert, dass sie das Pronomen »ich« enthalten. Wie folgende Beispiele zeigen, informieren sie, wie der Sprecher eine aktuelle Situation erlebt, und liefern oft gleichzeitig eine Begründung mit:

- *»Ich bin etwas ungeduldig* (Erleben*), da wir schon seit 15 Minuten über diesen gleichen Punkt sprechen* (Ursache).«
- *»Ich fühle mich unter Druck gesetzt* (Erleben), *weil der Abgabetermin schon auf übermorgen angesetzt ist* (Ursache).«
- *»Ich freue mich* (Erleben), *dass Sie diesen Kunden für unser Unternehmen gewonnen haben* (Ursache).«

Nutzen von Ich-Botschaften im Mitarbeitergespräch

- Sie stellen sich als Mensch und Führungskraft präsenter und klarer dar.
- Ihr Mitarbeiter erhält einen genaueren Eindruck von Ihnen.
- Sie können störende Aspekte im Gespräch leichter ansprechen.
- Emotionen und Wünsche lassen sich ebenfalls leichter ansprechen.

- Mitarbeiter erhalten eine Rückmeldung darüber, wie ihr Verhalten auf Sie wirkt.
- Kritik und Korrekturen lassen sich behutsamer ansprechen.
- Unterschiedliche Sichtweisen werden im Dialog leichter akzeptiert.
- Der Mitarbeiter kann Ihre Bewertung und Beurteilung seines Verhaltens leichter akzeptieren.

Du-Botschaften vermeiden

Folgendes Beispiel veranschaulicht den Unterschied zwischen Du- und Ich-Botschaften:
Du-Botschaft: *»Sie haben mir überhaupt nicht zugehört.«*
Ich-Botschaft: *»Ich habe den Eindruck, dass Sie mir überhaupt nicht zugehört haben.«*
Du-Botschaften werden als Zuschreibung im Sinne von *»du bist so«* erlebt. Der Gesprächspartner wird diese Behauptung in der Regel von sich weisen. Deshalb sollten solche Botschaften möglichst vermieden werden:

- *»Ich sehe diesen Sachverhalt anders«* anstatt *»Sie haben unrecht.«*
- *»Ich favorisiere eine andere Lösung«* anstatt *»Ihre vorgeschlagene Lösung passt nicht für uns.«*

9.6 Metakommunikation

In Gesprächen kann es notwendig werden, dass die Gesprächspartner sich über den Verlauf der Kommunikation an sich auseinandersetzen. Kommunikationsstörungen können geklärt und beseitigt werden, wenn die Kommunikationspartner sie offen ansprechen und auf diese Weise wieder zu einem offenen und konstruktiven Dialog finden. Wenn Menschen darüber reden, wie sie miteinander reden, spricht man von Metakommunikation. Die Metakommunikation hilft, Kommunikationsschwierigkeiten zu beseitigen und wieder ins Gespräch zu kommen.
Typisch dafür sind Aussagen wie *»Ich habe den Eindruck, so wie wir miteinander reden, kommen wir nicht weiter«* oder *»Lassen Sie uns darüber reden, woran es liegen könnte, dass wir nicht weiterkommen, und wie wir wieder vernünftig weitermachen können.«*
Aufgrund kommunikativer Irritationen beginnt das Gespräch, richtungslos zu werden, die Beteiligten gehen nicht mehr aufeinander ein, die Stimmung wird angespannt. In dieser Situation sind die Beteiligten für die zu besprechende Sache nicht mehr offen. Wird diese Störung nicht behoben, macht eine Fortsetzung des Gesprächs keinen Sinn, da nicht über das Eigentliche gesprochen wird, es wird nur scheinbar am Thema gearbeitet.
Es sei denn, dass die Gesprächspartner offen ansprechen, wie sie die Situation empfinden, und sich konstruktiv mit dem aufgetretenen Problem auseinandersetzen. Wenn das gelingt, können sie ihr Gespräch fortsetzen und sich wieder den eigentlichen Themen und Inhalten widmen. Metakommunikation bedeutet:

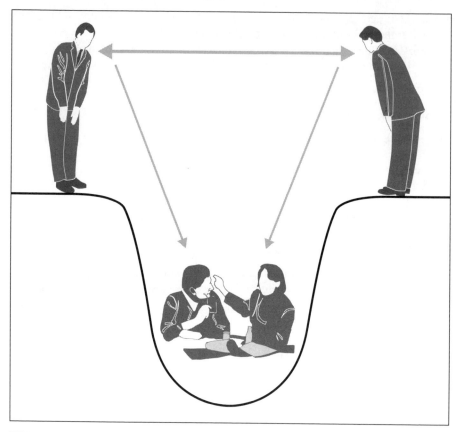

Bild 9.2 Metakommunikation

Das Gespräch wird von der Sach- auf die Beziehungsebene, auf das »Wie«, verlagert. Das Hauptaugenmerk richtet sich darauf, zu analysieren, wie die Kommunikation geführt wird. Wie aus Bild 9.2 zu ersehen ist, betrachten die Gesprächspartner so das Geschehen von einer höheren Ebene. Die dadurch gewonnene Distanz verschafft ihnen einen besseren Überblick auf das Gesamte und lässt sie so die Situation besser erkennen.

Auf Ihr Mitarbeitergespräch übertragen bedeutet dies konkret: Sie teilen Ihrem Gesprächspartner Ihren Eindruck über den Verlauf des Gesprächs mit und sagen ihm, dass Sie mit ihm über die Art und Weise des Gesprächs reflektieren wollen. Ist er damit einverstanden, können Sie gemeinsam klären, warum sich das Gespräch plötzlich so schwierig gestaltet. Im Bedarfsfall können Sie vereinbaren, wie Sie auf der Basis einer konstruktiven Gesprächsatmosphäre Ihre Unterredung fortsetzen wollen.

Die folgenden Beispiele zeigen, wie ein Gespräch auf die Metaebene verlagert werden kann:

- *»Ich habe den Eindruck, dass wir uns seit längerer Zeit im Kreis drehen und nicht vorankommen.«*
- *»Ich erlebe Sie sehr ungehalten und aggressiv. Ich bemerke, dass auch ich allmählich ärgerlich werde. Lassen Sie uns darüber sprechen, ob es einen bestimmten Anlass dafür gibt.«*

Doppeldeutige Botschaften ansprechen

Metakommunikation ist auch hilfreich bei Irritation im Gespräch, wenn verbale Botschaften im Widerspruch zu den nonverbalen Signalen stehen. Stellen Sie bei Ihrem Gesprächspartner doppeldeutige Botschaften fest, sprechen Sie ihn, wenn es zur Klärung des Sachverhalts hilft, auf diese Gegensätze seiner verbalen und nonverbalen Informationen an. Beschreiben Sie ihm, wie Sie diese widersprüchlichen Botschaften interpretieren. Um sicherzugehen, dass Sie keiner Missdeutung erlegen sind, sollten Sie nachfragen, ob er Ihre Auffassung teilt oder nicht. Das folgende Beispiel zeigt eine mögliche Reaktion auf eine doppeldeutige Botschaft:

»Sie haben mir vorhin erzählt, dass es für Sie vollkommen in Ordnung ist, wenn unser neuer Kunde zukünftig von Ihrer Kollegin betreut wird. Seitdem habe ich den Eindruck, dass Sie etwas verärgert sind und eher widerwillig mit mir über die weiteren Punkte sprechen. Kann es sein, dass Sie diesen Kunden doch lieber selbst betreuen möchten?«

Tipps für den Übergang zur Metakommunikation

- Unterbrechen Sie das laufende Gespräch höflich, aber klar.
- Äußern Sie Ihre Wahrnehmung über den Verlauf des Gesprächs, informieren Sie den Gesprächspartner mit Ich-Botschaften, wie Sie die Situation empfinden.
- Fragen Sie ihn, wie er die Situation erlebt.
- Schlagen Sie vor, die Gründe für diese Entwicklung herauszuarbeiten.
- Erarbeiten Sie Vorschläge, wie das Gespräch wieder einen positiven Verlauf erlangen kann.
- Vereinbaren Sie klare Vorgehensweisen für eine konstruktive Fortsetzung des Gesprächs, die für beide akzeptabel sind.
- Setzen Sie das Gespräch mit dem Besprechungspunkt fort, bei dem Sie zuvor aufgehört haben.

9.7 Einwände behandeln

Gespräche würden sich erübrigen, wenn die Beteiligten immer einer Meinung wären. Es ist völlig normal, dass ein Gesprächspartner die Argumente des anderen im Gespräch nicht teilt, Einwände gegen die vorgebrachten Vorschläge erhebt oder mit den Aussagen des anderen überhaupt nicht einverstanden ist. Solche Reaktionen sind als Chance zu sehen. Schon durch seinen Einwand zeigt der Gesprächspartner sein Interesse und seine Bereitschaft, sich mit dem Thema auseinanderzusetzen.

Einwände haben daher eine wichtige Funktion im Mitarbeitergespräch. Wenn Sie den Einwand eines Mitarbeiters nicht übergehen oder abblocken, sondern auf ihn eingehen, können Sie mögliche Widerstände bei ihm abbauen, seine Bedenken ausräumen oder bislang nicht bekannte Argumentationslücken erkennen und schließen. Der Erfolg Ihrer Überzeugungsarbeit hängt sowohl von der Qualität Ihrer Ansichten und Standpunkte als auch von Ihrem Umgang mit den Einwänden des Gesprächspartners ab.

Einwände sollten in der Regel nicht sofort mit einer Gegenargumentation beantwortet werden, weil sich daraus sehr schnell ein Streitgespräch entwickeln kann. Sinnvoller ist es, in drei Schritten vorzugehen:

Erster Schritt: Zuhören und ausreden lassen

Mit seinem Einwand signalisiert der Mitarbeiter zunächst, dass er mit einem Sachverhalt nicht einverstanden ist. Um die Bedenken richtig zu verstehen, ist es wichtig, ihn ausreden zu lassen und zunächst einmal dem zuzuhören, was er zu sagen hat. Zeigen Sie Verständnis für seinen Einwand, hier helfen Aussagen wie:

- *»Ich kann Ihre Bedenken verstehen.«*
- *»Aus Ihrer Sicht kann ich dies nachvollziehen.«*

Zweiter Schritt: Analysieren des Einwandes

Manche Mitarbeiter drücken ihre Einwände direkt aus *(»Unsere Qualifikation reicht nicht aus, um diesen Kunden optimal zu beraten«)*, andere dagegen gehen vorsichtig vor und umschreiben ihr Anliegen *(»Wir haben viel zu wenig Zeit, um dieses Projekt fristgemäß zu beenden«)*. Antworten Sie, ohne nachzufragen, worum es sich konkret handelt, oder ohne die wahren Bedenken Ihres Mitarbeiters zu kennen, so werden Sie ihn nicht überzeugen, sondern an ihm vorbeireden. Eruieren Sie deshalb durch Zusatz- oder Präzisionsfragen, wo die wahren Bedenken liegen:

- *»Wie meinen Sie das genau?«*
- *»Für welche Aufgaben im Projekt bräuchten Sie mehr Zeit?«*

Dritter Schritt: Akzeptieren und reagieren

Nehmen Sie die Bedenken des Mitarbeiters ernst und reagieren Sie darauf. Hier kommen zwei Möglichkeiten, angemessen zu reagieren, infrage. Sie können entweder neue Aspekte und Argumente vorbringen, welche die Bedenken des Gesprächspartners berücksichtigen. Wenn das nicht möglich ist, überlegen Sie, wie seine Bedenken anderweitig entkräftet werden können. Beachten Sie hierbei, dass Sie bei ihm Widerstand erzeugen, wenn er das Gefühl bekommt, dass Sie ihm seine Einwände lediglich ausreden wollen oder ihm Motive unterstellen, die nicht zutreffend sind.

Unterschiede zwischen Vorwand und Einwand

Oft glaubt man, einen Einwand richtig verstanden zu haben, und gibt sofort eine Antwort. Es ist aber auch möglich, dass er nur zum Schein vorgetragen wird, um von einem anderen Problem abzulenken. Dies wäre ein Vorwand. In diesem Fall empfiehlt es sich, die eigentlichen Gründe für die Widerstände und Bedenken des Gesprächspartners zu hinterfragen. Der Vorwand kann in diesem Fall nicht ausgeräumt werden, weil der eigentliche Grund ein ganz anderer ist.

Tipps für den Umgang mit Einwänden

- Führt ein Einwand zu einer verkrampften Atmosphäre, können Sie diese Situation durch eine positiv formulierte Überleitung entspannen. Wenn Sie beispielsweise sagen: »*Ich kann Ihre Bedenken verstehen, lassen Sie uns gemeinsam eine Lösung finden*«, wird sich die Bereitschaft des Gesprächspartners erhöhen, wieder offener am Gespräch teilzunehmen.
- Interpretieren Sie einen Einwand auf keinen Fall als persönlichen Angriff. Häufig liegen ernst zu nehmende Gründe vor, dass er vorgebracht wird. Es kann aber auch sein, dass er nur aus »taktischen« Gründen vorgetragen wird, um etwas anderes zu erreichen. In diesem Fall sollten Sie präzise nachfragen, um dem Kern der Aussage auf die Spur zu kommen.
- Ergründen Sie, was der Gesprächspartner benötigt, um eine vorgeschlagene Vorgehensweise mittragen zu können, und ob er alternative Vorschläge zum Vorgehen hat. Möglicherweise lassen sich daraus veränderte Handlungsalternativen generieren.

9.8 Techniken und Tipps zur Förderung der Kommunikation

Anhand der nachfolgend vorgestellten Techniken und Anregungen können Sie Ihr Gesprächsverhalten überprüfen und möglicherweise Hinweise finden, die Ihnen helfen, die Kommunikation mit Ihren Mitarbeitern zu verbessern.

Kommunizieren Sie sachorientiert

Achten Sie darauf, die Sache, um die es geht, in den Mittelpunkt des Gesprächs zu stellen, nicht die eigenen Interessen oder die eigene Person. Das wird gelingen, wenn Sie

- ein Thema für einen gemeinsamen Besprechungspunkt formulieren,
- Probleme analysieren,
- Gründe herausarbeiten,
- das Gespräch strukturieren,
- Lösungsvorschläge sammeln,
- Informationen einholen,
- Meinungen als persönliche Wertungen kennzeichnen,
- einen Soll-Ist-Vergleich durchführen.

Sprechen Sie Gefühle direkt an

Im betrieblichen Arbeitsalltag besteht häufig eine gewisse Scheu davor, Gefühle anzusprechen. Emotionen werden deshalb oft durch nonverbale Signale geäußert, die der Gesprächspartner als Ausdruck von Zuneigung, Abneigung oder Furcht wahrnimmt bzw. interpretiert. Sprechen Sie den Mitarbeiter auf seine Gefühle an und zeigen Sie Verständnis für seine Emotionen *(»Kann es sein, dass Sie im Moment sehr nachdenklich sind? Ich nehme Ihren Ärger über diese Maßnahme wahr und kann diesen gut nachvollziehen«)*. Fühlen sich Gesprächspartner in ihren Gefühlen verstanden bzw. »abgeholt«, können Sie ein Vertrauensverhältnis aufbauen und offener miteinander reden. Sie kommen dadurch schneller auf das Wesentliche zu sprechen.

Beziehen Sie einen eigenen Standpunkt

Scheuen Sie sich nicht, unangenehme Dinge anzusprechen und persönliche Stellungnahmen abzugeben. Dadurch gewinnen Sie nicht nur an Glaubwürdigkeit und Überzeugungskraft, sondern können auch die Zusammenarbeit mit den Mitarbeitern verbessern. Wer seinen Standpunkt vertritt, schafft Klarheit und wird von anderen respektiert.

Koppeln Sie Ihre Argumentation an die Arbeits- und Lebenswelt des Gesprächspartners

Ihre Argumentation wirkt umso überzeugender, je besser es Ihnen gelingt, an die Vorstellungen, die beruflichen und privaten Hintergründe und die Motive des Mitarbeiters anzuknüpfen. Beziehen Sie die Erfahrungen und Erwartungen des Mitarbeiters in Ihre Überlegungen mit ein. Versuchen Sie, sich in ihn hineinzuversetzen, seine Interessen, Anliegen und die Themen, die ihn bewegen, zu ergründen. Auf diese Weise können Sie Aspekte Ihres Mitarbeiters in Ihrer Argumentation mit berücksichtigen.

Lenken Sie fair und offen

Ein Gespräch fair lenken bedeutet, auf manipulative und versteckte Vorgehensweisen in der Gesprächsführung zu verzichten. Je transparenter und offener Sie Ihre Gespräche lenken, umso offener und ehrlicher wird die Gesprächsatmosphäre. Die Voraussetzungen dafür sind geschaffen, wenn Sie

- einleitend Rahmenbedingungen vereinbaren (Zeit festlegen, Inhalte vorschlagen usw.),
- die Sachverhalte, die zu besprechen sind, formulieren und definieren (z. B. *»Worum geht es?«*, *»Wie ist der Stand der Dinge?«*),
- Vorschläge zum methodischen Vorgehen unterbreiten,
- die Art der Dokumentation der Ergebnisse festlegen,
- im Gespräch die Inhalte konkretisieren, indem Sie nachfragen, klären und Aussagen zur Sache treffen,

- Informationen erfragen und geben,
- regelmäßig zusammenfassen und Schlussfolgerungen ziehen,
- Überleitungen schaffen und
- Entscheidungen herbeiführen und verbindlich festlegen.

Schaffen Sie Aufmerksamkeit

Der Führungskraft kommt die Aufgabe zu, dafür zu sorgen, dass der Gesprächspartner konzentriert ist, zuhört und sich am Dialog beteiligt. Achten Sie deshalb darauf, dass Ihre Art zu kommunizieren Aufmerksamkeit erzeugt, Ihre Botschaften Interesse wecken und den Mitarbeiter zum Zuhören animieren. Sein Interesse am Gespräch steigt, wenn Sie

- abwechslungsreich sprechen (laut, leise, schnell, langsam),
- Beispiele bringen,
- Nutzen aufzeigen *(»Dies bedeutet für Sie ...«)*,
- Schwerpunkte und Akzente setzen *(»Jetzt möchte ich zum wesentlichen Punkt kommen«)*,
- immer wieder kleine Pausen einlegen,
- Fragen stellen,
- Visualisieren (z. B. durch Skizzen, Notieren der wichtigsten Punkte),
- die Inhalte strukturieren *(»Ich möchte meine Argumentation in drei Bereiche gliedern«)*,
- Orientierung bieten *(»Jetzt komme ich auf den dritten Aspekt zu sprechen«)*,
- Wichtiges wiederholen,
- zwischendurch zusammenfassen.

9.9 Gesprächsstrukturen zur Problemlösung und Gesprächssteuerung

Geht es im Gespräch um die Lösung schwieriger und komplexer Aufgaben oder Probleme, empfiehlt es sich, die Vorgehensweise in der Problembearbeitung und in der Argumentation klar zu strukturieren. Die im Folgenden vorgestellten Methoden helfen, Gespräche zu strukturieren.

P.U.S.T.E.-Modell

Wollen Sie Ihren Mitarbeiter dabei unterstützen, eine Aufgabe strukturiert zu lösen, bietet sich als einfaches und wirkungsvolles Werkzeug das P.U.S.T.E.-Modell an (vgl. Bild 9.3). Dieses Instrument ermöglicht die Lösung eines umfassenden Problems in kleinen, klar umrissenen Zwischenschritten. Seine Anwendung besitzt einen Coaching-Charakter, weil Sie Ihren Mitarbeiter intensiv bei der Lösung unterstützen.

Methoden zur Problemlösung

P: Problem beschreiben
Was genau ist das Problem?

U: Ursache analysieren
Was steckt hinter dem Problem? Wie ist es entstanden? Aus welchen Gründen?

S: Smartes Ziel formulieren
Wie soll die Lösung aussehen? Was ist das Ziel?

T: Techniken, Tools finden
Welche Techniken, Vorgehensweisen eignen sich, das Ziel zu erreichen? Welche Fähigkeiten sind erforderlich?

E: Ergebnisse, Effekte sichern
Welche Effekte erzielen wir durch das Ergebnis?

Bild 9.3 P.U.S.T.E.-Modell

Schrittweise Problemlösung

Mit dieser Methode können Sie mit Ihrem Mitarbeiter für ein bestehendes Problem Lösungsmöglichkeiten kreieren. Gehen Sie dabei in folgenden Schritten vor:

- Problem erkennen und definieren,
- Ursachen des Problems identifizieren,
- Brainstorming (Sammeln gemeinsamer Lösungsvorschläge, ohne dabei sofort zu bewerten),
- Lösungen unter einer konkreten Fragestellung bewerten und beurteilen,
- Entscheidungen treffen, Einigung für eine Lösung finden *(»Wer hat was wann zu tun?«)*,
- die für die Lösung erforderlichen Maßnahmen umsetzen,
- den Erfolg der Maßnahmen kontrollieren und bewerten.

Schrittweise Bewertung von Arbeitsergebnissen

Ist ein Problem gelöst bzw. ein Ziel erreicht, bieten sich folgende Fragestellungen an, um gemeinsam mit dem Mitarbeiter die Ergebnisse zu erörtern und zu beurteilen:

- Welches Ziel war vereinbart?
- Welches Ergebnis wurde erreicht?
- Welche Abweichungen sind festzustellen?

- Wie kamen diese Abweichungen zustande?
- Wie können sie in Zukunft vermieden werden?
- Welche Maßnahmen eignen sich dafür?

Fadenkreuz

Der Vorteil der Fadenkreuz-Methode liegt in der übersichtlichen Darstellung, die z. B. auf Papier oder einem Flipchart erfolgen kann. Diese Methode ermöglicht zwei Anwendungsbereiche: Sie dient zum einen dazu, Maßnahmen für Lösungsmöglichkeiten von aufgetretenen Problemen zu finden (vgl. Bild 9.4), und zum anderen dazu, mit dem Mitarbeiter einen Soll-Ist-Vergleich bei der Beurteilung erbrachter Leistungen bzw. erzielter Ergebnisse vorzunehmen (vgl. Bild 9.5).

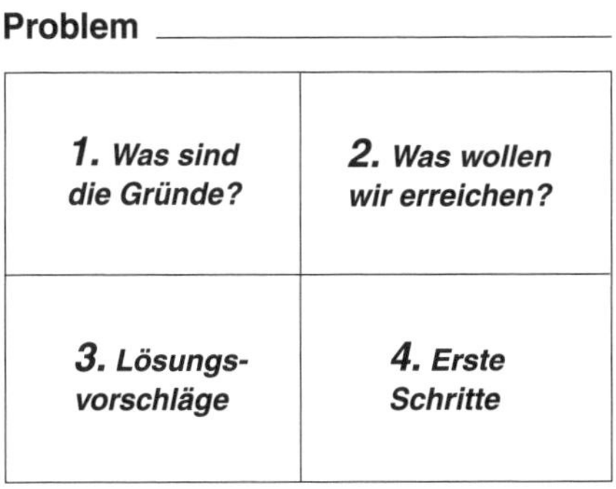

Problem

1. Was sind die Gründe?	2. Was wollen wir erreichen?
3. Lösungsvorschläge	4. Erste Schritte

Thema

Ist- Zustand	Soll- Zustand
Mögliche Widerstände	Lösungsansätze

Bild 9.4 Fadenkreuz zur Problemlösung

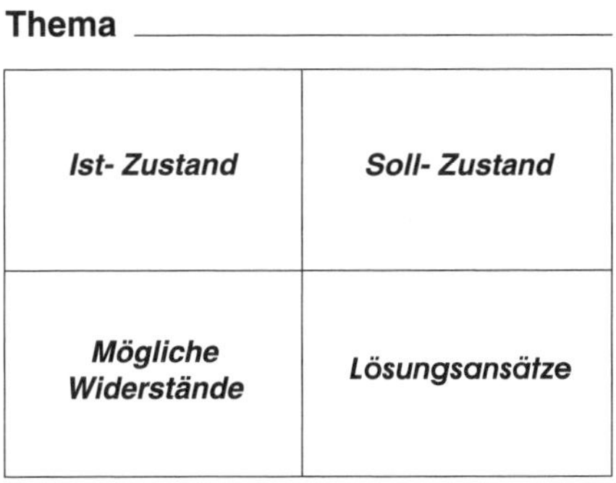

Bild 9.5 Fadenkreuz: Ist-Soll-Lösungsansätze

»Dialogtypen«– ein Modell zur Strukturierung von Gesprächsphasen

Dialoge geraten mitunter ins Stocken, wenn die Gesprächspartner mit unterschiedlichen Zielen und Erwartungen in das Gespräch gehen. Um dies zu vermeiden, sollte man sich zunächst vor Augen führen, wie diese Ziele und Erwartungen die Schwerpunkte im Gespräch verändern. Eppler und Mengis [EPPLER; MENGIS, 2005] entwickelten dafür ein einprägsames Modell (vgl. Bild 9.6). Darin unterscheiden sie vier Dialogtypen. Jeden benannten sie mit einem englischen Kunstbegriff. Das verhindert irreführende Assoziationen mit Begriffen, die im Alltag oder in anderen Fachsprachen verwendet werden.

- Sharealog:

Bei dieser Gesprächsphase geht es darum, eine gemeinsame Informations- und Entscheidungsbasis herzustellen. Besonders wichtig ist hierbei, festzustellen, was die Gesprächspartner unter den besprochenen Themen genau verstehen, was sie dabei als gegeben erachten und aus welcher Perspektive sie zu lösende Probleme betrachten. So können die Gesprächspartner am besten ihr Wissen nutzen sowie mögliche

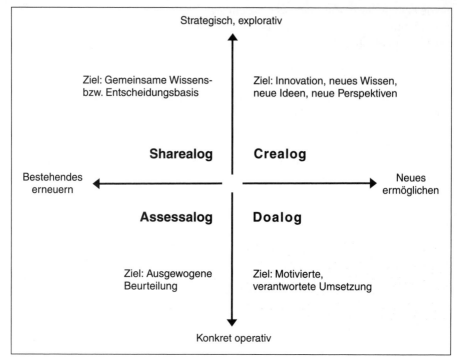

Bild 9.6 Typologie von Dialogen [nach EPPLER; MENGIS, 2005, S. 18]

Ursachen anstehender Probleme, den Status quo und dessen Auswirkung analysieren.

- Crealog:

Besteht eine gemeinsame Wissensbasis, können in der nächsten Phase Ideen, Lösungen und Handlungsoptionen besprochen werden. In dieser Phase sollten die Gesprächspartner noch nichts bewerten, sondern Lösungsideen miteinander kombinieren und weiterentwickeln.

- Assessalog:

In dieser Phase werden die gesammelten Ideen und Lösungsvorschläge kritisch bewertet. Bei dieser Beurteilung ist es wichtig, die Ideen nicht an den dabei beteiligten Personen zu messen, sondern nach zuvor definierten Kriterien und Fakten vorzunehmen.

- Doalog:

Konnte man sich im Assessalog auf Lösungsvorschläge einigen, so werden in dieser Phase die Handlungsschritte definiert, die für die Implementierung des Vorschlages notwendig werden.

Nach Mengis und Eppler [EPPLER; MENGIS, 2005] treten vor allem dann Kommunikationsstörungen auf, wenn sich ein Gesprächspartner mental in einer anderen Phase des Gespräches befindet als der andere. So kommt es z. B. zu großer Unzufriedenheit, wenn ein Gesprächspartner den Informationsaustausch noch fortführen will, während der andere schon auf die Festlegung von Aktionen drängt. Mengis und Eppler empfehlen daher, für die Gesprächsführung explizit festzuhalten, in welcher Phase der Diskussion man sich befindet und welche Ziele in dieser Phase erreicht werden sollen. Das erleichtert die Orientierung während des Gesprächsverlaufs und hilft, Irritationen zu vermeiden. Diese Technik kann gerade bei anlassbezogenen Gesprächen hilfreich sein, da diese oft einen weniger vorstrukturierten, definierten Ablauf besitzen.

DAS WICHTIGSTE IN KÜRZE

⇒ Die Kenntnis verschiedener Gesprächstechniken erleichtert es Führungskräften, ihre Mitarbeitergespräche erfolgreich, eindeutig und mit einem positiven Ergebnis zu führen. Solche Kommunikationswerkzeuge sind allerdings nicht als Patentrezepte zu verstehen, sondern als Anregung, das Gespür für eine optimale Vorgehensweise im Gespräch weiterzuentwickeln. Allerdings sollen diese Techniken nicht eingesetzt werden, um den Gesprächspartner zu manipulieren. Erfahrungsgemäß würde ihm dieser Versuch nicht entgehen und sein Misstrauen wecken.

⇒ Will man ein Gespräch dahin gehend steuern, dass es zu konkreten Ergebnissen führt, bieten sich unterschiedliche Methoden zur Gesprächslenkung an. Zusammenfassungen beispielsweise ermöglichen es, das Gespräch zu strukturieren oder den roten Faden nicht zu verlieren. Bewusst eingesetzte Pausen regen den Gesprächspartner an, seinerseits das Wort zu ergreifen, oder zeigen ihm, dass er genug Zeit hat, seine Überlegungen zu formulieren.

⇒ Fragen sind die wichtigste Methode, ein Gespräch zu lenken. Sie dienen nicht allein der Informationsgewinnung, sondern eignen sich auch, das Gespräch zu steuern. Zudem sind Fragen ein probates Mittel, um Zeit zu gewinnen. Geschlossene Fragen, die in den meisten Fällen mit »*Ja*« oder »*Nein*« beantwortet werden, helfen Entscheidungen schneller herbeizuführen. Offene Fragen dagegen ermöglichen, sich in die Gedankenwelt des Gesprächspartners hineinzuversetzen, ihn zu aktivieren und Informationen zu sammeln. Präzisionsfragen helfen, Sachverhalte zu konkretisieren, Bedeutungen zu klären und etwaige »blinde Flecken« aufzudecken. Mit Fragen nach den Motiven, Beweggründen und Ursachen arbeiten Sie heraus, welche Konzepte und Strategien andere Personen in einer bestimmten Situation verfolgen. Systemische Fragen dienen dazu, die Elemente eines Systems, z. B. Mitarbeiter, Führungskraft und Kunden, zueinander in Beziehung zu setzen. Mit ihnen kann man nicht nur die Wechselwirkungen innerhalb des Systems herausarbeiten, sondern auch gemeinsam nach neuen Lösungsmöglichkeiten suchen. Vorsicht geboten ist allerdings bei Suggestivfragen, weil sie gestellt werden, um den anderen bewusst zu manipulieren.

- Nicht minder wichtig ist die Kunst des Zuhörens. Richtig angewandt erfordert auch sie Aktivitäten. Denn mit Blickkontakt, Zwischenfragen, zugewandter Körperhaltung oder Signalen der Zustimmung wird dem Gesprächspartner gezeigt, dass er die volle Aufmerksamkeit genießt und sowohl seine Argumente als auch seine Gefühle verstanden werden. Das ermuntert ihn, mit seinen Ausführungen fortzufahren bzw. diese zu präzisieren.

- Besonders wenn Sie kritische Punkte ansprechen müssen, empfiehlt es sich, diese in Form sogenannter Ich-Botschaften zu formulieren. Damit drücken Sie Ihr Erleben aus und erleichtern es Ihrem Gegenüber, sich mit Ihrer Bewertung seines Verhaltens auseinanderzusetzen. Ich-Botschaften ermöglichen, unterschiedliche Sichtweisen und Meinungen gleichwertig in den Dialog einzubringen und gegenseitiges Verständnis aufzubauen.

- Wenn Sie den Eindruck haben, das Gespräch läuft sich tot und bringt keine neuen Aspekte mehr, kann es hilfreich sein, dies zur Sprache zu bringen und im Gespräch auf die Metaebene zu wechseln. Damit machen Sie den Gesprächsverlauf zum Thema und gehen von der Sach- zur Gefühlsebene über. Die so erzielte neue Perspektive kann helfen, das Gespräch wieder in Gang zu bringen oder doch zumindest die Bedingungen herauszuarbeiten, unter denen eine Fortsetzung Erfolg versprechend ist.

- Einwände sind ein selbstverständlicher Teil von Gesprächen und in den wenigsten Fällen Angriffe auf Ihre Person. Zeigen Sie deshalb zunächst Verständnis und prüfen Sie die Aussage dann ernsthaft. Vielleicht erhalten Sie dadurch wichtige Hinweise für die Zukunft. Erst danach sollten Sie zu den vorgebrachten Argumenten Position beziehen.

- Gilt es, Gespräche zu strukturieren, können Führungskräfte auf verschiedene Gesprächsstrukturierungstechniken zurückgreifen.

Mehr zu diesem Thema

Bojer, M. M.; Roehl, H.; Knuth, M.; Magner, C.: *Mapping Dialogue. Essential Tools for Social Change.* Taos Institute Publications, 2008

Meyer, H.: »Systemisches Fragen«. *OrganisationsEntwicklung* 1 (2005), S. 95–97

Schulz von Thun, F.; Ruppel, J.; Stratmann, R.: Miteinander reden: Kommunikationspsychologie für Führungskräfte, Rowohlt, 2003

Saul, S.: *Führen durch Kommunikation. Gespräche mit Mitarbeiterinnen und Mitarbeitern.* Beltz, 1999

Weisbach, C. R.; Sonne-Neubacher, P.: *Professionelle Gesprächsführung. Ein praxisnahes Lese- und Übungsbuch.* DTV-Beck, 2008

10

Schwierige Gesprächssituationen

DARUM GEHT ES ...

- Warum fällt es Führungskräften manchmal schwer, kritische Mitarbeitergespräche zu führen?
- Wie kann sich eine Führungskraft auf diese Gespräche professionell vorbereiten?
- Wie kann sie den Gesprächsverlauf konstruktiv gestalten?
- Wie verhalten sich Führungskräfte kompetent in schwierigen Gesprächen?

DIESES KAPITEL BESCHREIBT:

- welche möglichen Gründe es für Schwierigkeiten im Gespräch geben könnte,
- wie Sie unfaire Verhaltensweisen parieren können,
- wie Sie mit Emotionen wie Wut, Angst und Trauer vom Mitarbeiter konstruktiv umgehen,
- wie Sie heikle Themen ansprechen können,
- wie Sie lernen können, souverän mit Konfliktsituationen umzugehen.

Gisela Klein ist eine langjährige und erfahrene Mitarbeiterin Ihrer Abteilung. Sie möchten ihr ein anspruchsvolles, aber auch sehr zeitkritisches Projekt übertragen. Ihrer Meinung nach ist Frau Klein dank ihrer Erfahrung und Fachkompetenz, der guten Kenntnis unternehmensinterner Prozesse, ihrer besonnenen und strukturierten Arbeitsweise sowie ihrer Kontakte zu nahezu allen Abteilungen im Hause genau die richtige Mitarbeiterin für diese Aufgabe.

Während Sie ihr aber im Delegationsgespräch von der ihr zugedachten Aufgabe erzählen, bemerken Sie, wie Frau Klein zu »schlucken« beginnt, tief durchatmet und den Blickkontakt mit Ihnen abbricht. Sie sind von dieser Reaktion zunächst überrascht und verweisen auf frühere anspruchsvolle Projekte, die Frau Klein mit viel Erfolg gemeistert hat. Da Ihnen bewusst ist, dass das Projekt mit einem größeren zeitlichen Aufwand verbunden ist, sichern Sie ihr zusätzlich zu, dass der neue Kollege Herr Müller die ebenfalls zeitaufwendige Auszubildendenbetreuung Ihrer Abteilung von nun an für sie übernehmen wird. Daraufhin haben Sie den Eindruck, dass Frau Klein noch tiefer in ihren Stuhl versinkt. Sie können sich zunächst nicht vorstellen, warum sie die doch vermeintlich gute Neuigkeit nicht positiver aufnimmt.

Als Sie sich kurz zum Fenster drehen, um Ihre Irritation zu überspielen, vernehmen Sie ein Schluchzen. Kurz darauf bricht es aus der Mitarbeiterin heraus. Sie sei doch jetzt kurz vor der Altersteilzeit und nicht mehr so belastbar wie früher. Sie habe den Eindruck, dass sie immer noch mehr Aufgaben übernehmen soll, und sehe vor lauter Wald bald keine Bäume mehr. Und wäre das nicht schon genug: Ausgerechnet ihre schönste Aufgabe, die Azubibetreuung, soll von nun an Herr Müller übernehmen. Schockiert von der Heftigkeit der Reaktion, aber auch etwas ratlos fragen Sie sich, warum Frau Klein so emotional reagiert und wie Sie jetzt damit umgehen sollen.

10.1 Warum fällt es Führungskräften so schwer, ein »kritisches« Mitarbeitergespräch zu führen?

Mitarbeitergespräche verlangen von der Führungskraft insgesamt ein hohes Maß an Klarheit über die eigenen Anliegen und Ziele, Einfühlungsvermögen und Gesprächsführungskompetenz. Der Erfahrung nach fallen jedoch diejenigen Mitarbeitergespräche Führungskräften besonders schwer, in denen sie nicht primär aufgabenorientierte Sachthemen mit dem Mitarbeiter besprechen wollen, sondern Themen, die ihren Ursprung in der Art und Weise haben, wie der Mitarbeiter sich verhält oder reagiert. Häufig lassen Führungskräfte sehr viel wertvolle Zeit verstreichen, bevor sie mit ihrem Mitarbeiter darüber ein Gespräch führen. Sie nehmen sich innerlich zwar mehrere Male vor, das Thema zu einem bestimmten Zeitpunkt anzusprechen, schieben es letztendlich aber immer wieder vor sich her.

Gründe für dieses zögerliche Verhalten sind zum einen die Unsicherheit darüber, wie das Gespräch überhaupt angegangen werden soll. Zum anderen besteht oftmals die Befürchtung, dem Mitarbeiter möglicherweise unrecht zu tun, ihm zu nah zu

kommen, ihn zu verletzen oder, dass das Gespräch eskalieren und einen unangenehmen Ausgang nehmen könnte. Erst wenn der Leidensdruck hoch genug ist, wird das Gespräch, oft sehr verspätet, angegangen.
Meist reagiert ein Mitarbeiter überrascht, wenn beispielsweise Verhaltensaspekte zum Inhalt des Gesprächs werden. Die sich daraus ergebenden möglichen Reaktionen sind daher nicht vorhersehbar. So kann der Mitarbeiter z. B. versuchen, sich im Gespräch zu verteidigen, das Thema zu bagatellisieren oder auch zu blockieren.
Schwierigkeiten entstehen dann im Gespräch, wenn der Mitarbeiter Reaktionen zeigt, mit denen die Führungskraft überhaupt nicht rechnet und daher zunächst ratlos ist, wie sie darauf reagieren soll. Verhalten des Gegenübers wie etwa Weinen, aggressives Verhalten oder die Blockade des weiteren Gesprächs können den Vorgesetzten als Verantwortlichen an die Grenzen seiner kommunikativen Kompetenz bringen.

10.2 Mögliche Gründe für Schwierigkeiten im Gespräch

Die Gründe für schwierige oder misslungene Gespräche lassen sich, wie Bild 10.1 zeigt, drei Problemfeldern zuordnen.
Die folgende Aufstellung nennt Aspekte, die helfen, diese Problemfelder besser zu differenzieren. Sie gelten sowohl für die Führungskraft wie für den Mitarbeiter.

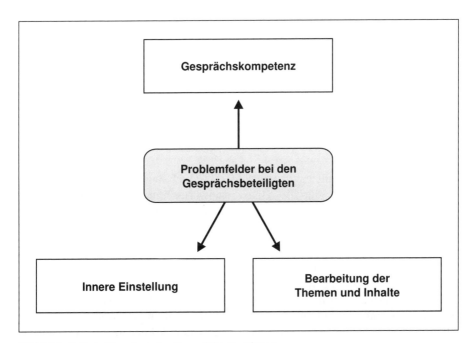

Bild 10.1 Gründe für schwierige Gesprächssituationen

- Innere Einstellung und Haltung

Verhaltensweisen, die auf eine, für ein gutes Gespräch hinderliche Einstellung hinweisen können, sind:
- sich gegenüber dem Gesprächspartner aufwerten bzw. diesen abwerten,
- Respektlosigkeit,
- Gefühle des Gesprächspartners zurückweisen oder abwerten,
- »kluge« Ratschläge erteilen,
- Druck ausüben,
- einseitige Zuordnung von Fehlern und Ursachen,
- Ungeduld,
- suggestive oder manipulative Kommunikation,
- keine oder geringe Motivation.

- Gesprächskompetenz

Verhaltensweisen, die auf mangelnde Gesprächskompetenz hinweisen können, sind:
- häufiges Unterbrechen des Gesprächspartners,
- ausführlich von sich reden und nicht zuhören,
- hoher eigener Gesprächsanteil,
- keine oder nur unklare Fragen stellen,
- abstrakte Darstellung der Inhalte, die nichts vertieft oder klärt,
- Du-Botschaften.

- Bearbeitung der Themen und Inhalte

Mögliche Hinweise auf eine unzureichende Bearbeitung der Themen und Inhalte sind (vgl. Kapitel 8 »Kommunikation und Gesprächsführung«):
- keine oder unzureichende Vorbereitung des Gesprächs,
- selektive, taktisch geprägte Informationsweitergabe, die sich selbst Vorteile verschafft,
- Verwendung falscher und ungenauer Informationen,
- unrealistische Zusicherungen geben, die später wieder zurückgenommen werden müssen,
- mangelnde Verständlichkeit aufgrund abstrakter Begriffe und einer komplizierten Sprache (z. B. durch zu viele Fremdwörter und Fachbegriffe),
- keine oder unzureichende Nachbereitung des Gesprächs.

Die Ursachen für solche Schwierigkeiten sind vielfältig. Sie können beispielsweise in der Persönlichkeit von einem der Gesprächspartner liegen, in der Vorgeschichte der Situation, in der Beziehung zwischen den beiden, an der Bewertung der betrieblichen Rahmenbedingungen etc. All diese Aspekte können innere Vorgänge auslösen, die sich emotional auswirken. Befindlichkeiten wie Ärger, Frustrationen oder Unsicherheit und Ängste führen dazu, mit Abwehrverhalten, Blockaden, Manipulationen oder auch verstecktem taktisch-strategischem Vorgehen in Gesprächen zu reagieren.

10.2 Mögliche Gründe für Schwierigkeiten im Gespräch

Für Sie als Führungskraft gilt es deshalb, ein besonderes Augenmerk auf die betrieblichen Rahmenbedingungen zu richten. Situationen im Gespräch, wie z. B. die Bewertung der Leistung durch die Führungskraft, oder Entwicklungen im Unternehmen, wie eine momentane schlechte Auftragslage, können beim Mitarbeiter spezifische Ängste und Unsicherheiten auslösen, die sich auf die Kommunikation auswirken. Folgende inhaltliche Themen können z. B. die Unsicherheit und Angst eines Mitarbeiters schüren:

- Unsicherheiten über die Zukunft und Chancen im Unternehmen,
- Angst vor Arbeitsplatzverlust,
- Zweifel an den eigenen Fähigkeiten und Kompetenzen,
- Verlust des Ansehens und der Stellung im Team,
- Entzug von Befugnissen,
- Übertragen von lieb gewonnenen Aufgaben und Projekten an andere.

Versuchen Sie deshalb, sich bei der Vorbereitung oder Durchführung eines Gesprächs in die Perspektive und in die Gefühlslage des Mitarbeiters hineinzuversetzen. So können Sie besser verstehen, welche Befindlichkeiten die aktuelle Situation auslösen kann, und sich darauf einstellen.

Grundsätzliche Empfehlungen für die Durchführung schwieriger Gespräche

Grundsätzlich gilt: Je besser die allgemeine Kommunikation mit dem Mitarbeiter etabliert ist, desto leichter fällt es, schwierige Themen anzusprechen. Da viele Einflussfaktoren auf das Gespräch einwirken und diese wiederum sehr unterschiedliche Reaktionen auslösen können, sind gerade Gespräche zu kritischen Themen eine Herausforderung. Die folgenden Empfehlungen helfen, ein solches Gespräch positiv zu beeinflussen (vgl. dazu auch die Kapitel 2 »Anlassbezogene Mitarbeitergespräche«, 5 »Wahrnehmung«, 8 »Kommunikation und Gesprächsführung« und 9 »Methoden und Techniken für eine erfolgreiche Gesprächsführung«):

Tipps für die Vorbereitung

- Bereiten Sie sich gründlich vor.
- Versetzen Sie sich in die Perspektive des Mitarbeiters und versuchen Sie, aus dessen Perspektive die Situation zu verstehen.
- Gehen Sie nicht in Gespräche, wenn Sie sehr verärgert oder wütend sind. Ihre Gefühle könnten Sie dazu verführen, Dinge zu sagen, die Sie später bereuen.
- Arbeiten Sie auch heraus, was Sie am Mitarbeiter schätzen, welche positiven Qualitäten er besitzt und welche Erfolge er erzielt hat.
- Achten Sie darauf, Ihre Einschätzungen und Eindrücke durch konkrete und überprüfbare Sachverhalte zu belegen.

Tipps für die Durchführung

- Führen Sie die Gespräche relativ zeitnah zum Anlass und prinzipiell nur unter vier Augen.

- Nutzen Sie die Methoden der konstruktiven Gesprächsführung, z. B. Feedback geben, Fragetechniken, Ich-Botschaften (vgl. die Kapitel 8 »Kommunikation und Gesprächsführung« und 9 »Methoden und Techniken für eine erfolgreiche Gesprächsführung«).
- Zeigen Sie eine zugewandte und offene Körpersprache.
- Kommunizieren Sie aus einer respektvollen Grundhaltung heraus.
- Interessieren Sie sich für die Ansichten und Argumentationen des Mitarbeiters und zeigen Sie das auch.
- Achten Sie auf konkretes und konstruktives Feedback.
- Bei Kritik: Kritisieren Sie den genauen Sachverhalt bzw. das konkrete Verhalten und dessen Konsequenzen und nicht die Persönlichkeit des Mitarbeiters als Ganzes.
- Respektieren Sie die Emotionen Ihres Gegenübers und versuchen Sie, sofern möglich, Verständnis dafür zu zeigen.
- Nehmen Sie die Reaktionen des Mitarbeiters nicht persönlich, beziehen Sie diese auf Ihre Rolle als Führungskraft.
- Stellen Sie eine Ausgewogenheit zwischen »Verständnis zeigen« und »Erläutern von Sachzwängen und Konsequenzen« her.
- Achten Sie auf eine für Sie angenehme Sitzhaltung. Anspannung drückt sich häufig in einer verkrampften Körperhaltung aus. Eine bequemere Sitzhaltung führt oft zu einer gelösteren Gesprächsweise.

Einsicht benötigt Zeit

Eine Führungskraft, die ein Anliegen oder ein Thema schon sehr lange im Kopf mit sich herumträgt und vielleicht zu lange gewartet hat, mit dem Mitarbeiter darüber zu reden, wünscht sich vom Mitarbeiter sofortige Einsicht und Akzeptanz des Problems. Ein Forcieren des Einsehens, etwa durch Sätze wie »*Sie müssen mir doch zustimmen!*« oder »*Beziehen Sie bitte jetzt einen Standpunkt!*«, kann eine Eskalation des Gesprächs fördern, da sich die Person überfordert fühlen kann, ad hoc zu reagieren. Jede Form der Verhaltensänderung braucht Zeit. Solange der Mitarbeiter nicht von selbst ein Problembewusstsein für die Situation entwickelt und darüber nachgedacht hat, wird es keine Veränderung geben. Deshalb ist es sinnvoll, schwierige Themen mit Mitarbeitern zu einem frühen Zeitpunkt anzusprechen und dosiert – je nach Problembewusstsein und Veränderungsbereitschaft des Mitarbeiters – in einem weiteren Gespräch aufzuarbeiten. Dies bedeutet: Lassen Sie ihm Zeit zur Reflexion.

Den ersten Schritt tun

Schwierige und emotional belastete Themenstellungen können nicht in einem Gespräch »perfekt« oder abschließend gelöst werden. Vielmehr wird der erste Schritt unternommen, das betreffende Thema überhaupt besprechbar zu machen. Selbst wenn das erste Gespräch darüber aus Sicht der Führungskraft holprig verlief und beide Parteien zunächst irritiert auseinandergehen, sollte man nicht den Mut verlieren, in einem zweiten Gespräch mögliche Punkte und Lösungen zu vertiefen oder richtigzustellen, die im ersten Gespräch nur angerissen wurden. Erfahrungsgemäß setzt man im zweiten Gespräch auf einer erweiterten Perspektive an und findet eine gefasstere emotionale Grundstimmung vor.

Handlungsmöglichkeiten, wenn das Gespräch »festhängt«

Wenn der Mitarbeiter im Gespräch wenig Veränderungsbereitschaft und Einsicht zeigt, dreht man sich häufig im Kreis. Wenn Sie das erkennen, können Sie auch die Unterhaltung abbrechen: *»Ich habe den Eindruck, wir kommen so nicht weiter. Ich habe Ihnen meine Erwartungen konkret mitgeteilt. Ich bitte Sie, sich bis morgen dazu Gedanken zu machen, wie Sie zu meinen Erwartungen stehen bzw. wie Sie damit umgehen werden. Passt es Ihnen um 11.00 Uhr?«*

Sollten Sie den Eindruck haben, dass hier in letzter Konsequenz arbeitsrechtliche Maßnahmen anstehen könnten, gilt es, sich schon im Vorfeld ausreichend zu informieren, was wie zu tun sein könnte (siehe auch Kapitel 2 »Anlassbezogene Mitarbeitergespräche«).

Es kann auch unterstützend sein, mit dem eigenen Vorgesetzten diese Situation zu erörtern und ihn um Rat zu fragen. Aber Vorsicht! Handeln müssen Sie. Falls Ihr Vorgesetzter aktiv wird, verlieren Sie als direkte Führungskraft Respekt und die notwendige Autorität. Ihr Vorgesetzter könnte denken: *»Er schafft es wohl alleine nicht.«*

10.3 Emotional belastete Gespräche

Symptome für emotional belastete Gespräche

Starke Emotionen können Gespräche beeinträchtigen. Anzeichen dafür sind sprachliche und besonders nonverbale Signale. Die folgende Aufstellung zeigt, anhand welcher Anzeichen Sie eine emotionale Belastung im Gespräch erkennen können:

- in der Körpersprache

z. B. durch fehlenden oder sehr intensiven Blickkontakt, harte, angespannte Mimik, angespannte Körperhaltung, bedrohliche Gestik und Handbewegung,

- in der Sprechweise

z. B. durch die Zunahme der Lautstärke, eine hektische Sprechweise, Verschlucken von Silben oder einen Monolog ohne Pausen,

- im sprachlichen Ausdruck

z. B. durch kurze, abgehackte Sätze, harte bis aggressive Formulierungen oder fordernde bis befehlende Formulierungen,

- in der Argumentation

z. B. durch Unterstellungen oder Androhungen.

Emotionale Belastungen sind auch an bestimmten Verhaltensweisen erkennbar, z. B. an:

- Schweigen oder einsilbigen Antworten, was auf Resignation bzw. persönliche Betroffenheit des Mitarbeiters schließen lassen könnte,
- dem Nicht-wahrnehmen-Wollen des Sachverhalts (d. h., der Mitarbeiter nimmt die Kritikpunkte zwar wahr, blockt sie aber ab und/oder lässt sie nicht an sich heran),
- dem Argumentationsverhalten (d. h., »Befindlichkeiten« werden zwar auf sachlicher Ebene argumentiert, »schmoren« jedoch auf der emotionalen Ebene des Mitarbeiters weiter),
- Sturheit (d. h., der Mitarbeiter blockiert Ihre Argumente, indem er starrköpfig bei seiner Meinung bleibt, auf Formalien besteht oder engstirnig an seinen Aussagen festhält),
- Überanpassung (d. h., der Mitarbeiter stimmt Ihren Vorschlägen in übertriebenem Maße zu, bezieht keine eigene Position, bringt keine eigenen Ideen ein und zeigt übertriebene Freundlichkeit).

Wichtig für Sie ist es, solche Signale wahrzunehmen, sie zu akzeptieren und adäquat zu reagieren, beispielsweise durch Metakommunikation, indem Sie Ihre Beobachtungen offen ansprechen: *»Ich habe den Eindruck, dass Sie auf meine Einwände nicht eingehen«* oder *»Kann es sein, dass Sie mein Feedback sehr enttäuscht?«*

Emotionale Reaktionen wie Wut, Enttäuschung, Angst oder Resignation treten beim Gegenüber oft »scheinbar« plötzlich auf, die Ursachen sind in solchen Momenten oft nicht offensichtlich. Die Führungskraft fühlt sich in diesen Situationen häufig nicht in der Lage, spontan richtig zu reagieren. Sie ist zunächst ratlos.

Damit Sie adäquat reagieren können, ist es wichtig,

- Verhaltensweisen wie Ärger frühzeitig wahrzunehmen,
- die möglichen Gründe und Auslöser zu verstehen,
- die dahinterliegenden Gefühle, wie z. B. Enttäuschung oder sich ungerecht behandelt zu fühlen, zu erkennen und
- sich in den Gesprächspartner hineinversetzen und einfühlen zu können.

Faktoren, wie z. B. Erziehung, das Umfeld, die Gesellschaft oder genetische Dispositionen, prägen jeden Menschen und das, was er wahrnimmt, welche Schlussfolgerungen er daraus zieht und wie sich dies auf seine Handlungen und Entscheidungen auswirkt.

Handlungsspielräume in emotional belasteten Gesprächen

Emotionen beeinflussen die Wahrnehmung und damit auch die Möglichkeiten, mit Schwierigkeiten umzugehen. Um die unterschiedlichen Qualitäten der Emotionalität zu verstehen und wie sie sich im Verhalten auswirken, hilft es, sie nach Reifegraden zu differenzieren [in Anlehnung an SCHÖLL, 2007]:

Affektiv-impulsives Stadium

Im affektiv-impulsiven Stadium ist die Emotion, die einen bewegt, kaum bewusst. Menschen, die im affektiv-impulsiven Stadium ihres Emotionserlebens sind, reagieren gewissermaßen ohne Zeitverzögerung auf Ereignisse und drücken ihre Emotionen spontan aus. Der Mensch ist quasi auf Autopilot eingestellt. Menschen im affektiv-impulsiven Stadium setzen oft den Auslöser für die Emotion mit der Emotion selbst gleich. Sie merken nicht, dass sie ihre Gefühle selbst kreieren. Dies hat oft unangenehme Konsequenzen für die Umwelt, denn Menschen in diesem Stadium projizieren ihre negativen Gefühle auf andere Menschen und machen sie dafür verantwortlich. Dieses Phänomen spiegelt sich auch in der Redensart wider: »*Do not kill the messenger* ...«, töte nicht den Überbringer schlechter Nachrichten (er kann ja zumeist nichts dafür).

Repressives Stadium

Im repressiven Stadium rückt die Emotion, die einen gerade bewegt, in die bewusste Wahrnehmung. Menschen in diesem Stadium merken, dass sie gerade etwas fühlen. Gefühlsausdruck und Gefühlserleben können als voneinander getrennt auftretende Einheiten wahrgenommen werden. Menschen im repressiven Stadium beherrschen zwar nicht das Auftreten der Emotion, allerdings können sie die spontane Reaktion, d. h. den Gefühlsausdruck unterdrücken. Umgangssprachlich würde man sagen, man hat sich einigermaßen im Griff.

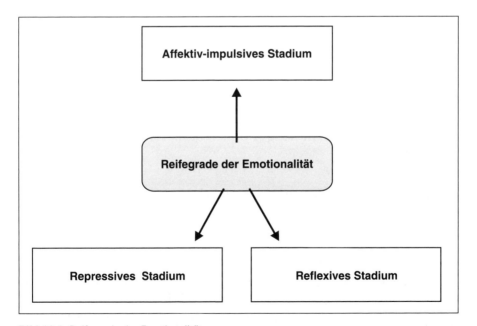

Bild 10.2 Reifegrade der Emotionalität

Reflexives Stadium

Menschen im reflexiven Stadium können ihre Emotionen bewusst wahrnehmen, kontrollieren und steuern. Gefühlsäußerungen fallen moderat und situationsangemessen aus. Zwischen dem Auftreten, Erleben und Ausdruck des Gefühls kann klar unterschieden werden. Menschen im reflexiven Stadium versuchen, sich auch schon im Vorfeld eines emotionalen Ereignisses zu präparieren, indem sie sich selbst beruhigen oder aufmuntern, d. h. einen lebhaften inneren Dialog mit sich pflegen. Gefühle werden in ihrem Bedeutungsgehalt reflektiert und analysiert. Hier erfolgt eine bewusste Formung der eigenen Emotionalität.

Die jeweiligen Reifegrade beeinflussen demzufolge das Verhalten von Führungskraft und Mitarbeiter. Von der emotionalen Reife hängt die Fähigkeit ab, die eigenen Gefühle »wahrzunehmen« und reflektiert zu handeln. Reagiert Ihr Gegenüber aufgrund einer Enttäuschung im affektiv-impulsiven Stadium wütend und verärgert und projiziert es seine negativen Gefühle auf Sie, ist es dieser Person im Moment nicht möglich, den eigenen Anteil an der Situation zu erkennen. Eine sachliche Reflexion seines Anteils am Mitarbeitergespräch würde den Mitarbeiter mit ziemlicher Sicherheit überfordern. Im »reflexiven Stadium« würde er auf Enttäuschung sicherlich anders reagieren. Er könnte sie bewusst äußern, die Ursachen dafür reflektieren und daraus konkrete Aktivitäten ableiten, um beispielsweise eine konstruktive Lösung zu finden. Die Gesprächsführung und das weitere Vorgehen hängen somit von der emotionalen Reife der jeweiligen Gesprächspartner ab.

Wie können Sie nun als Führungskraft mit Emotionen umgehen, die die Situation belasten? Im Folgenden werden einige typische, belastende Emotionen eines Mitarbeitergesprächs sowie entsprechende Strategien vorgestellt, wie Sie mit den Emotionen umgehen könnten. Wenn Sie Gefühle frühzeitig wahrnehmen und verstehen, ermöglicht das Ihnen, rechtzeitig zu reagieren. Das Wissen über sinnvolle Reaktionen erweitert folglich Ihren Handlungsspielraum.

10.4 Umgang mit Wut, Angst und Trauer

Angst und Furcht

Warum entstehen diese Gefühle und wie äußern sie sich?

Angst ist ein wichtiges, evolutionär entstandenes Gefühl und dient dem Überleben. Es warnt uns vor drohenden Gefahren. Angst »aktiviert« uns und versetzt uns »in einen Alarmzustand«.

Was wir aber als bedrohlich erleben, hängt vom Einzelnen, seinen Erfahrungen und dessen Bewertung der Situation ab. Dabei ist es egal, ob diese Situation tatsächlich oder nur in der Gedankenwelt des Einzelnen bedrohlich ist. Daher sind Symptome, die durch real begründete oder nur eingebildete Ängste hervorgerufen werden, sehr ähnlich.

10.4 Umgang mit Wut, Angst und Trauer

Angstsignale zeigen uns, wo wir uns noch weiterentwickeln können oder auch müssen. Denn Angst bedeutet auch, dass wir eine Situation nicht einschätzen können und folglich nicht »im Griff« haben. Sie weist damit auf tatsächliche oder vermeintlich unterentwickelte Fähigkeiten hin, eine bestimmte Herausforderung zu bewältigen. Deshalb erleben wir Angst fast immer auch als »Stress« und Belastung. Während für die eine Person ein neues, herausforderndes Projekt eine emotional positive Herausforderung darstellt, kann dieselbe Situation für andere Ängste des Scheiterns und Misserfolgs oder sogar das Gefühl der Existenzbedrohung auslösen.

Menschen mit Angst und Furcht reagieren sehr unterschiedlich. Die Reaktionen hängen vom Reifegrad des Umgehens mit Emotionen ab. Manche reagieren sehr abwehrend und aggressiv, andere verhalten sich eingeschüchtert und machen sich klein (affektiv-impulsives Stadium). Andere wiederum versuchen, ihre Ängste zu kontrollieren, sie zu verstecken oder sie zu unterdrücken (repressives Stadium).

Furcht und Angst verändern den Wahrnehmungsfokus auf eine mögliche Bedrohung hin. Es ist »*... ein stummes Durchprobieren dessen, was schiefgehen kann*« [GOLEMAN, 2002, S. 91]. Die Gedanken können sich auf den Gegenstand der Bedrohung fixieren und damit »im Kreis« drehen. Die Person verschließt sich der Vernunft. Angst reduziert damit die Wahrnehmung und das Denken. Die Fähigkeit zur differenzierten Analyse eines Sachverhalts und zum Entwickeln durchdachter Lösungen ist eingeschränkt. Angst kann sich auch in körperlichen Reaktionen wie starkes Schwitzen, Herzklopfen oder erhöhte Atemaktivität auswirken.

Eine typische Reaktion auf Angst ist Vermeidungsverhalten: Verängstigte Menschen gehen dabei angsteinflößenden Situationen oder Personen aus dem Weg und vermeiden so z. B. das Gespräch mit der eigenen Führungskraft oder das Ansprechen bestimmter Themen.

Woran kann man Angst erkennen?

Mögliche mimische und körpersprachliche Indizien, die auf Angst hinweisen, sind:

- angespannte Körperhaltung,
- flacher oder hektischer Atem,
- Muskelspannungen,
- Röte im Gesicht,
- weit geöffnete Augen,
- zusammengepresste Lippen,
- Schwitzen,
- zugekniffene Augen,
- auffällig häufiger Lidschlag,
- häufiges Wegsehen,
- leise Stimme,
- gequältes Lächeln.

Wie reagiert man adäquat?

Wenn Sie die Angst des anderen wahrnehmen, können Sie ihr besser begegnen. Dann können Sie die »Not« hinter einem Verhalten, etwa Angst zu versagen oder nicht akzeptiert zu werden, erkennen. Das erleichtert es Ihnen, das Gefühl des anderen zu akzeptieren. Damit wird ein adäquateres Reagieren möglich. Voraussetzung dazu ist, sich in die Perspektive des Gegenübers hineinzuversetzen. Nur dann können Sie die Gründe für die Angst verstehen.

Vermuten Sie eine bestimmte Angst bei Ihrem Gesprächspartner, dann achten Sie darauf, Ihrem Gegenüber diese nicht vorzuwerfen (»*Sie haben ja nur Angst vor ...*«), sondern sensibel nachzufragen, um die Befürchtung besprechbar zu machen: »*Könnte es sein, dass Sie nicht ganz sicher sind, ob Sie die Anforderungen des Projekts bewältigen?*«

Akzeptieren und respektieren Sie die Emotionen des Mitarbeiters. Spürt er diese Haltung bei Ihnen, besteht die Voraussetzung für ein offenes Gespräch. Ist Ihr Gesprächspartner bereit, über Ängste und Befürchtungen zu sprechen, achten Sie darauf, ihm diese nicht auszureden im Sinne von »*Sie brauchen doch keine Angst zu haben ...*« Versuchen Sie auch nicht den Mitarbeiter psychologisch-therapeutisch zu beraten: »*Sie haben sicherlich Angst, weil ...*« Finden Sie vielmehr heraus, welche Faktoren ihm bedrohlich erscheinen, wie diese überwunden werden könnten und was ihn bei der Aufgabe unterstützen könnte.

Ängste haben ihr eigenes (emotionales) Gedächtnis. Durch »kluge Worte« lässt sich die Angst selten beheben. Hilfreicher und wirksamer sind neue (korrigierende) emotionale Erfahrungen, also Erfolgserlebnisse, die eine »Neuverdrahtung« der Nervenzellen im Gehirn fördern und somit dauerhaft angstreduzierend sind. Versuchen Sie also nicht, nur die Ursachen zu klären, sondern auch Aktivitäten zu vereinbaren, die mit hoher Wahrscheinlichkeit ein Erfolgserlebnis schaffen. Dabei ist darauf zu achten, die Maßnahmen so zu wählen, dass sich der Mitarbeiter dabei nicht überfordert fühlt.

Aggressionen, Wut, Ärger und Zorn

Warum entstehen diese Gefühle und wie äußern sie sich?

In unseren Alltagssituationen werden wir immer wieder mit Momenten konfrontiert, in denen wir Wut, Ärger oder Zorn empfinden. Zumeist sind wir in solchen Situationen aufgebracht und fühlen uns ungerecht behandelt, unverstanden, ausgenutzt und benachteiligt.

So kann ein einfacher Auslöser, wie die Kritik eines Kollegen, bestimmte Gedankengänge auslösen: »*Solch eine ungerechtfertigte Kritik! Die Person kennt sich doch mit dem Thema nicht aus, da sie erst kurz bei uns im Unternehmen ist.*« Dies kann zu unbewussten Interpretationen der Situation führen, wie etwa: »*Herr Meier will mich wohl mobben.*«

Der eigentliche Grund für den Auslöser des Gefühls bleibt dabei häufig verborgen. In Wirklichkeit reagieren wir auf unsere Gefühle und Gedanken zu dem Ereignis

10.4 Umgang mit Wut, Angst und Trauer

und nicht auf das Ereignis selbst. Nicht die äußere Situation steuert unsere Entscheidung für ein Handeln, sondern unsere innere, durch unsere Emotionen beeinflusste Bewertung. Wenn der Mitarbeiter aus dem Beispiel die erlebte Situation einer anderen Person beschreiben würde, könnte er sie folgendermaßen formulieren: *»Herr Meier sägt an meinem Stuhl, er mobbt mich und kritisiert mich ungerechtfertigt.«*

Wut, Zorn oder auch Ärger sind Emotionen, die meist im affektiv-impulsiven Stadium entstehen, d. h., es sind in der Regel impulsive Reaktionen auf Personen und Reize von außen. Der Auslöser der Emotion, z. B. eine Kritik des Vorgesetzten, wird mit der Emotion gleichgesetzt. Die negativen Gefühle werden beispielsweise auf den anderen projiziert, d. h., die Führungskraft wird für z. B. den Ärger verantwortlich gemacht. Eine Differenzierung zwischen dem eigenen Erleben und dem Auslöser findet kaum statt. *»Wut ist jene Stimmung, die der Mensch am schlechtesten unter Kontrolle bringt«* [GOLEMAN, 2002, S. 83]. Wut und Ärger treiben die innere Dynamik an. Es kommt zu einem inneren gedanklichen Dialog, der die rationalen Gründe für das Empfinden dieser Gefühle liefert.

Die Reaktionen aus diesen Gefühlen sind sehr unterschiedlich. Sie können von Vorwürfen bis hin zu Wutausbrüchen reichen. Sie führen auch zu einer Abgrenzung und zur Distanzierung gegenüber dem Auslöser bzw. der Person. Je höher das Erregungsniveau ausfällt, desto weniger ist die Person zugänglich, desto allmächtiger und unverletzlicher fühlt sie sich, sie reagiert unüberlegt und schießt über das Ziel hinaus. Flauen die Emotionen ab, ist die Person von ihrer Reaktion selbst überrascht und bedauert das Gesagte.

Die Aggression, die aus Emotionen wie Wut oder Ärger entsteht, kann folgendermaßen differenziert werden [in Anlehnung an BENIEN; SCHULZ VON THUN, 2003]:

- explosive, nach außen gerichtete Aggression, wie Beschimpfungen,
- implosive, nach innen gerichtete Aggression, wie Selbstvorwürfe,
- verdeckte, subtile Aggression, wie Sarkasmus oder Dienst nach Vorschrift.

Machen Sie sich als Führungskraft auch bewusst, dass sich hinter ärgerlichen oder aggressiven Reaktionen oft weiche, verletzte Seiten Ihres Gegenübers befinden, die dieser schützen möchte. Diese dahinterliegenden Aspekte, wie Enttäuschungen, unerfüllte Bedürfnisse, Widerstände gegen etwas, können, wenn sie geklärt oder bearbeitet werden, zu Lösungen und Veränderungen führen.

Woran kann man Wut und Ärger erkennen?

Hinweise auf Wut oder Ärger sind:

- fixierter, stechender Blick,
- schmale, zusammengepresste Lippen,
- hervortretende Kiefermuskeln,
- senkrechte Stirnfalte.

Wie reagiert man adäquat?

Grundsätzlich gilt: Ihr Gegenüber ist in einer solchen emotionalen Erregung für logische und vernünftige Ausführungen schwer erreichbar. Achten Sie darauf, sich nicht von diesen Gefühlen anstecken zu lassen. Versuchen Sie nicht, Ihr Gegenüber einzubremsen im Sinne von »*Regen Sie sich doch nicht auf!*«, »*Bleiben Sie ruhig!*« Dies wird die Wut oder den Ärger eher noch verstärken, da sich Ihr Mitarbeiter nicht gesehen fühlt. Versuchen Sie die Reaktionen und die dahinterliegenden Gefühle zu verstehen. Holen Sie ihn, sofern möglich, in der Emotion ab, beispielsweise mit einem Satz wie »*Kann es sein, dass Sie meine Kritik verärgert hat?*« Fühlen sich Menschen in ihrer Befindlichkeit gesehen, fühlen sie sich angenommen und es fällt ihnen leichter, sich für das Besprechen des Sachverhalts zu öffnen. Versuchen Sie zu erreichen, dass der Mitarbeiter Abstand zu seinen eigenen Gefühlen gewinnt. Es gilt den Wahrnehmungsfokus des Gegenübers zu verändern, indem Sie beispielsweise Fragen stellen, wie »*Was glauben Sie, wie Ihre Reaktionen auf mich wirken?*«, oder auf eine positive Deutung der Situation hinwirken: »*Ich habe den Eindruck, dass Sie sich für Fairness und Gerechtigkeit im Team einsetzen.*«

Je früher Sie in den emotionalen Zyklus eingreifen, desto größer ist laut Goleman [GOLEMAN, 2002] die Wirkung. Sollte Ihr Gegenüber sehr erregt sein und ist deshalb ein vernünftiges Gespräch fast unmöglich, sorgen Sie für eine Unterbrechung. Momente des Innehaltens, Nachdenkens und Durchatmens senken die Erregung auf beiden Seiten. Versuchen Sie Pausen oder Unterbrechungen ins Gespräch zu integrieren. »*Ich möchte an dieser Stelle kurz für fünf Minuten unterbrechen, sodass wir beide kurz Zeit zum Nachdenken haben. Ich bitte Sie, sich währenddessen kurz über folgende Fragen Gedanken zu machen ...*«

Ärger und Wut haben oft ihre Ursache in einem verletzten Selbstwertgefühl. Versuchen Sie dieses beim Mitarbeiter zu stärken, sofern es Ihnen auch ehrlich möglich ist, und finden Sie Worte der Anerkennung für etwas, was Sie beim Mitarbeiter schätzen und der Situation angemessen erscheint.

Traurigkeit und Niedergeschlagenheit

Warum entstehen diese Gefühle und wie äußern sie sich?

Für solche Empfindungen gibt es mannigfaltige Ursachen, z. B. das Gefühl der Überforderung und des Drucks von außen oder persönliche Determinanten wie Enttäuschungen, mangelnde Erfolgserlebnisse, aktuelle Konflikte, persönliche Krisen, Krankheiten und Schicksalsschläge. In solchen Momenten können folgende Emotionen auftreten: sich mutlos oder hoffnungslos fühlen; keinen Ausweg mehr sehen; sich kraftlos empfinden; sich wertlos fühlen.

Die Reaktionen auf solche Herausforderungen des Lebens hängen sehr stark von der jeweiligen Persönlichkeitsdisposition ab und der Fähigkeit, schwierige Ereignisse konstruktiv zu meistern. Manche Menschen neigen dazu, auf solche Gefühle mit übermäßigen Aktivitäten und Handlungen zu reagieren, andere wiederum ziehen sich in sich zurück, um die belastenden Ereignisse oder auch die erlebte Schwierigkeit zu verarbeiten.

10.4 Umgang mit Wut, Angst und Trauer

Woran kann man Traurigkeit erkennen?

Mögliche mimische und körpersprachliche Indizien, die auf Trauer und Niedergeschlagenheit hinweisen, sind:

- gesenkter Blick,
- wenig Blickkontakt,
- unsteter Blickkontakt,
- nach unten gezogene Mundwinkel,
- leicht zittriges Kinn (gerade kurz vor Tränen),
- leise Stimme,
- flacher angehaltener Atem.

Wie reagiert man adäquat?

Auch hier ist es zunächst wichtig, die Emotionen des Gegenübers zu respektieren. Aufforderungen, wie »*Sehen Sie es doch positiv*« oder »*Morgen nehmen Sie das Ganze schon leichter*«, helfen Ihrem Gegenüber kaum. Hören Sie zu! Versuchen Sie Ihr Gegenüber anzunehmen und zu verstehen. Oft hilft Ihrem Gesprächspartner die Einschätzung: »*Mein Chef hört mir zu, er sieht meine Situation, er respektiert meine Gefühle.*« Für ein offenes Gespräch, auch die Diskussion möglicher Ursachen und Änderungen, ist dies die Voraussetzung.

Sollte Ihr Gesprächspartner in Tränen ausbrechen, gestehen Sie ihm eine Unterbrechung zu, damit er seine Fassung zurückgewinnen kann: »*Hätten Sie gerne eine kleine Pause, oder soll ich Sie ein paar Minuten alleine lassen?*« Meist hören Menschen, die Trauer oder Niedergeschlagenheit empfinden, die Argumente des anderen nicht, sondern sind stark auf sich und ihre eigene Gedankenwelt fokussiert. Es kann daher auch sein, dass das Gespräch für einen Tag unterbrochen werden muss, damit der Gesprächspartner wieder in einen emotionalen Zustand kommen kann, in dem er das Gespräch angemessen führen kann.

Wichtig ist aber trotzdem, diese Emotionen auch auszuhalten und vor möglichen Tränen nicht zu »flüchten«. Viele Führungskräfte haben Angst, dass ihre Mitarbeiter in Tränen ausbrechen könnten. Der Grund hierfür liegt einerseits in der Unsicherheit, wie sie damit umgehen können, und andererseits in einem Schuldgefühl, weil sie ihr Gegenüber in einen solchen »Zustand« gebracht haben. Dies kann dazu führen, dass das Besprechen sensibler Themen vermieden oder sehr sachlich und distanziert geführt wird, um keine heftigen Emotionen hervorzurufen. Diese Vorsicht und Zurückhaltung spürt der Mitarbeiter. Dies könnte dazu führen, dass er sich in seiner Situation nicht gesehen und angenommen fühlt.

Nimmt der Mitarbeiter jedoch wahr, dass Sie solche Empfindungen nicht »bedrohen«, fällt es ihm auch leichter, damit umzugehen. Es wird dann leichter, mögliche Ursachen und Lösungen zu besprechen.

Berücksichtigen Sie auch, dass traurige emotionale Zustände in der Regel vorübergehende Emotionen sind und die daraus entstehenden Einschätzungen sich ändern können.

10.5 Angemessene Reaktionen auf unfaire Strategien des Gesprächspartners

Sie können bei schwierigen Mitarbeitergesprächen davon ausgehen, dass einige Mitarbeiter teilweise auch »unfaire« Strategien anwenden, um Sie von Ihrem Gesprächsziel abzubringen oder um das Gespräch zu blockieren.
Typische Strategien sind (vgl. Bild 10.3):

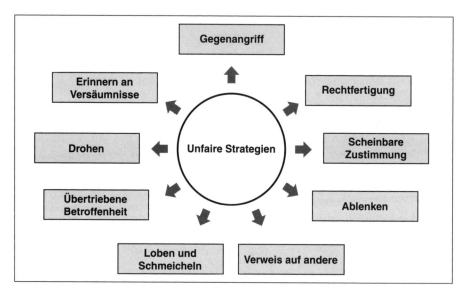

Bild 10.3 Unfaire Gesprächsstrategien

Gegenangriff

- Verhalten des Mitarbeiters:

Er schiebt der Führungskraft die Schuld für das eigene Verhalten zu: *»Wenn Sie sich bei der Geschäftsführung besser behaupten würden, müsste uns arbeitsmäßig nicht immer das Wasser bis zum Halse stehen.«* Oder: *»Wenn Sie besser planen würden, müsste nicht immer alles so dringend sein.«*

- Mögliche Reaktion der Führungskraft:

Gehen Sie nicht auf den Angriff ein und nehmen Sie ihn nicht persönlich. Bleiben Sie gelassen und verfolgen Sie weiter Ihr Anliegen: *»Es geht hier nicht um meine Verhandlungsführung bei der Geschäftsleitung, sondern um Ihr Engagement für bestimmte Aufgaben.«*
Sollte die Kritik des Mitarbeiters berechtigt sein, zeigen Sie souverän und professionell Ihre Fähigkeit, mit Kritik umzugehen: *»Was das Projekt X angeht, stimme ich Ihnen zu. Heute geht es aber um Ihr Engagement bei ...«*

10.5 Angemessene Reaktionen auf unfaire Strategien des Gesprächspartners

Rechtfertigung

- Verhalten des Mitarbeiters:

Der Mitarbeiter kann genau erklären, warum es so ist, wie es ist: »*Im Moment kann ich dies nicht übernehmen, weil ... und außerdem ... und gerade deshalb ...*«

- Mögliche Reaktion der Führungskraft:

Hier ist es wichtig, erst einmal genauer zuzuhören, inwieweit diese Punkte berechtigt sind. Entsprechen die Einwände den Tatsachen, sollte die Führungskraft diese berücksichtigen und darauf eingehen. Anderenfalls heißt es weiter auf Kurs zu bleiben: »*Ich habe Ihre Punkte registriert. Trotzdem bin ich immer noch davon überzeugt, dass Sie diese zusätzliche Aufgabe bewältigen können.*«

Scheinbare Zustimmung

- Verhalten des Mitarbeiters:

Der Mitarbeiter stimmt einfach zu, fragt nicht nach und nimmt die Kritik wenig ernst: »*Ist in Ordnung. War das alles, kann ich nun gehen?*«

- Mögliche Reaktion der Führungskraft:

Das scheinbare Desinteresse nicht einfach übergehen. Hier ist es wichtig, nachzufragen, zu konkretisieren und zu fordern: »*Wie gehen Sie nun damit um?*«, »*Mich interessieren hier Ihre Ansichten*«, »*Ich bitte Sie um Ihre persönliche Stellungnahme.*«

Ablenken

- Verhalten des Mitarbeiters:

Der Mitarbeiter will die Führungskraft vom eigentlichen Thema abbringen, ihn zerstreuen: »*Weil Sie diese Punkte gerade ansprechen, der Kunde X hat ein dringendes Problem, da hätte ich gerne Ihre Meinung gehört.*«

- Mögliche Reaktion der Führungskraft:

Falls dieser Punkt wichtig ist, sollten Sie diesen aufgreifen, aber angemessen verschieben und weiterhin am Ball bleiben: »*Wenn wir über die Aufgabenverteilung beim Projekt Y gesprochen haben, unterhalte ich mich gerne mit Ihnen über den Kunden X.*«

Verweis auf andere

- Verhalten des Mitarbeiters:

Der Mitarbeiter will die Kritik relativieren, indem er auf andere verweist: »*Ich finde es ungerecht, dass Sie mich hier kritisieren. Herr Wax ist doch noch weniger bereit, Aufgaben zu übernehmen. Außerdem feiert er doch regelmäßig krank.*«

- Mögliche Reaktion der Führungskraft:

Nicht darauf eingehen: *»Es ist ein Grundsatz von mir, über Nichtanwesende auch nicht zu reden. Heute spreche ich mit Ihnen. Es geht um Ihr Engagement, mit dem ich nicht zufrieden bin.«*

Loben und Schmeicheln

- Verhalten des Mitarbeiters:

Der Mitarbeiter lobt überschwänglich die Kompetenz der Führungskraft: *»Herr Wagner, ich bin beeindruckt von Ihrer Klarheit und Durchsetzungsfähigkeit.«*

- Mögliche Reaktion der Führungskraft:

Sich sachlich für das Lob bedanken. Die Übertreibungen werden aber relativiert: *»Ich freue mich über Ihre Rückmeldung. Vielen Dank. Trotzdem sollten wir noch einige Aspekte zum weiteren Vorgehen genauer besprechen.«*

Übertriebene Betroffenheit

- Verhalten des Mitarbeiters:

Er zeigt übertriebene emotionale Reaktionen, um bei der Führungskraft ein schlechtes Gewissen auszulösen: *»Wenn Sie dies von mir verlangen, belastet mich das so stark, dass ich nachts nicht mehr schlafen kann.«*

- Mögliche Reaktion der Führungskraft:

Hier gilt es, Verständnis zu zeigen, trotzdem zu seiner Entscheidung zu stehen und diese zu begründen. Falls notwendig, kann Hilfestellung angeboten werden: *»Herr Müller, diese Aufgabe gehört nun mal zu Ihrem Kompetenz- und Aufgabenbereich. Ich weiß, dass Sie zurzeit sehr gefordert sind. Da Sie aber der Einzige sind, der die Kompetenz besitzt und in dessen Zuständigkeit diese Aufgabe fällt, erwarte ich dies von Ihnen. Ich biete Ihnen gerne meine Unterstützung bei der Priorisierung Ihrer Aktivitäten an.«*

Drohen

- Verhalten des Mitarbeiters:

Der Mitarbeiter versucht negative Konsequenzen für den Vorgesetzten versteckt ins Spiel zu bringen: *»Wenn Sie dies von mir verlangen, bin ich mir nicht mehr sicher, ob Ihr Team nächstes Jahr noch in der gleichen Besetzung arbeitet.«*

- Mögliche Reaktionen der Führungskraft:

Sie sollten sich davon nicht beeindrucken lassen und sachlich bleiben. Verfolgen Sie weiter Ihr Ziel, ansonsten werden Sie erpressbar. Bieten Sie dem Mitarbeiter eventuell ein separates Gespräch über seine grundsätzliche Arbeitszufriedenheit an: *»Herr Müller, anscheinend ist es Ihnen wichtig, grundsätzlich über Ihre Arbeit zu sprechen. Ich biete Ihnen gerne ein Mitarbeitergespräch über Ihre aktuelle Arbeitssituation, Ihre Aufgaben und Ihre Perspektiven an. Heute aber müssen wir diesen Sachverhalt klären.«*

Erinnern an Versäumnisse des Vorgesetzten

- Verhalten des Mitarbeiters:

Der Mitarbeiter beabsichtigt, den Vorgesetzten zu verunsichern, damit er ein schlechtes Gewissen bekommt: *»Dass Sie dies von mir verlangen, verwundert mich. Als Sie letztes Jahr in der gleichen Situation wie ich waren, haben Sie einen solchen Auftrag auch nicht akzeptiert.«*

- Mögliche Reaktionen der Führungskraft:

Sofern dies zutrifft, kann die Führungskraft ihr Verständnis ausdrücken. Es gilt indessen, sich nicht zu rechtfertigen, nicht weiter darauf einzugehen und beim eigentlichen Thema zu bleiben. Auch Sie haben das Recht, Ihr Gesicht zu wahren: *»Dies kann schon sein. Mittlerweile habe ich nun durch meine neue Funktion ein anderes Verständnis der Situation und mehr Kenntnis über die Hintergründe. Deshalb sehe ich dies heute anders.«*

10.6 Heikle, schambesetzte Themen besprechen

»Ich bitte Sie als Führungskraft Herrn Meier anzusprechen, er stinkt und ist ungepflegt.« »Können Sie nicht Frau Schwarz mal sagen, Sie soll sich ein Deo zulegen? Ihr Schweiß riecht unangenehm.«
Mit solchen und ähnlichen Anliegen von Mitarbeitern werden Führungskräfte immer wieder konfrontiert, vor allem wenn Menschen auf engem Raum miteinander arbeiten oder im Kundenkontakt stehen. Manche Ausdünstungen, Äußerlichkeiten oder auch die Zusammenstellung und der Zustand von Kleidung können bei anderen Widerwillen oder auch Abscheu hervorrufen und beeinflussen Arbeitsbeziehungen negativ.
Solche Themen anzusprechen, ist in der Regel heikel und fällt Führungskräften schwer. Man hat Angst, dem anderen zu nahe zu treten, ihn zu verletzen, und ist unsicher, ob man für das Thema den richtigen Ton findet. Dies kann dazu führen, einem solchen Gespräch aus dem Weg zu gehen oder es aufzuschieben. Folgende grundsätzlichen Empfehlungen können Ihnen helfen, diese Themen zur Sprache zu bringen:

- Akzeptieren Sie Ihre Unsicherheit und gehen Sie dementsprechend vorsichtig an das Thema heran. Dieses Gefühl unterstützt Sie, das Gespräch mit der entsprechenden Behutsamkeit und Sensibilität zu führen.
- Erlauben Sie sich Unsicherheit zu zeigen: *»Herr Meier, ich muss heute ein Thema ansprechen, das mir selbst nicht leichtfällt.«* Dies ermöglicht Ihnen und dem Gegenüber, den Gesprächsanlass besser anzunehmen.
- Geben Sie eigene Wahrnehmungen und Eindrücke wieder und beziehen Sie sich nicht auf andere. Dies erfordert, sich vor dem Gespräch selbst von dem Sachverhalt zu überzeugen.

- Achten Sie darauf, dass Ihr Mitarbeiter sein Gesicht wahren kann.
- Berücksichtigen Sie die Feedbackregeln (vgl. Kapitel 6 »Feedback«).
- Sprechen Sie klar aus, was Sie wahrnehmen, beobachten und was Sie erwarten. Ein vorsichtiges »Drumherumreden« lädt zu Vermutungen und Spekulationen ein und verunsichert den Gesprächspartner noch mehr.
- Geben Sie auch Anregungen, wie sich Ihr Mitarbeiter selbst von seiner Wirkung überzeugen kann: *»Herr Meier, ich schlage Ihnen vor, sich bei Personen Ihres Vertrauens Rückmeldung hierzu zu holen.«*
- Lassen Sie Ihrem Mitarbeiter Zeit, die Rückmeldungen wirken zu lassen.

10.7 Konflikte in Gesprächen

Im Berufsleben treffen immer wieder unterschiedliche Interessen, Meinungen, Bedürfnisse und Arbeitsweisen zwischen Individuen, Gruppen und Abteilungen aufeinander. Auch eine Veränderungsmaßnahme beinhaltet Konflikte zwischen innovativen und beharrenden Kräften. Ein Konflikt im Arbeitsleben entsteht, wenn unterschiedliche Personen miteinander zusammenarbeiten müssen und über diese Unterschiedlichkeiten eine Entscheidung getroffen werden muss, die für die Zusammenarbeit oder das Zusammenleben wichtig ist.

Ein Konflikt lässt sich entschärfen, indem man Kompromisse sucht, sich auf bestimmte Verfahrensweisen einigt oder Meinungen konstruktiv austauscht und gegeneinander abwägt. Unterschiedliche Denkansätze können dabei dazu beitragen, dass neue Aspekte berücksichtigt oder kreative Problemlösungen erarbeitet werden können.

Diskussionen um Sachfragen können aber auch sehr stark von Emotionen überlagert werden. In diesen Fällen stehen plötzlich Angriff und Gegenangriff, Siegen und Verlieren im Vordergrund. Vorurteile ersetzen Argumente und die Akzeptanz des anderen sowie die Bereitschaft zur konstruktiven Auseinandersetzung ist gering. Der Konflikt eskaliert und eine sachliche Diskussion ist nicht mehr möglich. Gelingt es einen solchen Konflikt konstruktiv zu lösen, kann das »Gewitter« durchaus positive Konsequenzen haben. Es fördert die Innovation, löst Veränderungen aus, bringt Unterschwelliges zutage, stimuliert die Kreativität und beschleunigt die Weiterentwicklung. Bleibt der Konflikt aber ungelöst, tritt das Gegenteil ein: Die Arbeitsfähigkeit ist blockiert, das Betriebsklima wird zusehends schlechter, Innovationen und Veränderungen werden behindert. Alle diese Faktoren wirken sich negativ auf die Motivation und Zufriedenheit der Beteiligten aus. Ein solcher Zustand kann die Zusammenarbeit in Ihrem Team oder in Ihrer Abteilung beeinträchtigen und sogar zu finanziellen Einbußen führen.

Um es nicht so weit kommen zu lassen, bedarf es der Fähigkeit, Konfliktsituationen und ihre Ursachen frühzeitig zu erkennen und so zu steuern, dass eine Eskalation vermieden und eine für alle tragbare Lösung gefunden werden kann.

Ablauf einer unkontrollierten Konfliktbildung

Konflikte unterliegen einer Entwicklungsdynamik, die man kennen sollte, um rechtzeitig zu intervenieren. Unkontrollierte Konflikte verlaufen, wie Bild 10.4 zeigt, nach Doppler und Lauterburg typischerweise in vier Phasen [DOPPLER; LAUTERBURG, 2008]:

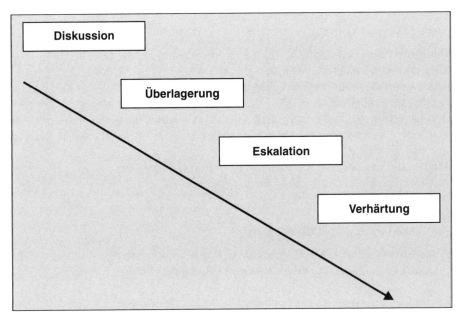

Bild 10.4 Phasen der Konfliktbildung

Erste Phase: Diskussion

Zu Beginn geht es um eine Sachfrage. Unterschiedliche Meinungen oder Interessen treffen aufeinander. Der Streitgegenstand ist »geboren«.

Zweite Phase: Überlagerung

Akzeptiert eine Seite die Argumente der anderen Partei nicht, entsteht eine kritische Situation: Beide Seiten beginnen, sich des Egoismus, des Taktierens bis hin zur Unaufrichtigkeit zu bezichtigen. Die Diskussion verlagert sich allmählich auf eine moralische Ebene und wird von Werte-, Beziehungs- und Personenfragen überlagert.

Dritte Phase: Eskalation

Sobald eine Partei glaubt, von der anderen nicht ernst genommen zu werden, fühlt sie sich angegriffen, reagiert mit Wut und Empörung und geht zum vermeintlich berechtigten Gegenangriff über. Dieselbe Reaktion erfolgt umgehend auch auf der

Gegenseite. Die Emotionen setzen auf beiden Seiten starke Energien frei, die Beteiligten engagieren sich wie sonst nie zuvor. Das Geschehen hat die Ebene der Sachlogik verlassen. Der Vorgang entbehrt jeglicher rationalen Kontrolle. Beide Seiten leiden unter selektiver Wahrnehmung: Sie registrieren nur noch, was ihre Vorurteile über den Konfliktpartner bestätigt. Im Vordergrund steht nicht mehr die ursprüngliche Sachfrage, sondern das aktuelle Verhalten der Gegenseite. Beide Seiten putschen sich gegenseitig auf, der Kampf generiert sich selbst.

Vierte Phase: Verhärtung

Die heiße Phase des Konflikts kühlt sich irgendwann ab, die Gemüter beruhigen sich, aber es herrscht »kalter Krieg«. Denn der Konflikt bleibt weiterhin bestehen, selbst wenn die ursprüngliche Sachfrage längst entschieden ist. Beide Parteien haben das tatsächlich oder vermeintlich erlittene »Unrecht« nicht vergessen. Der Konflikt kann jederzeit und unvermittelt wieder ausbrechen. Die damit einhergehende mangelnde Kommunikation und Kooperation beider Seiten kostet Nerven, Energie, Zeit und häufig auch Geld.

Werden die Ursachen für Konflikte dagegen früh genug erkannt, ist es in den meisten Fällen möglich, den Konflikt bereits im Keim zu ersticken, bevor er die oben beschriebenen Ausmaße erreicht.

Konfliktanalyse – Selbstbefragung

Bevor Sie als Führungskraft etwas in einem Konflikt unternehmen, gilt es, die Situation zu analysieren. Folgende Fragen können dabei hilfreich sein:

Anlass und Auswirkungen des Konflikts

- Worum geht es eigentlich?
- Können Sie alleine die Problematik der Situation beurteilen?
- Wie lange besteht der Konflikt bereits?
- Wann tritt er auf, wann nicht?
- Wie hat er sich entwickelt?
- An welchen Symptomen zeigt sich, dass der Konflikt wieder akut ist, d. h., welche Aktivitäten werden von den Konfliktparteien ergriffen oder vermieden?
- Um welche Art von Konflikt handelt es sich?
- Geht es um einen Einzelpunkt oder ein komplexes Problem?
- Welcher Teil des Konfliktes entstammt gegebenenfalls aus einem anderen Zusammenhang und sollte dort geklärt werden?
- Welche Auswirkungen hat dieser Konflikt?
- Welche Lösungsversuche gab es bisher?

Eigene Sichtweise

- Wodurch wurden Sie auf den Konflikt aufmerksam?
- Was nehmen Sie wahr?

- Wer ist in den Konflikt involviert? Sind Sie selbst beteiligt oder nicht? Wenn ja: in welcher Form?
- Müssen Sie den Konflikt angehen? Sind Sie für die Klärung verantwortlich?
- Hat Sie jemand gebeten, den Konflikt zu klären?
- Wer will eine Lösung?
- Sind Sie die richtige Person für die Lösung oder sind andere (Vorgesetzte, Kollegen, andere Stellen etc.) gefragt?

Betroffene

- Wer ist von dem Problem direkt oder indirekt betroffen und in welcher Weise?
- Wer muss mit einbezogen werden?
- Wie stehen diese Personen dazu (Motivation, Einstellung, Allianzen, Interessen)?
- Wer hat am meisten davon, wenn der Konflikt bestehen bleibt?
- Welchen echten Nutzen könnte der Konflikt für die Beteiligten haben?
- Wer hat am meisten davon, wenn der Konflikt gelöst wird?

Ziele/Anliegen

- Worum geht es Ihnen? Was wollen Sie erreichen? Wie könnten Sie vorgehen?
- Worum könnte es dem Gegenüber gehen? Was glauben Sie, will er erreichen? Wie könnten Sie vorgehen?
- Was können alle gemeinsam tun?
- Was würde besser oder effizienter laufen, wenn der Konflikt geklärt wäre?

Vorgehen

- Was könnten Sie tun und wie könnten Sie vorgehen, um den Konflikt konstruktiv zu lösen?
- Wer muss bei einer Lösung mit eingebunden werden?

(Diese Checkliste finden Sie im Formular 10.1 »Konfliktanalyse« unter www.a47-consulting.de oder www.hofbauerundpartner.de. als Download)

Konfliktursachen

Um Konflikte zu verstehen, sie angemessen zu klären und zu lösen, hilft eine Differenzierung der Ursachen.

Wertekonflikt

Ein Wertekonflikt entsteht, wenn die Konfliktpartner sich aufgrund verschiedener Wertvorstellungen und Interessen nicht einigen können. Zum Beispiel: Der Vorgesetzte legt Wert auf Pünktlichkeit und lange Anwesenheit am Arbeitsplatz, sein Mitarbeiter hingegen arbeitet ergebnisorientiert und legt seinen Schwerpunkt auf die Bewältigung seiner Aufgaben, er nimmt sich nach getaner Arbeit die Freiheit, nach Hause zu gehen.

Sachverhaltskonflikt

Sind die Gesprächspartner zu einem Sachverhalt grundsätzlich anderer Meinung, ist dieser Konflikt vorprogrammiert. Zum Beispiel: Ein Mitarbeiter schätzt den Erfolg einer Maßnahme hoch ein, sein Kollege hingegen eher niedrig und engagiert sich daher entsprechend wenig.

Zielkonflikt

Die Ziele von zwei Parteien sind nicht miteinander vereinbar. Zum Beispiel: Ein Vorstand setzt bei der strategischen Ausrichtung auf Diversifikation, sein Kollege dagegen will sich auf das Kerngeschäft konzentrieren.

Beurteilungskonflikt

Beide Seiten verfolgen zwar dasselbe Ziel, wollen es aber auf verschiedene Weise erreichen oder bewerten die zu ergreifenden Maßnahmen unterschiedlich. Zum Beispiel: Das Unternehmen muss sparen. Ein Vorstand ist deshalb für einen Einstellungsstopp, sein Kollege fordert dagegen Zurückhaltung bei Neuinvestitionen.

Verteilungskonflikt

Eine Partei kann ihr Ziel nur auf Kosten der anderen Partei erreichen. Zum Beispiel: Zwei Mitarbeiter möchten in ein und dasselbe Einzelbüro.

Rollenkonflikt

Nimmt eine Person gleichzeitig mehrere Rollen ein, können sich die Anforderungen rollenbedingt überschneiden oder widersprechen. Zum Beispiel: Ein Vorgesetzter wird von einem Mitarbeiter, mit dem er privat befreundet ist, gefragt, ob er sich für eine im Betrieb frei gewordene Stelle bewerben könne. In der Rolle des Freundes müsste er aufgrund seiner internen Informationen dem Mitarbeiter von der Bewerbung abraten, als Vorgesetzter dagegen darin bestärken, diese Stelle anzustreben.

Beziehungskonflikt

Dieser Konflikt findet auf der emotionalen Ebene statt. Er kann ausgelöst werden durch starke Gefühle, falsche Wahrnehmungen oder mangelnde bzw. gestörte Kommunikation. Zum Beispiel: Die Mitarbeiter einer Abteilung sollen gemeinsam eine Lösung für ein Projekt entwickeln. Aufgrund bestehender Differenzen und Abneigungen ist es ihnen jedoch nicht möglich, sich auf eine gemeinsame Entscheidung zu einigen.

Wege zur Konfliktlösung

Bearbeitete Konflikte leisten einen enormen Beitrag für eine positive Veränderung im betrieblichen Kontext. Konflikte können aber nur dann gelöst werden, wenn man ihnen nicht ausweicht, sondern sie angeht und die Ursachen aufarbeitet.

10.7 Konflikte in Gesprächen

So kann ein Vorgesetzter einen Konflikt mit seinem Mitarbeiter nur beenden, wenn er sich diesem Problem stellt und mit dem Kontrahenten ein Gespräch führt. Es gilt, gemeinsam die Ursachen für den Konflikt zu ergründen und zu versuchen, Lösungen zu erarbeiten. Voraussetzung für ein Gelingen ist, dass beide Parteien ernsthaft daran interessiert sind, ihren Streit aus dem Weg zu räumen. Diese Bereitschaft müssen sie im Vorfeld abklären.

Gelingt es, einen schwelenden oder offen ausgetragenen Konflikt zu lösen, ist bei allen Beteiligten in der Regel eine große Erleichterung zu verzeichnen. Deshalb ist es notwendig, dass im Krisenfall jemand die Initiative ergreift und zum Gespräch bittet. Als Verantwortlicher gehört es mit zu Ihrer Aufgabe, dies zu tun. Um zu verhindern, dass dieses Gespräch wieder in einen Streit ausartet und eine Lösung unmöglich wird, empfiehlt sich eine strukturierte Vorgehensweise.

Sollte das Zwiegespräch nicht vorankommen, kann auch ein Außenstehender hinzugezogen werden, der die Rolle des Moderators oder Vermittlers übernimmt. Diese Maßnahme ist keineswegs als Eingeständnis von Schwäche zu sehen. Im Gegenteil: Sie erhöht die Wahrscheinlichkeit, dass der Konflikt erfolgreich beendet werden kann, weil der Außenstehende korrigierend auf die selektive Wahrnehmung, die »blinden Flecken« und die eingeschränkte Dialogfähigkeit der Konfliktparteien einwirken kann.

Im Folgenden sind die Grundsätze, die Doppler und Lauterburg für die Lösung von Konflikten empfehlen, aufgeführt [DOPPLER; LAUTERBURG, 2008]:

Direkte Kommunikation herstellen

Ein Konflikt kann, wenn überhaupt, nur von den direkt betroffenen Parteien gelöst werden. Die direkte Verständigung zwischen ihnen ist jedoch abgebrochen. Der erste und wichtigste Schritt besteht deshalb darin, den direkten Dialog wiederherzustellen.

Dialog kontrollieren

Ist dies gelungen, sind beide Seiten zunächst noch nicht in der Lage, sich wirklich zu verständigen. Ohne fremde Hilfe würden sie sich aufgrund ihrer nach wie vor vorhandenen selektiven Wahrnehmung innerhalb kürzester Zeit wieder gegenseitig missverstehen. Eine neutrale Person kann die Interaktion zwischen den beiden Parteien vor allem in der ersten Phase sorgfältig wahrnehmen und sicherstellen, dass die einzelnen Aussagen nicht anders verstanden werden, als sie gemeint sind. Steht keine dritte Person zur Verfügung, sollten Methoden wie aktives Zuhören oder Paraphrasieren (siehe Kapitel 9 »Methoden und Techniken für eine erfolgreiche Gesprächsführung«) besonders intensiv praktiziert werden, um eine gegenseitige Verständigung zu ermöglichen. Es ist in diesem Fall Sache des Vorgesetzten, das Gespräch zu steuern. Das kann schwierig werden, wenn er selbst emotional stark in den Konflikt involviert ist.

Emotionen offenlegen

Eine Konfliktlösung wird möglich, wenn die subjektiven Empfindungen, enttäuschten Erwartungen, empfundenen Kränkungen und Verletzungen von beiden Seiten offen ausgesprochen werden können. Nur wenn dies geschieht, lässt sich der Druck der angestauten Emotionen senken und der Konflikt auf seinen Ursprung, nämlich auf die realen Bedürfnisse und Interessen, reduzieren.

Vergangenheit bewältigen

Um einen Konflikt dauerhaft zu lösen, reicht es nicht aus, nur die eigenen Gefühle zum Ausdruck zu bringen. Beide Partner müssen einander verständlich machen können, welche Umstände oder Ereignisse bei ihnen die Frustration, Enttäuschung oder Wut ausgelöst haben und wie es dazu kam. Nur dann kann jeder der beiden seinen – ob gewollten oder ungewollten – Anteil am Konfliktgeschehen erkennen und akzeptieren. Damit wird die Voraussetzung dafür geschaffen, dass sie den anderen nicht weiterhin als den alleinigen Schuldigen für diesen Streit halten.

Beiderseits tragbare Lösung aushandeln

Sind die größten Steine aus dem Weg geräumt, geht es darum, gemeinsam eine dauerhafte Lösung des Problems zu erarbeiten. Entscheidend ist hierbei: Es darf keinen Verlierer geben. Es muss sich für beide Partner wirklich lohnen, über den eigenen Schatten zu springen und in Verhandlungen zu treten. Die Lösung muss die Interessen beider Seiten berücksichtigen. Sie ist aber nur dann kein fauler Kompromiss, wenn sie partnerschaftlich ausgehandelt wird.

Der nächste wichtige Schritt für die Verarbeitung des Konflikts ist, dass die »Ex-Kontrahenten« wieder lernen, miteinander zusammenzuarbeiten. Erst wenn das gelingt, kann der Konflikt als wirklich beendet betrachtet werden. Denn bis zu diesem Zeitpunkt hatte man zwar wieder miteinander geredet, aber von nun an ist eine neue Situation eingetreten: Beide Seiten können wieder kooperieren.

Empfehlungen für Führungskräfte zur Vorbereitung und Durchführung von konflikthaften Gesprächen

Für die Vorbereitung

- Überlegen Sie, ob Sie einen Außenstehenden als Vermittler und Moderator hinzuziehen möchten.
- Überlegen Sie sich, wodurch der Konflikt Ihrer Meinung nach verursacht worden ist. Wie ist er entstanden? Welche Maßnahmen haben Sie schon getroffen, um ihn zu beenden? Wie geht es Ihnen mit diesem Konflikt? Welchen Anteil haben Sie an seiner Entstehung und seiner Aufrechterhaltung? (Siehe hierzu auch Fragen zur Konfliktanalyse.)
- Wie könnte Ihr Mitarbeiter diese Konfliktsituation erleben? Wie sieht diese aus seiner Perspektive aus?
- Welche Lösungsmöglichkeiten bieten sich an?

10.7 Konflikte in Gesprächen

Für die Durchführung

- Legen Sie zu Beginn des Gesprächs »Spielregeln« fest, wonach z. B. jeder zu Wort kommen soll, beide einander zuhören und ausreden lassen und gemeinsam nach Lösungsmöglichkeiten suchen.

Achten Sie darauf, dass emotionale Ausbrüche nicht akzeptiert werden, sehr wohl aber das Sprechen über Emotionen.

- Stellen Sie im Gespräch den Konflikt aus Ihrer Sicht dar.

Verwenden Sie dabei Ich-Botschaften.

- Fragen Sie Ihren Mitarbeiter, wie er Ihre Sicht zusammenfassen würde.

Bitten Sie ihn, im Gegenzug seine Sicht der Dinge zu schildern. Fassen Sie seine Schilderungen zusammen.

- Wählen Sie klare Worte.

Es gilt Meinungen, Vorstellungen, Interessen und Wünsche so auszudrücken, dass der andere sie verstehen kann. Andeutungen, vorsichtige Umschreibungen verunsichern oder irritieren. Klare Worte schaffen Eindeutigkeit. Man weiß, worum es geht. Dies schafft Orientierung.

- Legen Sie den Schwerpunkt auf die Lösung.

Versucht man zu sehr, den Konflikten auf den Grund zu gehen, besteht die Gefahr, immer wieder Erklärungen und Rechtfertigungen einzubringen. Dies »wärmt« die Emotionen wieder auf. Achten Sie deshalb im Gespräch rechtzeitig darauf, den Fokus auf die Lösungsfindung zu legen. Nur Lösungen bringen weiter!

- Hören Sie Ihrem Gegenüber zu.

Konflikte sind häufig emotional besetzt, was oft bedeutet, dass die Beteiligten ihr Anliegen sehr engagiert vorbringen und intensiv aufeinander einreden, um ihre Standpunkte vorzubringen. Versuchen Sie, sich im Gespräch auf notwendige Ausführungen zu beschränken und gut zuzuhören, um zu verstehen, was die »Knackpunkte« beim Gegenüber sind. Nur so können Sie Ansatzpunkte für eine Lösung finden.

- Sprechen Sie Ihre Gefühle an und fragen Sie Ihr Gegenüber, welche Emotionen dieser Konflikt bei ihm verursacht.

Nehmen Sie sich für die Gefühlsschilderung genügend Zeit, achten Sie jedoch darauf, dass der Umgangston sachlich bleibt. Kommt es zu emotionalen Ausbrüchen, ist es meist sinnvoll, das Gespräch zu unterbrechen oder zu vertagen, bis sich der Gesprächspartner wieder beruhigt hat.

- Suchen Sie nach den Ursachen für den Konflikt und arbeiten Sie gemeinsam Lösungsmöglichkeiten aus.

Achten Sie darauf, Win-win-Lösungen zu finden. Verlierer sind meist nachtragend. Sie versuchen oft, sich nachträglich bei einer passenden Gelegenheit zu revanchieren oder auf anderen Gebieten Punkte zu sammeln. Beide Parteien sollten deutlich zum Ausdruck bringen, dass die Lösung fair und akzeptabel ist. Fragen Sie beim Gesprächspartner genau nach, ob er mit den getroffenen Vereinbarungen wirklich einverstanden ist.

- Gehen Sie auf keine faulen Kompromisse ein.

Ergebnisse, die ein Beteiligter nicht mitträgt, werden in der Regel nicht oder nur schlecht umgesetzt.

- Treffen Sie konkrete Vereinbarungen.

Das Ansprechen eines Konflikts alleine stellt noch nicht die Lösung dar und verändert zunächst wenig. Das Ziel ist daher, konkrete Vereinbarungen zu treffen, was beide zukünftig tun werden bzw. unterlassen sollten, um den Konflikt zu bewältigen.

- Achten Sie darauf, dass die Lösungen sich nicht nur auf Sachfragen beziehen, sondern auch »Spielregeln« für den weiteren gegenseitigen Umgang, für die Gestaltung der Kommunikation und für vertrauensbildende Maßnahmen aufgestellt werden.
- Vereinbaren Sie einen weiteren Termin in den nächsten vier bis sechs Wochen, um gemeinsam die Umsetzung der Maßnahmen und die erzielten Erfolge zu besprechen.
- Besprechen Sie, wie Sie mit »Rückfällen« während dieser Zeit umgehen wollen, wenn z. B. die vereinbarten Maßnahmen und Spielregeln von einer der Konfliktparteien gebrochen werden.
- Respektieren Sie, dass das Einüben von neuen Verhaltensweisen Zeit braucht.

Achten Sie aber darauf, dass Rückfälle in alte Verhaltensmuster vermieden werden, damit eine Normalisierung in der Beziehung zu Ihrem Mitarbeiter möglich wird.

10.8 Selbstführung in emotional bewegten Gesprächen

In schwierigen Gesprächen können Sie als Verantwortlicher auch in gefühlsgesteuerte Erregungszustände kommen, die es Ihnen erschweren, konstruktiv und zielorientiert zu kommunizieren und zu handeln. Sie müssen dann auf sich und Ihre Gefühle Einfluss nehmen können.

Das Ausmaß, in dem Emotionen die Fähigkeit, zu denken und zu planen, beeinträchtigen, bestimmt die Grenzen, innerhalb derer man seine Fähigkeiten und Möglichkeiten nutzen kann. Damit entscheiden Emotionen in erheblichem Maße über den Erfolg in schwierigen Gesprächen.

Können Sie Einfluss auf Ihre Stimmungen und Gefühle nehmen, wird Ihr Verhalten bewusster und differenzierter. Statt »gedankenlos« oder im Affekt zu reagieren, können Sie dann Ihr Verhalten steuern und überlegt agieren. Das ist insbesondere

10.8 Selbstführung in emotional bewegten Gesprächen

in den Situationen wichtig, die durch Missverständnisse, Fehlinterpretationen oder Spannungen geprägt sind.

Die Selbststeuerung, d. h. das bewusste Steuern und Lenken der eigenen Befindlichkeit, ermöglicht es somit, sich in emotional belasteten Situationen professioneller und der Situation angemessen zu verhalten. Im Moment auftretende, »störende« Gefühle können beispielsweise zurückgestellt werden.

Selbststeuerung entsteht in drei Schritten, die auf der bewussten Wahrnehmung der eigenen Emotionen, Impulse und Gedanken beruhen:

1. Wahrnehmung der Situation und der eigenen Gefühle,
2. Wahrnehmung eigener Bedürfnisse und Interessen,
3. Entscheidung treffen.

Wahrnehmung der Situation und der eigenen Gefühle

Hier geht es um ein bewusstes Wahrnehmen dessen, was gerade geschieht, d. h. zu bemerken, was die schwierige Situation in einem selbst an Befindlichkeiten, Emotionen und Impulsen auslöst. Halten Sie bewusst inne und stellen Sie sich folgende Fragen:

- Was empfinde ich?
- Wie fühle ich mich?
- Was denke/vermute/glaube ich?
- Was passiert gerade im Moment im Gespräch?

Das, was Sie erkennen, fühlen, denken oder wahrnehmen, gilt es ernst zu nehmen. Je bewusster Sie sich Ihrer Empfindungen und Impulse sind, desto besser sind Sie auch in der Lage, sich selbst zu führen, und desto leichter können Sie Reaktionen und Gefühle akzeptieren oder auf Distanz halten, je nachdem, was Sie in der Situation für angemessen halten.

Wahrnehmung eigener Bedürfnisse und Interessen

Es ist wichtig, die eigenen Absichten und Ziele zu erkennen, um das Gespräch souverän zu führen. Fragen Sie sich:

- Was will ich bei diesem Gespräch erreichen?
- Was ist mir wichtig? Was brauche ich, damit ich das Gespräch sicher und gelassen führen kann?

Häufig wird schon die Reflexion über diese Fragen eine Klärung bewirken, ohne dass Sie sich bewusst für etwas entschieden haben.

Entscheidungen treffen

In dieser Phase geht es darum, sich für die notwendigen Reaktionen und Verhaltensweisen bewusst zu entscheiden. Fragen Sie sich:

- Welche Möglichkeiten habe ich zur Verfügung, meine Befindlichkeiten zu beeinflussen?

- Was will ich erreichen?
- Was möchte ich konkret und sachlich ansprechen?

Diese Schritte der Reflexion und Selbstwahrnehmung können innerhalb von nur ein bis zwei Minuten stattfinden. Eine kurze Pause im Gespräch reicht dafür vollkommen.

Angemessene Reaktionen im Rahmen eines Konflikts zwischen Führungskraft und Mitarbeiter könnten sein:

- Auf sich selbst als Führungskraft bezogen:
  - Eigene Gefühle mitteilen,
    z. B.: »*Ich merke einen zunehmenden Ärger bei mir darüber, wie unsere Unterhaltung verläuft. So, wie wir beide das Gespräch führen, kommen wir nicht weiter. Damit unser Gespräch wieder sachlicher verläuft, schlage ich vor, dass ...*«,
  - Sich deutlich abgrenzen,
    z. B.: »*Für die Umsetzung sind Sie verantwortlich, nicht ich*« oder »*Das fällt in Ihren Kompetenzbereich, nicht in meinen.*«
  - Zeit gewinnen,
    z. B.: »*An diesem Punkte halte ich eine kurze Pause für sinnvoll. Ich möchte mir gerne das Für und Wider durchdenken. Lassen Sie das Gesagte bitte auch kurz bei sich Revue passieren.*«
  - Das Gespräch abbrechen,
    z. B.: »*Ich halte es für sinnvoll, das Gespräch hier zu unterbrechen. Lassen Sie uns gemeinsam über das Gespräch und den Sachverhalt nachdenken und uns morgen unterhalten.*«
  - Bewusst ruhig bleiben.
- Auf den Mitarbeiter bezogen:
  - Auf das emotionale Erleben des anderen eingehen,
    z. B.: »*Ich habe den Eindruck, dass Sie dieses Thema sehr belastet.*«
  - Verständnis ausdrücken,
    z. B.: »*Dass Sie über die Reaktion der Kollegen enttäuscht sind, kann ich gut nachvollziehen.*«
  - Entlastung anbieten,
    z. B.: »*Damit Sie dieses Projekt realisieren, kann ich Ihnen anbieten, dass ich Sie im Punkt A entlaste und dies einem Kollegen übertrage.*«
  - Klar Position beziehen, indem Sie eine Arbeitsanweisung geben,
    z. B.: »*Da Sie der Einzige im Team sind, der die entsprechenden Kompetenzen besitzt, werde ich Ihnen die Verantwortung für das Thema XY übertragen.*«

Grenzen der Kompetenzen der Führungskraft

Sie können als Führungskraft auch in Situationen geraten, in denen die klassischen Inhalte von Mitarbeitergesprächen an ihre Grenzen kommen. Das ist insbesondere dann der Fall, wenn die Einsichtsfähigkeit des Mitarbeiters beengt oder schlichtweg nicht vorhanden ist. Hier sollten Sie unbedingt die Hilfe von kompetenten Fachkräften in Anspruch nehmen und diese bei Bedarf mit einbeziehen (siehe auch Kapitel 2 »Anlassbezogene Mitarbeitergespräche«). Beispiele hierfür sind:

- Verdacht auf Drogenmissbrauch,
- Verdacht auf Alkoholabhängigkeit,
- Verdacht auf psychische Erkrankungen und Auffälligkeiten im Verhalten, wie etwa Zwanghaftigkeit in Handlungen, sich permanent bedroht oder verfolgt fühlen,
- Verdacht auf kriminelle Handlungen.

Führungskräfte berichten in solchen Fällen, dass sie zwar schon seit Längerem den Eindruck hatten, dass mit dem Mitarbeiter »etwas nicht ganz stimmt«, aber sich nicht wirklich an das Thema herangewagt haben. Ein Gespräch mit einem Experten, wie z. B. einem Suchtberater oder einem Fachmann aus der Personalabteilung, kann Ihnen hier Klarheit darüber verschaffen, ob und wie Sie in diesen Situationen vorgehen können. Planen Sie diesen Austausch auf jeden Fall noch vor dem Gespräch mit dem betroffenen Mitarbeiter ein. Warten Sie nicht zu lange. Oftmals hilft dem Mitarbeiter eine frühzeitige Intervention mehr, als wenn er jahrelang als geduldeter, aber nicht ganz akzeptierter Mitarbeiter in der Abteilung agiert. Die Chance, durch klare Aktionen zu einer Besserung der Situation beizutragen, wird leider häufig viel zu spät genutzt. Sie würde den betroffenen Mitarbeitern aber eher helfen als die Verdrängung der Sachlage.

10.9 Gesprächsbeispiele

Um Ihnen für Ihre Führungstätigkeit noch konkrete Handlungsimpulse zu geben, stellen wir im Folgenden drei Beispiele von schwierigen Gesprächen vor, die im Führungsalltag immer wieder auftreten.
Es handelt sich dabei um folgende Gesprächsthemen:

- Gespräch mit einem Mitarbeiter, der Aufgaben und Ziele nicht akzeptiert,
- Kritikgespräch mit einem Mitarbeiter mit einem unrealistischen Selbstbild,
- Gespräch mit einem Mitarbeiter, der (scheinbar) innerlich gekündigt hat.

Wir beleuchten dabei mögliche Ursachen, was bei diesen Problemstellungen in einer Führungskraft vorgehen und wie ein solches Gespräch ablaufen könnte, sowie Empfehlungen zur Umsetzung.

Gespräch mit einem Mitarbeiter, der Aufgaben und Ziele nicht akzeptiert

Sie sind Führungskraft in einem Dienstleistungsunternehmen. Aufgrund von Sparmaßnahmen und Umstrukturierungen müssen Sie in Ihrem Bereich zusätzliche Projekte und Aufgaben integrieren. Nach ausführlicher Information über die Notwendigkeit sowie bei Einzelgesprächen erhalten Sie bei der Aufgabenverteilung von nahezu allen Mitarbeitern

Zustimmung. Bei Herrn Krankel aber stoßen Sie auf Ablehnung. Mit der Begründung: »Ich arbeite für das wenige Geld schon mehr als genug, ich habe ohnehin schon zu viel zu tun«, wehrt er die Aufgaben mit den verbundenen Zielsetzungen einfach ab.
Sie ärgern sich anschließend sehr über Ihren Mitarbeiter. Sie sind davon überzeugt, dass er die Aufgaben übernehmen könnte. Diese nach Ihrer Meinung unbegründete Blockade macht Sie ärgerlich.
Sie wollen dieses Verhalten nicht akzeptieren. Sie befürchten, wenn Sie diese Ablehnung einfach hinnehmen, sind die anderen Kollegen auch nicht bereit, zusätzliche Aufgaben zu übernehmen. Außerdem sehen Sie Ihre Autorität gefährdet. Sie wissen, Sie müssen handeln.

Was steckt dahinter, wenn Mitarbeiter die Delegation von Aufgaben und Zielen scheinbar blockieren?

Der berufliche Alltag erfordert, dass Mitarbeiter bei Bedarf neue Ziele übertragen bekommen oder Aufgaben übernehmen, die z. B. aufgrund von Kundenaufträgen oder internen Prozessen im Laufe des Jahres auf die Einheit zukommen. Manche Aufgaben sind beliebter als andere. Werden Aufgaben delegiert, die nicht den Neigungen und Vorlieben des Mitarbeiters entsprechen, kann es dazu kommen, dass er diese erst einmal ablehnt und den Auftrag eher widerwillig ausführt. Um beim Mitarbeiter Akzeptanz zu erzeugen, gibt es für die Führungskraft meist nur einen Weg: Sie muss erklären, warum diese Aufgabe, dieses Ziel wichtig ist und weshalb gerade der Mitarbeiter derjenige ist, der zu einem Erfolg beitragen kann. Solange der Mitarbeiter den Sinn, der hinter einer übertragenen Aufgabe steht, nicht versteht, wird sich seine Bereitschaft zur Übernahme in Grenzen halten. Wenn der Mitarbeiter seine Fähigkeiten unterschätzt, könnte eine hohe Skepsis entstehen, aus Angst, die angetragene Aufgabe nicht gut genug zu lösen. Hier könnten Vorgesetzter und Mitarbeiter gemeinsam überlegen, welche Entwicklungsmaßnahme oder auch welche Hilfeleistung durch eine weitere Person Sinn macht. Bei einer Überlastungssituation des Mitarbeiters sollten bestehende Aufgaben auf ihre Wichtigkeit hin überprüft werden, um Zeit und Entlastung für die neue Aufgabe zu schaffen. Manche Aufgaben sind bei allen Teammitgliedern unbeliebt. Der Vorgesetzte sollte bei der Delegation solcher Tätigkeiten darauf achten, dass eine gerechte Verteilung im Team erfolgt. Ansonsten entsteht sehr schnell das Gefühl von Einseitigkeit, wodurch sich die betroffene Person, die ständig unpopuläre Aufgaben erhält, vom Chef im besonderen Maße schikaniert fühlen könnte.

Was könnte in unserem Beispiel in der Führungskraft vorgehen?

Es könnte sein, dass die Führungskraft persönlich vom Mitarbeiter enttäuscht ist. Möglicherweise hat sie ihn vorher gezielt gefördert und in ihren Augen ist der Dank dafür jetzt mangelndes Engagement und Blockade bei der Übernahme von zusätzlichen Arbeiten.
Vielleicht entstehen beim Vorgesetzten auch bestimmte Belastungs- und Stresssymptome, da er diese Blockade auch als Machtkampf betrachtet und bewertet. Bei

einem solchen »Spiel« zwischen Chef und Mitarbeiter könnte es weniger um das konkrete Anliegen gehen, sondern um Grundsätzliches, nämlich auch darum, wie der Mitarbeiter den Vorgesetzten akzeptiert. So kann die Führungskraft die eigene Autorität im Team und beim eigenen Vorgesetzten gefährdet sehen: *»Der kann sich wohl nicht durchsetzen.«* Womöglich beobachtet das Umfeld schon, wie die Führungskraft das Problem in den Griff bekommen möchte, und fragt sich, ob diese sich behaupten kann.

Versteht sich die Führungskraft als kooperativer, partnerschaftlicher Chef, der seiner Linie treu bleiben möchte, kann sie in Situationen, in denen sie sich durchsetzen und etwas anordnen muss, verunsichert werden: *»Wie kann ich hier Autorität zeigen, ohne tyrannisch zu wirken?«*

Vielleicht könnte bei der Führungskraft auch Unsicherheit entstehen: *»Mute ich Herrn Krankel zu viel zu? Ist er vielleicht doch überlastet oder überfordert?«*

Wie könnte das Gespräch durchgeführt werden?

Da die Führungskraft das Verhalten des Herrn Krankel nicht akzeptieren kann, bietet sich das Kritikgespräch als adäquate Form an (vgl. Kapitel 2 »Anlassbezogene Mitarbeitergespräche«). Da schon eine Unterredung stattgefunden hat, scheiden die Stufen eins und zwei aus. Im vorliegenden Beispiel mit Herrn Krankel bietet sich die Stufe drei an.

Leitfaden für das Gespräch

Nach der Terminvereinbarung steht das Gespräch mit dem Mitarbeiter an.

1. Gespräch eröffnen

- Anlass nennen
- Gesprächsrahmen klären

2. Bearbeitung des Sachverhalts

- Darstellung aus Sicht der Führungskraft/Beschreibung des zu kritisierenden Sachverhalts

»Herr Krankel, wir hatten ein Gespräch, in dem ich Ihnen das Projekt X übertragen wollte. Sie lehnten dieses aus mir unverständlichen Gründen ab. Ich habe mir das noch mal durch den Kopf gehen lassen und ich kann Ihre Ablehnung nicht nachvollziehen. Aus folgenden Gründen sehe ich dieses Projekt in Ihrem Kompetenzbereich ... Ich gehe davon aus, dass Sie dieses Projekt auch zeitlich bewältigen können. Aufgrund folgender Fähigkeiten ... sehe ich Sie auch als am besten geeignet an, dieses Projekt zu übernehmen.«

- Stellungnahme und Sichtweise von Herrn Krankel
- Vergleich der Sichtweisen zwischen Vorgesetztem und Mitarbeiter

Falls möglich, werden die unterschiedlichen Wahrnehmungen bzw. Missverständnisse geklärt: *»Wenn ich Sie richtig verstehe, Herr Krankel, so stimmen Sie mir zu, dass* *das Projekt für unsere Abteilung wichtig ist. Sie bezweifeln jedoch, dass es sinnvoll ist, das Projekt zum jetzigen Zeitpunkt anzugehen. Lassen Sie mich nochmals erläutern, warum wir den Start des Projekts nicht verschieben können ...«*

- Ursachenanalyse und Sammeln von Lösungsideen

Hier geht es darum, herauszuarbeiten, ob es bestimmte Gründe für den Sachverhalt bzw. das Verhalten gibt. Sollte die Führungskraft zu einer neuen Einschätzung der Situation gelangen, ist es ein Zeichen von Souveränität, dies auch zu zeigen: *»Herr Krankel, dass die Projekte A und B sowie Aufgabe Z so viel Zeit benötigen, war mir vorher nicht klar. Gut, dass Sie mich darauf hingewiesen haben. Da ich aber das Projekt X immer noch bei Ihnen am besten aufgehoben sehe, lassen Sie uns darüber reden, wie Sie anderweitig entlastet werden können.«* Es wird gemeinsam nach Lösungen gesucht. Eine Entscheidung wird getroffen.

- Vereinbarungen treffen

3. Gesprächsabschluss

Empfehlungen zur Umsetzung

Wenn Mitarbeiter Ziele und Aufgaben nicht akzeptieren, wenn in der Zusammenarbeit Widerstände und Blockaden entstehen, ist neben der Suche nach Ursachen und Gründen auch wichtig, sich die eigenen Funktionen und Aufgaben noch einmal bewusst zu machen. Sie

- tragen die Verantwortung für das Erreichen von Zielen,
- sorgen dafür, dass die anfallenden Aufgaben und Projekte im Team, entsprechend den Fähigkeiten und Kompetenzen, fair und gerecht verteilt werden,
- stehen Kunden gegenüber in der Verpflichtung, auch wenn Sie selbst keinen direkten Kundenkontakt haben, denn die Kunden sichern die Existenz Ihres Unternehmens,
- sind dem Unternehmen gegenüber verantwortlich, dass Ihr Team eine bestimmte Leistung bringt und die Realisierung der Unternehmensziele mitverfolgt,
- müssen mit emotional belastenden Gesprächen rechnen, dies gehört zum Führungsalltag,
- kommen in Situationen, in denen Sie Kritik vorbringen müssen, die dem Mitarbeiter erheblich unangenehm ist,
- werden durch Gespräche Situationen angehen müssen, die der Mitarbeiter lieber auf sich beruhen lassen möchte,
- sind mitverantwortlich für ein gutes Teamklima, was manchmal bedeutet, klärende Gespräche führen zu müssen, um einen positiven Teamgeist aufrechtzuerhalten,
- sind verantwortlich, dass ein Gespräch zustande kommt und konkrete Ergebnisse erzielt werden,
- werden, falls sich Mitarbeiter angemessenen Zielen und Aufgaben verweigern, auch Konsequenzen androhen und umsetzen müssen.

Als Führungskraft können Sie nicht für alles verantwortlich sein, das ist unmöglich und im Zeitalter flacher Hierarchien und des Projektmanagements auch nicht besonders effektiv. Allein schon unter den Vorzeichen des Zeitmanagements sollten Sie sich über die eigenen Grenzen bewusst werden. Teams sind besonders dann erfolgreich, wenn Mitarbeitern situativ mehr Verantwortung übertragen wird. Einerseits gehen sie mit einem Arbeitsvertrag sowieso eine Verpflichtung für eine bestimmte Leistung ein. Andererseits wachsen Mitarbeiter mit der Verantwortung, sie können sich dadurch selbst entfalten und einbringen, weshalb sie die Übernahme von Verantwortung häufig als motivierend empfinden. Und ganz nebenbei erfahren Sie als Vorgesetzter eine gewisse Arbeitsentlastung.

Kritikgespräch mit einem Mitarbeiter mit einem unrealistischen Selbstbild

Sie sind Abteilungsleiter im Bereich Marketing eines Automobilzulieferers. Seit einigen Monaten haben Sie einen neuen Mitarbeiter, Herrn Dr. Kapps. Er ist Diplom-Kaufmann und wurde Ihnen von der Personalabteilung wärmstens empfohlen. Dr. Kapps ist Ende 20 und hatte nach Abschluss des Studiums einige Jahre bei einer bekannten Unternehmensberatung gearbeitet. Schon nach kurzer Zeit fiel Ihnen das große Selbstbewusstsein von Herrn Dr. Kapps auf. Er brachte oft Vorschläge ein, begründete diese korrekt und konnte sich in Diskussionen gut behaupten. Nach der Einarbeitung bemerkten Sie, dass Herr Dr. Kapps zunehmend begann, die Arbeit seiner Kollegen, auch im Beisein von anderen, infrage zu stellen. Zudem wurde er bei Kunden im Auftreten immer forscher und fordernder. Mittlerweile kamen auch schon Klagen von Mitarbeitern und Kunden über das »sehr selbstbewusste Auftreten« von Herrn Dr. Kapps. Er sei unbelehrbar, höre nicht zu und kenne nur seine Meinung, waren typische Äußerungen der Kollegen. Es gab auch schon gelegentlich Androhungen, mit Herrn Dr. Kapps keine gemeinsamen Projekte mehr durchführen zu wollen. So lehnte ein Kollege eine Kooperation mit Herrn Dr. Kapps mit folgenden Worten bei Ihnen ab: »Mit diesem arroganten Besserwisser will ich nicht zusammenarbeiten.« Als Sie mit Herrn Dr. Kapps in einem kurzen Gespräch über seine eigene Einschätzung zur Zusammenarbeit mit den Kollegen sprachen, waren Sie über die Selbstwahrnehmung Ihres Mitarbeiters irritiert. Herr Dr. Kapps sah sich als engagierten und kollegialen Mitarbeiter, der seine Kollegen unterstützt und ihnen gerne mit Rat und Tat zur Seite steht. Er sei auch bei seinen Kollegen geschätzt und diese holen sich gerne Rat bei ihm ein. Auf vorsichtige Anmerkungen über Klagen über sein Verhalten meinte Herr Dr. Kapps, er könne sich dies nicht vorstellen. Vielleicht wäre dies nur Neid: »Manche haben halt Minderwertigkeitskomplexe, wenn jemand einen Doktortitel hat.«
Sie sind über den Mangel an realer Selbsteinschätzung überrascht und gleichzeitig verunsichert. Wie können Sie mit Ihrem Mitarbeiter so darüber reden, dass er über sich und sein Verhalten nachdenkt und zu einer realistischen Selbsteinschätzung kommt?

Was steckt dahinter, wenn Mitarbeiter eine verzerrte Selbstwahrnehmung haben?

Immer wieder trifft man im Berufsleben auf Menschen, die entweder mit einem übersteigerten oder mit zu wenig Selbstbewusstsein an Dinge herangehen. Diese Mitarbeiter lösen Aufgaben in den Augen anderer nicht optimal, sind aber selbst von sich überzeugt, eine gute Leistung gezeigt zu haben. Als Führungskraft geht man oft davon aus, dass sie eigentlich im Laufe der Zeit ein besseres Gefühl für ihre eigenen Fähigkeiten und Leistungen entwickeln und somit auch Aufgaben zunehmend besser lösen können müssten. Oftmals ist jedoch das Gegenteil der Fall: Der Mitarbeiter befindet sich eher auf dem falschen Weg, wie er an Dinge herangeht. Wird er nicht frühzeitig wohlwollend darauf hingewiesen und der Kurs »korrigiert«, macht er einfach in der gewohnten Weise weiter, wodurch sich »falsche« Routinen einschleichen. Nicht immer ist das betriebliche Umfeld, wie z. B. direkte Kollegen, Kunden oder Mitarbeiter anderer Abteilungen, so fair bzw. so couragiert, den Mitarbeiter auf sein »wenig erfolgreiches« Vorgehen hinzuweisen. Jeder hofft darauf, dass er es möglichst selbst erkennen sollte oder aber ihn die Führungskraft auf seine Defizite hinweist.

Damit Sie als Führungskraft angemessen reagieren können, ist es wichtig zu verstehen, wie es zu einem unrealistischen Selbstbild kommen kann. Gründe dafür können sein:

- Es besteht zu wenig Wissen über die eigene Wirkung.

Sollte dies der Fall sein, braucht der Mitarbeiter unbedingt behutsames Feedback über seine Wirkung, was er bei anderen auslöst und wie sein Verhalten die erfolgreiche Lösung von Aufgaben behindert. Gemeinsam mit dem Mitarbeiter können dann Handlungsalternativen und Veränderungsmöglichkeiten herausgearbeitet werden.

- Es besteht zu wenig Wissen darüber, wie eine Situation erfolgreich gelöst wird oder was die Anforderungen an Aufgaben sind.

Besteht zwischen Mitarbeiter und Vorgesetztem eine unterschiedliche Anschauung darüber, ob der Mitarbeiter seine Aufgabe erfolgreich gelöst hat, muss die Führungskraft erläutern, was sie unter einer optimalen Aufgabenerfüllung versteht. Der Vorgesetzte sollte erklären, in welchen Aspekten von der optimalen Aufgabenerfüllung in puncto Leistung und Verhalten abgewichen wurde. Auch hier kann gemeinsam mit dem Mitarbeiter eine Lösung entwickelt werden.

- Bisher falsche oder verzerrte Rückmeldungen über bestimmte Verhaltensweisen.

Gerade wenn der Mitarbeiter dafür bekannt ist, mit Feedback nicht angebracht umzugehen, und dazu neigt, eher aggressiv zu reagieren, scheuen sich viele Kollegen, aber auch Führungskräfte davor, ihm eine kritische Rückmeldung zu geben. Der Mitarbeiter erhält so keine Chance, sein Verhalten zu verändern. Noch extremer ist es, wenn der Mitarbeiter eine bedeutende Position im Unternehmen innehat und er z. B. über wichtige Ressourcen verfügt oder auch einen hohen Status besitzt. Auch hier kommt es häufig vor, dass sich andere mit kritischem Feedback sehr zurückhalten, aus Angst, »man könnte es sich ja mit demjenigen verscherzen«. Es kann sogar sein, dass bewusst ein falsches Feedback gegeben wird, um sich »einzuschmeicheln«: *»Finde ich prima, wie Sie gerade eben die Situation gelöst haben«*, obwohl man eigentlich das Gegenteil denkt. Die Führungskraft hat es in diesem Fall nicht leicht. Sie muss das möglicherweise vorangegangene Feedback, das falsch oder verzerrt war, mit dem Mitarbeiter aufarbeiten. Es solches Gespräch ist nie frei von Irritationen.

- Der oder die Feedbackgeber werden nicht ernst genommen.

Nur wenn der Feedbackgeber ernst genommen wird, ist dessen Rückmeldung bedeutsam. Sollte die Führungskraft spüren, dass ihr Feedback vom Mitarbeiter nicht aufrichtig reflektiert wird, sollte sie mit ihm darüber sprechen, wer für ihn akzeptierte Feedbackgeber seien. Sind diese identifiziert, bitten Sie den Mitarbeiter, selbst die Initiative zu ergreifen, diese Personen um eine Rückmeldung zu bitten. Danach vereinbaren Sie mit ihm ein weiteres Gespräch und werten die gemachten Erfahrungen gemeinsam aus. Jetzt gibt es zwei Möglichkeiten: Der Mitarbeiter kommt zu dem Ergebnis, dass die Rückmeldungen der anderen in die gleiche Richtung wie ihr Feedback gehen. Damit ist eine gute Möglichkeit geschaffen worden, sich mit dem Mitarbeiter über alternative Herangehensweisen und Verhaltensweisen zu unterhalten. Sollten jedoch die Rückmeldungen der anderen Feedbackgeber von der Ihrigen abweichen, sollten Sie Ihr Feedback nochmals überdenken. Überlegen Sie, ob Sie möglicherweise selbst eine verzerrte, zu kritische Wahrnehmung haben oder ob Sie den Mitarbeiter in Situationen erleben, die für die anderen Feedbackgeber gar nicht zu erkennen sind. In beiden Fällen sollten Sie mit dem Mitarbeiter darüber sprechen, warum die Rückmeldungen so unterschiedlich ausfallen und welches Fazit daraus gezogen werden kann.

- Es wird Glück oder Pech für das Gelingen einer Aufgabe verantwortlich gemacht, anstatt über eigene Handlungsalternativen nachzudenken.

Manche Mitarbeiter neigen dazu, die äußeren Umstände, andere Kollegen oder sonstige Rahmenbedingungen für den eigenen Erfolg oder Misserfolg verantwortlich zu machen. Diese Wahrnehmung schließt natürlich aus, dass sie selbst eigene Handlungsalternativen überdenken. Derartige Personen glauben, man könnte gar nichts beeinflussen, alles ist von äußeren Faktoren bestimmt. In den meisten Fällen jedoch besteht ein Eigenanteil am Misserfolg. Den gilt es in der Rolle als Führungskraft, gemeinsam mit dem Mitarbeiter, zu entdecken. Lag es an seiner schlechten Vorbereitung, an einer unglücklichen Gesprächsführung, am schlechten Timing etc.? Hätte der Mitarbeiter eine zweite Chance, die Situation anzugehen, was würde er anders machen? Was glaubt er, könnte z. B. ein Kunde von ihm erwartet haben, ohne es ausführlich im Gespräch zu benennen? Diese Fragen können helfen, dem Mitarbeiter zu verdeutlichen, dass möglicherweise mehr in seiner Hand liegt, als er glaubt, um Situationen und Aufgaben erfolgreich zu bewältigen.

- Es wird Nichtwissen um die eigene Wirkung vorgetäuscht aus Angst, eine Schwäche eingestehen zu müssen.

Eigentlich weiß der Mitarbeiter, dass er sich nicht angemessen verhält, er möchte dies aber nicht öffentlich eingestehen und bleibt so im Gespräch mit dem Vorgesetzten bei seiner Position. In dieser Situation besteht die Aufgabe des Vorgesetzten darin, dem Mitarbeiter Brücken zu bauen, damit dieser seine »Schwäche« ohne Angst vor Gesichtsverlust eingestehen kann. Eine gute Brücke stellt das Sprechen über eigene Erfahrungen dar, aber auch die Bemerkung, dass niemand perfekt sei, und es deshalb ganz »normal« ist, an sich zu arbeiten. Je mehr der Mitarbeiter spürt, dass ein Eingestehen von »Schwächen« legitim ist und daraus keine Nachteile entstehen müssen, desto eher kann er die ihm bekannten, eigenen Defizite mit seinem Vorgesetzten besprechen. Auch hier mündet das Gespräch anschließend in eine Phase der gemeinsamen Suche nach Handlungsalternativen.

Was könnte in unserem Beispiel in der Führungskraft vorgehen?

Eine verantwortungsvolle Führungskraft weiß, dass sie hier handeln muss. Einerseits dürfen die Atmosphäre und die Zusammenarbeit im Team nicht gefährdet werden; andererseits geht es darum, einen qualifizierten Mitarbeiter, der Defizite in der sozialen Kompetenz besitzt, zu fördern und weiterzuentwickeln. Ein direktes Handeln ist für die Führungskraft im vorliegenden Falle nicht einfach. Sie muss abwägen: Was sollten sein Mitarbeiter und andere Kollegen selbst klären? Was liegt in ihrer Verantwortung als Führungskraft? Ab wann sollte sie reagieren? Es könnte auch sein, dass das forsche Verhalten des Mitarbeiters sie auch verunsichert. Sie könnte sich die Frage stellen: *»Bin ich meinem Mitarbeiter in diesem Gespräch gewachsen?«*

Die Kompetenz von hoch qualifizierten und entwicklungsfähigen Mitarbeitern ist für jedes Unternehmen ein Gewinn. Man versucht, diese an das Unternehmen zu binden. Aus der Befürchtung heraus, diesen Mitarbeiter zur verlieren, könnte die Führungskraft ein solches Gespräch auch vermeiden oder beschließen, das Feedback sehr zögerlich anzugehen. Das ist der Sache und dem Teamklima allerdings nicht dienlich.

Wie könnte das Gespräch durchgeführt werden?

Um mit dem Mitarbeiter offen über die Situation und sein Verhalten zu reden, sollte das Gespräch nicht als ein Kritikgespräch, sondern als ein Dialog über die derzeitige Arbeitssituation von Herrn Kapps angekündigt werden: *»Herr Dr. Kapps, Sie sind nun sechs Monate bei uns in der Abteilung. Ich möchte gerne ein Gespräch mit Ihnen darüber führen, wie Sie sich eingelebt haben, wie es Ihnen mit Ihren Aufgaben geht und wie die Zusammenarbeit mit Ihrem Umfeld funktioniert.«*

Würde das Gespräch als Kritikgespräch angekündigt werden: *»Herr Dr. Kapps, ich möchte gerne ein Gespräch über Ihr Auftreten gegenüber Kunden und den Kollegen führen«*, kann es leicht passieren, dass gerade solche Mitarbeiter eine Verteidigungshaltung einnehmen. Damit würde die Möglichkeit verschenkt werden, das Selbstbild des Mitarbeiters kennenzulernen und damit Ansatzpunkte für eine Verhaltensänderung herauszuarbeiten. Insbesondere die bewusst gemachte Diskrepanz zwischen Selbst- und Fremdbild bietet jedoch den besten Ansatzpunkt für eine Verhaltensänderung.

Leitfaden für das Gespräch

Nach der Ankündigung und Terminvereinbarung folgt das Mitarbeitergespräch. Um möglichst viel über die Selbsteinschätzung des Mitarbeiters zu erfahren, bietet sich folgendes Vorgehen an:

1. Gespräch eröffnen

- Positiven Einstieg schaffen

Aufbau einer angenehmen Gesprächsatmosphäre. Um hier gut miteinander in Kontakt zu kommen, kann man beispielsweise mit einem sogenannten nicht zielführenden Thema beginnen. Für dieses Warming-up bieten sich allgemeine Themen an: *»Herr Dr. Kapps, Sie sind jetzt schon einige Monate bei uns. Mich interessiert, wie Sie unser Unternehmen generell einschätzen.«* Wichtig ist ein echtes Interesse am Thema und an der Person. Aufgesetzte Themen schaffen Künstlichkeit und bewirken eher das Gegenteil.

- Zeitlichen Gesprächsrahmen klären

2. Bearbeitung des Sachverhalts

- Sichtweise des Mitarbeiters zur Arbeitssituation und zur Zusammenarbeit

Zu Beginn des Gesprächs sollte die Führungskraft den Mitarbeiter ermuntern, seine Einschätzung der Situation zu erläutern: *»Vielen Dank für Ihre Einschätzungen, Herr Dr. Kapps. Und wie kommen Sie mit Ihrem Aufgabengebiet zurecht? Wie erleben Sie Ihre Kollegen und Kunden?«* Hier ist es wichtig, dass der Mitarbeiter die Zeit bekommt, seine Einschätzung mitzuteilen. Die Führungskraft sollte gut zuhören und nachfragen, um das Selbstverständnis und das Selbstbild des Mitarbeiters zu verstehen.

- Feedback der Führungskraft zur Arbeitssituation und zur Zusammenarbeit

Jetzt gibt die Führungskraft dem Mitarbeiter Rückmeldung über ihre Sichtweise. Es sollten sowohl die Stärken und die Erfolge des Mitarbeiters angesprochen werden als auch die Wirkung des Mitarbeiterverhaltens. Diese Rückmeldung steht nun in direktem Bezug zur Selbsteinschätzung des Mitarbeiters. Berichten Sie Ihrem Mitarbeiter dabei Verhaltensbeobachtungen und Beispiele. Je größer die Abweichung zwischen Selbst- und Fremdbild, desto wichtiger ist es, dem Mitarbeiter die Differenz aufzuzeigen. Sprechen Sie die Diskrepanz in der Selbst-/Fremdeinschätzung direkt an, und diskutieren Sie mit ihm über die möglichen Ursachen. In unserem Beispiel handelt es sich um einen jüngeren Mitarbeiter, der sich möglicherweise über seine Wirkung noch zu wenig bewusst ist und der vielleicht durch zu forsches Verhalten seine Unsicherheit überdecken möchte. In dieser Phase geht es nicht um reine Kritik, sondern um die Ermöglichung einer realistischen Selbstreflexion. Um das Gespräch hier sensibel zu führen, ist es sinnvoll, sich der Feedbackregeln bewusst zu sein (vgl. Kapitel 6 »Feedback«): *»Herr Dr. Kapps, ich schätze Ihr hohes Engagement, mit dem Sie an Ihre Aufgaben gehen. Sie sind für mich jemand, der sehr* *strukturiert, effektiv und sehr selbständig seine Projekte bearbeitet. Die Zusammenarbeit mit den Kollegen sehe ich etwas anders als Sie. Ich habe manchmal den Eindruck, dass diese Ihre wohlmeinenden Äußerungen eher als Belehrung von oben herab aufnehmen, was möglicherweise an der Art und Weise liegt, wie Sie Ihre Ratschläge formulieren. Insgesamt schätze ich es sehr, dass Sie den Kollegen Tipps geben und sie unterstützen wollen, denke aber, dass Sie sowohl an den Formulierungen als auch an Ihrer Haltung und an Ihrem Tonfall Änderungen vornehmen sollten, damit die Kollegen Ihre Anregungen besser akzeptieren können.«*

- Rückmeldung des Mitarbeiters

Der weitere Verlauf wird durch die Stellungnahme des Mitarbeiters beeinflusst. Hier könnte es drei Reaktionen vonseiten des Mitarbeiters geben:
  – Der Mitarbeiter akzeptiert das Feedback,
  – der Mitarbeiter weist die Kritik als unangemessen zurück und/oder
  – der Mitarbeiter rechtfertigt sich und versucht, den Beweis anzutreten, dass seine Art der Reaktion die einzig richtige ist.

Sollte der Mitarbeiter keine Einsicht zeigen, könnte die Unterhaltung in ein Kritikgespräch übergehen. Rechtfertigt sich der Mitarbeiter, merkt der Vorgesetzte, dass es dem Mitarbeiter schwerfällt, mit der Kritik umzugehen. Er braucht wahrscheinlich Zeit, um den Gesichtsverlust, den er durch das Feedback erleidet, zu verarbeiten. Er muss vorerst vor sich »rational« begründen, warum er gar nicht anders handeln konnte oder warum die Kritik nicht ganz richtig ist. Für die Führungskraft heißt es, nicht dagegenzuargumentieren, sondern erst einmal das Feedback wirken zu lassen. Wichtig ist es, dem Mitarbeiter ein Recht auf seine eigene Meinung zu lassen, Verständnis für seine Betroffenheit zu zeigen, gleichzeitig ihn jedoch zu weiterer Reflexion aufzufordern und eventuell einen weiteren Termin zu vereinbaren: *»Herr Dr. Kapps, ich kann mir vorstellen, dass diese Rückmeldung für Sie überraschend kommt und Sie auch erst einmal darüber nachdenken wollen. Wir müssen heute auch noch nicht zu einer gemeinsamen Sichtweise kommen. Mir war es wichtig, das Thema anzusprechen, da ich glaube, dass vieles von Ihren guten Vorschlägen bei den Kollegen nicht ankommt. Ich denke, Sie könnten hier wirklich noch mehr bewirken, wenn Sie Ihre Art und Weise verändern würden, wie Sie diese Vorschläge vorbringen. Ich schlage deshalb vor, dass wir uns in einer Woche nochmals treffen, um zu diesem Thema weiter im Gespräch zu bleiben. Bis dahin wünsche ich mir eigentlich nur, dass Sie sich in den angesprochenen Punkten selbst genauer beobachten und sich vielleicht auch einmal von anderer Seite eine Rückmeldung geben lassen.«*
Im Folgenden wird genauer darauf eingegangen, wie mit Herrn Dr. Kapps das Gespräch weitergeführt werden könnte, wenn er das Feedback akzeptiert.

- Unterstützung und Begleitung durch den Vorgesetzten

Akzeptiert der Mitarbeiter, dass er bestimmte Reaktionen durch sein Verhalten bei anderen hervorruft, und entwickelt sich bei ihm zunehmend Problembewusstsein, könnte die Führungskraft dem Mitarbeiter anbieten, ihn bei seiner Verhaltensänderung zu begleiten. Im Folgenden wird anhand eines Beispiels ein idealtypischer Gesprächsverlauf aufgezeigt.

- Abklären der Bereitschaft

Zu Beginn wird die Führungskraft erst einmal die Bereitschaft des Mitarbeiters überprüfen und abklären, ob er sein Verhalten ändern möchte.

- Diagnose und Problemreflexion

Als Nächstes werden die Ursachen und Gründe für sein bisheriges Verhalten ermittelt. Es wird analysiert, weshalb es dem Mitarbeiter so schwerfällt, sein Verhalten und seine Wirkungen auf andere adäquat einzuschätzen und angemessen zu kommunizieren.

Der gewünschte Verhaltenszustand wird beschrieben und gemeinsam vom Mitarbeiter und der Führungskraft erarbeitet. Beispielsweise könnte Herr Dr. Kapps zunächst seinen Gesprächspartner fragen, ob er überhaupt Tipps und Anregungen hören möchte, bevor er ihn mit Feedback »überfällt«. Er könnte lernen, wie man aktiv zuhört, wie er Vorschläge und Anregungen partnerschaftlich formuliert, damit diese von anderen akzeptiert werden.

Wenn diese Situation und der Sollzustand des Verhaltens für beide klar sind, wird die Unterstützungsleistung der Führungskraft vereinbart, beispielsweise Beobachtung einer konkreten Situation. Man bespricht, was beide Parteien voneinander erwarten und wozu sie sich verpflichten.

- Zielsetzung und Maßnahmen vereinbaren

Nun werden konkrete Verhaltensziele vereinbart, z. B.: Bevor Ratschläge gegeben werden, sollten erst einmal das Anliegen und das Problem analysiert werden. Detailliertes Nachfragen und aktives Zuhören, Positives hervorheben sowie dem Gesprächspartner ein bestärkendes Feedback zu guten Lösungsideen geben sind hierbei wichtige Aspekte.

Als Nächstes werden konkrete Maßnahmen und Aktivitäten definiert, in denen Herr Dr. Kapps ein verändertes Verhalten erproben und lernen kann. Beispielsweise könnte er in einem Projekt mitarbeiten, in dem er überwiegend Aufgaben, die Kooperation und Abstimmung mit anderen erfordern, übernimmt, um dadurch seine Kommunikations- und Teamfähigkeit auszubauen. Regelmäßige Rückmeldungen durch den Projektleiter könnten Herrn Dr. Kapps wichtige Hinweise und Anregungen über erfolgreiche Veränderungen und noch offene Entwicklungspotenziale bezüglich seiner Verhaltensweisen geben.

Ebenso ein Training zur Entwicklung seiner Kommunikations- und Teamfähigkeit sowie Gesprächsführung wäre für Herrn Dr. Kapps eine konstruktive Maßnahme, durch die er Motivation und Sicherheit gewinnen könnte.

- Umsetzungsphase

In der Umsetzungsphase übt der Mitarbeiter nun die neuen Verhaltensweisen und Fähigkeiten ein. Bei Bedarf bietet die Führungskraft Unterstützung durch Gespräche und Rückmeldungen an.

- Ergebnisbewertung

Nach einem definierten Zeitraum werden die Lernerfolge überprüft. Der Mitarbeiter gibt seine Einschätzung des Gelernten und Erlebten wieder. Der Vorgesetzte reflektiert und formuliert seine Eindrücke, um einen nachhaltigen Lerneffekt zu forcieren.

Am Ende werden, soweit noch erforderlich, weitere Entwicklungsschritte und zusätzliche Maßnahmen wie in vorangegangenen Beispielen vereinbart.

Tipps für Gespräche mit Mitarbeitern, die ihre Fähigkeiten überschätzen

Wenn Mitarbeiter ihre Fähigkeiten und Leistungen überschätzen, sollte die Führungskraft im Gespräch folgende Schritte beachten:

- Selbstbild/Fremdbild abgleichen, unterschiedliche Auffassungen verdeutlichen,
- konkrete Verhaltensbeispiele und Situationen benennen, das Ansprechen konkreter Situationen trägt zur Akzeptanz des Feedbacks bei,
- Wirkung und Konsequenzen des gezeigten Verhaltens beschreiben,
- konkrete Tipps für effektiveres Verhalten aufzeigen, die Führungskraft kann sich als Berater oder Coach anbieten,
- nicht dagegenargumentieren, sondern dem Mitarbeiter Zeit geben, das Feedback wirken bzw. nachhallen zu lassen,
- Selbstbeobachtung und Reflexion als Ziel bis zum nächsten Gespräch delegieren.

Tipps für Gespräche mit Mitarbeitern, die ihre Fähigkeiten unterschätzen

Wenn Mitarbeiter ihre Fähigkeiten und Leistungen unterschätzen, sollte die Führungskraft folgende Schritte im Gespräch beachten:

- Selbstbild/Fremdbild abgleichen – unterschiedliche Auffassungen herausarbeiten,
- Anerkennung zu erbrachten Leistungen und vorhandenen Kompetenzen aussprechen, um das Selbstvertrauen zu stärken und Selbstzweifel zu minimieren,
- Mut zusprechen für neue Herausforderungen und Aufgabenstellungen,
- Ursachenanalyse/Differenzierung, woher die Selbstunterschätzung kommt, vornehmen, um Weiterbildung oder Motivation einzuleiten, z. B. mangelndes Selbstbewusstsein oder unzureichende Fachkompetenz und Erfahrung,
- konkrete Aufgaben, die eine Herausforderung für den Mitarbeiter bedeuten, delegieren, präzise Rückmeldungen geben und Anerkennung aussprechen.

Gespräch mit einem Mitarbeiter, der (scheinbar) innerlich gekündigt hat

Sie sind seit einem Jahr Teamleiter in der Entwicklung eines Automobilunternehmens. Ihr Team besteht aus zwölf Mitarbeitern. Sie sind schon sehr lange im Unternehmen und in diesem Bereich beschäftigt und haben sich dort vom Mitarbeiter zur Führungskraft entwickelt. Die meisten Ihrer Mitarbeiter kennen Sie schon aus Zeiten, als Sie noch Kollege waren. Darunter befand sich auch Dieter Thoma. Er ist noch einige Jahre länger als Sie im Unternehmen. Herr Thoma ist Mitte 50 und schon seit über zehn Jahren mit dem gleichen Aufgabengebiet beschäftigt.

Bereits seit einigen Monaten fällt Ihnen auf, dass das Engagement von Herrn Thoma immer mehr nachlässt. Die Zeiten, die er benötigt, werden länger, Vorschläge werden kaum noch eingereicht. Auch in den Besprechungen wirkt Herr Thoma etwas abwesend. Bei anfallenden Engpässen ist er nur widerwillig bereit, sich einzusetzen. Auch die Anzahl der Krankheitstage hat zugenommen.
Sie nehmen sich vor, mit Herrn Thoma ein Gespräch darüber zu führen. Sie sind vorsichtig und unsicher. Darüber hinaus mögen Sie ihn als Mensch, kennen ihn persönlich näher. Bevor Sie Teamleiter wurden, sind Sie beide öfters mittags zum Essen gegangen und haben sich auch gelegentlich in der Freizeit getroffen. Jetzt müssen Sie Herrn Thoma als Teamleiter begegnen, was Ihnen aufgrund der langjährigen persönlichen Bekanntschaft mit ihm schwerfällt.

Was steckt dahinter, wenn Mitarbeiter innerlich kündigen?

Führungskräfte wünschen sich Mitarbeiter, die engagiert, kompetent und selbständig an den übertragenen Aufgaben und Zielen arbeiten. Kompliziert wird es, wenn sie auf qualifizierte und erfahrene Mitarbeiter treffen, die diese Einsatzbereitschaft nicht (mehr) mitbringen. Man könnte ihnen zwar aufgrund ihrer Kompetenz und Erfahrung durchaus anspruchsvolle Aufgaben übertragen, ist jedoch unsicher, ob der Mitarbeiter diese Aufgaben auch motiviert angehen wird. Wichtige Arbeiten erfordern, dass nicht nur mit Fachkompetenz inhaltliche Lösungen gefunden werden. Es ist ebenso bedeutend, dass kritische Termine durch einen entsprechenden Einsatz gehalten werden können oder dass auch bei Schwierigkeiten am Ball geblieben wird. Deshalb neigt man in dieser Situation als Führungskraft dazu, die Aufgabe vorzugsweise an einen engagierten Mitarbeiter – möglicherweise mit weniger Erfahrung – zu delegieren, und demotiviert dadurch den erfahrenen Mitarbeiter eventuell noch mehr.
Die Ursachen für mangelnde Motivation sind vielfältig. Zum einen kann es sein, dass der Mitarbeiter bei seinen Lebensinhalten andere Schwerpunkte gesetzt hat. Vielleicht ist das Privatleben für ihn wichtiger geworden als die berufliche Betätigung und er versucht, die Arbeit mit dem geringsten Energieaufwand zu bewältigen. Persönliche Krisen, wie z. B. der Tod nahestehender Personen oder auch eine Scheidung, die Erkenntnis, chronisch erkrankt zu sein, können ebenfalls auslösen, dass andere Lebensprioritäten gesetzt werden und die Arbeit nicht mehr mit vollem Einsatz erledigt wird.
Ein anderes Motiv für ein sinkendes Engagement könnte eine Übersättigung mit zu ähnlichen Arbeitsinhalten sein. Der Mitarbeiter arbeitet schon jahrelang in der gleichen Funktion. Routine tritt an die Stelle von Abwechslung und Herausforderungen. Dass Mitarbeiter in solchen Fällen häufig demotiviert sind, weil ihnen der Ansporn fehlt, ist nachvollziehbar.
Es kann auch sein, dass der Mitarbeiter in den vergangenen Jahren immer wieder bei Besetzungs- oder Beförderungsentscheidungen übergangen wurde. Seine Leistung wurde in seinen Augen nicht entsprechend gewürdigt. Seine Reaktion ist in zunehmende Frustration und Resignation übergegangen und damit sinkt die Einsatzbereitschaft – ein durchaus nachvollziehbares Phänomen.

All diese Gründe für ein reduziertes Engagement sind aus der Perspektive des Mitarbeiters heraus betrachtet absolut verständlich. Für die Führungskraft bedeutet dies jedoch, dass sie einen Mitarbeiter im Team hat, der nicht mehr voll einsatzbereit bei der Sache ist. Dementsprechend müssen andere Teammitglieder entweder mehr arbeiten oder häufig Aufgaben nachbearbeiten. Der Konflikt mit den Kollegen ist vorprogrammiert. Deshalb muss die Führungskraft reagieren und die Lage mit dem Mitarbeiter besprechen.

Ist eine persönliche Krise der Grund, sollte die Führungskraft herausfinden, wie stark der Mitarbeiter in seiner Leistungsfähigkeit beeinträchtigt ist. Erfahrungsgemäß benötigen Menschen in solchen Situationen Zeit, um sich wieder zu fangen. Dies sollte man ihnen für einen bestimmten Zeitrahmen auch gewähren. Gerade in persönlichen Krisensituationen ist jedoch der Arbeitsplatz oftmals der Faktor, der noch Stabilität bietet. Insofern sollten Sie an den Mitarbeiter appellieren, sich so gut es geht in der Arbeit von seinen privaten Problemen frei zu machen, um nicht noch den letzten Ankerpunkt zu verlieren.

Liegt die Ursache der Leistungsabnahme in Frustrationen, die aus der Vergangenheit resultieren, oder in einer übermäßigen Freizeitorientierung des Mitarbeiters, sollten Sie mit ihm darüber sprechen, was Ihre Leistungserwartungen an ihn sind und wie Sie ihn daran messen möchten. Dabei ist es wichtig, den Mitarbeiter durch klare Erwartungsabsprachen und durch regelmäßige Überprüfung seiner Arbeitsergebnisse wieder stärker zu fordern.

Ist lang anhaltende Routine die Triebfeder des Leistungsknicks, könnten Sie mit dem Mitarbeiter in einem Gespräch nach Aufgaben forschen, die für ihn eine interessante Herausforderung darstellen. Über ein Job-Enrichment, also ein Anreichern der Arbeit mit neuen Aufgaben, die andersartige Erfahrungen und eine Weiterentwicklung der Kompetenzen zulassen, könnte wieder Motivation entstehen. Vor allem erfahrene Mitarbeiter zeigen erstaunliches Engagement, wenn sie ihre Routinearbeit durch neue Aufgaben anreichern dürfen, die ihren Erfahrungsschatz und ihr fachliches Wissen fordern. Insbesondere die Übernahme einer Paten- oder Mentorfunktion, bei der z. B. Wissen so aufbereitet werden muss, dass es gezielt und strukturiert an unerfahrene oder neue Mitarbeiter weitergegeben werden kann, bringt häufig neue Kreativität und Leidenschaft hervor. Einarbeitungspläne, Schulungsunterlagen und Training-on-the-Job-Maßnahmen werden ausgearbeitet und gestartet. Aus diesen Patenschaften zwischen erfahreneren und unerfahreneren Kollegen entstehen viele Impulse für beide Parteien. Zudem setzen Sie damit einen wesentlichen Baustein des Wissensmanagements und ein standardisiertes Einarbeitungssystem in Gang.

Was könnte in unserem Beispiel in der Führungskraft vorgehen?

Die Führungskraft könnte enttäuscht sein, weil der Mitarbeiter nicht die Leistung bringt, mit der sie gerechnet hat. Außerdem könnte sie befürchten, dass dieses Verhalten sich auf andere auswirkt. Die Motive und Befindlichkeit des Mitarbeiters könnten auch hinterfragt werden. Vielleicht hat Herr Thoma private Probleme? Oder: Fängt Herr Thoma an, sich langsam auf den Ruhestand vorzubereiten?

10.9 Gesprächsbeispiele

Wie könnte das Gespräch durchgeführt werden?

Die Ursachen für Demotivation können ganz unterschiedlicher Natur sein. Die Art der Vorgehensweise im Gespräch hängt aber davon ab.

Leitfaden für das Gespräch

Mit dem Ziel, die richtigen Ursachen zu erfragen und zu erkennen, sollte das Gespräch offen eingeleitet werden, um während der Unterredung die Chance zu haben, auf das eigentliche Problem zu kommen. *»Dieter, lass uns doch mal zusammen Zeit für ein Gespräch nehmen. Ich möchte mich mit dir unterhalten, wie es dir zurzeit mit deinen Projekten geht, wie du vorankommst und inwieweit du Unterstützung von mir benötigst.«*
Die Gesprächsstruktur könnte folgendermaßen aussehen.

1. Gespräch eröffnen

- Angenehme Atmosphäre herstellen

Hier könnten Sie mit einem persönlichen Thema einen Einstieg herstellen, der eine lockerere Atmosphäre schafft: *»Dieter, schön, dass wir endlich einmal Zeit für ein ruhiges Gespräch miteinander finden. Magst du etwas trinken?«*

- Anlass nennen

»Ich wollte mich mit dir heute über deine derzeitige Arbeitssituation unterhalten. Mich interessiert, wie es dir derzeit mit deinen Aufgaben und Zielen geht.«

- Zeitlichen Gesprächsrahmen klären

2. Bearbeitung des Sachverhalts

- Der Mitarbeiter schildert seine augenblickliche Arbeitssituation/Analyse der Situation

»Dieter, wir haben uns schon länger nicht mehr über die Arbeit unterhalten. Wie läuft es zurzeit? Was macht das Projekt X? Erzähl doch mal.« Es ist nun wichtig, dem Mitarbeiter Zeit zu geben, um seine Sichtweise der augenblicklichen Arbeitssituation schildern zu können. Die Führungskraft hält sich zurück, hört aufmerksam und offen zu und ist ehrlich an den Aussagen des Mitarbeiters interessiert. Durch offenes Nachfragen erhöht sich das Verständnis. Beobachten Sie aufmerksam Tonfall, Mimik und Gestik, um Ansatzpunkte zu erkennen und weiterführende Fragen stellen zu können: *»Dieter, als du über die Entwicklung des Teils A sprachst, hatte ich den Eindruck, dass die Begeisterung nicht die war, die ich von dir von früher kenne. Gibt es dafür einen bestimmten Grund?«* Durch derartige Fragen möchten Sie auf das eigentliche Problem – die eigentliche Ursache – kommen. Falls der Mitarbeiter keine eigenen Erklärungen für das nachlassende Engagement beisteuert, ist es hier von Nutzen, ein Feedback zu geben: *»Dieter, ich habe den Eindruck, irgendetwas hat sich verändert. Ich vermisse dein früheres Engagement, deinen früheren Einsatz. Kann*

es sein, dass du im Moment mit deinen Gedanken woanders bist oder dass dir deine Aufgabe im Moment nicht mehr so viel Spaß macht?«

- Ursachenanalyse

Da Herr Thoma seit über zehn Jahren die gleiche Tätigkeit ausübt, könnte es sein, dass er sich unterfordert fühlt und in gewisser Weise langweilt. Das Wissen, nur eine geringe Aussicht auf einen Stellenwechsel zu haben bzw. neue Projekte und Aufgaben kaum mehr übertragen zu bekommen, kann zu einer hohen Frustration oder sogar zu einer inneren Kündigung führen. Deshalb empfiehlt es sich, dies herauszufinden. *»Dieter, wie geht es dir eigentlich mit deinen jetzigen Tätigkeiten? Sind diese noch spannend für dich? Reizen sie dich noch? Oder fühlst du dich mittlerweile unterfordert?«*

- Bearbeitung der Ursachen

Je nachdem, wie der Mitarbeiter reagiert bzw. was er schildert, entscheidet sich das weitere Vorgehen. Weist der Mitarbeiter alle Zweifel an seiner Leistungsbereitschaft zurück: *»Ich weiß nicht, was du hast. Ich bin sehr engagiert und gebe mein Bestes«*, könnte hier ein Kritikgespräch anknüpfen. Stellen sich persönliche oder gesundheitliche Probleme heraus, sollte darauf eingegangen werden. Äußert er nachvollziehbare Kritik an bestimmten Rahmenbedingungen, ist es zielführend, diese gemeinsam zu analysieren und Lösungen und Maßnahmen zu entwickeln.
Im nächsten Schritt werden die Sichtweisen des Vorgesetzten und des Mitarbeiters miteinander verglichen.

- Sammeln von Lösungsmöglichkeiten

Im weiteren Verlauf werden verschiedene Möglichkeiten der Aufgabenanreicherung für Herrn Thoma gesucht, um dessen Tätigkeitsfeld wieder interessanter zu gestalten sowie neue Perspektiven zu entwickeln (siehe Voraussetzungen für den Flow). Wichtig für die Führungskraft ist hier, nur realisierbare Zusicherungen zu geben und diese an das Engagement des Mitarbeiters zu koppeln. *»Dieter, ich bin gerne bereit, dir die Verantwortung für die Entwicklung des neuen Produkts zu übertragen. Ich brauche aber hier dein volles Engagement. Sollte dies nicht erkennbar sein, müssen wir uns noch einmal unterhalten.«*

- Vereinbarungen treffen

3. Gesprächsabschluss

Empfehlungen zur Umsetzung

Um als Führungskraft mit dem Thema Leistungsabfall und mangelnde Motivation professionell umzugehen, gibt es einige nützliche theoretische Konzepte. Im Kapitel 3.1 haben wir beschrieben, wie wichtig nach Locke und Latham herausfordernde Ziele für die Motivation von Mitarbeitern sind. Für dieses Beispiel kann auch das Modell »Flow« (vgl. Bild 10.5) von Mihaly Csikszentmihalyi eine Erklärung liefern.

Flow als wichtiger Faktor für die Arbeitsmotivation

Dieser Begriff geht auf den amerikanischen Psychologen Mihaly Csikszentmihalyi zurück, der in den 70er-Jahren zum Thema Motivation forschte. Er wollte in Erfahrung bringen, was passiert, wenn Menschen in ihrer Arbeit voll aufgehen und leidenschaftliche Aktivität entwickeln. Csikszentmihalyi nannte diesen Zustand das Flow-Erlebnis. Die Ergebnisse seiner Untersuchungen zeigen, dass Menschen im Flow

- ihr Handeln als mühelos erleben (alles geht ganz leicht, wie von selbst von der Hand),
- eine positive Veränderung des Zeiterlebens wahrnehmen,
- ein Verschmelzen von Handlung und Bewusstsein erleben,
- Euphorie und tiefe Zufriedenheit erfahren,
- ein Gefühl erhöhter Selbstkontrolle haben,
- ein hohes Selbstvertrauen in das, was sie tun, haben,
- Schwierigkeiten aus dem Gefühl der Stärke heraus angehen.

Um in diesen Flow-Zustand zu geraten, ist es wichtig, dass

- die Person ein klares, akzeptiertes Handlungsziel hat,
- die Ziele eindeutig bestimmt und diese miteinander vereinbar sind,
- man zu Aktivitäten ein unmittelbares Feedback erhält (man weiß, was man gut gemacht hat und was nicht),
- ein Gleichgewicht zwischen den Fähigkeiten der Person und der Herausforderung besteht,

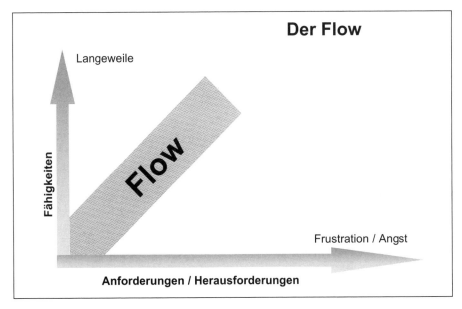

Bild 10.5 Flow-Modell

- der Person eine hohe Konzentration auf die Tätigkeit ermöglicht wird,
- die Aufgabe bzw. die Arbeit als Herausforderung gesehen wird,
- Rahmenbedingungen herrschen, in denen man das Ausmaß an Zeit, das man mit einer Aufgabe verbringt, überwiegend selbst bestimmen kann.

Mihaly Csikszentmihalyi drückt es so aus: *»Sind die Ziele klar, ist Feedback vorhanden und befinden sich die Anforderungen und Fähigkeiten im Gleichgewicht, wird die Aufmerksamkeit gelenkt und vollständig investiert. Wegen der umfassenden Anforderungen an die psychische Energie ist jemand, der Flow erlebt, völlig auf etwas konzentriert. Ist die Person erst einmal im Flow, ergibt sich die Konzentration als ein sich selbst erhaltender Prozess«* [CSIKSZENTMIHALYI, 1999, S. 48].

Was leitet sich daraus nun für die Mitarbeiterführung ab?

- Besteht eine Balance zwischen Fähigkeit und Herausforderung, entsteht ein Flow-Erlebnis, ein motivierender Zustand.
- Entspricht eine große Herausforderung einem großen Können, kann dies zu einem völligen Aufgehen in der Aktivität bzw. Arbeit führen.
- Zum Erleben dieses Zustands benötigt der Mitarbeiter die Möglichkeit zum Handeln.
- Fühlt sich ein Mitarbeiter überfordert, da er nicht die Fähigkeiten für die Herausforderung hat, ist er frustriert, besorgt und ängstlich.
- Sind für einen Mitarbeiter die Anforderungen und Herausforderungen im Verhältnis zu seinen Fähigkeiten und Kompetenzen zu leicht, fühlt er sich unterfordert und gelangweilt, was bis zur inneren Kündigung führen kann (Beispiel Herr Thoma).
- Die Herausforderungen sollten immer feiner differenziert werden, damit sie nach und nach den wachsenden Fähigkeiten angepasst werden.
- Die Fähigkeiten des Mitarbeiters sollten entwickelt und in Arbeitsprozesse integriert werden.
- Wenn die Tätigkeiten für den Mitarbeiter zu langweilig sind, sollten die Anforderungen höher gesetzt werden können.
- Aktives, selbst initiiertes, selbst gesteuertes Handeln/Vorgehen schafft für Mitarbeiter eine wesentliche Voraussetzung für Flow-Erleben.

DAS WICHTIGSTE IN KÜRZE

Schwierige Mitarbeitergespräche gehören zum Führungsalltag, werden aber oft aufgeschoben und damit zu spät geführt. Unterhaltungen, die ein reines Fachthema behandeln, sind oftmals leichter zu führen als Gespräche, die Kritik am Verhalten eines Mitarbeiters beinhalten. Die Führungskräfte wissen nicht so recht, wie sie das Thema ansprechen sollen, und fürchten, dem Mitarbeiter zu nah zu kommen, heftige Emotionen auszulösen oder gar einen Konflikt heraufzubeschwören.

- Ursachen für sich schwierig gestaltende Gespräche sind in drei Bereichen zu finden: einer negativen inneren Einstellung und Haltung gegenüber dem Gesprächspartner, mangelnder Kommunikationsfähigkeit und unzulänglicher Bearbeitung der Themen und Inhalte. Diese Unzulänglichkeiten sind meist eine Folge von Unsicherheiten und Ängsten. Aus diesem Grund sollte die Führungskraft genau registrieren, unter welchen Rahmenbedingungen ihr Gesprächspartner arbeitet, und versuchen, sich in dessen Lage hineinzuversetzen.

- Emotionen können das Gespräch belasten. Wer jedoch sein Gegenüber beobachtet, kann an Veränderungen des Verhaltens, an der Körpersprache, der Argumentationsweise und der Sprache erkennen, dass in diesem Gefühle »hochsteigen«. Die Wahrnehmung dieser Signale ist bereits der erste Schritt, um festzustellen, was die aufkommenden Gefühle ausgelöst hat und worin sie ihre Ursache haben könnten.

- Sind die Gefühle, die ein Gespräch belasten, identifiziert, kommt es darauf an, abzuwägen, wie die Gesprächspartner damit umgehen können. Um diese Handlungsspielräume zu beschreiben, unterscheidet man drei emotionale Reifegrade: das affektiv-impulsive, das repressive und das reflexive Stadium. Im affektiv-impulsiven Stadium kann der Mensch nicht zwischen Auslöser und dem Gefühl selbst unterscheiden. Er reagiert impulsiv. Im repressiven Stadium gelingt diese Differenzierung. Der Mensch kann spontane »Gefühlsausbrüche« unterdrücken oder zurückstellen, wenn sie ihm gerade nicht zweckdienlich erscheinen. Im reflexiven Stadium ist der Betroffene fähig, nicht nur zwischen dem Auslöser und dem Gefühl selbst zu unterscheiden, sondern auch in der Lage, die Art und Weise, wie er das Gefühl ausdrückt, zu steuern. Er kann sich also bereits im Vorfeld so präparieren, dass er auf erwartete Emotionen adäquat reagiert.

- Als typische belastende Emotionen im Mitarbeitergespräch können zumeist Angst/Furcht, Aggressionen/Wut sowie Traurigkeit/Niedergeschlagenheit beobachtet werden.

- Angst engt die Wahrnehmung ein. Im Zentrum der Aufmerksamkeit steht eine reale oder vermeintliche Bedrohung. Deshalb bringt es nichts, dem Gegenüber die Angst ausreden zu wollen oder sie ihm gar vorzuwerfen. Wichtig ist, das Gefühl zu akzeptieren und sensibel nachzufragen. So können Sie herausfinden, was auf den Gesprächspartner bedrohlich wirkt, wie die Angst überwunden werden kann und was Sie tun können, den anderen dabei zu unterstützen.

- Aggression, Wut, Ärger und Zorn sind Emotionen, die schwer zu kontrollieren sind. Sie sind dem affektiv-impulsiven Stadium zuzurechnen. Man unterscheidet zwischen explosiver (nach außen gerichteter), implosiver (nach innen gerichteter) und verdeckter bzw. subtiler Aggression. Bei diesen Arten von Emotionen ist es wichtig, sich nicht zu involvieren. Die Aufforderung an den anderen, ruhig zu bleiben, bringt in der Regel nicht den erwünschten Erfolg, sondern trägt zur Eskalation bei. Die Situation kühlt sich aber zumeist ab, wenn man für eine Pause sorgt, den Gesprächspartner, falls möglich, in seiner Emotion abholt oder eine andere Perspektive auf die Situation ins Spiel bringt. Je früher Sie auf diese Gefühle reagieren, desto größer ist die Chance, dass es nicht zur Eskalation kommt.

➡ Niedergeschlagenheit und Trauer können viele Ursachen haben und zu unterschiedlichsten Reaktionen führen. Der Betroffene ist zumeist auf seine Gedankenwelt fixiert. Gut zureden hilft hier nicht. Wichtig ist vielmehr, die Gefühle zu respektieren, zuzuhören und auszuhalten, selbst wenn es zu Tränen kommt. So kann der andere wieder auf eine emotionale Ebene gelangen, in der ein effektives Gespräch möglich ist. Andernfalls kann es auch sinnvoll sein, das Gespräch abzubrechen und am nächsten Tag, wenn sich die Situation wieder beruhigt hat, fortzuführen.

➡ In schwierigen Mitarbeitergesprächen greifen manche Mitarbeiter auch zu unfairen Strategien. Darunter fallen: erinnern an Versäumnisse, Gegenangriffe, Drohungen, übertriebene Betroffenheit, Schmeicheleien oder Ablenkung vom Thema. Diese Strategien verfolgen ein gemeinsames Ziel: Das Gegenüber soll aus dem Konzept gebracht werden und das eigentliche Thema des Gesprächs möglichst aus den Augen verlieren. Wichtig ist deshalb, sich nicht ablenken zu lassen, sondern das Gespräch wieder auf den ursprünglichen Gegenstand zurückzulenken. Sollten die Ablenkungsmanöver aber tatsächlich wichtige Themen zur Sprache bringen, sollten diese in einem weiteren Gespräch diskutiert werden.

➡ Wenn Menschen auf engem Raum miteinander auskommen müssen, wie z. B. im Großraumbüro, können Gerüche oder Äußerlichkeiten schnell zum Stein des Anstoßes werden. In diesem Fall muss eine Führungskraft auch heikle Themen, wie extremen Körpergeruch, ansprechen. Scheuen Sie sich dabei nicht, etwaige eigene Unsicherheiten einzugestehen. Das erleichtert die Situation auch dem Mitarbeiter. Wichtig ist aber, vor dem Gespräch die Fakten selbst zu prüfen und die Feedbackregeln zu beachten. Achten Sie auch darauf, diskret vorzugehen, damit der Mitarbeiter sein Gesicht wahren kann.

➡ Konflikte sind im Arbeitsleben unvermeidbar. Dauern sie an, vergiften sie das Arbeitsklima, blockieren neue Entwicklungen und frustrieren die Beteiligten. Wenn sie aber konstruktiv mit einem für alle Seiten akzeptablen Kompromiss gelöst werden können, setzen sie neue Energien frei und fördern so die Weiterentwicklung oder Innovationen.

➡ Beim Ablauf unkontrollierter Konflikte kann man vier Phasen unterscheiden: In der ersten Phase steht die Diskussion einer Sachfrage im Vordergrund. In der zweiten Phase kommt es zum Streit. Die Diskussion verlagert sich zunehmend auf eine moralische Ebene. Personen, Werte und Beziehungen sind

Das Wichtigste in Kürze 323

nun ebenfalls Thema. In der dritten Phase kommt es zur Eskalation. Wut und Empörung beherrschen das Geschehen auf beiden Seiten. Eine Verständigung ist nun kaum mehr möglich. Die ursprüngliche Sachfrage ist in den Hintergrund gerückt. In der letzten Phase nimmt die Situation den Charakter eines »kalten Kriegs« an. Die Sachfrage ist zwar mittlerweile gelöst, aber die Fronten bestehen weiter und können jederzeit wieder aufbrechen.

➡ Als erster Schritt zur Konfliktlösung sollte die Führungskraft eine Situationsanalyse vornehmen. Dabei geht es darum, zu erarbeiten, was über den Konflikt bekannt ist, welche Vorgeschichte er hat, wie er sich auswirkt, wer ein Interesse an seinem Fortbestehen oder seiner Beendigung haben kann und ob er ohne fremde Hilfe beigelegt werden kann. Im zweiten Schritt muss herausgearbeitet werden, was die Ursache für den Konflikt ist. Hierbei unterscheidet man: Werte-, Sach-, Ziel-, Beurteilungs-, Verteilungs-, Rollen- und Beziehungskonflikte.

➡ Die eigentliche Konfliktlösung erfolgt in mehreren Schritten. Zunächst geht es darum, den direkten Kontakt zwischen den Kontrahenten wiederherzustellen. Damit die Frontlinien nicht wieder aufbrechen, sollte man darauf achten, diesen Dialog zu kontrollieren, und gegebenenfalls auch einen neutralen Moderator für diese Aufgabe hinzuziehen. Auf dieser Grundlage können dann die Beteiligten ihre Emotionen offenlegen und gemeinsam diskutieren, wo die Konfliktursachen zu finden sind und was diese bewirkten. Erst nach der Ursachenanalyse ist der Weg für einen Kompromiss frei. Die ehemaligen Kontrahenten vereinbaren, was sich in Zukunft ändern soll und wie sie bei »Rückfällen« verfahren wollen. Erst wenn das beschlossene Miteinander in aktive Kooperation mündet, ist der Konflikt wirklich beendet.

➡ Um zu verhindern, während Mitarbeitergesprächen selbst in heftige Emotionen zu verfallen, sollte die Führungskraft lernen, sich ihrer Gefühle bewusst zu werden, um sie steuern zu können. Sie muss zunächst erkennen, welche Gefühle in ihr hochkommen. Danach gilt es festzustellen, was sie selbst erreichen möchte und worin ihr Interesse in diesem Fall liegt. Auf dieser Grundlage kann die Führungskraft dann entscheiden, wie sie weiter vorgehen wird. Diese Überlegungen können in wenigen Minuten getroffen sein. Im Zweifelsfall reicht dazu eine kurze Gesprächspause.

➡ Haben Führungskräfte Mitarbeiter in ihrem Bereich, bei denen ein Verdacht auf Drogenmissbrauch, Alkoholabhängigkeit, psychische Erkrankungen oder kriminelle Handlungen besteht, sollten sie sich auf jeden Fall von Experten wie Suchtberatern, Psychologen oder Personalfachleuten zum weiteren Vorgehen beraten lassen. Steht die Strategie des Gesprächsvorgehens fest, sollte der Vorgesetzte alleine oder in Zusammenarbeit mit Fachexperten möglichst zeitnah Gespräche einleiten, um dem Mitarbeiter bei der Lösung seiner Probleme frühzeitig helfen zu können.

Mehr zu diesem Thema

Benien, K.; Schulz von Thun, F.: *Schwierige Gespräche führen*. Rowohlt, 2003
Doppler, K; Lauterburg, C.: *Change Management: Den Unternehmenswandel gestalten*. Campus, 2008
Goleman, D.: *Emotionale Intelligenz*. Deutscher Taschenbuch Verlag, 2002
Hölzl, F.; Raslan, N.: *Schwierige Personalgespräche*. Haufe, 2006
Schöll, R.: *Emotionen managen*. Hanser, 2007

Implementierung von Mitarbeitergesprächen

DARUM GEHT ES ...

- Wie können Mitarbeitergespräche in die Praxis umgesetzt werden?
- Gibt es ein praxiserprobtes Vorgehen bei der Implementierung?
- Wie aufwendig ist die Einführung eines Mitarbeitergesprächssystems?
- Welche rechtlichen Vorschriften sind dabei zu beachten?
- Wie können die Mitarbeiter und Führungskräfte optimal über das neue Führungsinstrument unterrichtet werden?

DIESES KAPITEL BESCHREIBT:

- wie Mitarbeitergespräche schrittweise eingeführt werden können,
- wie man die Mitarbeitervertretung in die Konzeption mit einbezieht,
- welche Funktion und welchen inhaltlichen Aufbau ein Gesprächsleitfaden haben sollte,
- Anregungen für Schulungsmaßnahmen zur Qualifizierung von Mitarbeitern und Führungskräften,
- wie man die Kosten und den Nutzen von Mitarbeitergesprächssystemen kalkuliert,
- die Vor- und Nachteile verschiedener Varianten der Ausgestaltung von Mitarbeitergesprächssystemen.

> Die Geschäftsleitung hat Sie damit beauftragt, in Ihrem Unternehmen Mitarbeitergespräche einzuführen. Sie selbst sind davon überzeugt, dass die Einführung dieses Instruments überfällig ist, weil es in der Firma immer wieder Abstimmungsprobleme zwischen Mitarbeitern und Führungskräften gibt und die Verantwortlichkeiten nicht eindeutig geregelt sind. Außerdem muss die Feedbackkultur zu Zielen und Leistungen verbessert werden. Natürlich hat sich die geplante Maßnahme herumgesprochen und Sie stellen fest, dass nicht alle Führungskräfte und Mitarbeiter Ihre Auffassung teilen.
> Zahlreiche Führungskräfte halten dieses Instrument für völlig überflüssig, weil es, wie sie sagen, nur ihre Zeit raubt und sie ja »sowieso mit ihren Mitarbeitern sprechen«. Ein Teil der Mitarbeiter befürchtet, dass es sich hierbei um ein neues Kontrollinstrument handelt. Aus diesem Grund hat auch schon der Betriebsrat signalisiert, dass er über Ihr Vorhaben unterrichtet werden möchte.
> Sie überlegen, wie Sie diese Widerstände abbauen können und welche Schritte am besten geeignet sind, das Mitarbeitergespräch erfolgreich zu implementieren.

11.1 Praxiserprobte Schritte der Implementierung

Die Komplexität der Konzeption und Einführung eines Mitarbeitergesprächssystems sollte keinesfalls unterschätzt werden (vgl. auch die Praxisbeispiele in Kapitel 13). Werden Instrumente anderer Unternehmen übernommen, ohne deren Auswirkungen auf die unternehmensspezifische Führungs- und Leistungskultur und deren Organisationsform ausreichend zu reflektieren, kann dies die Akzeptanz, aber auch die Umsetzungsziele gefährden. Daher warnen Schuler und Marcus [SCHULER; MARCUS, 2004] davor, bei einzelnen Konzeptions- und Umsetzungsschritten aus Kostengründen zu sparen. In der Praxis hat es sich bewährt, in vier Schritten vorzugehen:

Schritt 1: Definition der Zielsetzung und Rahmenbedingungen durch die Geschäftsführung

Im ersten Schritt definiert die Geschäftsleitung die Ziele, die mit der Einführung eines Mitarbeitergesprächs angestrebt werden, und den Zeitpunkt, an dem das Mitarbeitergesprächssystem verbindlich im Unternehmen eingeführt werden soll. Zudem verabschiedet sie eine Projektstruktur und benennt verantwortliche Mitglieder eines Projektteams, das die Feinausarbeitung des Mitarbeitergesprächssystems übernimmt. Das Projektteam sollte über die in der Geschäftsleitung bestehenden Zielvorstellungen informiert sein, insbesondere darin,

- ... welche Änderungen das Mitarbeitergespräch im Leistungsverhalten, im Führungsstil und in der Zusammenarbeit im Unternehmen bewirken soll und welche Konsequenzen (z. B. Vergütungs- und Personalentwicklungsfragen) an das Mitarbeitergespräch gekoppelt werden sollen.

11.1 Praxiserprobte Schritte der Implementierung

- ... welche thematischen Bestandteile es beinhalten soll. Infrage kämen z. B. Aufgaben- und Zielvereinbarungen, gemeinsame Beurteilung der erbrachten Leistung, Entwicklung und Förderung, die Bewertung der Arbeitssituation der Mitarbeiter oder die Zusammenarbeit mit den Vorgesetzten. Zudem sollte definiert werden, mit welchen Instrumenten oder Folgeprozessen das Mitarbeitergesprächssystem kompatibel sein muss.
- ... wie jährliche Mitarbeitergespräche und Zielvereinbarungen mit der strategischen Unternehmensplanung zusammenhängen. Nur wenn die Geschäftsleitung ihre strategischen Ziele präzise formuliert und mit der nachgelagerten Führungsebene vereinbart, können diese Gespräche nach dem Kaskadenprinzip in allen Mitarbeiterebenen erfolgreich geführt werden.
- ... nach welchen Kriterien und Messverfahren der Erfolg zu überprüfen ist.

In dieser Phase sollte die Geschäftsführung zusammen mit den Projektverantwortlichen auch entscheiden, ob intern genügend Know-how zur Konzeption eines Mitarbeitergesprächssystems und für die Begleitung der Einführungsphase vorhanden ist oder ob eine externe Beratung hinzugezogen werden muss. Für die verbindliche Umsetzung eines Mitarbeitergesprächssystems ist das Commitment der Unternehmensleitung ein wichtiger Erfolgsfaktor. Nur wenn sich die Führungskräfte an der Spitze einer Organisation darüber einig sind, das Instrumentarium konsequent einzuführen und auch selbst verbindlich anzuwenden, wird eine nachhaltige Implementierung gelingen. Dazu gehört aber auch, dass die Unternehmensleitung sich ihrer erforderlichen aktiven Rolle im Prozess bewusst ist und sie Aufgaben wie z. B. die Formulierung strategischer Ziele oder auch die Durchführung von Mitarbeitergesprächen mit den direkt berichtenden Führungskräften wahrnimmt.

Geschäftsleitung und Führungskräfte sollten sich zudem darüber im Klaren sein, dass Mitarbeitergespräche nicht »en passant« geführt werden können, sondern ausreichend Zeit erfordern und deshalb auch im Arbeitsalltag fest einzuplanen sind. Ebenfalls wichtig ist eine transparente Regelung der einzelnen Entscheidungskompetenzen im Unternehmen. Das setzt eine klare Definition der Tätigkeitsbereiche mit ihren Aufgaben und den zu erfüllenden Anforderungen voraus. Zu berücksichtigen ist auch, dass die Geschäftsleitung im Vorfeld die formalen Richtlinien, wie etwa die Ablage der Gesprächsformulare, festlegt.

Schritt 2: Frühzeitige Einbindung der Arbeitnehmervertretung

Um einen Konsens zwischen den Interessen der Mitarbeiter und den Interessen der Geschäftsleitung zu finden, empfiehlt es sich, die gesetzliche Interessenvertretung der Mitarbeiter, beispielsweise den Betriebs- bzw. Personalrat oder die Mitarbeitervertretung (im Folgenden der Einfachheit halber »Betriebsrat« genannt), frühzeitig in die Überlegungen und Planungen für das Mitarbeitergespräch einzubinden. Damit sich der Betriebsrat in die Thematik einarbeiten kann, sollten ihm Informationen über die gängige Praxis von Mitarbeitergesprächen in anderen Unternehmen oder Institutionen, Erfahrungsberichte und Fachliteratur zur Verfügung gestellt werden. Zudem kann der Betriebsrat laut Betriebsverfassungsgesetz (BetrVG § 80

Abs. 3), nach näherer Vereinbarung mit dem Arbeitgeber, fachkundige Beratung bei der Entwicklung eines Mitarbeitergesprächssystems in Anspruch nehmen. Die Arbeitnehmervertretung ist bei allen Systematiken rund um das Thema Zielvereinbarung und Beurteilung mitbestimmungspflichtig (siehe auch Abschnitt 11.2). Daher ist es sinnvoll, den Betriebs- oder Personalrat schon in die strategischen Überlegungen zu diesem Instrument mit einzubeziehen und mit ihm zu vereinbaren, in welchen Schritten die Implementierung erfolgen soll. Befindet sich z. B. ein Vertreter des Betriebsrates in der Projektgruppe, erhält er die Möglichkeit, Bedingungen und Vorstellungen aus der Arbeitnehmerperspektive einzubringen und, falls erwünscht, eine Betriebsvereinbarung vorzubereiten.

Schritt 3: Ausarbeitung der Inhalts- und Prozesskomponenten des Mitarbeitergesprächssystems und des Implementierungsplans durch ein Projektteam

Das von der Geschäftsführung benannte Projektteam erarbeitet die inhaltlichen Grundlagen, erstellt sämtliche Unterlagen, die zur Einführung des Mitarbeitergesprächssystems notwendig sind, und legt die Richtlinien für Qualifizierungsveranstaltungen im Zuge der Einführung fest. In ihm können z. B. folgende Personen vertreten sein: eine Führungskraft aus dem Personalbereich (die in der Regel die Projektleitung übernimmt), Führungskräfte aus unterschiedlichen Unternehmensbereichen, ein Vertreter des Betriebsrates und gegebenenfalls ein externer Berater. Dieses Gremium übernimmt vor allem folgende Aufgaben:

- Sichtung der bestehenden Führungsinstrumente des Unternehmens und Sicherstellung der Kompatibilität des Mitarbeitergesprächssystems mit diesen,
- Erarbeitung der Inhalts- und Prozesskomponenten des Mitarbeitergesprächssystems,
- Erarbeitung eines Prozessablaufs zur regelmäßigen Durchführung des Mitarbeitergesprächssystems,
- Schätzung von Nutzen und Kosten der Einführung und Durchführung des Mitarbeitergesprächssystems,
- Entscheidung über eine Pilotphase und
- Erarbeitung eines Implementierungsprojektplans für das neue System.

Konzipiert das Projektteam das Mitarbeitergesprächssystem, so sollten die Ergebnisse der Konzeptionsphase mit der Geschäftsleitung besprochen werden. Häufig zeigt sich in dieser Abstimmungsrunde, dass in der Unternehmensführung unterschiedliche Meinungen zu Ausrichtung und Feinkonzeption des Systems existieren, die in Übereinstimmung gebracht werden müssen. Erst wenn die konzeptionellen Grundpfeiler des Systems von der Geschäftsleitung verabschiedet sind, kann die Projektgruppe mit der Ausarbeitung fortfahren.

Entwicklung der Unterlagen für das Mitarbeitergesprächssystem

Die nächste Aufgabe der Projektgruppe besteht in der Ausarbeitung der erforderlichen Unterlagen des Mitarbeitergesprächssystems. Gleichzeitig müssen Konzepte für Informations- und Kommunikationsmaßnahmen erstellt werden. Hierzu zählen Informationsveranstaltungen, Berichte in der Mitarbeiterzeitung, Info-Hotlines in der Personalabteilung oder Trainingskonzepte für Führungskräfte und Mitarbeiter. Konkret müssen folgende Unterlagen zusammengestellt werden:

- Erarbeitung von schriftlichen Informationsunterlagen zur Handhabung des Systems, die z. B. in Form eines Leitfadens Führungskräften und Mitarbeitern eine Anleitung für die Durchführung des Mitarbeitergesprächsprozesses gibt,
- Formulare, wie beispielsweise Zielvereinbarungs- und Beurteilungsbögen oder Gesprächsleitfäden, als Hilfe für die Durchführung und Dokumentation der Gespräche,
- optional die Entwicklung eines Online-Tools (Datenbank) zur elektronischen Speicherung von Daten aus dem Mitarbeitergesprächssystem und
- eine Betriebsvereinbarung mit den Mitbestimmungsgremien.

Planung von Kommunikations- und Qualifizierungsveranstaltungen

Die erarbeiteten Unterlagen zum Mitarbeitergesprächssystem sind die Grundlage für die Information und Qualifizierung der Führungskräfte und Mitarbeiter. In dieser Phase beschäftigt sich das Projektteam mit folgenden Themen:

- der Konzeption von Informations- und Qualifizierungsveranstaltungen für Mitarbeiter und Führungskräfte zur Anwendung des Systems,
- der Auswahl von internen bzw. externen Trainern für die Durchführung von Seminaren bzw. Trainings und
- der Qualifizierung von Ansprechpartnern in der Personalabteilung, die bei Fragen zum System oder dessen Durchführung Mitarbeitern und Führungskräften zur Verfügung stehen.

Nach erfolgreicher Information und Qualifikation der Mitarbeiter und Führungskräfte kann der Mitarbeitergesprächsprozess beginnen. Es empfiehlt sich, dass zuerst die Geschäftsführung mit ihren direkt berichtenden Führungskräften die Mitarbeitergespräche durchführt. So kann sie sicherstellen, dass nachgeordnete Mitarbeitergespräche sich an den unternehmerischen Zielsetzungen orientieren. Zudem lernen die direkt berichtenden Führungskräfte auf diese Weise gewissermaßen ein Modell für die Durchführung eines Mitarbeitergesprächs kennen, welches sie dann bei den Gesprächen mit ihren eigenen Mitarbeitern anwenden können.

Denkbar ist auch, im Rahmen eines Pilotprojekts zunächst nur in einigen Abteilungen nach dem definierten System Mitarbeitergespräche durchzuführen. Die so gewonnenen Erfahrungen werden danach ausgewertet. Wenn in diesem »Probelauf« Verbesserungsmöglichkeiten festgestellt werden, können diese in das Konzept für die Implementierung im gesamten Unternehmen aufgenommen werden. Bild 11.1 zeigt exemplarisch einen Einführungsplan für ein Mitarbeitergesprächssystem.

Einführung von Mitarbeitergesprächen – Ablaufplan

1. Definition der strategischen Zielsetzung und Rahmenbedingungen für die Einführung des Mitarbeitergesprächs durch die Geschäftsführung. Entscheidung über die Einbindung externer Berater.

2. Frühzeitige Einbeziehung der gesetzlich gewählten Mitarbeitervertretung in die Planung.

3. Bildung eines Projektteams aus Vertretern des Personalbereichs, Führungskräften, Mitarbeitern und Arbeitnehmervertretern, mit dem Auftrag, das Mitarbeitergesprächssystem zu konzipieren, einen Einführungsplan zu erarbeiten und diese Ergebnisse mit der Geschäftsleitung abzustimmen.

4. Ausgestaltung des Instrumentariums, Ausarbeitung aller wichtigen Unterlagen wie Leitfäden, Broschüren usw.

5. Sicherstellung der Information von Mitarbeitern und Führungskräften, z. B. in Betriebsversammlungen, Veröffentlichungen in der Mitarbeiterzeitschrift, Präsentationen in Teamsitzungen usw.

6. Konzeption und Durchführung von Trainings zu Mitarbeitergesprächen für Führungskräfte und Mitarbeiter.

7. Terminvereinbarung für erste Mitarbeitergespräche, unter Umständen auch für vorab stattfindende Testgespräche oder Pilotphasen.

8. Entwicklung strategischer Zielsetzungen für das Unternehmen und deren Kommunikation durch die Geschäftsleitung.

9. Beginn der Durchführung von Mitarbeitergesprächen beginnend mit der Unternehmensleitung.

10. Projektevaluation zur Überprüfung des Erfolgs der Einführung.

Bild 11.1 Einführungsplan für ein Mitarbeitergesprächssystem

Schritt 4: Evaluation des Erfolges und der Qualität der Mitarbeitergespräche

Nach der Implementierung sollten Erfolg und Qualität der Mitarbeitergespräche überprüft werden, um eventuell noch vorliegende Schwachstellen des Systems zu erkennen und Verbesserungen vorzunehmen. Auch für diesen Schritt sollte das Projektteam wieder in Aktion treten und ein Instrumentarium zur Evaluation und Ergebnismessung ausarbeiten.

11.1 Praxiserprobte Schritte der Implementierung

Um die regelmäßige Durchführung von Mitarbeitergesprächen anhand einer objektiven Kennzahl zu überprüfen, eignet sich die Erhebung der Durchführungsquote. Sie ergibt sich aus dem Verhältnis der eingegangenen und unterschriebenen Mitarbeitergesprächsprotokolle zur Anzahl der Mitarbeiter. Quantitative und qualitative Daten zum Mitarbeitergesprächsprozess (vgl. Bild 11.2) liefern Führungskräfte- und Mitarbeiterbefragungen zu deren ersten Erfahrungen mit diesem Führungsinstrument (z. B. in Form von Fokusgruppeninterviews, Online-Befragungen oder 180-Grad-Feedbacks). Die Geschäftsleitung ist besonders an der Frage interessiert, ob sich das Mitarbeitergespräch positiv auf die Leistung und die Motivation der Beschäftigten einerseits und die Geschäftsentwicklung der Firma andererseits auswirkt. Erkenntnisse hierzu lassen sich auch aus der erreichten Quote strategisch wichtiger Ziele oder indirekt aus den Geschäftsergebnissen ablesen.

Stichprobenweise Analysen von ausgefüllten Gesprächsformularen geben Aufschluss über die Qualität des Gesprächs, insbesondere darüber, inwieweit Ziele den Formulierungsanforderungen entsprechen und vereinbart wurden, ob die Pläne zur weiteren Entwicklung und Fortbildung von Mitarbeitern konkretisiert oder die Leistung differenziert beurteilt wurde. Sinnvoll ist auch, die gesetzliche Mitarbeitervertretung im Unternehmen zu befragen, wie sie auf Basis der beim Betriebsrat eingegangenen Rückmeldungen die Akzeptanz und Qualität der Mitarbeitergespräche beurteilt. Auf Grundlage der so gewonnenen Erkenntnisse kann das Projektteam Problemfelder erkennen und Lösungsvorschläge entwickeln.

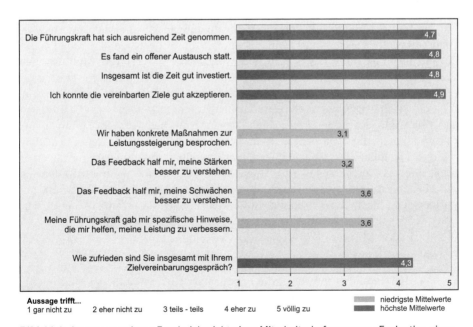

Bild 11.2 Auszug aus einem Ergebnisbericht einer Mitarbeiterbefragung zur Evaluation eines Mitarbeitergesprächssystems

In Anlehnung an König und Vollmer [KÖNIG; VOLLMER, 2002] und Hossiep, Bittner und Berndt [HOSSIEP; BITTNER; BERNDT, 2008] können folgende Themen evaluiert werden:

- Evaluation der Ziele: Überprüfung, ob die im Vorfeld definierten Ziele, die mit dem System erreicht werden sollen, eingetroffen sind.
- Prozessevaluation: Überprüfung, ob der Ablauf des Mitarbeitergesprächssystems analog dem von dem Unternehmen vorgegebenen Prozess stattgefunden hat.
- Input-Evaluation: Erhebung und Bewertung der Kosten, die bei der Implementierung und Durchführung von Mitarbeitergesprächen entstehen.
- Output-Evaluation: Überprüfung des Erfolges und des Nutzens, den das Mitarbeitergesprächssystem für Führungskräfte und Mitarbeiter bewirkt.
- Outcome-Evaluation: Feststellung langfristiger Konsequenzen von Mitarbeitergesprächen.

Erfahrungsgemäß etabliert sich das Instrument erst nach ein bis zwei Jahren Anwendung. Erst nach dieser »Anlaufzeit« kann man Effekte, wie z. B. eine höhere Zielorientierung, effektivere Zusammenarbeit zwischen Vorgesetztem und Mitarbeiter oder auch Leistungssteigerung, erkennen.

11.2 Einbindung des Betriebsrats und rechtliche Fragen

Für die Klärung der rechtlichen Rahmenbedingungen ist in erster Linie das Betriebsverfassungsgesetz von Belang. Es enthält die weitestgehenden Regelungen, die für die Einführung des Mitarbeitergesprächssystems relevant sind. Darüber hinaus sind die Vorschriften des Allgemeinen Gleichbehandlungsgesetzes zu beachten. Häufig wird das Mitarbeitergespräch auf Grundlage einer Betriebsvereinbarung zwischen Geschäftsleitung und Arbeitnehmervertretern eingeführt.
Der Vollständigkeit halber sei erwähnt, dass für Unternehmen, Einrichtungen und Organisationen, die nicht dem Betriebsverfassungsgesetz unterliegen, die Bestimmungen folgender Gesetze und Verordnungen gelten: des Bundespersonalvertretungsgesetzes, der Personalvertretungsgesetze der jeweiligen Bundesländer, der Mitarbeitervertretungsverordnung(en) im Bereich der katholischen Kirche und der Caritas, des Mitarbeitervertretungsgesetzes im Bereich der evangelischen Kirche und des Diakonischen Werkes.

Betriebsvereinbarung

Eine Betriebsvereinbarung regelt die organisatorischen, inhaltlichen und rechtlichen Aspekte dieses Führungsinstruments verbindlich, legt beispielsweise fest, wie oft die Gespräche stattfinden sollen, bezieht den Datenschutz mit ein und bestimmt die Rechte und Pflichten von Arbeitgebern und Arbeitnehmern. In diesem Text sollten die Vertragspartner auch festhalten, was passiert, wenn sich Vorgesetzter und

Mitarbeiter, die zusammen ein Mitarbeitergespräch geführt haben, uneinig sind oder es zwischen ihnen zum Konflikt kommt. Andernfalls müssen die Vertreter der Unternehmensleitung und der Arbeitnehmer entsprechende Regelungen während der dann laufenden Auseinandersetzungen zwischen Führungskraft und Mitarbeiter aushandeln.

In der Regel [HOSSIEP; BITTNER; BERNDT, 2008, S. 39] besteht eine betriebliche Rahmenvereinbarung zum Mitarbeitergespräch aus folgenden Kernelementen:

- Präambel: einleitende Worte über Gründe, Ziel und Nutzen der Einführung und des Einsatzes von Mitarbeitergesprächen.
- Ziele des Verfahrens: Abgrenzung des Mitarbeitergesprächs von anderen Führungsinstrumenten, Kernziele, die die Personalführung und -förderung damit verfolgt.
- Grundsätze: Definition, für welche Mitarbeiter und Führungskräfte die Rahmenvereinbarung verbindlich ist.
- Personeller Rahmen, Turnus und Anlässe: Festlegung aller organisatorischen Rahmenbedingungen und möglicher Anlässe für ein Mitarbeitergespräch.
- Unterschriften: Die Unterschrift unter das Gesprächsprotokoll gilt nur als Bestätigung, dass das Mitarbeitergespräch mit den beschriebenen Inhalten stattgefunden hat, nicht als Zustimmung oder Anerkennung eventueller Ergebnisse und Folgerungen.
- Konfliktlösung: ausdrücklicher Hinweis darauf, dass auch bestehende Konflikte im Mitarbeitergespräch angesprochen werden sollen und wie im Falle des Konfliktes zwischen Mitarbeiter und Führungskraft vorgegangen wird.
- Dokumentation: Festlegungen, wo und wie lange Aufzeichnungen und Personalbeurteilungsbögen aufbewahrt werden.
- Information der Beteiligten: Festlegung, welche Informationen und Schulungen die Führungskräfte und Mitarbeiter vor ihrem ersten Mitarbeitergespräch und, falls weiterer Bedarf besteht, auch später erhalten.
- Evaluation und Monitoring des Mitarbeitergesprächsprozesses: Angaben, wann und wie eine Evaluation und ein Monitoring der Mitarbeitergespräche vorgesehen sind.
- Schlussbestimmungen: Bestimmungen zum Inkrafttreten und zur Gültigkeit dieser Bestimmung.
- Anhänge.

Betriebsverfassungsgesetz

Das Betriebsverfassungsgesetz (BetrVG) regelt sowohl die Rechte einzelner Arbeitnehmer wie auch die Beteiligungsrechte des Betriebsrats, wobei die Möglichkeiten des Einzelnen zur Beeinflussung von Mitarbeitergesprächs- und Beurteilungssystemen deutlich geringer sind als die kollektivrechtlichen Möglichkeiten [BREISIG, 2005]. Nachfolgend sind die wichtigsten Rechte zusammengefasst, die bei der Implementierung des Mitarbeitergesprächssystems zu beachten sind:

BetrVG § 75: Grundsätze für die Behandlung der Betriebsangehörigen

(1) Arbeitgeber und Betriebsrat haben darüber zu wachen, dass alle im Betrieb tätigen Personen nach den Grundsätzen von Recht und Billigkeit behandelt werden, insbesondere, dass jede Benachteiligung von Personen aus Gründen ihrer Rasse oder wegen ihrer ethnischen Herkunft, ihrer Abstammung oder sonstigen Herkunft, ihrer Nationalität, ihrer Religion oder Weltanschauung, ihrer Behinderung, ihres Alters, ihrer politischen oder gewerkschaftlichen Betätigung oder Einstellung oder wegen ihres Geschlechts oder ihrer sexuellen Identität unterbleibt.

(2) Arbeitgeber und Betriebsrat haben die freie Entfaltung der Persönlichkeit der im Betrieb beschäftigten Arbeitnehmer zu schützen und zu fördern. Sie haben die Selbständigkeit und Eigeninitiative der Arbeitnehmer und Arbeitsgruppen zu fördern.

Das Mitarbeitergespräch ermöglicht dem Mitarbeiter, mit dem Vorgesetzten regelmäßig Dialoge über die Gestaltung seines Aufgabenbereichs zu führen. Auf diese Weise trägt es dazu bei, dass Mitarbeiter ihren Fähigkeiten entsprechend gefördert werden und frühzeitig zum Ausdruck bringen können, wenn sie sich unter- bzw. überfordert fühlen oder Bedingungen vorfinden, die eine Entfaltung der Persönlichkeit behindern.

BetrVG § 80 Abs. 1: Allgemeine Aufgaben

(1) Der Betriebsrat hat folgende allgemeine Aufgaben: (...)
2. Maßnahmen, die dem Betrieb und der Belegschaft dienen, beim Arbeitgeber zu beantragen;
2a. die Durchsetzung der tatsächlichen Gleichberechtigung von Frauen und Männern, insbesondere bei der Einstellung, Beschäftigung, Aus-, Fort- und Weiterbildung und dem beruflichen Aufstieg, zu fördern.

Das Mitarbeitergespräch unterstützt die Forderung dieser Vorschrift, da es bei Beschäftigten beiderlei Geschlechts gleichermaßen Anwendung findet.
(2) Zur Durchführung seiner Aufgaben nach diesem Gesetz ist der Betriebsrat rechtzeitig und umfassend vom Arbeitgeber zu unterrichten. Ihm sind auf Verlangen jederzeit die zur Durchführung seiner Aufgaben erforderlichen Unterlagen zur Verfügung zu stellen; in diesem Rahmen ist der Betriebsausschuss oder ein nach § 28 gebildeter Ausschuss berechtigt, in die Listen über die Bruttolöhne und -gehälter Einblick zu bekommen.

Es empfiehlt sich, dem Betriebsrat entsprechend dieser Vorschrift möglichst frühzeitig alle Unterlagen, die sich auf die Einführung des Mitarbeitergesprächs beziehen, zur Verfügung zu stellen. Dies gilt auch für Änderungen, die im Zuge der Konzeption des Mitarbeitergesprächs an Gehaltsstrukturen, wie z. B. variablen Vergütungsbestandteilen, vorgenommen werden. Noch besser ist es, gemeinsam mit dem Betriebsrat am »runden Tisch« über die Zielsetzung und die weiteren Schritte für die Implementierung dieses Instruments zu beraten.

BetrVG § 81: Unterrichtungs- und Erörterungspflicht des Arbeitgebers

(1) Der Arbeitgeber hat den Arbeitnehmer über dessen Aufgabe und Verantwortung sowie über die Art seiner Tätigkeit und ihre Einordnung in den Arbeitsablauf des Betriebs

11.2 Einbindung des Betriebsrats und rechtliche Fragen

zu unterrichten. Er hat den Arbeitnehmer vor Beginn der Beschäftigung über die Unfall- und Gesundheitsgefahren, denen dieser bei der Beschäftigung ausgesetzt ist, sowie über die Maßnahmen und Einrichtungen zur Abwendung dieser Gefahren und die nach § 10 Abs. 2 des Arbeitsschutzgesetzes getroffenen Maßnahmen zu belehren. (...)
(2) Über Veränderungen in seinem Arbeitsbereich ist der Arbeitnehmer rechtzeitig zu unterrichten. Absatz 1 gilt entsprechend.
(3) In Betrieben, in denen kein Betriebsrat besteht, hat der Arbeitgeber die Arbeitnehmer zu allen Maßnahmen zu hören, die Auswirkungen auf Sicherheit und Gesundheit der Arbeitnehmer haben können.
(4) Der Arbeitgeber hat den Arbeitnehmer über die aufgrund einer Planung von technischen Anlagen, von Arbeitsverfahren und Arbeitsabläufen oder der Arbeitsplätze vorgesehenen Maßnahmen und ihre Auswirkungen auf seinen Arbeitsplatz, die Arbeitsumgebung sowie auf Inhalt und Art seiner Tätigkeit zu unterrichten. Sobald feststeht, dass sich die Tätigkeit des Arbeitnehmers ändern wird, und seine beruflichen Kenntnisse und Fähigkeiten zur Erfüllung seiner Aufgaben nicht ausreichen, hat der Arbeitgeber mit dem Arbeitnehmer zu erörtern, wie dessen berufliche Kenntnisse und Fähigkeiten im Rahmen der betrieblichen Möglichkeiten den künftigen Anforderungen angepasst werden können. Der Arbeitnehmer kann bei der Erörterung ein Mitglied des Betriebsrats hinzuziehen.

Das Mitarbeitergespräch beinhaltet neben der Festlegung von Zielvorgaben auch die Diskussion über die zukünftigen Aufgabenbereiche des Mitarbeiters und über infrage kommende berufliche Fortbildungsmaßnahmen. Insofern bietet es dem Arbeitnehmer die Möglichkeit, sich regelmäßig mit seinem Vorgesetzten über Veränderungen seiner Tätigkeit und die zukünftige Gestaltung seines Arbeitsplatzes auszutauschen.

BetrVG § 82: Anhörungs- und Erörterungsrecht des Arbeitnehmers

(1) Der Arbeitnehmer hat das Recht, in betrieblichen Angelegenheiten, die seine Person betreffen, von den nach Maßgabe des organisatorischen Aufbaus des Betriebs hierfür zuständigen Personen gehört zu werden. Er ist berechtigt, zu Maßnahmen des Arbeitgebers, die ihn betreffen, Stellung zu nehmen sowie Vorschläge für die Gestaltung des Arbeitsplatzes und des Arbeitsablaufs zu machen.
(2) Der Arbeitnehmer kann verlangen, dass ihm die Berechnung und Zusammensetzung seines Arbeitsentgelts erläutert und dass mit ihm die Beurteilung seiner Leistungen sowie die Möglichkeiten seiner beruflichen Entwicklung im Betrieb erörtert werden. Er kann ein Mitglied des Betriebsrats hinzuziehen. Das Mitglied des Betriebsrats hat über den Inhalt dieser Verhandlungen Stillschweigen zu bewahren, soweit es vom Arbeitnehmer im Einzelfall nicht von dieser Verpflichtung entbunden wird.

Das Mitarbeitergespräch ermöglicht es Arbeitnehmern, Vorschläge für die Gestaltung ihres Arbeitsplatzes und des Arbeitsablaufs zu unterbreiten und zu diskutieren. Die Vorstellungen und Wünsche des Arbeitnehmers finden ebenso Gehör wie die Meinung der Führungskraft. Zudem werden im Mitarbeitergespräch Leistungen und berufliche Entwicklungsmöglichkeiten erörtert.

BetrVG § 83: Einsicht in die Personalakten

(1) Der Arbeitnehmer hat das Recht, in die über ihn geführten Personalakten Einsicht zu nehmen. Er kann hierzu ein Mitglied des Betriebsrats hinzuziehen. Das Mitglied des Betriebsrats hat über den Inhalt der Personalakte Stillschweigen zu bewahren, soweit es vom Arbeitnehmer im Einzelfall nicht von dieser Verpflichtung entbunden wird.
(2) Erklärungen des Arbeitnehmers zum Inhalt der Personalakte sind dieser auf sein Verlangen beizufügen.

Da in der Regel Mitarbeitergesprächsprotokolle in der Personalakte abgelegt werden, haben Führungskräfte und Mitarbeiter eine gemeinsame Verantwortung, die Dokumentation so zu gewährleisten, dass beide Seiten sich darin wiederfinden. Der Mitarbeiter kann jederzeit Einsicht in die Personalakten fordern und etwaige zusätzliche Erklärungen z. B. zu seiner Beurteilung nachreichen.

BetrVG § 84: Beschwerderecht

(1) Jeder Arbeitnehmer hat das Recht, sich bei den zuständigen Stellen des Betriebs zu beschweren, wenn er sich vom Arbeitgeber oder von Arbeitnehmern des Betriebs benachteiligt oder ungerecht behandelt oder in sonstiger Weise beeinträchtigt fühlt. Er kann ein Mitglied des Betriebsrats zur Unterstützung oder Vermittlung hinzuziehen.
(2) Der Arbeitgeber hat den Arbeitnehmer über die Behandlung der Beschwerde zu bescheiden und, soweit er die Beschwerde für berechtigt erachtet, ihr abzuhelfen.
(3) Wegen der Erhebung einer Beschwerde dürfen dem Arbeitnehmer keine Nachteile entstehen.

Finden Mitarbeiter und Führungskraft im Mitarbeitergespräch keine Einigung, kann der Mitarbeiter den Betriebsrat zum Gespräch hinzuziehen. Diese Regelung ist bereits in vielen Betriebsvereinbarungen niedergelegt.

Fordert der Mitarbeiter im Mitarbeitergespräch oder auch schon davor, einen Betriebsrat zum Gespräch hinzuzuziehen, ist dies ein konkreter Hinweis darauf, dass das Vertrauensverhältnis zwischen Führungskraft und Mitarbeiter gestört ist. Bevor der Vertreter der Arbeitnehmervertretung oder ein anderer Dritter mit hinzugezogen wird, sollte die Führungskraft deshalb versuchen, herauszufinden, warum der Mitarbeiter Vorbehalte gegen ein bilaterales Gespräch hegt und ob die offenstehenden Themen nicht auch in einem zweiten Gespräch bilateral gelöst werden können. Sollte der Mitarbeiter jedoch auf das Hinzuziehen eines Dritten bestehen, ist diesem Anliegen zu entsprechen. Es empfiehlt sich aber für diesen Fall, eindeutig mit dem Mitarbeiter und der hinzugezogenen dritten Person im Vorfeld zu vereinbaren, welche Rolle diese im Gesprächsprozess einnimmt [VGL. HOSSIEP; BITTNER; BERNDT, 2008], da sie den Charakter des Gesprächs stark verändern kann. Der Dritte sollte nur im Notfall für den Mitarbeiter sprechen. Er kann und muss aber einschreiten, wenn er die Grundsätze eines korrekten Mitarbeitergesprächs von einer der Seiten verletzt sieht.

11.2 Einbindung des Betriebsrats und rechtliche Fragen

BetrVG § 85: Behandlung von Beschwerden durch den Betriebsrat

(1) Der Betriebsrat hat Beschwerden von Arbeitnehmern entgegenzunehmen und, falls er sie für berechtigt erachtet, beim Arbeitgeber auf Abhilfe hinzuwirken.
(2) Bestehen zwischen Betriebsrat und Arbeitgeber Meinungsverschiedenheiten über die Berechtigung der Beschwerde, so kann der Betriebsrat die Einigungsstelle anrufen. Der Spruch der Einigungsstelle ersetzt die Einigung zwischen Arbeitgeber und Betriebsrat. Dies gilt nicht, soweit Gegenstand der Beschwerde ein Rechtsanspruch ist.
(3) Der Arbeitgeber hat den Betriebsrat über die Behandlung der Beschwerde zu unterrichten. § 84 Abs. 2 bleibt unberührt.

Treffen Beschwerden beim Betriebsrat ein, in denen ein Mitarbeiter wünscht, dass dieser an einer Lösungsfindung mit der Unternehmensseite mitwirkt, müssen sich zunächst Betriebsrat und Unternehmen auf ein transparentes Vorgehen und die einzuleitenden Schritte einigen. In der Regel ist dazu nötig, einen möglichen Lösungsprozess zu skizzieren, dessen Schritte von beiden Seiten als wirkungsvoll erachtet werden.

BetrVG § 87: Mitbestimmungsrechte

(1) Der Betriebsrat hat, soweit eine gesetzliche oder tarifliche Regelung nicht besteht, in folgenden Angelegenheiten mitzubestimmen: (...)
1. Fragen der Ordnung des Betriebs und des Verhaltens der Arbeitnehmer im Betrieb. (...)

Diese Vorschrift lässt die Interpretation zu, dass der Betriebsrat bei allen Instrumenten, die die Fragen der Ordnung des Betriebs und des Mitarbeiterverhaltens regeln sollen, mit einbezogen werden muss. Da das Mitarbeitergespräch durch seine Funktionen zu beiden Themen einen Beitrag leistet, erfolgt hieraus das Mitbestimmungsrecht des Betriebsrats.

6. Einführung und Anwendung von technischen Einrichtungen, die dazu bestimmt sind, das Verhalten oder die Leistung der Arbeitnehmer zu überwachen; ...

Werden im Zuge des Mitarbeitergesprächs Beurteilungsdaten, die einen Rückschluss auf das Leistungsverhalten des Mitarbeiters zulassen, elektronisch gespeichert, so erschließt sich aus diesem Absatz das Mitbestimmungsrecht des Betriebsrats.

10. Fragen der betrieblichen Lohngestaltung, insbesondere die Aufstellung von Entlohnungsgrundsätzen und die Einführung und Anwendung von neuen Entlohnungsmethoden sowie deren Änderung;
11. Festsetzung der Akkord- und Prämiensätze und vergleichbarer leistungsbezogener Entgelte, einschließlich der Geldfaktoren; ...

Sind an das Ergebnis von Mitarbeitergesprächen insbesondere im Teil Leistungsbeurteilung monetäre Konsequenzen gekoppelt, ergibt sich aus diesem Absatz das Mitbestimmungsrecht des Betriebsrats.

(2) Kommt eine Einigung über eine Angelegenheit nach Absatz 1 nicht zustande, so entscheidet die Einigungsstelle. Der Spruch der Einigungsstelle ersetzt die Einigung zwischen Arbeitgeber und Betriebsrat.

BetrVG § 94: Personalfragebogen, Beurteilungsgrundsätze

(1) Personalfragebogen bedürfen der Zustimmung des Betriebsrats. Kommt eine Einigung über ihren Inhalt nicht zustande, so entscheidet die Einigungsstelle. Der Spruch der Einigungsstelle ersetzt die Einigung zwischen Arbeitgeber und Betriebsrat.

(2) Absatz 1 gilt entsprechend für persönliche Angaben in schriftlichen Arbeitsverträgen, die allgemein für den Betrieb verwendet werden sollten, sowie für die Aufstellung allgemeiner Beurteilungsgrundsätze.

Da Mitarbeitergespräche in der Regel einen Bestandteil »Beurteilung der vergangenen Leistungen« beinhalten, ergibt sich aus diesem Paragrafen das Mitbestimmungsrecht der Arbeitnehmervertretung bei der Gestaltung des Mitarbeitergesprächs.

BetrVG § 95: Auswahlrichtlinien

(1) Richtlinien über die personelle Auswahl bei Einstellungen, Versetzungen, Umgruppierungen und Kündigungen bedürfen der Zustimmung des Betriebsrats. Kommt eine Einigung über die Richtlinien oder ihren Inhalt nicht zustande, so entscheidet auf Antrag des Arbeitgebers die Einigungsstelle. Der Spruch der Einigungsstelle ersetzt die Einigung zwischen Arbeitgeber und Betriebsrat.

(2) In Betrieben mit mehr als 500 Arbeitnehmern kann der Betriebsrat die Aufstellung von Richtlinien über die bei Maßnahmen des Absatzes 1 Satz 1 zu beachtenden fachlichen und persönlichen Voraussetzungen und sozialen Gesichtspunkte verlangen. Kommt eine Einigung über die Richtlinien oder ihren Inhalt nicht zustande, so entscheidet die Einigungsstelle. Der Spruch der Einigungsstelle ersetzt die Einigung zwischen Arbeitgeber und Betriebsrat.

(3) Versetzung im Sinne dieses Gesetzes ist die Zuweisung eines anderen Arbeitsbereichs, die voraussichtlich die Dauer von einem Monat überschreitet, oder die mit einer erheblichen Änderung der Umstände verbunden ist, unter denen die Arbeit zu leisten ist. Werden Arbeitnehmer nach der Eigenart ihres Arbeitsverhältnisses üblicherweise nicht ständig an einem bestimmten Arbeitsplatz beschäftigt, so gilt die Bestimmung des jeweiligen Arbeitsplatzes nicht als Versetzung.

Auswahlrichtlinien dienen als Entscheidungshilfe für Einstellungen, Versetzungen, Umgruppierungen und Kündigungen. Auch Leistungsbeurteilungen gehören zu diesen Entscheidungshilfen. Aus diesem Grund kommt für sie § 95 zur Anwendung: Der Betriebsrat muss den Beurteilungskriterien zustimmen.

BetrVG § 98: Durchführung betrieblicher Bildungsmaßnahmen

(1) Der Betriebsrat hat bei der Durchführung von Maßnahmen der betrieblichen Berufsausbildung mitzubestimmen.

Es ist notwendig und sinnvoll, mit dem Betriebsrat gemeinsam zu beraten, wie Mitarbeiter und Führungskräfte am besten auf das Führen von Mitarbeitergesprächen vorzubereiten sind.

BetrVG § 99: Mitbestimmung bei personellen Einzelmaßnahmen

(1) In Unternehmen mit in der Regel mehr als 20 wahlberechtigten Arbeitnehmern hat der Arbeitgeber den Betriebsrat vor jeder Einstellung, Eingruppierung, Umgruppierung und Versetzung zu unterrichten, ihm die erforderlichen Bewerbungsunterlagen vorzulegen und Auskunft über die Person der Beteiligten zu geben; er hat dem Betriebsrat unter Vorlage der erforderlichen Unterlagen Auskunft über die Auswirkungen der geplanten Maßnahme zu geben und die Zustimmung des Betriebsrats zu der geplanten Maßnahme einzuholen. Bei Einstellungen und Versetzungen hat der Arbeitgeber insbesondere den in Aussicht genommenen Arbeitsplatz und die vorgesehene Eingruppierung mitzuteilen. Die Mitglieder des Betriebsrats sind verpflichtet, über die ihnen im Rahmen der personellen Maßnahmen nach den Sätzen 1 und 2 bekannt gewordenen persönlichen Verhältnisse und Angelegenheiten der Arbeitnehmer, die ihrer Bedeutung oder ihrem Inhalt nach einer vertraulichen Behandlung bedürfen, Stillschweigen zu bewahren; § 79 Abs. 1 Satz 2 bis 4 gilt entsprechend. (...)
(3) Verweigert der Betriebsrat seine Zustimmung, so hat er dies unter Angabe von Gründen innerhalb einer Woche nach Unterrichtung durch den Arbeitgeber diesem schriftlich mitzuteilen. Teilt der Betriebsrat dem Arbeitgeber die Verweigerung seiner Zustimmung nicht innerhalb der Frist schriftlich mit, so gilt die Zustimmung als erteilt.
(4) Verweigert der Betriebsrat seine Zustimmung, so kann der Arbeitgeber beim Arbeitsgericht beantragen, die Zustimmung zu ersetzen.
Sollte als Konsequenz von Beurteilungsergebnissen in den Mitarbeitergesprächen eine Umgruppierung, Versetzung oder eine Kündigung geplant sein, so ergibt sich aus diesem Paragrafen die Mitbestimmungspflicht des Betriebsrats.

Allgemeines Gleichbehandlungsgesetz (AGG)

Nach dem Allgemeinen Gleichbehandlungsgesetz (AGG) ist der Arbeitgeber verpflichtet, seine Beschäftigten vor Benachteiligung durch Arbeitskollegen oder Dritte, z. B. Kunden, zu schützen. Er muss dazu bereits vorbeugend konkrete Maßnahmen ergreifen.

Das AGG zielt darauf ab, folgende Benachteiligungen zu verhindern:

- aus Gründen der Rasse oder wegen der ethnischen Herkunft,
- wegen des Geschlechtes,
- wegen der sexuellen Identität,
- wegen der Religion und Weltanschauung,
- wegen einer Behinderung oder
- wegen des Alters.

In der Regel stehen Mitarbeitergesprächssysteme mit den im AGG definierten Grundprinzipien in Einklang. Mitarbeiter werden auf Basis der konkreten, arbeitsbezogenen Verhaltensweisen und Kompetenzen beurteilt. Personenbezogene Merkmale wie Geschlecht, Alter, Herkunft, Religion stellen keine Bewertungsgrundlage dar. Diese Übereinstimmung mit dem AGG kann z. B. auch in den Unterlagen zum Mitarbeitergespräch explizit hervorgehoben werden.

Im Streitfall reichen zunächst Indizien, die der Benachteiligte gemäß § 22 AGG vorbringt. Dabei muss der potenziell Benachteiligte darlegen und beweisen, dass ein kausaler Zusammenhang zwischen der Benachteiligung und dem Eintritt eines Schadens für ihn vorliegt. Daraufhin muss der in Anspruch Genommene (also das Unternehmen) hierzu konkret Stellung nehmen. Wenn der Arbeitgeber die Indizien nicht ausreichend widerlegen kann, muss er für die aus der Verletzung des Benachteiligungsverbotes resultierenden Schäden aufkommen.

Stöwe und Beenen [STÖWE; BEENEN, 2009] betonen, dass es auch in Mitarbeitergesprächen zu Benachteiligungen kommen kann. Sie nennen als typische Fälle:

- Unmittelbare Benachteiligung wegen des Geschlechts:

z. B.: Eine Führungskraft vereinbart, dass weibliche Teilzeitkräfte grundsätzlich keine bonusrelevanten Ziele erhalten. Seine Begründung: Frauen in Teilzeit seien sowieso nur Aushilfen.

- Unmittelbare Benachteiligung wegen des Alters oder der Herkunft:

z. B.: Ein Mitarbeiter erhält aufgrund der im AGG genannten Kriterien (Alter, Ethnie) für die gleiche Zielerreichung in einer vergleichbaren Position einen geringeren Bonus als andere Kollegen.

- Unmittelbare Benachteiligung wegen des Alters:

z. B.: Jüngere Mitarbeiter werden in einer vergleichbaren Position kritischer beurteilt als ältere Mitarbeiter. Begründung: Von den älteren könne man nicht mehr 100 Prozent Leistung erwarten. Oder: In einem Beurteilungsbogen wird als Kriterium »junges, dynamisches Auftreten« eingesetzt.

In einigen Fällen sind Ungleichbehandlungen aufgrund der im AGG genannten Merkmale erlaubt, beispielsweise um entsprechend § 5 Benachteiligungen zu verhindern oder auszugleichen.

Zu den erlaubten Ungleichbehandlungen zählen z. B. Maßnahmen, die dazu dienen, dass in Unternehmen, in denen Frauen in den oberen Führungsebenen unterproportional repräsentiert sind, diese besonders gefördert werden. Aktivitäten um die Behindertenquote nach § 71 SGB IX zu erfüllen, zählen ebenso zu den erlaubten Ungleichbehandlungen. Auch ist eine unterschiedliche Behandlung bei allen Benachteiligungsmerkmalen zulässig, wenn der Unterscheidungsgrund wegen der Art der auszuübenden Tätigkeit oder der Bedingung ihrer Ausübung eine wesentliche und entscheidende berufliche Anforderung darstellt, der Zweck rechtmäßig und die Anforderung angemessen ist.

Eine mittelbare Benachteiligung nach § 3 Abs. 2 AGG liegt dagegen auch vor, wenn dem Anschein nach neutrale Vorschriften, Kriterien oder Verfahren Personen wegen einer der im AGG genannten Gründe in besonderer Weise benachteiligen können. Das trifft z. B. zu, wenn ein Unternehmen die Teilzeitkräfte, die in der überwiegenden Mehrheit Frauen sind, von der Beteiligung an einem Zielvereinbarungssystem ausschließt.

Um mittelbare oder unmittelbare Benachteiligungen zu vermeiden, ist es ratsam, alle mit dem Mitarbeitergesprächssystem zusammenhängenden Dokumente, Vereinbarungen und Prozesskomponenten auf ihre Übereinstimmung mit den Regeln des Allgemeinen Gleichbehandlungsgesetzes zu überprüfen.

11.3 Leitfaden zum Mitarbeitergespräch

Ein Leitfaden zum Mitarbeitergespräch beschreibt den gesamten Mitarbeitergesprächsprozess und wie diese Gespräche im Unternehmen vorbereitet und geführt werden sollen. Er enthält alle für das Gespräch wichtigen Informationen und Anleitungen, um eine erfolgreiche Umsetzung zu gewährleisten. Des Weiteren dient der Gesprächsleitfaden der Entwicklung einer firmenspezifischen Mitarbeitergesprächskultur und professionellen Gesprächsführung. Er informiert die Beteiligten über den Sinn und Zweck des Mitarbeitergesprächs. Jedes Unternehmen vermittelt über diesen Leitfaden auch sein gewünschtes Führungsverständnis und seine Unternehmenskultur weiter. Deshalb ist es sinnvoll, einen firmenspezifischen Leitfaden zu erarbeiten, anstatt einfach Leitfäden anderer Unternehmen zu kopieren.

In der Regel beinhaltet ein Leitfaden zum Mitarbeitergespräch folgende Punkte:

- Botschaft vom Vorstand bzw. der Geschäftsleitung an die Führungskräfte und Mitarbeiter und Aufforderung zur Mitwirkung

Der Vorstand bzw. die Geschäftsleitung informiert seine Führungskräfte und Mitarbeiter über die Gründe für die Einführung des Mitarbeitergesprächs und die Bedeutung dieses Instruments für die Führungskultur. Allen Beteiligten soll bewusst werden, dass dieses Führungsinstrument für das gesamte Unternehmen Gültigkeit hat und seine Anwendung der Unternehmensführung ein wichtiges und ernst gemeintes Anliegen ist.

- Ziele des Mitarbeitergesprächs

Dieser Teil des Leitfadens beschreibt die Ziele, die das Unternehmen mit der Einführung des Mitarbeitergesprächs verfolgt. Jedes Unternehmen setzt für das Mitarbeitergespräch seine eigenen, speziellen Akzente. Aus diesem Grunde ist es wichtig zu beschreiben, wie das Mitarbeitergespräch in der jeweiligen spezifischen Firmenkultur zu führen ist. Zu berücksichtigen sind Erläuterungen über den Charakter des Gesprächs, Hinweise auf die zu behandelnden Themen und Inhalte, Dauer und Turnus der Durchführung, die Form der Vorbereitung und Dokumentation, Zusicherung der Vertraulichkeit sowie die Beschreibung der Zielgruppe der Mitarbeiter, mit denen Mitarbeitergespräche geführt werden.

- Erforderliche Qualifikationen zur Sicherung einer erfolgreichen Gesprächsführung

Dieser Abschnitt beschreibt, welche Kompetenzen das Unternehmen für eine erfolgreiche Gesprächsführung voraussetzt und welche Qualifizierungsmaßnahmen seinen Führungskräften und Mitarbeitern anbietet.

- Hinweise zur Vorbereitung für Führungskräfte und Mitarbeiter

Führungskräfte und Mitarbeiter erhalten Hinweise und Empfehlungen für eine sinnvolle Vorbereitung auf das Mitarbeitergespräch. In der Regel werden folgende Aspekte berücksichtigt:
- Kriterien und Tipps für die Vorbereitung der Führungskraft/des Mitarbeiters,
- Empfehlungen für die Terminplanung,
- Hinweise auf eine angemessene Zeiteinteilung,
- Ratschläge für einen störungsfreien Ablauf.

Die Vorbereitung lässt sich optimieren, wenn Führungskräfte und Mitarbeiter zur Anregung Formulare mit vorgegebenen Fragen und Rubriken erhalten. Die meisten Firmen integrieren diese Hilfsmittel in den Gesprächsleitfaden.

- Überblick über Struktur und Aufbau

Dieser Teil des Leitfadens beschreibt die von der Unternehmensleitung festgelegten inhaltlichen Bestandteile des Mitarbeitergesprächs.

- Hinweise zur Durchführung des Mitarbeitergesprächs

Dieser Abschnitt vermittelt Führungskräften Empfehlungen zur Durchführung von Mitarbeitergesprächen. Die Empfehlungen richten sich häufig auf die Themenbereiche Gesprächsführung, Zielvereinbarung und Feedback bzw. Leistungsbewertung. Die Tipps für die Gesprächsführung zeigen, wie positive Aspekte im Gespräch betont und Arbeitsaufträge realistischer, konkreter und überprüfbarer formuliert werden können. Wichtig ist in diesem Zusammenhang der Hinweis, dass es nicht darum geht, den Gesprächsleitfaden »abzuarbeiten«, sondern einen ergebnisorientierten Dialog zu führen.

- Qualitätsstandards

In diesem Abschnitt sind kurz und knapp die wesentlichen Standards formuliert, die dazu beitragen sollen, dass das Mitarbeitergespräch seinen Zweck erfüllt (z. B.: *»Die Vereinbarungen werden von den Beteiligten als verbindlich betrachtet«, »Die Gesprächspartner bereiten sich beide eigenständig auf das Gespräch vor«*).

- Gesprächsbogen mit Fragestellungen

Zusätzlich zum Leitfaden erhalten die Führungskräfte einen Gesprächsbogen, der die einzelnen Punkte des Gesprächsaufbaus enthält, sowie ausgewählte Fragestellungen und Platz, um die wichtigsten Ergebnisse der einzelnen Gesprächspunkte festzuhalten. Er dient als Dokumentation des Mitarbeitergesprächs.

- Hinweise zur Dokumentation

Hier geht es darum, der Führungskraft und dem Mitarbeiter aufzuzeigen, wie und in welcher Form das Unternehmen die Dokumentation wünscht. Hilfreich ist in diesem Zusammenhang auch, den Sinn und Zweck der schriftlichen Dokumentation zu beschreiben.

- Regelungen für den Konfliktfall – Nichtübereinstimmung zwischen Führungskraft und Mitarbeiter

Manchmal kommt es vor, dass Mitarbeiter und Führungskräfte völlig unterschiedlicher Auffassung sind, beispielsweise bei der Einschätzung der Leistungen des Mitarbeiters, Vereinbarung neuer Zielsetzungen oder der weiteren beruflichen Entwicklung des Mitarbeiters. Viele Unternehmen haben hierfür ein formales Verfahren festgelegt, das bei solchen Fällen anzuwenden ist und im Gesprächsleitfaden dargestellt ist. Es besteht häufig daraus, den nächsthöheren Vorgesetzten als Konfliktlöser hinzuzuziehen. Möglich ist auch, einen Mitarbeiter aus der Personalabteilung oder, wenn der Mitarbeiter dies wünscht, eine Person seines Vertrauens aus dem Betriebsrat hinzuzuziehen, um die unterschiedlichen Positionen zu klären. Dieser »Dritte« soll helfen, Ursachen für die verschiedenen Meinungen herauszufinden und eine einvernehmliche Lösung zwischen den beiden Parteien herbeizuführen. Ist dies nicht möglich, so ist in vielen Unternehmen vereinbart, dass der Beurteilung und Entscheidung der Führungskraft Folge geleistet wird, jedoch der Mitarbeiter eine schriftliche Stellungnahme der Beurteilung beilegen kann, in der er seine Position dazu erläutert.

- Betriebsvereinbarung

Die Aufnahme der Betriebsvereinbarung in den Gesprächsleitfaden bietet Führungskräften und Mitarbeitern mehr Sicherheit in Bezug auf mit der Arbeitnehmervertretung getroffene Vereinbarungen.

- Ergänzungen

Manche Unternehmen nehmen in ihren Gesprächsleitfäden zusätzliche Informationen wie Führungsgrundsätze mit auf, um ihren Führungskräften und Mitarbeitern eine unternehmensspezifische Orientierung zu geben.

11.4 Qualifizierungsmaßnahmen für Führungskräfte und Mitarbeiter

Mitarbeitergespräche können nur dann zum gewünschten Erfolg führen, wenn alle Beteiligten ihre spezielle Verantwortung in solchen Gesprächen verstehen und sie wissen, welche Aufgaben und Aktivitäten sich daraus ableiten. Diese grundlegende Selbstreflexion kann aber nicht in Eigenregie erfolgen. Auch bestens ausgearbeitete schriftliche Unterlagen wie Gesprächsleitfäden oder Checklisten können solche Überlegungen nicht in die richtigen Bahnen lenken. Vielmehr sollten Führungskräfte und Mitarbeiter in persönlichen Qualifizierungsmaßnahmen unter Anleitung von Fachleuten intensiv auf ihre Rolle im Mitarbeitergespräch vorbereitet werden.

Die Dauer der Informations- und Qualifizierungsveranstaltungen hängt davon ab, wie intensiv die praktische Durchführung von Mitarbeitergesprächen geübt werden soll. In Informationsveranstaltungen von ein bis zwei Stunden Dauer kann man das System vorstellen und offene Fragen beantworten. Sollen Rollenspiele und

Übungen zur Vorbereitung und Durchführung von Mitarbeitergesprächen Bestandteil der Qualifizierungsmaßnahmen sein, muss mit ca. zwei Tagen Aufwand gerechnet werden.
In Abhängigkeit vom Mitarbeitergesprächssystem können die Trainings für die Führungskräfte folgende Bestandteile enthalten:

- Information über die unternehmensspezifischen Rahmenbedingungen und Ziele von Mitarbeitergesprächen

Die Führungskräfte werden über die betriebliche Zielsetzung des verabschiedeten Mitarbeitergesprächssystems informiert. Zudem erfahren sie, welche Überlegungen zu bestimmten Entscheidungen hinsichtlich Inhalts- und Prozesskomponenten des Systems geführt haben und welche Auswirkungen sich das Unternehmen von der Einführung von Mitarbeitergesprächen verspricht. Den Führungskräften soll hier Raum und Möglichkeit gegeben werden, etwaige Bedenken und Unsicherheiten anzusprechen, damit diese so weit wie möglich ausgeräumt werden.

- Gesprächsbestandteile des Mitarbeitergesprächs

Die Teilnehmer erfahren, welche Inhalte in den Mitarbeitergesprächen thematisiert werden, was bei der Durchführung zu beachten ist. Sie werden darüber unterrichtet, welche Gesprächsbestandteile vorgesehen sind, zu welchem Zeitpunkt die Gespräche durchgeführt werden und wie die Dokumentation der Gespräche erfolgen soll.

- Gesprächsvorbereitung und -dokumentation

Die Teilnehmer werden in Gesprächsleitfäden und Formulare der Mitarbeitergespräche eingewiesen. Sie erfahren, wie sie sich optimal auf diese Gespräche vorbereiten können, wie die Gesprächsleitfäden und -formulare zu nutzen und auszufüllen sind sowie welche Aufzeichnungen angefertigt werden.

- Gesamtprozess und organisatorische Fragen

Dieser Teil informiert zu organisatorischen Fragen und über die geplante Implementierung. Welche Informationsmaterialien stehen zur Verfügung? In welchen Zeitkorridoren sollen die Gespräche stattfinden? Wie ist der Verbleib der Ergebnisdokumentation des Mitarbeitergesprächs geregelt? Wie wird die Durchführung des Mitarbeitergesprächs vom Unternehmen gemonitort? Welche Prozesse der Konfliktregelung wurden vom Unternehmen vorgesehen, sollte es in Gesprächen zu Konfliktsituationen kommen?

- Rolle und Verantwortung von Führungskräften

In diesem Teil lernen die Beteiligten, sich mit ihrer Rolle und Verantwortung sowie ihren Gestaltungsmöglichkeiten im Mitarbeitergespräch auseinanderzusetzen.
Die Führungskräfte lernen,

- welche Grundhaltung und Einstellung sie für eine vertrauensvolle und erfolgreiche Gesprächsführung mitbringen müssen,

- welche Aufgaben auf sie bei der Implementierung von Mitarbeitergesprächen zukommen,
- wie sie als Verantwortliche die Durchführung von Mitarbeitergesprächen in ihrem Bereich nutzbringend gestalten können.

- Feedback und konstruktive Kritik

Eine wichtige Funktion des Mitarbeitergesprächs ist es, einen Dialog über erreichte und nicht erreichte Aufgaben und Zielsetzungen und über Stärken und Entwicklungsbedarfe des Mitarbeiters zu ermöglichen. Deshalb sollten zur Vorbereitung auf Mitarbeitergespräche besonders konkrete Feedbacksituationen anhand von Rollenspielen unter Anleitung von Fachleuten intensiv trainiert werden.

In diesem Trainingsabschnitt sollten Führungskräfte für das Gespräch lernen,
- wie sie Anerkennung und Kritik äußern können, ohne verletzend zu werden,
- wie sie durch konkrete Empfehlungen und Unterstützungsmaßnahmen zur Verbesserung des Mitarbeiters in bestimmten Feldern beitragen können,
- wie Feedback gestaltet werden muss, damit es akzeptiert wird und zu einer Leistungsveränderung führt.

- Leistungsbeurteilung

Mitarbeiter erwarten eine faire und genaue Beurteilung ihrer Leistungen. Die Akzeptanz des gesamten Mitarbeitergesprächssystems hängt davon ab, inwiefern es Führungskräften und Mitarbeitern gelingt, im Beurteilungsgespräch dieses Thema zu besprechen. Daher gilt diesem Trainingsabschnitt besondere Aufmerksamkeit.

In diesem Trainingsbaustein sollte vermittelt werden,
- welche Leistungskomponenten im Mitarbeitergespräch beurteilt werden,
- wie eine objektive und genaue Beurteilung der Mitarbeiterleistung gewährleistet werden kann,
- wie die Selbsteinschätzung des Mitarbeiters in das Beurteilungsgespräch integriert werden kann,
- welchen Beurteilungsverzerrungen Führungskräfte ausgesetzt sind und wie diese vermieden werden können,
- welche Beurteilungslogiken und -skalen im Beurteilungssystem wie angewandt werden.

Mithilfe von Unterlagen und Videoaufnahmen von Mitarbeiterleistungen sollten Führungskräfte in einem sogenannten »Frame-of-Reference-Training« (d. h. Bezugsrahmentraining) für die Anwendung eines einheitlichen Beurteilungsmaßstabs sensibilisiert werden.

In Rollenspielen sollten sowohl Aufbau und Ablauf der Beurteilungssequenz geübt wie auch kritische Beurteilungssituationen simuliert werden. So stellen z. B. unterschiedliche Einschätzungen von Mitarbeitern und Führungskräften hinsichtlich der Leistungsbewertung oder auch das Rückspiegeln einer negativen Leistungsbewertung für Führungskräfte besondere Herausforderungen dar, für die sie angemessen vorbereitet werden sollten.

- Verbesserung der Zusammenarbeit zwischen Mitarbeitern und Vorgesetzten

In speziellen Trainingseinheiten für Mitarbeiter und Führungskräfte lernen diese, ihre Vorgesetzten in Bezug auf die Zusammenarbeit oder ihr Führungsverhalten konstruktiv zu kritisieren und ihnen Verbesserungsvorschläge zu unterbreiten. Umgekehrt üben Führungskräfte, wie sie ihre Mitarbeiter ermuntern können, Kritik zu äußern, und wie sie darauf konstruktiv reagieren können. Mitarbeiter scheuen sich häufig, ihrem Chef zu kritische Rückmeldungen zu geben, weil sie befürchten, ihn damit zu verärgern oder ihm zu nahe zu treten. Sie fürchten, da er am »längeren Hebel sitzt«, dass sich dieses Verhalten negativ auf die Beurteilung auswirken könnte.

- Möglichkeiten zur beruflichen Weiterentwicklung der Mitarbeiter

Hier wird behandelt, wie die Perspektiven des Mitarbeiters zu erörtern sind, welche Möglichkeiten es zur Förderung der beruflichen Entwicklung der Mitarbeiter gibt und welche Maßnahmen davon das Unternehmen fördert. Zudem geht es darum, Ideen zu entwickeln, um die Mitarbeiter auch außerhalb des Weiterbildungskontextes zu fördern. Das kann z. B. bedeuten, ihren Verantwortungs- und Aufgabenbereich zu erweitern oder Lernmöglichkeiten am Arbeitsplatz zu schaffen.

- Kommunikation über die Einführung von Mitarbeitergesprächen im eigenen Bereich

In dieser Trainingseinheit lernen Führungskräfte, wie sie in ihrer Abteilung oder in ihrem Bereich die Einführung dieses Instruments gestalten können. Sie erhalten konkrete Tipps und Unterlagen und erfahren, wie sie Gruppenbesprechungen zur Information ihrer Mitarbeiter einsetzen können. Zudem lernen sie, wie sie in Aufgaben- und Zielworkshops das Verständnis für die strategische Ausrichtung der Abteilung, aber auch für die Verantwortlichkeiten der Einzelnen im Team intensivieren können.

Erfahrungsgemäß wird in Organisationen der Qualifizierung der Führungskräfte für diese Gespräche mehr Aufmerksamkeit geschenkt als der Qualifizierung der Mitarbeiter. Häufig spielen dabei Kostengründe eine Rolle. Damit Mitarbeiter sich auf diese Gespräche vorbereiten können, müssen sie jedoch auch verstehen, wie sie ihren Arbeitsbereich z. B. im Zielvereinbarungsgespräch konstruktiv mitgestalten können und wie Aufgaben und Ziele »SMART« formuliert und bewertet werden. Zudem zeigen Forschungsergebnisse, dass die Akzeptanz des Mitarbeitergesprächsprozesses steigt, je mehr Mitarbeiter über die Hintergründe des Systems und den Durchführungsprozess wissen. Daher sollte einer ausführlichen Information und Qualifizierung der Mitarbeiter zur Vorbereitung und Durchführung dieser Gespräche Rechnung getragen werden. In hierarchieebenenübergreifenden Veranstaltungen mit Führungskräften und Mitarbeitern eines Verantwortungsbereiches kann zudem ein gemeinsamer Austausch zum Thema stattfinden.

11.5 Kalkulation der Kosten und des Nutzens von Mitarbeitergesprächssystemen

Kalkulation des Aufwandes und der Kosten

Lohaus [LOHAUS, 2009] errechnete, wie viele Arbeitstage notwendig sind, um ein Mitarbeitergesprächs- bzw. Leistungsbeurteilungssystem einzuführen. Dabei führte sie genau auf, wie viel Zeit beispielsweise ein interner Projektleiter aus dem Personalbereich für die einzelnen Arbeitsschritte zur Konzeption und Entwicklung des Führungsinstruments investieren muss. Das Ergebnis fasst Tabelle 11.1 zusammen, die in Anlehnung an Lohaus gestaltet ist.

Tabelle 11.1 Zeitaufwand eines Projektleiters für Konzeption und Entwicklung eines Mitarbeitergesprächssystems [in Anlehnung an LOHAUS, 2009, S. 98–101]

Bearbeitungsschritt	Arbeitstage
Einlesen in einführende Literatur und Vergleich unterschiedlicher Systeme aus anderen Unternehmen	ca. 2
Bestandsaufnahme der bestehenden Führungsinstrumente im Unternehmen und Analyse bestehender wichtiger Schnittstellen mit dem geplanten Mitarbeitergesprächssystem	ca. 1
Vorbereitung und Durchführung der Abstimmungsgespräche mit der Geschäftsleitung während des Projekts	ca. 2
Vorbereitung und Durchführung von Projektmeetings im Projektteam während des Projekts	ca. 3
Abstimmungsrunden mit der Arbeitnehmervertretung und Erarbeitung einer Betriebsvereinbarung	ca. 5
Projektplanung und Aufwandsberechnung	ca. 1
Konzeption des Mitarbeitergesprächssystems: • Erarbeitung von Inhalts- und Prozesskomponenten • Definition von Beurteilungskriterien • Entwicklung von Beurteilungsskalen • Beschreibung des Mitarbeitergesprächsprozesses • Vorbereitung eines Zielkatalogs bei zielorientierten Verfahren • Vorbereitung von Formularen • Konzeption eines Anforderungskatalogs für ein Online-Tool zur Unterstützung der Dokumentation und Archivierung der Ergebnisse der Mitarbeitergespräche, inklusive Briefing der für die Programmierung verantwortlichen Personen	ca. 13

Tabelle 11.1 *(Fortsetzung):* Zeitaufwand eines Projektleiters für Konzeption und Entwicklung eines Mitarbeitergesprächssystems [in Anlehnung an LOHAUS, 2009, S. 98-101]

Bearbeitungsschritt	Arbeitstage
Probeanwendung und Anpassung des Systems	ca. 1
Erarbeitung eines Schulungskonzepts	ca. 2
Inhaltliche Gestaltung von Informationsmaterialien (Informationsbroschüre, Leitfäden, Beispiele, Kick-off-Veranstaltungen)	ca. 5
Durchführung von allgemeinen Informationsveranstaltungen und Beantwortung von Fragen zum System	ca. 4
Vorbereitung von spezifischen schriftlichen Informationen zum Kick-off der Mitarbeitergespräche	ca. 1
Briefing und Monitoring der für die Schulung der Beurteiler und Mitarbeiter eingesetzten Referenten/Berater	ca. 1-2
Durchführung von Qualifizierungsmaßnahmen für Trainingsgruppen mit acht bis zehn Teilnehmern (falls diese durch interne Mitarbeiter durchgeführt werden)	ca. 0,5-2 pro Gruppe
Monitoring des Rücklaufs der Beurteilungsunterlagen	ca. 1

Erfahrungsgemäß wird der Aufwand für die Einführung von Mitarbeitergesprächssystemen sowohl von der Geschäftsleitung als auch von Personalabteilungen unterschätzt. Deshalb sollte das Projektteam bereits im Vorfeld des Projekts eine Aufwandskalkulation erstellen und diese mit der Geschäftsleitung abstimmen. Diese Aufstellung gibt an, wie viel Zeit für die einzelnen Schritte der Einführung des Mitarbeitergesprächssystems veranschlagt werden muss, ob jede dieser Investitionen einmalig oder regelmäßig ist, mit welchen zusätzlichen Kosten pro Einführungsschritt zu rechnen ist und was die einzelnen Schritte insgesamt kosten. Aus Tabelle 11.2 geht hervor, welche Rahmendaten in der Kalkulation berücksichtigt werden sollten.

Kalkulation des Nutzens von Beurteilungssystemen

Anders als bei eignungsdiagnostischen Verfahren ist es bei Beurteilungsverfahren noch nicht üblich, den Nutzen auch in monetären Faktoren zu berechnen, obwohl die erforderlichen Erkenntnisse dazu durchaus vorliegen.
Bereits 1985 untersuchten Guzzo, Jette und Katzell [GUZZO; JETTE; KATZELL, 1985] in einer Metaanalyse von 16 Einzelstudien, ob der Nutzen von Leistungsbeurteilungen rechnerisch nachweisbar ist. Sie stellten Steigerungen von mehr als

Tabelle 11.2 Rahmendaten für die Kostenkalkulation der Implementierung eines Mitarbeitergesprächssystems

Grund der Ausgaben	Anfall der Kosten	Zu berücksichtigende Faktoren	Berechnung
Entwicklung und Einführung des Systems	einmalig	Arbeitstage des Projektteams	Tage x Personen x Tagessatz
		Können die Aufgaben im Rahmen der regulären Arbeitszeit erledigt werden oder wird zusätzliches Personal benötigt?	
		Kosten für externe Berater	Tage x Tagessatz
	später entstehen nur noch Kosten bei etwaigen Anpassungen des Systems		
Schulung der Beurteiler	einmalig	Kosten für entgangene Arbeitszeit der Teilnehmer	Tage x Personen x Tagessatz
		Kosten für die Entwicklung des Schulungskonzepts	Tage x Personen x Tagessatz
		Kosten für Trainer	Tage x Tagessatz
	später: - Schulung neuer Führungskräfte - Auffrischungsworkshops		
Durchführung der Mitarbeitergespräche	kontinuierlich	Kosten für entgangene Arbeitszeit der Führungskräfte und Mitarbeiter	Tage x Personen x Tagessatz
Administration des Systems und Beratung der Führungskräfte	kontinuierlich	Kosten für entgangene Arbeitszeit	Tage x Personen x Tagessatz

15 Prozent der durchschnittlichen Leistung fest. Ausgehend von den aus dieser Untersuchung vorliegenden statistischen Daten, präzisiert Schuler [SCHULER, 2004] den potenziellen Effekt von Leistungsbeurteilungen.
Er geht dabei auf Basis der in der oben genannten Untersuchung gefundenen Effektstärke von d = 41 davon aus, dass die durchschnittliche Leistungssteigerung, die

durch eine Leistungsbeurteilung bewirkt wird, 41 Prozent der Standardabweichung der mittleren Leistung beträgt. Nach Schuler [SCHULER, 2004] wird der Wert einer Leistungsdifferenz im Umfang einer Standardabweichung auf 40 bis 50 Prozent der durchschnittlichen Leistung geschätzt. Die Abweichung ist bei komplexen Tätigkeiten noch höher.

Daraus ergibt sich folgendes Rechenbeispiel: Bei einem Mitarbeiter mit einem Jahresgehalt von 50.000 Euro beträgt der jährliche Zugewinn durch den Leistungszuwachs 41 Prozent von einer Standardabweichung, deren Wert mit 50 Prozent der Durchschnittsleistung angenommen wird: 50.000 Euro × 0,41 × 0,50 = 10.250 Euro. Entsprechen das Gehalt und die Leistung dieses Mitarbeiters dem Durchschnitt aller Beschäftigten, so errechnet sich der Durchschnittsnutzen einer Leistungsbeurteilung für ein Unternehmen aus dem errechneten Leistungszuwachs des einen Mitarbeiters multipliziert mit der Anzahl der Mitarbeiter der Organisation.

Bei den genannten Werten handelt es sich um Durchschnittsbeträge, die im Einzelfall auch übertroffen oder nicht erreicht werden können. Nach Schuler [SCHULER, 2004, S. 56] »*... hängt das Ergebnis im konkreten Fall auch von der Qualität des betreffenden (Mitarbeitergesprächs-)Verfahrens ab – und vom Gelingen einer sachgerechten und sozialverträglichen Implementation im Unternehmen*«.

11.6 Ausgestaltungsmöglichkeiten von Mitarbeitergesprächssystemen

Mitarbeitergespräche können, je nach den Bedürfnissen und der Zielsetzung der Unternehmen, unterschiedliche Formen annehmen. Die Bandbreite reicht vom Verzicht auf jegliche Dokumentation bis hin zur Koppelung des Gesprächs an erfolgsorientierte Vergütungsbestandteile. Jedes Unternehmen, jede Institution sollte genau prüfen, wie dieses Instrument ausgestaltet sein muss, damit es seinen Zweck erfüllt und auch zur gegebenen Kultur des Hauses passt.

Nachfolgend sind die gebräuchlichsten Varianten mit ihren Vor- und Nachteilen aufgeführt:

Dokumentation von Mitarbeitergesprächen

Es gibt Firmen, die auf eine schriftliche Dokumentation von Mitarbeitergesprächen verzichten. Andere dagegen legen großen Wert darauf, dass Führungskraft und Mitarbeiter die Gesprächsinhalte schriftlich festhalten und mit ihrer Unterschrift auch ihr Einverständnis mit dem dokumentierten Ergebnis bestätigen.

Vorteile

Standardisierte Gesprächsbögen verleihen dem Mitarbeitergespräch vorab eine klare Struktur für die einzelnen Gesprächsbausteine und stellen sicher, dass keine Elemente des Mitarbeitergesprächs vergessen werden. Sie liefern den Nachweis, dass das Gespräch tatsächlich stattgefunden hat, und dokumentieren mit der Unterschrift der Beteiligten die Verbindlichkeit der getroffenen Aussagen. Die Gesprächsergebnisse, vereinbarten Ziele, Leistungsbewertungen oder Vereinbarungen zur beruflichen Weiterentwicklung werden ebenfalls schriftlich festgehalten und können später für die Erstellung der Zeugnisse herangezogen werden. Es besteht auch die Möglichkeit, sie dem nächsthöheren oder einem anderen Vorgesetzten vorzulegen, wenn beispielsweise eine Entscheidung über eine bevorstehende Beförderung oder Versetzung des Mitarbeiters anliegt.

Bei Verzicht auf die schriftliche Dokumentation kann es leicht zu Missverständnissen kommen. Denn die Gesprächspartner werden das Gespräch und die einzelnen Aussagen unterschiedlich in Erinnerung behalten oder verschieden interpretieren. Bei einem Führungswechsel gehen damit auch wichtige Informationen für die neue Führungskraft verloren. Auch eventuelle Zusagen an den Mitarbeiter sind so gesichert. So kann es schwierig werden, im Zweifelsfall nachzuvollziehen, welche Vereinbarung letztlich getroffen und wie sie verstanden wurde. Auch wird die Überprüfung der getroffenen Vereinbarungen nach längerer Zeit, z. B. nach einem Jahr, erschwert.

Michaels et al. [MICHAELS et al., 1988] konnten zeigen, dass eindeutig definierte formale Anforderungen eines Leistungsbeurteilungssystems (z. B. Regeln und Prozesse) nicht nur das Ausmaß der Formalisierung erhöhen, sondern auch Rollenambiguität und Konflikte verringern. Eine schriftliche Kommunikation hat zudem höhere Glaubwürdigkeit als eine mündliche. Viele Personen gehen davon aus, dass eine schriftliche Information mit höherer Wahrscheinlichkeit wahr ist [MOHRMAN; RESNICK-WEST; LAWLER, 1989]. Hält der Beurteiler Leistungsinformationen in Leistungstagebüchern schriftlich fest, kann er sich besser an Mitarbeiterleistungen erinnern und besser zwischen den Mitarbeitern unterscheiden [DENISI; ROBBINS; CAFFERTY, 1989].

Nachteile

Die schriftliche Dokumentation schränkt die Gestaltung des Gesprächs ein und kann bürokratisch wirken. Ein weiterer Nachteil besteht darin, dass eine absolute Vertraulichkeit nicht mehr gewährleistet ist, da schriftliche Unterlagen existieren, die möglicherweise weitergegeben und von Dritten eingesehen werden können.

Ablage der Ergebnisdokumentation der Mitarbeitergespräche in der Personalakte

Vorteile

Die Ablage von Gesprächsbögen in der Personalakte ermöglicht es, die Entwicklung der Leistung und des Aufgabenbereichs eines Mitarbeiters kontinuierlich zu erfassen. Diese Unterlagen können als Grundlage für die Ausstellung von Zeugnissen, die Zusammenfassung von bisherigen Tätigkeiten und Aufgaben des Mitarbeiters oder auch für eine möglichst objektive Leistungsbeurteilung für die Dauer seiner Beschäftigung herangezogen werden.

Nachteile

Die Leistung des Mitarbeiters wird, je nachdem, wie die Einsicht in die Personalakte geregelt ist, transparent. Womöglich können auch zukünftige Vorgesetzte oder Personalspezialisten die Unterlagen einsehen. Sie erhalten auf diese Weise Informationen über den Leistungsstand und die beruflichen Perspektiven des Mitarbeiters, seine Stärken und Defizite und anderes mehr. Da dieser Personenkreis nicht am Mitarbeitergespräch teilnahm und den Gesprächsverlauf und die Inhalte nicht im Original mitverfolgen konnte, sondern nur die wichtigsten Ergebnisse stark zusammengefasst vorfindet, besteht die Gefahr, dass beispielsweise Vorgesetzte oder andere Außenstehende diese Unterlagen fehlinterpretieren bzw. eine Einschätzung des Mitarbeiters durch die Perspektive des früheren Vorgesetzten entsteht.

Wenn die Ablage in der Personalakte nicht erwünscht ist, die Beteiligten auf eine schriftliche Vereinbarung aber nicht verzichten wollen, besteht die Möglichkeit, die Gesprächsunterlagen in der persönlichen, abschließbaren Ablage der Führungskraft bis zum nächsten Gesprächstermin aufzubewahren und dem Mitarbeiter eine Kopie auszuhändigen.

Koppelung von Mitarbeitergesprächen an leistungsorientierte Gehaltsbestandteile

Unternehmen gehen zunehmend dazu über, die Leistungsbeurteilung mit leistungsabhängigen Vergütungskomponenten zu verbinden, um die Mitarbeiter für ihre Arbeit leistungsgerecht zu entlohnen. Dementsprechend erhält, wer seine Ziele erfüllt hat und/oder durch außergewöhnliche Leistungsbeurteilungen auffiel, mehr Geld als ein Kollege, der seine Aufgaben nur zum Teil erfüllt und/oder eine schlechte Beurteilung erhalten hat. Diese leistungsorientierte Vergütung verleiht dem Mitarbeitergespräch mehr Gewicht, vor allem dort, wo es die Zielvereinbarung und die Leistungsbeurteilung zum Inhalt hat. Denn beide Gesprächspartner wissen, dass die Beurteilung sich unmittelbar auf den »Geldbeutel« auswirkt. Erfahrungsgemäß werden solche Gespräche mit höherer Aufmerksamkeit, aber auch mit größerer Vorsicht und taktischer geführt. Bevor der Mitarbeiter ein Ziel ins Auge fasst, wird er zunächst gründlich prüfen, ob es bei realistischer Betrachtung nicht zu hoch gesetzt ist. Denn er weiß genau, dass er ein zu hoch gestecktes Ziel bestenfalls nur in Teilen erreichen wird, was sich negativ auf den leistungsorientierten Bestandteil seiner Vergütung auswirken kann.

Vorteile

Erreichte Zielvorgaben und außergewöhnliche Leistungen werden belohnt und honoriert sowie verschiedene Leistungsniveaus von Mitarbeitern mit gleichen Aufgaben unterschiedlich vergütet.

Nachteile

Ziele werden zwar realistischer, aber auch vorsichtiger vereinbart, aus der Befürchtung heraus, dass sie womöglich nicht erreicht werden können. Hinzu kommt, dass die Leistung des Mitarbeiters von vielen Faktoren, z. B. von externen Einflüssen wie der wirtschaftlichen Entwicklung, von betrieblichen Rahmenbedingungen, Konditionen oder auch dem Zusammenspiel mit anderen Abteilungen, abhängt und deshalb nicht immer nach fairen Gesichtspunkten beurteilt werden kann. Eine weitere Gefahr besteht darin, dass der Mitarbeiter sich unter diesen Umständen schwerpunktmäßig auf seine Aufgaben fixiert und den Blick für Tätigkeiten verliert, die nicht direkt mit den von ihm angestrebten Ergebnissen zu tun haben. Hierzu zählen beispielsweise die Unterstützung und Förderung von Kollegen, die Weitergabe von Informationen oder die Entwicklung neuer Ideen und Problemlösungen. Das sind allesamt Aufgaben, die für eine partnerschaftliche Zusammenarbeit und Weiterentwicklung der Organisation ebenfalls wichtig sind. Sie könnten als nachrangig bewertet werden, wenn der Mitarbeiter befürchtet, diese Aktivitäten könnten sich nachteilig auf die eigenen Ergebnisse und damit auf das Einkommen auswirken.

Vorgesetztenbeurteilung

Der Mitarbeiter erhält die Möglichkeit, die Führungskompetenzen seines Vorgesetzten zu beurteilen. Dieser Aspekt findet in Unternehmen zunehmend Beachtung, weil er einen optimalen Meinungsaustausch zwischen Mitarbeiter und Führungskraft ermöglicht. Oftmals wird diese Beurteilung anhand von Fragebögen (vgl. Bild 11.3) vorbereitet.

Vorteile

Nicht nur die Leistung des Mitarbeiters sollte sich einer kritischen Prüfung unterziehen lassen, auch die Qualitäten des Vorgesetzten werden auf Verbesserungsmöglichkeiten hin untersucht. Der Mitarbeiter gibt offen sein Urteil über die Führungsqualitäten seines Vorgesetzten ab und zeigt auf, wo seiner Meinung nach Veränderungen angebracht sind, damit er seine Aufgaben und Ziele noch besser erfüllen kann. Werden diese Ergebnisse an den nächsthöheren Vorgesetzten weitergeleitet, erhält dieser eine wichtige Rückmeldung über die Führungseigenschaften der ihm nachgeordneten Führungskraft. Häufen sich bestimmte Rückmeldungen, besteht auch die Möglichkeit, dass der nächsthöhere Vorgesetzte hier eingreift und mit der Führungskraft die Ursachen eruiert und Maßnahmen zur Verbesserung erarbeitet. Das Bottom-up-Feedback kann so einen optimalen Austausch zwischen Mitarbeitern und Führungskräften über mehrere Mitarbeiterebenen hinweg gewährleisten.

Wie zufrieden sind Sie insgesamt...

...mit Ihrem derzeitigen Aufgabenbereich?

☐ SEHR ZUFRIEDEN ☐ ZUFRIEDEN ☐ TEILS / TEILS ☐ WENIGER ZUFRIEDEN ☐ NICHT ZUFRIEDEN

...mit Ihrem Handlungs- und Gestaltungsspielraum?

☐ SEHR ZUFRIEDEN ☐ ZUFRIEDEN ☐ TEILS / TEILS ☐ WENIGER ZUFRIEDEN ☐ NICHT ZUFRIEDEN

...mit der Zusammenarbeit mit anderen Abteilungen der Firma?

☐ SEHR ZUFRIEDEN ☐ ZUFRIEDEN ☐ TEILS / TEILS ☐ WENIGER ZUFRIEDEN ☐ NICHT ZUFRIEDEN

...mit der Zusammenarbeit im eigenen Team / in der eigenen Abteilung?

☐ SEHR ZUFRIEDEN ☐ ZUFRIEDEN ☐ TEILS / TEILS ☐ WENIGER ZUFRIEDEN ☐ NICHT ZUFRIEDEN

...mit dem allgemeinen Betriebsklima?

☐ SEHR ZUFRIEDEN ☐ ZUFRIEDEN ☐ TEILS / TEILS ☐ WENIGER ZUFRIEDEN ☐ NICHT ZUFRIEDEN

...mit der Zusammenarbeit mit Ihrem Vorgesetzten?

☐ SEHR ZUFRIEDEN ☐ ZUFRIEDEN ☐ TEILS / TEILS ☐ WENIGER ZUFRIEDEN ☐ NICHT ZUFRIEDEN

...mit der Informationsweitergabe durch Ihren Vorgesetzten?

☐ SEHR ZUFRIEDEN ☐ ZUFRIEDEN ☐ TEILS / TEILS ☐ WENIGER ZUFRIEDEN ☐ NICHT ZUFRIEDEN

...mit der Anerkennung Ihrer Leistung und Fähigkeiten durch den Vorgesetzten?

☐ SEHR ZUFRIEDEN ☐ ZUFRIEDEN ☐ TEILS / TEILS ☐ WENIGER ZUFRIEDEN ☐ NICHT ZUFRIEDEN

...mit der Förderung Ihrer Fähigkeiten und Unterstützung von Entwicklungsmaßnahmen durch Ihren Vorgesetzten?

☐ SEHR ZUFRIEDEN ☐ ZUFRIEDEN ☐ TEILS / TEILS ☐ WENIGER ZUFRIEDEN ☐ NICHT ZUFRIEDEN

Bild 11.3 Fragen zur Beurteilung des Vorgesetzten, der Zusammenarbeit und des Aufgabengebiets

Nachteile

Fürchtet der Mitarbeiter negative Konsequenzen aufgrund seiner kritischen Rückmeldung, wird das Feedback an den Chef »positiver« ausfallen. Die Führungskraft erhält somit eine verzerrte Einschätzung ihrer Wirkung auf die Mitarbeiter. Mitarbeiter können in Situationen kommen, in denen sie während des Gesprächs ad hoc entscheiden müssen, ob ihr Chef konstruktive Kritik überhaupt annehmen kann oder sie Repressalien befürchten müssen. Der Vorgesetzte könnte ja im Gegenzug die Leistungen seines Mitarbeiters ebenfalls negativ beurteilen. Um dieser Gefahr vorzubeugen, bietet es sich an, die Bewertung der Leistungen des Mitarbeiters von der Beurteilung des Führungsverhaltens des Vorgesetzten zeitlich möglichst zu trennen. Es wäre durchaus kontraproduktiv, wenn der Mitarbeiter berechtigte Kritik an seinem Chef zurückhielte, nur weil dieser ihm zuvor ein gutes Zeugnis ausgestellt hat, oder umgekehrt, er den Chef nur deshalb gut beurteilt, um in Zukunft »bessere Karten« zu haben.

Selbsteinschätzung des Mitarbeiters im Vorfeld der Beurteilung

Die strukturierte und schriftliche Selbsteinschätzung des Mitarbeiters ist in vielen Unternehmen ein fester Bestandteil der Vorbereitung eines Mitarbeitergesprächs. Durch die Einschätzung der eigenen Leistung wird der Mitarbeiter aktiv in den Prozess des Mitarbeitergesprächs einbezogen. Die Selbsteinschätzung ermöglicht es dem Mitarbeiter, in Vorbereitung auf das Mitarbeitergespräch seine Leistungen des vergangenen Jahres zu reflektieren und sich auf das Mitarbeitergespräch vorzubereiten.

Der Umgang mit der Selbsteinschätzung wird in Unternehmen in unterschiedlicher Weise geregelt:

- Der Mitarbeiter bringt die Selbsteinschätzung zum Mitarbeitergespräch mit und Führungskraft und Mitarbeiter analysieren dann im Gespräch etwaige Unterschiede und Gemeinsamkeiten der Beurteilung. Nachteil dieses Vorgehens ist, dass erst im Gespräch Diskrepanzen zwischen der Einschätzung des Mitarbeiters und der Führungskraft herausgearbeitet werden können.
- Die Selbsteinschätzung des Mitarbeiters wird im Vorfeld des Gesprächs an die Führungskraft übermittelt. Dadurch hat diese die Möglichkeit, schon gezielt die Perspektive des Mitarbeiters in die eigene Vorbereitung des Gesprächs mit einzubinden und Unterschiede der Einschätzungen herauszuarbeiten.
- Führungskraft und Mitarbeiter händigen sich zeitgleich als Vorbereitung für das Gespräch Einschätzungen aus. Der Mitarbeiter gibt dem Vorgesetzten seine Selbsteinschätzung, der Vorgesetzte nimmt anhand des Mitarbeitergesprächsbogens eine Vorabeinschätzung des Mitarbeiters vor. Mithilfe dieses Verfahrens wird es für Führungskraft und Mitarbeiter möglich, in der Vorbereitung zum Gespräch Diskrepanzen zwischen der eigenen Wahrnehmung (Selbstbild) und der Wahrnehmung des anderen (Fremdbild) festzustellen. Im Gespräch kann dann sehr gezielt über Übereinstimmungen, Diskrepanzen und deren mögliche Ursachen gesprochen werden.

Vorteile

Durch die Einbindung einer strukturierten Selbsteinschätzung des Mitarbeiters wird der Weg für einen offenen und präzisen Dialog zwischen der Führungskraft und ihrem Mitarbeiter eröffnet. Andererseits verschiebt sich der Schwerpunkt der Bewertung vom Urteil hin zur Diskussion. Auf diese Weise können gemeinsam konkrete Ansatzpunkte für Veränderungen und konkrete Anregungen für Entwicklungsschritte besprochen werden.
Für eine ehrliche Diskussion ist es jedoch wichtig, dass der Mitarbeiter eine realistische Einschätzung seiner Leistungen vornimmt und seine Selbsteinschätzung auch stichpunktartig begründet. Dabei ist es nicht das Ziel, ein »perfektes« Bild abzugeben, sondern mit der Führungskraft Abweichungen zwischen Selbst- und Fremdbild diskutieren zu können. Dazu ist es jedoch auch nötig, dass die Führungskraft sich mit den Leistungen des Mitarbeiters präzise auseinandersetzt und ihre Einschätzung gut begründen kann.

Nachteile

Bewusste Verzerrungen der eigenen Leistungseinschätzung durch den Mitarbeiter »nach oben«, aus der Überlegung heraus, mit zu guten Werten eine bessere »Verhandlungsposition« für sich zu schaffen, oder »nach unten«, mit dem Hintergedanken, bewusst bescheiden auftreten zu wollen, haben zur Folge, dass das Gespräch seine Authentizität verliert, taktische Überlegungen den Gesprächsverlauf bestimmen und somit das Gespräch seine wichtigste Funktion verliert – einen ehrlichen Dialog über Leistungseinschätzungen zu führen.

Einbezug weiterer Feedbackgeber

Haben Mitarbeiter durch Matrixstrukturen mehrere Berichtslinien oder berichten sie z. B. im Rahmen von Projekttätigkeiten Projektleitern, die nicht die eigene Führungskraft sind, so wird es für den direkten Vorgesetzten schwer, dieses Leistungsspektrum, das außerhalb des eigenen Verantwortungsbereichs erbracht wird, zu beurteilen. Daher gehen viele Firmen dazu über, diese Leistungsausschnitte durch den Einbezug des Feedbacks dieser dritten Person, z. B. des Projektleiters, im Mitarbeitergespräch zu gewährleisten. Zudem erhofft man sich von diesem Verfahren, das Leistungsspektrum des Mitarbeiters objektiver und multiperspektivischer zu erfassen.

- Ein zusätzliches Feedback kann folgenderweise eingeholt werden: Mit Mitarbeitern, die in einem Projekt tätig sind, wird ein eigenständiges Feedbackgespräch zwischen Projektauftraggeber und Projektleiter bzw. Projektleiter und Projektmitarbeiter durchgeführt, das in einem eigens dafür konzipierten Gesprächsbogen dokumentiert wird. Um die Leistungen des Mitarbeiters im Projekt in der Gesamtbeurteilung adäquat zu berücksichtigen, wird der Projektbeurteilungsbogen im Mitarbeitergespräch, das der Linienvorgesetzte führt, berücksichtigt.
- Der Projektleiter kommt bei Themen des regulären Mitarbeitergesprächs zwischen Mitarbeiter und Führungskraft, die auch das Projekt betreffen, hinzu. So

können auch die Ergebnisse des Projekteinsatzes diskutiert werden und in die Gesamtbeurteilung einfließen.
- Aufgrund mündlicher Befragung des Projektleiters macht sich der Vorgesetzte ein eigenes Bild über die vom Mitarbeiter im Projekt erbrachten Leistungen. Im Mitarbeitergespräch teilt der Linienvorgesetzte das Feedback des Projektleiters dem Mitarbeiter mit und berücksichtigt dieses bei der Gesamtbeurteilung.
- Möchten Firmen das Urteil des Vorgesetzten durch weitere Urteile wichtiger Kollegen, Schnittstellenpartner, Kunden oder auch Mitarbeiter ergänzen, so besteht die Möglichkeit, im Vorfeld eines Mitarbeitergesprächs ein 360-Grad-Feedback durchzuführen. Ergänzt man dieses mit den Einschätzungen des Vorgesetzten, können so die Stärken und Schwächen des Mitarbeiters besonders gut herausgearbeitet werden, was eine umfassendere Leistungsbeurteilung ermöglicht.

Vorteile

Durch die Berücksichtigung mehrerer Perspektiven gewinnt die Leistungsbeurteilung eine größere Objektivität und gewährleistet einen umfassenderen Blick auf das Leistungsspektrum des Mitarbeiters. Der Vorgesetzte bekommt die Chance, seine Beurteilung des Mitarbeiters mit der anderer Personen zu vergleichen. Mehrere Beurteiler tragen dazu bei, das Feedback differenzierter zu gestalten.

Nachteile

Die Linienführungskraft muss für die Einbindung weiterer Beurteiler in das Mitarbeitergespräch sorgen. Das bedeutet Mehrarbeit, z. B. für Terminvereinbarungen für Gespräche oder das Erstellen von Ergebnisdokumentationen, und bindet zusätzlich ohnehin knappe Ressourcen. Die Durchführung von 360-Grad-Feedbacks erfordert einen hohen Aufwand in Bezug auf die Organisation der Feedbackgeber, Erstellung der Feedbackberichte, deren Interpretation und Aufarbeitung.

> **DAS WICHTIGSTE IN KÜRZE**
>
> Erster Schritt einer erfolgreichen Implementierung des Mitarbeitergesprächs ist, dass die Geschäftsleitung die Ziele dieser Maßnahme klar definiert und die erforderlichen Rahmenbedingungen für das Verfahren festlegt. Ziel ist dabei, eine größtmögliche Einigkeit darüber zu erlangen, wie dieses Instrument in die strategische Unternehmensplanung passt, welche Änderungen es im Führungsstil und in der Zusammenarbeit im Unternehmen bewirken soll, welche thematischen Bestandteile enthalten sein müssen und nach welchen Kriterien und Messverfahren der Erfolg zu messen ist. Es empfiehlt sich, in dieser Phase festzulegen, welche formalen Richtlinien für die Durchführung von Mitarbeitergesprächen gelten sollen.

- Für die konsequente Implementierung ist es erforderlich, dass die Geschäftsleitung mit gutem Beispiel vorangeht und mit den nachgelagerten Führungskräften qualitativ hochwertige Mitarbeitergespräche führt, um diese zur Nachahmung zu ermuntern. Bereits bei der Konzeption des Mitarbeitergesprächs sollte die Arbeitnehmervertretung eingebunden werden. So kann man die Interessen der Arbeitnehmer berücksichtigen und damit etwaigen späteren Diskussionen oder Konflikten über Teile des Systems, denen laut Gesetz die Arbeitnehmervertretung zustimmen muss, vorbeugen.

- Ein Projektteam, das sich meist aus Vertretern des Personalbereichs, Führungskräften, Mitarbeitern und Arbeitnehmervertretern zusammensetzt, arbeitet die notwendigen Schritte zur Einführung dieses Instruments aus, stimmt sie mit der Geschäftsleitung ab und arbeitet das Instrumentarium sowie die erforderlichen Unterlagen aus. Anschließend werden Führungskräfte und Mitarbeiter über die bevorstehenden Maßnahmen unterrichtet.

- Die abschließende Projektevaluation gibt Aufschluss über den Erfolg der Einführung dieser Gespräche. Etwaige Schwachpunkte können dadurch erkannt und in der Folge behoben werden.

- Den rechtlichen Rahmen für Mitarbeitergespräche setzen insbesondere das Betriebsverfassungsgesetz, das Allgemeine Gleichbehandlungsgesetz und – sofern Unternehmensleitung und Arbeitnehmervertretung dies ausgehandelt haben – eine Betriebsvereinbarung. Letztere regelt verbindlich Ziele und Grundsätze des Mitarbeitergesprächssystems, seinen Ablauf, die Art und Weise der Dokumentation, das Vorgehen bei Konflikten zwischen Arbeitnehmern und Führungskräften, die Information der Beschäftigten über das System und wie es evaluiert wird. Das Betriebsverfassungsgesetz bestimmt vor allem, in welchen Punkten die Arbeitnehmervertretung informiert werden muss bzw. ein Mitspracherecht hat und wie sie bei Auseinandersetzungen zwischen Mitarbeitern und Führungskraft eingreifen darf. Das Allgemeine Gleichbehandlungsgesetz schließlich verpflichtet den Arbeitgeber, Benachteiligungen seiner Mitarbeiter aufgrund von Geschlecht, Alter, Herkunft, Weltanschauung, sexueller Identität oder einer Behinderung nicht zuzulassen bzw. diese abzustellen. Andernfalls muss er mit Schadensersatzforderungen rechnen.

- Der Leitfaden für das Mitarbeitergespräch ist vergleichbar mit einer Gebrauchsanweisung, die beschreibt, wie das Gespräch zu führen ist. Er trägt dazu bei, eine firmenspezifische und professionelle Gesprächsführung zu entwickeln, und informiert, aus welchem Grunde dieses Instrument eingeführt wird. Er erklärt, wie das Mitarbeitergespräch geführt werden soll, und beschreibt die Ziele dieses Instruments, die erforderlichen Qualifikationen für eine erfolgreiche Gesprächsführung und die Inhalte. Darüber hinaus enthält er Anleitungen für die Vorbereitung auf das Gespräch, seine Struktur und seinen Aufbau, die Durchführung sowie dafür notwendige Formulare und Gesprächsbögen. Der abschließende Teil des Leitfadens beschreibt, wie die Dokumentation erfolgen soll. Ist eine schriftliche Form vorgesehen, erfahren die Mitarbeiter und Führungskräfte, warum diese gewünscht wird und wie sie zu erstellen ist. Diesem Informationspaket liegen die Betriebsvereinbarung (so vorhanden) und eventuell weitere Unterlagen wie z. B. Führungsgrundsätze bei.

- In den meisten Fällen erhalten Führungskräfte Qualifizierungsmaßnahmen, in denen sie intensiv auf ihre Rolle im Mitarbeitergespräch vorbereitet werden. Manche Unternehmen sehen diese Qualifizierungsmaßnahmen auch für die Mitarbeiter vor. Die Dauer der Trainings hängt ab von der Komplexität des Mitarbeitergesprächssystems und der Intensität, mit der das Knowhow zur Gesprächsführung vermittelt werden soll. Sind die Trainings absolviert, können erste Mitarbeitergespräche vereinbart und geführt werden.

- Der Aufwand und die damit verbundenen Kosten der Einführung eines Mitarbeitergesprächssystems werden oft unterschätzt. Es empfiehlt sich daher, so früh wie möglich für die Geschäftsleitung zusammenzustellen, welchen Zeitaufwand die Implementierung erfordert und mit welchen Kosten für die Einführung und die spätere regelmäßige Durchführung des Systems zu rechnen ist. Diese Aufstellung sollte genehmigt werden.

- Auch wenn es noch nicht üblich ist, vor Implementierung eines Mitarbeitergesprächssystems den monetären Nutzenaspekt zu berechnen, so ist eine Kalkulation aufgrund bisheriger statistischer Erkenntnisse durchaus möglich. Metaanalysen stellten Steigerungen von mehr als 15 Prozent der durchschnittlichen Leistung infolge von Leistungsbeurteilungen fest.

- Mitarbeitergesprächssysteme sollten an die Bedürfnisse des jeweiligen Unternehmens angepasst sein. Jedes Unternehmen muss für sich prüfen, wie es dieses Instrument ausgestaltet, damit es seinen Zweck erfüllt und zur Unternehmenskultur passt. Aus diesem Grund gibt es in der Praxis zahlreiche Varianten. Die Dokumentation kann, je nach der intendierten Zielsetzung des Unternehmens, unterschiedliche Formen annehmen. Manche Organisationen verzichten völlig auf schriftliche Unterlagen, andere verwenden zur Dokumentation vorgefertigte Gesprächsleitfäden. In manchen Unternehmen wird die Leistungsbeurteilung mit einem leistungsorientierten Vergütungsbestandteil gekoppelt. Auch der Verbleib der schriftlichen Unterlagen wird unterschiedlich gehandhabt. Es gibt darüber hinaus die Möglichkeit, neben dem direkten Vorgesetzten eines Mitarbeiters weitere Feedbackgeber in das System mit einzubeziehen oder Selbsteinschätzungen des Mitarbeiters oder beider Gesprächspartner bereits im Vorfeld des eigentlichen Gesprächs dem späteren Gesprächspartner zu dessen Vorbereitung auszuhändigen. Einige Unternehmen legen auch großen Wert auf das Feedback des Mitarbeiters zum Führungsverhalten seines Vorgesetzten. Über eine Vorgesetztenbeurteilung erhalten die übergeordneten Führungskräfte Informationen, um das Führungsverhalten des Vorgesetzten des Mitarbeiters besser einschätzen zu können.

Mehr zu diesem Thema

Alberternst, C.: *Evaluation von Mitarbeitergesprächen*. Verlag Dr. Kovac, 2003
Breisig, T.: *Personalbeurteilung – Mitarbeitergespräch – Zielvereinbarungen. Grundlagen, Gestaltungsmöglichkeiten und Umsetzung in Betriebs- und Dienstvereinbarungen*. Bund Verlag, 2005
Hopfner, S.; Naumann, V.: *Das Allgemeine Gleichbehandlungsgesetz (AGG). Ein Leitfaden für die arbeitsrechtliche Praxis*. Verlag Versicherungswirtschaft, 2006
Prothmann, K.: »Möglichkeiten des Mitarbeitergesprächs als Online-Tool«. In: Thienel, A. (Hrsg.): *Webbasierte Assessments, Online-Akademien und Change Management Portale: Internetbasierte Systeme zur Personalauswahl, Personal- und Organisationsentwicklung*. VDM, 2006, S. 137 – 149
Winkler, B.: »Umsetzung von Human-Capital-Strategien und -Projekten – Hinweise zur nachhaltigen Implementierung«. In: Dürndorfer, M.; Friederichs, P. (Hrsg.): *Human Capital Leadership*, Murmann, 2004, S. 560 – 582

12

Leistungs- und erfolgsorientierte Vergütung

DARUM GEHT ES ...

- Wie können leistungsorientierte oder erfolgsorientierte Vergütungsmodelle gestaltet werden?
- Wie kann man das Instrument der variablen Vergütung mit dem Mitarbeitergespräch verbinden?
- Was ist bei der Einführung von Mitarbeitergesprächen in Verbindung mit leistungs- und erfolgsorientierten Vergütungsbestandteilen zu beachten?

DIESES KAPITEL BESCHREIBT:

- Möglichkeiten der Gestaltung von Anreizsystemen,
- die verschiedenen Varianten variabler Vergütungsmodelle,
- Tipps für die Gestaltung des Bonusgespräches,
- Schwierigkeiten, die bei leistungsorientierten Vergütungssystemen auftreten können,
- Anregungen für die Qualifizierung von Mitarbeitern und Führungskräften.

Ihre Geschäftsleitung ist davon überzeugt, dass ein leistungsorientiertes Vergütungssystem erheblich dazu beitragen kann, Leistungen fair zu honorieren und die Motivation für das Erreichen von Unternehmenszielen zu fördern. Sie wurden beauftragt, ein leistungsorientiertes Vergütungssystem auszuarbeiten und im Unternehmen in allen Bereichen einzuführen. Als Unterstützung steht Ihnen eine Projektgruppe aus Arbeitnehmervertretern, Führungskräften und Mitarbeitern zur Seite.

Die Stimmung der ersten Sitzung ist gespalten: Einerseits begrüßen viele, dass sich Leistung jetzt endlich lohnen könne. Doch wurden auch Zweifel laut, ob alle Führungskräfte in der Lage seien, Leistung zu erkennen und gerecht zu honorieren: Vergrößert man mit einer leistungsorientierten Vergütung die Abhängigkeit vom Urteil des direkten Vorgesetzten? Die Mitglieder der Projektgruppe wollen auch wissen, wie hoch der leistungsorientierte, variable Anteil am Gesamtgehalt sei und nach welchen Kriterien die Leistung eines Mitarbeiters beurteilt werden soll. Ferner fragen sie, wie sichergestellt wird, dass unterschiedliche Vorgesetzte bei der Beurteilung ihrer Mitarbeiter den gleichen Maßstab anlegen, und wie die Geschäftsleitung die Höhe des variablen Vergütungsanteils bestimmen wird.

Sie überlegen, wie Sie eine befriedigende Lösung für diese Anliegen finden und was sie darüber hinaus noch beachten müssen, um ein effektives leistungsorientiertes Vergütungssystem zu entwickeln.

12.1 Vergütung als Anreizsystem

Unternehmen und Organisationen des öffentlichen Dienstes gehen zunehmend dazu über, erfolgs- und leistungsorientierte Vergütungssysteme einzuführen. Dahinter steht die Absicht, erreichte Ziele und außergewöhnliche Leistungen anzuerkennen und zu honorieren, um die Einsatzbereitschaft und Motivation der Mitarbeiter zu stärken. Häufig geschieht das in Verbindung mit einer Beurteilung, in der die Leistung des einzelnen Mitarbeiters vom Vorgesetzten, z. B. im Rahmen eines jährlichen Mitarbeitergesprächs, beurteilt wird. Grundlage für die Leistungsbeurteilung sind oftmals im Vorfeld (z. B. am Anfang des Jahres) festgelegte (quantitative) Ziele, deren Zielerreichungsgrad die Basis für die Bewertung der Leistung darstellt. In vielen Organisationen werden jedoch auch zusätzlich qualitative Kriterien herangezogen (wie z. B. die Beurteilung des bestehenden Fachwissens und des Engagements), um die Gesamtleistung des Mitarbeiters zu beurteilen. Egal wie die Gesamtleistung im Einzelnen bewertet wird, ausschlaggebend für das Funktionieren eines leistungsorientierten Vergütungssystems ist, dass die an die Mitarbeiter gestellten Erwartungen sowie die Bewertung ihrer Leistung mit ihnen besprochen werden und deren Auswirkungen auf die Vergütung transparent sind. Anders lässt sich die Akzeptanz des Vergütungssystems kaum erreichen.

Ziele von Anreizsystemen

Anreizsysteme, wie z. B. eine leistungs- und erfolgsorientierte Vergütung (oft auch variable Vergütung genannt), sollen direkt oder indirekt Mitarbeiter motivieren, ein bestimmtes leistungsrelevantes Verhalten zu zeigen.

Ein Anreizsystem zeichnet sich durch seine Steuerungs- und auch eine Informationsfunktion aus, die den Mitarbeitern deutlich machen, welches Verhalten im Unternehmen anerkannt ist. Es verstärkt erwünschtes Verhalten (beispielsweise die Realisierung vereinbarter Ziele) und verringert die Wahrscheinlichkeit ineffektiven Verhaltens (z. B. Konzentration auf weniger wichtige Aufgaben) für das Unternehmen. Kommt es zu größeren Veränderungen im Unternehmen, ist es wichtig, auch das Anreizsystem zu modifizieren, um die Anpassung an die neuen Verhältnisse zu beschleunigen. Die Anreiz-Beitrags-Theorie besagt, dass Mitarbeiter, sofern sie ihren Arbeitsplatz frei wählen können, dann leistungsorientiertes Verhalten im Betrieb zeigen bzw. dort ihre Leistung steigern werden, wenn die erwarteten Honorierungen (Anreiznutzen) die Kosten ihrer Beiträge (Leistung, Einsatz) im Vergleich zu einer weniger intensiven oder anderen Tätigkeit übersteigen.

Betriebe müssen demnach, um konkurrenzfähig zu bleiben, ein Anreizangebot schaffen, das sich von anderen konkurrierenden Organisationen unterscheidet und positiv abhebt. So, wie sich das Leistungsverhalten verschiedener Mitarbeiter unterscheidet, so bevorzugen unterschiedliche Mitarbeiter auch unterschiedliche Anreize. Für den einen ist Geld wichtig, für den anderen sind es flexible Arbeitszeiten und die Möglichkeit, auch von zu Hause aus zu arbeiten, ein nach außen sichtbarer Verantwortungsstatus oder interessante berufliche Perspektiven. Deshalb ist für eine individuelle Verhaltensbeeinflussung auch ein differenziertes Anreizmodell notwendig. Um den verschiedenen Bedürfnissen in den Motivstrukturen der Mitarbeiter gerecht zu werden, führen Unternehmen sogenannte Cafeteria-Systeme ein, in denen Mitarbeiter zwischen verschiedenen Anreizelementen wählen können (z. B. zwischen einem Dienstwagen, einer Bonusbarauszahlung oder der Umwandlung des Bonusbetrags in einen Rentenbaustein und Ähnlichem).

Vergütungssysteme erfüllen demnach nach Becker und Kramarsch [BECKER; KRAMARSCH, 2006, S. 11] folgende Funktionen:

- Motivationsfunktion

Mitarbeitermotive sollen aktiviert und in eine aktuell wirkende Leistungsbereitschaft umgesetzt werden.

- Steuerungsfunktion

Durch die Verknüpfung der Vergütungen mit den Unternehmenszielen sollen Art, Richtung und Intensität des Mitarbeiterverhaltens antizipativ und nachhaltig beeinflusst werden.

- Informationsfunktion

Vergütungssysteme vermitteln explizite oder auch hintergründige Informationen darüber, welches Verhalten angesehen ist oder nicht. Dadurch sind Vergütungssysteme auch ein Ausdruck der von der Organisation angestrebten und gelebten Unternehmenskultur.

- Kooperationsfunktion

Die Kooperationsbereitschaft im Unternehmen kann durch ein spezifisch gestaltetes Vergütungssystem gefördert werden.

- Veränderungsfunktion

Die Bemessungsgrundlagen von variablen Vergütungssystemen können dazu genutzt werden, veränderte Anforderungen, die konsistent zur neuen Strategie oder zu Veränderungsvorhaben sind, besonders zu honorieren.

- Selektionsfunktion

Ein attraktives Vergütungssystem erhöht die Bleibemotivation für bereits beschäftigte und entsprechend motivierbare Mitarbeiter. Für Externe schafft sie Beitrittsanreize. Gegebenenfalls werden über eine Selbstselektion (Austrittsanreize) bestimmte Mitarbeiter auch zum Verlassen des Unternehmens bewogen. Das ist der Fall, wenn z. B. ein Vergütungssystem mit einem hohen variablen Anteil nur für besonders talentierte Mitarbeiter attraktiv ist, die bei gleichzeitig geringer Grundvergütung hohe Einkommen erzielen können.

Neben der Anreiz-Beitrags-Theorie hat sich ein zweites Modell für die Gestaltung von Vergütungssystemen etabliert, die sogenannte Principal-Agent-Theorie [JENSEN; MECKLING, 1976; KRAMARSCH, 2004]. Sie geht davon aus, dass zwischen einem »Principal« (z. B. dem Besitzer einer Firma) und seinem »Agenten« (z. B. einem Mitarbeiter oder Geschäftsführer) das Risiko besteht, dass der Agent nicht im Sinne des Besitzers handelt. Die Theorie geht von einem rationalen und opportunistischen Individualverhalten aus, bei dem die beteiligten Akteure ihre Beiträge unter ihren spezifischen Kosten- und Nutzenaspekten sehen. Sie streben danach, den individuellen (Netto-)Nutzen ihrer Aktivitäten zu optimieren.

Für den Arbeitgeber entsteht der Nutzen durch den Umsatz des Unternehmens abzüglich der entstandenen Kosten wie z. B. Personalkosten. Aufseiten des Mitarbeiters besteht der Nutzen in einer attraktiven Vergütung abzüglich der zu leistenden Arbeitsanstrengung. Um diesen Interessenkonflikt zwischen Arbeitgeber und Arbeitnehmer zu reduzieren, werden z. B. ergebnisbasierte Programme wie Profit-Sharing eingesetzt, die einen Teil des Gehaltes eines Geschäftsführers einem Risiko aussetzen und es an ergebnisorientierte Messgrößen, die für den wirtschaftlichen Erfolg der Firma maßgeblich sind, koppeln. Da die Principal-Agent-Theorie davon ausgeht, dass Mitarbeiter risikoavers reagieren, wird der Geschäftsführer oder Mitarbeiter Aktivitäten unternehmen, um dem Risiko entgegenzuwirken, ein niedrigeres Gehalt zu bekommen. Die Wahl der Parameter, die für die ergebnisorientierten Messgrößen herangezogen werden, bestimmt, ob der Agent, also Führungskraft, Geschäftsführer

12.1 Vergütung als Anreizsystem

oder Mitarbeiter, eher für kurzfristige Gewinnmaximierungen honoriert wird oder auch für die langfristig nachhaltige Steigerung des Unternehmenserfolgs. Dies wiederum wird aufseiten des Agenten beeinflussen, welche Unternehmensstrategie und daraus folgende Geschäftspolitik und -aktivitäten er wählt.

Nach welchem Modell Vergütungssysteme gestaltet werden und welche Aufgaben von einem Vergütungssystem besonders honoriert werden sollen, muss in der Konzeptionsphase geklärt werden und beeinflusst die Ausgestaltungsschwerpunkte.

Viele Organisationen streben bei der Entwicklung ihrer Vergütungssysteme die Schaffung eines »gerechten« Vergütungssystems an, was einen hohen Anspruch darstellt und sicher schwer zu realisieren ist. Empfinden Mitarbeiter die absolute bzw. die relative Höhe ihrer Vergütung als ungerecht, so kann dies die beabsichtigte Anreizwirkung der Vergütung schmälern. Daher ersetzen viele Organisationen inzwischen die Formulierung »gerecht« durch »fair«, um zu kennzeichnen, dass die Wahrnehmung, wie fair eine Bezahlung ist, immer auch von den Beurteilungsmaßstäben des Einzelnen abhängt. Für das Fairnessempfinden von Mitarbeitern ist es z. B. auch wichtig, wie transparent und konsistent der Prozess der Vergütungsfestlegung stattfindet.

Kosiol [KOSIOL, 1962] postuliert in dem von ihm entwickelten Äquivalenzprinzip, dass für eine faire Gestaltung der Entgeltstruktur die individuelle Entgelthöhe und die individuelle Leistung übereinstimmen sollen. Dies kann gefördert werden, wenn die Äquivalenz von Entgelt und Anforderungsgrad (Anforderungsgerechtigkeit), also der Aufgaben und Tätigkeiten, die ein Mitarbeiter übertragen bekommt, und die Äquivalenz von Entgelt und Leistungsgrad (Leistungsgerechtigkeit) gegeben ist.

Formen von Anreizsystemen

Motive sind Verhaltensbereitschaften oder Triebfedern, die durch Anreize aktiviert werden können. Man unterscheidet intrinsisch und extrinsisch motiviertes Verhalten: Als intrinsisch motiviert wird Verhalten angesehen, wenn es um seiner selbst willen – sozusagen aus der unmittelbaren Aufgabe heraus – angestrebt wird (z. B. Selbstverwirklichungsmotiv). Als extrinsisch motiviert wird Verhalten angesehen, wenn es durch Honorierungen von außen getragen wird, z. B. durch Provisionen oder auch Karriereentwicklungsmöglichkeiten.

Daraus ergeben sich verschiedene Anreizformen:

- materielle bzw. finanzielle Anreize durch fixe und variable Entgelte, Erfolgs- und Kapitalbeteiligung, Zulagen, Werkswohnungen und Ähnliches,
- immaterielle Anreize, wie vor allem soziale Anreize (durch Kontakte mit Kollegen, Vorgesetzten und Mitarbeitern, angenehmes soziales Klima), Anreize durch die Arbeit selbst (Arbeitsinhalte, Autonomie, Partizipation, mitarbeiterorientiertes Vorgesetztenverhalten), Karriereanreize (Möglichkeiten zur Qualifizierung, zum betrieblichen Aufstieg, zu interessanten Positionen), Informationssystem (regelmäßige, rechtzeitige und umfassende Information über aufgaben- und betriebsrelevante Entwicklungen) sowie

- Anreize des organisatorischen Umfeldes (beispielsweise durch unternehmenspolitische Rahmenbedingungen, wie z. B. Unternehmenskultur, Identität, Image, Ausstattung des Arbeitsplatzes).

Bedeutsame Arbeitsaufgaben, die vielfältige Anforderungen, Handlungsspielraum und Feedbackmöglichkeiten bieten, fördern die Entstehung intrinsischer Motivation und von Zufriedenheit. Darüber hinaus bieten derartig gestaltete Aufgaben die Chance, für die jeweilige Tätigkeit selbständig Ziele zu setzen und zu verfolgen. In der Arbeitsaufgabe selbst liegt somit ein (Motivations-)Mechanismus, der Einfluss auf die allgemeine Zufriedenheit des Mitarbeiters hat.

Entsprechend der Anreiz-Beitrags-Theorie und der auf ihr aufbauenden motivations- und führungstheoretischen Ansätze spricht viel für eine Beeinflussung der jeweiligen Mitarbeitermotive und damit für eine Individualisierung des Anreizsystems. Um den Administrationsaufwand, die Steuerbarkeit, aber auch die Komplexität von Vergütungssystemen im Rahmen zu halten, ist man auf die Verwendung weniger, möglichst generalisierbarer Anreize, wie Geld, angewiesen. Geld wirkt instrumentell, wobei auch immaterielle Motive befriedigt werden können (wie z. B. Status, teure Weiterbildungsmöglichkeiten etc.). Dies spricht nach Becker und Kramarsch [BECKER; KRAMARSCH, 2006] dafür, dem Vergütungssystem in der Verhaltensbeeinflussung einen wichtigen Stellenwert einzuräumen. Trotzdem sollte die nachhaltige Relevanz nicht monetärer Anreize nicht vernachlässigt werden. Nur ein Anreizsystem, welches vielfältige Anreizarten berücksichtigt, ist in der Lage, tatsächlich eine gezielte Verhaltensbeeinflussung zu bewirken.

In der Sprache von Vergütungsspezialisten haben sich bestimmte Begrifflichkeiten etabliert, die hier kurz erklärt werden.

- Als »Total Rewards« werden alle anreizwirksamen materiellen und immateriellen Leistungen des Unternehmens bezeichnet.
- »Total-Compensation-Modelle« beziehen sich auf die Darstellung der Gesamtvergütung, also aller monetären Anreize.

Wirkung von direkten und indirekten Honorierungen

Die Wissenschaftler Locke und Latham unterscheiden in ihrem High Performance Cycle (vgl. Bild 4.1 in Kapitel 4 »Ziele formulieren und vereinbaren«) zwei Arten von Honorierungen, die Auswirkungen auf die Zufriedenheit des Mitarbeiters haben. Direkte monetäre Honorierungen z. B. werden häufig als Konsequenz von Zielerreichungen ausgeschüttet, während indirekte oder nicht aufgabenbezogene Honorierungen die Motivation und Zufriedenheit des Mitarbeiters grundsätzlich erhöhen, aber nicht direkt mit der Zielerreichung in Zusammenhang stehen.

Direkte »Honorierungen«

Locke und Latham zeigen in ihren Untersuchungen, dass direkte finanzielle Vergütungen leistungssteigernd wirken. Diese Wirkung wird allerdings durch spezifische Situations- und Persönlichkeitsvariablen beeinflusst, wie z. B. den Vergleich mit anderen oder bisherigen Lernprozessen und Erfahrungen des Mitarbeiters. Eine wichtige Voraussetzung ist, dass die finanzielle Entlohnung für den Mitarbeiter einen Motivator darstellt. Die finanzielle Honorierung wird dann unwichtiger, wenn das Gefühl entsteht, dass wichtige Dinge auf der Strecke geblieben sind, z. B. dass Ziele nur durch übermäßige Arbeitsbelastung erreicht werden konnten. In diesem Fall wird wahrscheinlich der Möglichkeit, Freizeitausgleich zu bekommen, größere Bedeutung zukommen als einer rein finanziellen Honorierung des Einsatzes. Eine flexible Auswahl der Honorierungen ist hier für den Vorgesetzten hilfreich, um den Einsatz des Mitarbeiters individuell passend zu dessen Motivstruktur belohnen zu können.

Die größte Wirkung geht von Vergütungen aus, die proportional zur Zielerreichung erfolgen, weil dann eine Bezahlung der tatsächlichen Leistung und nicht der Zielerreichung in einer dichotomen Weise (Ziel erreicht/Ziel nicht erreicht) erfolgt. Bei einer Kombination von Zielen mit Vergütungen können sich nach den Untersuchungen von Locke und Latham Leistungssteigerungen von über 40 Prozent ergeben. Ein gutes Beispiel für diese Art von direkter Vergütung ist z. B. die Provision pro abgeschlossenes Geschäft oder auch pro Stückzahl, wie z. B. beim Akkordlohn. Der Schwierigkeitsgrad des Zieles wird vom Mitarbeiter so gewählt, dass er eine möglichst hohe Stückzahl bzw. möglichst viele Abschlüsse erreichen kann. Ohne finanziellen Anreiz wäre das eher die Ausnahme. In der Diskussion über die Ursachen der Finanzkrise wurde z. B. Banken der durchaus berechtigte Vorwurf gemacht, dass deren oft provisionsorientiert angelegte Vergütungssysteme den unreflektierten und forcierten Verkauf von Produkten an Kunden, die möglicherweise einen anderen Bedarf haben, fördern.

Ein finanzieller Anreiz kann die Zielbindung erhöhen und damit zu Leistungssteigerungen führen. Das heißt, Geld führt zu einer höheren Bereitschaft, sich anzustrengen. Erst ab einem leistungs- und erfolgsabhängigen Anteil von 15 Prozent und mehr entsteht nach einer Studie von Becker und Kramarsch [BECKER; KRAMARSCH, 2006] bei Führungskräften Zufriedenheit mit dem Vergütungssystem.

Auch führen Anreize dazu, dass mehr selbst gewählte und spontane Ziele gesetzt werden. Dabei ist eine Entlohnung effektiver, die schnell auf eine Leistung folgt, als eine einmalige Bonusausschüttung, die sich zeitverzögert nicht mehr auf Einzelleistungen bezieht, sondern auf die Gesamtleistung, und an einem bestimmten Termin ausgeschüttet wird.

Ferner wurde festgestellt, dass die individuelle Entlohnung, die an Ziele gekoppelt ist, zu einer stärkeren Leistungsverbesserung führte als die Gruppenentlohnung. Das ist sicher damit zu erklären, dass der Einzelne mehr Kontrolle über sein individuelles Leistungsverhalten hat als über das des gesamten Arbeitsteams. Teamprämien sind wiederum wichtig, wenn die Zusammenarbeit aller gefordert ist, um eine bestimmte Aufgabe zu erfüllen, oder wenn man das gegenseitige Verantwortungsgefühl für die Ergebniserreichung steigern möchte (wie z. B. bei Gruppenarbeit).

Bei einer leistungsbezogenen Entlohnung sollte gewährleistet sein, dass die Mitarbeiter ihre Leistung selbst kontrollieren können und für sie das Entlohnungssystem verständlich und transparent ist. Neben finanziellen Honorierungen können auch Anerkennung und Beförderung erfolgen. Schon allein das Gefühl, eine herausragende Leistung erbracht zu haben, ist ein starker immaterieller Anreiz und motiviert.

Indirekte Honorierungen

Honorierungen sind in diesem Fall nicht nur direkt an den Grad der Zielerreichung gekoppelt, sondern können auch indirekter Art sein. Beispiele sind betriebliche Sozialleistungen, Alterszuschläge, Firmenrenten, flexible Arbeitszeitregelungen, Firmenwagen etc. Derartige Anreize tragen jedoch weniger dazu bei, Mitarbeiter zu höheren Leistungen zu motivieren, sondern bestärken sie eher darin, sich stärker an das Unternehmen zu binden und sich keinen anderen Arbeitsplatz zu suchen. Sie beeinflussen so, neben den an die Leistung gekoppelten direkten Honorierungen, die Zufriedenheit der Mitarbeiter.

Hohe Zufriedenheit ist das Ergebnis hoher Leistung, wenn direkte, internale und externale Honorierungen in einem angemessenen Verhältnis dazu stehen, d. h., wenn es zu einer positiven Bewertung der Arbeitsleistung des Mitarbeiters gegenüber seinen Leistungsmaßstäben kommt. So erhöht es die Zufriedenheit des Mitarbeiters, wenn er auf eine Leistung stolz ist, weil er eine Herausforderung und wichtige Aufgabe positiv bewältigt hat (internale Honorierung), aber auch von seinem Vorgesetzten dafür anerkannt und finanziell belohnt wird (externale Honorierung).

Jede Leistung ist davon bestimmt, ob der Mitarbeiter die Leistung erbringen will und kann. »Können« und »Wollen« bestimmen das Leistungsverhalten in Intensität und Güte. Individuelles Ergebnis eines Leistungsverhaltens ist die Honorierung immaterieller oder materieller Art. Die Zufriedenheit mit dieser Anerkennung hängt davon ab, wie diese Honorierung im Vergleich zum eigenen Anspruchsniveau oder zu den Honorierungen anderer Personen wahrgenommen wird. Weiterhin ist für die Akzeptanz von Anerkennung wichtig, ob man sich die Leistung selbst zuschreibt (Selbstattribution) oder andere Faktoren, die nicht in der eigenen Person liegen, wie z. B. Glück, dafür verantwortlich macht (Fremdattribution).

Kriterien für die Gestaltung von Vergütungssystemen

Aus diesen Erkenntnissen und Vorüberlegungen zu Anreizsystemen ergeben sich folgende Kriterien und Konsequenzen für die Gestaltung von variablen erfolgs- und leistungsorientierten Vergütungssystemen:

- Das finanzielle Anreizsystem muss im Vergleich zu anderen Unternehmen und Referenzpersonen attraktiv sein.
- Anreizsysteme sollen sowohl einen größeren Personenkreis ansprechen als auch auf individuelle Bedürfnisse eingehen.
- Die tarifvertraglichen Vereinbarungen müssen berücksichtigt werden.
- Aufgrund individuell unterschiedlicher Motivstrukturen sollte das gesamte Anreizsystem sowohl materielle als auch immaterielle Bestandteile vorsehen.

12.1 Vergütung als Anreizsystem

- Um eine leistungsorientierte Kultur zu schaffen, braucht man zusätzlich zu einem attraktiven Fixgehalt variable Vergütungsbestandteile, die eine leistungsorientierte Vergütung möglich machen.
- Direkte Honorierungsmodelle, die proportional zur Leistung sind, haben die besten Möglichkeiten, Leistung zu steigern. Deshalb sind – wo möglich – diese Formen der Honorierung vorzuziehen. Dabei müssen jedoch auch deren Fehlsteuerungsrisiken bedacht werden. Es ist z. B. langfristig nicht effektiv und redlich, das Verkaufen von risikoreichen Wertpapieren »auf Teufel komm raus« zu fördern, ohne den möglichen langfristigen Imageverlust (z. B. durch unzureichend informierte oder geschädigte Kunden) sowie die finanziellen Ausfälle der Bank zu berücksichtigen, falls diese Wertpapiere sich möglicherweise in großer Anzahl »in Luft auflösen«. Leistungsorientiert ist ein Vergütungssystem dann, wenn es eine klare und eindeutige Beziehung zwischen der erbrachten Leistung und der erhaltenen Leistungsprämie gibt.
- Das Erreichen von Zwischenzielen sollte belohnt werden, um den Prozess der Zielerreichung zu fördern. Regelmäßige Feedbacks und Zielreviews sind notwendig, um den aktuellen Stand der Zielerreichung widerzuspiegeln.
- Werden die individuellen Leistungen von Mitarbeitern beurteilt, so muss gewährleistet sein, dass diese über ihre Leistungserbringung Kontrolle haben.
- Eine alleinige Beurteilung der Zielvereinbarung berücksichtigt nicht das gesamte Leistungsspektrum des Mitarbeiters, wie z. B. die Erfüllung von Zusatz- oder Routineaufgaben, für die nicht explizit Zielvereinbarungen bestehen. Deshalb sollte dieses Thema bei der Beurteilung ein besonderes Gewicht erhalten.
- Transparent ist ein leistungsabhängiges Vergütungssystem dann, wenn die Leistungsziele so definiert sind, dass sie anhand im Vorfeld definierter Indikatoren messbar bzw. beurteilbar sind und die Beziehung zwischen der Leistungsausprägung und deren Auswirkung auf die Prämienhöhe eindeutig geregelt ist.
- Ein transparenter und konsistent praktizierter Prozess der Vergütungsfestlegung erhöht die wahrgenommene Fairness der Vergütungspolitik und damit deren Akzeptanz bei den Mitarbeitern.
- Eine Leistungsprämie soll einen angemessenen Anreiz zur erwarteten Mehrleistung darstellen.
- Eine Leistungsprämie sollte so gestaffelt sein, dass auch geringere Ausprägungen der Zielerreichung proportional belohnt werden, da die Motivationswirkung der Ziele stark beeinträchtigt wird, wenn man im Extremfall für ein »nur« zu 99 Prozent erreichtes Ziel am Ende nichts bekommt.
- Anreizsysteme müssen bei strategischen Veränderungen immer wieder angepasst werden, um die erwünschten Verhaltensweisen verstärken zu können.
- Ein internes Marketing für die gebotenen Anreize für die Mitarbeiter ist notwendig, damit die Anreize und die gewünschten Verhaltensweisen bewusst gemacht werden.

12.2 Bestandteile eines Vergütungssystems

Viele Unternehmen entwickeln mit großer Sorgfalt auf ihre Bedürfnisse zugeschnittene Vergütungssysteme, wie auch die Fallbeispiele der GTZ und MEAG in Kapitel 13 verdeutlichen. Deshalb gibt es eine Vielzahl unterschiedlicher Modelle und Systematiken. Um einen Konsens zwischen den Interessen der Mitarbeiter und den Interessen der Geschäftsleitung zu finden, empfiehlt es sich, die gesetzliche Interessenvertretung der Mitarbeiter, beispielsweise den Betriebs- oder Personalrat oder die Mitarbeitervertretung (im Folgenden kurz »Betriebsrat« genannt), frühzeitig in die Überlegungen und Planungen für das Mitarbeitergespräch einzubinden. Sie hat nach Betriebsverfassungsgesetz ein eindeutiges Mitbestimmungsrecht bei Fragen der Entgeltgestaltung und Leistungsvergütung. Der § 87 Abs. 1 Satz 10 regelt das »Ob« und der § 87 Abs. 1 Satz 11 regelt das »Wie«.

Dieses Kapitel kann nur die wichtigsten Überlegungen und Prototypen für Vergütungssysteme und deren Verknüpfung mit Mitarbeitergesprächen darstellen und eine Auswahl von unterschiedlichen Modellen mit verschiedenen Merkmalen vorstellen. Am Ende des Buches befindet sich jedoch eine umfangreiche Literaturliste, in der auch Titel aufgeführt sind, die sich detailliert nur mit dem Thema Vergütung befassen.

Für alle Mitarbeitergruppen werden bei Vergütungssystemen der obligatorische Teil, bestehend aus Lohn/Gehalt, Sozial- und Zusatzleistungen, sowie der fakultative Teil, bestehend aus einer Beteiligung des Mitarbeiters am ökonomischen Erfolg des Betriebes oder des eigenen Verantwortungsbereiches, unterschieden.

Vergütung nach Tarif bezahlter Mitarbeiter

Nach Tarif bezahlte Mitarbeiter werden entlohnt, wie es Arbeitgeber und Gewerkschaften vertraglich festgehalten haben. Motivierend wirkt diese Vereinheitlichung in vielen Fällen nur begrenzt. Neben dem Arbeitsentgelt in verschiedenen Grundformen (z. B. Zeit-, Akkordlohn), Sozialleistungen (Urlaubs-, Weihnachtsgeld) und sonstigen Lohnkomponenten (z. B. Zulagen) erfolgt zunehmend auch bei tariflich bezahlten Mitarbeitern eine Erfolgs- oder Kapitalbeteiligung. Die Vergütung der Gruppe von tariflich bezahlten Mitarbeitern und auch der Gruppe der nicht leitenden außertariflich bezahlten Mitarbeiter (AT-Mitarbeiter) ist, sofern ein Betriebsrat vorhanden ist, mitbestimmungspflichtig. Das führt dazu, dass Betriebsvereinbarungen und Aufstellungen von Grundsätzen für die AT-Vergütung (§ 87 Abs. 1 Satz 10 BetrVG) mit der Arbeitnehmervertretung abgeschlossen werden.

Per Tarifvertrag und/oder ergänzenden Betriebsvereinbarungen werden Zielvereinbarungen zum verbindlichen Bestandteil für einzelne Beschäftigtengruppen oder für alle Beschäftigten eines Unternehmens (vgl. Kapitel 11 »Implementierung von Mitarbeitergesprächen«). Die Koppelung des Leistungsergebnisses an das Entgelt kann auf zwei Wegen erfolgen:

- über eine Bonusregelung – zumeist »on top« auf das tarifliche Gehalt – oder
- eingebunden im Rahmen des tariflichen Leistungsentgelts.

Vergütung von Führungskräften und außertariflich bezahlten Mitarbeitern

Bei Führungskräften und außertariflich bezahlten Mitarbeitern findet man folgende Hauptkomponenten der Vergütung:

- Grundentgelt,
- variable Entgelte (z. B. erfolgs- oder leistungsbezogene Entgelte, Boni für kurz- oder langfristig zu realisierende Erfolgsgrößen),
- Zusatzleistungen (z. B. Dienstwagen, Altersversorgung, Kredite).

Häufig wird in Unternehmen als Daumenregel für die Anteilsgestaltung der Vergütungsbestandteile für Führungskräfte die Formel 70 – 20 – 10 verwendet (vgl. Bild 12.1). Das bedeutet, dass rund 70 Prozent der Gesamtvergütung das Grundgehalt ausmachen sollten, 20 Prozent durch individuelle Leistung bestimmt werden und zehn Prozent durch die Unternehmensleistung beeinflusst werden. Diese Formel gibt allerdings nur einen groben Richtwert wieder. Das prozentuale Verhältnis zwischen fixer und variabler Bezahlung hängt sehr stark von der Hierarchieebene der Beschäftigten ab. In der Regel ist der Anteil variabler Entgelte bei Mitarbeitern wesentlich geringer als bei Führungskräften. Bei Vorständen ist es üblich, mindestens die Hälfte der Bezüge an das Erreichen von bestimmten Leistungskriterien zu knüpfen, z. B. an den Unternehmenswert.

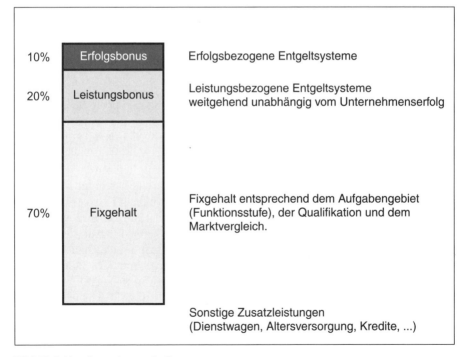

Bild 12.1 Vergütungsbestandteile

Auch hier hat die Auswahl der Parameter, an denen der Erfolg eines Unternehmens gemessen wird und in der Folge dann das Management an diesem Erfolg beteiligt wird, eine direkte Auswirkung darauf, welche Geschäftsstrategien und -modelle verfolgt werden. Je mehr der Unternehmenserfolg auch an Parametern gemessen wird, die einen nachhaltigen und langfristigen Unternehmenswert sicherstellen, desto eher ist gewährleistet, dass das Topmanagement Maßnahmen verfolgen wird, die einen langfristigen und stetigen Erfolg des Unternehmens bewirken. Wird ein Management vor allem dafür honoriert, kurzfristig Gewinne zu maximieren, werden sich die gewählten Geschäftsstrategien vor allem auf dieses Ziel konzentrieren.

Das Mitbestimmungsrecht der Arbeitnehmervertretung bei Vergütungsregelungen im AT-Bereich bezieht sich auf Prinzipien der Vergütung, soweit diese tendenziell alle Mitarbeiter betreffen, nicht aber auf Einzelvereinbarungen. Nur wenn spezielle Regelungen der Eingruppierung gemäß § 99 BetrVG getroffen wurden, ist die Arbeitnehmervertretung mitbestimmungsberechtigt. Für die Gruppe der leitenden Angestellten ist ein Mitwirkungsrecht (§ 30 SprAuG) des Sprecherausschusses bei kollektivrechtlichen Fragen der Vergütungsgestaltung gegeben. Für die Bezahlung der Vorstandsmitglieder einer Aktiengesellschaft ist der Aufsichtsrat zuständig (§§ 86 und 87 AktG). Vergütungen von Geschäftsführungsmitgliedern einer GmbH werden durch die Gesellschafter bestimmt (§ 46 GmbHG).

12.3 Ausgestaltungsmöglichkeiten dieser Vergütungsvarianten

Fixgehalt

Im tariflichen Bereich ist das Fixgehalt an die Tarifstufen gekoppelt. Im außertariflichen Bereich sollte man zur Festlegung des Fixgehaltes den Verantwortungsrahmen der Stelle betrachten, aber auch die Person und Qualifikation des Stelleninhabers.

Der Verantwortungsrahmen der Stelle sollte anhand von Referenzgehältern und Marktvergleichen im Rahmen einer definierten Bandbreite bestimmt werden. Jedoch sollten die Erfahrung und die Kompetenz der jeweiligen Person ebenfalls in die Festlegung des Fixgehaltes mit einfließen (vgl. Bild 12.2). So wird es dadurch z. B. möglich, dass ein langjähriger, erfahrener Mitarbeiter für den gleichen Job besser bezahlt wird als ein Neuling, der jedoch im Prinzip im gleichen Aufgabensegment arbeitet. Viele Organisationen gehen den Weg einer Arbeitsplatzbewertung, um die Vergütung für einen bestimmten Verantwortungsbereich ermitteln zu können. Anhand von Kriterien, wie z. B. Verantwortung für Sachwerte, Komplexitätsgrad der Aufgabe etc., werden Funktionsklassen gebildet und diesen bestimmte Gehaltsstufen zugeordnet. Diese Gehaltsstufen, die auch häufig Funktionsstufen, Verantwortungsgruppen oder Gehaltsbänder genannt werden, können jedoch durchaus eine größere Bandbreite haben und sich auch überlappen: So

12.3 Ausgestaltungsmöglichkeiten dieser Vergütungsvarianten

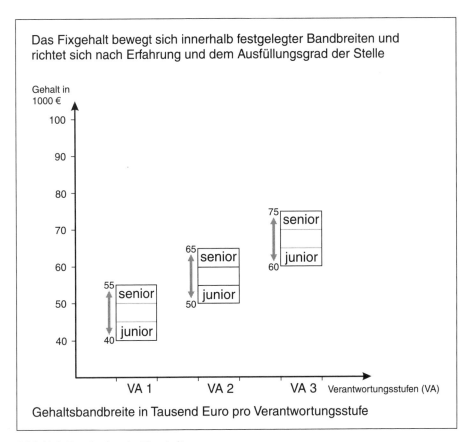

Bild 12.2 Bandbreiten im Fixgehalt

kann z. B. Gehaltsstufe eins zwischen 45.000 und 60.000 Euro liegen, Gehaltsstufe zwei zwischen 55.000 und 70.000 Euro usw. Dadurch wird es möglich, einem erfahreneren Mitarbeiter ein anderes Festgehalt zu geben als z. B. einem neuen Mitarbeiter in der gleichen Verantwortungsgruppe, der eben erst die Stelle angetreten hat. Im Tarifbereich entsprechen diese Gehaltsstufen den jeweiligen Gehaltsstufen des Tarifvertrages.

Je mehr Spielraum in der Gehaltsfestlegung durch die Fixgehaltsbandbreite vorhanden ist, umso mehr kann die selbständige und kompetente Wahrnehmung der Verantwortung z. B. durch Anhebung des Fixgehaltes honoriert werden. Sinnvoll ist auf jeden Fall, mit dem Mitarbeiter jährlich im Rahmen des Gehaltsgespräches die Fixgehaltsentwicklung zu besprechen und die Beurteilungskriterien für etwaige Anhebungen transparent zu machen. Für Mitarbeiter muss nachvollziehbar sein, wie z. B. ein Wechsel von einer zur anderen Gehaltsstufe möglich ist.

Variable Gehaltsbestandteile

Häufig werden zusätzlich zum Fixgehalt variable Gehaltsbestandteile vereinbart. Variable Entgelte können nach zwei Kriterien differenziert werden:

- Nach der Bemessungsgrundlage in erfolgsbezogene Entgeltsysteme und leistungsbezogene Entgeltsysteme:
  - Erfolgsbezogene Entgeltsysteme beteiligen Führungskräfte am Erfolg der Entwicklung der Unternehmung oder eines Geschäftsbereiches z. B. durch Aktienoptionspläne (nur bei börsennotierten Unternehmen möglich), über eine Bewertung des fiktiven Kaufpreises eines Unternehmens oder auch durch Kapitalbeteiligungen und Genussscheine.
  - Leistungsbezogene Entgeltsysteme sind unabhängig von der Wertentwicklung eines Unternehmens, sie honorieren die individuelle Leistung eines Mitarbeiters. Dieser leistungsorientierte, variable Vergütungsanteil wird meist mithilfe des Mitarbeitergesprächs und durch Beurteilung der Zielvorgaben und -vereinbarungen anhand vorher definierter Indikatoren ermittelt.

- Nach dem Zeitraum, der als Berechnungsgrundlage dient in kurzfristig variable Bezüge (Short-Term Incentives) und langfristig variable Vergütungskomponenten:
  - Kurzfristig variable Bezüge (Short-Term Incentives) basieren vor allem auf der Beurteilung der individuellen Leistung bzw. einer Beteiligung am Geschäftsbereichs- oder Unternehmenserfolg und werden in Form einer Tantieme, eines Jahresbonusses oder einer Prämie einmal im Jahr ausgezahlt.
  - Langfristig variable Vergütungskomponenten können nach Kramarsch [KRAMARSCH, 2004] aktienbasierte (z. B. Belegschaftsaktien, Performance Shares, Aktienoptionen oder Wertsteigerungsrechte) und kennzahlenbasierte Instrumente (z. B. Phantomaktien, Cash-basierte langfristige Vergütungen z. B. Deferred-Compensation-Modelle) sein. Typisch für diese Art der Honorierung sind variable Gehaltsbestandteile, die in ihrer Auszahlung aufgeschoben werden können. So hängt die endgültige Höhe der Auszahlung von der Nachhaltigkeit der erzielten Leistungen ab.

Je geringer die Grundvergütung (z. B. bei Vertriebsmitarbeitern) ist, desto größer sollte die Chance sein, bei sehr guter Leistung oder großem Erfolg überproportional zu profitieren, um Anreize für ein erhöhtes Engagement des Mitarbeiters zu generieren.

Erfolgsorientierte Vergütungsbestandteile

Erfolgsorientierte Vergütungsbestandteile, die direkt mit dem Unternehmenserfolg verbunden sind, werden meist mit einer festen Rechensystematik verknüpft. Diese errechnet sich nach bestimmten Erfolgsparametern, wie z. B. Eigenkapitalrendite oder Börsenwert, einen bestimmten Anteil an erfolgsorientierten Vergütungsbestandteilen, der ausgeschüttet werden soll (wie z. B. Aktienoptionen, Belegschaftsaktien und Ähnliches). Der Unternehmenserfolg ist vom einzelnen Mitarbeiter weniger steuerbar als seine individuelle Leistung. Dieses Modell der Koppelung der erfolgsorientierten Vergütungsanteile an den Unternehmenserfolg eignet sich deshalb besser für Personen, die aufgrund ihrer Verantwortung den Unternehmenserfolg auch maßgeblich beeinflussen können. Trotzdem ist der Wunsch von Unternehmen verständlich, den Mitarbeiter durch direkte Beteiligung am Unternehmenserfolg zu mehr unternehmerischem Denken und Handeln zu veranlassen. Dies bedeutet in der Folge, dass er von einer positiven Geschäftsentwicklung profitiert, auch wenn sein Beitrag an dieser Entwicklung nicht maßgeblich war. Bei rückgängiger Entwicklung muss sich der Mitarbeiter darauf einstellen, dass er auf erfolgsorientierte Bestandteile seines Gehalts verzichten muss, obwohl er sich möglicherweise gerade in diesem Jahr besonders eingesetzt hat.

Eine reine Erfolgsbeteiligung der Mitarbeiter wird meist dem geleisteten Einsatz nicht gerecht und birgt auch zu große Gefahren der Ungerechtigkeit in sich. Als Ergänzung oder in Kombination zu einem leistungsorientierten System sind erfolgsabhängige Komponenten jedoch sehr sinnvoll.

Vorteile

Die Ziele der Erfolgsbeteiligung sind eine Verbesserung der Identifikation des Einzelnen mit dem Unternehmen, aber auch ein besseres Verständnis für die Unternehmensentwicklung und Geschäftssituation. Außerdem werden dadurch Anreize für den Einsatz über den eigenen Verantwortungsrahmen hinaus geschaffen. Auch hier ist es wichtig, dass Bemessungsparameter, wie z. B. Eigenkapitalrendite, Gewinn etc., die die Höhe des erfolgsorientierten Bonusses beeinflussen, im Vorfeld festgelegt werden und die Ausschüttung nach einer transparenten Logik errechnet wird.

Nachteile

Erfolgsorientierte Vergütungsbestandteile sind vom einzelnen Mitarbeiter meist nicht steuerbar. Der direkte Bezug zum eigenen Beitrag für den Unternehmenserfolg (außer bei sehr hochrangigen Managern) ist häufig nicht klar herstellbar. Damit wird der Unternehmenserfolg vom Einzelnen als nicht beeinflussbar wahrgenommen.

Leistungsorientierte Vergütungsbestandteile

Voraussetzung für die Ermittlung von leistungsorientierten Boni sind im Vorfeld klar definierte Leistungserwartungen und deren Bewertung. Durch Leistungsbeurteilung der im Vorfeld vereinbarten Aufgaben und Ziele oder definierten Leistungsindikatoren (wie z. B. im Vertrieb häufig praktizierte Beteiligung an Geschäftsabschlüssen) wird die Leistung eines Mitarbeiters ermittelt und nach einer im Vorfeld transparenten Entscheidungsregel in einen leistungsorientierten Bonus übersetzt.

Vorteile

Die Möglichkeit, durch hohe Leistung und Engagement das eigene Einkommen zu erhöhen, ist für viele Mitarbeiter zunächst attraktiv und kann Anreize setzen. Wichtige Voraussetzung hierfür ist eine transparente Information im Vorfeld, welche Leistungen bonusrelevant werden und wie der Prozess der Leistungsbeurteilung angelegt ist. Die variablen, leistungsbezogenen Entgelte ermöglichen es, die aktuelle Leistung verschiedener Führungskräfte bzw. Mitarbeiter zu honorieren, ohne (z. B. durch die Anhebung des Fixgehalts) dauerhaft die Personalkosten in die Höhe zu treiben.

Nachteile

Je weniger objektive Parameter (wie z. B. ein festgelegter monetärer prozentualer Anteil pro Geschäftsabschluss) für die Ermittlung des Leistungsbonusses zur Verfügung stehen und je mehr die Beurteilung der Gesamtleistung als Grundlage für die Ermittlung von Leistungsboni herangezogen wird, umso mehr besteht die Gefahr, dass die Leistung nicht objektiv ermittelt werden kann, sondern vom subjektiven Urteil des Vorgesetzten abhängt. Auch sind manche leistungsorientierte Bonussysteme so gestaltet, dass die Gesamthöhe, die einer Organisation zur Ausschüttung zur Verfügung steht, an den Unternehmenserfolg gekoppelt ist. Dies hat zur Folge, dass für einen guten Mitarbeiter in schlechten Geschäftsjahren die Gefahr besteht, einen geringeren individuellen Leistungsbonus zu erhalten als in guten Geschäftsjahren (siehe Abschnitt 12.5). Auch besteht die Gefahr der Fehlsteuerung, wenn bonusrelevante Leistungsindikatoren mit den Mitarbeitern vereinbart werden (»Geschäft machen auf Teufel komm raus«), die an anderen Stellen negative Folgen aufwerfen (z. B. unzufriedene Kunden, Schädigung des Unternehmensimages, Eingehen unkalkulierbarer Risiken usw.). Weitere Kritikpunkte, die die Gestaltung leistungsorientierter Vergütungsmodelle betreffen, sind in Abschnitt 12.5 aufgeführt.

Short-Term- und Long-Term-Bonussysteme

Im Gegensatz zu Bonussystemen, bei denen die kurzfristige (z. B. jährliche) Leistung beurteilt wird (Short-Term-Bonus), versucht man mit einem Long-Term-Bonus die über Jahre erbrachte Leistung oder auch den Unternehmenserfolg zu beurteilen. Dies kann vor allem bei solchen Aufgabenstellungen Sinn machen, bei denen die Erfolge eines Mitarbeiters erst mit den Jahren beurteilt werden können. Es stellt sich z. B. bei risikoreichen Kreditgeschäften erst nach Jahren heraus, wer bei der Vergabe von Krediten darauf geachtet hat, dass die Rückzahlung gewährleistet wird und ein Portfolio mit geringem Risiko angelegt wurde. Würde man nur die kurzfristige Leistung beurteilen wollen, so könnte man an der Anzahl der Abschlüsse nach bestimmten Kriterien ersehen, wer der Mitarbeiter mit den meisten Abschlüssen ist. Damit hätte man jedoch die Qualität des eingekauften Kreditrisikos noch nicht honoriert.

Bei so gearteten Problemlagen gehen Unternehmen dazu über, einen Bonus erst nach z. B. drei bis vier Jahren auszuschütten. Dies führt einerseits dazu, dass ein zusätzlicher Anreiz für den Mitarbeiter entsteht, sowohl qualitative Kriterien (wie z. B. die Risikobewertung des Geschäftes) mehr zu betrachten wie auch im Unternehmen zu bleiben. Andererseits werden verantwortungsbewusstes Verhalten und konstante Leistung über Jahre hinweg honoriert, wenn im Long-Term-Bonus auch die individuelle Leistung berücksichtigt wird.

Ähnlich wie beim Short-Term-Bonus muss auch hier im Vorfeld festgelegt werden, welche Parameter für die Beurteilung herangezogen werden sollen.

Im Zuge der Finanzkrise [vgl. auch RÜSTMANN, 2009] wurde häufig kritisiert, dass das Bonussystem von Banken darauf basiert, inwieweit die jährlichen Zielvorgaben erreicht werden. Die Konzentration liege auf den erzielten Erträgen. Eingegangene Risiken würden demgegenüber zu wenig berücksichtigt. Die UBS hat [RÜSTMANN, 2009] aufgrund dieser Überlegungen ihr Bonussystem überarbeitet und ein mehrjähriges Bonus-Malus-System eingeführt. Dieses sieht vor, dass Führungskräfte maximal ein Drittel ihrer variablen Vergütung ausbezahlt bekommen. Verlaufen die nächsten Jahre weniger erfolgreich, ergibt sich ein Malus, der die bereits zugeteilten Boni für die Folgejahre nachträglich reduziert. Das Konzept gilt jedoch nur für das Topmanagement der UBS und einige Börsenhändler, die zusammen etwa drei Prozent der Mitarbeiter darstellen. Daraus folgert Rüstmann, dass das neue Prozedere das Problem der falschen Anreizsetzung nicht lösen wird. Er empfiehlt eine risikoorientierte Performance-Messung, in der der erwartete Ertrag ins Verhältnis zum benötigten Risikokapital gesetzt wird, was dazu dient, unerwartete Verluste zu decken.

Beispiel: Verknüpfung von leistungsorientierten Vergütungsmodellen mit dem Unternehmenserfolg

Das Beispiel der Deutschen Bank aus dem Jahr 2000 verdeutlicht, wie eine Kombination aus erfolgs- und leistungsorientierten Vergütungsbestandteilen gestaltet werden kann (vgl. Bild 12.3) [vgl. hierzu SVOBODA, 2000].

In der jährlichen Zielvereinbarung werden drei bis fünf quantitative und qualitative Ziele vereinbart. Dabei muss jeder der folgenden drei Zielbereiche mit mindestens einem Ziel abgedeckt sein:

- operative Ziele für das laufende Geschäft,
- organisatorische und strategische Ziele,
- Personalentwicklungs- und Führungsziele.

Jedes Ziel wird mit einem Gewichtungsfaktor versehen.

Im Bewertungsgespräch bewertet der Vorgesetzte den Zielerreichungsgrad jedes Ziels im Rahmen der pro Zielerreichungsstufe definierten Spannweite. Dabei werden Einflussfaktoren und gegebenenfalls veränderte Rahmenbedingungen berücksichtigt.

Bei jedem Ziel wird der Gewichtungsfaktor mit dem Zielerreichungsgrad multipliziert. Der Zielerreichungswert ergibt sich aus der Addition der einzelnen Ergeb-

Ziel Nr.	Gewichtungs-faktor* (Summe =1)	Ziel verfehlt 0 - 0,4	Ziel teilweise erreicht 0,5 - 0,9	Ziel erreicht 1,0	Ziel übertroffen 1,1 - 1,5	Ziel deutlich übertroffen 1,6 - 2,0	Gewicht- x Zielerreich-ungsgrad
1	0,3				1,3		0,39
2	0,1					2,0	0,2
3	0,2		0,7				0,14
4	0,2			1,0			0,2
5	0,2			1,0			0,2

Summe 1,13

Ermessungsanpassung ** (maximal +/- 0,2) +0,07

Leistungs - Faktor 1,2

* fakultativ zum Zeitpunkt der Zielvereinbarung festzulegen
** kann zur angemessenen Bewertung des gesammten Leistungs-, Kommunikations- und Kooperations- bzw. Teamverhaltens vorgenommen werden

Bild 12.3 Bewertung der Zielerreichung anhand des Leistungsfaktors [nach SVOBODA, 2000]

nisse. Um die Bewältigung der Routineaufgaben ebenfalls mit einzubeziehen, besteht für den Vorgesetzten die Möglichkeit, eine sogenannte Ermessensanpassung, die zwischen plus und minus 0,2 schwanken kann, zu vergeben.

Aus dem Zielerreichungswert und der Ermessensanpassung entsteht ein sogenannter Leistungsfaktor. Er kann zwischen null und zwei schwanken. Dieser Leistungsfaktor wird dann mit dem Zielbonus multipliziert. Der Zielbonus beträgt bei Zielerreichung je nach Verantwortungsstufe zehn bis 55 Prozent der Gesamtvergütung. Je höher die Verantwortungsstufe, desto höher ist der Anteil des Zielbonusses an der Gesamtvergütung.

Ein erfolgsorientierter Faktor, der Ergebnisfaktor, richtet sich nach den tatsächlichen Geschäftsergebnissen. Die Spannweite des Ergebnisfaktors ist mit 0,5 bis 1,5 begrenzt. Zu seiner Bemessung dienen Kennzahlen der Ergebnis- und Unternehmensbereichsrechnung. Der Vorstand legt den Ergebnisfaktor jedes Jahr neu fest. Über den Ergebnisfaktor ist der Einzelne an den wirtschaftlichen Erfolg der Bereichs- und Konzernebene gebunden.

Bild 12.4 zeigt, dass durch die Verknüpfung von Ergebnis- und Leistungsfaktor ein hervorragender Mitarbeiter auch bei schlechter Geschäftslage seinen Zielbonus übertreffen kann. Andererseits ist sichergestellt, dass bei gutem Geschäftsverlauf schwache Mitarbeiter nicht als Trittbrettfahrer einen Bonus aus einem Ergebnis erhalten, das andere erwirtschaftet haben.

Schritte der Bonusermittlung bei diesem Modell:

- Planung der Zielboni (Z) im Rahmen der jährlichen Budgetierung durch die Führungskräfte;

12.3 Ausgestaltungsmöglichkeiten dieser Vergütungsvarianten

Beispiel: Mitarbeiter A, Leiter eines Anlagezentrums, Grundgehalt 70.000 Euro, Zielbonus 25.000 Euro

Verbesserungsbedürftige individuelle Leistung, überdurchschnittliches Geschäftsjahr

| Z | x | L | x | E |

| 25.000 x 0,6 x 1,2 = 18.000 Euro Bonusauszahlung |

Hervorragende individuelle Leistung, weniger gutes Geschäftsjahr

| Z | x | L | x | E |

| 25.000 x 2,0 x 0,8 = 40.000 Euro Bonusauszahlung |

Bild 12.4 Beispiel einer Bonusermittlung [nach SVOBODA, 2000]

- Verabschiedung des Zielbonusbudgets nach Ergebnisprüfung durch den Vorstand;
- Festlegung der Messlatte des Ergebnisfaktors durch den Vorstand;
- Festlegung des Ergebnisfaktors (E) pro Bereich am Ende eines Geschäftsjahres;
- Festlegung des Leistungsfaktors (L) eines jeden Mitarbeiters je nach Zielerreichungsgrad (Voraussetzung: bestehende Zielvereinbarungen);
- Errechnung des auszuschüttenden Bonusses.

Koppelung einer Bonusbandbreite an das Fixgehalt

Eine gängige Methode der Vergütung ist die Koppelung der Bonusbandbreite an das Fixgehalt in Form eines Prozentwertes (z. B. beträgt bei 50.000 Euro Fixgehalt der Bonusrahmen 20 Prozent, also 10.000 Euro). Dabei wird der Zielbonus (oftmals auch als »Erwartungswert des Bonusses« bezeichnet) festgelegt, der bei voller Leistung und Zielerreichung ausgeschüttet wird. In der Regel verknüpfen Unternehmen eine 100-prozentige Zielerreichung mit einer 100-prozentigen Bonusauszahlung. Meist wird dieser Zielbonus im Arbeitsvertrag festgehalten. Der Zielbonus kann ebenso wie das Fixgehalt wachsen. Erhöht man das Fixgehalt, so erhöht sich bei einer direkten Koppelung des Zielbonusses an das Fixgehalt automatisch der Zielbonus. Es ist jedoch auch das Modell möglich, den Zielbonus unabhängig vom Fixgehalt festzulegen und in einem festen Turnus (z. B. alle zwei Jahre) zu überprüfen und eventuell anzuheben.

Die Spreizungsmöglichkeiten bei der Ausschüttung des Bonusses ergeben sich aus den von der Geschäftsleitung definierten »Caps« und »Floors« des Zielbonusses. Unter einem Cap versteht man die höchstmögliche prozentuale Bonusausschüttung. Um einen Anreiz zu schaffen, sollte es der Mitarbeiter in der Hand haben, seinen Zielbonus deutlich zu erhöhen. Manche Firmen weiten den Spielraum bis zur Verdoppelung des Bonusses aus: Bei unserem Beispiel wären dann bis zu 40 Prozent Einkommenssteigerung möglich, also bis zu 20.000 Euro Bonusausschüttung bei außergewöhnlicher Leistung (vgl. Bild 12.5).

Die Bonusausschüttung kann jedoch auch nach unten abweichen und bei einer schlechten Aufgaben- und Zielerreichung deutlich unterhalb des Zielbonusses liegen. Hier kann die Geschäftsleitung wiederum einen Floor (z. B. eine Mindestausschüttung) definieren, selbst bei schlechterer Leistung. Anlass für die Definition eines Floors kann sein, dass man Mitarbeiter nicht zu sehr durch eine Nullausschüttung demotivieren und ihnen eine gewisse Sicherheit bezüglich des jährlichen Einkommens – auch im variablen Teil – zugestehen möchte, mit dem Risiko, dass daraus Anspruchsdenken resultieren kann. In unserem Beispiel könnte die Geschäftsleitung definieren, dass 20 Prozent des Zielbonusses auf jeden Fall ausgeschüttet werden müssen. Es ist jedoch auch denkbar, dass bei schlechter Performance Nullauszahlungen als »Floor« festgelegt werden. Je nach Bewertung der Gesamtleistung kann ein Mitarbeiter innerhalb dieser Spreizungsgrößen sein Einkommen vermehren, beibehalten oder verringern.

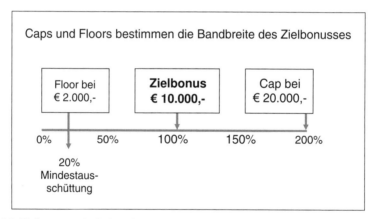

Bild 12.5 Zielbonus und relative Abweichungsmöglichkeiten („Caps« und »Floors«)

12.4 Ermittlung leistungsorientierter Boni

Erfolgsorientierte Boni und ihre Höhe können in der Regel schnell ermittelt werden: Im Vertrag oder in einer zusätzlichen Vereinbarung ist meist festgelegt, welche Kennzahlen in die Bonusberechnung wie einfließen.

Die Gestaltung des Managementprozesses zur Beurteilung von individueller Leistung und Ausschüttung von leistungsorientierten Boni ist dagegen eine große Herausforderung für das Unternehmen. Oftmals mangelt es nicht an gut durchdachten Vergütungssystemen, sondern an der transparenten, fairen Anwendung des Vergütungssystems und der Qualität der damit verknüpften Mitarbeitergespräche. Vermitteln Führungskräfte die vergütungsrelevanten Entscheidungen schlecht an ihre Mitarbeiter, kann das wesentliche Zielsetzungen eines Bonusplans, wie z. B. das Setzen von Anreizen, Motivation und Leistungsdifferenzierung, ad absurdum führen.

Beurteilung von Leistung

Für die Beurteilung von Leistung ist es notwendig, im Vorfeld genau zu definieren, was Leistung für den jeweiligen Arbeitsplatz bedeutet (vgl. auch Abschnitt 7.2 im Kapitel 7 »Leistungsbeurteilung«). Leistungskomponenten können z. B. sein:

- der Grad der Zielerreichung und die Relevanz erzielter Ergebnisse,
- die Erfüllung von täglich anfallenden Routineaufgaben oder auch Sonderaufgaben, die z. B. in der Stellenbeschreibung aufgeführt sind,
- die individuelle Leistungsfähigkeit, Fähigkeiten und Verhaltensweisen (wie z. B. Teamfähigkeit, Fachwissen, die praktizierte Kundenorientierung, Projektmanagementfähigkeiten etc.) und
- die Leistungsbereitschaft und das Engagement des Einzelnen.

Sie sind abhängig von den Rahmenbedingungen und Einflussfaktoren, die die Leistung erleichtern oder auch erschweren können. Zu diesen Rahmenfaktoren gehören z. B. externe Einflussfaktoren, wie etwa die Marktentwicklung und externe Wettbewerber, aber auch interne Einflussfaktoren, wie z. B. der Handlungsspielraum und die Möglichkeit, selbständig zu arbeiten, damit sich Leistung überhaupt entfalten kann. Diese Faktoren sollten bei der Definition und Beurteilung von Leistung explizit berücksichtigt und besprochen werden.

Nach Becker und Kramarsch [BECKER; KRAMARSCH, 2006] ist die Wahl geeigneter Bemessungsgrundlagen eine zentrale Aufgabe bei der Gestaltung von variablen Vergütungssystemen. Dabei muss zwei Parametern Rechnung getragen werden:

- dem individuellen Leistungsverhalten und
- der Erfolgsorientierung des Unternehmens.

Viele leistungsorientierte Boni orientieren sich ausschließlich am Indikator Zielerreichung. Man geht davon aus, dass Routineaufgaben sowieso übernommen werden und mit dem Fixgehalt abgegolten sind. Die Zielerreichung ist jedoch nur ein Parameter von vielen, der die Gesamtleistung bestimmt. Nachfolgend werden Möglichkeiten zur bonusrelevanten Beurteilung der Gesamtleistung dargestellt.

Mögliche Varianten der Bonusermittlung abhängig von der individuellen Mitarbeiterleistung

Summarische Beurteilung der Gesamtleistung des Mitarbeiters

Diese Art der Beurteilung bietet dem Vorgesetzten den größten Spielraum bei seiner Einschätzung. Im Mitarbeitergespräch werden der Zielerreichungsgrad, die Erfüllung von Routine- und Sonderaufgaben, die externen Einflussfaktoren und Rahmenbedingungen und die vorhandenen Kompetenzen des Mitarbeiters eingeschätzt und besprochen. Der Vorgesetzte hält seine Gesamteinschätzung der durch den Mitarbeiter erbrachten Leistung nach einem bestimmten Schema (z. B. 0, +, ++; vgl. in Bild 12.6 und Bild 12.7 die möglichen Schemata) fest. Während Bild 12.6 zwei Beispiele illustriert, in denen der Vorgesetzte die summarische Bewertung der Gesamtleistung unter Berücksichtigung verschiedener Leistungsfaktoren vornimmt und einer Leistungsstufe zuordnet, trifft der Vorgesetzte in Bild 12.7 seine summarische Gesamteinschätzung auf Basis der Bewertung der Zielerreichung von im Vorfeld vereinbarten, jedoch ungewichteten Einzelzielen. Alle dargestellten Bewertungsschemata sind unterlegt mit dem prozentualen Anteil des Zielbonusses, der im jeweiligen Bereich ausgeschüttet werden kann. Der Vorgesetzte hat dann die Möglichkeit, innerhalb dieser prozen-

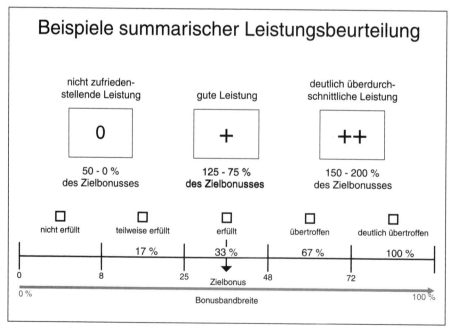

Bild 12.6 Beispiele für die Bonusermittlung bei summarischer Beurteilung der Gesamtleistung

Beispiel einer verbalisierten Beurteilungsskala

teilweise erreicht	überwiegend erreicht	voll erreicht	übererfüllt
☐	☐	☐	☐
0 - 50 %	50 - 85 %	85 - 110 %	110 % ++
ZB	ZB	ZB	ZB

ZB = Zielbonus

Bedeutung der Beurteilungsskala

→ „**teilweise erreicht**":
Das Ziel wurde nur ansatzweise über den gesamten Beurteilungszeitraum erfüllt bzw. nur in Teilen und nicht über den gesamten Beurteilungszeitraum. Insgesamt handelt es sich um eine noch nicht zufriedenstellende Leistung.

→ „**überwiegend erreicht**":
Das Ziel wurde zum größten Teil über den gesamten Beurteilungszeitraum erreicht bzw. nicht über den gesamten Beurteilungszeitraum voll erfüllt. Insgesamt handelt es sich bereits um eine gute Leistung.

→ „**voll erreicht**":
Das Ziel wurde in vollem Umfang über den gesamten Beurteilungszeitraum erreicht. Insgesamt handelt es sich um eine sehr gute Leistung.

→ „**übererfüllt**":
Das Ziel wurde kontinuierlich über den gesamten Beurteilungszeitraum übererfüllt. Insgesamt handelt es sich um eine hervorragende Leistung.

Bild 12.7 Beispiel für die Verbalisierung einer Beurteilungsskala bei summarischer Beurteilung der Gesamtleistung auf Basis der Bewertung von Einzelzielen

tualen Bandbreite den individuellen Bonus des Mitarbeiters zu bestimmen. Nach Becker und Kramarsch [BECKER; KRAMARSCH, 2006] werden in etwa 90 Prozent der Unternehmen im deutschsprachigen Raum aufgrund dieser subjektiven Beurteilung der individuellen Leistung durch die Führungskraft diskretionäre, von der jeweiligen Situation abhängige, Entscheidungen über Boni getroffen.

Vorteile

Die Beurteilung der Gesamtleistung des Mitarbeiters unter Berücksichtigung des gesamten Aufgaben-, Ziel- und Kompetenzspektrums, aber auch der speziellen externen Einflussfaktoren wird hier möglich. Der Vorgesetzte erhält mehr Flexibilität, er wird nicht gezwungen, sich einer Beurteilungsmechanik zu unterwerfen und starr nach einer Rechenmechanik den Bonus zu errechnen, sondern wird aufgefordert und darin gestärkt, ein faires, leistungsorientiertes Gesamturteil und eine dementsprechende leistungsorientierte Vergütung für jeden seiner Mitarbeiter zu ermitteln.

Nachteile

Da der Maßstab zur Beurteilung der Leistung sehr frei gestaltet ist, kann es auch zu Beurteilungsverzerrungen kommen (vgl. Kapitel 7 »Leistungsbeurteilung«). So ist es bei diesem Modell leicht möglich, dass eine Führungskraft die Leistungen in ihrer Abteilung strenger beurteilt als ein anderer Vorgesetzter oder die Beurteiler unterschiedliche Leistungsstandards anlegen und es dadurch zu unterschiedlichen Leistungsmaßstäben im gleichen Unternehmen kommt.

Ebenso ist für den Mitarbeiter wenig transparent, wie eine Beurteilung der Gesamtleistung vom Vorgesetzten vorgenommen wird. Hier sollte der Vorgesetzte darauf achten, dass er dem Mitarbeiter begründen kann, aufgrund welcher Gewichtung unterschiedlicher Leistungskomponenten sein Urteil zustande kommt.

Beurteilung der Leistung des Mitarbeiters durch die Bestimmung des Zielerreichungsgrades

Bei diesem Modell geht man davon aus, dass der leistungsorientierte Bonusanteil aufgrund der Erreichung herausfordernder Ziele ausbezahlt und bemessen werden soll (vgl. Bild 12.8; vgl. auch Kapitel 4 »Ziele formulieren und vereinbaren«).

Dabei werden für jeden von der variablen Vergütung betroffenen Mitarbeiter zu Anfang des Jahres ca. vier bis sieben gut beurteilbare oder klar messbare Ziele vereinbart, Bewertungskriterien definiert und es wird die prozentuale Gewichtung des Zieles im Vorfeld festgelegt. Der Zielerreichungsgrad wird dann pro Ziel beurteilt. Aus den Zielerreichungsgraden und den Gewichtungen der Ziele lässt sich dann mathematisch der absolute Zielerreichungsgrad errechnen (z. B. 90, 100 oder 110 Prozent). Multipliziert man diese Prozentzahl mit dem Zielbonus, so erhält man

Beispiel für gewichtete Ziele

	Gewichtung Ziel		Ziel - erreichung	Prozentpunkte Zielerreichung x Gewichtung
Ziel 1	0,3	Steigerung des Umsatzes auf 2 Mio. Umsatz bis 31.12.10	100 %	30
Ziel 2	0,1	Reduktion der Lagerbestände um x Prozent bis 31.12.10	110 %	11
Ziel 3	0,2	Akquisition von 10 % Neukunden der Zielgruppe Y bis 31.12.10	85 %	17
Ziel 4	0,2	Aufbau einer Kundendatei bis 31.12.10	90 %	18
Ziel 5	0,2	Qualifizierungspläne anhand des vorgegebenen Rasters für jeden Mitarbeiter erstellen bis 31.12.10	100 %	20
Summe	1,0			96 %

Die Summe aller Zielgewichtungen muss 1 ergeben

Die Leistungsbonusausschüttung beträgt 96 % vom Zielbonus

Bild 12.8 Beispiel für eine Ermittlung des Bonusses aus dem gewichteten Zielerreichungsgrad

den absoluten Bonus, der dem Mitarbeiter ausgeschüttet wird. Der Mitarbeiter erhält so schon im Verlauf des Jahres einen Hinweis, mit welchem Bonus er rechnen kann, sobald er ein Ziel erfüllt hat.

Vorteile

Durch die Gewichtungen der Ziele wird für den Mitarbeiter transparent, welches Ziel welche Bedeutung hat. Dadurch entsteht eine Fokussierung des Mitarbeiters auf die Ziele, die für das Unternehmen besonders wichtig sind. Der Mitarbeiter kann sich darüber hinaus im Laufe des Jahres dadurch motivieren, dass er sich bei Zielerreichung eines Zieles schon einen bestimmten Anteil am Bonus ausrechnen kann. Manche Firmen gehen dazu über, sobald eines der Ziele erreicht wurde, einen Teil des Bonusses auszuschütten. Die Mitarbeiter sollen dadurch angespornt werden, auch die anderen Ziele zu erfüllen. Dieses System verstärkt die Orientierung der Mitarbeiter und der einzelnen Abteilungen an klar definierten Zielen.

Nachteile

Die Ausrichtung auf die reine Zielerreichung hat den Nachteil, dass der Mitarbeiter sich stark auf die Ziele fokussiert und für die Erfüllung von Routineaufgaben oder auch Sonderaufgaben wenig Anreiz besteht. Dies birgt die Gefahr in sich, dass die Mitarbeiter andere wichtige Aufgaben oder auch die Kooperation mit ihren Kollegen vernachlässigen. Auch ist es wichtig, dass die vereinbarten Ziele für das Unternehmen bedeutsam und aus dem Unternehmensplan abgeleitet sind. So werden ihr Beitrag zum Unternehmenserfolg und der Zusammenhang zwischen Unternehmenserfolg und individuellem Bonus für die Mitarbeiter ersichtlich. Andernfalls könnten die Aktivitäten der Mitarbeiter in die falsche Richtung laufen und sich als ineffektiv erweisen. Ein weiteres Manko dieses Systems ist häufig die fehlende Abstimmung der Ziele und der Zielerreichungsgrade mit anderen Bereichen. Das erschwert die Entwicklung eines einheitlichen Maßstabes bei der Beurteilung.
Darüber hinaus spiegelt die reine Zielerreichung sicher nicht das gesamte Leistungsspektrum eines Mitarbeiters wider. Das mechanistische Modell, das der Zielerreichungsbewertung unterliegt, gibt nicht genügend Raum, um z. B. hohes Engagement trotz schlechter Zielerreichung zu berücksichtigen. Manchmal kann ein Ziel aufgrund von äußeren Rahmenbedingungen (z. B. Konkurs eines Kunden, Währungskursschwankungen etc.) nicht erreicht werden, obwohl sich der Mitarbeiter sehr stark engagiert hat. Bei zu unkonkret formulierten Zielen oder Messkriterien besteht zudem zu viel Spielraum für subjektive Bewertungen durch die Führungskraft, die wiederum vom Mitarbeiter als unfair und ungenau wahrgenommen werden können.

Tipps für die Gestaltung des Bonusgespräches

Die in Kapitel 9 »Methoden und Techniken für eine erfolgreiche Gesprächsführung« formulierten Gesprächsführungstipps gelten natürlich auch für das Mitarbeitergespräch, in dem die bonusrelevante Beurteilung stattfindet. Zusätzlich sollten Sie jedoch auf folgende Punkte achten:

- Verschaffen Sie sich das unternehmensspezifische Wissen über die Prozesse und Ihre Aufgabe rund um die Themen der Leistungsbeurteilung und Vergütung, sodass Sie diese Managementprozesse sicher anwenden können.
- Achten Sie während des Jahres darauf, dass Sie mit Ihren Mitarbeitern klare und messbare Leistungsabsprachen (wie z. B. Ziel- und Aufgabenvereinbarungen und Indikatoren für die Leistungsmessung) getroffen haben. Sie sind eine wichtige Grundlage für die Bonusentscheidung.
- Informieren Sie sich im Vorfeld darüber, wie die Leistung Ihres Verantwortungsbereichs von Ihrem eigenen Vorgesetzten gesehen wird. Tragen Sie alle Informationen zusammen, die Ihnen einen Hinweis auf die Größe des leistungsorientierten Vergütungsbudgets geben könnten, der Ihnen für Ihr Team zur Verfügung steht. Sammeln Sie Zahlen, Daten und Fakten, um die Gefahr der Fehleinschätzung Ihrer Leistung und der Ihrer Abteilung durch Ihren Vorgesetzten möglichst gering zu halten. Idealerweise führen Sie im Vorfeld ein Beurteilungs- und Bonusgespräch mit Ihrem Vorgesetzten.
- Führen Sie sich die Leistungen jedes einzelnen Mitarbeiters anhand der Leistungsbeurteilungen und Zielerreichungen vor Augen und errechnen Sie eine faire Bonusvergabe in Relation zu deren Zielbonus.
- Verteilen Sie Ihr Budget leistungsorientiert. Es nützt weder Ihnen noch Ihren Mitarbeitern, wenn Sie nach der Rasenmähermethode das Geld gleichmäßig verteilen, nur um niemand »wehzutun«. Die meisten, insbesondere die leistungsstarken Mitarbeiter erwarten von Ihnen eine faire, leistungsbezogene Verteilung des Budgets, mit der Sie besondere Leistungen auch besonders honorieren.
- Begründen Sie Ihrem Mitarbeiter ausführlich, wie Sie zur Einschätzung seiner Leistung kommen und nach welchen Regeln diese den Bonus bestimmt. Haben Sie den Mut, unzureichende Leistungen anzusprechen und diesen auch im leistungsorientierten Bonus Rechnung zu tragen.
- Zeigen Sie dem Mitarbeiter auf, was er im nächsten Jahr tun müsste, um seinen Bonus zu steigern.
- Feilschen Sie mit dem Mitarbeiter nicht um Prozentwerte. Es ist Ihre Aufgabe, den Bonus zu bestimmen. Allerdings hat Ihr Mitarbeiter das Anrecht, dass Sie Ihre Entscheidung nachvollziehbar erläutern. Bemerken Sie im Gespräch, dass Sie wichtige Leistungen Ihres Mitarbeiters bei der Vorbereitung vergessen haben, so sollten Sie im Gespräch flexibel Ihre ursprüngliche Einschätzung revidieren und das auch bei der Bonusermittlung berücksichtigen.
- Sollte sich zwischen Ihnen und Ihrem Mitarbeiter keine Einigkeit finden lassen, so ziehen Sie andere Stellen mit hinzu, z. B. den nächsthöheren Vorgesetzten, die Personalabteilung und/oder den Betriebsrat. Klären Sie jedoch vorher mit allen Beteiligten deren Rolle im Gespräch.
- Trennen Sie nach Möglichkeit das Leistungsbeurteilungsgespräch vom Bonusgespräch. Sollten Sie trotzdem Leistung und Bonus in einem Gespräch behandeln, achten Sie darauf, dass Sie anhand der Leistung des Mitarbeiters argumentieren und nicht: *»Ich kann Ihnen leider nicht mehr geben ...«*, denn dadurch werden das Instrument und Ihre Autorität unglaubwürdig.

Ermittlung des leistungsorientierten Bonusbetrages für die ganze Organisation

Bei der Einführung von leistungsorientierten Vergütungsmodellen ist die Skepsis sowohl auf der Arbeitgeber- als auch auf der Arbeitnehmerseite meist groß. Beide Seiten hegen Befürchtungen, die Finanzierung der Boni könne allein zu ihren Lasten gehen.

- Die Arbeitgeber befürchten einen Anstieg ihrer Lohnkosten durch den meist zusätzlichen Bonusbetrag, der zum Fixgehalt ausgezahlt werden muss. Oft wird das Budget für den leistungsorientierten Bonus aus dem bestehenden Budget für freiwillige Sonder- oder auch Sozialleistungen zusammengestellt, um einen gravierenden Anstieg der Vergütungskosten zu vermeiden.
- Die Arbeitnehmer befürchten eine Streichung von Sozialleistungen oder auch Sonderzahlungen, damit der leistungsorientierte Topf gespeist werden kann. Der leistungsorientierte Gehaltsbestandteil, der zusätzlich zum Fixgehalt gezahlt wird, kann zudem von Jahr zu Jahr variieren. Der Mitarbeiter kann mit dieser Summe nicht fest rechnen, was ein höheres Risiko für ihn bedeutet, auch mit Vergütungseinbußen in schlechten Jahren rechnen zu müssen.

Die Ermittlung von leistungsorientierten Bonusbudgets unterscheidet sich von Unternehmen zu Unternehmen. Die folgende Darstellung stellt zwei Prototypen dieser Ermittlungslogik vor.

Festlegung des Budgets für die leistungsorientierte Vergütung durch die Geschäftsleitung mittels einer »Topflogik«

Die »Topflogik« repräsentiert ein klares Top-down-System (vgl. Bild 12.9). Hier bestimmt die Geschäftsleitung – unter Berücksichtigung der erbrachten Leistungen und Zielerreichungen im Geschäftsjahr – die Größe des Unternehmens-»Bonusbudgettopfes«, der ausgeschüttet wird. Dabei kann sie bei der Bestimmung des Bonusbudgettopfs diskretionär (d. h. auf Basis von nicht oder nur teilweise systematisch ermittelten Einschätzungen) vorgehen. Sie kann auch aufgrund von vorher festgelegten objektiven Bemessungsgrundlagen – in der Regel Kennzahlen wie z. B. Gewinn, Return on Invested Capital (ROIC), Return on Capital Employed (ROCE) oder Eigenkapitalrendite – und einer vorher festgelegten mathematischen Formel definieren, ob das Bonusbudget im spezifischen Jahr im Vergleich zum Vorjahr sinkt, gleich bleibt oder steigt.

Eine weitere Grundlage der Berechnung für den Gesamtbonusbudgettopf ist der jeweilige Zielbonus, der für jeden betroffenen Mitarbeiter definiert ist. Die Geschäftsleitung hat so die Möglichkeit zu errechnen, wie hoch die Bonusausschüttung bei 100 Prozent Zielerreichung aller Mitarbeiter wäre. Außerdem kann sie entweder diskretionär (z. B. unter Einbezug von Richtwerten aus der jährlichen Planung und Strategie) beurteilen oder anhand von festgelegten Parametern errechnen, wie die Zielerreichung und Leistung insgesamt im Unternehmen oder auch in einzelnen Ressorts war. Diese Errechnung des jährlichen Bonuspools anhand vorher festge-

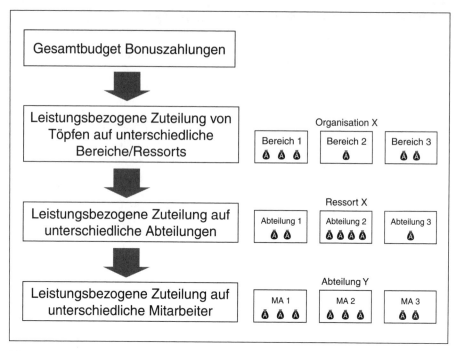

Bild 12.9 Topflogik

legter Parameter stellt die stringenteste Verbindung zwischen Erfolg, Leistung und Bonuszahlung dar, da sich der zur Auszahlung zur Verfügung stehende Betrag in Abhängigkeit des Unternehmenserfolges definiert.

Kommt die Geschäftsleitung aufgrund einer dieser Logiken zum Schluss, dass mehr als 100-prozentige Leistungen und Ergebnisse erzielt wurden, erhöht sie den Budgettopf um den Prozentsatz, um den die 100 Prozent übertroffen wurden. Bei negativerer Einschätzung der erbrachten Leistung oder des mittels der Bemessungsparameter errechneten Ergebnisses verringert sie den Budgettopf um den Prozentsatz, der zum Erreichen der 100-prozentigen Leistung fehlte.

Anschließend werden verschiedene Ressort- oder Bereichstöpfe in ihrer Summe festgesetzt. Hier besteht entweder die Möglichkeit, dass jedes Ressort den gleichen Anteil relativ zur Summe der Zielboni erhält. Es ist jedoch auch möglich, dass schon hier die Entscheidung für Unterschiede in der Ausstattung der verschiedenen Bonustöpfe fällt. Das kann davon abhängig gemacht werden, inwieweit es Unternehmenseinheiten gab, die erfolgreicher waren als andere. Auch hier können im Vorfeld entweder klare Kennzahlen zur Bemessungsgrundlage festgelegt werden oder kann diskretionär der Anteil der jeweiligen Unternehmenseinheit am Gesamterfolg bestimmt werden. Kaskadenförmig werden dann die Bonustöpfe von den jeweiligen Vorgesetzten weiter nach unten verteilt und kommen über den »Abteilungsbudgettopf« zum Mitarbeiter. Beispielsweise entscheidet dann der jewei-

12.4 Ermittlung leistungsorientierter Boni

lige Bereichsleiter, welche Abteilung welchen Anteil am Bereichsbudgettopf und welcher Abteilungsleiter welchen Bonus bekommt. Der Abteilungsleiter setzt dann fest, wie er das Bonusbudget seiner Abteilung unter den Mitarbeitern leistungsorientiert ausschüttet.

Festlegung des Budgets für die leistungsorientierte Vergütung durch die Geschäftsleitung aufgrund einer Bottom-up-Planung

Eine Bottom-up-Planung der Bonusvergabe wird möglich, wenn im Vorfeld die Führungskräfte befragt werden, welche Bonusgrößen sie ihren Mitarbeitern innerhalb der Bonusbandbreite und in Relation zum Zielbonus geben werden. In die Bonusentscheidungen der Führungskräfte fließen in der Regel stärker individuelle leistungsbezogene Komponenten mit ein, wie z. B.

- die individuelle Gesamtleistung und der Ergebnisbeitrag des Einzelnen zum Unternehmenserfolg,
- besondere Aufgaben, die der Mitarbeiter im laufenden Jahr bewältigt hat,
- das Know-how,
- die Erfahrung,
- die Leistungsbereitschaft, die der Mitarbeiter in die Abteilung mit einbringt, sowie
- Einschätzungen, wie der Aufgabenbereich und das Profil des Mitarbeiters bei Wettbewerbern vergütet werden.

Die Unternehmensleitung erhält dadurch Feedback über die zu erwartenden Bonuszahlungen, kann diese berechnen und in Relation zur Zielerreichung des Unternehmens setzen. Außerdem kann sie im Vorfeld einen Abgleich zwischen unterschiedlichen Unternehmensteilen vornehmen und feststellen, ob es Bereiche gibt, die wesentlich mehr Bonus ausschütten möchten als andere, und dieses mit der tatsächlichen Leistung abgleichen.

Übersteigen die geplanten Bonuszahlungen den Betrag, den das Unternehmen zahlen kann, oder entspricht die Einschätzung der Leistungen der Mitarbeiter durch die Führungskräfte nicht den tatsächlichen Unternehmensergebnissen, so wird dies wiederum an die Führungskräfte rückgekoppelt und erhöhten Bonuszahlungsvorhaben entgegengewirkt. Dadurch können Führungskräfte ihre Bonusentscheidungen nochmals verändern, bevor sie diese den Mitarbeitern mitteilen.

Botschaften über die Höhe der Bonuszahlungen und Bonustöpfe sollten mit Fingerspitzengefühl an die Führungskräfte vermittelt werden. Ist diese Entscheidung nur bedingt nachvollziehbar, wird die Geschäftsleitung bei weiteren Ankündigungen von Boni Misstrauen und Skepsis ernten. Auch das Timing ist von großer Bedeutung. Manche Führungskräfte lassen sich verführen, frühzeitig Andeutungen über Boni an ihr Team weiterzugeben. Werden Bonusentscheidungen nach solchen Gerüchten revidiert, verlieren Mitarbeiter das Vertrauen in das Vergütungssystem und in die Zusagen ihrer Führungskräfte. Dies hat zur Folge, dass die bezweckten leistungsorientierten Anreize nur eingeschränkt wirken.

Empfehlungen zur Gestaltung des Managementprozesses rund um die Bonusausschüttung

In Anlehnung an Becker und Kramarsch [BECKER; KRAMARSCH, 2006] kann der Managementprozess der Bonusausschüttung durch nachfolgende Verfahrensweisen verbessert werden:

- Ziele sollten stringent aus der Unternehmensstrategie, dem Businessplan bzw. der Balanced Scorecard abgeleitet werden. So können sie werttreibend wirken.
- Die Prozessschritte, Aufgaben und Rollen von Führungskräften und Mitarbeitern bei Zielvereinbarung, Beurteilung und Bonusvergabe sollten für alle einsehbar und verständlich dokumentiert sein. So können sich alle Beteiligten bei Bedarf über das System informieren und sich ein eigenes Bild über die damit verbundenen Sollprozesse machen.
- Zielvereinbarungen und Zielerreichungen der Bereiche und Abteilungen sollten in Panels oder Personalkonferenzen verglichen werden. So können gemeinsame Maßstäbe erarbeitet werden, an die sich die Führungskräfte sowohl bei der Festlegung als auch der Beurteilung von Zielen zu halten haben.
- Regelmäßige Mitarbeiterbefragungen dienen dazu, den Zielvereinbarungs- und Beurteilungsprozess für Führungskräfte und Mitarbeiter fortlaufend zu optimieren und kontinuierlich zu verbessern.
- Anwender sollten mithilfe von Trainings- und Coachingmaßnahmen für die Managementprozesse der Zielvereinbarung, Beurteilung und Bonusausschüttung qualifiziert werden.
- Eine effektive IT-gestützte Administration sollte dazu beitragen, die Prozesse zu unterstützen und zu monitoren.
- Die Personalabteilung sollte als Prozessverantwortliche oder »Herrin des Verfahrens« alle Prozesse rund um die Themen Zielvereinbarung, Beurteilung und Bonusvergabe monitoren und deren Qualität regelmäßig überprüfen und verbessern.

12.5 Herausforderungen bei leistungsorientierten Vergütungssystemen

Messung der Leistung

Mit einem leistungsorientierten Vergütungssystem ist eine wesentliche Herausforderung verbunden: die Messung der Leistung. Entscheidet man sich für ein analytisches Beurteilungsmodell, in dem z. B. durch klar definierte Punktwerte für Zielerreichungen der Bonus automatisch berechnet werden kann, so hat dies den Vorteil, dass für die Mitarbeiter transparent wird, wie ihre Leistung berechnet wird. Nachteilig ist, dass man situative Einflussfaktoren oder auch Veränderungen in den Zielvereinbarungen im laufenden Jahr nicht genügend berücksichtigen kann. Eine summarische Bewertung hat den Nachteil, dass Maßstabsverzerrungen sehr leicht eintreten können. Campbell, Campbell und Chia [CAMPBELL; CAMPBELL; CHIA, 1998] kritisieren zum einen die häufig anzutreffende niedrige Reliabilität und Validität von Leistungsbeurteilungen. Zum anderen bemängeln sie, dass die individuelle Leistung häufig schwer zu bemessen sei, da bei vielen Aufgaben mehrere Individuen gemeinsam zu einem Ergebnis kommen müssen. Umso schwieriger wird es dann zu entscheiden, was der alleinige Beitrag des Einzelnen ist. Selbst wenn beobachtbare und objektive Kriterien und Ziele die Leistung messen helfen, können Faktoren außerhalb der Kontrolle des Einzelnen (wie z. B. die Qualität der zur Verfügung stehenden technischen Ausstattung) die objektive Leistung beeinflussen.

Zuschreibung der Ursachen von Leistung

Auch wenn zwischen Beurteiler und Beurteiltem Übereinstimmung bei der Bewertung des tatsächlich erzielten Ergebnisses herrscht, so kann durchaus ein Dissens darüber bestehen, welche Ursachen für die Leistungserfüllung verantwortlich zu machen sind. Das wiederum hat einen Einfluss auf die wahrgenommene Fairness und Genauigkeit der Leistungsbeurteilung. Während Mitarbeiter situative Hinderungsgründe als Gründe für Leistungseinschränkungen verantwortlich machen, sehen Beobachter bzw. Vorgesetzte die Ursachen für Leistungen viel eher in der Verantwortung der Mitarbeiter. Da Menschen zudem geneigt sind, aufgrund selbstdienlicher Vorurteile positive Ergebnisse ihren Anstrengungen und Fähigkeiten zuzuordnen und negative Ergebnisse den Umständen und Handlungen anderer, können Mitarbeiter und Führungskraft unter leistungsfördernden bzw. leistungshemmenden Rahmenbedingungen etwas ganz Unterschiedliches verstehen. Diese verschiedenen Meinungen können im Extremfall nicht geklärt werden, zu Frustrationen und zur Ablehnung gegenüber dem leistungsbezogenen Vergütungssystem führen.

Subjektiv unterschiedliche Bewertungsmaßstäbe der Führungskräfte

Entscheidet man sich für ein summarisch orientiertes Beurteilungsmodell der Leistung, in dem der Vorgesetzte die Gesamtleistung seines Mitarbeiters beurteilt, so trifft man auf das Problem des unterschiedlichen Bewertungsmaßstabes durch unterschiedliche Vorgesetzte. Ein Vorgesetzter kann dazu neigen, die gleiche Leistung strenger oder auch weniger streng zu beurteilen als sein Kollege. Dies hat zur Folge, dass Mitarbeiter sich benachteiligt fühlen, wenn sie möglicherweise bei einer Führungskraft angesiedelt sind, bei der insgesamt der variable Vergütungsanteil aller Mitarbeiter schlechter ausfällt, weil diese strenger beurteilt. Je besser die Führungskräfte im Unternehmen einheitliche, aussagekräftige Bewertungskriterien anwenden und je qualifizierter beurteilt wird, desto geringer sind die Beurteilungsverzerrungen. Über Qualifizierungsmaßnahmen und gemeinsame Abstimmungsrunden zu Zielen und Zielerreichungen sollten Führungskräfte einen einheitlichen Bewertungsmaßstab erwerben.

Fokussierung auf das Thema Geld

Führungskräfte, die ein Mitarbeitergesprächssystem anwenden, das in Verbindung mit einem leistungsorientierten Bonus steht, kritisieren, dass sich die Gespräche mit dem Mitarbeiter letztlich vor allem um eines drehen: die Diskussion über den zu erwartenden variablen Anteil. Selbst bei wohlgemeinten Mitarbeitergesprächskonzeptionen, die Entwicklungsplanung, Führungsfeedback und Verhaltensfeedback als Gesprächsbestandteile beinhalten, ist festzustellen, dass den meisten Raum und die meiste Brisanz das Thema »*Wie beurteilt mein Chef meine Leistung?*« einnimmt sowie die Frage »*Wie muss ich mich verhalten, damit ich eine möglichst hohe Chance auf zusätzliche Vergütung bekomme?*«

Das Gespräch beinhaltet dadurch auch zwei sich widersprechende Ziele: Einerseits will der Mitarbeiter sich und seine Leistung optimal darstellen, um eine gute Beurteilung und folglich eine gute Vergütung zu bekommen, andererseits werden gerade beim Thema Entwicklungsplanung Schwächen in den Vordergrund gerückt, da hierbei Qualifizierungsnotwendigkeiten von Mitarbeiter und Führungskraft identifiziert werden sollen. Dadurch kann sich das Gespräch vonseiten des Mitarbeiters leicht zu einem »Verkaufsgespräch« entwickeln. Eigene Defizite, kritische Aspekte und ähnlich »wunde Punkte« werden aus diesem Grund taktisch zurückgehalten.

Da dieser Überstrahlungseffekt dem Gespräch teilweise die Qualität nimmt, wünschen sich viele Führungskräfte, das Mitarbeitergespräch von jeglicher Form der Bonusbewertung zu bereinigen. In einem zweistufigen Prozess kann zunächst das Mitarbeitergespräch geführt werden, um eine faire und differenzierte Leistungsbeurteilung vorzunehmen. In einem nächsten Schritt, zu einem späteren Zeitpunkt, wird dann das Ergebnis der Leistungsbeurteilung genutzt, um eine der Leistung angemessene Bonusentscheidung zu treffen, z. B. auch in Verbindung mit einem Gespräch über die Höhe des Fixgehalts. In der Regel steigt die Offenheit für Feedbackprozesse im Mitarbeitergespräch, wenn dieses ohne Geldbezug geführt wird.

Zu hoch gesetzte Anforderungen für den Zielbonus

Der Zielbonus wird häufig schon im Arbeitsvertrag festgelegt. Er kommt zur Ausschüttung, wenn der Mitarbeiter seine Leistungsziele voll erreicht. Durch die schriftliche Fixierung des Zielbonusses entsteht beim Mitarbeiter automatisch ein Anspruch und er erwartet, dass ihm der Bonus auch ausgezahlt wird. Beträgt der Zielbonus beispielsweise 10.000 Euro bei 100-prozentiger Zielerreichung, so werden auch diese 10.000 Euro erwartet. Wurde der Zielbonus im Arbeitsvertrag auf 8.000 Euro festgelegt, werden auf jeden Fall 8.000 Euro erwartet. Die Zielboni sollten deshalb so gestaltet sein, dass bei »normaler, engagierter« Leistung die Ziele erreicht werden können, und dass auch 100 Prozent der Boni im Normalfall ausgeschüttet werden. Dies bedeutet, dass für ca. 80 Prozent der Mitarbeiter 100 Prozent Zielerreichung und Bonusausschüttung möglich werden sollten. Nur so wird das Bonussystem zum Motivationssystem. Werden die 100 Prozent Leistungsbeurteilung nur in selteneren Fällen gegeben, weil z. B. die Organisation schon hohe

Zielboni festgelegt hat und jetzt ihr Budget nur ungern ausdehnt, wird das System sehr schnell zum Demotivationsinstrument, weil die Mitarbeiter glauben: »*Keiner von uns ist gut genug und schafft eine 100-prozentige Leistung.*«
Es ist für den Mitarbeiter motivierender, das Gefühl zu haben, der Vorgesetzte bewertet seine Leistung mit 110 Prozent (z. B. wären dies bei einem Zielbonus von 8.000 Euro 8.800 Euro) und nicht mit 90 Prozent (was z. B. bei einem Zielbonus von 10.000 Euro 9.000 Euro betragen würde). In den beiden Fällen würde die Ausschüttung mit 8.800 bzw. 9.000 Euro einen ähnlichen Betrag ergeben.
Obwohl der zweite Mitarbeiter insgesamt 200 Euro mehr ausbezahlt bekommt (9.000 Euro), wird er demotivierter aus dem Gespräch gehen als der erste Mitarbeiter, der nur 8.800 Euro ausgezahlt bekommt. Mitarbeiter eins geht jedoch mit dem Gefühl, die Leistungserwartung übertroffen zu haben, aus dem Gespräch. Mitarbeiter zwei fühlt sich wahrscheinlich durch die Aussage, nur 90 Prozent der Leistungsanforderungen erfüllt zu haben, demotivierter, obwohl er effektiv einen höheren Geldbetrag ausbezahlt bekommt.
Obwohl der Zielbonus bei 90 oder 100 Prozent ein meist durchaus attraktiver Geldbetrag ist, entsteht mit der Zeit bei den Mitarbeitern der Eindruck,»nur« 100 Prozent geleistet zu haben, und eine negative Stimmung, vor allem dann, wenn der Bonus nach oben hin noch z. B. auf 200 Prozent vergrößert werden kann. Wenn in beiden Beispielen die Leistung des Mitarbeiters mit maximal 200 Prozent bewertet wird, könnte der zweite Mitarbeiter theoretisch seinen Bonus auf 20.000 Euro erhöhen, der erste Mitarbeiter auf nur 16.000 Euro. Die Wahrscheinlichkeit dieser Verdoppelungsmöglichkeit des Zielbonusses ist in vielen Firmen nur in Ausnahmefällen möglich und deshalb nicht sehr wahrscheinlich. Die »Caps« sollten daher keine falschen Erwartungen wecken.

Begrenztes Budget bei der Vergabe der variablen Vergütungsteile

Meist ist das Budget in der Praxis für leistungsorientierte Vergütung begrenzt. Dies bedeutet in der Regel, dass die Führungskraft, wenn sie einen Mitarbeiter aufgrund überdurchschnittlicher Leistungen finanziell höher honorieren möchte, einem anderen Mitarbeiter den Bonus kürzen muss. Die Führungskraft muss in diesem Fall folglich genau zwischen der Leistung der einzelnen Mitarbeiter unterscheiden, um in ihrem vorgegebenen Budgetrahmen zu bleiben. Dies ist vor allem dann problematisch, wenn alle Mitarbeiter eine hohe Leistung gezeigt haben, jedoch der Budgetrahmen begrenzt ist.
Nach Campbell, Campbell und Chia [CAMPBELL; CAMPBELL; CHIA, 1998] verfügen viele Firmen nicht über ein ausreichend monetär ausgestattetes Bonusbudget. Damit Personen einen Unterschied zwischen verschiedenen Leistungsniveaus feststellen können, sollten nach Henemann [HENEMANN, 1990] mindestens sieben bis zehn Prozent Gehaltsveränderung zwischen den unterschiedlichen Leistungslevels spürbar sein. Allerdings kritisiert Henderson [HENDERSON, 2005], dass die typische Differenz zwischen Personen mit hoher und niedriger Leistung in leistungsorientierten Vergütungsprogrammen nur vier Prozent beträgt. Über zehn Jahre

betrachtet führt dies zu einem großen Gehaltsunterschied. Der aktuelle spürbare Effekt sei jedoch für viele Mitarbeiter zu gering.
Häufig haben Führungskräfte dadurch den Eindruck, dass das Bonusbudget es nicht wirklich erlaubt, Topleistungen auch entsprechend zu honorieren. Für diesen Fall sollten Sonderbonusbudgets zur Verfügung stehen, um auch sehr gute Leistungen honorieren zu können.

Zu großer zeitlicher Abstand zwischen Leistung und Honorierung

Die Auszahlung leistungsorientierter Vergütungsbestandteile findet in den meisten Organisationen einmal im Jahr statt. Dadurch entsteht ein großer zeitlicher Abstand zwischen der tatsächlich erbrachten Leistung und der Honorierung, was motivationspsychologisch die verstärkende Wirkung einer Honorierung reduziert.

Veränderung der Zusammenarbeit zwischen Führungskraft und Mitarbeiter

Nicht jeder Mitarbeiter ist der Situation gewachsen, Ziele, Standards und seinen Bonus mit dem Vorgesetzten auszuhandeln. Dazu sind Kompetenzen wichtig wie:

- realistische Einschätzung der eigenen Fähigkeiten und des persönlichen Leistungsniveaus,
- die Fähigkeit zur Selbstreflexion,
- wirkungsvolle Verhandlungstechniken und Durchsetzungsstrategien,
- organisatorische und strategische Planungskompetenz sowie
- Selbstbewusstsein und Eigeninitiative.

Während Führungskräfte häufig während der Implementierungsphase durch Seminare auf die neuen Aushandlungssituationen vorbereitet werden, werden Mitarbeiter in der Regel dafür weniger ausführlich qualifiziert. Es erfordert vom Mitarbeiter durchdachte Gesprächsvorbereitung, Gesprächsführungskompetenzen und Verhandlungsgeschick, um ein Gespräch über das Thema Vergütung zu führen.
Etliche Aufgaben bei der Regelung von Vergütungsfragen, die zuvor kollektiv von betrieblichen Interessenvertretern oder Gewerkschaften übernommen wurden, sind jetzt den Einzelnen in eigener Regie übertragen. Damit ist durch die Isolation der Verhandlungspartner eine Vergleichbarkeit der Verhandlungsergebnisse nicht möglich. Betriebsräte sind nicht in der Lage, jede Zielvereinbarung zu kontrollieren. Vielmehr sollten sie eine Kontrolle und Steuerung der Leistungsprozesse übernehmen, z. B., indem sie zusammen mit der Personalabteilung den gesamten Beurteilungsprozess einer Erfolgskontrolle unterziehen.
Motivierend ist eine leistungsorientierte Vergütung nur dann, wenn der Vorgesetzte die Leistung als »erfolgreich« definiert. Ist dies nicht der Fall, so wird der Mitarbeiter zunächst enttäuscht sein. Es besteht die Gefahr, dass dies Auswirkungen auf das Selbstbewusstsein des Mitarbeiters hat, er frustriert ist oder mit einer starken Abwehrhaltung auf den Vorgesetzten reagiert. Beim Nichterreichen von Zielvereinbarungen sind auf jeden Fall Gespräche zwischen Führungskraft und Mitarbeiter notwendig, in denen herausgearbeitet wird, aufgrund welcher Einschätzungen des

Vorgesetzten die Beurteilung zustande kommt, warum der Mitarbeiter die von ihm geforderte Leistung nicht voll erbrachte und was im nächsten Jahr getan werden kann (z. B. an Fortbildung, Unterstützungsmaßnahmen, Veränderung bestimmter Aufgabenschwerpunkte etc.), damit der Mitarbeiter seine Ziele erreichen kann. Abhängig davon, ob für den Mitarbeiter die Vergütung einen Anreiz darstellt, sich mehr anzustrengen, und ob er sich zutraut, seine Leistung und die Ergebnisse zu verbessern, wird sich entscheiden, ob sich im nächsten Jahr die Leistungen des Mitarbeiters positiv verändern werden.

Schwierigkeit der Messbarkeit von qualitativen Zielen

Die Zielvereinbarung und -erreichung fallen leichter, wenn quantitative Messgrößen, wie z. B. Verkaufszahlen, Stückzahlen und Ertrag, verwendet werden können. Schwieriger wird es, wenn Qualitätskriterien für die Beurteilung einer Leistung herangezogen werden müssen, da meist nicht genügend Messinstrumente zur Verfügung stehen, um diese Qualitätskriterien zu erfassen. Auch ist der Entwicklungsaufwand, den qualitative Messsysteme erfordern, wie z. B. jährliche interne Kunden- oder Mitarbeiterbefragungen, sehr hoch. Deshalb wird dann aus reinen Aufwand-Nutzen-Überlegungen entschieden, auf diese objektiven Messparameter zu verzichten.

So bleibt oftmals als letzte Instanz der Vorgesetzte, der beurteilt, ob die erledigte Aufgabe seinem Qualitätsstandard genügt oder nicht. Für den Mitarbeiter wirkt das jedoch willkürlich und nicht berechenbar. Dementsprechend hoch ist die Unzufriedenheit, die mit Zielvereinbarungen und leistungsbezogenen Bonussystemen vor allem in Backoffice-Bereichen verbunden ist, deren Mitarbeiter schwer oder nicht mit quantitativen Messgrößen zu bewerten sind.

Konzentration auf kurzfristige und individuelle Leistungen

Meist fokussieren Zielvereinbarungen, Beurteilungen und leistungsorientierte Vergütungssysteme auf die Einzelleistung. Damit verstärken sie die Attraktivität kurzfristig ausgerichteter Erfolge. Längerfristig ausgerichtete Handlungsziele, die jedoch recht entscheidend für das Wachstum einer Firma oder auch für die Qualität von Produkten sein können, geraten darüber in den Hintergrund. Zudem fördert dieses Verständnis von Leistung, dass Mitarbeiter sich auf die Erreichung ihrer individuellen Ziele konzentrieren und wichtige kooperative Verhaltensweisen vernachlässigen.

Diese Kritikpunkte lassen Campbell, Campbell und Chia [CAMPBELL; CAMPBELL; CHIA, 1998] zu dem Schluss kommen, dass das Prinzip, leistungsorientiert zu vergüten, zwar von vielen Mitarbeitern als wünschenswert und fair betrachtet wird und daher positive Reaktionen hervorruft. Die Praxis zeigt jedoch viele Störfaktoren bei der Implementierung eines leistungsbezogenen Vergütungssystems, was die Motivation und Leistungsverbesserung, die durch solche Programme tatsächlich hervorgerufen werden können, begrenzt.

12.6 Empfehlungen für die Gestaltung von leistungsorientierten Vergütungssystemen

Bartol und Locke [BARTOL; LOCKE, 2000] entwickelten aus den bisherigen Theorien und Forschungsergebnissen Empfehlungen für die Gestaltung von leistungsorientierten Vergütungssystemen, die nachfolgend zusammengefasst sind. Da es nicht möglich sein wird, durch ein Vergütungssystem alle Mitarbeiter in einer Organisation zufriedenzustellen und Mitarbeiter mit niedrigerem Leistungsniveau eine hohe, generelle Unzufriedenheit mit leistungsorientierter Bezahlung [ZENGER, 1992] zeigen, fokussieren ihre Empfehlungen vor allem darauf, die Leistungsträger zufriedenzustellen.

- Die Bezahlungsphilosophie sollte spezifiziert und kommuniziert werden.
- Das System sollte in einer fairen und objektiven Art und Weise implementiert werden. Es sollte auch eine Widerspruchsmöglichkeit für Personen geben, die meinen, sie seien unfair behandelt worden.
- Das System sollte darauf ausgerichtet sein, dass Mitarbeiter ermutigt werden, herausfordernde Ziele anzuvisieren.
- Die Teilnehmer an einem leistungsorientierten Vergütungsprogramm sollten in ihrer Handlungskompetenz und in ihrem Selbstbewusstsein gestärkt werden. Das sollte durch Auswahl, Qualifizierungsmaßnahmen und auch einen Führungsstil, der die Verantwortlichkeit der Mitarbeiter stärkt, sichergestellt werden.
- Bonusse, finanzielle Zahlungen und andere Honorierungen sollten an Leistung geknüpft werden.
- Der Zuwachs an Geld (oder einer anderen Honorierung) muss groß genug sein, um als Anreiz zu wirken.
- Geld sollte im Verbund mit anderen Honorierungsformen betrachtet werden, da Geld nicht den einzigen Zugewinn darstellt, den die Mitarbeiter durch die Arbeit bekommen. Andere Möglichkeiten sind z. B. die Vergabe interessanter Aufgaben, Entwicklungsmöglichkeiten oder die Möglichkeit zu lernen und die eigenen Kompetenzen auszubauen. Jobsicherheit und stimulierende Kollegen tragen ebenfalls dazu bei, dass Menschen motiviert werden.
- Ziele und Anreize regen Personen an, Ergebnisse zu erreichen, die für die Organisation relevant sind. Diese Ergebnisse sollten auch mit den Interessen der Mitarbeiter in Einklang stehen.
- Der Fokus sollte darauf gelegt werden, dass die Möglichkeit besteht, mehr zu verdienen. Das schon zugesicherte Gehalt oder auch das Grundgehalt sollte nicht im Risiko stehen.

Analog der Implementierung von Mitarbeitergesprächen (vgl. Kapitel 11) ist bei der Einführung eines leistungs- oder erfolgsorientierten Vergütungssystems notwendig, dass die Geschäftsleitung die Ziele und die Rahmenbedingungen der anvisierten Vergütungssystematik zu Beginn definiert. Eine frühzeitige Einbindung des Betriebsrates ist aus mitbestimmungsrechtlichen Gründen notwendig. Ein idealerweise heterogen zusammengesetztes Projektteam erarbeitet dann die Feinausarbeitung des

Vergütungsmodells und entwickelt entsprechende Kommunikations- und Qualifizierungsmaßnahmen. Nach der Einführung sollten die Ergebnisse, die Qualität und die Akzeptanz der Mitarbeitergespräche und der damit verbundenen Leistungs- und Bonusbeurteilungen überprüft werden, um Verbesserungen vornehmen zu können.

DAS WICHTIGSTE IN KÜRZE

- Um erreichte Ziele und außergewöhnliche Ergebnisse zu honorieren, werden von Unternehmen zunehmend erfolgs- und leistungsorientierte Vergütungssysteme eingeführt. Dies geschieht häufig in Verbindung mit einer Leistungsbeurteilung z. B. im Rahmen des jährlichen Mitarbeitergesprächs. Grundsätzliches Ziel eines solchen Anreizsystems ist es, Mitarbeiter zu motivieren, leistungsrelevantes Verhalten zu zeigen.

- Je nach Bedürfnislage können verschiedene Anreizformen, wie Erfolgsbeteiligungen und variable Entgelte, oder immaterielle Anreize, wie interessante Arbeitsinhalte und erhöhte Eigenverantwortung, eingesetzt bzw. angeboten werden. Als Total Reward versteht man die Summe aller materiellen wie immateriellen Anreize. Total-Compensation-Modelle stellen Vergütungssysteme dar. Dieser Begriff fasst also alle monetären Anreize zusammen. Je differenzierter die Anreizmöglichkeiten innerhalb eines Total-Reward-Systems sind, desto eher kann den unterschiedlichen Bedürfnissen des Mitarbeiters entsprochen werden.

- Bei Honorierungen können zwei Arten mit ihren Auswirkungen auf die Zufriedenheit des Mitarbeiters unterschieden werden. Direkte Honorierungen werden als Konsequenz der Zielerreichung gegeben, während indirekte Honorierungen nur indirekt mit der Zielerreichung in Zusammenhang stehen. Bei den direkten Honorierungen geht die größte Wirkung von denjenigen aus, die proportional zur Zielerreichung erfolgen. Die Bezahlung erfolgt direkt zur tatsächlichen Leistung, wie etwa bei der Provision. Je schneller die Honorierung erfolgt, desto effektiver ist sie. Indirekte Honorierungen, wie Sozialleistungen oder flexible Arbeitszeitregelungen, motivieren den Mitarbeiter zwar kaum zu höheren Leistungen, binden ihn aber an das Unternehmen.

- Die Akzeptanz der Honorierungen hängt davon ab, inwieweit sie dem eigenen Anspruchsniveau entsprechen und wie sie im Vergleich mit anderen wahrgenommen werden. Je klarer und eindeutiger die Beziehung zwischen der erbrachten Leistung und der erhaltenen Leistungsprämie ist, desto leistungsorientierter ist ein Vergütungssystem.

- Damit ein solches leistungsabhängiges Vergütungssystem fair und nachvollziehbar ist, müssen die Leistungsziele so definiert sein, dass sie messbar sind und die Beziehung zur Honorierung (z. B. Prämie) eindeutig geregelt ist.

➡ Bei der Gestaltung von erfolgs- oder leistungsorientierten Vergütungssystemen sind eine ganze Reihe von Kriterien zu berücksichtigen, damit diese effektiv wirken können. Die finanziellen Anreize sollten dem Vergleich mit anderen Unternehmen standhalten können. Die Bemessung von Leistung, variabler Vergütung und immateriellen Anreizen sollte transparent sein und als fair wahrgenommen werden sowie Raum für individuelle Regelungen lassen. Das System sollte auch Zwischenziele und das knappe Verpassen von Zielen honorieren. Es sollten nur Leistungen bewertet werden, über deren Erbringung der Mitarbeiter die Kontrolle hat. Und schließlich kann das Anreizsystem nur dann seine Wirkung voll entfalten, wenn jeder Beschäftigte es und die Möglichkeiten, die es bietet, kennt.

➡ Die Vergütung tariflich bezahlter Mitarbeiter ist durch die Sozialpartner geregelt. Die Koppelung des Leistungsergebnisses an das Entgelt kann über eine Prämienregelung zusätzlich zum tariflichen Fixgehalt oder durch eine Einbindung im Rahmen des tariflichen Leistungsentgelts erfolgen.

➡ Bei Führungskräften und außertariflich bezahlten Mitarbeitern werden durch erfolgs- und leistungsbezogene Entgeltsysteme, wie etwa Aktienoptionspläne und leistungsbezogene Systeme, Anreize gesetzt. Die Daumenregel 70 – 20 – 10 empfiehlt, dass 70 Prozent der Vergütung das Grundgehalt ausmachen sollen, 20 Prozent durch individuelle Leistung und zehn Prozent durch den Unternehmenserfolg bestimmt werden. Bei der Festlegung des Fixgehalts sollten das Gehalt im Marktvergleich, die Qualifikation der Person und der Verantwortungsrahmen berücksichtigt werden. Das Fixgehalt sollte sich innerhalb festgelegter Bandbreiten bewegen können.

➡ Bei der Entwicklung und Ausgestaltung eines Vergütungssystems gibt es eine Vielzahl von Modellen und Systematiken, die jedes Unternehmen an seine Erfordernisse anpasst.

➡ Für das Fixgehalt außertariflich Beschäftigter kann mit Bandbreiten gearbeitet werden, die eine Differenzierung der Vergütung z. B. nach Erfahrung des Mitarbeiters, Komplexität der von ihm zu bewältigenden Aufgabe oder Ausmaß der Verantwortung ermöglicht.

➡ Als leistungsorientierter Vergütungsbestandteil wird häufig ein Bonus zusätzlich zum Fixgehalt vereinbart. Dabei unterscheidet man prototypisch zwischen einerseits erfolgsorientierten und leistungsorientierten Boni und andererseits langfristigen (Long-Term-) und kurzfristigen (Short-Term-) Boni. Erfolgsorientierte Boni beteiligen den Mitarbeiter am Gesamterfolg des Unternehmens und werden in der Regel nach Kennzahlen berechnet. Leistungsorientierte Boni setzen dagegen eine Leistungsmessung jedes Mitarbeiters voraus, nach der sich die Höhe seines auszubezahlenden Bonusses bemisst. Kurzfristige variable Vergütungsbestandteile bemessen sich meist nach der Entwicklung der vergleichsweise kurzen Zeit von einem Geschäftsjahr.

Das Wichtigste in Kürze

Long-Term Incentives honorieren dagegen Erfolge eines längeren Zeitraums, z. B. von fünf Jahren, und damit auch die Nachhaltigkeit des erzielten Erfolgs oder der erbrachten Leistung.

- Es gibt auch Mischmodelle, in denen sowohl die individuelle Leistung als auch der Unternehmenserfolg in die Festsetzung der Boni einfließen. Hier wird der Zielerreichungsgrad durch eine Multiplikation der Bewertung der Ziele, der Gewichtung der Ziele und der Bewertung von Routineaufgaben errechnet. Gleichzeitig wird ein Kennwert errechnet, der jährlich die tatsächlichen Geschäftsergebnisse widerspiegelt. Über diesen Ergebnisfaktor wird der Einzelne an den wirtschaftlichen Erfolg des Unternehmens gebunden und daran mit beteiligt.

- Häufig wird zusätzlich zum Fixgehalt ein leistungsorientierter Bonus vertraglich vereinbart, der sich innerhalb fest definierter Ober- und Untergrenzen bewegt. Unter einem Zielbonus versteht man die Höhe des Bonusses, der bei 100-prozentiger Leistung ausgeschüttet wird. Je nach Abweichung der Leistung des Mitarbeiters von 100 % fällt dann der Bonus höher oder niedriger aus. Dabei sollte der Zielbonus für die Mitarbeiter bei engagierter Leistung erreichbar sein. Ein niedrig festgesetzter Zielbonusbetrag, der aber im Zweifelsfall geringfügig übertroffen werden kann (z. B. mit 110 Prozent), wirkt motivierender als ein hoher Zielbonusbetrag, der kaum zu 100 Prozent ausgezahlt wird. Damit die möglichen Abstriche oder Boni nicht allzu gravierend ausfallen, können Ober- oder Untergrenzen definiert werden, die sogenannten Caps und Floors.

- Die Ermittlung leistungsbezogener Vergütungsbestandteile basiert entweder auf definierten Indikatoren (z. B. prozentualer Anteil an einem Geschäftsabschluss) oder auf der Leistungsbewertung des einzelnen Mitarbeiters und der Art, wie das Budget für die Boni festgelegt wird.

- Um Leistung gerecht zu honorieren, ist es notwendig, im Vorfeld zu definieren, was für jeden Aufgabenbereich Leistung bedeutet und wie sie sich zusammensetzt. Bei der summarischen Beurteilung des Mitarbeiters werden verschiedene Faktoren, wie etwa Zielerreichungsgrad, Erfüllung der Routine- und Sonderaufgaben, die vorhandenen Kompetenzen des Mitarbeiters unter Berücksichtigung von Einflussfaktoren, nach einem bestimmten, vorher festgelegten Schema, ermittelt. Die Gesamtbeurteilung bestimmt hier die Höhe des Bonusbetrages. Ein weiteres Bonusermittlungsmodell beurteilt die Leistung nur nach dem Zielerreichungsgrad. Hier werden zu Beginn eines Zeitraums Ziele vereinbart und gewichtet. Der Grad der Zielerreichung multipliziert mit der Zielgewichtung bestimmt den Bonus.

- Die Geschäftsleitung kann das Gesamtbudget für Bonizahlungen aufgrund des Geschäftserfolgs, der sich in den Kennzahlen widerspiegelt, oder diskretionär festlegen. Je nach Leistung einzelner Bereiche und Ressorts wird der von der Geschäftsleitung bestimmte Budgettopf dann an die verschiedenen Bereiche und Personen verteilt. Kaskadenförmig werden dann die Bonustöpfe von den jeweiligen Vorgesetzten weiter nach unten verteilt und kommen über den »Abteilungsbudgettopf« zum Mitarbeiter.

⇨ Ein zweiter Weg, die Höhe des Gesamtbudgets für die variablen Vergütungsbestandteile festzulegen, ist die Bottom-up-Planung. Dabei informiert sich die Geschäftsleitung zunächst bei den Führungskräften darüber, welche Bonushöhen diese für angemessen erachten, und vergleicht dieses Ergebnis dann mit dem tatsächlichen Erfolg des Unternehmens nach Kennzahlen. Stimmt die Einschätzung der Führungskräfte nicht mit dem Unternehmenserfolg überein, kann die Geschäftsleitung auf eine Überarbeitung der Angaben der Führungskräfte drängen bzw. die von den Führungskräften geplanten Boni um die Differenz zwischen ermitteltem und tatsächlichem Unternehmenserfolg erhöhen oder senken.

⇨ Eine wesentliche Schwierigkeit, die mit dem leistungsorientierten Gehaltssystem verbunden ist, stellt die Messung der Leistung dar. Analytische Beurteilungsmodelle errechnen klar definierte Werte für Zielerreichungen. Dadurch entsteht eine hohe Transparenz für die Mitarbeiter, wie sich ihr Leistungsbonus errechnet. Veränderungen und Einflussfaktoren bezüglich der Zielvereinbarung, die sich im Laufe des Jahres ergeben, können hier aber nicht genügend berücksichtigt werden. Beim summarisch orientierten Modell beurteilt der Vorgesetzte die Gesamtleistung. Dies birgt die Gefahr in sich, dass durch unterschiedliche Bewertungsmaßstäbe der Vorgesetzten Mitarbeiter mit gleicher Leistung unterschiedlich beurteilt werden. Die leistungsorientierte Vergütung verändert auch die Zusammenarbeit zwischen Führungskraft und Mitarbeiter und gibt dem Mitarbeitergespräch noch mehr Gewicht. Kompetenzen wie Verhandlungstechniken, realistische Selbsteinschätzung und Planungskompetenz sind für die Gesprächsführung hilfreich. Führungskräfte, aber auch Mitarbeiter sollten hierfür entsprechend qualifiziert werden. Sinnvoll ist es auch, die Gespräche zur Leistungsbeurteilung und zur Bonusermittlung zeitlich voneinander zu trennen. Sonst besteht die Gefahr, dass im Gespräch die Vergütung im Mittelpunkt steht und das Leistungsfeedback in den Hintergrund gerät.

Mehr zu diesem Thema

Becker, F. G.; Kramarsch, M. H.: *Leistungs- und erfolgsorientierte Vergütung für Führungskräfte.* Hogrefe, 2006

Kaschube, J.; Rosenstiel, L. v.: »Motivation von Führungskräften durch leistungsorientierte Bezahlung«. *Zeitschrift für Organisationspsychologie* 69 (2000), S. 70–76

Rüstmann, M.: »Wie Anreizsysteme zu hohen Risiken verleiten«. BWI (Hrsg.): *io new management.* Springer, 2009, S. 12–15

Rynes, S. L.; Gerhart, B.; Parks, L.: »Personnel Psychology: Performance evaluation and pay for performance«. *Annual Review of Psychology* 56 (2005), S. 571–600

Sprenger, R. K.: *Mythos Motivation: Wege aus der Sackgasse.* Campus, 2007

13

Fallbeispiele

In diesem Kapitel finden Sie vier Fallbeispiele von sehr unterschiedlichen Organisationen, die Mitarbeitergesprächssysteme konzipiert und eingeführt haben. Sie ermöglichen, aus den Erfahrungen der jeweiligen Organisation zu lernen und geben einen sehr anschaulichen Einblick in das jeweils gewählte Instrumentarium.

Die Beispiele illustrieren, dass - je nach Ausgangslage und Zielsetzung der Organisation - die Ausgestaltung der Mitarbeitergesprächssysteme und auch der Einführungsprozess variieren. Zudem wird deutlich, dass die Implementierung eines Mitarbeitergesprächssystems einen umfangreichen Veränderungsprozess für eine Organisation darstellt, der in seiner Komplexität nicht unterschätzt werden darf.

An dieser Stelle möchten wir uns nochmals herzlich bei den Interviewpartnern der jeweiligen Organisationen bedanken, die es uns durch ihre Unterstützung möglich machten, diese Fallbeispiele zu veröffentlichen.

1. Fallbeispiel: Deutsche Gesellschaft für Technische Zusammenarbeit (GTZ) GmbH, Eschborn

Die GTZ ist ein Bundesunternehmen, das die Umsetzung von komplexen Reformen und Veränderungsprozessen in Entwicklungs- und Transformationsländern unterstützt. Hauptauftraggeber ist das Bundesministerium für wirtschaftliche Zusammenarbeit und Entwicklung (BMZ). Weltweit unterhält die GTZ Büros in 92 Ländern.

Das Fallbeispiel schildert, wie die Organisation über die Neugestaltung der Vergütungsstrukturen ihr schon seit Langem eingeführtes Mitarbeitergesprächssystem grundlegend überarbeitete und so ein integriertes Instrument zur Regelung von Zielvereinbarungen, Personalentwicklungs- und Vergütungsfragen schaffte. Infolge der dezentral organisierten Struktur, des internationalen Aktionsradius und der Nähe zum öffentlichen Dienst stand dieser Veränderungsprozess vor zahlreichen Schwierigkeiten und Herausforderungen. Diese konnten nur durch ein sehr zielorientiertes und fundiertes Projektmanagement, aber auch durch die Entschlossenheit der Geschäftsführung, das Projekt umzusetzen, überwunden werden. Die Einführung des Instrumentariums trug nicht nur zur Sicherstellung der Wettbewerbsfähigkeit der Organisation bei, sondern bewirkte auch tiefe Veränderungen in der Art und Weise, wie Führungskräfte ihre Führungsrolle praktizieren, und damit der bestehenden Unternehmenskultur.

2. Fallbeispiel: Bertelsmann AG, Gütersloh

Die Bertelsmann AG produziert und vertreibt Medien und bietet Dienstleistungen für diese Branche an. Sie besteht aus folgenden Unternehmen: der RTL Group, Random House, Gruner + Jahr, Arvato, einem Medien- und Kommunikationsdienstleister sowie der Direct Group, einem Betreiber von Buch- und Musikklubs. Die Organisation besitzt Standorte auf allen fünf Kontinenten.

Dieses Beispiel stellt die Überarbeitung eines seit über zwei Jahrzehnten bestehenden Mitarbeitergesprächssystems vor. Anlässe zur Weiterentwicklung waren, neben dem Ziel, das System grundsätzlich zu optimieren, die Integration von neu definierten Führungsgrundsätzen, die Fokussierung auf die Gesundheitsförderung und den Erhalt der Leistungsfähigkeit und die Realisierung eines integrierten Talent-Management-Prozesses. Das Mitarbeitergesprächssystem wurde in einer Projektstruktur zu einem Performance Management System weiterentwickelt, welches das Ziel hat, Mitarbeiter und Erfahrungen aus fünf Kontinenten zu integrieren. Die Herausforderung bestand dabei darin, ein System zu entwickeln, das einerseits weltweit für alle Standorte Gültigkeit besitzt, diesen aber individuelle Gestaltungsmöglichkeiten zur Berücksichtigung der regionalen Besonderheiten lässt.

3. Fallbeispiel: MEAG MUNICH ERGO AssetManagement GmbH, München

Die MEAG ist Vermögensmanager der Münchener Rück, des weltweit führenden Rückversicherers, und der ERGO Versicherungsgruppe, der zweitgrößten Versicherungsgruppe in Deutschland mit den Marken Victoria, Hamburg-Mannheimer, DKV, D.A.S. und KarstadtQuelle Versicherungen.

Dieser Fall schildert die einmalige Möglichkeit, bei Firmengründung ein Mitarbeitergesprächssystem »auf der grünen Wiese« zu entwickeln. In die Entwicklung des Instruments, das nun schon seit zehn Jahren in Anwendung ist, flossen viele Best-Practice-Erfahrungen der beteiligten Projektmitglieder aus Mitarbeitergesprächssystemen bei anderen Arbeitgebern ein. Das Fallbeispiel beschreibt ein ausgereiftes, mit Personalentwicklungs- und Vergütungsfragen verzahntes und von Führungskräften und Mitarbeitern gut akzeptiertes System. Außerdem werden sowohl die Überarbeitungen, die im Laufe der Jahre vorgenommen wurden, wie auch die Maßnahmen, um Führungskräfte und Mitarbeiter für diesen Prozess zu qualifizieren, in diesem Beispiel erläutert.

4. Fallbeispiel: Zollner Elektronik AG, Zandt bei Cham

Die Zollner Elektronik AG bietet Unternehmen der Elektro- und Elektronikindustrie Dienstleistungen bei der Entwicklung und Herstellung von Produkten und individuellen Systemlösungen an. Das Unternehmen startete 1965 als Einmannbetrieb und beschäftigt mittlerweile über 6.500 Mitarbeiter in 14 Standorten.

Diese Einführung eines Mitarbeitergesprächssystems ist ein typisches Beispiel für einen mittelständischen Produktionsbetrieb. Das Familienunternehmen wuchs in den letzten 20 Jahren mit hoher Geschwindigkeit. Darunter litt die Kommunikation zwischen den verschiedenen Unternehmensebenen, da die Produktion deutlich ausgeweitet wurde, Prozessabläufe sich immer wieder veränderten und eine große Anzahl von Mitarbeitern eingestellt wurde. Dies war der Anlass für die Konzeption des Mitarbeitergesprächssystems. Da schnell wachsende Unternehmen viele Ressourcen bei den Führungskräften, Mitarbeitern und Personalverantwortlichen binden, wurde darauf geachtet, ein System zu entwickeln, das über alle Abteilungen hinweg einfach und ökonomisch anzuwenden ist.

13.1 Deutsche Gesellschaft für Technische Zusammenarbeit (GTZ) GmbH, Eschborn

Interview mit Ursula Lauterbach, Gruppenleiterin Führungskräfteentwicklung, und Paul Soemer, Gruppenleiter Grundlagen der Personalarbeit

Die GTZ ist ein Bundesunternehmen, das die Umsetzung von komplexen Reformen und Veränderungsprozessen in Entwicklungs- und Transformationsländern unterstützt. Hauptauftraggeber ist das Bundesministerium für wirtschaftliche Zusammenarbeit und Entwicklung (BMZ). Weltweit unterhält die GTZ Büros in 92 Ländern.
13.000 Mitarbeiter arbeiten in mehr als 120 Ländern, davon in Deutschland ca. 1.500. Die Organisation hat ca. 550 Führungskräfte, davon rund 220 in Deutschland beschäftigt.

Anlass und Ziele des Mitarbeitergesprächssystems – historische Entwicklung

Das Instrument Mitarbeitergespräch (MAG) ist bei der GTZ schon seit den 90er-Jahren im Einsatz und war zunächst als reines Führungs- und Feedbackinstrument etabliert. Es fokussierte auf den jährlichen Dialog zwischen Mitarbeiter und Führungskraft und auf die Festlegung von Entwicklungsmaßnahmen. Es war weder gekoppelt an relevante Folgeprozesse, wie z. B. Vergütungsentscheidungen, noch wurden Durchführungsqualität und -quote, die bei ca. 20 bis 40 Prozent lagen, konsequent nachgehalten. Die Durchführung des Mitarbeitergesprächs war stark abhängig davon, ob und wie die jeweilige Führungskraft das Instrument anwandte, und verlief dadurch uneinheitlich. Tendenziell wurde sehr milde und – im Vergleich zum damaligen Geschäftserfolg der GTZ – auch zu positiv beurteilt. Im Jahr 2002 wurde das Element der Zielvereinbarung neu hinzugefügt. Die erfolgreiche Zielerreichung wurde jedoch nur teilweise nachgehalten und hatte keine monetären Auswirkungen.

Um die Wettbewerbsfähigkeit der GTZ im Markt, aber auch um die interne Leistungsorientierung zu stärken, erteilte im Jahr 2001 die Geschäftsführung der GTZ dem Ressort Personal den Auftrag einer Vergütungsreform, die zum Ziel hatte, das stark von Elementen des öffentlichen Dienstes beeinflusste Vergütungssystem in ein auf Leistung und Erfolg ausgerichtetes System zu überführen. Dabei sollten die Anstellungskonditionen sich stärker an den Marktbedingungen und den Konditionen von Wettbewerbern orientieren.

Problemfelder des bisherigen Systems waren einerseits unterschiedliche Tarifsysteme und Anstellungsbedingungen für Inlands- und Auslandsmitarbeiter, die den Wechsel von einer Inlands- in eine Auslandstätigkeit und umgekehrt erschwerten. Andererseits existierten 22 anforderungsbezogene Vergütungsgruppen im tariflichen Bereich, in dem die Leistungsbewertung keinen wertsteigernden Einfluss hatte. Zudem gab es eine Vielzahl von Zuschlägen und Einzelabsprachen, die sich zu wenig an Leistung orientierten, sondern sich aus Zugehörigkeitszeiten oder besonderen Arbeits- oder Lebensbedingungen ableiteten. Auch gab es kein Instrument für Führungskräfte, veränderte Leistungserwartungen zu formulieren und zu honorieren.

Im Zuge der Weiterentwicklung des Vergütungssystems in den Jahren 2001 bis 2004 wurde auch das Mitarbeitergespräch der GTZ grundlegend überarbeitet und ihm durch die Kopplung von Vergütungselementen und der Leistungsbeurteilung im Mitarbeitergespräch ein neuer Stellenwert gegeben. Ziel war es, im Mitarbeitergespräch die Leistung von Mitarbeitern fair und innerhalb von ähnlichen Aufgaben vergleichbar zu bewerten, für die aktuelle Periode besondere Aufgaben durch Zielvereinbarungen zu fokussieren und zukünftige Aufgabenfelder und Entwicklungsperspektiven mit dem Mitarbeiter zu besprechen. Die Führungskräfte erhielten dadurch ein Instrumentarium, um individuelle Leistungen zu besprechen und durch Leistungsanreize zu honorieren. Sie wurden jedoch auch mehr gefordert als in der Vergangenheit, Leistungserwartungen und Ziele eindeutig zu benennen. Durch das neue Mitarbeitergespräch werden sowohl das Grundgehalt als auch die variable Vergütung eines Mitarbeiters beeinflusst. Die Entwicklung des Grundgehalts ist direkt abhängig vom sogenannten »Performance-Wert«, die variable Vergütung berechnet sich aus dem Grad der Zielerreichung. In Konsequenz erhöhte sich dadurch die Relevanz der Mitarbeitergespräche, die Verbindlichkeit der Durchführung, aber auch die Beurteilungsgenauigkeit.

Das Mitarbeitergespräch in seiner neuen Form wurde im Kontext des neuen Vergütungssystems am 01.01.2005 eingeführt. Mit dem Tarifpartner wurde eine dreijährige Monitoringphase vereinbart, nach deren Ende im Jahr 2008 Anpassungen des Regelwerks vorgenommen wurden.

Prozesskomponenten: Aufbau und Struktur des Vergütungs- und Mitarbeitergesprächssystems

Das Vergütungssystem und das Mitarbeitergespräch bei der GTZ sind eng miteinander verknüpft. Das neu entwickelte Vergütungssystem der GTZ ist für den tariflichen und außertariflichen Bereich durchgängig konzipiert und adressiert jeden Mitarbeiter als Leistungsträger. Es ersetzte bei der Grundvergütung die 22 Vergütungsgruppen durch acht weit gedehnte und sich stark überlappende Vergütungsbänder (vgl. Bild 13.1). Die Zusammenfassung der vielfältigen Funktionen in nur acht Bänder entspricht dem Karrieremodell der GTZ von flachen Hierarchien. Für jedes Band wurde ein Kriterienraster definiert, nach dem die Einordnung einer Funktion in ein Band entschieden werden kann. Dadurch kann eine Vergütungsentwicklung in einem Band bei gleichbleibender Funktion gewährleistet werden, ohne dass eine Beförderung ausgesprochen werden muss.

Durch die großen Überlappungsbereiche der Bänder kann ein erfahrener und leistungsstarker Mitarbeiter eine höhere Grundvergütung erzielen als beispielsweise ein Vorgesetzter im nächsthöheren Band. Karriere wird dadurch als Zugewinn von Kompetenzen aus unterschiedlichen Tätigkeiten definiert und mit einem Zuwachs

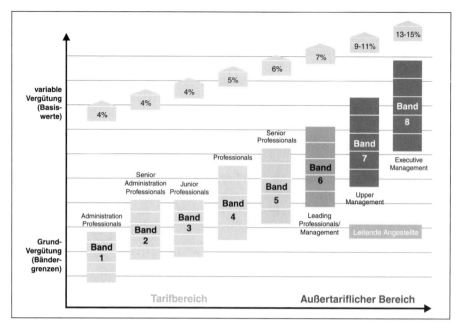

Bild 13.1 System der Vergütungsbänder und der Basiswerte der variablen Vergütung (Stand 2009)

an Grundvergütung innerhalb eines Bandes honoriert. Mit der Übernahme einer verantwortungsvolleren Funktion legt ein Mitarbeiter eine Grundlage für die Steigerung seiner Vergütung. Diese Steigerung realisiert sich mit der Zeit, in der seine Arbeitserfolge sichtbar werden. Individuell erhöht sich die Grundvergütung ausschließlich nach Leistung, was im Laufe der Jahre zu unterschiedlichen Bewer-

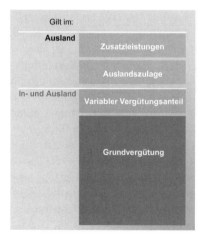

Bild 13.2 Bausteine des neuen Vergütungssystems der GTZ

tungen und dementsprechend auch zu unterschiedlichen Vergütungszuwächsen führen kann.

Die Entwicklung der Grundvergütung wird aufgrund der jährlichen Performance-Bewertung, die im Mitarbeitergespräch stattfindet, bestimmt und nicht mehr z. B. durch Alterszuschläge, Neueingruppierungen oder Versetzungen auf höher bewertete Arbeitsplätze. Besondere Zusatzleistungen im Ausland (z. B. Auslandszulage, Mietzuschuss oder Schulbeihilfe) werden nach wie vor – je nach Einsatzgebiet – vergeben. Sie sind jedoch auf die Dauer des jeweiligen Auslandseinsatzes klar beschränkt (vgl. Bild 13.2).

Die drei Komponenten des Mitarbeitergesprächs der GTZ

Das Mitarbeitergespräch der GTZ besteht aus drei Teilen:

- Teil A Gesamtperformance und Vergütungsentwicklung,
- Teil B Zielvereinbarung und Zielerreichung,
- Teil C Lernfelder und Personalentwicklung,

die in den nächsten Abschnitten erläutert werden.

Teil A: Gesamtperformance und Vergütungsentwicklung

Der erste Teil des Mitarbeitergesprächs (vgl. Bild 13.3) betrachtet im Rückblick die vergangene Leistung des Mitarbeiters.

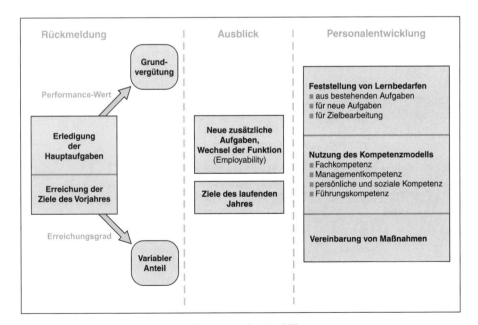

Bild 13.3 Komponenten des Mitarbeitergesprächs der GTZ

Aufgaben-bezogene Kriterien	**1. Komplexität der Hauptaufgaben** = Schwierigkeitsgrad, fachlich-inhaltliche Tiefe/Breite der Aufgaben und ihrer Rahmenbedingungen, Wechselwirkungen mit anderen Themen, Neuartigkeit der Themen
	2. Verantwortungsrahmen in Bezug auf die Hauptaufgaben = Ermessensspielraum für die zu treffenden Entscheidungen sowie deren Tragweite und Auswirkungen
Personen-bezogene Kriterien	**1. Die Kompetenzen des Mitarbeiters oder der Mitarbeiterin, die er/sie in die Erledigung der Aufgaben eingebracht hat bzw. die für die Erledigung seiner/ihrer spezifischen Tätigkeiten notwendig sind** = für die Erledigung der Hauptaufgaben notwendiges und eingesetztes Können, Wissen, Erfahrungen gemäß der Kompetenzmatrix und den Kompetenzfeldern der GTZ
	2. Die Leistungen des Mitarbeiters/der Mitarbeiterin = erledigte Aufgaben, erzielte Ergebnisse, Qualität, Wirtschaftlichkeit, Kooperation im Team, Kundenorientierung

Bild 13.4 Kriterien für die Beurteilung der Gesamtperformance (aus: Leitfaden zum Mitarbeitergespräch der GTZ, S. 9)

Dabei werden zuerst seine Hauptaufgaben aus dem vergangenen Jahr hinsichtlich des Komplexitätsniveaus und Verantwortungsrahmens, aber auch mit Blick auf die gezeigten Leistungen und Kompetenzen betrachtet (vgl. Bild 13.4).

Der »Performance-Wert«, der für diese Aufgaben von der Führungskraft auf einer fünfstufigen Skala von A bis E vergeben wird (vgl. Bild 13.5), beeinflusst direkt die Grundvergütung. Die jeweiligen Erhöhungsbeiträge für Einzelpersonen errechnet eine Matrix aus der vergebenen Performance-Stufe und dem bereits erreichten Vergütungsniveau im Band.

3. Festlegung der Erhöhungsstufe für die Vergütungsentwicklung

*Auf Basis der obigen Einschätzungen legt die Führungskraft in einer **ganzheitlichen Betrachtung der Gesamtperformance** bei der Erledigung der Hauptaufgaben eine Erhöhungsstufe fest.*

Festgelegte Erhöhungsstufe: *(bitte ankreuzen)*

A ☐	B ☐	C ☐	D ☐	E ☐
unzureichend	verbesserungs-fähig	erfolgreich	herausragend	exzellent

In Ausnahmefällen kann die Führungskraft aufgrund exogener Kriterien (Marktwert, Konditionen des Auftrags) eine abweichende Erhöhungsstufe festlegen. Dies ist kurz zu begründen:

Bild 13.5 Bewertung der Gesamtperformance (aus: Mitarbeitergesprächsbogen der GTZ)

13.1 Deutsche Gesellschaft für Technische Zusammenarbeit (GTZ) GmbH, Eschborn

Die Kategorie A »unzureichend« drückt aus, dass die Leistungen insgesamt nicht oder nicht kontinuierlich dem Anforderungsniveau entsprechen. Die Kategorie B »verbesserungsfähig« wird bei einer schwächeren Leistung oder auch bei Defiziten in den Kompetenzen vergeben. Diese beiden Kategorien erreichen ungefähr acht bis 15 Prozent der Mitarbeiter. 50 bis 60 Prozent von ihnen erhalten die Bewertung C »erfolgreich«, was für eine gute und erfolgreiche Leistung steht. Die Kategorien D »herausragend« und E »exzellent« betreffen 30 bis 35 Prozent der Mitarbeiter. Ein E wird z. B. für besonders innovatives oder vorbildliches Verhalten vergeben (vgl. Bild 14.5). Im Leitfaden zum Mitarbeitergespräch werden die Erhöhungsstufen (= Performance-Wert) detailliert operationalisiert, um Führungskräften konkrete Ankerpunkte für ihre Einstufung zu ermöglichen (vgl. Bild 13.6).

Die Führungskräfte orientieren sich bei der Festlegung des Performance-Wertes an einer vorgegebenen Sollverteilung (Forced Distribution), die dazu beiträgt, dass der Zuwachs an Gehaltskosten für das Unternehmen im vorgesehenen Rahmen bleibt. Außerdem verhindert die vorgegebene Sollverteilung der Performance-Stufen ein Abrutschen in eine zu milde Beurteilung und damit eine zu rechtsschiefe

---

„C" steht für „erfolgreich". Diese Beurteilung bescheinigt dem Mitarbeiter/der Mitarbeiterin, gute Arbeit geleistet zu haben. Die Performance wird uneingeschränkt positiv wahrgenommen. Auf die erbrachten Arbeitsergebnisse kann jede Mitarbeiterin/jeder Mitarbeiter stolz sein – das ist die Botschaft, die die Führungskraft vermittelt.

„B" steht für verbesserungsfähig. Es kann unterschiedliche Gründe dafür geben, warum das Signal „verbesserungsfähig" gegeben wird. Die Beuteilung „B" drückt nicht notwendig ein Defizit aus, z. B. wenn eine Person in der Beurteilungsperiode eine neue Aufgabe übernommen hat, in die sie hineinwachsen muss. Die Ausprägung „B" sagt immer, dass eine Aufgabe noch nicht im notwendigen Umfang beherrscht wird oder die Ergebnisse noch nicht das erforderliche Niveau erreichen. „B" drückt jedoch aus, dass eine Entwicklung auf der Position notwendig, gewünscht und möglich ist.

„A" beschreibt ein unzureichendes Arbeitsergebnis. Mit dieser Beurteilung muss die Führungskraft unmittelbar Maßnahmen ergreifen, um für Abhilfe zu sorgen. Welche das sind, richtet sich nach dem Einzelfall. Möglicherweise benötigt dieser Mitarbeiter/diese Mitarbeiterin mehr Anleitung und/oder Kontrolle durch eine/n erfahrene/n Kollegin/Kollegen. Oder es ist ein gezielter Kompetenzaufbau notwendig. Manchmal wird auch die Suche nach einem anderen Arbeitsplatz die richtige Lösung sein.

„D" drückt im Wortsinn aus, dass die Arbeitsergebnisse dieser Person aus der erfolgreichen Arbeit der anderen **herausragen**. Herausragen können immer nur wenige, auch wenn viele auf hohem Niveau Leistungen erbringen.

„E" bedeutet Exzellenz. Damit wird ein Arbeitsergebnis beschrieben, das hinsichtlich der Qualität oberhalb der anzusetzenden Maßstäbe liegt. Mit „E" können Führungskräfte Mitarbeiter bewerten, die Musterlösungen entwickelt, Innovationen auf den Weg gebracht, einen außerordentlichen Erfolg verantwortet haben oder eine andere besondere Vorbildwirkung haben. Die Leistung der mit „E" beurteilten Mitarbeiter/innen ragt hinsichtlich Qualität und Ausstrahlungswirkung über die Beurteilung mit „D" hinaus.

Bild 13.6 Ausprägungen der Bewertungskriterien (aus: Leitfaden zum Mitarbeitergespräch der GTZ, S. 9)

Verteilung der Performance-Werte. Über ein IT-Tool, in das alle Führungskräfte die Bewertung ihrer Mitarbeiter fristgemäß vor dem Mitarbeitergespräch eingeben, wird kontrolliert, ob insgesamt eine leicht rechtsschiefe Normalverteilung der Beurteilung gewährleistet wird. Die Bereichsleiter und Stabsstellenleiter werden dazu angehalten, diese Verteilung einzuhalten, und werden darüber informiert, was mögliche Nichteinhaltungen für das Budget in ihrem Bereich bedeuten. Als kritische Masse, innerhalb derer diese Sollverteilung realisiert werden soll, werden ca. 100 Mitarbeiter angesetzt. Bei kleineren Einheiten, wie z. B. Stabsabteilungen mit zehn bis 60 Mitarbeitern, werden kleinere Abweichungen von der Sollverteilung toleriert.

Damit Führungskräfte eine Maßstabssicherheit für die Einordnung der Leistungen eines Mitarbeiters erhalten, sind sie an festgelegte Standards und interne Abstimmungsrunden gebunden, in denen sie über die Performanceerwartungen bei vergleichbaren Funktionen sprechen. Diese internen Abstimmungsrunden, die im November/Dezember von den jeweiligen Bereichsleitern gesteuert werden, ermöglichen einen Quervergleich von ähnlichen Funktionen. Inhalt der Abstimmungen sind z. B. die Bewertungen der einzelnen Funktionen und Positionen hinsichtlich ihrer Verantwortungsbreite, des Schwierigkeitsgrads verschiedener Länder, der Unterschiede und Merkmale bzw. Anker der Kategorien und der Austausch zu angemessenen Zielvereinbarungen für Funktionen in den jeweiligen Vergütungsbändern.

Teil B: Zielvereinbarung und Zielerreichung

Als weiteres leistungsorientiertes Vergütungselement wurde eine variable Vergütung eingeführt, die vom Erreichen vereinbarter Ziele abhängt und in Form einer Betriebsvereinbarung geregelt wurde.

Führungskräfte sind verpflichtet, solche Ziele anzubieten, die sich aus den Jahreszielen des Unternehmens, aus strategisch wichtigen Veränderungsprojekten oder auch aus Akquisitionsvorhaben ergeben und mit klaren Indikatoren zur Messung versehen sind. Auch aus Hauptaufgaben können Ziele formuliert werden, wenn diese z. B. besonders anspruchsvoll und wertschöpfend für das Unternehmen sind und damit ein besonderes oder zusätzliches Ergebnis erzielt wird. Mitarbeiter können entscheiden, ob sie diese Ziele und damit die Aussicht auf eine zusätzliche variable Vergütung annehmen. Faktisch können auch sie selbst Vorschläge für Ziele einbringen, zumal wenn diese sich auf die Zielkaskade des Unternehmens beziehen. Durch die Aussicht auf eine variable Vergütung wird ein Anreiz für die Bereitschaft zur Veränderung und für die Übernahme von neuen Aufgaben, zusätzlichen Tätigkeiten und speziellen Anstrengungen in Richtung Qualität oder Wirtschaftlichkeit geschaffen. Diese zusätzlichen Ziele sollen in fünf bis 15 Prozent der Arbeitszeit erreichbar sein. Die variable Vergütung geht von einem Prozentwert der Jahresgrundvergütung aus, der für die Vergütungsbänder eine unterschiedliche Höhe hat (vgl. Bild 13.1). Dieser wird mit dem Zielerreichungsgrad (100 Prozent entsprechen dem Faktor 1,0) und anderen Größen (wie dem Unternehmensfaktor, dessen Höhe abhängig vom Unternehmensergebnis der Periode ist und von der Geschäftsführung in einer Spanne von 0,7 bis 1,3 festgelegt wird) multipliziert. Durch diese Faktoren kann der als variable Vergütung auszuzahlende Betrag verringert oder gesteigert werden.

Die volumenmäßige Ausstattung (vier Prozent) in den unteren Bändern entspricht einem halben Monatsgehalt (vgl. Bild 13.1). Einer kontinuierlichen Aufstockung aus Anteilen der jährlichen Tariferhöhung hat sich die Gewerkschaft ver.di widersetzt. So kommt es lediglich in den höheren Bändern noch zu moderaten Steigerungen. Die jetzige Ausgestaltung ist relativ karg – gemessen am Aufwand, der mit dem System der Zielvereinbarungen verbunden ist, und den Belohnungswirkungen für die Anstrengungen. Ab einer Dimension von acht Prozent (entspricht etwa einem Monatsgehalt) gilt die Ausstattung als ausreichend, um einen Ansporn für die Übernahme zusätzlicher Ergebnisse zu setzen.

Im zweiten Teil des Rückblicks im Mitarbeitergespräch werden die vereinbarten Ziele anhand einer groben Skala von Erreichungsgraden bewertet und dann ein durchschnittlicher Zielerreichungsgrad ermittelt (vgl. Bild 13.7). Der Zielerreichungsgrad beeinflusst im Gegensatz zum Performance-Wert den variablen Anteil des Gehalts.

Der nächste Abschnitt des Mitarbeitergesprächs (vgl. Bild 13.3) beinhaltet den Ausblick auf das kommende Jahr. Zuerst werden neue Aufgaben oder neue Funktionen besprochen, die dazu beitragen, die Beschäftigungsfähigkeit (Employability) und den Marktwert des Mitarbeiters zu stärken. Als Zweites werden Ziele für das laufende Jahr festgelegt. Diese Ziele können sich aus verschiedenen Quellen ergeben, wie z. B. aus den Jahreszielen der GTZ, spezifischen Anforderungen der jeweiligen

Zielerreichungsgrad pro Ziel in Prozent				
nicht erreicht	in relevanten Teilen erreicht	annähernd erreicht	voll erreicht	deutlich übertroffen
0	50	75	100	125

Bei a) Akquisitionszielen, b) Einsparzielen und c) Zielen in besonderem unternehmerischen Interesse jeweils nur, wenn vorab vereinbart, und im Fall von b) und c) mit Zustimmung der AL bzw. StL.

Erreichungsgrad bei
Ziel 1   Ziel 2   Ziel 3   Ziel 4   Gesamt-Zielerreichungsgrad   %
(Bitte hier Mittelwert einfügen)

Bild 13.7 Zielerreichungsgrad pro Ziel (aus: Mitarbeitergesprächsbogen der GTZ)

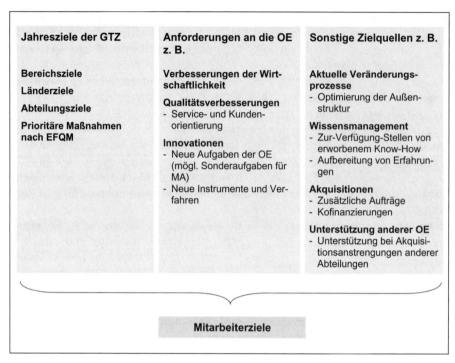

Bild 13.8 Quellen für vergütungsrelevante Ziele (aus: Leitfaden zum Mitarbeitergespräch der GTZ, S. 15)

Organisationseinheiten oder strategisch wichtigen Projekten (vgl. Bild 13.8). Wenn einem Mitarbeiter die Belastung durch zusätzliche Ziele zu groß erscheint, kann er die Vereinbarung und damit die Möglichkeit, eine zusätzliche variable Vergütung zu erhalten, ablehnen. Dies wird allerdings in der GTZ selten und mit absteigender Tendenz wahrgenommen, da bisherige Durchläufe gezeigt haben, dass dieser zusätzliche Leistungsinput machbar ist. Gerade die Vereinbarung von Zielen, die in Verbindung mit der Akquisition von Aufträgen stehen, hat für die Organisation wertsteigernden Effekt. Daher ist es im unternehmerischen Interesse, Mitarbeiter für die Übernahme von zusätzlichen Zielen zu motivieren.

Die Führungskraft kann auch Teamziele vereinbaren. Die wesentlichen Voraussetzungen hierfür sind:

- mehrere Mitarbeiter einer Einheit oder eine OE-übergreifende Projektgruppe haben ein Ziel, welches sie nur gemeinsam erreichen können (OE = Organisationseinheit),
- dieses Team ist gemeinsam für die Zielerreichung verantwortlich und
- nur ein für alle gültiger Zielerreichungsgrad wird feststellbar sein (die Differenzierung der Einzelbeiträge ist nicht mehr möglich) und im Team liegt ein homogenes Kompetenzniveau vor.

Die Entscheidung darüber, welche Aufgabe inhaltlich Gegenstand der Zielvereinbarung werden soll, liegt immer bei der Führungskraft: Nur so kann sie Prioritäten für die Erledigung der Aufgaben in ihrer Einheit setzen. Jedoch sollten Ziele mit dem Mitarbeiter so besprochen werden, dass ein gemeinsames Verständnis für Ziele entstehen kann.

Damit die Zielerreichung am Ende des Jahres objektiv beurteilt werden kann, werden bei der Zielvereinbarung schriftlich Indikatoren oder auch unterjährige Sollbruchstellen festgelegt, anhand derer der Zielerreichungsgrad bestimmt werden kann. Die konsequente Ausrichtung von individuellen Zielen an den unternehmerischen Zielsetzungen stellt sicher, dass die Zielvereinbarung die erfolgreiche Umsetzung der Unternehmensziele unterstützt. So kann ein Bereich, der einen wichtigen Veränderungsprozess für sich startet, die mit der Veränderung erforderlichen Aktivitäten in zusätzlichen Zielvereinbarungen festhalten und damit z. B. Beharrungstendenzen umgehen. Sollten sich die Rahmenbedingungen von Zielen und deren Umsetzbarkeit während des Jahres ändern, können Mitarbeiter und Führungskraft das Ziel anpassen. Die Zielfindung selbst wird durch einen Zielkatalog unterstützt, der regelmäßig aktualisiert wird und Führungskräften und Mitarbeitern als Anregung für Zielvereinbarungen dienen kann.

Teil C: Lernfelder und Personalentwicklung

Der dritte Teil des Mitarbeitergesprächs ist dem Thema Personalentwicklung gewidmet. In diesem Teil wird die Kompetenzmatrix der GTZ verifiziert und die Beschäftigungsfähigkeit thematisiert und es werden Maßnahmen zur Kompetenzentwicklung vereinbart. In der GTZ wurde eine Kompetenzmatrix als neues Instrument im Jahr 2007 eingeführt, um die Suche nach geeigneten Kandidaten für die Besetzung einer Vakanz zu unterstützen. Sie ist damit in erster Linie ein Suchinstrument. Gleichzeitig ermöglicht eine von allen Mitarbeitern ausgefüllte Kompetenzmatrix dem Unternehmen einen Überblick darüber, welche Kompetenzen intern vorhanden sind – und im zweiten Schritt einen Abgleich mit den Kompetenzen, die zukünftig vermehrt gebraucht werden. Zusammen genommen ergibt sich daraus eine gute Basis für einen zielgerichteten Kompetenzaufbau. Bild 13.9 zeigt ein Beispiel eines Kompetenzprofils, das auf Basis der Kompetenzmatrix bewertet wurde.

Mitarbeiter in der GTZ aktualisieren ihre Kompetenzen in einer 16-seitigen Kompetenzmatrix bis zum 31.01. eines jeden Jahres. Die Führungskraft informiert sich rechtzeitig vor dem Mitarbeitergespräch über die Eintragungen jedes Mitarbeiters und bildet sich eine Meinung darüber, ob sie die Angaben als plausibel anerkennen kann (Verifizierung). Bild 13.10 visualisiert die Bewertungsmethode der Kompetenzmatrix am Beispiel der Dimension »Unterstützung politischer Prozesse«.

Führungskraft und Mitarbeiter vereinbaren im Teil C »Personalentwicklung« auf Basis der bisherigen Gesamtbeurteilung, der vorhandenen Kompetenzen, aber auch hinsichtlich der neu vereinbarten Aufgaben und Ziele, ob und welche unterstützenden Maßnahmen notwendig sind, damit der Mitarbeiter die angezielten Ergebnisse auch erreichen kann. Bei Personalentwicklungsmaßnahmen sind von Führungs-

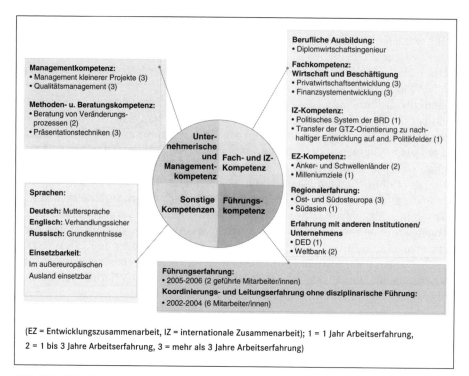

Bild 13.9 Beispiel eines Kompetenzprofils

Unterstützung politischer Prozesse	Ausprägung		
	1	2	3
Initiierung und Beförderung von Politikdialog	☐	☐	☐
Vermittlung und Steuerung von institutionellen und politischen Kooperationen	☐	☐	☐
Politische Kommunikation	☐	☐	☐

Professionelles Grundverständnis und/oder bis 1 Jahr Arbeitserfahrung
(Für die Ausübung der beruflichen Tätigkeit nachweislich erworbenes Wissen durch Ausbildung, Fortbildung oder erste berufspraktische Erfahrungen)

1 bis 3 Jahre Arbeitserfahrung
(Ausübung der beruflichen Tätigkeit)

Mehr als 3 Jahre Arbeitserfahrung
(Ausübung der beruflichen Tätigkeit)

Bild 13.10 Beispiel für die Bewertung der Dimension »Unterstützung politischer Prozesse« in der Kompetenzmatrix

kräften sowohl der Erhalt der Beschäftigungsfähigkeit des Mitarbeiters als auch die zukünftigen Anforderungen im Unternehmen zu berücksichtigen. Dazu sind die zu verifizierende Kompetenzmatrix und die Kompetenzbedarfsprognose mit heranzuziehen. Zudem wird nachgehalten, welche Effekte durch früher durchgeführte Entwicklungsmaßnahmen erzielt werden konnten. Für jede verabredete Maßnahme klären Führungskraft und Mitarbeiter außerdem, welchen Eigenanteil der Mitarbeiter in diese Entwicklungschance investiert. Diese Eigenanteile reichen von der Privatzeit des Mitarbeiters bis zur anteiligen Kostenübernahme.

Vorbereitung und Durchführung des Mitarbeitergesprächs

Das Mitarbeitergespräch wird mit Unterstützung eines Formulars geführt, auf dem die einzelnen Gesprächskomponenten dokumentiert werden. Zudem enthält ein ausführlicher Leitfaden auf 30 Seiten konkrete Anleitungen für die Durchführung des Mitarbeitergesprächs.
Eine Kopie des ausgefüllten und unterschriebenen Mitarbeitergesprächsformulars erhalten jeweils der Mitarbeiter selbst, sein direkter Vorgesetzter sowie die nächsthöhere Führungskraft. Die Originalversion wird in der Personalakte abgelegt. Eine elektronische Personalakte wird bislang nicht geführt, um bei der Vielzahl der weltweiten Standorte die Vertraulichkeit der Daten sicherzustellen. In einem in das SAP-System eingebetteten Online-Tool vermerkt die Führungskraft das Datum, an dem sie mit einem Mitarbeiter das Mitarbeitergespräch geführt hat. Diese Eingabe ist der Beleg für das geführte Gespräch und sichert im elektronischen Workflow, dass die Vergütungssteigerung an den Mitarbeiter ausbezahlt wird.
Vor jedem Mitarbeitergespräch bereitet sich der Mitarbeiter in Form einer Selbsteinschätzung vor. Diese bezieht sich auf die eigenen Leistungen und Kompetenzen, auf den Schwierigkeitsgrad der eigenen Aufgaben, auf die Erreichbarkeit bestimmter Ziele und darauf, welche Weiterentwicklungsmöglichkeiten oder Personalentwicklungsmaßnahmen nützlich sind.
Wenn es im Mitarbeitergespräch zu einem Dissens zwischen der Einschätzung des Mitarbeiters und der Führungskraft kommt, so kann der Mitarbeiter die nächsthöhere Führungskraft einschalten. Zu diesem Gespräch kann er auch eine Person seines Vertrauens hinzubitten. Erst nach diesem Klärungsgespräch wird der Bogen unterzeichnet. Falls der Mitarbeiter die Möglichkeit eines Klärungsgesprächs nicht in Anspruch nimmt, kann ein Dissens auch in der letzten Rubrik im Bogen unter Bemerkungen dokumentiert werden. Er verzichtet dabei auf die Chance einer Abänderung. Der Bogen wird dann unmittelbar unterschrieben und die Führungskraft leitet den Bogen fristgerecht an die Personalbetreuung weiter. Gleiches gilt auch, wenn bei der Verifizierung der Kompetenzmatrix kein Einvernehmen erzielt werden kann. Bild 13.11 veranschaulicht den Gesamtprozess im Zeitverlauf.
Im November werden die Unternehmensziele kommuniziert. Die Festlegung der Performance-Werte geschieht im Dezember und Januar, worauf die Führungskräfte durch eine Information zum Start der Eingabe vergütungsrelevanter Daten ins Sys-

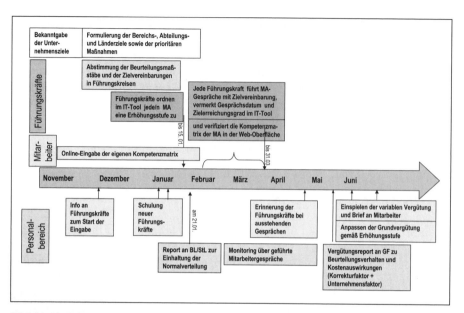

Bild 13.11 Zeitplan des Mitarbeiter- und Vergütungsprozesses

tem vorbereitet werden. Vorgelagert, im Zeitraum November bis Dezember finden Abstimmungsrunden der Führungskräfte untereinander statt, um einen einheitlichen Beurteilungsmaßstab gewährleisten zu können. Dieser Abstimmungsprozess erfolgt jeweils innerhalb einer Führungsebene. Bei der Einführung des Systems geschah die Abstimmung hauptsächlich während der Führungskräfteschulungen. Die Teilnehmer der Diskussionsgruppen kamen dabei teilweise aus der gleichen Organisationseinheit, teilweise waren sie aber auch einheitsübergreifend zusammengefasst. Dieser Abstimmungsvorgang wurde als sehr hilfreich und effektiv wahrgenommen. Deshalb gibt es jedes Jahr den Hinweis an die Führungskräfte, diesen Abstimmungsprozess auch weiterhin durch zu führen.

Nach der Vergabe der Performance-Werte in ein Online-Tool durch die Führungskräfte und vor Beginn der Mitarbeitergespräche, die im Februar und März stattfinden, erhalten die Bereichs- und Stabsstellenleiter vom Personalbereich einen Report, ob in ihrem Bereich die vorgegebene Verteilung eingehalten wurde. Dieser Report hat vor allem eine Spiegelfunktion und soll die Bereichsleiter dazu anhalten, bei groben Abweichungen von der Sollverteilung noch Adjustierungen vorzunehmen. Nach den Mitarbeitergesprächen wird die Geschäftsführung über die Einhaltung der Kosten informiert. Sie kann an dieser Stelle aus Kostengründen die Steigerungen anteilig reduzieren. Zu einer Nichteinhaltung des Kostenrahmens kam es bislang nicht, da den Führungskräften bekannt ist, dass am Ende der Bericht an die Geschäftsführung geht, der einen regulatorischen Effekt auslösen kann. Die Anpassungen im Grundgehalt, aber auch die Auszahlung des variablen Bonusses finden im Juni statt.

Vorbereitung und Implementierung

Der Start der Reform des Vergütungssystems lag in einer schwierigen wirtschaftlichen Situation. Die Wettbewerbsfähigkeit des Unternehmens musste verbessert werden. Die Dringlichkeit der Thematik half dabei, Akzeptanz und Unterstützung der beteiligten Gewerkschaft, des Betriebsrates und des Topmanagements zu bekommen.

Nach der Auftragserteilung zur Tarifreform durch die Geschäftsleitung im Jahr 2001 an das Ressort Personal wurde ein Projektteam aus Mitarbeitern des Personalbereichs gebildet. Es wurde gesteuert vom Bereichsleiter Personal, der auch Mitglied des oberen Führungskreises ist. Dieses Team erarbeitete innerhalb von ca. neun Monaten ein für die GTZ maßgeschneidertes Konzept für die Veränderung des Vergütungs- und Mitarbeitersystems. Zu speziellen Fragestellungen der Vergütung und Versorgung wurden auch externe Beratungsleistungen in Anspruch genommen. Die Grundpfeiler des entwickelten Konzeptes wurden von der Geschäftsführung gebilligt. Der obere Führungskreis wurde in die Strukturüberlegungen einbezogen. Im Anschluss erfolgten die Aushandlungen mit dem Tarifpartner (ver.di) und dem Betriebsrat (für AT-Vergütung). Von Januar 2002 bis August 2003 fanden mehrere Werkstattgespräche mit ver.di statt, in denen Veränderungsbedarfe an den bestehenden Tarifverträgen und neue Lösungsmuster diskutiert wurden. Diese Werkstattgespräche, die offen waren für Anregungen der Arbeitnehmerseite, waren die Basis für die Zustimmung des Tarifpartners zur geplanten Tarifreform. Diese erfolgte nach zwei im Anschluss dieser Erarbeitungsphase durchgeführten Verhandlungsrunden (vgl. Bild 13.12). Zusammen mit dem Betriebsrat wurden dann in wei-

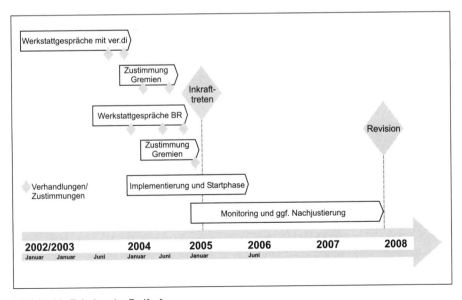

Bild 13.12 Zeitplan der Tarifreform

teren Werkstattgesprächen ab Mai 2003 bis Ende 2003 die Implikationen des neuen Vergütungssystems diskutiert und eine Betriebsvereinbarung zur Zielvereinbarung und der damit verbundenen variablen Vergütung geschlossen.

Der Prozess verlief kaskadenförmig, mit mehreren Diskussions- und Verhandlungsschritten mit dem Tarifpartner und dem Betriebsrat. Die Verhandlungen wurden im Jahr 2003 abgeschlossen. Durch eine verzögerte Beschlussfassung im Aufsichtsrat wurde das Inkrafttreten des neuen Systems von 2004 auf 2005 verschoben. Dadurch stand das Jahr 2004 in Gänze für die Implementierungsphase zur Verfügung.

Zunächst wurde der obere Führungskreis über die geplanten Schritte der Implementierung informiert. Es wurde vereinbart, dass die Teilnahme an den geplanten zweitägigen Schulungen zum System für alle Führungskräfte verpflichtend sein wird.

Nach allen wichtigen Meilensteinen des Prozesses informierte die Geschäftsführung Mitarbeiter und Führungskräfte in Unternehmensversammlungen. Diskussions- und Nachfragemöglichkeit bestand auch im Intranet, sodass auch die Beschäftigten im Ausland Ziele, Motive und Regelungen ausführlich erläutert bekamen. Dort bestand auch die Möglichkeit, eine persönliche Anfrage per E-Mail an eine Serviceadresse zu richten. Über die grundlegenden Elemente der Tarifreform informierten Newsletter der Geschäftsführung in unterschiedlichen Versionen für Führungskräfte und Mitarbeiter. Über den gesamten Prozess hinweg war die Tarifreform Thema in der Mitarbeiterzeitung.

An den zweitägigen Führungskräfteschulungen mit internen und externen Referenten während der Implementierungsphase nahmen alle Führungskräfte (damals 400) teil. In diesen Schulungen wurden das neue Konzept des Mitarbeitergesprächs und das neue Vergütungssystem vorgestellt und die Durchführung anhand eines konkreten Beispiels geübt. Zudem wurde vermittelt, wie herausfordernde und überprüfbare Ziele vereinbart werden können und wie die Vermittlung von kritischem Feedback gelingen kann, ohne dass die Motivation einbricht. Außerdem wurde anhand des Quervergleiches von Funktionen die Generierung eines gemeinsamen Maßstabs für die Bewertungsskala der verschiedenen Performance-Stufen ermöglicht. Auch neue Führungskräfte erhalten jährlich die Möglichkeit, an Schulungen teilzunehmen. Diese werden allerdings nicht von allen wahrgenommen, da z. B. viele Führungskräfte im Ausland beschäftigt sind. Um dieser Tatsache Rechnung zu tragen, gibt es einen sehr ausführlichen Leitfaden, der die Durchführung des Mitarbeitergesprächs beschreibt. Das Mitarbeitergespräch ist dauerhaft Pflichtmodul im Führungskräfte-Entwicklungsprogramm.

Für die Mitarbeiterinformation zum neuen System fand während der Implementierungsphase im Jahr 2004 regelmäßig alle 14 Tage eine zweistündige Veranstaltung mit dem Titel »Tarifreform im Dialog« statt, in der es Raum für Information und Diskussion der Mitarbeiter gab. Zudem gab es in den darauffolgenden Jahren in der Phase der Mitarbeitergespräche das Angebot eines wöchentlichen Jour fixe, in dem jeweils ein Personalreferent und ein Trainer Hilfestellung zu konkreten Fragestellungen gaben.

Resonanz der Führungskräfte und Mitarbeiter auf das System

Der zu schaffende einheitliche Personalkörper erwies sich als wichtiger Motor der Tarifreform. Dieses Ziel unterstützten alle Beschäftigten des Unternehmens. Viele Mitarbeiter hatten in der Vergangenheit Nachteile und Behinderungen beim Wechsel zwischen In- und Ausland erlebt, obwohl dieses Karrieremuster eigentlich vom Unternehmen gewollt war. Die Vereinheitlichung des Vergütungssystems war damit ein bereits lange bestehendes Ziel. Seine Verwirklichung brachte der Tarifreform ein hohes Maß an Kredit und Glaubwürdigkeit ein.

Die Akzeptanz des Vergütungssystems und des Mitarbeitergesprächs wird in regelmäßigen Mitarbeiterbefragungen erhoben. Die Ergebnisse indizieren, dass die Nachvollziehbarkeit der Leistungsbewertung durch die Führungskraft wie auch die Zusammenarbeit von Mitarbeiter und Führungskraft als sehr gut eingeschätzt werden. Die Gehaltszufriedenheit blieb auf gleichem Niveau wie vor der Einführung des Systems. In der Mitarbeiterschaft gibt es (bis auf wenige »Verlierer« der Tarifreform insbesondere im Ausland) keine Anzeichen für eine Ablehnung des neuen Vergütungssystems.

Generell war für die Akzeptanz der Führungskräfte und Mitarbeiter mitentscheidend, dass die Reform des Vergütungssystems dringend nötig war, um das Unternehmen wettbewerbsfähig zu halten. Das Konzept, das für die GTZ erarbeitet wurde, war maßgeschneidert auf das Unternehmen – auch dies war ein Faktor, der zur Akzeptanz beitrug.

Während die Tarifreform verhandelt wurde, wusste das gesamte Unternehmen, dass eine neue Lösung kommt. Auch die generelle Ausrichtung des neuen Systems war kommuniziert. Die genaue Struktur und die Details mussten jedoch vertraulich gehalten werden, um die Verhandlungssituation nicht zu erschweren. Auch die oberen Führungskräfte, die bei anderen Neuausrichtungen im Unternehmen üblicherweise beteiligt sind, konnten nur in Ansätzen einbezogen werden. Unmittelbar nach dem Verhandlungsergebnis mussten also alle Führungskräfte »ins Boot geholt« werden. In dieser Phase gab es dementsprechend auch enttäuschte Erwartungen, beispielsweise weil andere Vorstellungen zur Führungsrolle bestanden oder weil Interessen hinsichtlich der eigenen Vergütung oder derjenigen enger Mitarbeiter nicht entsprochen wurde.

Widerstände, die bei den Führungskräften, Mitarbeitern und Arbeitnehmervertretungsgremien auftraten, richteten sich hauptsächlich gegen die Neugestaltung des Vergütungssystems – nicht gegen das Mitarbeitergespräch als solches. Vor allem der Wegfall bisheriger befristet zugesagter Vergütungsbestandteile, wie z. B. Zuschläge, erregte Widerstand.

Diesen Widerständen begegnete die Geschäftsleitung mit demonstrativer Unterstützung des neuen Systems und dem Argument, dass es sich bei der Reform um ein in sich schlüssiges Konzept handle, bei dem es kontraproduktiv sei, einzelne Teile zu ändern.

Erfolgsfaktoren und Hindernisse bei der Einführung und Anwendung

Die Neugestaltung des Vergütungssystems bei der GTZ kann insgesamt als gelungen bezeichnet werden. Welche Faktoren waren besonders förderlich im Prozess?

Rückhalt von »oben«

An erster Stelle steht der Rückhalt, den die Geschäftsleitung und der obere Führungskreis während der gesamten Zeit dem Projekt gaben. Es existierten kurze Berichtswege zwischen dem Projektteam, dem Bereichsleiter Personal und dem Arbeitsdirektor. Diese Zusammenarbeit war mitunter ausschlaggebend für den Rückhalt von »oben«, und sicherte den adäquaten Einsatz von Zeit und Geld, der in einem solchen Prozess unabdingbar ist.

Klare Kommunikation der positiven und negativen Effekte durch die Geschäftsführung

Die Geschäftsführung vermittelte gegenüber den Führungskräften, dass das neue System einen wichtigen Schritt für die Unternehmensentwicklung darstellt und erfolgreich umgesetzt werden muss. Eine eindeutige Haltung ist gegenüber allen nötig, die sich ganz oder in Teilen als Verlierer einer solchen Neuordnung fühlen. Es musste vermittelt werden, welche Chancen das neue System beinhaltet, aber auch dass Einschnitte und Kürzungen notwendige und gewollte Effekte sind. Gerade weil mit einer umfangreichen Reform viele Aspekte der Anstellungsbedingungen neu geregelt werden, werden Verbesserungen eher unterschätzt bzw. als selbstverständlich wahrgenommen, Verschlechterungen werden jedoch überdeutlich registriert. Dazu kommt, dass in der unmittelbaren Umstellungssituation der Istvergleich der Gehälter dominiert, während zukünftige Zuwachschancen eher ausgeblendet werden.

Qualifizierungen

Ein weiterer Erfolgsfaktor waren die Pflichtschulungen, die jede Führungskraft belegen musste, um sich die nötigen Kompetenzen, die das neue System von ihr verlangt, aneignen zu können. Aufseiten der Mitarbeiter wird vor allem der zweiwöchentliche Tarifreformdialog als entscheidend für den Erfolg der Reform angesehen.

Schwierigkeiten im Prozess

Während die Beratungen der Neukonzeption des Tarifsystems in den Werkstattgesprächen mit dem Tarifpartner weitgehend konstruktiv verliefen, war das Ende der Verhandlungsrunde von Spannungen überlagert, die am Ende dazu führten, dass der Tarifpartner ver.di eine distanzierte Haltung zu einigen Ergebnissen der Tarifreform einnahm. Diese Distanzierung, die mit personellen Wechseln in der Verhandlungskommission einherging, belastete die nachfolgenden Sitzungen der Taskforce (einem paritätisch besetzten Gremium zur Klärung von Einzelfällen der

Überleitung), die wie die Werkstattgespräche und die dreijährige Monitoringphase Teil des neuartigen Ansatzes tariflicher Einigung waren. In der Folge ging ver.di auch bei den jährlichen Tarifverhandlungen zur Vergütungsanpassung auf Abstand zum Element des variablen Vergütungsanteils. Diese Schwierigkeiten verschlechterten zwar das Kommunikations- und Verhandlungsklima, trotzdem konnte das Vergütungssystem mit dem neuen Typ Mitarbeitergespräch wie geplant umgesetzt werden.

Gleichzeitig geriet die Tarifreform, ausgelöst durch finanzielle Einschnitte bei Projektmitarbeitern infolge der Überleitungsregelungen, auch unternehmensweit in eine gewisse Defensive. Diese wurde verstärkt durch eine Reserviertheit von Führungskräften gegenüber der Tarifreform, insbesondere weil sie ein verändertes Führungsverhalten postulierte und weil sie für alle Vergütungsleistungen Regelbindungen vorsieht. Diese Stimmung innerhalb der Führungskräfte hatte jedoch nicht zur Konsequenz, dass die Geschäftsleitung von der Projektidee Abstand nahm. Es wurde vielmehr deutlich, wie wichtig es ist, die Führungskräfte für die geplante Veränderung zu gewinnen und für den Umgang mit dem neuen System und in ihrer erweiterten Rolle zu qualifizieren.

Die Einführung des verbindlichen Mitarbeitergesprächs mit einer Mitarbeiterbeurteilung führte zu einem Kulturwandel. Vor dem Hintergrund einer sehr partizipativen Kultur erforderte dies eine Veränderung der Führungsrolle. Vor allem das »Hineinpressen« von Mitarbeiterleistungen in eine Kategorie, die Performance-Stufe, bereitete Führungskräften Schwierigkeiten und war Anlass für Kritik. Führungskräfte im Ausland stehen vor einer weiteren Herausforderung. Teilweise ist die Beziehung zwischen der Führungskraft und den Mitarbeitern, die im gleichen Land arbeiten, enger als im Inland. Neben der Arbeitszeit teilt man an entlegenen Standorten auch die Freizeit, oftmals mit den Familien. Das ist belastend für eine Führungskraft, wenn von ihr gefordert wird, eine neutrale Beurteilung nach unternehmensweit gleichen Beurteilungsrichtlinien zu gewährleisten.

Resultate – »Was wurde bewirkt?«

Bei der GTZ ist die Implementierung des neuen Vergütungssystems ohne einen vielfach beobachtbaren Kostenschub gelungen. Wettbewerbsfähigkeit ist nur mit marktgerechten Angeboten möglich. Personalkosten sind für die GTZ ein relevanter Faktor. Über die Eindämmung von Kostentreibern (z. B. durch Neueingruppierung von Funktionen) ist eine Begrenzung des zuvor beobachtbaren Anstiegs der Personalkosten gelungen. Bei der Neueinstellung erfolgt eine Orientierung am Markt durch Verwendung von Benchmarks anstelle von eigener Arbeitsbewertung.

Durch die Umgestaltung des Mitarbeitergesprächs im Zuge der Vergütungsreform hat sich die Verbindlichkeit des Mitarbeitergesprächs grundlegend verändert. Dies in dreierlei Hinsicht: Es ist wichtiger geworden, es wird regelmäßig durchgeführt und Feedback ist zu einem festen Bestandteil von Führung geworden. Mit der Verbindlichkeit des Feedbacks ist auch dessen Qualität verbessert worden. Die

Leistungsrückmeldungen sind im Vergleich zu früher realistischer, da sie auch einen relativen Vergleich beinhalten. Die Beurteilungsergebnisse, die durch den ehemaligen Prozess gewonnen worden waren, wichen zu positiv von den tatsächlichen Leistungen ab. Mit der Möglichkeit, die Akquisition neuer Aufträge durch Zielvereinbarungen zu thematisieren und durch variable Vergütung zu unterstützen, liegt ein entscheidender Hebel für die Umsetzung der Diversifizierungsstrategie vor, da breite Mitarbeiterkreise in die Akquisition eingebunden werden.

Durch die Forced-Distribution-Methode entsteht eine relative Beurteilung, die stimmig und authentisch ist. Dennoch hat diese Form der Beurteilung auch Nachteile, denn sie zwingt zu einer schablonenhaften Einkategorisierung der Mitarbeiter. Führungskräfte müssen bei der vergleichenden Bewertung der Leistung ihrer Mitarbeiter zusätzlich wertschätzende Aspekte in ihre Rückmeldung einbringen, damit die individuelle Anstrengung gewürdigt wird und die Motivation aufrechterhalten bleibt. Führungskräfte und auch Mitarbeiter tun sich teilweise schwer. Diese Nachteile werden aber in Kauf genommen, um eine einheitliche und konsequente Beurteilung und Führung möglich zu machen. Ein Nebeneffekt des aufwendigen Verfahrens ist, dass sich übergroße Führungsspannen reduziert haben.

Auch der Umgang mit Personalentwicklungsmaßnahmen hat sich verändert. Durch die individuell herausgearbeiteten Potenziale aus den Gesprächen hat sich nun ein neues und facettenreicheres Verständnis für PE-Maßnahmen entwickelt. Es werden vielfältigere Personalentwicklungsmaßnahmen vereinbart und nicht nur Schulungen.

Monitoring und Adaptationen am System im Zeitverlauf

Um die Qualität des Mitarbeitergesprächsprozesses zu monitoren, werden jährlich zwölf bis 13 Prozent der MAG-Bögen ausgewertet. Dabei werden die Hauptthemen der Ziele festgestellt, wird die Zielqualität überprüft oder werden auch Themen, die den Bereich Personalentwicklung betreffen, analysiert. Die Ergebnisse werden innerhalb des Personalbereichs interpretiert und in einem Monitoring Report mit Handlungsempfehlungen für Führungskräfte zusammengefasst.

Nach der Revision, die für drei Jahre nach Beginn des neuen Systems geplant war und mittlerweile durchgeführt ist, sind einige Veränderungen vorgenommen worden. Als wichtigste Veränderung sei die Einführung eines weiteren Vergütungsbandes genannt, das Voraussetzung für ein klarer konturiertes Karrieresystem ist.

Erfahrungen und Empfehlungen

Vor dem Hintergrund der geschilderten Erfahrungen wird anderen Organisationen, die vor der Einführung eines ähnlichen Projekts stehen, empfohlen, einen engen Schulterschluss mit der Geschäftsleitung herzustellen, um sowohl die konsequente Projektumsetzung zu gewährleisten als auch den unweigerlich auftauchenden Widerständen gemeinsam begegnen zu können.

Bei der Konzeption des Vergütungssystems ist besonders darauf zu achten, dass Lösungen erarbeitet werden, die nicht zu viele Verlierer produzieren, da sonst der Widerstand während der Umsetzung zu groß wird. Außerdem ist es konzeptionell sinnvoll, auf bestehenden Instrumenten aufzubauen, die dann »nur« erweitert werden müssen. Ein passgenaues Konzept, das inhaltlich in sich stimmig ist, fördert die Akzeptanz.

Umfangreiche Veränderungen an Vergütungssystemen oder bei der Mitarbeiterbeurteilung bedürfen der Zustimmung der Arbeitnehmervertretungen (Gewerkschaft bzw. Betriebs- oder Personalrat). In diesen Vertretungsorganen gibt es klare Interessenstandpunkte (häufig gegen Differenzierung nach Leistung), es liegen aber auch vielfältige Einblicke und Erfahrungen vor, die es sinnvoll machen, diese Gremien – oder einzelne Vertreter – auch in der Konzeptionsphase einzubinden. Offene Diskussionen vor der eigentlichen Verhandlung helfen, kontroverse Standpunkte aufzuweichen oder nicht erst entstehen zu lassen, und erhöhen die unternehmensweite Akzeptanz von Neuregelungen.

In der Implementierungsphase ist es besonders wichtig, Führungskräfte und Mitarbeiter für die Anwendung des neuen Systems zu qualifizieren. In diesen Qualifizierungsmaßnahmen geht es auch darum, Verständnis für das System zu generieren und die Führungskräfte als Mitgestalter des Prozesses zu gewinnen. Nicht zu unterschätzen ist der Zeitbedarf, den die Konzeption und die Implementierung eines solchen Projekts erfordern. Hier sollten realistische Zeitvorgaben gewährleisten, dass sowohl konzeptionell fundiert gearbeitet werden kann als auch genügend Zeit für die Wissensvermittlung und Qualifizierung zum neuen System zur Verfügung steht.

13.2 Bertelsmann AG, Gütersloh

Interviewpartner: Dr. Gabriele Becker, Director Management Development, Zentrale Managemententwicklung der Bertelsmann AG, und Dr. Franz Netta, Vice President HR Zentrales Personalwesen der Bertelsmann AG.

Mit einem Umsatz von 16,1 Mrd. Euro macht und vertreibt Bertelsmann Medien und bietet Dienstleistungen für diese Branche an. Die Organisation besitzt Standorte in 50 Ländern auf allen fünf Kontinenten. Sie besteht aus fünf Divisionen: der RTL Group, Nummer eins im europäischen Rundfunk- und Fernsehgeschäft, Random House, der größten Buchverlagsgruppe der Welt, Gruner + Jahr, dem stärksten Zeitschriftenhaus Europas, der Direct Group, dem weltweit führenden Betreiber von Buch- und Musikklubs, sowie Arvato, die mit mehr als der Hälfte der rund 100.000 Mitarbeiter Medien- und Kommunikationsdienstleistungen beisteuert.

Historische Entwicklung des Mitarbeitergesprächs bei Bertelsmann

Bei der Bertelsmann AG hat das Mitarbeitergespräch eine lange Tradition. Schon vor seiner Einführung Ende der 70er-Jahre setzte das Unternehmen auf Initiative von Reinhard Mohn Managementinstrumente zur Förderung der Kommunikation und zur Identifikation mit den Aufgaben und Zielen der Firma ein. Ausgangspunkt war die Überzeugung, dass wirtschaftlicher Erfolg nur durch partnerschaftliches Zusammenwirken der gleichermaßen wichtigen Träger des Unternehmens zu erzielen sei, also der Kapitalgeber, Führungskräfte und Mitarbeiter. Für die Identifikation der Mitarbeiter mit dem Unternehmen und ihre daraus resultierende Motivation wiederum sei – neben materieller Gerechtigkeit und der eigenverantwortlichen Gestaltung der Aufgaben und Arbeitsbedingungen – nicht zuletzt das Führungsverhalten der Vorgesetzten ausschlaggebend.

Deshalb wurden schon zu Beginn der 60er-Jahre Führungsleitsätze entwickelt und in den 70ern überarbeitet. Ende der 70er-Jahre erfolgte die Einführung einer Vorgesetztenbeurteilung, des sogenannten »Januargesprächs«. In Form eines Gruppengesprächs mit den direkt an sie berichtenden Mitarbeitern erhalten die Führungskräfte darin Feedback über ihr Führungsverhalten. Außerdem wird besprochen, wie sich die Zusammenarbeit im Team und mit anderen Abteilungen im Unternehmen weiter verbessern lässt.

Da man mit dieser Gesprächsform gute Erfahrungen sammelte, schloss sich bald die Überlegung an, dass ein Feedback sinnvollerweise auch in umgekehrter Richtung von der Führungskraft an den Mitarbeiter erfolgen müsse. So wurde beschlossen, unter der Leitung des zentralen Konzernpersonalwesens und in Zusammenarbeit mit zwei Divisionen ein zusätzliches Instrument für das bilaterale Mitarbeitergespräch zu entwickeln. Im Ergebnis unterschied man zwischen dem sogenannten »Zielsetzungs- und Beratungsgespräch« und dem »Orientierungsgespräch«. Die erstgenannten »Z&B-Gespräche« waren für Mitarbeiter vorgesehen, die selbst Führungsverantwortung tragen oder als Führungskräfte in hohem Maße ihre Arbeit eigenverantwortlich bestimmen und organisieren. Sie orientierten sich stärker an den Zielen, waren inhaltlich komplexer als die Orientierungsgespräche und berücksichtigten beispielsweise auch Aspekte wie den Aufbau einer Stellvertretung und Nachfolge für die Führungskraft. »Orientierungsgespräche« wurden mit Mitarbeitern ohne eigene Führungsverantwortung geführt und waren weniger ausführlich gehalten. Für beide Gesprächsarten wurden unterschiedliche Gesprächsbögen entwickelt. Zu den inhaltlichen Bestandteilen dieser beiden Gespräche zählten:

- die Rückschau auf das vergangene Jahr,
- die Vorausschau auf den nächstfolgenden Zeitraum,
- die Arbeitsbedingungen des Mitarbeiters,
- seine Entwicklungswünsche sowie
- seine persönliche Entwicklung und Weiterbildung.

Die von den Mitarbeitern geäußerten Weiterbildungs- oder Entwicklungswünsche wurden in der jeweiligen Bertelsmann-Firma für das Weiterbildungsprogramm des nächsten Geschäftsjahres ausgewertet.

In der ersten Einführungsphase entschied man sich für eine Umsetzung, die den jeweiligen Firmen vor Ort ermöglichte, die Gespräche gemäß ihren besonderen Bedingungen zu spezifizieren. Dies führte auch dazu, dass die Gespräche nicht nach einem einheitlichen Muster geführt, sondern unterschiedlich praktiziert wurden. Das zentrale Personalwesen unterstützte die Verantwortlichen aus den Unternehmen intensiv bei der Umsetzung der jeweiligen internen Qualifizierungsprogramme.

Überarbeitung des Mitarbeitergesprächs

Fast 30 Jahre nach der Einführung des Mitarbeitergesprächs ist der regelmäßige Dialog zwischen Führungskraft und Mitarbeiter aus dem Führungsalltag bei Bertelsmann nicht mehr wegzudenken. Gesellschaftliche und innerbetriebliche Entwicklungen, das starke Wachstum und die Internationalisierung des Konzerns sowie der explizite Wunsch der Bereiche nach Aktualisierung machten jedoch 2007/2008 eine grundlegende Überarbeitung des Gesprächssystems notwendig.
Die wichtigsten Gründe zur Überarbeitung werden im Folgenden kurz erläutert:

- Neufassung der Leitsätze für die Führung

Die Entwicklung und Überarbeitung des neuen Mitarbeitergesprächssystems muss im engen Gesamtzusammenhang mit der Bertelsmann-Unternehmenskultur gesehen werden. Entwicklungen (auch von Instrumenten) bei Bertelsmann vollziehen sich immer auf der Basis von Grundwerten, die vom Gründer Reinhard Mohn formuliert und über Jahrzehnte im Kern stabil geblieben sind. Diese wurden erstmals in einer »Grundordnung« in den 60er-Jahren aufgeschrieben und gingen dann in die »Unternehmensverfassung« der 70er-Jahre ein.
Als Komprimierung dieser Grundwerte wurden Ende der 80er-Jahre nach einer breit angelegten unternehmensweiten Diskussion die sogenannten »Bertelsmann Essentials« formuliert und allen Mitarbeitern zugänglich gemacht. Typisch für Bertelsmann ist jedoch, dass auch die Grundwerte und deren gemeinsames Verständnis regelmäßig und immer wieder kritisch hinterfragt und auf den Prüfstand gestellt werden. 2005 wurden die Essentials daher erneut in einer international geführten internen Unternehmensdiskussion überarbeitet und weiterentwickelt. Die aktuelle Fassung der »Essentials« formuliert vier Grundwerte: Partnerschaft, Unternehmergeist, Kreativität und gesellschaftliche Verantwortung (vgl. Bild 13.13).
Natürlich haben Unternehmenskultur und Grundwerte eines Unternehmens auch direkten Einfluss auf dessen Führungsverständnis. Aufbauend auf den Essentials entwickelte Bertelsmann daher anschließend auch sein wertebasiertes Führungsleitbild weiter. In Workshops in verschiedenen Ländern wurde mit Führungskräften aus allen Bereichen herausgearbeitet, was die vier Grundwerte für das Verhalten der Führungskräfte bedeuten bzw. wie sich die Führungskräfte in den verschiedenen Situationen verhalten müssen, um diesen vier Grundwerten gerecht zu werden. Das Ergebnis war die Formulierung von zehn Führungskompetenzen bzw. Verhaltensbereichen, die in Bild 13.14 nachzulesen sind. An ihnen sollen sich Führungskräfte nicht nur orientieren, sondern auch messen lassen.

UNSERE GRUNDWERTE

> Partnerschaft

Partnerschaft zum Nutzen der Mitarbeiter und des Unternehmens ist die Grundlage unserer Unternehmenskultur. Motivierte Mitarbeiter, die sich mit dem Unternehmen und seinen Grundwerten identifizieren, sind die treibende Kraft für Qualität, Effizienz, Innovationsfähigkeit und Wachstum des Unternehmens. Die Basis unseres partnerschaftlichen Führungsverständnisses bilden gegenseitiges Vertrauen, Respekt vor dem Einzelnen sowie das Prinzip der Delegation von Verantwortung. Unsere Mitarbeiter haben größtmöglichen Freiraum, sie sind umfassend informiert und nehmen sowohl an Entscheidungsprozessen als auch am wirtschaftlichen Erfolg des Unternehmens teil. Für ihre Weiterentwicklung und die Sicherung ihrer Arbeitsplätze setzen wir uns ein.

> Unternehmergeist

Das Prinzip der Dezentralisation ist ein Schlüssel zu unserem Erfolg; es ermöglicht Flexibilität, Verantwortung, Effizienz und unternehmerisches Handeln unserer Mitarbeiter. Unsere Firmen werden von Geschäftsführern geleitet, die als Unternehmer handeln: Sie genießen weitreichende Unabhängigkeit und tragen umfassende Verantwortung für die Leistung ihrer Firmen. Unsere Führungskräfte handeln nicht nur im Interesse der Einzelfirma, sondern sind auch dem Interesse des Gesamtunternehmens verpflichtet.

> Kreativität

Unser Ziel ist es, Heimat für Künstler, Autoren und kreative Talente in all unseren Geschäftsfeldern zu sein. Wir fördern ihre kreative Entwicklung und ihren geschäftlichen Erfolg. Wir setzen uns weltweit für den Schutz geistigen Eigentums ein. Wir fördern die künstlerische und geistige Freiheit, den Schutz von Demokratie und Menschenrechten, den Respekt vor Traditionen und kulturellen Werten; deshalb spiegeln unsere Inhalte eine Vielfalt von Einstellungen und Meinungen wider. Die von den Bedürfnissen unserer Kunden geleitete kontinuierliche Optimierung und fortwährende Innovation sind die Eckpfeiler unseres Erfolges.

> Gesellschaftliche Verantwortung

Unabhängigkeit und Kontinuität unseres Unternehmens werden dadurch gesichert, dass die Mehrheit der Aktienstimmrechte bei der Bertelsmann Verwaltungsgesellschaft liegt. Unsere Gesellschafter verstehen Eigentum als Verpflichtung gegenüber der Gesellschaft. Sie sehen das Unternehmen in der Marktwirtschaft dadurch legitimiert, dass es einen Leistungsbeitrag für die Gesellschaft erbringt. Diesem Selbstverständnis entspricht auch die Arbeit der Bertelsmann Stiftung, in die die Mehrheit der Bertelsmann Aktien eingebracht wurde. Unsere Firmen achten Recht und Gesetz und lassen sich von ethischen Grundsätzen leiten. Sie verhalten sich gegenüber der Gesellschaft und der Umwelt stets verantwortungsbewusst.

UNSERE VERPFLICHTUNG

Wir erwarten von allen im Unternehmen Bertelsmann, dass sie nach diesen Zielen und Grundwerten handeln.

Bild 13.13 Bertelsmann Essentials

Die Überarbeitung des Mitarbeitergesprächs hatte daher auch zum Ziel, das aktualisierte Führungsverständnis zu operationalisieren und seine Implementierung durch darauf aufbauende Instrumente zu unterstützen.

- Implementierung eines integrierten Talent-Management-Prozesses

Die Überarbeitung des Mitarbeitergesprächs stand im Kontext der Implementierung eines integrierten Talent-Management-Ansatzes, der die verschiedenen Phasen des Entwicklungsprozesses von Führungskräften im Unternehmen miteinander verzahnt.

13.2 Bertelsmann AG, Gütersloh

01 Menschen fördern und entwickeln

Führungskräfte bei Bertelsmann
- übertragen konsequent Verantwortung und eröffnen entsprechenden Handlungsspielraum.
- fördern und entwickeln Mitarbeiter durch die Übertragung herausfordernder Aufgaben und angemessene Weiterbildung.
- erkennen und fördern Talente frühzeitig.
- formen effektive Teams und erzeugen Teamgeist.
- planen Nachfolge auf allen Ebenen systematisch und bereiten Kandidaten gezielt vor.

02 Motivieren und Leistung ermöglichen

Führungskräfte bei Bertelsmann
- vereinbaren realistische, herausfordernde und messbare Ziele.
- geben regelmäßig gerechte Rückmeldung und stoßen erforderliche Veränderungen an.
- verstehen und nutzen, was den Einzelnen motiviert, und ermöglichen so persönliche Höchstleistungen.
- beziehen Wissen, Erfahrung und Vorstellungen der Mitarbeiter in Entscheidungsprozesse mit ein.
- erkennen Erfolge an und honorieren außergewöhnliche Leistung.
- unterstützen Mitarbeiter und treten für sie ein.

03 Offenen Dialog und Kooperation fördern

Führungskräfte bei Bertelsmann
- stellen relevante Informationen offen zur Verfügung.
- ermutigen und leben den offenen Dialog.
- beziehen klar Stellung und streben auch in Konflikten einvernehmliche Lösungen an.
- erbitten und akzeptieren auch kritische Rückmeldungen und Widerspruch und lernen daraus.
- unterstützen die Bildung und Nutzung von Netzwerken.
- fördern Zusammenarbeit über organisatorische und kulturelle Grenzen hinweg.

04 Zielsetzung und Strategie gestalten und vermitteln

Führungskräfte bei Bertelsmann
- vermitteln eine überzeugende Strategie.
- setzen Prioritäten und fordern Ergebnisse ein, um die erfolgreiche Umsetzung der Strategie zu gewährleisten.
- kommunizieren klar und verständlich auf allen Ebenen und schaffen so Akzeptanz und Motivation für gemeinsame Ziele.
- überprüfen die strategische Ausrichtung kontinuierlich und initiieren und begleiten notwendige Veränderungen.
- schaffen ein Umfeld, in dem mit Veränderungen konstruktiv umgegangen wird.

05 Wert für Kunden schaffen

Führungskräfte bei Bertelsmann
- analysieren kontinuierlich den Markt, das Geschäftsumfeld, den Wettbewerb und antizipieren zukünftige Trends.
- hören zu, verstehen und reagieren auf die Bedürfnisse der Kunden.
- entwickeln innovative Produkte, Dienstleistungen und Geschäfte.
- schaffen eine langfristige Beziehung zu ihren Kunden und agieren als deren Partner.

08 Innovatives und kreatives Talent anerkennen

Führungskräfte bei Bertelsmann
- rekrutieren, entwickeln und binden Mitarbeiter mit großem Potenzial.
- machen kreative Leistungen des Einzelnen ebenso sichtbar wie Teamerfolge.
- schätzen und integrieren Menschen mit unterschiedlichen und vielfältigen Talenten und Fähigkeiten.

06 Ergebnisse erzielen

Führungskräfte bei Bertelsmann
- setzen Ideen in die Praxis um und führen sie zum Erfolg.
- vertreten Ideen mit Leidenschaft und überzeugen und begeistern durch ihr Vorbild.
- treffen fundierte Entscheidungen, gehen kalkulierte Risiken ein und übernehmen die Verantwortung dafür.
- setzen Ressourcen effizient ein und erzielen so optimale Ergebnisse.
- überprüfen Aktivitäten kontinuierlich auf Wirtschaftlichkeit und leiten Maßnahmen zur Verbesserung zügig ein.

09 Ethische Grundsätze und Werte verkörpern

Führungskräfte bei Bertelsmann
- vertreten und leben Integrität, Respekt und Vertrauen und stehen für unsere menschlichen Werte.
- setzen Maßstäbe, die für sie und andere gleichermaßen gelten.
- stehen für Fairness und Chancengleichheit.
- gehen konsequent gegen Verhalten vor, das nicht im Einklang mit Gesetzen oder den Grundwerten des Unternehmens steht.
- setzen sich für eine Balance zwischen langfristigem Wohl des Gesamtunternehmens und den Interessen des eigenen Verantwortungsbereiches ein.

07 Kreative Umgebungen schaffen und ermöglichen

Führungskräfte bei Bertelsmann
- fördern Kreativität und Innovation durch die Gestaltung entsprechender Arbeitsbedingungen.
- ermutigen Mitarbeiter, kalkulierte Risiken einzugehen, und ermöglichen es, aus eventuellen Fehlern zu lernen.
- ermutigen Mitarbeiter zu innovativen Vorschlägen und unterstützen deren Umsetzung.

10 Gesellschaftliche Verantwortung zeigen

Führungskräfte bei Bertelsmann
- sind sich der Auswirkungen von Geschäftsentscheidungen für die Gemeinschaft und die Gruppen, mit denen sie im Rahmen ihrer Tätigkeit interagieren, bewusst und berücksichtigen dies.
- tragen zum Wohle der Gemeinschaft bei.

Bild 13.14 Zehn Führungskompetenzen von Bertelsmann
(aus: Bertelsmann: »Leitsätze für die Führung«, S. 5 f.)

Basierend auf dem aktualisierten Führungsleitbild wurden daher neben dem Mitarbeitergespräch auch kompetenzbasierte Interviewfragen für die Auswahl von Führungskräften, Entwicklungsprogramme zum Erwerb und Ausbau von Führungskompetenz sowie Instrumente zur Leistungsbeurteilung und Nachfolgeplanung entwickelt (vgl. Bild 13.15).

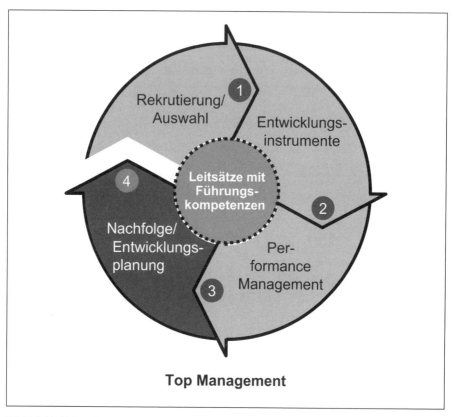

Bild 13.15 Talent-Management-Prozess (aus Bertelsmann Trainerleitfaden: »Die Überarbeitung der Bertelsmann Führungsinstrumente«, S. 6)

- Stärkerer Fokus auf Gesundheitsförderung und Erhalt der Leistungsfähigkeit

In den weltweit durchgeführten Mitarbeiterbefragungen von 2002 und 2006 ergab die Berücksichtigung gesundheitsbezogener Fragen zukunftsweisende Erkenntnisse, die zur Ableitung von Maßnahmen im Kontext des erwarteten demografischen Wandels führten. Das Unternehmen entschied daraufhin, das Thema Gesundheit erstmalig in die Mitarbeitergespräche zu integrieren. Darin soll besprochen werden, wie die Gesundheit des Mitarbeiters möglichst lange erhalten werden kann – und zwar entsprechend dem Partnerschaftsprinzip – sowohl durch Leistungen und Verhalten der Firma und ihrer Führungskräfte als auch durch das Verhalten des Mitarbeiters selbst.

- Nachlassende Reichweite der bisherigen Mitarbeitergesprächsbögen

Die Originalbögen für das Z&B-Gespräch und das Orientierungsgespräch wurden Ende der 70er-Jahre vor allem für den deutschen Sprachraum entwickelt. Im Laufe der Jahrzehnte war die Zahl der ausländischen Konzernfirmen jedoch stark angewachsen, ohne dass eine Internationalisierung der Gesprächsbögen stattgefunden hätte. Daher war die Bertelsmann-spezifische Form des Mitarbeitergesprächs in den ausländischen Konzernfirmen weitgehend unbekannt. Gleichzeitig hatten auch immer mehr inländische Konzerntöchter die Originalbögen aufgrund veränderter Anforderungen für eigene spezifische Bedarfe abgewandelt. Auch aus diesen Gründen war eine Überarbeitung und Internationalisierung des Systems unabdingbar, um einen einheitlichen Standard des Mitarbeitergesprächs konzernweit zu ermöglichen. Aus all diesen Gründen beauftragte der Bertelsmann-Vorstand 2007 eine divisionsübergreifende Projektgruppe, das Instrumentarium »Mitarbeiterjahresgespräch« zu überarbeiten.

Das neue Instrumentarium sollte folgende Anforderungen erfüllen:

- Operationalisierung der Führungskompetenzen als Basis aller Instrumente,
- explizite Trennung von Zielvereinbarung, Leistungsbeurteilung und Potenzialeinschätzung,
- Anwendbarkeit für möglichst alle Zielgruppen,
- hohe Flexibilität, um in die sehr unterschiedlichen Gegebenheiten der Bereiche/Firmen integrierbar zu sein,
- Verknüpfung von einzelnen Instrumenten zu einem integrierten Performance-Management-System,
- keine drastische Erhöhung des Beurteilungsaufwands.

Prozesskomponenten: Aufbau und Struktur des Mitarbeitergesprächssystems

Das neue Instrumentarium zum Mitarbeitergespräch hat zum Ziel, den kompletten Performance-Management-Prozess abzubilden, dessen Ablauf Bild 13.16 zeigt.
Aufgrund eines Anforderungsprofils wird ein passender Bewerber für eine Stelle ausgewählt. Für diesen Mitarbeiter werden Ziele festgelegt und vereinbart. In einem Mitarbeitergespräch wird später retrospektiv, also rückblickend, die Zielerreichung bewertet und seine Leistung beurteilt. Prospektiv, also vorausschauend, die Weiterentwicklung betreffend, findet eine Potenzialeinschätzung statt. Diese wiederum dient als Basis für Entwicklungsmaßnahmen oder gegebenenfalls eine Nachfolgeplanung.
Dabei sollten bisher relativ getrennte Instrumente in ein System mit mehreren Komponenten integriert werden. Die Lösung bot die Entwicklung einer »Toolbox«, deren Bestandteile nach dem Baukastenprinzip genutzt werden. Dies bietet den Vorteil, dass die einzelnen Firmen gegebenenfalls gut etablierte eigene Instrumente

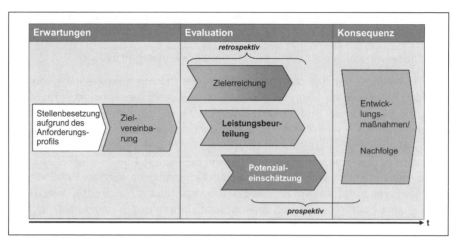

Bild 13.16 Performance-Management-Prozess bei Bertelsmann (aus: Bertelsmann Trainerleitfaden: »Die Überarbeitung der Bertelsmann Führungsinstrumente«, S. 16)

beibehalten können, gleichzeitig aber ihre Instrumentenlandschaft durch einzelne neue Instrumente aus der »Toolbox« ergänzen können.
Die in Bild 13.17 illustrierten Module sind so verzahnt, dass die Ergebnisse jedes Instruments für die anderen genutzt werden können und sich die Module so gegenseitig unterstützen. Diese Verzahnung der Instrumente macht sich natürlich vor allem der zunutze, der alle Instrumente gemeinsam verwendet.

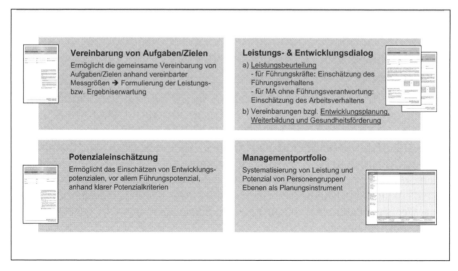

Bild 13.17 Module des Mitarbeitergesprächssystems bei Bertelsmann (aus: Bertelsmann Trainerleitfaden: »Die Überarbeitung der Bertelsmann Führungsinstrumente«, S. 19)

Vereinbarung von Aufgaben/Zielen

Mithilfe des Moduls »Vereinbarungen von Aufgaben und Zielen« formuliert die Führungskraft ihre Leistungs- und Ergebniserwartungen an den Mitarbeiter anhand gemeinsam entwickelter Aufgabenbeschreibungen und vereinbarter Messgrößen. Dieses Modul kann für alle Mitarbeiterebenen eingesetzt werden.
Als Richtschnur für eine eindeutige Zielformulierung wird die »SMART«-Regel (vgl. Kapitel 4 »Ziele formulieren und vereinbaren«) empfohlen. Die Anzahl der Ziele ist auf drei bis fünf beschränkt. Der Zielerreichungsgrad wird am Jahresende in einem Formular eingetragen. Unterjährige Zielanpassungen sind möglich.
Am Ende des Gesprächs werden Rahmenbedingungen wie Ressourcen, Arbeitsmittel und die Sicherstellung von zuverlässigen Stellvertretungsregelungen zur optimalen Zielerreichung festgelegt und die abgesprochenen Maßnahmen zur Umsetzung verbindlich vereinbart.
Aufgrund der sehr unterschiedlichen Regelungen für Gehalt und Vergütung in den jeweiligen Firmen und Ländern wurde in den Gesprächsbögen auf gehaltsrelevante Elemente verzichtet. Diese werden weiterhin auf Firmenebene durch spezifische Bonusvereinbarungen geregelt.
Was hat sich im neuen System zum Thema Ziele verändert?

- Das Instrument »Vereinbarung von Aufgaben/Zielen« kann für alle Mitarbeitergruppen verwendet werden.
- Ziele werden »messbar« und »zeitlich terminiert« formuliert.
- Die Vereinbarung von Aufgaben/Zielen kann in Zukunft getrennt von der Leistungsbeurteilung/Entwicklungsplanung erfolgen.

Leistungs- und Entwicklungsdialog

Der »Leistungs- und Entwicklungsdialog« bildet als neu hinzugekommener Bestandteil den Kern des neuen Mitarbeitergesprächssystems. Er liegt in zwei verschiedenen Versionen für Mitarbeiter mit und ohne direkte Führungsverantwortung vor und beinhaltet die Elemente »Leistungsbeurteilung« und »persönliche Entwicklung und Förderung«.

Teil I: Leistungsbeurteilung

»Leistung« setzt sich im Bertelsmann-Verständnis zusammen aus dem messbaren Arbeitsergebnis auf der aktuellen Position und aus verschiedenen Verhaltensaspekten, mit denen das Arbeitsergebnis erzielt wird. Entsprechend werden in der Leistungsbeurteilung beide Aspekte berücksichtigt. Bild 13.18 zeigt das Zusammenspiel dieser Komponenten für den Leistungsbeurteilungsprozess für Führungskräfte.
Das Arbeitsergebnis (das »Was«) steht für die Bewertung der Zielerreichung und umfasst auch bonusrelevante und gehaltsrelevante Informationen, die in den jeweiligen Unternehmen spezifisch umgesetzt werden. Es setzt sich aus den wirtschaftlichen und finanziellen Ergebnissen (Zielerreichung vor dem Hintergrund der Position und

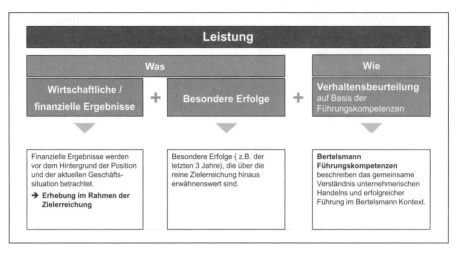

Bild 13.18 Bewertungsgrundlage für Leistung von Führungskräften (aus: Bertelsmann Trainerleitfaden: »Die Überarbeitung der Bertelsmann Führungsinstrumente«, S. 28)

der aktuellen Geschäftssituation) und den besonderen Erfolgen, die in den letzen Jahren über reine Zielerreichung hinausgingen, zusammen (vgl. Bild 13.19).
Die anschließende Verhaltensbeurteilung (das »Wie«) findet auf Basis klarer Beurteilungskriterien statt. Hier differenziert das System zwischen Mitarbeitern und Führungskräften:

- Bei Führungskräften steht die Einschätzung des Führungsverhaltens im Mittelpunkt. Die Beurteilung findet auf Basis der zehn Führungskompetenzen (vgl. Bild 13.20) statt.
- Bei Mitarbeitern ohne Führungsverantwortung geht es um die Einschätzung des Arbeitsverhaltens. Kriterien sind hier Schlüsselkompetenzen wie z. B. Fach- und

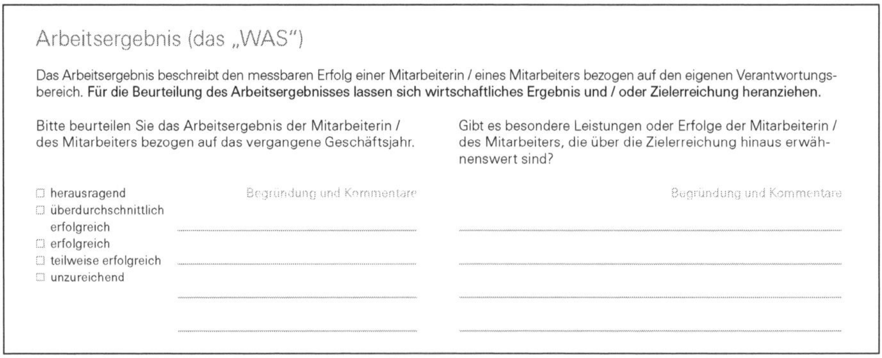

Bild 13.19 Bewertung des Arbeitsergebnisses bei Führungskräften (aus: Gesprächsleitfaden zum Leistungs- und Entwicklungsdialog für Führungskräfte der Bertelsmann AG, S. 2)

13.2 Bertelsmann AG, Gütersloh

01 Fach- und Methodenkompetenz

Verfügt über umfassende theoretische und praktische Fachkenntnisse; setzt ihr / sein Fachwissen sicher und selbstständig ein; trifft fundierte Entscheidungen innerhalb des eigenen Aufgaben- & Verantwortungsbereiches; findet überzeugende und praxisnahe Lösungen; verfügt über ein angemessenes methodisches Handwerkszeug und setzt dieses sicher und flexibel ein.

☐ herausragend
☐ überdurchschnittlich erfolgreich
☐ erfolgreich
☐ teilweise erfolgreich
☐ unzureichend

☐ keine Bewertung möglich

Begründung und Kommentare

02 Persönlicher Einsatz

Identifiziert sich mit der Aufgabe; ist engagiert und zeigt hohen Einsatz; arbeitet selbstständig und übernimmt Verantwortung; engagiert sich für übergreifende Aufgaben.

☐ herausragend
☐ überdurchschnittlich erfolgreich
☐ erfolgreich
☐ teilweise erfolgreich
☐ unzureichend

☐ keine Bewertung möglich

Begründung und Kommentare

Bild 13.20 Auszug aus dem Gesprächsleitfaden zum Leistungs- und Entwicklungsdialog der Bertelsmann AG für Mitarbeiter ohne direkte Führungsverantwortung, S. 2

Methodenkompetenz, persönlicher Einsatz, Arbeitsorganisation, Kommunikation, Sozialkompetenz, Kooperation, Kundenorientierung, Kreativität/Innovation, Lernbereitschaft und Flexibilität.

Dementsprechend gibt es unterschiedliche Leitfäden für Führungskräfte und Mitarbeiter ohne direkte Führung. Bild 13.20 zeigt beispielhaft zwei Kriterien für die Bewertung des Mitarbeiterverhaltens.

Beide Leistungsaspekte werden als gleich wichtig erachtet, jedoch mit unterschiedlichen Implikationen: Das Arbeitsergebnis wird in erster Linie zur Ermittlung des Bonusses herangezogen, während bei der Frage nach besonderer Förderung oder Beförderung vor allem ein besonders positives Verhalten ins Gewicht fällt. Bertelsmann verfährt hier nach dem Grundsatz: »Pay for performance, promote for attitude.«

Alle Bereiche der Leistung werden anhand einer fünfstufigen Skala beurteilt und mit Begründungen/Kommentaren untermauert.

Die Abstufungen der Skala sind in Bild 13.21 dargestellt. Es wurden bewusst verbale Stufenbezeichnungen statt numerischer Abstufungen gewählt, da eine Orientierung z. B. am deutschen Schulnotensystem in der internationalen Anwendung unter Umständen zu Verwirrung geführt hätte (in Deutschland beschreibt »1« die beste Leistung, während die »1« z. B. in Frankreich das untere Ende der Notenskala bildet).

Die Angaben von Prozentzahlen auf den jeweiligen Leistungsstufen stellen für die Beurteiler eine Orientierungshilfe dar, wie sich die Leistung von Mitarbeitern in der Organisation wahrscheinlich verteilt. Es besteht aber für Führungskräfte keine Verpflichtung, die Prozentsätze der Skala für die Einstufung der Mitarbeiter im eigenen Bereich einzuhalten (vgl. Kapitel 7.5).

Wie Bild 13.21 zeigt, wird erwartet, dass der Großteil der Mitarbeiter die an sie gestellten Anforderungen voll erfüllt. Eine Bewertung auf der mittleren Skalenstufe

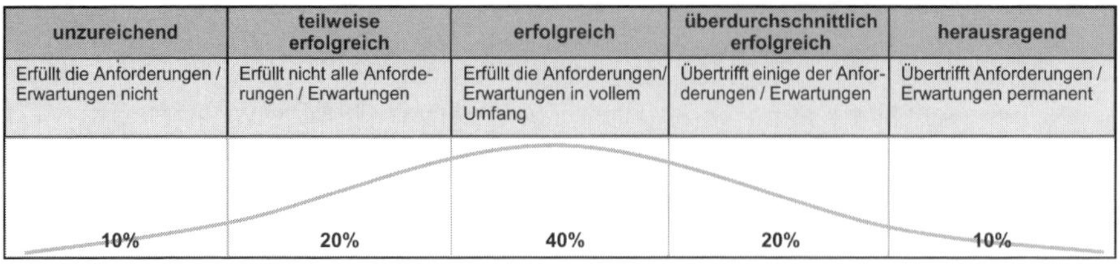

unzureichend	teilweise erfolgreich	erfolgreich	überdurchschnittlich erfolgreich	herausragend
Erfüllt die Anforderungen / Erwartungen nicht	Erfüllt nicht alle Anforderungen / Erwartungen	Erfüllt die Anforderungen/ Erwartungen in vollem Umfang	Übertrifft einige der Anforderungen / Erwartungen	Übertrifft Anforderungen / Erwartungen permanent
10%	20%	40%	20%	10%

Bild 13.21 Skala zur Einordnung eines Mitarbeiters in Leistungsgruppen (aus: Bertelsmann Trainerleitfaden. »Die Überarbeitung der Bertelsmann Führungsinstrumente«, S. 34)

bedeutet daher, dass der Mitarbeiter erfolgreich seine Aufgaben meistert. Erfahrungsgemäß interpretieren Mitarbeiter diese Skala jedoch häufig falsch. Aus einer Positionierung in der Mitte schließen sie, die Führungskraft beurteile ihre Leistung als mittelmäßig, was sie wiederum für eine freundliche Beschreibung für »nicht zufriedenstellend« halten. Daher müssen Führungskräfte in Schulungen des neuen Systems auf diese Besonderheit der Skala aufmerksam gemacht werden. Sie ihrerseits haben ihren Mitarbeitern die Skala im Leistungsbeurteilungsprozess näher zu erläutern und eingehend zu erklären, um auszuschließen, dass durch ein unterschiedliches Verständnis Unzufriedenheit mit dem Beurteilungsergebnis entsteht (vgl. auch Kapitel 7 »Leistungsbeurteilung«).

Die Leistungsbeurteilung schließt mit einer »zusammenfassenden Leistungsaussage« ab. Das »Was« und das »Wie« werden hierbei, wie Bild 13.22 illustriert, zu gleichen Teilen berücksichtigt.

Diese zusammenfassende Leistungsaussage ermöglicht in der Folge eine direkte Einordnung in das Managementportfolio bzw. Talentportfolio, dem vierten Modul des Mitarbeitergesprächssystems. Die Ergebnisse der Leistungsbeurteilung und der Potenzialeinschätzung eines jeden Mitarbeiters dienen zur Erstellung des Managementportfolios (siehe Bild 13.24).

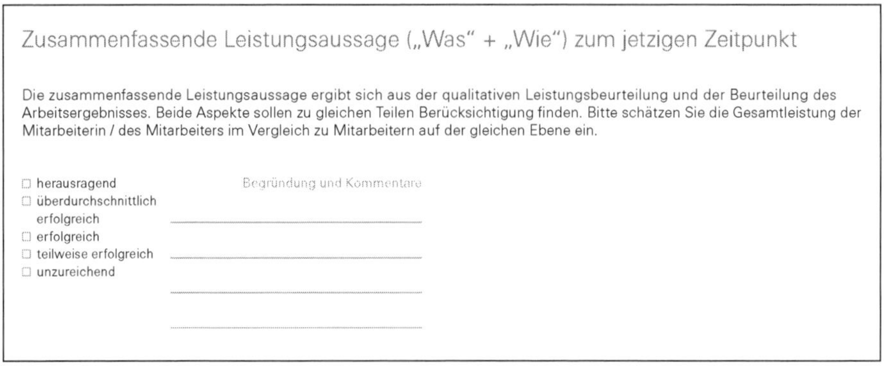

Zusammenfassende Leistungsaussage („Was" + „Wie") zum jetzigen Zeitpunkt

Die zusammenfassende Leistungsaussage ergibt sich aus der qualitativen Leistungsbeurteilung und der Beurteilung des Arbeitsergebnisses. Beide Aspekte sollen zu gleichen Teilen Berücksichtigung finden. Bitte schätzen Sie die Gesamtleistung der Mitarbeiterin / des Mitarbeiters im Vergleich zu Mitarbeitern auf der gleichen Ebene ein.

☐ herausragend
☐ überdurchschnittlich erfolgreich
☐ erfolgreich
☐ teilweise erfolgreich
☐ unzureichend

Begründung und Kommentare

Bild 13.22 Zusammenfassende Leistungsaussage (aus: Gesprächsleitfaden zum Leistungs- und Entwicklungsdialog für Führungskräfte der Bertelsmann AG, S. 4)

Teil II: Vereinbarungen bezüglich Entwicklungsplanung, Weiterbildung und Gesundheitsförderung

Der zweite Teil des Leistungs- und Entwicklungsdialogs beinhaltet die Themen »persönliche Entwicklung und Förderung« sowie »Gesundheit und Leistungsfähigkeit«:

- Persönliche Entwicklung und Förderung

Hier werden die Möglichkeiten der persönlichen und beruflichen Entwicklung diskutiert und unterstützende Maßnahmen in folgenden Bereichen vereinbart:
  - »Zukunftsfähigkeit« der heutigen Aufgabe (Beispielfrage: Gibt es Kenntnisse/Kompetenzen, die der Mitarbeiter auf- bzw. ausbauen sollte, um die vereinbarten Aufgaben in der jetzigen Position heute und in Zukunft erfolgreich bewältigen zu können?).
  - Entwicklungsperspektiven und konkrete Entwicklungsschritte (Beispielfrage: Wie könnten mittel- und langfristige Entwicklungsschritte und Perspektiven aussehen [Funktion, Fachbereich, Führungsebene]?).

- Gesundheit und Leistungsfähigkeit

Dieser Aspekt hat zum Ziel,
  - das Bewusstsein von Führungskräften und Mitarbeitern für aktive Gesundheitsförderung zu stärken,
  - optimale Arbeitsbedingungen zu gewährleisten, um so Gesundheit und Leistungsfähigkeit langfristig zu erhalten.

Hierbei werden, wie Bild 13.23 zeigt, Maßnahmen zur Verbesserung potenziell gesundheitsbelastender Faktoren vereinbart.

Der Bogen zum Leistungs- und Entwicklungsdialog wird am Ende von beiden Gesprächspartnern unterschrieben. Diese Unterschrift soll dokumentieren, dass sich beide Seiten für die Umsetzung der gemeinsam vereinbarten Maßnahmen einsetzen.

Sind Mitarbeiter mit Teilen des Gesprächsprotokolls (z. B. im Bereich der Leistungsbeurteilung) nicht einverstanden, haben sie die Möglichkeit, dies in einem Kommentarfeld zu dokumentieren. Falls sich Mitarbeiter und Führungskraft nicht einigen, wird der jeweilige Eskalationsprozess in den Firmen definiert.

Da dieses System in den verschiedenen Unternehmen der Bertelsmann-Gruppe anwendbar sein soll, muss den zum Teil sehr unterschiedlichen Gegebenheiten in den jeweiligen Unternehmen und Ländern Rechnung getragen werden. Vor allem folgende Aspekte der Ausgestaltung müssen auf Firmenebene geregelt werden:
  - Sicherstellen einer hohen Feedbackqualität aufseiten der Führungskräfte (Schulung der Führungskräfte),
  - die Information der lokalen Betriebsräte,
  - Prüfung und gegebenenfalls Anpassung der Inhalte vor dem Hintergrund lokaler rechtlicher Aspekte (z. B. Verzicht auf die gesundheitsbezogenen Fragen in den USA),

> **3. Gesundheit und Leistungsfähigkeit**
>
> Gibt es in der heutigen Arbeitssituation Aspekte (Arbeitsplatz und -sicherheit, Arbeitszeit, Arbeitsbelastung o.ä.), die die **Gesundheit und Leistungsfähigkeit** der Mitarbeiterin / des Mitarbeiters heute oder in Zukunft beinträchtigen könnten? Wenn ja, welche Maßnahmen werden vereinbart, um den möglichen Beeinträchtigungen entgegenzuwirken?
>
> ....
> ....
> ....
> ....
> ....
> ....
>
> Werden bereits Angebote des Unternehmens zur Gesundheitsförderung in Anspruch genommen (z.B. Gesundheits-Check-ups, Sport- und Gesundheitsprogramm o.ä.)? **Sind andere Angebote gewünscht, um Gesundheit und Leistungsfähigkeit langfristig sicherzustellen?**
>
> ....
> ....
> ....

Bild 13.23 Auszug aus dem Gesprächsleitfaden zum Thema »Gesundheit und Leistungsfähigkeit« (aus: Gesprächsleitfaden für Führungskräfte zum Leistungs- und Entwicklungsdialog, S. 5)

- die Festlegung von Zeitpunkt und Turnus des Leistungs- und Entwicklungsdialogs,
- Regeln des »Informationsmanagements« (z. B.: Wer bekommt den Bogen in Kopie? Wird die Leistungsbeurteilung in der Personalakte hinterlegt? Wie lange werden Gesprächsprotokolle aufbewahrt?).

Was hat sich durch den Leistungs- und Entwicklungsdialog im Vergleich zum alten System verändert?

Bisher gab es für Führungskräfte und Mitarbeiter ohne Führungsverantwortung zwei unterschiedliche Gesprächsarten. In der neuen Fassung haben sich diese stark angenähert. Unterschiede bestehen nur noch in den Beurteilungskriterien für beide Beschäftigtengruppen.

Im neuen System erhalten Mitarbeiter und Führungskräfte eine differenzierte Rückmeldung zu ihrer Leistung anhand klar formulierter, aber für die jeweilige Gruppe unterschiedlicher Kriterien. Die Leistungsbewertung erfolgt nun aus zwei Blickwinkeln: Zusätzlich zum Arbeitsergebnis (das »Was«) findet auch das Verhalten (das »Wie«) Berücksichtigung. Als neues Thema wurde die Gesundheitssicherung und -förderung aufgenommen.

Potenzialeinschätzung

Dieses Modul des Mitarbeitergesprächssystems ermöglicht das Einschätzen von Entwicklungspotenzialen anhand von eindeutigen Kriterien. Seine Anwendung ist optional. Das Entwicklungspotenzial einer Person zu einem Zeitpunkt ergibt sich nach dem Bertelsmann-Verständnis aus dem Zusammenspiel dreier Faktoren:

- relevante Fähigkeiten/Kompetenzen,
- Lernfähigkeit, um diese Fähigkeiten/Kompetenzen auch in neuen Rollen anwenden zu können,
- Motivation und Antrieb, dies auch zu tun.

Wenn einer diese drei Faktoren nicht gegeben ist, muss die Möglichkeit einer Beförderung besonders kritisch hinterfragt werden.

Der Bogen zur Potenzialeinschätzung dient als Orientierungshilfe für den Beurteiler, in dem die drei Potenzialelemente anhand einer dreigestuften Skala einzeln beurteilt werden. Für die verschiedenen Ausprägungen liegen Verhaltensbeispiele vor. Auf Basis dieser Einzelbeurteilungen wird am Ende eine »Potenzialaussage« getroffen, die beschreibt, welche Entwicklungsmöglichkeiten in welchem Zeitraum der Beurteiler vermutet (z. B. *»Potenzial für vertikale Entwicklung innerhalb der nächsten zwölf Monate«*). Die fünf Abstufungen der Potenzialaussage korrespondieren direkt mit der Potenzialachse des Managementportfolios, so dass eine direkte Einordnung in die Matrix Management Portfolio möglich ist (vgl. Bild 13.24). Der Potenzialeinschätzungsbogen wurde in zwei unterschiedlichen Versionen für Mitarbeiter mit und ohne Führungsverantwortung entwickelt. In der Regel nimmt die Potenzialeinschätzung der direkt Vorgesetzte vor.

Managementportfolio

Das Managementportfolio dient als Planungsinstrument. Bei dieser Komponente werden Leistung und Potenzial von Personen/Personengruppen miteinander in Beziehung gesetzt und systematisiert.

Die Ergebnisse der Leistungsbeurteilung und Potenzialeinschätzung eines jeden Mitarbeiters werden für die Erstellung des Managementportfolios ohne weitere Veränderung übernommen und fließen in eine Leistungs-Potenzial-Matrix ein.

Dabei wird die Leistung eines Mitarbeiters der Aussage zu seinem Potenzial zugeordnet und differenziert, ob seine mögliche Weiterentwicklung eher horizontal, d. h. in seiner derzeitigen Funktion, oder vertikal, d. h. in höheren Positionen, stattfinden sollte und wie schnell diese Weiterentwicklung vonstattengehen kann. Wie Bild 13.24 zeigt, lässt sich mithilfe der Matrix auf einen Blick erkennen, welche Perspektiven sich für jeden Mitarbeiter zum aktuellen Zeitpunkt abzeichnen. Die Zuordnung eines Mitarbeiters in die Leistungs-Potenzial-Matrix wird jährlich überprüft und gegebenenfalls angepasst.

Aus der Positionierung der Mitarbeiter in der Matrix ergeben sich außerdem Anhaltspunkte, welche Maßnahmen für jeden von ihnen ergriffen werden sollen (vgl. Bild 13.25). Die Maßnahmen reichen von Rotation über Entwicklungsmaßnahmen bis hin zur Überprüfung von Beförderungsmöglichkeiten.

POTENZIAL		Management Portfolio				
für vertikale Entwicklung	vertikale Entwicklung innerhalb der nächsten 12 Monate					Rob Shooting
	vertikale Entwicklung innerhalb der nächsten 2-3 Jahre			Hans Weiter Robert Rose		Susi Surprise
für horizontale Entwicklung	horizontale Entwicklung: anspruchsvollere Aufgaben auf gleicher Ebene				Fritz Fertig	
	Potenzial zum jetzigen Zeitpunkt ausgeschöpft			Hildegard Hille Peter Schmidt		Leavy Longlay
	Potenzialaussage zum jetzigen Zeitpunkt noch nicht möglich	Max Einsteiger				
		unzureichend	teilweise erfolgreich	erfolgreich	überdurchsch. erfolgreich	herausragend
		Erfüllt die Anforderungen/ Erwartungen nicht.	Erfüllt nicht alle Anforderungen/ Erwartungen.	Erfüllt die Anforderungen/Erwartungen in vollem Umfang.	Übertrifft einige der Anforderungen/ Erwartungen.	Übertrifft Anforderungen/ Erwartungen permanent.
		LEISTUNG				

Bild 13.24 Leistungs-Potenzial-Matrix der Bertelsmann AG (aus: Bertelsmann Trainerleitfaden: »Die Überarbeitung der Bertelsmann Führungsinstrumente«, S. 48)

POTENZIAL		Management Portfolio				
für vertikale Entwicklung	vertikale Entwicklung innerhalb der nächsten 12 Monate			**Develop & Invest!** Entwicklungsplan # Verantwortung erweitern # Stretch Assignments # Beförderungsmöglichkeiten prüfen # Training & Entwicklungsmaßnahmen # Nominierung für adäquate Programme		
	vertikale Entwicklung innerhalb der nächsten 2-3 Jahre					
für horizontale Entwicklung	horizontale Entwicklung: anspruchsvollere Aufgaben auf gleicher Ebene	**Solve the Problem!** Jobpassung prüfen: # Training & Verbesserung # Laterale Rotation # Freisetzung		**Motivate & Retain!** Retention-Plan # Training & Entwicklungsmaßnahmen # Laterale Rotation # Vorbereitung auf zukünftige Geschäftsanforderungen # Nominierung für adäquate Programme		
	Potenzial zum jetzigen Zeitpunkt ausgeschöpft					
	Potenzialaussage zum jetzigen Zeitpunkt noch nicht möglich					
		unzureichend	teilweise erfolgreich	erfolgreich	überdurchsch. erfolgreich	herausragend
		Erfüllt die Anforderungen/ Erwartungen nicht.	Erfüllt nicht alle Anforderungen/ Erwartungen.	Erfüllt die Anforderungen/Erwartungen in vollem Umfang.	Übertrifft einige der Anforderungen/ Erwartungen.	Übertrifft Anforderungen/ Erwartungen permanent.
		LEISTUNG				

Bild 13.25 Abgeleitete Maßnahmen aus der Leistungs-Potenzial-Matrix der Bertelsmann AG (aus: Bertelsmann Trainerleitfaden: »Die Überarbeitung der Bertelsmann Führungsinstrumente«, S. 49)

Was hat sich durch das Managementportfolio im neuen System verändert?

Das Managementportfolio setzt nun Leistung und Potenzial miteinander in Beziehung und ermöglicht damit den direkten Vergleich der Mitarbeiter. Die Systematik ist für alle Bereiche und Zielgruppen anwendbar. Durch die zeitliche Konkretisierung der Potenzialaussage werden diese auf realistische Aussagen und Zeiträume begrenzt.

Die Anwendung der Instrumente im Rahmen des Performance-Management-Prozesses

Der Performance-Management-Prozess, der von der Zielerreichung über die Leistungsbeurteilung, die Potenzialeinschätzung und die Einordnungen in ein Managementportfolio ein aufeinander aufbauendes System darstellt, zielt in erster Linie darauf ab, Transparenz für Mitarbeiter und das Unternehmen zu schaffen. Durch die Anwendung der verschiedenen Instrumente erhalten Führungskräfte wie Mitarbeiter klare Vorstellungen darüber, was von ihnen erwartet wird, sowie systematische Rückmeldung, wie ihre Leistungen und Entwicklungsmöglichkeiten wahrgenommen werden. Aus Unternehmenssicht liefern die Instrumente einen systematischen Überblick über die Leistungs- und Talentsituation der Bereiche – Informationen, die für die Planung und Steuerung von Unternehmen unabdingbar notwendig sind. Um diesen letztgenannten Aspekt zu stärken, wurde in der neuen Systematik (vgl. Bild 13.26) nach den individuellen Mitarbeitergesprächen eine sogenannte »Paneldiskussion« eingeführt.

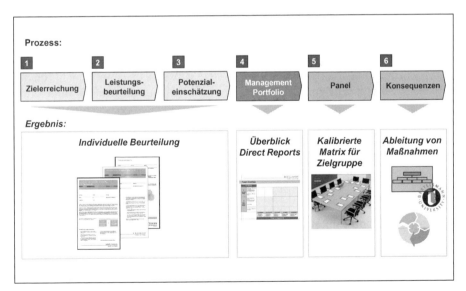

Bild 13.26 Aktueller Performance-Management-Prozess (aus: Bertelsmann Trainerleitfaden: »Die Überarbeitung der Bertelsmann Führungsinstrumente«, S. 53)

Im Panel diskutieren die Mitglieder zweier Führungsebenen gemeinsam über die Leistungs-Potenzial-Matrizes der nächsten tieferen Ebene (und damit über ihre potenziellen Nachfolger). Den Rahmen dazu bilden jährliche Personalklausuren. Mit dieser Paneldiskussion soll folgender Nutzen für das Unternehmen erreicht werden:

- Urteilssicherheit und vielfältigere Informationen aufgrund unterschiedlicher Perspektiven, da das Mehraugenprinzip bei gleichem Zeitaufwand für mehr Objektivität sorgt. Unterschiedliche Wahrnehmungsperspektiven können sich gegenseitig ergänzen und korrigieren, wodurch Qualität und Fairness der Beurteilungen deutlich erhöht werden.
- Die systematische Ableitung von Maßnahmen und Entwicklungsplänen durch das Bündeln aller Informationen zu einer Person. Die Besprechung der Karriereperspektiven möglicher Potenzialträger durch mehrere Personen gewährleistet einen einheitlichen Standard für die Anforderungen an die Führungskräfte im Unternehmen.
- Die Kalibrierung innerhalb der Zielgruppen: Durch das »In-Beziehung-Setzen« und Vergleichen von Personen in der Diskussion nähern sich die Bewertungsprinzipien der Führungskräfte eines Managementteams einander an. Im Laufe der Zeit wird dadurch im Idealfall ein gemeinsamer Bewertungsstandard gebildet und angewendet. Beurteilt beispielsweise eine Führungskraft 80 Prozent der Mitarbeiter als »herausragend«, dient die Paneldiskussion der Überprüfung, inwieweit das Ergebnis der Leistungsbeurteilung in dem hohen Prozentsatz von »High Potentials« in der Abteilung begründet ist oder ob es unter Umständen aufgrund der zu wohlwollenden Beurteilung der Führungskraft zustande kam und gegebenenfalls korrigiert werden muss.
- Transparenz der Entwicklungspotenziale der Mitarbeiter für das Managementteam aufgrund eines gemeinsamen Informationsstands zur Talentsituation im Verantwortungsbereich.

Als Ergänzung zum Mitarbeitergesprächssystem wird also im Panel gemeinsam besprochen und entschieden, was im Einzelfall geschehen soll, wie die Mitarbeiter stärker gefordert werden können, wer für Beförderungen vorgesehen ist und welche Entwicklungsmaßnahmen anstehen. Auf der obersten Ebene wird diese Diskussion im Vorstand geführt.

Mit diesem Instrument soll daher die Zuverlässigkeit der Einschätzung der Potenzialträger steigen und damit die Nachfolge- und Entwicklungsplanung effektiver werden.

Vorbereitung und Implementierung

In der Entwicklungsphase des neuen Instrumentariums wurde eine Projektgruppe gebildet, deren Zusammensetzung den Gegebenheiten des Konzerns Rechnung trug (vgl. Bild 13.27).

Zunächst erhob die Projektgruppe, welche Instrumente und Prozesse die unterschiedlichen Firmen und Bereiche im Einsatz hatten und worauf bei der Anwen-

13.2 Bertelsmann AG, Gütersloh

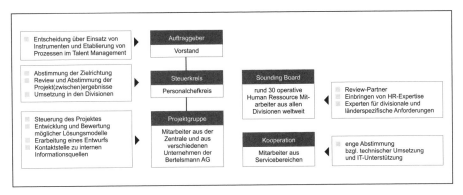

Bild 13.27 Projektstruktur

dung Wert gelegt wurde. Zudem wurden externe »Best Practices« analysiert. Auf Basis dieser Recherchen wurden erste Entwürfe der neuen Instrumente konzipiert.

Ein zentraler Bestandteil in der Entwicklung war das sogenannte »Sounding Board«. In diesem virtuellen Gremium saßen Kollegen aus operativen HR-Bereichen aller Länder und Divisionen. Vorschläge, Zwischenergebnisse oder auch Entwürfe zu Instrumenten und Prozessen wurden in Zwischenschritten mit dem Sounding Board »verprobt«. Über pragmatische und informelle Feedbackprozesse konnten die Kollegen des Sounding Boards Anregungen, Verbesserungsvorschläge, aber auch Bedenken platzieren. Die Feedbackresonanz über das Sounding Board erwies sich als sehr befruchtend für die Entwicklung des neuen Gesprächssystems. Damit konnten einerseits die Bedürfnisse der verschiedenen Geschäftszweige berücksichtigt werden, aber es konnte auch überprüft werden, inwieweit die Ideen zu den Instrumenten passen, die vor Ort schon im Einsatz waren. Mit dieser frühzeitigen Einbindung der Bereiche beabsichtigte die Projektgruppe, dass diese sich an der Entwicklung beteiligen und mit dem Ergebnis identifizieren. Die Erarbeitung des Mitarbeitergesprächssystems in der Unternehmenszentrale hätte zwar einen geringeren zeitlichen Aufwand bedeutet. Von der Diskussion mit den verschiedenen Bereichen versprach man sich aber bessere und im Unternehmen akzeptiertere Lösungen.

Der Kern der Entwicklungsarbeit für das neue System entstand damit im Wechselspiel zwischen der Projektgruppe und dem Sounding Board. Das neue Instrumentarium wurde in intensiver Abstimmung mit den Personalchefs der Divisionen, dem Vorstand sowie dem Konzernbetriebsrat finalisiert. Die Rolle des Vorstands war die des Auftraggebers, der den Entwicklungsprozess beobachtete und die Entscheidungen traf.

Die Bertelsmann AG arbeitet eng mit dem Betriebsrat zusammen. Deshalb war die Mitarbeitervertretung von Anfang an in die Entwicklung des neuen Systems einbezogen, empfand sich, insbesondere beim Gesundheitsthema als (Mit-)Auftraggeber und beobachtete ebenfalls intensiv den Prozess der Entwicklung. Der Betriebsrat wurde laufend informiert, war aber nicht Teil der Projektgruppe.

Nachdem die Entwicklung des Instrumentariums abgeschlossen und sein Einsatz vom Vorstand Ende 2007 beschlossen war, ging die Verantwortung zur Implementierung gemäß der für Bertelsmann typischen dezentralen Struktur in die operativen HR-Bereiche über, wobei die Zentrale als Prozessberater zur Verfügung stand. Außerdem wurden die HR-Kollegen der Bereiche durch das Zentrale Personalwesen in der Benutzung des neuen Instrumentariums geschult. Die Information und Schulung der Führungskräfte als Anwender der Instrumente wurde in den Bereichen und Firmen übernommen.

Bertelsmann besitzt eine dezentrale Organisationsform. Einzelne Aspekte der Führungsinstrumente können deshalb an die Unterschiedlichkeit der Geschäfte und deren Verankerung in den verschiedenen nationalen Kulturen angepasst werden (z. B. durch geschäftsspezifische Ergänzungen), sofern sie die enge Kopplung an die Bertelsmann-Grundwerte und -Führungsleitlinien berücksichtigen und operationalisieren. Auch hier wird also das Prinzip der unternehmerischen Freiheit der einzelnen Geschäfte vertreten.

Auch der Zeitpunkt der Einführung wird lokal in den Firmen beschlossen. Die Einführung eines neuen Instrumentariums gekoppelt mit Prozessveränderungen muss immer auch als Maßnahme der Organisationsentwicklung verstanden werden. Die aktuelle Geschäftssituation, allgemeine Abläufe des Geschäftsjahres sowie das Zusammenspiel mit etwaigen anderen Veränderungsprozessen müssen berücksichtigt werden, um zu entscheiden, wann der richtige Zeitpunkt für eine solche Maßnahme ist. Wird hier der falsche Zeitpunkt gewählt, kann die Einführung unter Umständen massiv behindert werden (z. B. durch Akzeptanzprobleme aufseiten der Führungskräfte oder Mitarbeiter).

Resonanz der Führungskräfte und Mitarbeiter auf das System

Das neue Instrumentarium stand zu Beginn des Jahres 2008 zur Verfügung. Deshalb kann zu diesem Zeitpunkt nur eine eingeschränkte Bilanz gezogen werden. Einige Bereiche haben das Instrumentarium in Gänze und unverändert übernommen, andere nahmen bereichsspezifische Veränderungen vor oder verschoben die Einführung auf einen späteren Zeitpunkt.

Die bisherigen Rückmeldungen aus den unterschiedlichen Unternehmen zum neuen Mitarbeitergesprächssystem sind positiv. Obwohl in den verschiedenen Ländern, Standorten und Geschäftszweigen die Anforderungen an einen Gesprächsbogen stark differieren können, kamen bisher nur wenige Vorschläge für Ergänzungen oder Veränderungen (z. B. Verzicht auf die gesundheitsbezogenen Fragen in den USA).

Erfolgsfaktoren und Hindernisse bei der Einführung und Anwendung

Als ein wesentlicher Erfolgsfaktor erwies sich die durchgängige Einbindung der Kollegen der verschiedenen Unternehmensbereiche in die Entwicklung des Konzepts. Es wurde recherchiert, welche Instrumente genutzt und gelebt wurden, mit dem Ziel, erfolgreiche und etablierte Teile davon für das neue System nutzbar zu machen. So wurden Bausteine vorhandener Instrumente ergänzt oder einzelne Aspekte bisheriger Fragebögen übernommen. Dies hat unter anderem aus zwei Gründen sehr zur Akzeptanz des Mitarbeitergesprächssystems beigetragen:

- Was man schon kennt und einem vertraut vorkommt, wird leichter angewendet.
- Die Nutzung von Instrumenten aus den Bereichen stellt eine Würdigung und Anerkennung durch die Zentrale dar.

Dieser Rückgriff auf Bekanntes und die Nutzung der überall im Unternehmen vorhandenen Expertise werden – neben der Unterstützung durch den Vorstand – als maßgeblich für den Erfolg angesehen.

Aufgrund der Vielfalt notwendiger Abstimmungen in Konzernen stellte der Faktor Zeit die größte Herausforderung dar. Der Prozess schritt langsamer voran als anfangs geplant. Viele Zwischenergebnisse mussten immer wieder aktualisiert werden.

Als »Fluch und Segen« erwiesen sich hierbei die dezentrale Struktur und die Komplexität des Konzerns. Die Philosophie der Bertelsmann AG ermöglicht, dass die einzelnen Bereiche selbst entscheiden können, ob sie etwas einführen, wann sie es einführen und wie sie es einführen. Der Freiraum der einzelnen Unternehmen führte zu Modifikationen in der Umsetzung, um die Rahmenbedingungen und Besonderheiten vor Ort zu berücksichtigen. Dies wird von der Zentrale akzeptiert, da die Eigenständigkeit der Bereiche einen zentralen Bestandteil der Konzernphilosophie darstellt. Auch wenn derartige Anpassungen den Entwicklungs- und Implementierungsprozess von Personalinstrumenten im dezentral geführten Unternehmen verlängern, sieht die Bertelsmann-Zentrale gerade in diesem intensiven Dialog- und Gestaltungsprozess einen großen Vorteil, da in seinem Verlauf immer wieder eine Besinnung auf gemeinsame Grundwerte und die wirklich wichtigen Eckpfeiler der Zusammenarbeit bei Bertelsmann erfolgen. Auf diese Weise dauerte der Entwicklungsprozess ein Jahr.

Eine Schwierigkeit bestand in der Heterogenität des Konzerns. Bertelsmann vereint sehr unterschiedliche Geschäfte und Divisionen. Zu Beginn der Diskussion bestanden Zweifel, ob es möglich sei, trotz dieser Unterschiedlichkeit zu gemeinsamen Entscheidungen zu kommen. Das zeigte sich insbesondere bei der Diskussion um für alle Bereiche gültige Führungskompetenzen. Es bestand die Befürchtung, allgemeingültige Beschreibungen könnten sich als zu abstrakt oder zu minimalistisch erweisen. Im Laufe des Diskussionsprozesses wurde jedoch deutlich, dass es durchaus ein gemeinsames »Bertelsmann-Verständnis« der Führung gibt, auf das man sich bei der Entwicklung des Mitarbeitergesprächssystems stützen konnte.

Resultate – »Was wurde bewirkt?«

Trotz aller Unterschiedlichkeit im Bertelsmann-Konzern gibt es gemeinsame Werte und eine gemeinsame Kultur, die die Geschäfte und das Leben in den verschiedenen Bereichen prägen. Die Besinnung auf die Konzernphilosophie erwies sich als wichtige Voraussetzung für die Umgestaltung des Mitarbeitergesprächssystems.

Ein wesentlicher Baustein des Erfolgs war die Einbindung der Bereiche. Gerade bei einem Konzern von der Größe, Komplexität und Vielschichtigkeit der Bertelsmann

AG ist dies eine notwendige Voraussetzung für die Qualität des Ergebnisses und die Akzeptanz vor Ort. Bei einem so dezentral strukturierten Unternehmen können Mitarbeitergesprächssysteme wie auch andere Personalinstrumente nicht einfach per Vorstandsbeschluss erfolgreich eingeführt werden. Die Empfehlung für Unternehmen ähnlicher Größe und Struktur besteht aus dem klassischen Satz: Weniger ist manchmal mehr. Es gilt darauf zu achten, dass kein System geschaffen wird, das zu komplex, zu umfassend und zu kompliziert ist. Es soll möglichst selbsterklärend und einfach zu benutzen sein.

Wichtig ist auch, das Mitarbeitergesprächssystem in der Kultur des Unternehmens zu verankern. Es gilt zunächst, einen professionellen Anspruch, der sich an Best Practice orientiert, zu erheben, dann aber genügend Flexibilität für die Anpassung mitzubringen, damit das System zum Unternehmen, zu den Prozessen und zu den Menschen, die dort arbeiten, passt.

13.3 MEAG MUNICH ERGO AssetManagement GmbH, München (MEAG)

Interview mit Alexander Kaiser, Leiter Personal MEAG
Die MEAG ist der Vermögensmanager der Münchener Rück, des weltweit führenden Rückversicherers, und der ERGO Versicherungsgruppe, der zweitgrößten Versicherungsgruppe in Deutschland mit den Marken Victoria, Hamburg-Mannheimer, DKV, D.A.S. und KarstadtQuelle Versicherungen. Die MEAG verwaltet ein Vermögen von 185 Mrd. Euro (Stand 31.12.2008). Hauptsitz der MEAG ist in München, weitere Managementeinheiten befinden sich in New York und Hongkong.
870 Mitarbeiter arbeiten an drei Standorten, davon in Deutschland ca. 800. Es gibt ca. 90 Führungskräfte, davon rund 80 in Deutschland.

Anlass und Ziele des Mitarbeitergesprächssystems – historische Entwicklung

Die MEAG MUNICH ERGO AssetManagement GmbH wurde am 30.04.1999 gegründet. Die Mitarbeiter für die neu gegründete MEAG stammten aus verschiedenen Unternehmen der Münchener-Rück-Gruppe (Münchener Rück, Hamburg Mannheimer, Victoria und zwei konzerneigenen Kapitalanlagegesellschaften) sowie vom externen Arbeitsmarkt.
Durch die Einstellung von Mitarbeitern aus mehreren Unternehmen mit unterschiedlichsten Kulturen wurde sehr schnell deutlich, dass die MEAG eigene Führungsinstrumente entwickeln muss, damit sich nicht vielfältige unterschiedliche Subkulturen – je nach Herkunft der Mitarbeiter – bilden, sondern eine Organisation mit eigener Identität entstehen kann.
Die Personalabteilung erhielt von der Geschäftsführung den Auftrag, in Zusammenarbeit mit externen Beratungsfirmen sowohl ein modernes leistungsorientiertes Vergütungskonzept wie auch ein Mitarbeitergesprächssystem zu entwickeln. Die

Verbindung des Mitarbeitergesprächs mit dem Vergütungssystem sollte solide Beurteilungskriterien für den variablen leistungsorientierten Vergütungsanteil schaffen. Die Hauptziele für die Entwicklung des MEAG-Mitarbeitergesprächssystems bestanden darin,

- die Unternehmensziele zu verdeutlichen,
- daraus abgeleitet individuelle Ziele für jeden Mitarbeiter zu vereinbaren,
- damit den Beitrag eines jeden Mitarbeiters zum Gesamterfolg zu visualisieren sowie
- mithilfe einer jährliche Bestandsaufnahme der individuellen Stärken und Schwächen
- Personalentwicklungsmaßnahmen festzulegen.

Die Implementierung eines verbindlichen Mitarbeitergesprächsprozesses sollte außerdem dazu beitragen, den Mitarbeiterführungsprozess einheitlich zu strukturieren und zu unterstützen.

Schließlich sollte über die Einschätzung der Zielerreichung und der Gesamtleistung des Mitarbeiters eine Basis für die Ermittlung des individuellen Bonusses im Rahmen des leistungsorientierten Vergütungssystems resultieren.

Prozesskomponenten: Aufbau und Struktur des Mitarbeitergesprächssystems

Der Mitarbeitergesprächsprozess, der die firmeneigene Bezeichnung »MEAG - Erfolg durch Ziele« erhielt, versteht sich als laufender Dialog zwischen Führungskraft und Mitarbeitern. Dieser Prozess besteht aus vier Bausteinen, die in Bild 13.28 erläutert und nachfolgend beschrieben werden.

Zielvereinbarungsgespräch mit Entwicklungsplanung – »der Blick nach vorne«

Zu Beginn des Jahres vereinbaren Führungskraft und Mitarbeiter insgesamt drei bis ca. sieben Schwerpunktziele für das kommende Jahr. Die Ziele orientieren sich an den übergeordneten Unternehmens-, Abteilungs- und Teamzielen. Bei der Vereinbarung der Ziele werden Basis- sowie Innovations- und – für Führungskräfte – Führungsziele unterschieden und nach den »SMART«-Kriterien (vgl. Bild 4.3 im Kapitel 4 »Ziele formulieren und vereinbaren«) vereinbart. Basisziele liegen im

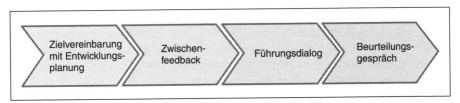

Bild 13.28 Bausteine des »MEAG – Erfolg durch Ziele«-Mitarbeitergesprächssystems (Auszug aus dem MEAG-internen »Erfolg durch Ziele«-Gesprächsleitfaden, S. 8)

Rahmen der Funktion des Mitarbeiters bzw. werden aus seiner Stellenbeschreibung generiert. Sie betreffen das laufende Geschäft, das sogenannte »Brot-und-Butter-Geschäft«. Innovationsziele gehen über den gewohnten Rahmen hinaus und schlagen sich in Form von Neuerungen, Verbesserungen oder Veränderungen nieder oder beziehen sich auf Projekte oder Sonderaufträge. Führungsziele sollen zur kontinuierlichen Verbesserung des Führungsverhaltens beitragen. Sie beschreiben z. B. die Förderung der Mitarbeiter durch die Führungskraft, die Delegation von Verantwortung, die Unterstützung bei Problemlösungen oder die Bewertung der Ergebnisse. Ziele können als quantitative oder qualitative Ziele formuliert werden. Bei quantitativen Zielen geht es um Performance, Ertrag oder Effizienz. Ihre Erreichung wird anhand objektiver Kennzahlen gemessen. Qualitative Ziele werden eher in Bereichen formuliert, in denen sinnvollerweise keine an quantitativen Kennzahlen orientierten Größen zu ermitteln sind (z. B. Qualitätsstandards, Kundenorientierung, Zusammenarbeit oder Führung). Auch hier gilt es, geeignete Kriterien zu formulieren, anhand derer die Zielerreichung festgestellt werden kann. Es werden anspruchsvolle und herausfordernde Ziele formuliert. Die Zielvereinbarung orientiert sich bezüglich des Anspruchsniveaus und ihres Schwierigkeitsgrades vor allem an den Anforderungen der Funktion.

Je höher das Anspruchsniveau der Ziele und damit die Messlatte bei der Zielvereinbarung ist, desto höher ist auch der mögliche Zielbonus (vgl. Kapitel 12 »Leistungs- und erfolgsorientierte Vergütung«). Innerhalb des Anspruchsniveaus vergleichbarer Funktionen bleibt der Spielraum der Führungskraft für eine entsprechende Individualität der Zielvereinbarung je nach Stärken, Qualifikation und Erfahrung des Mitarbeiters bestehen.

Bereits im Vorfeld des Zielvereinbarungsgesprächs machen sich Mitarbeiter und Führungskraft über Inhalt, Methoden, Zeiträume und die »Messlatte« der Ziele Gedanken. Ein ausführlicher Gesprächsleitfaden unterstützt diese bei der Vorbereitung. Im Gespräch werden dann die Ziele miteinander besprochen und im Mitarbeitergesprächsbogen der MEAG schriftlich fixiert. Die Zielerreichung wird im Beurteilungsgespräch anhand einer sechsstufigen Skala (1 = übererfüllt, 2 = voll erfüllt, 3 = überwiegend erreicht 4 - 6 = teilweise bis nicht erreicht) beurteilt. Bild 13.29 zeigt einen Auszug aus dem Zielvereinbarungsbogen der MEAG.

Neben den Zielen wird für jeden Mitarbeiter ein Kompetenzprofil festgelegt, an dem der Mitarbeiter gemessen wird. Die Aufgaben in der MEAG sind aufgrund der Vielfalt der Geschäftsfelder sehr unterschiedlich. So sind z. B. die Profile eines Portfoliomanagers, Risikocontrollers, Fondsverwalters, Asset-Managers Immobilien oder Gebietsleiters im Vertrieb sehr verschieden. Zudem weichen die Anforderungen, die an Führungskräfte gestellt werden, von den Anforderungen an Spezialisten und Sachbearbeiter teilweise gravierend ab. Um diese Unterschiedlichkeit besser abbilden zu können, wurde zwischen Basiskompetenzen der Führungskräfte (Engagement und Leistungsbereitschaft, unternehmerisches Denken und Handeln, Kundenorientierung und bereichsübergreifende Zusammenarbeit) und der Mitarbeiter (Engagement und Leistungsbereitschaft, Fachkompetenz, Kundenorientierung sowie Teamfähigkeit und Zusammenarbeit) unterschieden. Die vier Basiskompetenz-

1. ZIELE (Basis- und Innovationsziele)

1: übererfüllt 2: voll erreicht 3: überwiegend erreicht 4-6 teilweise bis nicht erreicht

Ziel 1:

Kommentar: | Zielerreichung: 1☐ 2☐ 3☐ 4☐ 5☐ 6☐

Ziel 2:

Kommentar: | Zielerreichung: 1☐ 2☐ 3☐ 4☐ 5☐ 6☐

Bild 13.29 Auszug aus dem MEAG-Mitarbeitergesprächsbogen für Mitarbeiter

felder repräsentieren Grundwerte erfolgreichen Verhaltens in der MEAG und sind als Basiskompetenzfelder für alle Mitarbeiter und Führungskräfte verbindlich. Zudem gibt es die Möglichkeit, aus einem Pool von Zusatzkompetenzen – je nach Jobprofil – für das Aufgabenprofil des Mitarbeiters oder der Führungskraft bis zu vier relevante Zusatzkompetenzen zu besprechen und zu vereinbaren. Die Kompetenzfelder werden zu Jahresbeginn im Rahmen der Zielvereinbarung für jede Funktion bzw. jeden Mitarbeiter festgelegt. Entscheidend für die Auswahl der Kompetenzfelder ist die Frage: Welches Set an Kompetenzen benötigt ein Mitarbeiter in dieser Funktion? Die Auswahl sollte sich an den Erfordernissen der Funktion und nicht an der Person des Mitarbeiters mit seinen individuellen Stärken oder Schwächen orientieren. Wichtig ist es, als Führungskraft die Gründe für die Entscheidung transparent zu machen und mit dem Mitarbeiter zu besprechen. Da sich die Auswahl der Kompetenzen aus den Anforderungen einer Position ableitet, ergeben sich für vergleichbare Funktionen auch vergleichbare Kompetenzprofile. Jedoch müssen diese nicht identisch sein, da z. B. die Kunden oder die Einwertung der Stelle als Junior oder Senior unterschiedlich sein können. Mitarbeiter geben durch ihre Unterschrift zum Zielvereinbarungsgespräch ihr Einverständnis zum festgelegten Kompetenzprofil. Bild 13.30 vermittelt eine Übersicht der Basis- und Zusatzkompetenzen für Mitarbeiter und Führungskräfte, die im Gesprächsleitfaden der MEAG noch ausführlicher operationalisiert sind.

Im Zielvereinbarungsgespräch werden außerdem Entwicklungs- und Qualifizierungsmaßnahmen besprochen. Die weitere berufliche Entwicklung wird aus zwei Perspektiven betrachtet. Zum einen: Welche Fähigkeiten und Kompetenzen muss oder möchte ein Mitarbeiter für die Erfüllung seiner derzeitigen Funktion noch ausbauen bzw. verbessern? Hier können konkrete Vereinbarungen über Entwicklungsmaßnahmen on oder off the job, z. B. in Form von Fortbildungen, vereinbart werden. Zum anderen stellt sich die Frage, welche weiteren Schritte für eine mittelfristige berufliche Perspektive in Erwägung gezogen werden. Hier können z. B. Erfahrun-

	MITARBEITER KOMPETENZEN	FÜHRUNGS - KOMPETENZEN
Basiskompetenz	■ Engagement und Leistungsbereitschaft	Engagement und Leistungsbereitschaft
	■ Fachkompetenz	Unternehmerisches Denken und Handeln
	■ Kundenorientierung (intern / extern)	Kundenorientierung (intern / extern)
	■ Teamfähigkeit und Zusammenarbeit	Bereichsübergreifende Zusammenarbeit

	MITARBEITER KOMPETENZEN	FÜHRUNGS - KOMPETENZEN
Zusatzkompetenzen	■ Innovationsbereitschaft	Innovationsbereitschaft
	■ Kommunikation	Kommunikation
	■ Qualität der Arbeitsergebnisse	Qualität der Arbeitsergebnisse
	■ Eigenständigkeit und Verantwortungsübernahme	Verantwortungsübernahme und Entscheidungsstärke
	■ Verhandlungsstärke und Vertriebsstärke	Durchsetzungsfähigkeit und Verhandlungsstärke
	■ Zeitmanagement und Selbstorganisation	Planungskompetenz (Strategie, Ressourcen)
	■ Unternehmerisches Denken und Handeln	Fachkompetenz
	■ Analytisch-konzeptionelles Denken	Förderung der Mitarbeiter
	■ Auftreten und persönliche Wirkung	Förderung des Leistungsgedankens
	■ Belastbarkeit und Durchhaltevermögen	Klare Zielvorgaben und Strategien
	■ Kompetente Anleitung (Juniors, Auszubildende)	Kritikfähigkeit (Kritik annehmen und aussprechen)
	■ Konzentration und Gewissenhaftigkeit	Respekt und Wertschätzung (ggü. MA und Kollegen)
	■ Weitergabe des eigenen Expertenwissens	Ergebnisorientierung
	■ Ergebnisorientierung	

Bild 13.30 Übersicht zu den Basis- und Zusatzkompetenzen für Mitarbeiter und Führungskräfte (Auszug aus dem MEAG-internen »Erfolg durch Ziele«-Gesprächsleitfaden, S. 2)

gen in einer Projektleitungsaufgabe gesammelt werden oder durch »Jobrotation« neue Qualifikationen erworben werden. Die Vereinbarungen werden im Mitarbeitergesprächsbogen unter der Rubrik »Entwicklungsplanung« (vgl. Bild 13.31) schriftlich festgehalten. Im Beurteilungsgespräch wird überprüft, ob die vereinbarten Maßnahmen durchgeführt wurden. Aufgrund der Bedeutung der Qualifizierung der Mitarbeiter geht der Quotient aus vereinbarten Entwicklungsmaßnahmen und tatsächlich durchgeführten Entwicklungsmaßnahmen als Kennzahl in die Balanced Scorecard (siehe Kapitel 4 »Ziele formulieren und vereinbaren«) mit ein.

Zwischenfeedbackgespräch – »Wie ist der Stand der Dinge?«

Mindestens einmal im Jahr findet ein verbindliches Zwischenfeedbackgespräch statt, dessen Durchführungsdatum im Zielvereinbarungsbogen vermerkt wird (vgl. Bild 13.32). Im Zwischenfeedbackgespräch, das ca. sechs Monate nach der Zielvereinbarung stattfindet, wird es möglich, die Ziele kritisch auf ihren aktuellen Stand hin mit folgenden Fragen zu überprüfen: Was klappt bisher gut, was weniger gut? Wo ist Unterstützung notwendig? Wo müssen Methoden und Mittel verändert werden? Welche Einflussfaktoren müssen berücksichtigt werden? Die Initiative hierzu geht von der Führungskraft aus, kann aber auch vom Mitarbeiter ausgehen.

3. ENTWICKLUNGSPLANUNG 2009

Ziele zur beruflichen Entwicklung
In welche Richtung soll die fachliche Entwicklung gehen (z.B. Spezialisierung, fachliche Breite, Projektarbeit)?
Wie können bestehende Kompetenzen weiter ausgebaut und neue Kompetenzen erworben werden?

Kommentar Führungskraft:

Qualifizierungsmaßnahmen on-the-job und off-the-job (z.B. Abteilungshospitationen, Projektarbeit, Aufgabenerweiterung, Verantwortungsübernahme, Seminare, Kongresse, Weiterbildungen)

	Bitte am Ende des Beurteilungszeitraumes ankreuzen:	
	durchgeführt	nicht durchgeführt
1.	☐	☐
2.	☐	☐
3.	☐	☐

Bemerkung/Begründung:

4. UNTERSCHRIFTEN (ZIELVEREINBARUNG & ENTWICKLUNGSPLANUNG)

Datum / Unterschrift Mitarbeiter/in	Datum / Unterschrift Führungskraft

Bild 13.31 Auszug aus dem MEAG-Mitarbeitergesprächsbogen für Mitarbeiter

5. ZWISCHENFEEDBACKGESPRÄCH

Zusammenfassung	Das Gespräch wurde geführt am:

Bild 13.32 Auszug aus dem MEAG-Mitarbeitergesprächsbogen für Mitarbeiter

Beurteilungsgespräch – »der Blick zurück«

Das Beurteilungsgespräch ist eine kritische Reflexion und Zusammenfassung des laufenden Dialogs mit dem Mitarbeiter. Daher sollte der Mitarbeiter hier keine Dinge erfahren, die »aus heiterem Himmel kommen«. Kritische Punkte sollten schon im laufenden Jahr miteinander besprochen worden sein. Im Beurteilungsgespräch werden folgende Fragen thematisiert: Wie ist das Jahr gelaufen? Wie gut sind die Ziele erreicht worden? Welche Stärken und Entwicklungsfelder sehen Mitarbeiter und

Führungskraft? Dabei nimmt der Mitarbeiter ebenfalls eine Selbsteinschätzung vor und bringt seine eigene Sicht der Dinge in den Dialog mit ein. Die Führungskraft nimmt eine Beurteilung der Zielerreichung, der Kompetenzfelder und der Gesamtleistung als Grundlage für die Bestimmung der Höhe des leistungsorientierten Bonusses vor.

- Beurteilung der Zielerreichung

Die Beurteilungsskala für die Zielerreichung ist folgendermaßen definiert:

- »Übererfüllt«:

Das Ziel wurde kontinuierlich über den gesamten Beurteilungszeitraum übererfüllt. Insgesamt handelt es sich um eine hervorragende Leistung.

- »Voll erreicht«:

Das Ziel wurde in vollem Umfang über den gesamten Beurteilungszeitraum erreicht. Insgesamt handelt es sich um eine gute bis sehr gute Leistung.

- »Überwiegend erreicht«:

Das Ziel wurde zum größten Teil über den gesamten Beurteilungszeitraum erreicht bzw. auch voll erfüllt, dann aber nicht über den gesamten Beurteilungszeitraum. Insgesamt handelt es sich bereits um eine ordentliche Leistung.

- »Teilweise bis nicht erreicht«:

Das Ziel wurde gar nicht oder nur ansatzweise über den gesamten Beurteilungszeitraum erfüllt bzw. nur in Teilen und nicht über den gesamten Beurteilungszeitraum. Insgesamt handelt es sich um eine nicht zufriedenstellende Leistung.
Bei der Beurteilung der Zielerreichung ist ebenso wie bei der Zielvereinbarung das Anspruchsniveau vergleichbarer Funktionen zur Validierung heranzuziehen.

- Beurteilung der Kompetenzfelder

Zusätzlich zur Beurteilung der Zielerreichung pro Ziel erhalten die Mitarbeiter ein strukturiertes Feedback zu maximal acht individuell vereinbarten Kompetenzfeldern. Die Beurteilung der Kompetenzfelder findet anhand einer dreistufigen Skala (»ausbaufähig«, »gute Kompetenz«, »sehr hohe Kompetenz, Stärke«) statt. Die Skalenstufen bedeuten im Einzelnen:

- Ausbaufähig: In diesem Kompetenzfeld besteht noch Entwicklungsbedarf.
- Gute Kompetenz: Hier verfügt der Mitarbeiter über gute Kompetenzen. Es gibt aber eventuell noch die eine oder andere Anregung oder konkrete Verbesserungsvorschläge.
- Sehr hohe Kompetenz: In diesem Feld verfügt der Mitarbeiter über sehr hohe Kompetenzen. Hier liegen absolute Stärken vor, die beibehalten werden sollen bzw. die für weiterführende Aufgaben besondere Berücksichtigung finden sollten.

Bild 13.33 veranschaulicht den Beurteilungsprozess der Kompetenzfelder.

2. KOMPETENZFELDER

Erläuterungen und Verhaltensbeispiele zu den Kompetenzfeldern finden Sie im Gesprächsleitfaden

Basiskompetenzen MEAG

Teamfähigkeit und Zusammenarbeit
- ☐ ausbaufähig ⇨
- ☐ gute Kompetenz ⇗
- ☐ sehr hohe Kompetenz; Stärke ⇧

Fachkompetenz
- ☐ ausbaufähig ⇨
- ☐ gute Kompetenz ⇗
- ☐ sehr hohe Kompetenz; Stärke ⇧

Kundenorientierung (intern / extern)
- ☐ ausbaufähig ⇨
- ☐ gute Kompetenz ⇗
- ☐ sehr hohe Kompetenz; Stärke ⇧

Engagement und Leistungsbereitschaft
- ☐ ausbaufähig ⇨
- ☐ gute Kompetenz ⇗
- ☐ sehr hohe Kompetenz; Stärke ⇧

Kompetenzen zur Auswahl

Zur Zielvereinbarung durch die Führungskraft abhängig vom Funktionsprofil des Mitarbeiters auszuwählen

bitte auswählen ...
- ☐ ausbaufähig ⇨
- ☐ gute Kompetenz ⇗
- ☐ sehr hohe Kompetenz; Stärke ⇧

Bild 13.33 Auszug aus dem MEAG-Mitarbeitergesprächsbogen für Mitarbeiter

- Beurteilung der Gesamtleistung

Die Beurteilung der Gesamtleistung wird nicht mathematisch als ein gewichteter Durchschnittswert aus Zielerreichung und Kompetenzfeldern errechnet. Wichtig ist vielmehr, dass sie als Gesamtbild der gezeigten Leistungen für den Mitarbeiter transparent und nachvollziehbar ist und dass sie begründet aus der Einschätzung der Zielerreichung zum einen und der Kompetenzfelder zum anderen abgeleitet wird. Die wesentliche Beurteilungsgrundlage bildet die Zielerreichung. Die Beurteilung der Kompetenzfelder, die als »kritische Erfolgsfaktoren« die Zielerreichung unterstützen, rundet dabei das Gesamtbild ab. Durch ihre Hebelwirkung auf die Zielerreichung fließen die Kompetenzfelder ebenfalls in die Gesamtbeurteilung ein. Als Faustregel gilt in der MEAG:
Die Zielerreichung sollte ungefähr in einem Verhältnis von zwei zu eins zu den Kompetenzfeldern gewichtet werden.
Bild 13.34 zeigt, wie die Gesamtleistung des Mitarbeiters im Mitarbeitergesprächsbogen dokumentiert wird.

7. GESAMTLEISTUNG				
Der/Die Mitarbeiter/in hat die von ihm/ihr erwarteten Leistungen im Beurteilungszeitraum insgesamt				
☐ 1 (übererfüllt)	☐ 2 (voll erreicht)	☐ 3 (überwiegend erreicht)		☐ 4-6 (teilweise bis nicht erreicht)
Zusammenfassung				

Bild 13.34 Auszug aus dem MEAG-Mitarbeitergesprächsbogen für Mitarbeiter

Nach Abschluss des Beurteilungsgesprächs hat der Mitarbeiter die Möglichkeit, sein Einverständnis oder auch eine Stellungnahme bei Nichteinverständnis mit den Inhalten des Beurteilungsgespräches zu dokumentieren. Falls der Mitarbeiter mit den Inhalten oder Ergebnissen des Gesprächs nicht einverstanden sein sollte, hat er die Möglichkeit, eine stichpunktartige schriftliche Stellungnahme zu verfassen (vgl. Bild 13.35) und mit der nächsthöheren Führungskraft, der Personalabteilung oder dem Betriebsrat ein Gespräch zu führen. Bei Uneinigkeit entscheidet die nächsthöhere Führungskraft.

8. STELLUNGNAHME MITARBEITER/IN	
Mit dem Inhalt des Beurteilungsgesprächs erkläre ich mich	☐ einverstanden
	☐ nicht einverstanden
Sollte der/die Mitarbeiter/in mit der Beurteilung nicht einverstanden sein, führt die nächsthöhere Führungskraft innerhalb von vier Wochen das Gespräch mit ihm/ihr.	
Zusammenfassung	

Bild 13.35 Auszug aus dem MEAG-Mitarbeitergesprächsbogen für Mitarbeiter

Das Original des Beurteilungsbogens ist vom Mitarbeiter und von der Führungskraft zu unterschreiben. Danach wird die Beurteilung der nächsthöheren Führungskraft zur Kenntnis übermittelt, die diese durch ihre Unterschrift gleichermaßen dokumentiert. Das Original des Zielvereinbarungs- und Beurteilungsbogens ist nach dem Beurteilungsgespräch an die Personalabteilung zu senden. Dieses wird dann in der Personalakte des Mitarbeiters archiviert.

Führungsdialog – »Zweiwegekommunikation«

»MEAG – Erfolg durch Ziele« ist als wechselseitiger Dialog zwischen Führungskräften und Mitarbeitern konzipiert. Daher ist ein Bestandteil des Mitarbeitergesprächssystems ein strukturiertes Feedback der Mitarbeiter (Bottom-up-Feedback) zum erlebten Führungsverhalten auf Basis vorformulierter Kriterien. Auch hier ist die Erwartung, dass kritische Themen nicht erst im Führungsdialog zum ersten Mal thematisiert werden, sondern schon im laufenden Dialog zwischen Mitarbeiter und Führungskraft angesprochen werden. Der Führungsdialog stellt eine Standortbestimmung des Mitarbeiters zur Zusammenarbeit mit seiner Führungskraft dar. Bild 13.36 zeigt die Themenfelder, die der Mitarbeiter in Vorbereitung auf den Führungsdialog einschätzt. Der Führungsdialog wird zum Zeitpunkt des Zwischenfeedbacks geführt, um ihn zeitlich und inhaltlich von der Zielvereinbarung und insbesondere von der Beurteilung zu trennen und so eine offene Atmosphäre zu schaffen. In diesem Abschnitt geben die Mitarbeiter ihrer Führungskraft ein Feedback dazu, wie sie die Führungssituation erleben, was ihnen gefällt und beibehalten werden soll und wo aus ihrer Sicht Veränderungswünsche bestehen. Mit ihrer Unterschrift bestätigen Mitarbeiter und Führungskraft, dass der Führungsdialog durchgeführt wurde. Der Bogen verbleibt bei der Führungskraft; es kann eine Kopie für den Mitarbeiter angefertigt werden. Der Führungsdialog wird nicht an die nächsthöhere Führungskraft weitergeleitet.

Prozess der Bonusfindung

Die MEAG unterscheidet in ihrem Vergütungssystem ein Grundgehalt und einen leistungsorientierten Vergütungsanteil. Damit Letzterer ein Anreiz für Leistung ist, bewegt sich der variable Anteil – je nach Hierarchiestufe – bei AT-Mitarbeitern zwischen 10 und 50 Prozent des Grundgehalts. Zu Jahresbeginn wird auf Basis eines der Führungskraft zur Verfügung gestellten Budgets jeweils ein Zielbonus mit dem Mitarbeiter vereinbart. Dieser wird – genauso wie die potenzielle Erhöhung des Fixgehaltes – jährlich überprüft und kann auch reduziert werden. Unter Zielbonus wird dabei der Betrag verstanden, der ungefähr zur Ausschüttung kommt, wenn der Mitarbeiter die an ihn gestellten Leistungserwartungen voll erfüllt.
Der »Zielbonustopf« ist ein Aggregat der individuellen Zielboni. Zu Jahresbeginn entscheidet die MEAG-Geschäftsführung über das Budget, das für die etwaige Anhebung der Grundgehälter und Zielboni zur Verfügung steht. Die tatsächliche Ausschüttungssumme der Boni wird am Jahresende auf Basis des Unternehmenserfolgs (einer festgelegten Formel folgend) errechnet und ist dann als Bonusbudget verfügbar.
Die direkte Führungskraft schlägt auf Basis der Gesamtleistung des Mitarbeiters die Bonushöhe für den Mitarbeiter vor. Für außertariflich bezahlte Mitarbeiter erhält sie dazu ein von der Geschäftsführung definiertes Bonusbudget. Die Beurteilungskategorien sind mit prozentualen Bonusbrandbreiten hinterlegt, innerhalb derer die Führungskraft den genauen Betrag des Mitarbeiters individuell festlegen kann. Bild 13.37 zeigt die Beurteilungsskala für die Gesamtleistung von AT-Mitarbeitern und die daran gekoppelten Bonusbandbreiten.

MEAG – Erfolg durch Ziele — Führungsdialog

Der Führungsdialog ist ein vertrauliches Feedbackgespräch zwischen Mitarbeiter und Führungskraft. Dieser Bogen verbleibt daher bei der Führungskraft und wird nicht ausgewertet oder an die Personalabteilung weitergeleitet. Weiterführende Informationen zum Führungsdialog finden Sie im:
Leitfaden

	😊😊	😊	😐	☹	☹☹
1. Gibt meine Führungskraft klare und eindeutige Ziele vor?	☐	☐	☐	☐	☐
2. Fühle ich mich ausreichend und auf transparente Weise informiert?	☐	☐	☐	☐	☐
3. Wird mir ausreichend Verantwortung übertragen?	☐	☐	☐	☐	☐
4. Bekomme ich die nötige Hilfe und Unterstützung?	☐	☐	☐	☐	☐
5. Gibt meine Führungskraft konkretes und umsetzbares Feedback?	☐	☐	☐	☐	☐
6. Fühle ich mich anerkannt und wertgeschätzt?	☐	☐	☐	☐	☐

Was finde ich an der Zusammenarbeit mit meiner Führungskraft positiv? Was sollte unbedingt beibehalten werden?

Was sollte weniger werden oder nicht mehr stattfinden?

Was sollte häufiger, intensiver, verstärkt passieren?

Welche sonstigen Anmerkungen habe ich bezüglich meiner Aufgaben, der Zusammenarbeit innerhalb und zwischen den Teams und der Kommunikation in der MEAG?

10. UNTERSCHRIFTEN ZUM FÜHRUNGSDIALOG

Datum / Unterschrift Mitarbeiter/in	Datum / Unterschrift Führungskraft

Bild 13.36 Auszug aus dem MEAG-Mitarbeitergesprächsbogen für Mitarbeiter

13.3 MEAG MUNICH ERGO AssetManagement GmbH, München (MEAG)

☐ übererfüllt	> 105%
☐ voll erreicht	> 90%
☐ überwiegend erreicht	51 bis 90%
☐ teilweise erreicht	<= 50%

Bild 13.37 Beurteilungskategorien für die Gesamtleistung eines AT-Mitarbeiters und daran gekoppelte Bonusbandbreiten (Auszug aus dem MEAG-internen »Erfolg durch Ziele«-Gesprächsleitfaden, S. 10)

Tariflich bezahlte Mitarbeiter unterliegen einer modifizierten Bonusregelung. Die für die MEAG gültigen Tarifverträge sehen keine variablen Vergütungsbestandteile für tariflich bezahlte Mitarbeiter vor. Trotzdem soll in der MEAG über das Bonussystem ein finanzieller Leistungsanreiz für alle Mitarbeiter ermöglicht werden. Auch im tariflich bezahlten Bereich können daher außergewöhnliche Leistungen durch eine Bonuszahlung »on top« honoriert werden. Der maximale Leistungsbonus beträgt ein tarifliches Monatsgrundgehalt. Ausgangspunkt für die Bonusfindung im Tarifbereich ist ein halbes tarifliches Monatsgrundgehalt. Bild 13.38 zeigt die Beurteilungsskala für die Gesamtleistung von tariflich bezahlten Mitarbeitern und die daran gekoppelten Bonusbandbreiten.

☐ übererfüllt	151% bis 200%
☐ voll erreicht	50% bis 150%
☐ überwiegend erreicht	0%
☐ teilweise erreicht	0%

Bild 13.38 Beurteilungskategorien für die Gesamtleistung des tariflich bezahlten Mitarbeiters und daran gekoppelte Bonusbandbreiten (Auszug aus dem MEAG-internen »Erfolg durch Ziele«-Gesprächsleitfaden, S. 10)

Die Führungskraft gibt die Bonusvorschläge nach Abstimmung mit dem zuständigen Geschäftsführer an die Personalabteilung weiter. Eine Kommunikation des Bonusvorschlags gegenüber dem Mitarbeiter erfolgt jedoch noch nicht. Der tatsächlich auszuschüttende Bonusbetrag wird letztendlich erst nach Konsolidierung im Kreis der Geschäftsführer an die Mitarbeiter kommuniziert. Der Konsolidierungsprozess findet nach den folgenden Schritten statt:

- individuelles Beurteilungsgespräch der Führungskraft mit ihrem Mitarbeiter und Feedback über die Gesamtleistung anhand der Beurteilungsstufen der Skala (von »teilweise bis nicht erreicht« bis »übererfüllt«),
- Bonusvorschlag durch die Führungskraft (zunächst keine Kommunikation an den Mitarbeiter),
- Konsolidierung der Bonusvorschläge in der Geschäftsführerrunde,
- Rückmeldung der Boni durch Führungskräfte an die Mitarbeiter entsprechend dem konsolidierten Vorschlag.

Zeitplan

Die Zielvereinbarung, Beurteilung und Mitarbeiterförderung sind in der MEAG zentrale Führungsaufgaben und können nicht delegiert werden. Verantwortlich für die Gespräche im Rahmen von »MEAG – Erfolg durch Ziele« ist deshalb stets die unmittelbare Führungskraft. Die Gespräche werden grundsätzlich mit allen Mitarbeitern der MEAG geführt.

Die Zielvereinbarungsgespräche erfolgen jeweils am Anfang des Jahres im Zeitraum zwischen Januar bis März. Da es sich bei »MEAG – Erfolg durch Ziele« um einen Top-down-Prozess handelt, werden auf der Basis der am Jahresende definierten Unternehmensziele zunächst die Zielvereinbarungsgespräche mit den Führungskräften geführt. In einem kaskadenartigen Ablauf vereinbaren diese im Anschluss daran mit ihren Mitarbeitern Ziele.

In den Zielbonusgesprächen wird der Zielbonus für das kommende Jahr festgelegt, dessen Höhe – je nach Komplexität und Wertigkeit der Ziele – bei außertariflich bezahlten Mitarbeitern (AT-Mitarbeitern) variieren kann. Die Führungskraft legt, abhängig vom Gesamtbudget, das ihr zur Verfügung steht, die Zielbonushöhe fest. Eine Konsolidierung erfolgt nicht. Idealerweise wird die Zielbonushöhe erst nach Abschluss aller Zielvereinbarungsgespräche festgelegt und kommuniziert.

Zwischenfeedbackgespräche werden individuell zwischen Führungskraft und Mitarbeiter festgelegt und verbindlich und regelmäßig, mindestens einmal im Jahr geführt.

Die Beurteilungsgespräche erfolgen am Ende des Jahres im Zeitraum zwischen Dezember und März des Folgejahres und verlaufen ebenfalls top-down. Die Entwicklungsplanung findet als Teil des Zielvereinbarungsgesprächs am Jahresanfang statt. In Bild 13.39 ist der Zeitplan des MEAG-»Mitarbeitergesprächs- und Vergütungsprozesses« dargestellt.

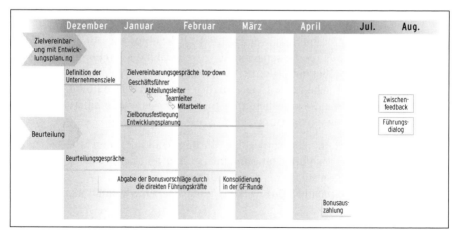

Bild 13.39 Zeitleiste des Mitarbeitergesprächs- und Vergütungsprozesses (Auszug aus dem MEAG-internen »Erfolg durch Ziele«-Gesprächsleitfaden, S. 9)

Vorbereitung und Implementierung

Die Entwicklung und Implementierung des Mitarbeitergesprächs in den Jahren 1999 bis 2000 fand kurz nach der Gründung der MEAG statt. Die Konzeption des Systems und die Planung der Implementierung wurden in einem Kernteam erarbeitet, bestehend aus Vertretern der Personalabteilung und einer externen Beratung. Eine erweiterte Projektgruppe mit Führungskräften verschiedener Geschäftsbereiche agierte als Ideen- und Feedbackgeber, um die Anwendbarkeit des Instruments in unterschiedlichen Einheiten der Organisation zu gewährleisten. Die Projektunterlagen und das Design des Gesprächs wurden von der Projektgruppe gemeinsam mit dem externen Berater erarbeitet und im Lenkungsausschuss, bestehend aus der Geschäftsführung, abgestimmt. Dabei wurde darauf geachtet, dass das Vergütungssystem und Mitarbeitergesprächssystem aufeinander zugeschnitten waren.

Die Entwicklung und Verabschiedung des Instruments dauerte ca. vier bis fünf Monate. Da das Instrument »auf der grünen Wiese« entwickelt werden konnte, und es keine Bindung an vorangehende Mitarbeitergesprächssysteme gab, konnten in die Entwicklung »best of«-Ideen der Projektmitglieder einfließen, die an ihren vorherigen Arbeitsplätzen auch schon Mitarbeitergesprächssysteme kennengelernt hatten.

Zur Kommunikation des Mitarbeitergesprächsprozesses an alle Mitarbeiter und Führungskräfte wurde ein ausführlicher Gesprächsleitfaden entwickelt, in dem das Mitarbeitergesprächssystem umfassend erläutert wird und sowohl Führungskräfte als auch Mitarbeiter konkrete Tipps für die Vorbereitung und Durchführung des Gespräches finden.

Die Gesprächsformulare werden den Führungskräften als Word-Formulare zur Verfügung gestellt, die digital beschrieben und vertraulich abgespeichert werden.

Zusätzlich fanden im Jahr 2000, zu Beginn der ersten Mitarbeitergesprächsperiode, halbtägige Schulungsveranstaltungen für alle Führungskräfte statt, in denen sie über das System informiert wurden und eine Vorbereitung für den ersten Gesprächsbaustein Zielvereinbarung erhielten. Kurz vor dem ersten Beurteilungsgespräch mit dem neuen System fanden ebenfalls halbtägige Schulungsveranstaltungen für alle Führungskräfte statt mit dem Schwerpunkt »Vorbereitung für die Beurteilungsgespräche und den Bonusprozess«.

Zwei Jahre später gab es für alle Führungskräfte das Angebot von zweitägigen Führungskräfteworkshops, in denen Themen rund um den Führungsprozess »MEAG – Erfolg durch Ziele« behandelt wurden. Diese Führungsworkshops boten eine Plattform, die bisherigen Erfahrungen mit dem System auszuwerten und offene Fragen zu beantworten.

Nach den ersten größeren Anpassungen am System im Jahr 2008 wurden halbtägige »Update«-Workshops veranstaltet, in denen die Führungskräfte zu den Veränderungen am System informiert wurden und Fragen geklärt werden konnten. Zudem bestand für alle Führungskräfte die Möglichkeit, sich in Einzelgesprächen mit einer externen Beraterin auf schwierige Mitarbeitergespräche und Führungsfragen gezielt vorzubereiten. Dieses Angebot wurde von ca. einem Drittel der Führungskräfte aktiv genutzt.

Die Personalabteilung initiiert mit einem jährlichen Kick-off-Mail den Start der Beurteilungsgespräche für das vorhergehende Jahr und die Zielvereinbarungsphase für das kommende Jahr. In den Kick-off-Mails werden Informationen zum Prozess, zum Zeitplan und auch zu Beratungsangeboten bei offenen Fragen übermittelt. Außerdem werden in diesen Mails Themen, die für die nächste Zeit besondere Bedeutung haben, angesprochen. Neue Führungskräfte werden gleich zu Beginn ihrer neuen Aufgabe umfassend über den Prozess durch den jeweiligen Personalreferenten informiert.

Resonanz der Führungskräfte/Mitarbeiter auf das System

Die Akzeptanz der Mitarbeiter und Führungskräfte gegenüber dem Instrument war gleich von Beginn an sehr hoch. Auch der Betriebsrat, der sich nach Einführung des Instruments konstituierte, steht spürbar hinter dem Instrument. In der Führungsworkshopreihe zwei Jahre nach Einführung des Instruments bewerteten die Führungskräfte den Mitarbeitergesprächsprozess als sehr positiv. Das Instrument wurde als wichtiger Faktor zur Strukturierung der Führungsarbeit empfunden, der Prozess und die Gesprächsbausteine wurden als schlüssig und nützlich wahrgenommen.

Die Personalabteilung erhält Rückmeldungen zum Mitarbeitergespräch hauptsächlich über die Personalreferenten und den Betriebsrat. Außerdem wird in Führungskräfteforen regelmäßig ein Meinungsbild zum Instrument abgefragt. Insgesamt wird wenig Feedback zu konkreten Veränderungspunkten gegeben, was im Großen und Ganzen auf eine hohe Zufriedenheit mit dem System schließen lässt.

Trotz der insgesamt positiven Resonanz wird von Führungskräften immer wieder beklagt, dass der Prozess des Mitarbeitergesprächs Zeit bindet. Eine Führungskraft muss für die Vorbereitung, Durchführung und Nachbereitung des Prozesses ca. einen Tag pro Mitarbeiter im Jahr rechnen. Für Mitarbeiter bedeutet es, ca. einen halben Tag für die Vorbereitung und Durchführung der einzelnen Gesprächskomponenten (Zielvereinbarung, Zwischenfeedback, Beurteilung, Führungsdialog) einzuplanen. Da die Leistungsbeurteilung jedoch die Grundlage für die anschließende Bonusentscheidung darstellt, ist dieser Prozess eine Entscheidungsvorbereitung für monetäre Investitionen. Je nach Hierarchiestufe und Gehalt steigt auch der Bonusanteil. Für außertariflich bezahlte Mitarbeiter umfasst der Mindestbonus 5.000 Euro. Im Durchschnitt umfasst die Bonusausschüttung für alle Führungskräfte und Mitarbeiter ca. 20.000 Euro. Vor dem Hintergrund der Höhe dieser Investitionsentscheidungen erscheint der zeitliche Aufwand zur Entscheidungsvorbereitung durchaus gerechtfertigt.

Erfolgsfaktoren und Hindernisse bei der Einführung und Anwendung

Da das Instrument »auf der grünen Wiese« mit Beteiligung von Führungskräften aus allen Bereichen so konzipiert werden konnte, wie es für die gewünschte Unternehmenskultur der MEAG sinnvoll erschien, stieß das Instrument auf große Akzeptanz. In die Konzeption flossen Best-Practice-Ideen der Führungskräfte der Projektgruppe mit ein, die schon Erfahrungen mit Mitarbeitergesprächssystemen in anderen Unternehmen gesammelt hatten. Auch konnte der Prozess beschleunigt werden, da es noch keinen konstituierten Betriebsrat gab, in dessen Gremium das Instrument hätte verabschiedet werden müssen.

Ein wichtiger Erfolgsfaktor während der Einführung war der klar kommunizierte und umfangreiche Gesprächsleitfaden für Führungskräfte und Mitarbeiter. Für beide Zielgruppen bot der Leitfaden Informationen zum Prozess und Tipps, wie die Gespräche vorbereitet, durchgeführt und nachbereitet werden. Zusätzlich halfen die Führungskräfteschulungen, den Prozess zu erklären und zu initiieren. Die starke Verknüpfung des Instruments mit der Bonifikation trug dazu bei, den Mitarbeitergesprächsprozess mit einer hohen Relevanz zu versehen. Zudem verdeutlichte die Geschäftsführung durch den Top-down-Prozess der Zielvereinbarung, der bei der Geschäftsleitung beginnt und kaskadenartig bis zur Mitarbeiterebene stattfindet, dass sie den Prozess aktiv steuert und unterstützt.

Schwierigkeiten und Widerstände traten während der insgesamt zehn Jahre, in denen das System im Einsatz ist, kaum auf. Insgesamt gab es wesentlich mehr Befürworter als Gegner eines strukturierten Mitarbeitergesprächs.

Die größten Kritikpunkte bezogen sich auf in bestimmten Jahren eingeschränkte Bonusbudgets und die damit verbundenen Schwierigkeiten beim Erwartungsmanagement und der leistungsadäquaten Zuordnung von Bonusbeträgen an die Mitarbeiter.

Obwohl mit dem Ziel des offenen Bottom-up-Feedbacks konzipiert, wurde der Führungsdialog nicht durchgängig von allen Mitarbeitern als Möglichkeit des offenen Feedbacks an die Führungskraft genutzt. Hier waren es eher die selbstbewussten Mitarbeiter mit guten Leistungen, die ein positives Verhältnis zur Führungskraft hatten, die dieses Instrument dafür nutzten, auch kritische Punkte zum Führungsverhalten anzusprechen.

Resultate – »Was wurde bewirkt?« (zum Beispiel anhand von Evaluationsdaten)

Die Einführung von Zielvereinbarungen für jeden Mitarbeiter, die sich konsequent von den Unternehmenszielen ableiteten, bewirkte, dass die Unternehmensziele erreicht wurden. Durch das kontinuierliche Gespräch über Leistungserwartungen und Leistungsfeedback etablierte sich in der MEAG eine Leistungskultur. Der nächsthöhere Vorgesetzte erhält durch den Einblick in die Gesprächsbögen der Mitarbeiter seiner Führungskräfte zusätzlich Informationen darüber, wie seine Führungskräfte Ziele vereinbaren und Leistung bewerten. Damit bekommen übergeordnete Führungskräfte einen guten Einblick in deren Führungskultur und eine Chance, gegenzusteuern, wenn falsche Prioritäten gesetzt werden. Auch wenn die Beurteilungen in den Mitarbeitergesprächsbögen tendenziell milde ausfallen, findet durch den Prozess eine jährliche Dokumentation der Aufgaben und Leistungen eines Mitarbeiters statt. Dies wiederum hilft, Anschlussprozesse und Entscheidungen (wie z. B. Zeugniserstellung oder Beförderungen) besser zu strukturieren.

Während der Einführungsphase in der Gründungsphase der MEAG unterstützte das Instrument die Aufgabenstrukturierung und -verteilung innerhalb der Teams. Die

Struktur des Instruments unterbindet eine willkürliche Beurteilung und fördert den Dialog zu Verantwortlichkeiten und Arbeitsergebnissen. Das Mitarbeitergespräch stellt einen wesentlichen Kontaktpunkt der Führung dar, in dem Mitarbeiter Führungsverhalten stark erleben.

Monitoring des Instruments

Das Monitoring des Instruments findet auf dreierlei Weise statt: Zum einen gibt es einen Stichtag, bis zu dem die Gespräche geführt sein müssen. Die Nichteinhaltung ist nicht sanktioniert, eine solche Sanktion scheint aber auch nicht nötig zu sein, da der Stichtag in aller Regel eingehalten wird. Außerdem werden alle Beurteilungsbögen von der Personalabteilung durchgesehen, um die Zielvereinbarungsqualität und die Passung der frei wählbaren Kompetenzfelder mit dem jeweiligen Job zu gewährleisten. Sollten Unstimmigkeiten oder qualitative Mängel in der Dokumentation festgestellt werden, geht der Personalreferent auf die jeweilige Führungskraft zu und bespricht das Verbesserungspotenzial. Die Personalabteilung beobachtet, ob die gewünschte Bonusdifferenzierung zwischen den Mitarbeitern stattfindet. Einmal jährlich präsentiert die Personalabteilung in einer Bonusnachschau vor der Geschäftsleitung ihre Ergebnisse. Diese Bonusnachschau bietet die Möglichkeit, über Mitarbeiter mit Topleistungen und schlechten Leistungen zu sprechen und eventuelle Entwicklungsmaßnahmen einzuleiten. Außerdem erfolgt ein Vergleich der Stimmigkeit der Vergütung innerhalb eines Bereichs durch den jeweiligen Bereichsleiter.

Adaptationen am System im Zeitverlauf

Mittlerweile ist das Mitarbeitergespräch »MEAG – Erfolg durch Ziele« seit zehn Jahren implementiert. Seither wurden einige Änderungen vorgenommen.

Veränderungen der Skala

Die ursprünglich vierstufige Skala für die Beurteilung der Zielerreichung wurde in eine sechsstufige Bewertungsskala verändert. Die ersten drei Stufen (1 = übererfüllt, 2 = voll erreicht, 3 = überwiegend erreicht) behielten ihre Bezeichnungen. Die ursprüngliche Kategorie 4 (teilweise erreicht) wurde durch zwei weitere Abstufungsmöglichkeiten (5 und 6) ergänzt, wobei 6 für »nicht erreicht« steht. Die Skalenveränderung sollte eine stärkere Spreizung der Ergebnisse bringen und die »Tendenz zur Milde« bei der Beurteilung verringern. Diese Effekte konnten jedoch durch die Skalenveränderung nicht beobachtet werden. Nach wie vor werden die ersten drei Kategorien am häufigsten gebraucht.

Im Jahr 2007, also acht Jahre nach Einführung des Mitarbeitergesprächs, fanden größere Veränderungen am System statt, die dann 2008 implementiert wurden. Diese setzten zum einen an Verbesserungsvorschlägen der Führungskräfte an, anderseits bot die Veränderung die Möglichkeit eines Relaunches des Systems, da sich mittlerweile eine gewisse Routine manifestierte. Die Wichtigkeit und die Qualität des Instruments wurden durch diesen Relaunch nochmals unterstrichen und verbessert.

Anpassung der Kompetenzfelder

In der ersten Form des Mitarbeitergesprächssystems wurden acht Basiskompetenzfelder, die auf den Unternehmenswerten der MEAG basierten, definiert, die für alle Mitarbeiter verbindlich waren. Die Erfahrung zeigte jedoch, dass diese zu allgemein formuliert waren und daher zu wenig die spezifischen Anforderungen eines Aufgabenprofils repräsentierten. In der veränderten Version wurden jeweils vier verbindliche Basiskompetenzen für Führungskräfte und Mitarbeiter unterschieden. Je nach Jobprofil konnten aus Zusatzkompetenzen maximal vier weitere Kompetenzen ausgewählt werden, die für die Erfüllung der Aufgabe von entscheidender Bedeutung sind und die regelmäßig beurteilt werden sollen.

Zeitliche Entkoppelung des Führungsdialogs vom Beurteilungsgespräch

Das Bottom-up-Feedback, das ursprünglich ein fester Bestandteil des Beurteilungsgesprächs am Jahresende war, wurde von der Beurteilung zeitlich entkoppelt, da die Nähe zum Beurteilungsgespräch von Mitarbeitern als unangenehm empfunden wurde. Zudem wurde entschieden, den nächsthöheren Vorgesetzten nicht von dem Ergebnis der Bottom-up-Beurteilung zu informieren, da so die Vertraulichkeit zwischen Mitarbeiter und Führungskraft gewahrt bleibt und es hier meist um Änderungen auf der Mikroebene geht, die offen besprochen werden müssen. Mit dieser Änderung wurde erreicht, dass der Führungsdialog nicht dazu verwendet wurde, nach oben ein positiv verzerrtes Bild abzuliefern.

Veränderungen am Entwicklungsplan

Der Entwicklungsplan fokussiert vor allem auf die kurz- und mittelfristige Entwicklungsplanung, die den Mitarbeiter bei seiner Zielerreichung unterstützt. Zusätzlich aufgenommen wurde in den Bogen ein Beurteilungsfeld, das die Durchführung der vereinbarten Entwicklungsmaßnahmen ermittelt. Aus dem Quotienten der Anzahl der geplanten und der tatsächlich durchgeführten Entwicklungsmaßnahmen errechnet sich eine Durchführungsquote von Entwicklungsmaßnahmen, die als Kennzahl Eingang in die Balanced Scorecard fand.

Verschlankung des Mitarbeitergesprächsbogens

Durch die oben genannten Veränderungen konnte der Mitarbeitergesprächsbogen von zehn auf vier Seiten verkürzt werden.

Veränderungen am Bonussystem

Das Bonussystem zur Anfangszeit der MEAG, das aus einem kurzfristigen Short-Term-Bonus und einem am längerfristigen Unternehmenserfolg der MEAG gekoppelten Long-Term-Incentive bestand, wurde gegen ein kurzfristigeres Anreizsystem ausgetauscht, welches vor allem auf der individuellen Zielerreichung basiert. Dies führte dazu, dass sich die Ausschüttungsprozentsätze im Durchschnitt erhöhten, da Vergütungsbestandteile des Long-Term-Incentives in den Short-Term-Bonustopf einflossen.

Auch wurde die Bonusrange, die hinter jeder Beurteilungskategorie den Rahmen der möglichen Ausschüttung in Prozent definiert, flexibilisiert. Im neuen System kann die Führungskraft dem Mitarbeiter ein Leistungsrating in der Gesamtbeurteilung in den Kategorien »übererfüllt« und »voll erreicht« geben, ohne dass dadurch ein maximaler Bonus definiert wäre (vgl. Bild 13.37). Die Führungskraft kann somit bei Mitarbeitern mit diesen Beurteilungseinstufungen die Beurteilung als einen gesonderten Schritt vornehmen und die Bonushöhe danach – je nach Höhe des Bonusbudgets – bestimmen. Dies hat den Vorteil, dass die Beurteilungskategorie nicht durch die Höhe des Bonusbudgets bestimmt wird, sondern ein Leistungsträger auch in einem schlechteren Jahr, in dem das Bonusbudget begrenzt ist, die Chance hat, eine gute Leistungsbeurteilung zu erhalten, jedoch möglicherweise mit einem geringeren Bonus aufgrund des allgemein reduzierten Budgets rechnen muss.

Erfahrungen und Empfehlungen

Gäbe es die Möglichkeit, das Instrument noch einmal neu einzuführen, so würde in der MEAG eine stärkere Kongruenz der Bonifikation zwischen AT- und Tarifmitarbeitern angestrebt werden, da die unterschiedlichen Vergütungslogiken im Bonusbereich immer wieder Verwirrung erzeugen.
Generell sollte das Instrument so einfach wie möglich gestaltet werden und an die spezifischen Bedingungen der jeweiligen Organisation angepasst sein. Die Verknüpfung des Mitarbeitergesprächs mit einem Bonus steigert auf jeden Fall die Wirksamkeit des Instruments. Für die inhaltliche Gestaltung des Instruments ist zu empfehlen, dass es verschiedene Gesprächsbestandteile verknüpft, um eine einseitige Ausrichtung auf die reine Zielerreichung zu vermeiden. Zusätzlich zu den Zielvereinbarungen sollten auf jeden Fall auch die Kompetenzen des Mitarbeiters in die Beurteilung einfließen, um eine ganzheitliche Leistungsbeurteilung zu gewährleisten. Eine Verknüpfung des Instruments mit der Entwicklungsplanung schafft ein integriertes System für die Personalentwicklung.
Hinsichtlich der Gestaltung der Beurteilungsskala hat sich die vierstufige Skala bewährt, die den Beurteiler zu einer klaren Entscheidung zwingt, da sie keine Mittelkategorie bietet.
Die Kalkulation der Bonusbudgets sollte so gestaltet werden, dass mehr als 100 Prozent pro Mitarbeiter für den leistungsorientierten Vergütungsteil zur Verfügung stehen, damit man die Chance hat, die Erwartungen der Mitarbeiter an die Bonuszahlung zu übertreffen. Die Zielvereinbarungsqualität sollte ebenfalls kontinuierlich geprüft werden. Hier kommt den Personalreferenten eine wichtige Aufgabe im Coaching der Führungskräfte zu.
Das Monitoring der Mitarbeitergespräche durch die Personalabteilung ist wichtig. In der Tendenz werden Beurteilungen zu milde ausgefüllt, was zur Konsequenz hat, dass es zu Mitarbeitern mit »nicht zufriedenstellenden Leistungen« zu wenig schriftliche Dokumentation gibt. Die Erfahrung lehrt, dass Gefälligkeitsbeurteilungen zum Verhängnis werden können, gerade wenn es einmal darum geht, disziplinarische Maßnahmen ergreifen zu müssen. Hier ist es notwendig, auch einen Quercheck der

Beurteilung durch den nächsthöheren Vorgesetzten zu ermöglichen, damit dieser unter Umständen eingreifen kann.

Unverzichtbar für die Einführung und die Akzeptanz des Mitarbeitergesprächs ist es, die Geschäftsführung und die Führungskräfte hinter sich zu haben. Im Entwicklungsprozess der inhaltlichen Ausgestaltung sollten keine allzu großen Kompromisse eingegangen werden, da sonst die inhaltliche Schlüssigkeit leidet. Hier sollte man für wichtige Komponenten kämpfen, auch wenn dies heißt, mehr Zeit für die Konzeptions- und Abstimmungsphase investieren zu müssen. Sowohl eine klare Kommunikation über das Instrument und seine Konsequenzen wie auch die gezielte Vorbereitung und Qualifizierung von Führungskräften und Mitarbeitern für die Durchführung der Gespräche ist für die Sicherung der Qualität der Gespräche und des Gesamtprozesses dringend erforderlich.

13.4 Zollner Elektronik AG, Zandt bei Cham

Interview mit Hildegard Brunner, Leiterin Personalentwicklung

Die Unternehmensgruppe Zollner bietet global agierenden Unternehmen der Elektro- und Elektronikindustrie Dienstleistungen (Electronic Manufacturing Services) in der Entwicklung und Produktion von hochkomplexen Produkten und individuelle Systemlösungen an. In den letzten Jahren erhielt das Unternehmen zahlreiche Auszeichnungen, unter anderem Deutschlands Top 100, BestPersAward. Das Unternehmen startete 1965 als Einmannbetrieb.

Die Firma Zollner beschäftigt ca. 6.500 Mitarbeiter im Hauptwerk in Zandt bei Cham sowie an weiteren 14 Standorten in Deutschland, Ungarn, Rumänien, China, Tunesien und den USA.

Anlass und Ziele des Mitarbeitergesprächssystems – historische Entwicklung

Das »Mitarbeitergespräch« (MAG) wurde 2005 als Führungsinstrument implementiert. Mit dem rasanten Firmenwachstum konnte die unternehmensinterne Kommunikation nicht in erforderlichem Maße Schritt halten. In einigen Bereichen wurden damals Mitarbeitergespräche bereits seit Jahren geführt. Ihre Inhalte und die Durchführung folgten jedoch keinem einheitlichen Konzept, sondern hingen davon ab, was die zuständige Führungskraft für gut befunden hatte.

Der Anspruch des Unternehmens war, ein pragmatisches System zu entwickeln, welches vom zeitlichen Aufwand und von der Komplexität her für die verschiedenen Hierarchiestufen eines mittelständischen Produktionsunternehmens gut zu bewältigen ist.

Im Jahr 2004 entschied die Geschäftsleitung, die Themen Kommunikation und Zusammenarbeit nachhaltig zu verbessern. Das Mitarbeitergespräch erachtete sie dafür als ideales System, da es nicht nur dazu beiträgt, die Kommunikation zwischen Mitarbeitern und Führungskraft zu intensivieren, sondern das Unternehmen auch in der weiteren Entwicklung und im Wachstumsprozess unterstützen kann.

Deshalb wurden mit der Einführung des Mitarbeitergesprächssystems folgende Ziele verfolgt:

- die deutliche Verbesserung der Kommunikation,
- die Entwicklung einer Feedbackkultur,
- die Optimierung der Zusammenarbeit,
- die Ausrichtung des Unternehmens auf die strategischen Ziele.

Prozesskomponenten: Aufbau und Struktur des Mitarbeitergesprächssystems

Das Mitarbeitergespräch mit den Themen Rückblick, Feedback, Beurteilung sowie Förderung und Entwicklung wurde von dem Thema Lohn und Gehalt zeitlich und von der Systematik so weit wie möglich entkoppelt. So soll vermieden werden, dass die Gehaltsfragen die oben genannten Themen im Mitarbeitergespräch zu stark prägen. Das Lohn- und Gehaltsgespräch findet deshalb im Frühjahr, das Mitarbeitergespräch im Herbst statt.

Mitarbeitergespräch

Das Mitarbeitergespräch beinhaltet folgende vier Themen:

- Rückblick auf das vergangene Jahr

Im gegenseitigen Feedback von Mitarbeiter und Führungskraft greifen beide Gesprächspartner wichtige Themen des vergangenen Jahres auf: die Arbeitsaufgaben und den Aufgabenbereich des Mitarbeiters, das Arbeitsumfeld, das persönliche Arbeitsverhalten, die Zusammenarbeit und das Führungsverhalten des Vorgesetzten.

- Besprechung des aktuellen Stands der laufenden Zielvereinbarungen (Review)

Die zweite wichtige Komponente des Gesprächs ist die »Zielvereinbarung«. Dieses Thema wird sowohl im Mitarbeitergespräch als auch im Lohn- und Gehaltsgespräch (LGG) besprochen. Im LGG werden die Ziele definiert, im Mitarbeitergespräch kommt es zum Review der aktuellen Zielvereinbarung. Zielvereinbarungen werden verpflichtend mit der ersten und zweiten Führungsebene getroffen. Darüber hinaus sind sie bisher freiwillig.

- Leistungsbeurteilung

Das Ziel der Mitarbeiterbeurteilung ist es, einen Überblick über die fachlichen Kenntnisse und die persönlichen Fähigkeiten eines Mitarbeiters zu gewinnen. Dadurch soll sichergestellt werden, dass der Mitarbeiter den Anforderungen des Arbeitsplatzes gerecht wird.
Die Führungskraft beurteilt die Mitarbeiter anhand eines Bewertungssystems, dessen Kriterien in einem Bewertungsbogen festgehalten sind. Es werden Qualifikation, Arbeitsergebnis, Arbeitsstil, Motivation, Sozialverhalten und Führungsverhalten anhand vorgegebener Kriterien mithilfe einer vierstufigen Skala

mit den Kategorien »ausreichend«, »zufriedenstellend«, »gut« oder »hervorragend« bewertet.

- Förderung und Entwicklung

Zum Abschluss des Mitarbeitergesprächs diskutieren Führungskraft und Mitarbeiter, wie die zukünftige berufliche Entwicklung des Mitarbeiters aussehen könnte und welche Erfahrungen sie mit den bisherigen Qualifizierungsmaßnahmen gemacht haben. Dabei beschreibt der Mitarbeiter seine Erwartungen an seine beruflichen Perspektiven. Diesen Vorstellungen stellt die Führungskraft ihre Einschätzung des Entwicklungspotenzials des Mitarbeiters gegenüber. Ergebnis dieses Gesprächsabschnitts sind konkrete Vorschläge zur Unterstützung des Mitarbeiters.

Diese werden dokumentiert und an die Personalentwicklung weitergeleitet. Sie gleicht das Ergebnis mit den betrieblichen Interessen und Möglichkeiten ab, überprüft, welche Unterstützung angeboten werden kann, und gibt dann Rückmeldung an die Führungskraft.

Lohn- und Gehaltsgespräch

Dieses Gespräch findet im Frühjahr statt und besteht aus folgenden vier Bestandteilen:

- Überprüfung der Zielerreichung

Hierbei werden Ist- und Sollwerte der Ziele miteinander verglichen. Sollten die Ziele nicht erreicht worden sein, ist es wichtig, die Gründe zu erforschen und zu analysieren. Die nicht erfüllten Ziele können gegebenenfalls modifiziert und als neue Ziele formuliert werden.

- Besprechung der Leistungsbeurteilung aus dem Mitarbeitergespräch

Vor dem Hintergrund der anstehenden Gehaltsvereinbarung ist es wichtig, die Leistungsbeurteilung aus dem Mitarbeitergespräch nochmals zu überprüfen, festzustellen, inwieweit sich Veränderungen ergeben haben, und gegebenenfalls die Beurteilungen zu aktualisieren. Eventuelle Veränderungen in der Leistungsbeurteilung sind zwischen der Führungskraft und dem Mitarbeiter abzustimmen.

- Gehaltsvereinbarung

Die Basis für Gehaltsverhandlungen stellen die Leistungsbeurteilung und die Zielerreichung dar. Die Gehaltsvereinbarungen sollen sich am Planbudget orientieren. Dieses Planbudget ist abhängig von der Geschäftsentwicklung des Unternehmens.

- Neue Zielvereinbarungen

In diesem Gesprächsteil werden mit dem Mitarbeiter zukünftige Ziele vereinbart oder, falls erforderlich, von der Führungskraft vorgegeben. Zielvereinbarungen bzw. -vorgaben sind bis zur zweiten Führungsebene durchzuführen. Dabei soll auch erörtert werden, welche Unterstützung der Mitarbeiter zur Erreichung der Ziele benötigt und welche Ressourcen ihm dazu zur Verfügung gestellt werden. Ziele werden nach dem SMART-Standard formuliert und schriftlich dokumentiert. Zur Dokumentation dieses Gesprächspunktes wird den Führungskräften ein Zielvereinbarungsbogen zur Verfügung gestellt. Er gibt drei Zielarten vor:

- Controllingziele,
- Managementziele,
- persönliche Ziele.

Es müssen jedoch nicht für jede Führungskraft in allen drei Zielarten Ziele definiert werden. Es wird empfohlen, nicht mehr als fünf bis acht Ziele zu vereinbaren. So werden klare Schwerpunkte in den Zielvereinbarungen gesetzt: Eine zusätzliche Möglichkeit der Schwerpunktbildung bietet die Gewichtung der Ziele in Prozent. Diese wird vom Mitarbeiter und der Führungskraft gemeinsam festgelegt. Die addierten Prozentwerte von Controllingzielen, Managementzielen und persönlichen Zielen ergeben jeweils 100 Prozent. Die Zielvereinbarungen müssen nicht nur Innovationsziele oder Veränderungsziele beinhalten. Es können auch Standardziele formuliert werden, die sich auf das Tagesgeschäft beziehen.

Der Zielvereinbarungsbogen hält fest, auf welche Ziele des Mitarbeiters sich Mitarbeiter und Führungskraft im Gespräch geeinigt haben, anhand welcher Kriterien festgestellt wird, ob der Mitarbeiter sie erreicht hat, und wie die einzelnen Ziele für die spätere Leistungsbeurteilung gewichtet werden. Werden neue Ziele vereinbart, müssen sie in dem Bogen genau beschrieben und den drei Zielarten zugeordnet werden.

Danach legen Führungskraft und Mitarbeiter fest, welche Kriterien für die spätere Überprüfung der Zielerreichung gelten sollen. Bei der späteren Überprüfung der Zielerreichung wird angegeben, welcher Istwert zum Zeitpunkt der Überprüfung erreicht wurde, um welchen absoluten Wert er vom Zielwert abweicht und wie hoch die prozentuale Abweichung ist. Diese beiden Gespräche sind in den jährlichen unternehmerischen Planungsprozess integriert.

Vorbereitung und Implementierung

Bestandsaufnahme

Im Jahr 2004 wurde eine Bestandsaufnahme durchgeführt, die festhielt, welche Erfahrungen mit Mitarbeitergesprächen im Unternehmen schon gemacht wurden. Dazu führte die Personalentwicklung Interviews mit ausgewählten Führungskräften aus unterschiedlichen Bereichen durch und wertete diese aus.

Definition der strategischen Ziele

Die Ergebnisse der Bestandsaufnahme und eine Auflistung, die angab, in welchen Bereichen des Unternehmens welche Handlungsbedarfe für Entwicklung und Veränderung bestanden, bildeten die Grundlage zur Definition der strategischen Ziele des zukünftigen Mitarbeitergesprächssystems. Dabei klärte man Fragen wie *»Worum geht es uns?«* oder *»Was wollen wir erreichen?«*

13.4 Zollner Elektronik AG, Zandt bei Cham

Die Initiative zum Projekt Mitarbeitergespräch ging von der Personalentwicklung aus. Sie bezog die Führungskräfte mit ein, um das künftige Gesprächssystem auszugestalten und weiterzuentwickeln. Ziel dieses Schritts war, für Akzeptanz bei den zukünftigen Anwendern zu sorgen und ein System zu entwickeln, das praxistauglich ist. Dazu stellte die Personalentwicklung eine bereichsübergreifende, repräsentative Gruppe von Führungskräften der ersten und zweiten Ebene zusammen. Dabei achtete sie darauf, auch Personen, die dem neuen Mitarbeitergesprächssystem kritisch gegenüberstanden, mit einzubeziehen. Auf diese Weise konnten schon bei der Konzeptentwicklung mögliche Schwachstellen festgestellt werden.

Einbeziehung der Geschäftsleitung

Anschließend legte die Personalentwicklung ihr Konzept der Geschäftsleitung vor und überzeugte sie von den Vorteilen und dem Nutzen eines einheitlichen Mitarbeitergesprächssystems. Besondere Priorität besaß für die Firma Zollner, aufgrund der Bedeutung für die vielen Bereiche des unternehmerischen Arbeitsalltags, die Verbesserung der Kommunikation. Zu Beginn waren einige Führungskräfte skeptisch, nach dem Motto: »*Brauchen wir das? Läuft es nicht auch so ganz gut?*« In dieser Situation erwies sich ein Workshop mit Führungskräften und Vorständen, in dem die Vorgehensweise genau erläutert wurde und so die Vorstände in die Konzeption mit eingebunden wurden, als ausschlaggebend. Das Projekt erhielt danach die Zustimmung der Geschäftsleitung.

Ausgestaltung der Struktur und der Materialien/Pilotphase

Nachdem die Geschäftsleitung grundsätzlich von den Möglichkeiten, die ein Mitarbeitergesprächssystem bieten kann, überzeugt war, stimmte sie dem Start einer Pilotphase zu. Ziel dieses Probelaufs war, die Praxistauglichkeit des Systems zu überprüfen und eventuelle »Kinderkrankheiten« auszukurieren, bevor das Mitarbeitergesprächssystem im gesamten Unternehmen umgesetzt wird. Die Ausgestaltung der hierfür benötigten Materialien für die Führungskräfte übernahm die Personalentwicklung. Sie überarbeitete die Gesprächsleitfäden und konzipierte den Zielvereinbarungsbogen neu. Sie präsentierte den aktuellen Stand und ihre Zwischenergebnisse laufend dem Vorstand, der diese reflektierte. Damit wurde die Geschäftsleitung mit eingebunden und ein Commitment für jeden Entwicklungsschritt hergestellt. In einem Vorstandsworkshop wurde der Prozess mit den Vorständen abschließend besprochen und die mögliche Umsetzung diskutiert. Mit dem Einverständnis der Geschäftsleitung stellte die Personalentwicklung dann eine bereichsübergreifende Pilotgruppe, deren Mitglieder aus der ersten und zweiten Führungsebene stammten, zusammen. Mit dieser Gruppe führte sie ein Pilotseminar zum Thema »Das Mitarbeitergesprächssystem bei der Zollner Elektronik AG« durch.
Nach der Veranstaltung wurde mit den Teilnehmern des Pilotseminars der Leitfaden noch einmal überarbeitet und angepasst. Ziel dabei war es, einen sprachlich gut verständlichen, einfach zu handhabenden und in sich logischen Leitfaden zur Verfügung zu haben, der die Akzeptanz der künftigen Anwender fand.

Nach der Auswertung des Pilotseminars fanden Informationsveranstaltungen zum neuen Mitarbeitergesprächssystem statt. An diesen nahmen sowohl die Führungskräfte als auch die betroffenen, rund 55 Mitarbeiter teil. Bis Ende 2005 fanden die ersten Mitarbeitergespräche der Führungskräfte der Pilotgruppe statt. Um Verbesserungspotenziale bei der Durchführung der Gespräche zu ermitteln, befragte anschließend die Personalentwicklung Mitarbeiter und Führungskräfte schriftlich nach ihrer Zufriedenheit mit dem neuen System.

Bei dieser Befragung zeigte sich in allen Teilaspekten eine höhere Zustimmung der Betroffenen zum neuen Mitarbeitergesprächssystem als am Anfang des Projekts. Zusätzlich konnten bei der Auswertung in einigen Aspekten Verbesserungsmöglichkeiten des Systems identifiziert werden. Um die Erfolge bei den Mitarbeitergesprächen durch das neue System aufzuzeigen, informierte die Personalentwicklung daraufhin alle relevanten Gruppen im Unternehmen (den Vorstand, die Führungskräfte und die Mitarbeiter) über die positiven Ergebnisse der Auswertung.

Kommunikation

Während der Entwicklung und Überarbeitung des Systems achtete die Personalentwicklung auf größtmögliche Transparenz und stellte eine breite, innerbetriebliche Öffentlichkeit her. Sie informierte den monatlich tagenden Leitungskreis, stellte dort den Prozess eingehend dar und gab dessen Mitgliedern die Möglichkeit, die Fortschritte zu diskutieren. Der Einführungsprozess wurde zusätzlich in der Firmenzeitung, die einmal im Quartal erscheint, veröffentlicht und erklärt. Für die Führungskräfte organisierte die Personalentwicklung Informationsveranstaltungen. Diese halbtägigen Veranstaltungen verfolgten vor allem drei Ziele: Die Teilnehmer sollten

- das neue Mitarbeitergesprächssystem kennenlernen und verstehen,
- den Leitfaden kennen und nutzen können und
- ihre Ängste und Unsicherheiten abbauen.

Im Anschluss daran wurden die erste und zweite Führungsebene in zweitägigen Seminaren für die Umsetzung des Mitarbeitergesprächssystems qualifiziert. Da bei einem Mitarbeitergesprächssystem, das »top-down« durchgeführt wird, der Vorstand eine große Vorbildfunktion besitzt, legte diese Leitungsebene auch Wert darauf, zu den Inhalten und zur Durchführung qualifiziert zu werden.

In diesen Veranstaltungen wurde nochmals das System mit seinen Instrumentarien, wie z. B. dem Leitfaden, vorgestellt und reflektiert. Anschließend trainierten die Teilnehmer zwei Tage lang die Gesprächsarten »Mitarbeitergespräch« und »Lohn- und Gehaltsgespräch«. Dabei wurde auf folgende Aspekte besonderer Wert gelegt:

- auf die Gestaltung der inneren Logik und Struktur der Gespräche,
- auf die Vorbereitung der Gespräche,
- auf die Themen der Zielformulierung und Zielvereinbarung,
- Reflexion der inneren Einstellung und eigenen Motivation zu den Gesprächen,
- auf die Techniken wie Feedback geben und nehmen und
- ausgewählte Kommunikationstechniken wie aktives Zuhören, Ich-Botschaften.

Resonanz der Führungskräfte und Mitarbeiter auf das System

Aus der Anzahl der durchgeführten Gespräche und durch das Feedback der Führungskräfte und Mitarbeiter entstand bei der Personalentwicklung der grundsätzliche Eindruck, dass das Instrument Fuß gefasst hat und akzeptiert wird.

Die Mitarbeiter bewerteten in einer schriftlichen Befragung durch die Personalentwicklung die Gespräche als überwiegend positiv. Die Zeit, die sich die Führungskraft jetzt einmal im Jahr für jeden Mitarbeiter nimmt, wird von diesen auch als Wertschätzung wahrgenommen. Außerdem fühlen sich die Mitarbeiter besser informiert. Dies zeigt sich unter anderem in Aussagen wie: *»Ich kann jetzt mit meiner Führungskraft auch Dinge besprechen, die mich beschäftigen«* oder *»Ich habe als Mitarbeiter die Möglichkeit, ausführlich mit meiner Führungskraft über Themen zu sprechen, bei denen Handlungsbedarf besteht.«*

Das Feedback an die direkte Führungskraft anhand von Leitfragen beschrieben zu Beginn einige Mitarbeiter als *»gewöhnungsbedürftig«*. Sie mussten hierzu erst einmal Gesprächspraxis sammeln, um mit diesem Aspekt vertrauter zu werden und mehr Sicherheit zu gewinnen. Erfahrungsgemäß dauert es zwei bis drei Gespräche, bis ein Mitarbeiter konstruktiv und offen Feedback geben kann. Aufseiten der Führungskräfte bestand ebenfalls Unsicherheit. Sie zweifelten anfangs, aufgrund der großen Zurückhaltung der Mitarbeiter, an der Ehrlichkeit des Feedbacks.

Die Vertreter der Geschäftsführung zeigten eine grundsätzliche Akzeptanz gegenüber dem System. Beim Start handhabten sie aufgrund der geringen verfügbaren Zeit das Instrument Mitarbeitergespräch noch unterschiedlich. Dies verbesserte sich in den folgenden Jahren deutlich. Mittlerweile finden die Gespräche verbindlich und zeitgerecht statt.

Erfolgsfaktoren bei der Einführung und Anwendung

Vorleben der Leitung

Als wichtigste Erfolgsfaktoren im Einführungsprozess erwiesen sich die Akzeptanz und das zunehmend konsequente Vorleben der Geschäftsleitung. Erwartungen an die nachgeordneten Führungskräfte müssen »von oben« vorgelebt werden.

Akzeptanz herstellen

Als richtig erwies es sich auch, die Einführung des Mitarbeitergesprächssystems nicht von oben her zu verordnen, sondern darauf zu achten, bei den Führungskräften ein Verständnis für die Ziele und den Nutzen herzustellen.

Es kostete viel Überzeugungsarbeit, die Vorteile für die Führungskräfte und den Nutzen für das Unternehmen aufzuzeigen. Das Erkennen der »Benefits« hilft, den notwendigen Zeitaufwand für die Vor- und Nachbereitung und die Durchführung zu akzeptieren.

Die innerbetriebliche Öffentlichkeitsarbeit erwies sich hierbei als wichtige Unterstützung. Sie half, das System so bekannt zu machen, dass es schließlich überall diskutiert wurde.

Qualifizierung der Führungskräfte

Führungskräfte benötigen theoretisches Know-how und die Möglichkeit, Gesprächstechniken einzuüben, um die Gespräche professionell führen zu können. Deshalb wurde ihnen das Seminar »Das Mitarbeitergesprächssystem der Zollner Elektronik AG« angeboten. Dabei zeigte sich, dass vor allem jüngere Führungskräfte mit geringer Erfahrung von dieser Veranstaltung profitierten. Die Qualifizierung baute ihre Unsicherheiten gegenüber diesen Gesprächen ab.

Schwierigkeiten im Prozess

Zeitliche Verzögerungen der Zielfestlegungen

Anfangs erwies es sich als schwierig, dass die Geschäftsführung ihre Gespräche aufgrund der hohen zeitlichen Beanspruchung nicht rechtzeitig führen konnte. So verzögerte sich aufgrund der Abhängigkeiten im Gesprächsablauf der gesamte unterjährige Prozess. Mit der Zeit verbesserte sich die Einhaltung der Zeitkorridore deutlich, da die Geschäftsführung ihre Gespräche entsprechend den geplanten Zeiten durchführte.
Mitverantwortlich für diese positive Entwicklung war auch der »Druck von unten«. Die nachgeordnete Führungsschicht forderte die Gespräche ein, um nicht mit den Gesprächen, die sie führen musste, in Verzug zu kommen.

Prioritätensetzung

Als weitere Herausforderung ergab sich daraus, dass viele Führungskräfte durch das rasante Wachstum des Unternehmens in den Jahren der Einführung intensiv in fachliche und organisatorische Aufgaben eingebunden waren und deshalb für ihre Mitarbeiterführungsaufgaben begrenzte Zeit zur Verfügung stand. Je mehr Mitarbeiter aber von Kollegen aus anderen Teams und Bereichen erfuhren, dass solche Gespräche stattfanden und nützlich waren, desto dringlicher forderten auch sie Mitarbeitergespräche ein. Durch diese Erwartungshaltung wurde das System zum Selbstläufer.
Bis heute erweist es sich als Herausforderung für viele Führungskräfte, ihre Aufgaben so zu priorisieren, dass die notwendige Zeit für die Gespräche vorhanden ist. Ihre Bereitschaft, sich die notwendige Zeit für die Vor- und Nachbereitung sowie Durchführung zu nehmen, ist daher immer noch verbesserungsfähig.

Unterschiedliche Akzeptanz bei den Führungskräften

Die Qualität der Umsetzung hing von der Herangehensweise der Führungskräfte an die Gespräche ab. Ein Teil ging offen und positiv an das System heran, manche zeigten sich eher abwartend und kritisch. Die Personalentwicklung wirkte immer wieder in Gesprächen auf die Führungskräfte ein, was aber nicht bei allen auf Akzeptanz stieß. Wichtig war es den Mitarbeitern der Personalentwicklung, auf Druck zu verzichten und im Dialog mit den Führenden Überzeugungsarbeit zu leisten. Als

13.4 Zollner Elektronik AG, Zandt bei Cham

erfolgreich erwies sich der Weg, die Mitarbeiter zu motivieren, die Gespräche bei ihrer direkten Führungskraft einzufordern. Erfolgserlebnisse bei der Umsetzung der Gespräche stärkten die Bereitschaft, die Gespräche mit ihren Zielen und Themen konsequent anzuwenden.

Koppelung des Mitarbeitergesprächs mit dem Lohn- und Gehaltsgespräch

Nicht als ganz einfach erwies es sich, Mitarbeitergespräch und Lohn- und Gehaltsgespräch zu entkoppeln. Da die Gespräche in einem System integriert waren, fand in den Köpfen der Mitarbeiter eine direkte Verknüpfung beider statt. Darüber hinaus entstand Unsicherheit über die Zielrichtung beider Gesprächsarten. Die strukturelle Abgrenzung fand folglich bei den Beteiligten in der Praxis nicht konsequent statt. Unsicherheit und Vorsicht wirkten sich auf die Art und Weise der Gesprächsführung aus. In den Informationsveranstaltungen und in den Seminaren wurde deshalb darauf geachtet, die Zielrichtung der beiden Gesprächsarten klar und differenziert darzustellen.

Zusammenhang zwischen Leistungsbewertung und dem Thema Lohn und Gehalt

Im Unternehmen ist die Bewertung der Leistung nicht direkt an Lohn und Gehalt geknüpft. Es wurde darauf geachtet, Leistungsbewertung und Entgelt zu entkoppeln. Ein Grund für die direkte Entkoppelung der Leistungsbewertung von der Entlohnung lag in den unterschiedlichen Bewertungsmaßstäben von Führungskräften. Manche Führungskräfte beurteilten tendenziell zu milde, was zur Folge hatte, dass fast alle Mitarbeiter gute bis sehr gute Bewertungen hatten. Kritische Führungskräfte beurteilten ihre Mitarbeiter wiederum eher negativer (siehe auch in Kapitel 7 »Leistungsbeurteilung« die Punkte 7.6 »Genauigkeit der Leistungsbeurteilungen« und 7.7 »Fairness im Beurteilungsprozess«). Somit waren die Ergebnisse der Lohn- und Gehaltsverhandlung sehr stark von der Führungskraft und dem Bereich abhängig und damit nur bedingt fair.

Die Geschäftsleitung versteht die Mitarbeitergespräche als »lernendes System«. Ihr ist es wichtig, das Mitarbeitergesprächssystem nicht als »in Stein gemeißelt« zu betrachten. Erfahrungen und Erkenntnisse aus der Umsetzung, die Verbesserungs- und Optimierungsbedarf offenbaren, werden aufgenommen und führen zur kontinuierlichen Überarbeitung und Anpassung des Systems.

Resultate: Was wurde bewirkt?

Eine im Unternehmen durchgeführte Mitarbeiterbefragung, aber auch Rückmeldungen der Führungskräfte und Mitarbeiter bestätigten, dass die Kommunikation zwischen Mitarbeitern und Führungskräften, aber auch das Betriebsklima sich weiterhin verbessert haben.

Aufgrund veränderter Anfragen bei der Personalentwicklung zu Beratungen oder Konfliktklärungen und durch das Feedback der Mitarbeiter und Führungskräfte über die Mitarbeitergespräche zieht die Personalentwicklung den Schluss, dass durch dieses Gespräch das Vertrauensverhältnis zwischen Führungskräften und

Mitarbeitern deutlich zugenommen hat. Durch den intensiveren Austausch und die direktere Kommunikation, auch über Verbesserungspotenziale, wurden die Arbeitsprozesse im Unternehmen optimiert.

Erfahrungen und Empfehlungen

Konzeptionell plädieren die Verantwortlichen aus heutiger Sicht dafür, das Mitarbeitergespräch noch klarer und genauer von dem Thema Vergütung zu trennen. Bei der Implementierung des Instruments Mitarbeitergespräch schlich sich immer wieder das Thema Lohn und Gehalt mit den damit verbundenen Erwartungen und Unsicherheiten in die Mitarbeitergespräche mit ein und beeinflusste die Diskussion über die anderen Themenbereiche, wie etwa Ziele oder auch das Thema Leistungsfeedback.

Hinsichtlich des Implementierungsprozesses würden die Verantwortlichen jedoch prinzipiell wieder genauso vorgehen. Hier hat sich die gemeinsame Bearbeitung des Themas mit den Führungskräften sehr bewährt.

Ein weiteres Fazit betrifft die Bedeutung der betriebsinternen Kommunikation. Gute Ergebnisse zählen. Es wird empfohlen, die positiven Ergebnisse des Projekts intensiv zu vermarkten und regelmäßig zu veröffentlichen.

Empfehlenswert ist es auch, die obere Führungsebene konsequent und dauerhaft in die Entwicklung des Systems mit einzubinden. Dabei sollte man von vorneherein die möglichen Reaktionen der Führungskräfte, deren unterschiedliche Art mit neuen Themen umzugehen, und mögliche Gegenreaktionen berücksichtigen. Diese Vorbereitung hilft, für alle Möglichkeiten gewappnet zu sein.

Was nicht unterschätzt werden sollte, ist der Aufwand, den die Implementierung eines Mitarbeitergesprächssystems erfordert. Es sollte genügend Zeit für (Abstimmungs-)Gespräche einkalkuliert werden, wie etwa in der Pilotgruppe, mit der oberen Führungsebene, mit den Führungskräften, mit den Mitarbeitern oder intern im Personalbereich.

Organisationen, die vor der Aufgabe stehen, ein Mitarbeitergesprächssystem einzuführen, wird auf jeden Fall empfohlen, eine Projektgruppe zu installieren und keinesfalls im stillen Kämmerlein ein Konzept zu entwickeln. Es gilt, die Akzeptanz und die Einsicht der Führungskräfte zu erreichen bzw. die Betroffenen zu integrieren und sie zu Beteiligten zu machen. Wichtig ist auch, kritische Personen in den Projektverlauf einzubinden. Dies baut Widerstände ab. Außerdem fördert es die Praxistauglichkeit des Mitarbeitergesprächssystems, wenn in einer Pilotphase bereits kritische Punkte diskutiert und konkrete Erfahrungen gemacht werden.

Literatur

Adams, J. S.: »Inequity in Social Exchange«. In: Berkowitz, L. (Hrsg.): *Advances in Experimental Social Psychology.* Academic Press, 1965, S. 267-299

Adams, J. S.: »Toward an Understanding of Inequity«. *Journal of Abnormal and Social Psychology* 67 (1993), S. 422-436

Alberternst, C.: *Evaluation von Mitarbeitergesprächen.* Dr. Kovac, 2003

Alexander, S.; Rudermann, M.: »The role of procedural and distributive justice in organizational behaviour«. *Social Justice Research* 1 (1987), S. 177-198

Anderson, N. R.; West, M. A.: »Measuring climate for work group innovation: Development and validation of the team climate inventory«. *Journal of Organizational Behavior* 19 (1998), S. 235-258

Antons, K.: *Praxis der Gruppendynamik. Übungen und Techniken.* Hogrefe, 2000

Arvey, R. D.; Murphy, K. R.: »Performance evaluation in work settings«. *Annual Review Psychology* 49 (1998), S. 141-168

Atwater, L.; Brett, J. F.: »Antecedents and consequences of reactions to 360-degree feedback«. *Journal of Vocational Behavior* 66 (2005), S. 532-548

Bailey, C.; Fletcher, C.: »The impact of multiple source feedback on management development: Findings from a longitudinal study«. *Journal of Organizational Behavior* 23 (2002), S. 853-867

Balzer, A.; Sommer, C.: »Mehr Geld für die Chefs?« *Manager Magazin* 28 (1998), S. 214-228

Barker, F.: »Alkohol- und Drogenprävention am Arbeitsplatz«. In: Clermont, A.; Schmeisser, W. (Hrsg.): *Betriebliche Personal- und Sozialpolitik.* Vahlen, 1998, S. 483 ff.

Bartol, K. M.; Durham, C. C.; Poon, J. M. L.: »Influence of performance evaluation rating segmentation on motivation and fairness perceptions«. *Journal of Applied Psychology* 86 (2001), S. 1106-1119

Bartol, K. M.; Locke, E. A.: »Incentives and motivation«. In: Rynes, S. L.; Gerhart, B. (Hrsg.): *Compensation in Organizations: Current Research and Practice.* Jossey-Bass, 2000, S. 104-147

Bauer, J.: *Warum ich fühle, was du fühlst. Intuitive Kommunikation und das Geheimnis der Spiegelneurone.* Hoffmann und Campe, 2005

Bechinie, E.: »Kooperative Mitarbeitergespräche - Ein Erfahrungsbericht zur Einführung und Praxis in einem Dienstleistungsunternehmen«. In: Selbach, R.; Pullig, K. K. (Hrsg.): *Handbuch Mitarbeiterbeurteilung.* Gabler, 1992, S. 489-514

Becker, F. G.: »Anreizsysteme als Führungsinstrument«. In: Becker, F. G.: *Grundlagen betrieblicher Leistungsbeurteilungen, Leistungsverständnis und -prinzip, Beurteilungsproblematik und Verfahrensprobleme.* Schäffer-Poeschel, 2009

Becker, F. G.: »Anreizsysteme als Instrumente der strukturellen Mitarbeiterführung«. In: Eyer, E. (Hrsg.): *Praxishandbuch Entgeltsysteme - Durch differenzierte Vergütung die Wettbewerbsfähigkeit steigern.* Symposion Publishing, 2002

Becker, F. G.: *Grundlagen betrieblicher Leistungsbeurteilungen: Leistungsverständnis und -prinzip, Beurteilungsproblematik und Verfahrensprobleme.* Schäffer-Poeschel, 2009

Becker, F. G.: »Sinnvoll vergüten: Bei der Implementierung der leistungs- und erfolgsabhängigen Bezahlung ist auf vieles zu achten«. *Bankinformation* 8 (2004), S. 42-44

Becker, F. G.; Kramarsch, M. H.: *Leistungs- und erfolgsorientierte Vergütung für Führungskräfte.* Hogrefe, 2006

Becker, F. G.; Kramarsch, M. H.: »Vergütung außertariflicher Mitarbeiter«. In: Gaugler, E.; Oechsler, W. A.; Weber, W. (Hrsg.): *Handwörterbuch des Personalwesens.* Schäffer-Poeschel, 2004, S. 1949-1957

Beckner, D.; Highhouse, S.; Hazer, J. T.: »Effects of upward accountability and rating purpose on peer-rater inflation and delay: A field experiment«. *Journal of Organizational Behavior* 19 (1998), S. 209-214

Benien, K.; Schulz von Thun, F.: *Schwierige Gespräche führen.* Rowohlt, 2003
Bernardin, H. J.; Beatty, R. W.: *Performance appraisal: Assessing human behavior at work.* PWS-Kent, 1984
BGV, zitiert nach: www.Arbeitssicherheit-online.com; aufgerufen am 07.11.2009
Bertelsmann AG: *Die Überarbeitung der Bertelsmann Führungsinstrumente. Train the Trainer - Toolbox »Performance Management«.* 2008
Bertelsmann AG: *Bertelsmann Essentials.* Ohne Jahresangabe
Bertelsmann AG: *Leistungs- und Entwicklungsdialog 20.. für Führungskräfte.* Ohne Jahresangabe
Bertelsmann AG: *Leistungs- und Entwicklungsdialog 20.. für Mitarbeiter/-innen ohne Führungsverantwortung.* ohne Jahresabgabe
Bertelsmann AG: *Leitsätze für die Führung.* Ohne Jahresangabe
Bies, R. J.; Moag, J. F.: »Interactional justice: Communication criteria of fairness«. In: Lewicki, R. J.; Sheppard, B. H.; Bazerman, M. H. (Hrsg.): *Research on negotiations in organizations* Vol. 1. JAI Press, 1986, S. 43-55
Bittner, J. E.: »Das Führungsinstrument Mitarbeitergespräch: Eine Studie bei den 500 größten Unternehmen Deutschlands«. Diplomarbeit. Ruhr-Universität Bochum, 2005
Blank, A.; Hammer, J.: »Konsequent gelebte Unternehmenswerte als Erfolgstrategie einer globalisierten Personalentwicklung«. In: Friederichs, P.; Althauser, U. (Hrsg.): *Personalentwicklung in der Globalisierung.* Luchterhand, 2001
Bloom, M.: »The performance effects of pay dispersion on individuals and organizations«. *Academy of Management Journal* 42 (1999), S. 25-40
Böhnisch, W.; Freisler-Traub, A.; Reber, G.: »Der Zusammenhang zwischen Zielvereinbarung, Motivation und Entgelt - Eine theoretische Analyse«. *Personal* 1 (2000), S. 38-42
Bojer, M. M.; Roehl, H.; Knuth, M.; Magner, C.: *Mapping Dialogue. Essential Tools for Social Change.* Taos Institute Publications, 2008
Bommer, W. H.; Johnson, J. L.; Rich, G. A.; Podsakoff, P. M.; MacKenzie, S. B.: On the interchangeability of objective and subjective measures of employee performance: A metaanalysis. *Personnel Psychology* 48 (1995), S. 587-605
Boswell, W. R.; Boudreau, J. W.: »Employee attitudinal effects of perceived performance appraisal use«. *Human Resource Development Quarterly* 11 (2000), S. 97-114
Boswell, W. R.; Boudreau, J. W.: »Separating the developmental and evaluative performance appraisal uses«. *Journal of Business and Psychology* 16 (2002), S. 391-412
Brandenburg, U.; Nieder, P.: *Betriebliches Fehlzeiten-Management. Instrumente und Praxisbeispiele für erfolgreiches Anwesenheits- und Vertrauensmanagement.* Gabler, 2009
Breisig, T.: *Personalbeurteilung - Mitarbeitergespräch - Zielvereinbarungen. Grundlagen, Gestaltungsmöglichkeiten und Umsetzung in Betriebs- und Dienstvereinbarungen.* Bund, 2005
Brenner, D.; Brenner, F: *Beurteilungsgespräche souverän führen.* Deutscher Wirtschaftsdienst, 2002
Brett, J. F.; Atwater, L. E.: »360° feedback: Accuracy, reactions, and perception of usefulness«. *Journal of Applied Psychology* 86 (2001), S. 930-942
Bretz, H.; Maaßen, H.: »Anreizsysteme: Von der ›Mitarbeitererhaltung‹ zur ›Strategischen Mobilisierung‹ der operativen Führung«. *Zeitschrift für Personalforschung* 2 (1989), S. 139-152
Bretz, R. D; Milkovich jr., G. T.; Read, W.: »The current state of performance appraisal research and practice: Concerns, directions, and implications«. *Journal of Management* 18 (1992), S. 321-352
Bühler, W.; Siergert, T. (Hrsg.): *Unternehmenssteuerung und Anreizsysteme.* Schäffer-Poeschel, 1999
Bungard, W.; Kohnke, O. (Hrsg): *Zielvereinbarungen erfolgreich umsetzen. Konzepte, Ideen und Praxisbeispiele auf Gruppen- und Organisationsebene.* Gabler, 2002
Byham, W. C.; Smith, A. B.; Paese, M. J.: *Grow your own leader: How to identify, develop and retain leadership talent.* Prentice Hall, 2002
Campbell, D. J.; Campbell, K. M.; Chia, H.-B.: »Merit pay, performance appraisal and individual motivation: An analysis and alternative«. *Human Resource Management* 37 (1998), S. 131-146
Cawley, B. D.; Keeping, L. M.; Levy, P. E.: »Participation in the performance appraisal process and

employee reactions: A meta-analytic review of field investigations«. *Journal of Applied Psychology* 83 (1998), S. 615–633

Chhokar, J.; Brodbeck, F. C.; House, R.: *Culture and leadership across the world: The GLOBE Book of in-depth studies of 25 societies.* LEA Publishers, 2007

Cleveland, J. N.; Murphy, K. R.; Williams, R. E.: »Multiple uses of performance appraisal: Prevalence and correlates«. *Journal of Applied Psychology* 74 (1989), S. 130–135

Colquitt, J. A.; Conlon, D. E.; Wesson, M. J.; Porter, C. O.; Ng. K. Y.: Justice at the millenium: A meta-analytic review of 25 years of organizational justice research. *Journal of Applied Psychology* 86 (2001), S. 424–445

Conger, J. A.; Toegel, G.: »Action learning and multi-rater feedback as leadership development interventions: Popular but poorly deployed«. *Journal of Change Management* 33 (2002), S. 332–348

Cooper, R. K.; Sawaf, A.: *EQ. Emotionale Intelligenz für Manager.* Heyne, 1998

Covey, S. R.: *The Seven Habits of Highly effective people.* Free Press, 2004

Crisand, E.; Kiepe, K.: *Das Gespräch in der betrieblichen Praxis.* Sauer I. H., 1991

Cropanzano, R.; Prehar, C. A.; Chen, P. Y.: »Using social exchange theory to distinguish procedural from interactional justice«. *Group and Organizational Management* 27 (2002), S. 324–351

Csikszentmihalyi, Mihaly: *Flow im Beruf,* Klett Cotta, Stuttgart, 2004

Csikszentmihalyi, Mihaly: *Flow,* Klett Cotta, Stuttgart, 1996

Csikszentmihalyi, Mihaly: *Lebe gut,* Klett Cotta, Stuttgart, 1999

Curtis, A. B.; Harvey, R. D.; Ravden, D.: »Sources of political distortions in performance appraisals: Appraisal purpose and rater accountability«. *Group and Organizational Management* 30 (2005), S. 42–60

Dailey, R. C.; Delaney, J.: »Distributive and procedural justice as antecendents of job dissatisfaction and intent to turnover«. *Human Relations* 45 (1992), S. 305–315

Day, D. V.; Sulsky, L. M.: »Effects of frame-of-reference training and information configuration on memory organization and rating accuracy«. *Journal of Applied Psychology* 80 (1995), S. 158–167

De Jong, P.; Kim Berg, I.: *Lösungen (er-)finden. Das Werkstattbuch der lösungsorientierten Kurztherapie.* Modernes Lernen, 2003

Deci, E. L.; Koestner, R.; Ryan, R. M.: »A meta-analytic review of experiments examining the effects of extrinsic rewards on intrinsic motivation«. *Psychological Bulletin* 125 (1999), S. 627–668

Deckop, J. R.; Cirka, C. C.: »The risk and reward of a double-edged sword: effects of merit-pay programs on intrinsic motivation«. *Nonprofit and Voluntary Sector Quarterly* 29 (2000), S. 400–418

DeConinck, J. B.; Stilwell, C. D.: »Incorporating organizational justice, role states, pay satisfaction in a model of turnover intention«. *Journal of Business Research* 57 (2004), S. 225–331

DeCremer, D. et al.: »Rewarding leadership and fair procedures as determinants of self-esteem«. *Journal of Applied Psychology* 90 (2005), S. 3–12

Dejung, K.; Moog, M.: »Team- und Gruppenarbeit: Mit Geld allein nicht zu bezahlen«. *Personalführung* 4 (1998), S. 50–53

Den Hartog, D. N.; Boselie, P.; Paauwe, J.: »Performance management: A model and research agenda«. *Applied Psychology: An International Review* 53 (2004), S. 556–569

DeNisi, A. S.: »Performance appraisal and performance management: A multilevel analysis«. In: Klein, K. J.; Kozlowski, S. (Hrsg.): *Multilevel theory, research and methods in organizations.* Jossey-Bass, 2000, S. 121–156

DeNisi, A. S.; Cafferty, T. P.; Meglino, B. M.: »A cognitive view of the performance appraisal process: A model and research proposition«. *Organizational Behaviour and Human Performance* 33 (1984), S. 360–396

DeNisi, A. S.; Kluger, A. N.: »Feedback effectiveness: Can 360-degree appraisals be improved?« *Academy of Management Executive* 14 (2000), S. 129–139

DeNisi, A. S.; Peters, L. H.: »Organization of information in memory and the performance appraisal process: Evidence from the field«. *Journal of Applied Psychology* 81 (1996), S. 717–737

DeNisi, A. S.; Pritchard, R. D.: »Performance appraisal, performance management and improving individual performance: A motivational framework«. *Management und Organization Review* 2 (2006), S. 253 - 277

DeNisi, A. S.; Robbins, T.; Cafferty, T. P.: »Organization of information used for performance appraisals. Role of diary-keeping«. *Journal of Applied Psychology* 74 (1989), S. 124 - 129

DHS (Deutsche Hauptstelle gegen die Suchtgefahren e. V.): *Substanzbezogene Störungen am Arbeitsplatz. Eine Praxishilfe für Personalverantwortliche*. DHS, 2001 (http://www.dhs.de/web/daten/Arbeitsplatz.pdf, aufgerufen am: 04. 11. 2009)

DHS (Deutsche Hauptstelle gegen die Suchtgefahren e. V.): www.dhs.de, aufgerufen am: 04. 11. 2009

Dietze, K.: *Alkohol und Arbeit: Erkennen, Vorbeugen, Behandeln*. Orell Füssli, 1992

Dolan, S. L.; Moran, D.: »The effect of rater-ratee relationship on ratee perceptions of the appraisal process«. *International Journal of Management* 12 (1995), S. 337 - 352

Domsch, M.; Gerpott, T. J.: »Verhaltensorientierte Beurteilungsskalen«. *Die Betriebswirtschaft* 45 (1985), S. 666 - 680

Doppler, K.: *Dialektik der Führung. Opfer und Täter*. Gerling Akademie, 1999

Doppler, K.; Lauterburg, C.: *Change Management. Den Unternehmenswandel gestalten*. Campus, 2008

Drewes, G.; Runde, B.: »Practice Chapter - Performance appraisal.« In: Sonnentag, S. (Hrsg.): *Psychological management of individual performance*. Chichester Wiley & Sons, 2002, S. 137 - 154

Drucker, P.: *The Practice of Management*. Harper & Row, 1954

Eckardstein, D. v. (Hrsg.): *Handbuch Variable Vergütung für Führungskräfte*. Vahlen, 2001

Eisenberger, R.; Cameron, J.: »Detrimental effects of rewards: reality or myth?« *American Psychologist* 51 (1996), S. 1153 - 1166

Elicker, J. D.; Levy, P. E.; Hall, R. J.: »The Role of Leader-Member Exchange in the Performance Appraisal Process«. *Journal of Management* 32 (2006), S. 531 - 551

Eppler, M. J.; Mengis, J.: »Understanding and Managing Conversations from a Knowledge Perspective: An Analysis of the Roles and Rules of Face-to-face Conversations in Organizations«. *Organization Studies* 29 (2008), S. 1287 - 1313

Eppler, M. J.; Mengis, J.: »Wissensdialoge - Ein gesprächsbasierter Ansatz des Wissensmanagements«. *OrganisationsEntwicklung* 4 (2005), S. 14 - 23

Eyer, E.: »Vergütung von Teamarbeit in Dienstleistungsunternehmen«. *Personalführung* 4 (1998), S. 34 - 37

Eyer, E.; Haussmann, T.: *Zielvereinbarung und variable Vergütung: Ein praktischer Leitfaden - nicht nur für Führungskräfte*. Gabler, 2009

Farr, J. L.: »Leistungsfeedback und Arbeitsverhalten«. In: Schuler, H. (Hrsg.): *Beurteilung und Förderung beruflicher Leistung*. Hogrefe, 2004, S. 57 - 80

Fauser, J.: *Arbeitsheft Mitarbeitergespräche*. Gabal, 2005

Fechnter, H.; Taubert, R.: »Das Mitarbeitergespräch. Erster Schritt zu einem dialogischen Management«. *Personalführung* 3 (1995), S. 224 - 231

Felfe, J.: »Feedbackprozesse in Organisationen: Akzeptanz bei Vorgesetzten und Mitarbeitern«. In: Busch, R. (Hrsg.): *Mitarbeitergespräch - Führungskräftefeedback. Instrumente in der Praxis*. Hampp, 2000

Felfe, J.: *Mitarbeiterführung*. Hogrefe, 2009

Fengler, J.: *Feedback geben. Strategien und Übungen*. Beltz, 1998

Fiege, R.; Muck, P. M.; Schuler, H.: »Mitarbeitergespräche«. In: Schuler, H. (Hrsg.): *Lehrbuch der Personalpsychologie*. Hogrefe, 2006, S. 471 - 522

Findley, H.; Giles, W.; Mossholder, K.: »Performance appraisal process and system facets: relationships with contextual performance«. *Journal of Applied Psychology* 85 (2000), S. 634-640

Fisher, C.; Schoenfeldt, L.; Shaw, J.: *Human resource management*. Cengage Learning, 2005

Fiske, S.; Taylor, S.: *Social cognition: From Brains to Culture*. McGraw Hill Book Co, 2008

Fletcher, C.: »Appraisal. An individual psychological perspective«. In: Sonnentag, S. (Hrsg.): *Psychological management of individual performance*. John Wiley & Sons Ltd., 2002, S. 115 - 135

Fletcher, C.: »Performance appraisal and management. The developing research agenda«. *Journal of Occupational and Organizational Psychology* 73 (2001), S. 473 - 487

Folger, R.: »Distributive and procedural justice: Combined impact of «voice" and improvement of experienced inequity«. *Journal of Personality and Social Psychology* 35 (1977), S. 108-119
Folger, R.; Cropanzano, R.: *Organizational justice and human resource management*. Sage, 1998
Folger, R.; Konovsky, M. A.: »Effects of procedural and distributive justice on reactions to pay decisions«. *Academy of Management Journal* 32 (1989), S. 115-130
Folger, R.; Rosenfield, D.; Grove, J.; Corkran, L.: »Effects of ‚voice' and peer opinions on responses to inequity«. *Journal of Personality and Social Psychology* 37 (1979), S. 2253-2261
Franke, A.; Mohn, K.; Sitzler, F.; Welbrink, A.; Witte, M.: *Alkohol- und Medikamentenabhängigkeit bei Frauen: Risiken und Widerstandsfaktoren*. Juventa, 2001
Freimuth, J.; Asbahr, T.: »Eine kurze Geschichte des Feedback«. *OrganisationsEntwicklung* 01/02 (2002), S. 79-84
Frey, B. S.; Osterloh, M.: (Hrsg.): *Managing Motivation*. Gabler, 2002
Frey, B. S.; Osterloh, M.: »Motivation - der zwiespältige Produktionsfaktor«. *Neue Zürcher Zeitung*, 29./30. März 1997, S. 29
Frey, D.; Dauenheimer, D.; Parge, O.; Haisch, J.: Die Theorie sozialer Vergleichsprozesse. In: Frey, D.; Irle, M. (Hrsg.): *Kognitive Theorien der Sozialpsychologie*. Huber, 1993, S. 81-121
Friedag, H. R.; Schmidt, W.: *My Balanced Scorecard. Das Praxishandbuch für Ihre individuelle Lösung: Fallstudien, Checklisten, Präsentationsvorlagen*. Haufe, 2006
Fuchs, R.; Rainer, L.; Rummel, M. (Hrsg.): *Betriebliche Suchtprävention*. Hogrefe, 1998
Fuchs, R.; Resch, M.: *Alkohol und Arbeitssicherheit. Arbeitsmanual zur Vorbeugung und Aufklärung*. Hogrefe, 1996
Fulk, J.; Brief, A. P.; Barr, S. H.: »Trust-in-supervisor and perceived fairness and accuracy of performance evaluations«. *Journal of Business Research* 13 (1985), S. 301-313
Gagné, M.; Deci, E. L.: »Self-determination theory and work motivation«. *Journal of Organizational Behavior* 26 (2005), S. 331-362
Gehm, T.: *Kommunikation im Beruf. Hintergründe, Hilfen, Strategien*. Beltz, 2006
Gerstmann, M.: »Mitarbeitergespräch über vier Etappen«. *Personalmagazin* 2 (2004), S. 56-58
Gieseking, O.; Sehnke, E.; Roos, J.: »Leistungs- und erfolgsorientierte Vergütung von Team- und Gruppenarbeit«. *Personalführung* 4 (1998), S. 22-32
Gilliland, S. W.; Langdon, J. C.: »Creating performance management systems that promote perceptions of fairness«. In: Smither, J. W. (Hrsg.): *Performance appraisal: State of the art in practice*. Jossey-Bass, 1998
Gnade, A.; Kehrmann, K.; Schneider, W.; Blanke, H.; Klebe, T.: *Betriebsverfassungsgesetz*. Bund, 2002
Goldmann, B. M.: »Toward an understanding of employment discrimination claiming: An integration of organizational justice and social information processing theories«. *Personnel Psychology* 54 (2001), S. 361-386
Goldstein E. B.; Irtel, H.: *Wahrnehmungspsychologie: Der Grundkurs*. Spektrum Akademischer Verlag, 2007
Goleman, D.; Boyatzis, R.; McKee, A.: *Emotionale Führung*. Ullstein Taschenbuch. 2003
Goleman, D.: »Emotionale Intelligenz - zum Führen unerlässlich«. In: *Harvard Business Manager* 3 (1999), S. 27-36
Goleman, D.: *Emotionale Intelligenz*. Deutscher Taschenbuch Verlag, 2002
Gordon, T.: *Managerkonferenz. Effektives Führungstraining*. Heyne, 2005
Gostomzyk, J. G.: *Alkohol im Unternehmen: vorbeugen - erkennen - helfen*. LZG, 2006 (www.lzg.bayern.de/download/sucht/alkohol_unternehmen.pdf, aufgerufen am 05.11.2009)
Gratton, L.; Truss, C.: »The three-dimensional people strategy: Putting human resources policies into action«. *Academy of Management Executive* 17 (2003), S. 74-86
Greenberg, J.: »Determinants of perceived fairness of performance evaluation«. *Journal of Applied Psychology* 71 (1986), S. 340-342
Greenberg, J.: »The distributive justice of organizational performance evaluations«. In: Bierhoff, H. W.; Cohen, R. L.; Greenberg, J. (Hrsg.): *Justice in social relations*. Plenum, 1986, S. 337-351

Greenberg, J.; Colquitt, J. A. (Hrsg.): *Handbook of organizational justice*. Erlbaum, 2005, S. 3 - 58
Greenberg, J.; Cropanzano, R.: »Preface«. In: Greenberg, J.; Cropanzano, R. (Hrsg.): *Advances in organizational justice*. Stanford University Press, 2001, S. 7 - 10
GTZ: *Das GTZ-Mitarbeitergespräch. Rückmeldung - Vergütung - Ziele - Entwicklung. Leitfaden für Mitarbeiterinnen und Mitarbeiter und Führungskräfte*. Überarbeitete Version nach Revision der Tarifreform. Januar 2009
GTZ: *Kompetenzmatrix*. Ohne Jahresangabe
GTZ: *Mitarbeitergesprächsbogen*. 2008
Guest, D. E.: »Human resource management and performance: a review and research agenda«. *Human Resource Management* 8 (1997), S. 263 - 276
Guzzo, R. A.; Jette, R. D.; Katzell, R. A.: »The effects of psychologically based intervention programs on worker productivity: A meta-analysis«. *Personnel Psychology* 38 (1985), S. 275 - 291
Hacker, W.: *Allgemeine Arbeitspsychologie. Psychische Regulation von Arbeitstätigkeiten*. Huber, 2005
Harris, T. A.: *Ich bin o. k. Du bist o. k. Wie wir uns selbst besser verstehen und unsere Einstellung zu anderen verändern können. Eine Einführung in die Transaktionsanalyse*. Rowohlt, 1991
Hedge, J. W.; Borman, W. C.: »Changing conceptions and practices in performance appraisal«. In: Howard, A. (Hrsg.): *The changing nature of work*. Jossey-Bass, 1995
Hell, B.; Schuler, H.; Boramier, I.; Schaar, H.: Verwendung und Einschätzung von Verfahren der internen Personalauswahl und Personalentwicklung im 10-Jahresvergleich. *Zeitschrift für Personalforschung* 20 (2006), S. 58 - 78
Henderson, R.: *Compensation management: in a knowledge-based world*. Pearson, 2005
Heneman, H. G.; Judge, T. A.: »Compensation attitudes«. In: Rynes, S. L.; Gerhart, B. (Hrsg.): *Compensation in Organizations: Current Research and Practice*. Jossey-Bass, 2000, S. 61 - 103
Heneman, R. L.: »Merit Pay Research«. *Research in Personnel and Human Ressources Management* 8 (1990), S. 203 - 263
Heneman, R. L.: »The relationship between supervisory ratings and results-oriented measures of performance: A meta-analysis«. *Personnel Psychology* 39 (1986), S. 811 - 826
Heneman, R. L.; Greenberger, D.; Anonyuo, C.: »Attributions and exchanges: The effects of interpersonal factors on the diagnostics of employee performance«. *Academy of Management Journal* 32 (1989), S. 466 - 476
Heneman, R. L.; Wener J. M. (Hrsg.): *Merit Pay: Linking Pay Increases to Performance Ratings*. Information Age Pub, 2004
Hlawaty, P.: »Zielvereinbarungen - Eine Herausforderung für betriebliche Interessenvertretung und Gewerkschaften«. In: Jetter, F.; Skrotzki, R. (Hrsg.): *Handbuch Zielvereinbarungsgespräche*. Schäffer-Poeschel, 2000
Hofbauer, H.; Kauer, A.: *Einstieg in die Führungsrolle*. Hanser, 2008
Hoffmann, K.: »Balanced Scorecard als umfassendes Zielvereinbarungssystem - Eine kritische Betrachtung«. In: Bungard, W.; Kohnke, O. (Hrsg.): *Zielvereinbarungen erfolgreich umsetzen*. Gabler, 2002, S. 95 - 104
Hofmann, A.; Schmitz, U.: »Motivation der Mitarbeiter als wesentlicher Erfolgsfaktor von Lean Production«. In: Institut für angewandte Arbeitswissenschaft e. V. (Hrsg.): *Lean Production: Erfahrungen und Erfolge in der M+E Industrie*. Köln 1994, S. 108 - 120
Holbrook, R. L. jr.: »Contact points and flash points: Conceptualizing the use of justice mechanisms in the performance appraisal interview«. *Human Resource Management Review* 12 (2002), S. 101 - 123
Hölzl, F.; Raslan, N.: *Schwierige Personalgespräche. Die besten Vorgehensweisen - mit Dialoggesprächen*. Haufe, 2006
Hopfner, S.; Naumann, V.: *Das Allgemeine Gleichbehandlungsgesetz (AGG). Ein Leitfaden für die arbeitsrechtliche Praxis*. Verlag Versicherungswirtschaft, 2006
Horváth, P. & Partner: *Balanced Scorecard umsetzen*. Schäffer-Poeschel, 2007
Horváth, P.; Gaiser, B.: »Implementierungsverfahren mit der Balanced Scorecard im deutschen Sprachraum«. *Betriebswirtschaftliche Forschung und Praxis* 1 (2000), S. 17 - 35

Hossiep, R.; Bittner, J. E.: »Reden wir darüber ... Der stille Erfolg des Mitarbeitergesprächs in deutschen Unternehmen«. *Wirtschaftspsychologie aktuell* 2 - 3 (2006), S. 41 - 44

Hossiep, R.; Bittner, J. E.; Berndt, W.: *Mitarbeitergespräche - motivierend, wirksam, nachhaltig.* Hogrefe, 2008

IG Metall: *Gestaltungshinweise und Regelungsvorschläge für Zielvereinbarungen.* Bezirksleitung der IG Metall, 1998

Ilgen, D. R.; Davis, C. A.: »Bearing bad news: Reactions to negative performance feedback«. *Applied Psychology: An International Review* 49 (2000), S. 550 - 565

Ilgen, D. R.; Fisher, C. D.; Taylor, M. S.: »Consequences of individual feedback on behavior in organizations«. *Journal of Applied Psychology* 64 (1979), S. 349 - 371

Jensen, M. C.; Meckling, W. H.: »Theory of the firm: managerial behavior, agency costs, and ownership structure«. *Journal of Financial Economy* 3 (1976), S. 305 - 360

Jetter, F.; Strotzki, R. (Hrsg.): *Handbuch Zielvereinbarungsgespräche.* Schäffer-Poeschel, 2000

Jetter, W.: *Performance Management.* Schäffer-Poeschel, 2004

Johnson, J. S.: *Employees' justice perceptions of performance appraisal systems: Attitudinal, behavioral, and performance consequences.* Unpublished Dissertation. Portland State University, 2003

Jörges-Süß, K.: »Zahlt sich Leistung aus? Leistungsabhängige Vergütung im öffentlichen Dienst«. *Personalführung* 7 (2006), S. 34 - 40

Judge, T. A.; Ferris, G. R.: »Social context of performance evaluation decisions«. *Academy of Management Journal* 36 (1993), S. 80 - 105

Kahnt, A. et al.: »Geld als Motivator: Die Rolle des finanziellen Status in der Einstellung zu Geld«. *Wirtschaftspsychologie* 2 (2004), S. 3 - 11

Kälin, K.; Müri, P.: *Führen mit Kopf und Herz. Psychologie für Führungskräfte und Mitarbeiter.* Ott, 2001

Kälin, K.; Müri, P.: *Sich und andere führen. Psychologie für Führungskräfte und Mitarbeiter.* Ott, 2000

Kaplan, R. S.; Norton, D. P.: *Alignment. Mit der Balanced Scorecard Synergien schaffen.* Schäffer-Poeschel, 2006

Kaplan, R. S.; Norton, D. P.: *Die strategiefokussierte Organisation. Führen mit der Balanced Scorecard.* Schäffer-Poeschel, 2001

Kaplan, R. S.; Norton, D. P.: *Strategy Maps. Der Weg von immateriellen Werten zum materiellen Erfolg.* Schäffer-Poeschel, 2004

Kaplan, R. S.; Norton, D. P.: »The Balanced Scorecard - Measures That Drive Performance«. *Harvard Business Review* 70 (1992), S. 71 - 79

Kaplan, R. S.; Norton, D. P.: *The Balanced Scorecard - Strategien erfolgreich umsetzen.* Schäffer-Poeschel, 1997

Kaschube, J.; Rosenstiel, L. v.: »Motivation von Führungskräften durch leistungsorientierte Bezahlung«. *Zeitschrift für Organisationspsychologie* 69 (2000), S. 70 - 76

Keeping, L. M.; Levy, P. E.: »Performance appraisal reactions: Measurement, modeling and method bias«. *Journal of Applied Psychology* 85 (2000), S. 708 - 723

Kellner, H.: *Kritikgespräche führen. Top Tools fürs Mitarbeitergespräch.* Prentice Hall, 2002

Keown-Gerrard, J. L.; Sulsky, L. M.: »The effects of task information training and frame-of-reference training with situational constraints on rating accuracy«. *Human Performance* 14 (2001), S. 305 - 320

Kießling-Sonntag, J.: *Handbuch Mitarbeitergespräche.* Cornelsen Lehrbuch, 2004

Kießling-Sonntag, J.: *Zielvereinbarungsgespräche. Erfolgreiche Zielvereinbarungen. Konstruktive Gesprächsführung.* Cornelsen Lehrbuch, 2007

Kikoski, J. F.: »Effective communication in the performance appraisal interview: Face-to-face communication for public managers in the culturally diverse workplace«. *Public Personnel Management* 28 (1999), S. 301 - 323

Klebl, U. C.: *Effekte von Feedback-Interventionen in Development-Centern.* Rainer Hampp, 2006

Klein, W. M.: »Objective standards are not enough: Affective, self-evaluative, and behavioral responses to social comparison information«. *Journal of Personality and Social Psychology* 22 (1997), S. 763-774

Kleinbeck, U.: *Arbeitsmotivation: Entstehung, Wirkung und Förderung.* Juventa, 1996

Kleinbeck, U.: »Das Partizipative Produktivitätsmanagement (PPM) - ein Motor für Produktivitätssteigerungen«. *OrganisationsEntwicklung* 1 (2008), S. 33-41

Kleinbeck, U.: »Die Wirkung von Zielsetzungen auf die Leistung«. In: Schuler, H. (Hrsg.): *Beurteilung und Förderung beruflicher Leistung.* Hogrefe, 2004, S. 215-238

Kleinbeck, U.; Schmidt, K.: »Die Wirkung von Zielsetzungen auf das Handeln«. In: Graumann, C. (Hrsg.): *Enzyklopädie der Psychologie,* C, Band 4, Serie IV. Hogrefe, 1996, S. 875-907

Klendauer, R.; Streicher, B.; Jonas, E.; Frey, D.: Fairness und Gerechtigkeit. In: Bierhoff, H. W.; Frey, D. (Hrsg.): *Handbuch der Sozialpsychologie und Kommunikationspsychologie.* Hogrefe, 2006

Kluger, A. N.; DeNisi, A.: »Effects of Feedback Interventions on Performance. Historical Review, a Meta-Analysis and a Preliminary Feedback Intervention Theory«. *Psychological Bulletin* 119 (1996), S. 254-284

Kohnke, O.: »Die Anwendung der Zielsetzungstheorie zur Mitarbeitermotivation und -steuerung«. In: Bungard, W.; Kohnke, O. (Hrsg.): *Zielvereinbarungen erfolgreich umsetzen.* Gabler, 2002

König, E.; Vollmer, G.: *Systemisches Coaching. Handbuch für Führungskräfte, Berater und Trainer.* Beltz, 2002

König, E.; Volmer, G.: *Systemische Organisationsberatung.* Beltz, 2008

Konovsky, M. A.: »Understanding procedural justice and its impact on business organizations«. *Journal of Management* 26 (2000), S. 489-511

Konovsky, M. A.; Pugh, S. D.: »Citizenship behavior and social exchange«. *Academy of Management Journal* 37 (1994), S. 656-669

Korsgaard, M. A.; Roberson, L.: »Procedural justice in performance evaluation: The role of instrumental and non-instrumental voice in performance appraisal discussions«. *Journal of Management* 21 (1995), S. 657-669

Kosiol, E.: *Leistungsgerechte Entlohnung.* Gabler, 1962

Kramarsch, M.: *Aktienbasierte Managementvergütung.* Schäffer-Poeschel, 2004

Kruglanski, A. W.; Mayseless, O.: »Classic and current social comparison research: Expanding the perspective«. *Psychological Bulletin* 108 (1990), S. 195-208

Kunz, G.: »Zielvereinbarungen und Balanced Scorecard«. *Personal* 10 (1999), S. 488-493

Küttner W.; Röller, J. (Hrsg.): *Personalhandbuch 2009.* Beck, 2009

Landy, F. J.; Barnes, J. L.; Murphy, K. R.: »Correlates of perceived fairness and accuracy of performance evaluation«. *Journal of Applied Psychology* 63 (1978), S. 751-754

Landy, F. J.; Barnes-Farrell, J.; Cleveland J.: »Correlates of perceived fairness and accuracy of performance evaluation: A follow-up«. *Journal of Applied Psychology* 65 (1980), S. 355-356

Latham, C.; Marchbank, T.: »Feedback techniques«. In: Lee, G.; Beard, D. (Hrsg.): *Development centres: Realizing the potential of your employees through assessment and development.* McGraw-Hill Book Company, 1994

Latham, G. P.; Erez, M.; Locke, E.: »Resolving scientific disputes by the joint design of crucial experiments by the antagonists: Application to the Erez-Latham dispute regarding participation in goal setting«. *Journal of Applied Psychology* 73 (1988), S. 753-772.

Latham, G. P.; Latham, S. D.: »Overlooking theory and research in performance appraisal at one's peril: Much done, more to do«. In: Cooper C.; Locke E. A. (Hrsg.): *International review of industrial-organizational psychology.* Wiley, 2000, S. 199-215

Latham, G. P.; Skarlicki, D.; Irvine, D.; Siegel, J. P.: The increasing importance of performance appraisals to employee effectiveness in organizational settings in North America. In: Cooper, C. L.; Robertson, J. T. (Hrsg.): *International Review of Industrial and Organizational Psychology.* Wiley, 1993, S. 87-133

Latham, G. P.; Wexley K. N.: »Increasing Productivity through Performance Appraisal, Massachusetts«. In: Lawler, E. E. III: *The Ultimate Advantage. Creating the High-Involvement Organization.* Jossey-Bass, 1992

Latham, G. P.; Winters, D. E.; Locke, E. A.: »Cognitive and motivational effects of participation in goal setting«, *Journal of Organizational Behavior* 15 (1994), S. 49 - 63

Lawler, E. E. III: »Reward Practices and Performance Management System Effectiveness«. *Organizational Dynamics* 32 (2003), S. 396 - 404

Lenz, G.; Osterhold, G.: *Systemische Organisations- und Unternehmensberatung. Praxishandbuch für Berater und Führungskräfte.* Gabler, 2003

Leonhardt, W.: »Das Mitarbeitergespräch als Alternative zu formalisierten Beurteilungssystemen«. In: Schuler, H. (Hrsg.): *Beurteilung und Förderung beruflicher Leistung.* Verlag für Angewandte Psychologie, 1991, S. 91 - 105

Lepsinger, R.; Lucia, A. D.: *The art and science of 360° feedback.* Jossey-Bass, 1997

Leung, K.; Su, S.; Morris, M. W.: »When is criticism not constructive? The role of fairness perceptions and dispositional attributions in employee acceptance of critical supervisory feedback«. *Human Relations* 54 (2001), S. 1155 - 1187

Leventhal, G. S.: »What should be done with equity theory?« In: Gergen, K. J.; Greenberg, M. S.; Willis, R. H. (Hrsg.): *Social exchange: Advances in theory and research.* Plenum 1980, S. 27 - 55

Levy, P. E.; Cawley, B. D.; Foti, R. J.: »Reactions to appraisal discrepancies: Performance ratings and attributions«. *Journal of Business and Psychology* 12 (1998), S. 437 - 455

Levy, P. E.; Williams, J. R.: »The role of perceived system knowledge in predicting appraisal reactions, job satisfaction, and organizational commitment«. *Journal of Organizational Behavior* 19 (1998), S. 53 - 65

Levy, P. E.; Williams, J. R.: »The social context of performance appraisal: A review and framework for the future«. *Journal of Management* 30 (2004), S. 881 - 905

Liebel, H. J.; Oechsler, W. A.: *Personalbeurteilung - Neue Wege der Verhaltens- und Leistungsbewertung.* Gabler, 1992

Lind, E. A.; Tyler, T. R.: *The social psychology of procedural justice.* Plenum, 1988

Lind, E. A.; Tyler, T. R.; Huo, Y. J.: »Procedural context and culture: Variation in the antecedents of procedural justice judgements«. *Journal of Personality and Social Psychology* 59 (1997), S. 952 - 959

Lind, E. A.; Van den Bos, K.: »When fairness works: Toward a general theory of uncertainty management«. In: Staw, B. M.; Kramer, R. M. (Hrsg.): *Research in organizational behavior.* Elsevier, 2002, S. 181 - 223

Locke, E. A.; Shaw, K. N.; Saari, L. M.; Latham, G. P.: Goal setting and task performance: 1969 - 1980. *Psychological Bulletin* 90 (1981), S. 125 - 152

Locke, E. A.; Latham, G. P.: *A Theory of Goal Setting and Task Performance,* Prentice Hall, 1992.

Locke, E. A.; Latham, G. P.: »Building a practically useful theory of goal setting and task motivation«. *American Psychologist* 57 (2002), S. 705 - 717

Locke, E. A.; Latham, G. P.: *Goal Setting. A motivational technique that works!* Prentice Hall, 1984

Locke, E. A.; Latham, G. P.: »Work Motivation: The High Performance Cycle«. In: Quast, H.-H. et al. (Hrsg.): *Work Motivation.* Erlbaum, 1990

Locke, E. A.; Latham, G. P.; Erez, M.: »The determinants of goal commitment«. *Academy of Management* 13 (1998), S. 23 - 39

Lohaus, D.: *Leistungsbeurteilung.* Hogrefe, 2009

London, M.: *Job feedback: giving, seeking, and using feedback for performance improvement.* Erlbaum, 2003

London, M.; Smither, J. W.: »Feedback orientation, feedback culture, and the longitudinal performance management process«. *Human Resource Management Review* 12 (2002), S. 81 - 100

London, M.; Smither, J. W.; Adsit, D. J.: »Accountability: The Achilles' heel of multisource feedback«. *Group & Organization Management* 22 (1997), S. 162 - 184.

Luft, J.: *Einführung in die Gruppendynamik.* Fischer Taschenbuch, 1993

Luhmann, N.; Beacker, D. (Hrsg.): *Einführung in die Systemtheorie.* Carl-Auer-Systeme, 2006

Magner, N.; Welker, R. B.; Johnson, G. G.: »The interactive effects of participation and outcome favorability on turnover intentions and evaluations of supervisors«. *Journal of Occupational and Organizational Psychology* 69 (1996), S. 135–143

Marcus, B.; Schuler, H.: »Leistungsbeurteilung«. In: Schuler. H. (Hrsg.): *Lehrbuch der Personalpsychologie.* Hogrefe, 2006, S. 434–369

Martin, C. L.; Bennet, N.: »The role of justice judgments in explaining the relationship between job satisfaction and organizational commitment«. *Group and Organization Management* 21 (1996), S. 84–104

Masterson, S. S. et al.: »Integrating justice and social exchange: The differing effects of fair procedures and treatment on work relationships«. *Academy of Management Journal* 43 (2000), S. 738–748

Mattausch, E.; Streicher, B.; Frey, D.: »Prinzipielles Vertrauen«. *Personalwirtschaft* 4 (2005), S. 18–21

Maurer, T. J.; Mitchell, D. R. D.; Barbeite F. G.: »Predictors of attitudes toward a 360-degree feedback system and involvement in post-feedback management development activity«. *Journal of Occupational and Organizational Psychology* 75 (2002), S. 87–107

Mayer, R. C.; Davis, J. H.: »The effect of the performance appraisal system on trust for management: A field quasi experiment«. *Journal of Applied Psychology* 84 (1999), S. 123–136

McDonald, T.: »The effect of dimension content on observation and ratings of job performance«. *Organizational Behavior and Human Decision Process* 48 (1991), S. 252–271

McFarlin, D. B.; Sweeney, P. D.: »Distributive and procedural justice as predictors of satisfaction with personal an organizational outcomes«. *Academy of Management Journal* 35 (1992), S. 626–637

MEAG: »Erfolg durch Ziele. Führungsdialog«. Ohne Jahresangabe

MEAG: »Erfolg durch Ziele. Gesprächsleitfaden«. 2008

MEAG: »Zielvereinbarungsbogen«. Ohne Jahresangabe

Mentzel, W.: *Mitarbeitergespräche: Mitarbeiter motivieren, richtig beurteilen und effektiv einsetzen.* Rudolf Haufe, 2009

Mentzel, W.; Grotzfeld, S.; Haub, C.: *Mitarbeitergespräche.* Rudolf Haufe, 2008

Mero, N. P.; Motowidlo, S. J.: »Effects of rater accountability on the accuracy and the favorability of performance ratings«. *Journal of Applied Psychology* 80 (1995), S. 517–524

Mero, N. P.; Motowidlo, S. J.; Anna, A. L.: »Effects of accountability on rating behavior and rater accuracy«. *Journal of Applied Social Psychology* 33 (2003), S. 2493–2514

Meyer, H.: »Systemisches Fragen«. *OrganisationsEntwicklung* 1 (2005), S. 95–97

Michaels, R. E. et al.: »Influence of formalization on the organizational commitment and work alienation of salespeople and industrial buyers«. *Journal of Marketing Research* 25 (1988), S. 376–383

Mohrman jr., A. M.; Resnick-West, S. M.; Lawler, E. E. III: *Designing performance appraisal systems: Aligning appraisals and organizational realities.* Jossey-Bass, 1989

Moorman, R. H.: »Relationship between organizational justice and organizational citizenship behaviors: Do fairness perceptions influence employee citizenship?« *Journal of Applied Psychology* 76 (1991), S. 845–855

Moorman, R. H.; Blakely, G. L.; Niehoff, B. P.: »Does perceived organizational support mediate the relationship between procedural justice and organizational citizenship behavior?« *Academy of Management Journal* 41 (1998), S. 351–357

Muck, P. M.; Schuler, H.: »Beurteilungsgespräch, Zielsetzung und Feedback«. In: Schuler H. (Hrsg.): *Beurteilung und Förderung beruflicher Leistung.* Hogrefe, 2004, S. 255–290

Mücke, K.: *Hilf Dir selbst und werde, was Du bist. Anregungen und spielerische Übungen zur Problemlösung und Persönlichkeitsentfaltung. Lehr- und Lernbuch: Systemisches Selbstmanagement.* ÖkoSysteme, 2004

Mücke, K.: *Probleme sind Lösungen. Systemische Beratung und Psychotherapie – ein pragmatischer Ansatz.* ÖkoSysteme, 2003

Murphy, K. R.; Cleveland, J. N.: *Understanding performance appraisal: Social, organizational, and goal-based perspectives.* Sage, 1995

Nagel, R.: *Lust auf Strategie.* Schäffer-Poeschel, 2009
Nagel, R.; Dietl, W.: »Werkzeugkiste 18: Balanced Scorecard«. *OrganisationsEntwicklung* 1 (2009), S. 80-85
Nagel, R.; Oswald, M.; Wimmer, R.: *Das Mitarbeitergespräch als Führungsinstrument. Ein Handbuch der OSB für Praktiker.* Klett-Cotta, 2005
Nagel, R.; Wimmer, R.: *Systemische Strategieentwicklung.* Schäffer-Poeschel, 2009
Napier, N.; Latham, G. P.: »Outcome expectancies of people who conduct performance appraisals«. *Personnel Psychology* 39 (1986), S. 827-838
Nathan, B. R.; Mohrman, A. M. Jr.; Milliman, J.: »Interpersonal relations as a context for the effects of appraisal interviews on performance and satisfaction: A longitudinal study«. *Academy of Management Journal* 34 (1991), S. 352-369
Nerdinger, F. W.: *Formen der Beurteilung im Unternehmen.* Beltz, 2001
Nerdinger, F. W.: »Formen der Beurteilung«. In: von Rosenstiel, L.; Regnet, E.; Domsch, M. (Hrsg.): *Führung von Mitarbeitern.* Schäffer-Poeschel, 2003, S. 229-252
Nerdinger, F. W.: »Vorgesetztenbeurteilung«. In: Jöns, I.; Bungard, W. (Hrsg.): *Feedbackinstrumente im Unternehmen: Grundlagen, Gestaltungshinweise, Erfahrungsberichte.* Gabler, 2005, S. 99-112
Neuberger, O.: *Das Mitarbeitergespräch. Praktische Grundlagen für erfolgreiche Führungsarbeit.* Rosenberger, 2009
Neuberger, O.: *Führen und führen lassen. Ansätze, Ergebnisse und Kritik der Führungsforschung.* Lucius und Lucius, 2002
Neuberger, O.: *Miteinander arbeiten - miteinander reden. Vom Gespräch in unserer Arbeitswelt,* Bayerisches Staatsministerium für Arbeit und Soziales, 1996 (auch im Internet, unter: www.stmas.bayern.de/arbeit/miteinan.pdf, aufgerufen am: 09.11.2009)
Neuberger, O.: *Personalentwicklung.* Lucius und Lucius, 1994
Noonan, L.; Sulsky, L. M.: *Impact of frame-of reference and behavioral observation training on rating and behavioral accuracy in performance appraisals.* Unpublished master's thesis, The University of Calgary, 1996
Nurse, L.: »Performance appraisal, employee development and organizational justice: exploring the linkages«. *Journal of Human Resource Management* 16 (2005), S. 1176-1194
O'Connor, J.; Seymour, J.: *Neurolinguistisches Programmieren: Gelungene Kommunikation und persönliche Entfaltung.* VAK, 2009
Odiorne, G.: *Management by Objectives, Führungssysteme für die 80er Jahre.* Moderne Industrie, 1980
Odiorne, G.: *Management mit Zielvorgabe: Management by Objectives.* Moderne Industrie, 1971
Oechsler, W. A.: »Personalführung durch tätigkeitsbezogene Leistungsbewertung«. In: Liebel, H. J.; Oechsler, W. A. (Hrsg.): *Personalbeurteilung, Neue Wege zur Bewertung von Leistung, Verhalten und Potenzial.* Gabler, 1992, S. 11-102
Olesch, G.: »Zielvereinbarung und variable Vergütung«. *Angewandte Arbeitswissenschaft* 162 (1999), S. 1-17
Pearce, J. L.; Porter, L. W.: »Employee responses to formal performance appraisal feedback«. *Journal of Applied Psychology* 71 (1986), S. 211-218
Pechtl, W.: *Zwischen Organismus und Organisation. Wegweiser und Modelle für Berater und Führungskräfte.* Np, 2001
Pettijohn, T. F.: *Sources: Notable Selections in Social Psychology.* Dushkin Publishing Group, 2001
Peuntner, T.: »Management by Objectives (MbO) - Grundlagen«. *Personal* 10 (1999), S. 486
Pfeffer, J.: »Six dangerous myths about pay«. *Harvard Business Review* 76 (1998), S. 108-120
Pitcher, P.: *Das Führungsdrama. Künstler, Handwerker und Technokraten im Management.* Schäffer-Poeschel, 2008
Pritchard, R. D. et al.: »Designing a Goal-Setting System to Enhance Performance: A Practical Guide«. *Organizational Dynamics* 17 (1988), S. 69-78
Prothmann, K.: »Möglichkeiten des Mitarbeitergesprächs als Online-Tool«. In: Thienel, A. (Hrsg.):

Webbasierte Assessments, Online-Akademien und Change Management Portale: Internetbasierte Systeme zur Personalauswahl, Personal- und Organisationsentwicklung. VDM, 2006, S. 137–149

Pursell, E. D.; Dossett, D. L.; Latham, G. P.: »Obtaining valid predictors by minimizing rating errors in the criterion«. *Personnel Psychology* 33 (1980), S. 91–96

Putz, P.: »Nutzen der Evaluierung von Managementsystemen«. *Personal* 10 (1999), S. 502–505

Putz, P.; Lehner, J. M.: »Effekte zielorientierter Führungssysteme – Entwicklung und Validierung des Zielvereinbarungsbogens (ZVB)«. *Zeitschrift für Arbeits- und Organisationspsychologie* 46 (2002), S. 22–34

Reißer, M.; Kuhn, M.; Eigenstetter, K.: »Entwicklung und Implementierung einer teamorientierten Vergütung«. *Personalführung* 4 (1998), S. 38–40

Rice, B.: Performance Review: »The job nobody likes«. In: Ferris, G. R.; Buckley, M. R. (Hrsg): *Human Resource Management: Perspectives, Context, Functions and Outcomes*. Prentice Hall, 1996

Rischar, K.: *Kritik als Chance für den Vorgesetzten und Mitarbeiter*. Expert, 2002

Rissel, D.; Fohler, A. G.: »Aktienoptionsprogramme«. *Zeitschrift für Personalforschung* 19 (2005), S. 64–83

Rosenberg, M. B.: *Gewaltfreie Kommunikation. Eine Sprache des Lebens*. Junfermann, 2007

Rosenstiel, L. v.: *Grundlagen der Organisationspsychologie*. Schäffer-Poeschel, 2003

Rosenstiel, L. v.; Regnet, E.; Domsch, M. (Hrsg.): *Führung von Mitarbeitern. Handbuch für erfolgreiches Personalmanagement*. Schäffer-Poeschel, 2009

Rosenthal, R.: *Pygmalion im Unterricht*. Beltz, 1971

Rumsey, M. G.; Walker, C. B.; Harris, J. H. (Hrsg.): *Personnel Selection and Classification*. Hillsdale, 1994

Rüstmann, M.: »Wie Anreizsysteme zu hohen Risiken verleiten«. BWI (Hrsg.): *io new management*. Springer, 2009, S. 12–15

Rynes, S. L.; Gerhart, B.; Parks, L.: »Personnel Psychology: Performance evaluation and pay for performance«. *Annual Review of Psychology* 56 (2005), S. 571–600

Sarges, W. (Hrsg.): *Management-Diagnostik*. Hogrefe, 2000

Saul, S.: *Führen durch Kommunikation. Gespräche mit Mitarbeiterinnen und Mitarbeitern*, Beltz, 1999

Scharmer, C. O.: *Theorie U: Von der entstehenden Zukunft her führen*. Carl Auer, 2009

Scharmer, C. O.; Käufer, K.: »Führung vor der leeren Leinwand. Presencing als soziale Technik«. *OrganisationsEntwicklung* 2 (2008), S. 4–11

Scheitler, C.: »Zielvereinbarungen erfolgreich treffen«. *Personal* 10 (1999), S. 498–501

Scherm, M.; Sarges, W.: *360°-Feedback*. Hogrefe, 2002

Schlippe von, A.; Schweitzer, J.: *Lehrbuch der systemischen Therapie und Beratung*. Vandenhoeck & Ruprecht, 2003

Schmidt, K.-H.; Kleinbeck, U.: *Führen mit Zielvereinbarung. Praxis der Personalpsychologie (Bd. 12)*. Hogrefe, 2006

Schöll, R.: *Emotionen managen*. Hanser, 2007

Schuler, H. (Hrsg.): *Beurteilung und Förderung beruflicher Leistung*. Hogrefe, 2004

Schuler, H.: *Psychologische Personalauswahl*. Hogrefe, 1998

Schuler, H.; Farr, J. L.; Smith, M. (Hrsg.): *Personnel Selection and Assessment: Individual and Organizational Perspectives*. Hillsdale, 1993

Schuler, H; Marcus, B.: »Leistungsbeurteilung«. In: Schuler, H. (Hrsg.): *Enzyklopädie der Psychologie. Themenbereich D, Serie III*, Band 3. Hogrefe, 2004, S. 947–1006

Schulz von Thun, F.: *Miteinander reden 1. Störungen und Klärungen*. Rowohlt, 1981

Schulz von Thun, F.: *Miteinander reden 2. Stile, Werte und Persönlichkeitsentwicklung*. Rowohlt, 2005

Schulz von Thun, F.: *Miteinander reden 3. Das innere Team und situationsgerechte Kommunikation*. Rowohlt, 2005

Schulz von Thun, F.; Ruppel, J.; Stratmann, R.: *Miteinander reden: Kommunikationspsychologie für Führungskräfte*. Rowohlt, 2003

Schulz, R.; Maaß, J.: »Personalentwicklung als Treiber globaler Unternehmen«. In: Friederichs, P.; Althauser, U. (Hrsg.): *Personalentwicklung in der Globalisierung*. Luchterhand, 2001, S. 269
Schwuchow, K.; Gutmann, J. (Hrsg.): *Jahrbuch Personalentwicklung 2009*. Luchterhand, 2009
Scullen, S. E.; Mount, M. K.; Goff, M.: »Understanding the latent structure of job performance ratings«. *Journal of Applied Psychology* 85 (2000), S. 956-970
Senge, P. M.; Scharmer, O.; Jaworski, J.; Flowers, S.: *Presence Exploring Profound Change in People, Organizations and Society*. Nicolas Brealey Publishing, 2004
Shazer, S. de: *Der Dreh. Überraschende Wendungen und Lösungen in der Kurzzeittherapie*. Carl-Auer-Systeme, 2006
Shore, T. H.; Tashchian, A.: »Accountability forces in performance appraisal: Effects of self-appraisal information, normative information, and task performance«. *Journal of Business and Psychology* 17 (2002), S. 261-274
Simmons, T.; Roberson, Q.: »Why managers should care about fairness: The effects of aggregate justice perceptions on organizational outcomes«. *Journal of Applied Psychology* 88 (2003), 432-443
Simon, F. B.; Rech-Simon, C.: *Zirkuläres Fragen. Systemische Therapie in Fallbeispielen: Ein Lernbuch*. Carl-Auer-Systeme, 2008
Soemer, P.: »Einführung eines neuen Tarifsystems bei der GTZ - Jeden Mitarbeiter als Leistungsträger sehen«. *Personalführung* 5 (2005), S. 64-70
Soemer, P.: »Die Dynamik einer Tarifreform - am Beispiel der GTZ«. In: Gourmelon, A.; Kirchbach, C.: *Personalbeurteilung im öffentlichen Sektor*. Nomos, 2006, S. 165-183
Sold, W.; Uepping, H.: »Strategische Unternehmenssteuerung durch Zielvereinbarungen und variable Vergütung«. *Personal* 10 (1999), S. 494-497
Sonntag, K. (Hrsg.): *Personalentwicklung in Organisationen*. Hogrefe, 2006
Sprenger, R. K.: *Mythos Motivation: Wege aus der Sackgasse*. Campus, 2007
Sprenger, R. K.: »Das Sisyphos-Dilemma«. In: Bungard, W.; Kohnke, O. (Hrsg.): *Zielvereinbarungen erfolgreich umsetzen*. Gabler, 2002, S. 121-132
Stöwe, C.; Beenen, A.: *Mitarbeiterbeurteilung und Zielvereinbarung*. Rudolf Haufe, 2009
Stucke, T. S.: »Who's to blame? Narcissism and self-serving attributions following feedback«. *European Journal of Personality* 17 (2003), S. 465-478
Sulsky, L. M.; Day, D. V.: »Frame-of-reference training and cognitive categorization: An empirical investigation of rater memory issues«. *Journal of Applied Psychology* 77 (1992), S. 501-510
Sulsky, L. M.; Skarlicki D. P.; Keown, J. L.: »Frame-of-reference training: Overcoming the effects of organizational citizenship behavior on performance rating accuracy«. *Journal of Applied Social Psychology* 32 (2002), S. 1224-1240
Svoboda, M.: »Zielsicher zum Erfolg - Leistungs- und erfolgsabhängige Vergütung auf der Basis von Zielvereinbarungen in der Deutschen Bank«. In: Bungard, W.; Kohnke, O. (Hrsg.): *Zielvereinbarungen erfolgreich umsetzen*. Gabler, 2000
Taylor, M. S. et al.: »Due process in performance appraisal: A quasi- experiment in procedural justice«. *Administrative Science Quarterly* 40 (1995), S. 495-523
Thibaut, J.; Walker, L.: *Procedural justice: A psychological analysis*. Erlbaum, 1975
Thierry, H.: »Enhancing performance through pay and reward systems«. In: Sonnentag, S. (Hrsg.): *Psychological Management of Individual Performance*. Wiley, 2002, S. 325-347
Thomas, S. L.; Bretz jr., R. D.: »Research and practice in performance appraisal: Evaluating performance in America's largest companies«. *SAM Advanced Management Journal* 22 (1994), S. 28-37
Toemmler-Stolze, K.: »Mitarbeiterführung im Prozess des Business Reengineerings«. *Personalführung* 4 (1998), S. 64-69
Tremblay, M.; Sire, B.; Balkin, D.: »The role of organizational justice in pay and employee benefit satisfaction, and its effects on work attitudes«. *Group & Organization Management* 25 (2000), S. 269-290

Tziner, A.; Kopelman, R. E.: »Is there a preferred performance rating format? A non-psychometric perspective«. *Journal of Applied Psychology* 51 (2002), S. 479 - 503
Ueberschaer, N.: »Leistung, Motivation und Vergütung in der Team- und Gruppenarbeit«. *Personalführung* 4 (1998), S. 14 - 21
Viswesvaran, A.: *Modeling job performance: Is there a general factor?* Unpublished doctoral dissertation. Universitiy of Iowa, 1993
Viswesvaran, A.; Ones, D. S.; Schmidt, F. L.: »Comparative analysis of job performance ratings«. *Journal of Applied Psychology* 81 (1996), S. 557 - 574
Viswesvaran, C.: »Assessment of individual job performance. A review of the past century and a look behind«. In: Anderson, N. et al. (Hrsg.): *Handbook of industrial work and organizational psychology.* Sage, 2002, S. 110 - 126
Wagner, D.: »Cafeteria-Systeme«. In: Gaugler, E.; Oechsler, W. A.; Weber, W. (Hrsg.): *Handwörterbuch des Personalwesens.* Schäffer-Poeschel, 2004, S. 631 - 639
Waldmann, D. A.; Atwater, L. E.: *The power of 360-degree feedback: How to leverage performance evaluations for top productivity.* Gulf, 1998
Walker, A. G.; Smither, J. W.: »A five-year study of upward feedback: What managers do with their results matters«. *Personnel Psychology* 52 (1999), S. 393 - 423
Wanous, J. P.: *Organizational Entry: Recruitment, Selection, Orientation, and Socialization of Newcomers.* Prentice Hall, 1991
Watzlawick, P.: *Die erfundene Wirklichkeit.* Piper, 2008
Watzlawick, P.: *Wie wirklich ist die Wirklichkeit? Wahn, Täuschung, Verstehen.* Piper, 2007
Watzlawick, P.; Beavin, J. H.; Jackson, D. D.: *Menschliche Kommunikation.* Huber, 2007
Watzlawick, P.; Stadler, K.; Bohnet; H.: *Wenn du mich wirklich liebtest, würdest du gern Knoblauch essen. Über das Glück und die Konstruktion der Wirklichkeit.* Piper, 2009
Weber, J.; Schäffer, U.: »Balanced Scorecard - Gedanken zur Einordnung des Konzepts in das bisherige Controlling-Instrumentarium«. *Zeitschrift für Planung* 9 (1998), S. 341 - 365
Weisbach, C. R.; Sonne-Neubacher, P.: *Professionelle Gesprächsführung. Ein praxisnahes Lese- und Übungsbuch.* DTV-Beck, 2008
Werner, J. M.; Bolino, M. C.: »Explaining U. S. Courts of Appeals decisions involving performance appraisals: Accuracy, fairness, and validation«. *Personnel Psychology* 50 (1997), S. 1 - 24
Wherry, R. J.; Bartlett, C. J.: »The control of bias in ratings: A theory of rating«. *Personnel Psychology* 35 (1982), S. 521 - 551
Whorf, B. L.: *Sprache, Denken, Wirklichkeit.* Rowohlt, 1999
Wienemann, E.; Schumann, G.: *Qualitätsstandards in der betrieblichen Suchtprävention und Suchthilfe.* Deutsche Hauptstelle für Suchtfragen (DHS), 2006
Wildemann, B.: *Professionell Führen.* Luchterhand, 2009
Williams, C. R.; Livingstone, L. P.: »Another look at the relationship between performance and voluntary turnover«. *Academy of Management Journal* 37 (1994), S. 269 - 298
Williams, J. R.; Levy, P. E.: »Investigating some neglected criteria: The influence of organizational level and perceived system knowledge on appraisal reactions«. *Journal of Business and Psychology* 14 (2000), S. 501 - 513
Williams, K. J.; Cafferty, T. P.; DeNisi, A. S.: »The effect of performance appraisal salience on recall and ratings«. *Organizational Behavior and Human Decision Process* 46 (1990), S. 217 - 239
Winkler, B.: *Die Effekte von Fairnesswahrnehmungen bei Leistungsbeurteilungen auf Mitarbeiterreaktionen. Ergebnisse einer empirischen Untersuchung von Mitarbeitern nach einer mit einer variablen Bonuszahlung verbundenen Leistungsbeurteilung.* Dissertationsschrift Universität München, 2007
Winkler, B.: »Practice Chapter - Enhancing Performance through Training«. In: Sonnentag, S. (Hrsg.): *Psychological Management of Individual Performance.* Wiley, 2002, S. 267 - 291
Winkler, B.: »Umsetzung von Human-Capital-Strategien und -Projekten - Hinweise zur nachhaltigen Implementierung«. In: Dürndorfer, M.; Friederichs, P. (Hrsg.): *Human Capital Leadership*, Murmann, 2004, S. 560 - 582

Winkler, B.; Dörr, S.: *Fusionen überleben. Strategien für Manager.* Hanser, 2001
Woehr, D. J.; Huffcutt, A. I.: »Rater training for performance appraisal: A quantitative review«. *Journal of Occupational and Organizational Psychology* 67 (1994), S. 189 – 206
Wunderer, R.: *Führung und Zusammenarbeit: Eine unternehmerische Führungslehre.* Luchterhand, 2007
www.123recht.net/Arten-der-Kündigung-und-was-zu-tun-ist, aufgerufen am 07.11.2009
www.arbeitsratgeber.com/alkohol-am-arbeitsplatz, aufgerufen am 06.11.2009
www.bzga.de (Bundeszentrale für gesundheitliche Aufklärung [BZgA]), aufgerufen am 06.11.2009
www.gesetze-im-internet.de
www.mobbing-gegner.de/Mobbing/Krankheit/RückkehrGespräch, aufgerufen am: 06.11.2009
Zenger, T. R.: »Why do employers only reward extreme performance? Examining the relationships among performance, pay, and turnover«. *Administrative Science Quarterly* 37 (1992), S. 198 – 219
Zinser, S.: »Kennzahlensysteme«. In: Bullinger H.-J.; Warnecke, H.-J. (Hrsg.): *Neue Organisationsformen im Unternehmen: ein Handbuch für das moderne Management.* Springer, 1996, S. 971 – 983
Zollner Elektronik AG: Mitarbeitergespräch. Lohn- und Gehaltsgespräch. 2008
Zollner Elektronik AG: Zielvereinbarungsbogen. 2008

Register

A
Abmahnung
- arbeitsrechtliche Definition 37
Abstufungsmöglichkeiten 190
Ad-hoc-Gespräche 2
Aggression 284
Akzeptanz 130, 202
Alkoholkonsum 45
Allgemeines Gleichbehandlungsgesetz (AGG) 339
Anerkennungsgespräch 21
Angst 282
Ankündigung 19
Anreiz-Beitrags-Theorie 363
Anreizfunktion 133
Anreizsystem 362
- Formen von 365
Äquidistanz 192
Arbeitnehmervertretung 327
Ärger 284
Assessalog 270
Atmosphäre 11, 139
AT-Vergütung 370
Aufgabenerfüllung 180

B
Balanced Scorecard 107, 126
Berichtspflicht 202
Beschwerderecht 336
Beteiligungsgrundsätze 338
Betriebsrat 327
- Beteiligungsrechte des 333
Betriebsvereinbarung 332
Betriebsverfassungsgesetz 327
Beurteilung
- freie 186
- kriterienbezogene 187
- normorientierte 198
Beurteilungsbogen 195
Beurteilungsgespräch 81
Beurteilungskategorie 191
Beurteilungskriterien 184, 194

Beurteilungslogik 197
- relative 197
Beurteilungsskala 187
- verhaltensverankerte 193
Beurteilungstendenz 202
Beurteilungstraining 202
Beurteilungsverfahren 186
Bewertung
- analytische 197
- summarische 197
Bewertungskriterien 186
Bewertungsskala 186
Bezüge
- kurzfristig variable 374
Bezugssysteme 151
Blickkontakt 227
Blickwinkel 145, 154
Bonusausschüttung 390
Bonusbandbreite 379
Bonusermittlung
- Varianten der 382
Bonusgespräch 385
Bonussystem
- Long-Term 376
- Short-Term 376
Bonusvergabe
- Bottom-up-Planung der 389
Botschaften
- direkte 222
- doppeldeutige 263
- indirekte 222
Bundespersonalvertretungsgesetz 332

C
Cafeteria-Systeme 363
Crealog 270

D
Delegationsgespräch 64
Deutungsmuster 146
Dialogtypen 269
Disziplinar-Abmahnungsgespräch 36
Doalog 270
Dokumentation 205, 342
- schriftliche 20

- von Mitarbeitergesprächen 350
Drogenkonsum 45
Durchführungsquote 331

E
Einstellung
- innere 276
Einwand 263
Empathie 231
Empfänger 216
Entgeltsystem
- erfolgsbezogenes 374
- leistungsbezogenes 374
Entwicklungsgespräch 81
Entwicklungsperspektive 97
Erfolgsfaktor 79
Ergebnisbeitrag
- messbarer 180
Ermessensanpassung 378
Evaluation 330

F
Fadenkreuz-Methode 269
Fairness 205
- distributive 206
- informationale 207
- interpersonale 207
Fairnessprinzipien 205
Feedback 345
- 360 Grad 357
Feedbackgeber 356
Feedbackgespräch 90
Fehlzeitengespräch 53
- bei Auffälligkeiten 55
Filter
- der Wahrnehmung 148
Fixgehalt 372
Forced Distribution 199
Forced Ranking 199
Fragen
- Alternativ- 255
- Bestätigungs- 255
- Gegen- 255
- geschlossene 245
- offene 244

Register 489

- rhetorische 255
- zum Mitarbeiter 26
- zum Sachverhalt 25
- zum Umfeld 28
- zur Vorgeschichte 26
- zu sich als Führungskraft 27

Fragetechnik 243
Frame-of-Reference-Training 203
Führungsinstrument 1
Furcht 282

G

Gefühlen
- Steuerung von 229

Gehaltsbestandteile
- leistungsorientierte 352
- variable 374

Genauigkeit 201
Gesamturteil 197
Gespräch
- Aufbau einer Beziehung im 222
- Erwartungen an ein 232
- Handlungsspielräume in emotional belasteten 280
- konflikthafte 298
- Missverständnisse im 219
- Symptome für emotional belastete 279
- zu Alkohol- und Drogensucht 44
- zu kritischen Lebensereignissen 41
- zur persönlichen Lebenssituation des Mitarbeiters 41
- zur Verbesserung der Zusammenarbeit im Betrieb 81

Gesprächsatmosphäre 223
Gesprächsbestandteile 344
Gesprächsförderer 233
Gesprächsführung 344
Gesprächsleitfaden 325
Gesprächslenkung 239
Gesprächsprozess 3
Gesprächsstörer 233
Gesprächsverhalten
- konstruktives 232

Gestaltung
- von Vergütungssystemen 368

Gestik 227
Gewichtungsfaktor 197, 377
Gruppenziele 123

H

Halo-Effekt 150, 202
Haltung
- innere 276

High Performance Cycle 109
High Potentials 199
Honorierungen
- direkte 368

Honorierungsmodelle 369

I

Implementierung 325
Implementierungsplan 328
Incentivierung
- leistungsabhängige 76

Indikator 119
Innovationsziele 118
Intelligenz
- emotionale 231

Interpretieren 241

J

Januargespräch 74

K

Kategorie 189
Kommunikation
- gelungene 234
- Meta- 261
- nonverbale 225
- verbale 224

Kompetenz
- soziale 232

Konflikt 292
- unkontrollierter 293

Konfliktanalyse 294
Konfliktfall 343
Konfliktlösung 296
Konfliktpotenzial 187
Konfliktursachen 295
Konkretisieren 242
Können 181
Kontrasteffekt 202
Körperhaltung 227
Körpersprache 226, 229

Kosten 325
Kostenkalkulation der Implementierung 348
Kriterien 84
- Eigenschafts- 195

Kritikgespräch 24
- verschärftes 31

Kritikprozess
- Stufen des 28

Kultur 11
Kündigung
- außerordentliche 59
- betriebsbedingte 58
- personenbedingte 59
- verhaltensbedingte 59

Kündigungsgespräch 58

L

Leistungsbeurteilung 177, 345
- absolute 187

Leistungsentwicklung 185
Leistungsfaktor 378
Leistungsfeedback 178
Leistungsindikatoren 124
Leistungskomponente 197
Leistungskriterien
- subjektive 181

Leistungsmaße 181
Leistungsniveau 197
Leistungsprotokoll 203
Leistungsratings 201
Leistungsstandard 75
Leitfaden 341
Likert-Format 194

M

Management by Objectives 107
Maßstab 187
Messung
- multidimensionale 202

Mimik 226
Mitarbeitergesprächssystem 3, 325
- entwicklungsorientiertes 75
- evaluatives 75

Mitarbeitervertretungsgesetz 332
Mitarbeitervertretungsverordnung 332

Mitbestimmungsrechte 337
Motiv 11
Motivation 184, 231

N
Niedergeschlagenheit 286
Normalverteilung 200
Nutzen 6, 325

O
Objektivität 202, 357
Operationalisierung 194

P
Pausen 242
Peereinschätzung 202
Performance-Management-System 8
Personalakte 335, 351
Personalentwicklung 76
Personalfragebogen 338
Personalführung 76
Personalvertretungsgesetze 332
Personenrangordnung 198
Perspektive
- berufliche 94
- der Innovation 127
- des Lernens 127
- finanzwirtschaftliche 127
- Kunden- 127
Potenzial 186
Principal-Agent-Theorie 364
Problemlösungsgespräch 63
Produktivitätsmanagementsystem 124
Produktivitätssteigerung 124
Projektionen 150
Projektstruktur 326
Prophezeiung
- sich selbst erfüllende 152
P.U.S.T.E.-Modell 267

Q
Qualifikationsmaßnahmen 341
Qualifizierung 325
Qualitätsstandards 342
Quotenvorgabe 198

R
Ratingformat 189
Realität
- individuelle 144
Reifegrade
- der Emotionalität 280
Review 81
- Management- 185
- Ziel- 137
Rollen 153
Routineaufgaben 125
Rückkehrgespräch 53, 55

S
Selbsteinschätzung 96, 202, 355
Selbstführung 300
Selbstkontrolle 137, 231
Selbstreflexion 231
Sender 216
Sender-Empfänger-Modell 217
Sensibilisierung 155
Sharealog 269
Sicherheitspuffer 134
Sichtweisen
- begrenzte 147
Signale 229
Skalenbeurteilung 187
Skalenstufe 190
Sonderbonustöpfe 394
Sprechpausen 242
Sprechweise 228
Stadium
- affektiv-impulsives 281
- reflexives 282
- repressives 281
Standortbestimmung 81
Stereotypisierung 202
Strategie 125
Strategy Map 128

T
Themen
- heikle, schambesetzte 291
Topflogik 387
Total-Compensation-Modelle 366
Total Rewards 366
Traurigkeit 286

U
Untergebeneneinschätzung 202
Unternehmenssteuerung 76
Ursache-Wirkungs-Kette 129

V
Varianten 325
Verankerung
- verbale 193
Vereinbarung 10
Verfahrensfairness 206
Vergütung
- außer Tarif 371
- nach Tarif 370
- von Führungskräften 371
Vergütungsbestandteile 371
- erfolgsorientierte 374
Vergütungskomponenten
- langfristig variable 374
Vergütungssystem 362
- Bestandteile eines 370
Verhaltensbeobachtungsskalen 194
Verhaltensbeschreibung 193
Verstärken 240
Verteilungsfairness 206
Verteilungsprinzip 135
Vorbereitung 18, 89
Vorgehensweise
- aufzeigen 243
Vorgesetztenbeurteilung 353
Vorgesetztenurteil 202
Vorurteile 151
Vorwand 265

W
Wahrnehmung 146
Wertesystem 152
Wirklichkeit
- abgesprochene 148
Wissen 181
Wut 284

Z
Zeitaufwand 347
Zeitraum 137
Zielbonus 392
Ziele 84, 107
- anspruchsvolle 111
- aufgabenbezogene 118
- entwicklungsbezogene 118

- führungsbezogene 119
- projektbezogene 118
- qualitative 123
- quantitative 123
- teambezogene 122
- verhaltensbezogene 120

Zielerreichung 83, 180
Zielerreichungsgrad 377
Zielformulierung 135
Zielkonflikt 135
Zielportfolio 125
Zielsetzung 110
Zielvereinbarungsgespräch 81

Zielverfolgungssystematik 137
Zielvorgabe 82
Zorn 284
Zuhören
- aktives 256
Zusammenfassen 240

Die Autoren

Dr. Brigitte Winkler ist Wirtschafts- und Organisationspsychologin, zertifizierte Supervisorin und Organisationsentwicklerin. Sie war viele Jahre in leitenden Positionen im Personalbereich im In- und Ausland tätig – zuletzt als Leiterin der Zentralen Personalentwicklung der HypoVereinsbank AG. In dieser Funktion begleitete sie während der Firmenfusion zwischen Hypo-Bank und Vereinsbank in verschiedenen Projekten den Integrationsprozess der Mitarbeiter und implementierte Personalentwicklungsinstrumente wie Mitarbeitergespräche, Auswahl- und Potenzialanalyseverfahren, Managemententwicklungsprogramme und Integrationsmaßnamen.

Sie gründete im Jahr 2000 mit Partnern die Unternehmensberatung A47 Consulting, Beratung für Unternehmensentwicklung und Managementdiagnostik in München und arbeitet als Beraterin internationaler Firmen und Non-Profit-Organisationen im Bereich Managementdiagnostik, Personal- und Organisationsentwicklung. Sie ist nach der DIN 33430 für die berufsbezogene Eignungsbeurteilung zertifiziert und seit 15 Jahren als erfahrener Coach für viele renommierte Firmen tätig.

Sie ist Lehrbeauftragte an verschiedenen Hochschulen, Dozentin und Coach am Center for Leadership and People Management der Ludwig-Maximilians-Universität, München, und heftverantwortliche Redakteurin der Zeitschrift OrganisationsEntwicklung des Fachverlags der Verlagsgruppe Handelsblatt GmbH (www.organisationsentwicklung.de).

Kontakt: brigitte.winkler@a47-consulting.de, www.a47-consulting.de

Helmut Hofbauer ist seit 1991 selbständiger Berater, Coach und Trainer in der Personal- und Organisationsentwicklung. Er arbeitet für große internationale Unternehmen und mittelständische Firmen aus unterschiedlichen Branchen (u. a. Automobilindustrie, Elektroindustrie, Banken, Dienstleistung), Akademien sowie Non-Profit-Organisationen.

Er coacht und qualifiziert Führungskräfte, berät bei der Implementierung von Personalentwicklungsinstrumenten wie Mitarbeitergespräche oder Führungskräfteentwicklungen und begleitet Veränderungsprozesse.

Neben der Beratung und dem Training zum Thema Mitarbeitergespräche ist ein weiterer Schwerpunkt das Coaching und die Qualifizierung im Führungswechsel, hier reichen die Zielgruppen von der Ebene der Teamleiter bis hin zu Vorständen.

Seine Beratungsfirma kooperiert mit einem Netzwerk von Partnern aus unterschiedlichen Kompetenzbereichen.

Bevor er sich als Berater und Trainer selbständig machte, war er nach seinem Studium über 15 Jahre u. a. in Leitungsfunktionen bei verschiedenen Organisationen im Bereich der Qualifizierung und Organisationsberatung tätig.

Er veröffentlichte zusammen mit Alois Kauer »Einstieg in die Führungsrolle« im Carl Hanser Verlag, 3. Auflage 2009.

Kontakt: info@hofbauerundpartner.de, www.hofbauerundpartner.de